Gottes Lebendigkeit

Günter Thomas

Gottes Lebendigkeit

Beiträge zur Systematischen Theologie

EVANGELISCHE VERLAGSANSTALT
Leipzig

Günter Thomas, Dr. theol. Dr. rer. soc., Jahrgang 1960, studierte Evangelische Theologie, Philosophie und Soziologie in Tübingen, Princeton (USA) und Heidelberg. Er ist Professor für Systematische Theologie an der Ruhr-Universität Bochum, Research Associate in Systematischer Theologie an der Universität Stellenbosch/Südafrika und Co-Principal Investigator des internationalen Projektes »Enhancing Life«.

Bibliographische Information der Deutschen Nationalbibliothek
Die Deutsche Nationalbibliothek verzeichnet diese Publikation in der Deutschen Nationalbibliographie; detaillierte bibliographische Daten sind im Internet über http://dnb.dnb.de abrufbar.

© 2019 by Evangelische Verlagsanstalt GmbH · Leipzig
Printed in Germany

Das Buch wurde auf alterungsbeständigem Papier gedruckt.

Cover: Kai-Michael Gustmann, Leipzig
Coverabbildung: © Ulla Kallert, Ausschnitt aus »Ohne Titel«, 2014, Acryl auf Leinwand, 180x120; https://www.ullakallert.de
Satz: 3W+P, Rimpar
Druck und Binden: Hubert & Co, Göttingen

ISBN 978-3-374-04906-6
www.eva-leipzig.de

Für Christine und Bernd Janowski

Inhalt

Teil I. Dynamiken des göttlichen Lebens

I. Hinführung: Konturen einer Theologie der Lebendigkeit Gottes 3

1. Aufgabe und Herausforderung 3

2. Eine allzu menschliche Rede von Gott? 5

3. Weichenstellungen einer Theologie der Lebendigkeit Gottes . . 6
a. Affizierbarkeit Gottes 7
b. Gott reagiert auf das eigene Handeln 9
c. Gottes Risiko 11

4. Das Modell der Resonanz und seine notwendigen Grenzen . . . 12
a. Aufgabe von Modellen 12
b. Konstruktivismus und operativer Realismus 13
c. Resonanz 19
d. Die theologische Grenze des Modells der Resonanz 22

5. Drei theologische Alternativen – idealtypisch skizziert 24
a. Gott als unbewegter Grund 26
b. Gott als Kraft des Lebens 29
c. Gott als mitleidender Begleiter 34

6. Gottes Lebendigkeit – Motive und Konturen 43

II. Das Kreuz Jesu Christi als Risiko der Inkarnation 51

1. Das ›Risiko der Inkarnation‹ – im Schnittpunkt von sechs Diskursen 53

2. Die dynamische Relationalität des Risikos 56

3. Zwei Modelle der Beziehung zwischen Risiko und Inkarnation 60
a. Inkarnation als ein innergöttliches Risiko 60
b. Inkarnation als risikofreie Begrenzung des Risikos der Schöpfung 62

4. Riskante Risikobearbeitung – Inkarnation als Passion 66
a. Impulse Anselms von Canterbury und Karl Barths 66
b. Inkarnation als Risiko zweiter Ordnung 68

**5. Die Auferweckung Jesu Christi als Verarbeitung des Risikos
der Inkarnation** 76

III. Göttliche Vulnerabilität, Passion und Macht 81

**1. Historische Orientierungen – drei Sichtweisen auf göttliche
Verwundbarkeit** 83
a. Das grundlegende Desaster des Kreuzes 83
b. Der un/verletzliche Gott und das Verständnis des Kreuzes 85
c. Der leidende Gott in der Theologie des zwanzigsten
Jahrhunderts – eine problemschaffende Lösung 87

2. Begriffliche Orientierungen – Variationen zur Verletzlichkeit . . 90
a. Das Kreuz Jesu Christi – Verletzlichkeit, Risiko und Leidenschaft
Gottes 95
b. Die Auferweckung Jesu Christi – schöpferische Antwort und
Begrenzung des Risikos der Verletzlichkeit 99

3. Göttliche Verletzlichkeit – notwendige Unterscheidungen 108
a. Nur scheinbare göttliche Verletzlichkeit 108
b. Verletzlichkeit als Moment der göttlichen Selbstbeschränkung 109
c. Die radikale Verletzlichkeit Gottes 110
d. Schöpferisch-responsive göttliche Verletzlichkeit 111

**IV. Gottes Un/Veränderlichkeit. Theologische Motive,
klassische Modelle, gegenwärtige Debatten und
Perspektiven** 115

1. Vorbemerkungen 115
a. Ein Relevanzhorizont 115
b. Un/Veränderlichkeit als Grundproblem aller ›metaphysischen‹
Gottesprädikate‹ 116

**2. Drei Immunisierungsstrategien und die Verabschiedung einer
Hermeneutik des Irrtums** 117

**3. Aktuelle Anfragen an die Rede von der Un/Veränderlichkeit
Gottes** 120

4. Leitthesen und die drei Horizonte der Themenfrage 125

5. Un/Veränderlichkeit Gottes – in einem einstellig-theistischen
   Horizont bei Philo von Alexandrien 126

6. Die Leidens- und Wandlungsfähigkeit Gottes in einem
   christologischen Horizont – William Hubert Vanstone und
   Jürgen Moltmann 130
   a. Die Kenosis der Liebe – Inkarnation als Radikalisierung und
      Selbstbezeichnung der Schöpferliebe 132
   b. Das Kreuz Jesu Christi als Ereignis des Leidens der Trinität 134

7. Die Un/Veränderlichkeit Gottes in einem pneumatologischen
   Horizont – Dynamiken und Mobilitäten des Geistes 138
   a. Räumliche Mobilität 140
   b. Mediale Mobilität 141
   c. Affektive Mobilität 142
   d. Handlungsmobilität 143
   e. Mobilität der Kreativität 145
   f. Prozessuale Mobilität 146

V. Die Affizierbarkeit Gottes im Gebet. Eine
   Problemskizze 149

1. Die Psalmen – systematisch-theologisch interpretieren und
   rezipieren 149

2. Der Zusammenhang zwischen einer Theologie des Gebets und
   der Gotteslehre 151

3. Theologiegeschichtliche Etappen 155
   a. Spannungslagen und Akzente in Johannes Calvins
      dogmatischer Rede vom Gebet 155
   b. Friedrich Schleiermacher als radikaler Interpret Johannes
      Calvins 158

4. Gebetstheologie im langen Schatten Schleiermachers 160

5. Erwägungen zur Affizierbarkeit Gottes im Gebet 164
   a. Das Gebet als Hineinnahme in die jesuanische
      Vertrauensbeziehung zu Gott 167
   b. Inkarnation als Verleiblichung 168
   c. Intimität und Öffentlichkeit des Geistes 169

VI. Der Geist Gottes als Macht der Aufmerksamkeit ...171

1. Spannungslagen der theologischen Pneumatologie 172
a. Selbstreferenz versus Fremdreferenz 172
b. Intimität oder Öffentlichkeit 173
c. Passivität oder Aktivität, Erleben oder Handeln 173
d. Ordnungsauflösung oder Strukturbildung und gepflegte
   Regelmäßigkeit 174

2. Aufmerksamkeitsrelative Welten 175

3. Der Geist Gottes und Gottes Wahrnehmung der Welt 175

4. Konturen der Aufmerksamkeit 176

5. Der Heilige Geist als Macht der Aufmerksamkeit und der Geist
   Jesu Christi 179

6. Der Heilige Geist und das priesterliche und prophetische Amt
   Jesu Christi 181

Teil II. Die Verheißung der Lebendigkeit Gottes

VII. »Er ist nicht hier!« Die Rede vom leeren Grab als Zeichen der neuen Schöpfung 187

1. Vorbemerkungen 187

2. Vier Typen theologischer Anfragen an die Rede vom leeren
   Grab 190

3. Die Wahrnehmung von Ereignissen und die Kommunikation
   des Evangeliums 193

4. Die Rede vom leeren Grab als ›sprechendes Zeichen‹ der
   neuen Schöpfung 194
a. Das leere Grab als Korrelat der Leiblichkeit des auferstandenen
   Christus 194
b. Das Ostergeschehen als Ereignis der Treue Gottes 200
c. Die Ereignishaftigkeit der Auferstehung und die Beobachtung
   des leeren Grabes 204
d. Die Aufhebung der prekären Einheit von Leben und Tod –
   oder: Der Tod des Todes 215

e. Das leere Grab als Zeichen der *creatura viatorum* 221

5. Das leere Grab – das literarische Zeugnis und das historische
   Faktum 224

VIII. Das Konzept von Gottes schöpferischer Neuzuwendung und seine Konsequenzen für das Geflecht theologischer Themen 227

1. Modellkonstellationen der Zuordnung von Schöpfung und
   Neuer Schöpfung – Restitution, Substitution und
   Transformation 228

2. Die eschatologische Neuzuwendung Gottes als rettende
   Transformation – eine Problemskizze 231

3. Umbauten in theologischen Themenfeldern im Horizont
   rettender Transformation 236
   a. Schöpfungslehre 236
   b. Gotteslehre 238
   c. Vorsehungslehre 239
   d. Theologie des Gebets 240
   e. Pneumatologie 241
   f. Christologie 241
   g. Ekklesiologie 241

IX. Gottes schöpferische Gerechtigkeit 245

1. Zwei Grundtendenzen der Eschatologie im 20. Jahrhundert . . . 246
   a. Ewigkeit als Verewigung des gelebten Lebens 246
   b. Gericht im Horizont der Verewigung: Ereignislose Entbergung
      und Aufdeckung des Verborgenen 253

2. Schöpferische Gerechtigkeit: Soziale Versöhnung und
   Lebensgabe 257
   a. Eschatologische Versöhnung – um den Preis einer Vernichtung
      der Erinnerung? 257
   b. Das Gericht als Lebensgabe des schöpferisch-gerechten Gottes 262

X. Hoffen auf einen ›Neuen Himmel‹. Erwägungen zu
    einer Welt ohne die Macht der Nacht 271

1. Die Wiederentdeckung des Himmels in der Theologie des
   20. Jahrhunderts – Eine Entwicklungsskizze 274

2. Eine symboltheoretische Zwischenreflexion 278

3. Neuschöpfung: Ein nachtfreier Himmel und eine meerfreie
   Erde als Kennzeichen einer verwandelten Schöpfung 283

4. Der neue Himmel. Heilsame Ernüchterung und
   Perspektivierung der Sehnsüchte 289

XI. Emergenz oder Intervention? Konstellationen der
    schöpferischen Treue Gottes im Gegenüber zu
    einem theologischen Naturalismus 291

1. Einführende Bemerkungen 291

2. Kulturell-religiöse Ausgangsbeobachtungen und ein
   methodischer Hinweis 292

3. Reparatur, graduelle Optimierung, radikaler Ersatz oder
   Umbau des Gewesenen? Theologische Modelle 296

4. Das ›Alte‹ und das ›Neue‹ im Horizont eines theologischen
   Naturalismus – ein Gespräch mit Arthur Peacocke 299
a. Die Welt als Schöpfung 300
b. Die Leiden der Schöpfung und das Leiden Gottes 303
c. Welche Hoffnung erschließt das Christusereignis? 307

5. Bilanz und Rückfragen 310
a. Emergent Neues oder radikal Neues? 310
b. Anfragen und Einwände 312

XII. Literaturverzeichnis 317

XIII. Veröffentlichungsnachweise 351

Register 353

Bibelstellenregister 353

Personenregister 357

Sachregister 359

Vorwort

Die in diesem Band versammelten Beiträge sind über mehrere Jahre entstanden. Dass sie nun unter dem Titel ›Gottes Lebendigkeit‹ zusammengefügt worden sind, hat zwei Gründe. Obwohl sie zu verschiedenen Anlässen verfasst wurden, dokumentiert sich in ihnen eine theologische Entdeckungsgeschichte. In ihrer theologisch-sachlichen Konvergenz bearbeiten sie alle aus differenten Perspektiven das gleiche Thema: Gottes Lebendigkeit. Hierin haben sie ihr thematisches Zentrum. Die Erschließung der Lebendigkeit Gottes ist ihr gemeinsames Anliegen. Um den theologischen Kontext, die begrifflichen Instrumentarien und die Konturen des Ansatzes summarisch zugänglich zu machen, wurde anstelle einer knappen Einleitung die etwas ausführlichere Hinführung vorangestellt. Der zweite Grund ist: Gottes Lebendigkeit ist das vielstimmig beschwiegene Thema in Theologie und Kirche. Dass sich Gott als der Lebendige bekannt macht, ist Teil seiner Lebendigkeit. Die Beiträge in diesem Band können daran nur hoffend erinnern und die Freude an der Entdeckung wecken.

Dieser Band ist Christine und Bernd Janowski gewidmet. Über viele Jahre hinweg hat Christine Janowski mit der ihr eigenen unerbittlichen Fragehaltung und Sachlichkeit die Suche theologischer Erkenntnis befördert. Bernd Janowski hat schon früh dafür Sorge getragen, dass sich der Systematische Theologe dem kanonischen Gespräch aussetzt, mit aller Mühe und aller Freude, die dies bereitet.

Kritik, Bestätigung und wichtige Impulse sind in den letzten Jahren dem gemeinsam mit William Schweiker / Chicago organisierten und von der John Templeton Foundation großzügig geförderten Projekt »Enhancing Life« erwachsen. Dem Gespräch mit William Schweiker verdankt der Band mehr als die Texte es erkennen lassen.

Die Entstehung des Bandes gibt Anlass zu aufrichtigem Dank. Annette Weidhas von der Evangelischen Verlagsanstalt hat die Hoffnung auf Fertigstellung nicht aufgegeben und das Projekt mit der richtigen Mischung aus Mahnung und Ermutigung gefördert. Annika Dahm, Franziska Lindner, Rebekka Scheler und Alexander Möller haben im Bochumer Lehrstuhlteam Großartiges geleistet. Ihnen sei herzlich gedankt. Benedikt Friedrich hat nicht nur koordiniert, sondern die Entstehung des Bandes mit scharfsinnigen Fragen und fruchtbaren Ideen begleitet. Danke!

Stuttgart / Bochum
Am Reformationstag 2018   Günter Thomas

Teil I. Dynamiken des göttlichen Lebens

I. Hinführung: Konturen einer Theologie der Lebendigkeit Gottes

1. Aufgabe und Herausforderung

Gottes Lebendigkeit theologisch zur Sprache zu bringen ist die dringendste Herausforderung gegenwärtiger evangelischer Theologie. Dies gilt ganz besonders für die deutschsprachige Theologie und die Räume, in die sie ausstrahlt. Ein solches Unterfangen verspricht nicht nur, Impulse für das Leben der Kirche zu geben. Auch die theologische Analyse und das Dekodieren soziokultureller Prozesse werden davon gewinnen. Ohne ein klares Erfassen der Lebendigkeit Gottes bleiben die Zugänge sowohl zur Freude des Glaubens wie auch zu einer Wut der Klage weitgehend verschüttet. In vielen Strömungen der Theologie wurden und werden durch Fehlorientierungen und Fehloptimierungen diejenigen Aspekte der Wirklichkeit Gottes, die dessen dynamische Lebendigkeit ausmachen, als unangemessen abgeblendet oder ganz infrage gestellt. An vielen Orten wissenschaftlich reflektierender Theologie begegnet man der Vorstellung von Gott als eines in Interaktion stehenden Akteurs mit Kopfschütteln. Aber auch unter Pfarrerinnen und Pfarrern und nicht zuletzt auch in Kirchenleitungen scheint diese elementare Einsicht abhanden gekommen zu sein.

Jenseits der berechtigten Infragestellung eines naiven Theismus steht die Frage im Raum der Theologie wie auch im Raum der kirchlichen Rede von Gott: Wagt es die Theologie noch, Gott als Akteur, als ›Agent‹, als Entität mit Intentionen und Aspirationen zu denken?[1] Im Imaginationsraum der biblischen Texte

---

[1]   Der aus dem Lateinischen in das Englische eingewanderte Begriff der Aspirationen ist leider nicht ins Deutsche übersetzbar und wird in diesem Band als *terminus technicus* verwendet. Das Bedeutungsspektrum von Aspirationen umfasst nicht nur den Geist und das Atmen, sondern auch ein Sehnen, Hoffen, Ergriffensein, Imaginieren, aber eben auch ein zielgerichtetes Entwickeln, Planen und ein Drängen zur Realisierung. Aspirationen greifen zeitlich über den Augenblick hinaus. Sie koordinieren damit Einzelhandlungen, Strategien und den Mitteleinsatz. Zugleich haben Aspirationen eine reflexive Funktion, insofern sie ›Persönlichkeit‹ der Agency und deren Charakter erschließen und konturieren. In der Rea-

mag diese Frage überflüssig, ja offensichtlich sinnlos erscheinen. Angesichts weiter Teile nicht nur historischer, sondern gegenwartsorientierter wissenschaftlicher Theologie und weiter Teile kirchlichen Redens von Gott drängt sich diese Frage jedoch mit aller Macht auf.

Viele Begegnungen während der letzten Jahre haben bei mir den Eindruck erzeugt, dass – bemüht man eine Metapher aus dem Milieu der Beratungsszene – diese Frage nach der ›Agency‹ Gottes geradezu der Elefant mitten im Raum ist, den jeder sieht, aber den niemand ernsthaft thematisieren möchte. Der Elefant wird beschwiegen. Die Frage nach ihm wäre peinlich.[2] Beiträge, die dies tun, werden allzuleicht etikettiert: »fromm«, »vormodern«, »unreflektiert«, »kann man doch nicht mehr sagen«, »naiv realistisch« oder »geht nicht mehr«. Sehr schnell wird dann der Aufkleber »evangelikal« angebracht. Wer so akteurorientiert von der Lebendigkeit Gottes denkt, hat scheinbar nicht die intellektuelle Spannkraft, die notwendigen Höhen der philosophischen Reflexion zu erklimmen. Umgekehrt ist jedoch festzustellen: Solange die Systematische Theologie sehnsüchtig auf den Ritterschlag durch die zeitgenössische Philosophie und solange die Kirche nicht weniger sehnsüchtig auf den Ritterschlag des aktuellen *common sense* einer medial vermittelten Öffentlichkeit wartet, erscheint es für beide verlockend, sich der im Raum stehenden Frage zu entziehen. Allerdings verschwindet der Elefant nicht. Er bleibt einfach stehen. Doch die Suche nach Relevanz scheitert letztlich doppelt – an der fehlenden Lebendigkeit der Theologie und auch daran, dass die Menschen spüren, wenn selbst Theologie und Kirche nicht mehr mit einem lebendigen Gott ›rechnen‹.

Wenn sich Theologie und Kirche aber nicht von den provozierenden Fragen distanzieren, die ihnen aus der Welt der Bibel, ihren dichten Narrationen, ihren Metaphern und Symbolen ganz besonders in der Frage nach Gottes Lebendigkeit entgegenkommen, dann verspricht dies einen Zuwachs an Erkenntnis, aber auch einen Zuwachs einer freudigen Neugier in der Gotteserkenntnis, eben eines Glaubens, der auch überraschende Erkenntnis sucht. Nicht zuletzt ist auch eine klare Erfassung der Lebendigkeit Gottes und seiner Aspirationen Grundlage einer wirklich hoffenden und in der Macht des Geistes lebendigen Christenheit.

Dieses Eingangskapitel möchte eine erste und vorläufige Karte dieses Projektes einer Theologie der Lebendigkeit Gottes skizzieren. Die daran anschließenden Kapitel sind Suchbewegungen in exemplarischen Problemfeldern.

---

lisierung von Aspirationen dokumentiert sich Agency – nicht schon in Effekten auf eine Umwelt. Der deutsche Begriff »Absichten« oder auch der der »Intention« deckt nur einen Bruchteil des Spektrums ab.

[2]   So erhellend wie erheiternd sind die Analysen in Zerubavel, E., *The elephant in the room. Silence and denial in everyday life*, Oxford / New York: Oxford University Press 2006.

2. Eine allzu menschliche Rede von Gott?

Seit Menschen in der Spannung einer Rede *an* und *von* Gott leben, sind sie mit der Frage konfrontiert, ob sie von Gott nicht zu menschlich, ja zu naiv anthropomorph denken. Die Frage nach der Angemessenheit der Rede von Gott begleitet diese Rede von jeher. Nicht umsonst ist diese in verschiedenen Formen schon Teil des kanonischen Gesprächs des Alten und Neuen Testaments. Ohne Zweifel verschärft sich diese kritische Anfrage im Horizont der neuzeitlichen Erkenntnistheorien und vor allem durch die Religionskritik Auguste Comtes, Friedrich Feuerbachs, Friedrich Nietzsches und Sigmund Freuds. Dass von Gott ›menschlich‹ gesprochen wird, d. h. zu behaupten, dass Gott sieht, bewertet, sich zurückzieht, zornig ist, etwas verspricht, dass er seine Meinung ändert, etwas bereut oder gar lernt, wird unter der Rubrik »interessante Pathologie« verbucht.[3]

Die Theologie bzw. die Religionsphilosophie hat auf die Problematik dieser sogenannten anthropomorphen Rede von Gott schon sehr früh mit einer Doppelstrategie reagiert.[4] Sie hat zunächst (zumeist mithilfe philosophischer Mittel) eine privilegierte Beobachterposition zu etablieren versucht. Von diesem epistemischen Hochsitz aus ist dann der theologische Beobachter in der Lage zu sehen, was mit diesem zutiefst anthropomorphen Sprechen *eigentlich* gemeint ist, aber den religiösen Texten und den religiösen Sprechern selbst leider verborgen ist. Die zweite, davon abhängige Strategie ist, sozusagen in einem Akt der milden repressiven Toleranz, die relative Berechtigung dieser Vorstellungen und dieser Sprache in den Räumen spiritueller Praxis, bei Menschen minderer Bildung und geringerer moralischer Veredelung anzuerkennen. Und doch gilt für den Beobachter auf dem Theoriehochsitz: In Wahrheit erschließen diese menschlich-natürlichen Imaginationen nichts über Gott selbst. Diese Haltung theoriegestützter und zugleich angemaßter Überlegenheit ist zurückzuweisen. Bei Licht betrachtet manifestiert sich in ihr die naive Hoffnung, mit der richtigen Theorie ließe sich die Uneigentlichkeit des so menschlich-christlichen Sprechens zugunsten eines reflektierten Begriffsrealismus grundsätzlich überwinden.

Doch auch umgekehrt kann es für ein theologisches Begreifen nicht einfach um ein Nachsprechen dieser anthropomorphen Rede von Gott gehen. Gegenläufig zu dem Bemühen um eine privilegierte Beobachtungsperspektive geht es darum, das zur Sprache zu bringen und zu systematisieren, was *in* und *mit* den personal-menschlichen Ausdrücken von dem lebendigen Gott ausgesagt wird.

---

[3] Eine besondere Herausforderung stellte schon immer die Imagination einer Körperlichkeit Gottes dar. Eine luzide Rekonstruktion der antiken Debatten bietet Markschies, C., *Gottes Körper. Jüdische, christliche und pagane Gottesvorstellungen in der Antike*, München: C.H. Beck 2016.

[4] Der klassisch gewordene, gleichwohl sehr differenzierte Ansatz Philos von Alexandrien wird im Kapitel zur Un/Veränderlichkeit Gottes dargestellt.

Der Versuch der Vermeidung anthropomorpher Vorstellungen führt nicht von sich aus zu einem angemesseneren Gottesverständnis. Jede Rede von Gott bleibt im Raum menschlicher Imagination und Sprache und darin analogiebedürftig. Vielmehr scheint es die hermeneutische Pointe vieler allzu menschlicher Rede von Gott zu sein, dass nur so die Lebendigkeit Gottes erfasst werden kann. Von hier aus sortiert sich dann das Gefüge fundamentaltheologischer Fragestellungen neu, aber auch der gesamte Katalog der theologischen Themen neu.

Die Wiedergewinnung eines trinitarischen Gottesverständnisses in Teilen der Theologie des 20. Jahrhunderts ist zweifellos eine positive theologiegeschichtliche und systematische Voraussetzung einer neuen Wahrnehmung und Artikulation von Gottes Lebendigkeit. Sie führt allerdings nicht mit innerer Notwendigkeit zu einem klaren und differenzierten Erfassen der besonderen Lebendigkeit Gottes. Wie noch zu zeigen sein wird, gehen die Momente der Responsivität, der Affizierbarkeit und des ›Lernens‹ Gottes zumeist über klassisch trinitarische Modellbildungen hinaus bzw. verschieben die Akzente deutlicher in Richtung einer dynamischen Reziprozität zwischen Gott und Welt wie auch zwischen den göttlichen Akteurszentren.

3. Weichenstellungen einer Theologie der Lebendigkeit Gottes

Eine Theologie, die Gottes Lebendigkeit zu artikulieren sucht, wird gegenüber einer sich im langen Schatten der aristotelischen oder der platonischen Philosophie bewegenden Tradition einige theologische Weichen markant anders stellen. Sie wird dies tun, auch dann, wenn sie die relative Berechtigung des Anschlusses an die philosophische Gottesreflexion anstelle eines Anschlusses an die griechische Mythologie anerkennt.[5] Dabei sind es vor allem vier Denkformen, die helfen, Gottes Lebendigkeit zu verstehen und die querstehen zu den Basisannahmen der ›klassischen‹ Tradition: die Einsicht in die *Affizierbarkeit* Gottes, die Beobachtung der *korrigierenden Rekursivität* göttlichen Handelns, das Moment des Eingehens und des Begrenzens des göttlichen *Risikos* und zuletzt das Modell der *Resonanz* und dessen Grenze zur Vergegenwärtigung der lebendigen Beziehung Gottes zur Welt. An dieser Stelle müssen ganz knappe Skizzen genügen, die zugleich offen die Probleme und Grenzlagen dieser Denkformen andeuten. Insofern gilt auch von diesen Weichenstellungen: Es gibt auch in der

---

[5]   Zum Problem Pannenberg, W., »Die Aufnahme des philosophischen Gottesbegriffs als dogmatisches Problem der frühchristlichen Theologie«, in: Pannenberg (Hg.), *Grundfragen systematischer Theologie. Gesammelte Aufsätze*, Göttingen: Vandenhoeck & Ruprecht 1967, 296–346; siehe auch die diesbezüglichen Ausführungen im Kapitel zur Un/Veränderlichkeit Gottes.

Theologie nur problemschaffende Lösungen. In den dieser Einführung folgenden Kapiteln werden sie innerhalb der dogmatischen Themen weiter entfaltet.

a. Affizierbarkeit Gottes

Der trinitarisch zu denkende Gott ist mit der Welt in einem Prozess der Interaktion, in welchem er in Christus und im Geist real von dieser Welt affiziert wird.[6] Ohne von ihr determiniert zu werden, wird Gott berührt, bewegt und verändert. Analysiert man die innere Logik des sog. zweiten Schöpfungberichtes, so lässt sich Gott schon im Prozess der Schöpfung von der Not Adams berühren und zu kreativen, schrittweise das Ergebnis prüfenden Nachjustierungen bewegen (Gen 2,18–25).[7] Die Bereitschaft zur Affizierbarkeit lässt Gott Schmerz empfinden (Hos 11,8–9), lässt Christus von Tränen überwältigt werden (Joh 11,35) und kann dazu führen, dass Menschen den Geist betrüben können (Eph 4,30). Allerdings teilt nicht jede trinitätstheologisch ausgerichtete Theologie notwendigerweise diesen Ansatz einer Affizierbarkeit Gottes. Die Theologie Karl Barths ist ein Beispiel dafür, dass das Bewegtwerden stets von der vorangehenden und übergreifenden Selbstbewegung immer schon aufgehoben wird – auch dann, wenn Barth gegenüber einer statischen Unveränderlichkeit explizit Gottes Lebendigkeit betont.[8] Dagegen beinhaltet ein sachlich angemessenes Verständnis von Gottes Lebendigkeit ein Affiziertwerden, das eben über ein Werden als Selbstbewegung Gottes entschieden hinausgeht.[9]

---

[6]   Die Nähe und Distanz der hier vertretenen Affizierbarkeit Gottes zur Prozesstheologie kann hier nur vermerkt, aber nicht im Detail entfaltet werden. Dies würde ein eigenes Kapitel erfordern.

[7]   Ganz analog steht im sog. ersten Schöpfungsbericht am Ende nicht der Rückzug Gottes aus der Welt, sondern die Ruhe Gottes in der Welt.

[8]   »Wenn es einen kümmerlichen Anthropomorphismus gibt, dann die Zwangsvorstellung von der Unveränderlichkeit Gottes, die es ausschließe, daß er sich durch sein Geschöpf so oder so bestimmen lassen könne! Gott ist wohl unveränderlich, aber unveränderlich in seiner Lebendigkeit, in der Barmherzigkeit, in der er sich seines Geschöpfes annimmt! [... Es ist] der ganz gewöhnliche, schlichte, christliche Glaube, der sich daran hält und darauf pocht, daß Gott ihm gewähren werde, was er bittet, ja, daß er ihm, indem er bittet, das Erbetene schon gewährt hat [sic!].« So exemplarisch im Kontext des Bittgebets Barth, K., *Kirchliche Dogmatik III/4. Die Lehre von der Schöpfung*, Zürich: Evangelischer Verlag 1951, 119 f. Eine Revision dieser Auffassung findet sich beim ganz späten Barth, ohne dass er dies allerdings für die Gotteslehre fruchtbar machte. Siehe Barth, K., *Das christliche Leben. Die Kirchliche Dogmatik IV/4. Fragmente aus dem Nachlaß. Vorlesungen 1959-1961*, Zürich: Theologischer Verlag 1976, 168 f.

[9]   In der Sache formuliert Eberhard Jüngel in seiner heideggerisierenden Paraphrase der Barthschen Gotteslehre klar und deutlich die zu überwindende Alternative: »Sofern das

Zugleich zeigt sich allerdings in der Barthschen Ablehnung einer Bestimmung Gottes von ›außen‹ ein reales und berechtigtes Problem an. Betont man ein reales Affiziertwerden Gottes, dann ist die in den Vordergrund rückende Frage zweifellos, ob dieser sich von der Geschichte der Schöpfung berühren lassende und mit ihr leidende Gott nicht von den Mächten der Destruktion und Gewalt überwältigt werden kann. Die besondere Schwierigkeit in der Rezeption des kanonischen Gesprächs ist, einerseits ein Affiziertwerden und Bewegtwerden Gottes, das heißt eine schwache Form der Einflussnahme, mit einer starken messianischen Hoffnung der Rettung und Neuschöpfung zu verbinden. Gottes Lebendigkeit entspricht nicht nur ein Schaffen und Erhalten einer riskant ko-kreativen Welt.[10] Der schöpferischen Lebendigkeit Gottes entspricht auch ein responsorisches Handeln, d. h. bewertendes und korrektives Begleiten und ein Bewegtwerden des Menschen, das letztlich in eine neuschöpferische Aktivität mündet. Als Überwindung von vielfältigen Mächten der Destruktion und Fehlorientierung, Gewalt und Ungerechtigkeit ist dies ein überaus machtvolles Geschehen der Intervention und der Überwältigung – paulinisch gesprochen: ein Überwinden des Todes (1 Kor 15) und eine Neuschöpfung von Himmel und Erde.[11]

Werden, in dem das Sein Gottes ist, als das dem Sein Gottes *eigene* Werden verstanden ist, bleibt der Satz ›Gottes Sein ist im Werden‹ von vornherein vor dem Mißverständnis bewahrt, als *würde* Gott erst, was er ist, durch seine Beziehung zu Anderem als er selbst. [...] Insofern ist Gott in der Selbstbezogenheit seines Seins im Werden schon im voraus der Unsrige« (Jüngel, E., *Gottes Sein ist im Werden. Verantwortliche Rede vom Sein Gottes bei Karl Barth. Eine Paraphrase*, Tübingen: Mohr 1967, 114 f., Fn. 150. Dies führt mit großer Konsequenz zum Motiv der Wiederholung. »Die Wiederholung ist als Relation Gottes zu uns die Entsprechung zu Gottes Selbstbezogenheit: *analogia relationis*« (a.a.O., 118). Darum gibt es für Karl Barth wie für Eberhard Jüngel in letzter Konsequenz in Gott nichts Neues.

[10]   Zu der tief in den sogenannten ersten Schöpfungsbericht eingeschriebenen, noch unterhalb von menschlicher Handlung und Verantwortung ansetzenden Ko-Kreativität siehe Welker, M., *Schöpfung und Wirklichkeit*, Neukirchen-Vluyn: Neukirchener 1995.

[11]   Zur Frage des stärker anthropologischen oder kosmologischen Verständnisses von Neuschöpfung bei Paulus siehe Vollenweider, S., *Freiheit als neue Schöpfung. Eine Untersuchung zur Eleutheria bei Paulus und in seiner Umwelt*, Göttingen: Vandenhoeck & Ruprecht 1989 versus Mell, U., *Neue Schöpfung. Eine traditionsgeschichtliche und exegetische Studie zu einem soteriologischen Grundsatz paulinischer Theologie*, Berlin: Walter de Gruyter 1989. Zur aktuellen Diskussion und einer exetischen Vermittlungsposition vgl. Jackson, T. R., *New creation in Paul's Letters. A study of the historical and social setting of a Pauline concept*, Tübingen: Mohr Siebeck 2010.

Zum Problem der Verewigung des Leidens und damit der faktischen Ausscheidung dieser rettenden Dimension vgl. die Studie von Faber, R., *Der Selbsteinsatz Gottes. Grundlegung einer Theologie des Leidens und der Veränderlichkeit Gottes*, Würzburg: Echter 1995. Fabers eigene Option ist dann die der Prozessphilosophie. Siehe Faber, R., *Gott als Poet der Welt. Anliegen und Perspektiven der Prozesstheologie*, Darmstadt: Wissenschaftliche Buchgesellschaft 2003.

Die Herausforderung ist also, Gottes Affiziertwerden so zu denken, dass christlicher Glaube nicht hoffnungslos wird, sondern transformativ-rettendes, innovatives Handeln Gottes Gegenstand der Hoffnung bleibt – weil eben Gott sich vom Menschen dem Menschen *zugute* bewegen lässt. Im Geist bleibt Gott der, der in Kraft und Macht seine Herrschaft für den Menschen trotz aller Widerstände aufrichtet. Gott will sich mittels seiner Affizierbarkeit vom Schicksal seiner Bundesgenossen rettend ›mobilisieren‹ lassen.

b. Gott reagiert auf das eigene Handeln

Gott bezieht sich in der Geschichte der Interaktion mit der Welt wahrnehmend, bewertend, korrigierend und überbietend auf sein eigenes Handeln und dessen Folgen in der Freiheitsgeschichte der Schöpfung und seines Bundes. Gottes Handeln ist responsorisch, d. h. korrektiv, reaktiv, überbietend, aber auch innovativ. Man könnte auch sagen intervenierend, abwartend, nachsteuernd und justierend. Wie Gen 2,15–25 vorführt, kann dieses responsorische Handeln geradezu einen experimentellen Charakter annehmen.

Insofern Gott in einem responsorischen Verhältnis nicht nur zu den offenen Geschichten der Welt, sondern auch zu seinem eigenen Handeln steht, wirft ein Ernstnehmen der Responsivität – man könnte auch sagen, dieser rekursiven rück- und vorwärtsweisenden Prozesse – Rückfragen zur potentiellen (Selbst-)Widersprüchlichkeit des Handelns der trinitarischen Akteure auf. Der so alarmierende wie auch die Debatte stoppende Problemtitel heißt: die Person Marcion. Die daueraktuelle theologische Entdeckung des frühchristlichen Häretikers Marcion ist eine stets valide und potente intellektuelle Versuchung im Hintergrund der christlichen Theologie. Sie lautet: Der in Christus gegenwärtig gewordene Gott der Liebe, Barmherzigkeit und Güte kann schlechterdings nicht der Schöpfergott dieser Welt sein. Die Qualität der Handlungen auf diesen beiden Feldern ist so unterschiedlich, dass sie notwendig zwei unterschiedlichen Akteuren zuzurechnen sind. Sie sind in ihrem Wesen so different, dass Christen von zwei Göttern ausgehen müssen. Marcions so brillante wie in der Konsequenz äußerst fragwürdige Einsicht war, dass eine korrektive und umgestaltende Responsivität Gottes zwei charakterlich unterschiedliche Akteure, also zwei Götter erfordert. Diese Versuchung bzw. das in ihr liegende Problem besitzt offenbar eine Daueraktualität.

Nur unter zwei Bedingungen lässt sich in einer Theologie der Lebendigkeit Gottes eine rekursive Responsivität, d. h. eine auf sich selbst zurückweisende,

---

Einen Einblick in prozesstheologische ›Eschatologie‹ bietet Bracken, J. A. (Hg.), *World without end. Christian eschatology from a process perspective*, Grand Rapids, Mich.: William B. Eerdmans Pub. Co. 2005.

reagierende und korrigierende Richtung im Handeln der trinitarischen Akteure festhalten, ohne a) Marcions Fehlschluss zu verfallen und ohne b) die problematischen Antworten der Tradition auf Marcion zu wiederholen:

1. Gott reagiert in Christus und im Geist *nicht* auf eine Realität der geschaffenen Welt, die von ihm selbst *vollständig bestimmt* wird. Die nicht zuletzt auch trinitätstheologisch undifferenzierte Vorstellung, Gott sei ›die alles bestimmende Wirklichkeit‹, ist mutig zu verabschieden. Gott begleitet affirmativ, kritisch und korrektiv Prozesse riskanter Freiheit. Damit reagiert Gott auch auf Prozesse dieser Welt, die nicht oder nicht vollständig seinen Intentionen entsprechen. Teil der Lebendigkeit Gottes und der Interaktion zwischen Welt und Gott ist das Faktum, dass nicht jeder Moment und jedes Ereignis dieser Welt in Gänze den Aspirationen Gottes entspricht und diese ganz ausschöpft. So entsteht eine dynamische Interaktionsgeschichte. Um einen Ausdruck von Hans Jonas zu leihen, entsteht ein komplexes, für Christen trinitarisch zu entfaltendes »Weltabenteuer« Gottes.[12] Aus diesem Grund ist ein Moment von Gottes Handeln stets die Bewertung des eigenen Handelns, d. h. dessen Eingehen in die geschöpflichen Kontexte geschöpflichen Handelns.[13] Ein Festhalten an einer abstrakten Allwirksamkeit Gottes – sei sie auf jedes Einzelereignis bezogen oder auf die alles bedingende und determinierende Schaffung der initialen Rahmenbedingungen – verdunkelt die Einsicht in den responsorisch-korrektiven Widerwillen Gottes und damit den Blick für Gottes Lebendigkeit.

2. Die andere Bedingung, die Marcions luzide Einsicht in die Interaktion in Gott (und für ihn selbst letztlich zwischen den Göttern) vor seinem falschen Schluss bewahrt, ist in einer spezifischen *Prozessualität Gottes* gegeben. Im beständigen und treuen Begleiten und im Erfahren der Welt muss Gott zum Aufrechterhalten seiner Aspirationen sich wandeln und lernen – den Menschen und der Welt zugute. Trinitätstheologisch formuliert, liefert sich Gott weder vollständig in einem kenotischen Prozess der Welt aus, noch verfolgt er als Vater im Sohn und im Geist unverändert das Weltabenteuer. Angesichts des offenen Prozesses der Welt erfordert Gottes Treue und d. h. die *Aufrechterhaltung* seiner Aspirationen einen *Wandel* im Sinne von Innovationen.[14] In der Fluterzählung reagiert Gott auf die Gewalt unter allen Geschöpfen und regiert dann in seiner Reue auf seine eigene Reaktion. Um das Projekt der Schöpfung fortzusetzen, agiert Gott innovativ mit einem Bundesschluss. Die gesamte sogenannte Erzvätergeschichte und dann die Erwählung Israels entfaltet sich in einer dynamischen

---

[12]   Jonas, H., *Der Gottesbegriff nach Auschwitz. Eine jüdische Stimme*, Frankfurt a.M.: Suhrkamp 2004, 20.

[13]   Dies hebt besonders hervor Fretheim, T. E., *God and world in the Old Testament. A relational theology of creation*, Nashville: Abingdon Press 2005.

[14]   Dies betont auch Kooi, C. v. d., »Der heilige Geist. Quelle von Kreativität und Neuheit«, in: *Evangelische Theologie* 78 (5) (2018), 327–338, bes. 330 ff.

Interaktionsgeschichte, in der Gott bewertend, korrigierend, Strategien verändernd seine Aspirationen aufrecht erhält. Rettend interveniert der Geist in selbstzerstörerische Prozesse. So reagiert Christus in den Krankenheilungen auf die nicht tolerierbaren Risiken der Schöpfung. Das Versöhnungshandeln reagiert innovativ auf die selbstzerstörerische Grenzlage der menschlichen Freiheit. In der Auferweckung von den Toten in der Macht des Geistes reagiert Gott mit gesteigerter Kreativität auf das Ereignis des Kreuzes.

Die vielfach aufgespannte Alternative Unveränderlichkeit/Veränderlichkeit Gottes ist daher unzureichend, fehlorientierend und unterkomplex. Man könnte bei diesem Wandel auch von einer Selbstüberbietung der Liebe oder einer Steigerung der schöpferischen Kreativität sprechen.[15] Ganz analog zur evolutionstheoretischen Einsicht in die Notwendigkeit von Plastizität zum Erhalt von Stabilität und Kontinuität ist es Gottes verheißungsreiche und unveränderliche Treue, die eine der Welt und dem Menschen zugute kommende Veränderlichkeit und Innovationsfreudigkeit notwendig macht.

c. Gottes Risiko

Eine Theologie der Lebendigkeit Gottes betritt mit sachlich begründeter Notwendigkeit das mit dem Begriff »Risiko« markierte Problemfeld.[16] Für die traditionelle Metaphysik wie auch für ihre modernen Interpreten ist es ein Ungedanke, dass Gott Risiken eingeht. Eine solche Annahme widerspricht nicht nur allen metaphysischen Eigenschaften Gottes (Allmacht, Allwissenheit, Allwirksamkeit etc.), sondern würde auch in Gott ein Moment der Kontingenz einführen.[17] Die klassische Zurückweisung jeglicher Kontingenz in Gott erzeugte ein an vielen Stellen der Theologie schwelendes Dauerproblem. Das Problem der Kontingenz der Sünde und des Bösen bleibt ein beunruhigendes Moment im Verständnis der Schöpfung, der Erwählung und der Begründung der Christologie,

---

[15]   Siehe hierzu das Kapitel zur spezifischen Vulnerabilität Gottes.

[16]   Für Angaben zu relevanter Literatur und zur Differenzierung des Begriffs des Risikos siehe das Kapitel zum Risiko der Inkarnation. Die aktuelle theologische und soziologische Debatte zum Risikobegriff arbeitet sehr breit und detailgenau auf Christoffersen, M. G., *Living with risk and danger. Studies in interdisciplinary systematic theology*, Kopenhagen: Det Teologiske Fakultet 2017.

[17]   Natürlich bedarf dieses Urteil angesichts der Theologie- und Philosophiegeschichte weiterer Nuancierungen. Traditionell ist in der Gotteslehre das Problem des Risikos weithin versteckt im Problem der Kontingenz. Instruktiv für dieses Problemfeld Dalferth, I. U. / Stoellger, P., *Vernunft, Kontingenz und Gott. Konstellationen eines offenen Problems*, Tübingen: Mohr Siebeck 2000, speziell die Einleitung, a.a.O., 1–33.

um nur einige wenige Felder zu benennen.[18] Doch der Gott, der geschöpflichen Prozessen eine Eigenmacht und Eigenkreativität einräumt und zugleich in Treue seine Aspirationen verfolgt und nicht aufgibt zu begleiten, kann dies beides nur tun, indem er ›unterwegs‹ Risiken eingeht. Natürlich führt dies zu der Frage, die auch im Zusammenhang des Mitleidens Gottes unweigerlich aufbricht: Könnte der Risiken eingehende Gott zu große Risiken eingehen? Könnte der mitleidende Gott auch vom Leiden überwältigt werden? Könnte das Weltabenteuer Gottes nicht tragisch enden? Diese Frage ist offen und ehrlich theologisch zu bearbeiten und zu beantworten. Die Diskussion dieser Frage durchzieht mehrere Kapitel dieses Bandes. Die hier vorgeschlagene, in der Auseinandersetzung mit der Theologie des Leidens Gottes gewonnene Antwort lautet: Nein.

Für eine Theologie, die mit der Tradition und mit dem kanonischen Gespräch im Kontakt bleibt, eröffnen sich mit diesen drei Weichenstellungen neue Perspektiven auf die Dynamiken von Gottes Lebendigkeit. Gegenüber einer gleichmäßigen und flächigen Allgegenwart erschließt sich ein Blick auf eine Dynamik der Gegenwart und Abwesenheit – und dies sowohl in räumlicher, zeitlicher und sozialer Hinsicht. Zentrale ›Ereignisse‹ wie die Inkarnation, das Kreuz, die Auferstehung Jesu Christi, die Himmelfahrt wie auch die Hoffnung auf ein erneutes ›Kommen‹ sind – wie auch immer man das Verhältnis zwischen ihnen theologisch justiert – Prozessmomente einer dynamischen Interaktion zwischen dem lebendigen Gott und seiner sich hoch riskant entwickelnden Welt.

4. Das Modell der Resonanz und seine notwendigen Grenzen

a. Aufgabe von Modellen

Während weite Bereiche der theologischen Tradition Gottes Weltbezug unidirektional im Modell der Kausalität denken und umgekehrt viele gegenwärtige Theologien der leidenden Gottespräsenz letztlich nur unidirektional ein Erfahren und Empfinden Gottes vorstellen, wird in den folgenden Überlegungen ein Modell der Resonanz vorgeschlagen.

---

[18]   Innerhalb der Christologie und der Vorsehungslehre kreist der auf den ersten Blick überflüssig anmutende Streit um ein supralapsarisches oder ein postlapsarischen Verständnis der Inkarnation im Kern um die Frage, ob Gott in der Lage ist, auf die Sünde als unvorhergesehenes Ereignis zu reagieren, oder ob die Menschwerdung »von Ewigkeit her« Gottes Plan ist. Kurz: Es geht um die Frage der Kontingenz im trinitarischen Leben Gottes. Erhellend zu den beiden reformierten Supralapsariern F. Schleiermacher und K. Barth die Studie von Driel, E. C. v., *Incarnation anyway. Arguments for supralapsarian Christology*, New York: Oxford University Press 2008.

Was ist die Stärke der Orientierung an Modellen und speziell an dem Modell der Resonanz? Während die Systematische Theologie sich im letzten Jahrhundert stark auf die Rezeption von Theorien und die Verwendung von *Begriffen* konzentrierte – man denke nur an die Debatten um die Theologie Rudolph Bultmanns und deren Rezeption der Philosophie Martin Heideggers – wird im Folgenden eine Orientierung an einem *Modell* vorgeschlagen.[19]

Theologie denkt als wissenschaftliche Theologie nicht nur in und mit Begriffen und Metaphern, sondern stets auch *in* und *mit* Modellen. Diese Modelle können mehr oder weniger in philosophischen oder soziologischen Theorien beheimatet sein. Trotz dieser Primärverortung erlauben Modelle Übertragungen *zwischen* Wissensgebieten und hierin die gezielte kreative Erschließung neuen Wissens in dem neuen Übertragungsbereich. In vielen Feldern der Naturwissenschaften sind Modellbildungen Ausgangspunkt gezielter Hypothesenbildung. Auch in den Geistes- und Textwissenschaften, aber nicht zuletzt auch in der Theologie, organisieren sie die Wahrheitssuche im Graubereich zwischen Erfindung und Findung, indem sie die Spannung zwischen beidem bearbeitbar machen und in Gestalten der Operationalisierbarkeit überführen. Modelle verbinden einzelne Elemente, legen Typen und Qualitäten von Relationen nahe und enthalten nicht zuletzt eine spezifische ›Ontologie‹. Modelle bringen bekanntes und nicht bekanntes Wissen in ein distinktes Relationengefüge.

Was ist der Sinn und das Ziel dieser Auseinandersetzung mit Modellen in der Entfaltung von Gottes Lebendigkeit? Sind dies, so mag eine ausschließlich an der Semantik der biblischen Schriften ausgerichtete Theologie fragen, für eine Theologie der Lebendigkeit Gottes nicht überflüssige Suchbewegungen? Diese Frage ist entschlossen mit Nein zu beantworten. Allerdings kann in der Auseinandersetzung mit außertheologischen Theorien die evangelische Theologie offensichtlich sehr verschiedene Absichten verfolgen. Für die hier vorgetragenen Überlegungen ist darum zunächst die *Aufgabe* der Orientierung an außertheologischen Theorien und Modellen knapp zu vergegenwärtigen.

b. Konstruktivismus und operativer Realismus

Die Ausführungen in diesem Band versuchen, so der Anspruch, biblisch theologische Impulse, dogmatische Traditionen, eine bewusste Modell- und Theorieorientierung und nicht zuletzt eine ökumenische Offenheit mit einem kon-

---

[19]   Zur Stellung und Funktion von Modellen in verschiedenen Wissenschaften siehe exemplarisch Thalheim, B. / Nissen, I. (Hgg.), *Wissenschaft und Kunst der Modellierung. Kieler Zugang zur Definition, Nutzung und Zukunft*, Berlin: De Gruyter 2015; Balke, F. / Siegert, B. / Vogl, J. (Hgg.), *Modelle und Modellierung*, Paderborn: Fink 2014; Wendler, R., *Das Modell zwischen Kunst und Wissenschaft*, München / Paderborn: Fink 2013.

struktiv-theologischen Anliegen zu verbinden. Wie lässt sich diese Arbeit der Theologie, kritisch wie konstruktiv von außen betrachtet, beschreiben und transparent machen? Was ›sieht‹ ein kulturwissenschaftlich orientierter Philosoph, wenn er diesen Typ von Theologie beobachtet? Was sieht die Theologin oder der Theologe, wenn sie oder er sich solchermaßen selbst über die Schulter schaut?

In der kritischen (Selbst-)Beobachtung und einer Suche nach einer konstruktiven Orientierung für die theologische Arbeit hat sich die philosophische Vorstellung der Weltenkonstruktion als überaus hilfreich erwiesen. Betrachtet man die theologische Arbeit und insbesondere die Arbeit Systematischer Theologie von ›außen‹, d. h. beispielsweise kulturwissenschaftlich, literaturwissenschaftlich oder auch wissenssoziologisch, so kann man zum Verständnis der hermeneutischen Prozesse auf den Harvarder Philosophen Nelson Goodman zurückgreifen.

Mit dem Goodmanschen ›optischen Instrumentarium‹ lässt sich beobachten, dass in der Systematischen Theologie und der konstruktiven protestantischen Dogmatik im Vorgang des *fides quaerens intellectum* eigene Text-Welten gebaut werden, die aus einer Vielfalt anderer Welten entstehen. Aus der Sicht anderer Fachdiskurse, d. h. ›von außen‹ betrachtet, oder auch in einer kulturwissenschaftlichen Selbstbeobachtung der Systematischen Theologie, erscheint die theologische Denkbewegung als ein wahrheitssuchender Prozess, auf den durchaus auch die Beschreibung Goodmans zutrifft: Eine theologische ›Orientierungswelt‹ entsteht durch a) Komposition und Dekomposition, b) ein Neugewichten und Umakzentuieren, c) ein Ordnen und Umordnen, d) durch Löschen und Ergänzen und nicht zuletzt e) durch ein Deformieren anderer ›Welten‹.[20] Dieses Konstruieren vollzieht sich in einer je aktuellen Gegenwart mit ihren je eigenen Problem-, Relevanz- und Theoriehorizonten, im Gespräch mit den Theologien der Tradition und nicht zuletzt in der Auseinandersetzung mit den biblischen Texten. Die Konstruktion der neuen Textwelt darf nicht mit einem unverbindlichen Spiel mit Wissensfragmenten verwechselt werden. Die Konstruktion ist vielmehr notwendiges Medium der Wahrheitssuche und Wahrheitsgewinnung. Nicht unwesentlich ist dabei die Wahrnehmung bzw. die idealtypische Konstruktion von validen Alternativen und das Gespräch mit diesen Alternativen. Ohne Zweifel ist dieses gegenwärtige Verstehen des Glaubens (im

---

[20]   Goodman, N., *Weisen der Welterzeugung*, Frankfurt a.M.: Suhrkamp 1984, 13–37. Zum Ansatz Goodmans siehe die Diskussionen in McCormick, P. (Hg.), *Starmaking. Realism, antirealism, and irrealism*, Cambridge, Mass.: MIT Press 1996; und die Analysen in Steinbrenner, J. (Hg.), *Symbole, Systeme, Welten. Studien zur Philosophie Nelson Goodmans*, Heidelberg: Synchron 2005.

Sinne eines *genitivus subjectivus* und eines *genitivus objectivus*) nicht möglich ohne eine Inanspruchnahme der menschlichen Imagination.[21]

Auch schon in dieser relativierend-vergleichenden Außenperspektive auf den Vollzug konstruktiver Systematischer Theologie darf allerdings die *Pragmatik* nicht übersehen werden: Wenn die theologische Denkbewegung des *fides quaerens intellectum* von außen beobachtet wird, dann geht es intern dennoch um die aktuelle Pflege eines spezifischen, nicht nur historischen, sondern auch gegenwärtig lebendigen Symbolsystems. Systematische Theologie ist als Dogmatik in diesem Sinne die verantwortliche Pflege, d.h. die Selbstbeobachtung und die kritische Prüfung der Sachgemäßheit, der Umweltadaptation und nicht zuletzt der Entwicklungsmöglichkeiten des christlichen Symbolsystems, das letzten Endes Gottes Lebendigkeit symbolisieren soll. Systematische Theologie zielt so auf die Gestaltung und Verarbeitung der ›Resonanzsensibilität‹ innerhalb der Theologie in einer sich stets wandelnden Umwelt.[22]

Diese selbstkritische Pflege des christlichen Symbolsystems unterstellt *sich selbst* stets eine theologische und darin stets eingeschlossen auch eine soziokulturelle Problemdiagnose, auf die hin orientierend und problemlösend gearbeitet wird. Genau dies macht die unausweichlich normative Seite der Theologie aus. Von dieser Last der verantwortlichen Steuerung ist der Religionswissenschaftler im Unterschied zum Theologen befreit. Er kann den möglichen ›Schiffbruch‹ der religiösen Praxis gelassen als Zuschauer vom Ufer aus beobachten und aus den angeschwemmten Planken des zerbrochenen Schiffes den nächsten Forschungsantrag zimmern.[23] Dem wirklichen Theologen, der sich auf den lebendigen Gott und die reale Kirche einlässt, ist dieser entspannte Blick nicht vergönnt.

Ohne Zweifel stellt die Dogmatik – auch in aller biblisch-theologischen Orientierung und auch in aller Rede *von* Gott – im Unterschied zur verbreiteten Rede *über* die Rede *von* Gott eine imaginative Rekonstruktion und Konstruktion dar und bleibt stets interpretierend. Dennoch unterstellt sie sich mit guten Gründen – wie jede seriöse wissenschaftliche Erkenntnisbemühung – zur kognitiven Selbstkontrolle operativ, d.h. im Vollzug der Forschung, die Unterscheidung von ›Datum‹ und ›Interpretation‹, von ›Findung‹ und ›Erfindung‹, systemischer Fremdreferenz und Selbstreferenz. Nur so kann die Widerstän-

---

[21]   Friedrich Schleiermacher spricht an diesem Punkt von dem divinatorischen Element der Theologie. Siehe Schleiermacher, F., *Kurze Darstellung des theologischen Studiums zum Behuf einleitender Vorlesungen*, Darmstadt: Wissenschaftliche Buchgesellschaft 1969, § 202.

[22]   Zu dem Zusammenhang von Symbolsystem und normativer Pflege Thomas, G., »Die Aufgabe der Evangelischen Theologie im Ensemble universitärer Religionsforschung. Eine Zumutung«, in: *Zeitschrift für Dialektische Theologie / Beiheft* 28 (2) (2012), 4–28.

[23]   Zur Metapher siehe Blumenberg, H., *Schiffbruch mit Zuschauer. Paradigma einer Daseinsmetapher*, Frankfurt a.M.: Suhrkamp 1979.

digkeit der Realität, auch der religiösen ›Realität‹ in der wissenschaftlichen Konstruktion wahrgenommen und produktiv verarbeitet werden.

Die daraus resultierende realistische Rede von Gottes Lebendigkeit ist jedoch nicht naiv realistisch. Sie weiß, dass jeder Beobachter zweiter Ordnung, der diese Art Theologie zu treiben kritisch beobachtet, die Relativität der getroffenen Unterscheidungen und die Relativität der Wirklichkeitsannahmen sehen kann. Nur gilt dies auch für diesen z. B. historisierenden oder philosophischen Beobachter. Auch er kann nicht vermeiden, sich selbst operativ einen Realismus zu unterstellen und doch auch zugleich wiederum von anderen, z. B. wissenssoziologischen Beobachtern in seiner Kontingenz relativiert zu werden. Vereinfacht formuliert: Den praktischen Konstruktivismus in der Erkenntnissuche sieht man immer bei den anderen und unterstellt sich selbst, die Dinge zu sehen ›wie sie sind‹.

Innerhalb des Raumes der Theologie vollziehen die historisch ausgerichteten Disziplinen bei der Unterscheidung von Datum und Interpretation – so mein Vorschlag – eine Wiederholung der Unterscheidung, d. h. ein Re-Entry, auf der Seite des Datums. Dagegen vollzieht die Systematische Theologie die Wiederholung der Unterscheidung von Datum und Interpretation, d. h. das Re-Entry auf der anderen Seite der Unterscheidung, eben auf der Seite der Interpretation. Dennoch muss sich, und dies ist an dieser Stelle wert wiederholt zu werden, auch die Interpretation eine zu interpretierende Realität unterstellen. Ich möchte dies darum einen operativen Realismus nennen. Er unterscheidet sich klar von Formen eines klassisch-metaphysischen, aber auch von Formen eines lebensweltlich-naiven Realismus.[24] Systematische Theologie ist darum stets beides: ein Abenteuer der Konstruktion und zugleich die operativ realistische Suche nach einer wahren und Gott entsprechenden Gotteserkenntnis.

Doch diese Kombination aus Konstruktivismus und operativem Realismus ist letztlich eine Außenbeschreibung, die noch keine spezifisch theologische Beschreibung des Erkenntnisprozesses ist. Holt die Theologie diese Außenbeschreibung in die interne theologische Beschreibung ein, so führt dies zu einer spezifischen Notlage. Die Theologie weiß sowohl um die Relativität ihrer Konstruktionen und weiß, dass sie sich operativ einen Realismus unterstellen muss. Sie muss realistisch von Gott reden und weiß doch – um den konstruktiven Charaker ihrer Rede von Gott wissend – um die Relativität und letztlichen ›Unmöglichkeit‹ dieser Rede.[25] Diese Konstellation führt zu einem spezifisch

---

[24]   Als eine Interpretation des Ansatzes Karl Barths vorgeschlagen in Thomas, G., »Karl Barths pneumatologischer Realismus und operativer Konstruktivismus«, in: Thiede (Hg.), *Karl Barths Theologie der Krise heute. Transfer-Versuche zum 50. Todestag*, Leipzig: Evangelische Verlagsanstalt 2018, 87–101.

[25]   Zum analogen Problem vgl. Barth, K., »Das Wort Gottes als Aufgabe der Theologie (1922)«, in: Barth (Hg.), *Vorträge und kleinere Arbeiten, 1922–1925 (Gesamtausgabe III)*,

pneumatologischen Realismus. Im Rahmen eines auf den Geist Gottes verweisenden Realismus ist es letztendlich dieser der Geist selbst, der auf vielgestaltige Weise eine Bewährung herbeiführt und die Referentialität der menschlichen Konstruktionen ›sichert‹.

In diesem konstruktiven Verstehensprozess muss die protestantische Systematische Theologie Begriffe, Metaphern und Modelle in Anspruch nehmen.[26] Beansprucht die Dogmatik, eine Orientierungsleistung für die Kirche der Gegenwart zu erbringen und in eine spezifische Zeit und Welt zu sprechen, so muss sie auch – wenngleich realistischerweise hochselektiv – die wissenschaftlichen Rationalitäten und die multisystemische Verfasstheit der gegenwärtigen Gesellschaft wahrnehmen und adressieren. Zur Debatte steht also nicht, ob, sondern nur mit welcher Funktion und aus welchen Herkunftsgebieten die außertheologischen Theorien rezipiert werden.[27]

Eine konstruktive Theologie, die Gottes Lebendigkeit zu artikulieren sucht, wird nicht auf eine Fundierung theologischer Aussagen in und durch diese Theorien abzielen. Dass sich Gott selbst vergegenwärtigt und evident macht, ist ein wesentliches Moment seiner Lebendigkeit, ja seiner ›Agency‹. Es geht in der theologischen Rezeption philosophischer oder soziologischer Theorien in diesem Band aus diesem Grunde nicht um eine versteckte Apologetik, nicht um irgendeine Fundierung oder um den Versuch eines gesicherten Anschlusses an die eine Vernunft.[28] Dieser Versuchung darf die Theologie speziell in der Frage nach Gottes Lebendigkeit nicht erliegen. Vielmehr dienen die aus den nicht-theologischen Theorien stammenden Modelle und Begriffe der Theologie in deren eigener konstruktiven Suche nach Transparenz und Verstehbarkeit. Sie werden

---

Zürich: Theologischer Verlag 1990, 144–175; Barth, K., »Schicksal und Idee in der Theologie«, in: Barth (Hg.), *Vorträge und kleinere Arbeiten 1925–1930 (Gesamtausgabe III)*, Zürich: Theologischer Verlag 1994, 344–392.

[26] Die Faktizität des Lehramtes, die spezifische Gestalt des Dogmas und die damit gegebenen besonderen Bindungen und Freiheitsgrade der katholischen Dogmatik erzeugen für diese ein anderes epistemisches Dispositiv. Darum soll im Folgenden einschränkend nur von der protestantischen Systematischen Theologie gesprochen werden.

[27] Wenig strittig dürfte sein, dass die Theologie Karl Barths einen Versuch darstellt, jegliche Vermischung von Theologie und außertheologischer Theorie zu vermeiden und ausschließlich mit theologieeigenen Modellen epistemische Fragen anzugehen. Barth zeigt faktisch, wie hoch bei allen Stärken dieses Ansatzes die damit verbundenen ›Kosten‹ sind.

[28] Für luzide und kritische Beobachtungen zu den theologischen Begründungsprogrammen siehe Stout, J., *The flight from authority. Religion, morality, and the quest for autonomy*, Notre Dame: University of Notre Dame Press 1981; Stout, J., *Ethics after Babel. The languages of morals and their discontents*, Boston: Beacon Press 1988; Bergmann, M., »Foundationalism«, in: Abraham/Aquino (Hgg.), *Oxford Handbook of the Epistemology of Theology*, Oxford: Oxford University Press 2017, 253–273.

darin ein Moment der Bewegung des *fides quaerens intellectum*. Mit dieser
›Schließung‹ der Theologie hinsichtlich externer Begründungen werden die
Anschlüsse an andere Disziplinen und Diskursfelder nicht gekappt, sondern eben
durch diese Kombination aus modellorientierter Offenheit und sachlicher Konzentration eben entwickelt und etabliert.

Vor diesem Hintergrund erscheint das immer noch vielfach verfolgte Modell,
mit *einer* spezifischen Theorierezeption den christlichen Wahrheitsanspruch und
grundlegende Inhalte des christlichen Glaubens darzulegen, wenig überzeugend.
Dieses Vorgehen ist ja stets mit der Hoffnung verbunden, z.B. im Rahmen von
Johann Gottlieb Fichte, Charles Peirce, Georg Wilhelm Friedrich Hegel, Aristoteles oder Niklas Luhmann Begründungslasten der Theologie zu bearbeiten und
hierdurch kulturelle Plausibilitätsgewinne einfahren zu können. Die Hoffnung,
dass man hierdurch den Anschluss an ›die Vernunft‹ gewinnen und so die Torheit
in Weisheit verwandeln könne, wird hier nicht geteilt. Dennoch: Die Theologie
denkt mit Begriffen, Metaphern, Modellen und Theorien in ihrem Werkzeug-
kasten. Diese Werkzeuge befördern, so die Hoffnung, ein transparenteres Denken, das gute Gründe findet, ohne letzte Gründe zu suchen.[29] Selbstverständlich
sucht die Theologie in all ihrer Sachbezogenheit auf den lebendigen Gott nach
Kohärenz und Plausibilität. In den folgenden Ausführungen wird daher für eine
funktionale und instrumentelle Rezeption plädiert, nicht für eine letztbegrün-
dende. Die Theorie oder Theorieelemente sind dann Werkzeuge der Explikation
der Lebendigkeit Gottes und nicht der Rahmen, der hoch selektiv auf den kanonischen Symbolbestand einwirkt. Nur eine instrumental-erhellende Rezeption
vermeidet die weitverbreitete, nicht durch die Sache selbst, sondern durch die
Theoriemittel erzeugte Selektivität des Sag- und Denkbaren: »Das kann man im
Rahmen der Erkenntnisse von XY nicht mehr sagen, nicht mehr denken!«

Selbstverständlich darf diese Verpflichtung zum ›Sagbaren‹ nicht die Einsicht verschütten: Jedes Instrument, das Sicht und Einsicht ermöglicht, erzeugt
unvermeidlich auch eigene Blindheiten – um die man grundsätzlich wissen kann,
die man aber nicht selbst ›sehen‹ kann. Darum bleibt Theologie stets ein dialo-
gisches und darin letztlich selbstkritisches und multiperspektivisches Unter-
nehmen. Auch eine Inanspruchnahme idealistischer, systemtheoretischer und
prozessphilosophischer Denkfiguren schützt nicht vor Blindheit.

---

[29]   In diesem Sinne sind die folgenden Erwägungen Teil eines »non-foundationalist ap-
proach« – ohne deshalb irrational zu sein. Siehe Putnam, H., *Meaning and the moral sciences*,
London: Routledge Kegan Paul 1978; Dalferth, I. U., *Die Wirklichkeit des Möglichen. Hermeneutische Religionsphilosophie*, Tübingen: Mohr Siebeck 2003.

c. Resonanz

Für eine Beschreibung von Gottes Lebendigkeit ist nun das mit dem Begriff *Resonanz* angezeigte Modell von großer Bedeutung. Mit Resonanz ist ein spezifisches Modell von Beziehungen zwischen selbständigen Entitäten angesprochen. In den folgenden Kapiteln wird die Beziehung zwischen dem lebendigen Gott und dieser Welt – nicht nur, aber doch über weite Strecken – als eine Resonanzbeziehung beschrieben. Dieses Modell verspricht, von Seiten der Systematischen Theologie wieder einen Zugang zu Vorstellungen und Erzählungen der Hebräischen Bibel und des Neuen Testaments zu gewinnen. Darum gilt es, dieses Modell in seinen Grundzügen, aber auch seinen Grenzen, mit einigen wenigen Pinselstrichen zu skizzieren.[30] Das an dieser Stelle vorgeschlagene Modell der Resonanzbeziehungen verdankt sich sachlich systemtheoretischen Beschreibungen von sogenannten Intersystembeziehungen zwischen autopoietisch geschlossenen und hierin offene (sic!) Systemen.[31]

Resonanzbeziehungen sind nicht unidirektional und kausal-determinierend. Sie ereignen sich zwischen zwei relativ eigenständigen Entitäten. Diese wirken nicht direkt aufeinander ein, sondern können sich nur – bildhaft gesprochen – in ihrer Eigenschwingungsfähigkeit, d.h. in ihrer jeweiligen Selbstorganisation anregen. Von ›außen‹ können die entsprechenden Entitäten keine direkten kausalen Effekte erzielen, sondern nur Anpassungen bzw. Neuanpassungen an die Umweltimpulse evozieren.

---

[30] Die in ihrer Syntheseleistung verdienstvolle Studie von Rosa, H., *Resonanz. Eine Soziologie der Weltbeziehung*, Berlin: Suhrkamp 2016, leidet darunter, die Theorie der Resonanz als normative Theorie mit einem Heilsversprechen zu verbinden und das Modell ubiquitär, ja inflationär auszuweiten. Dies zeigen nicht zuletzt auch die Diskussionen in Peters, C. H. / Schulz, P. (Hgg.), *Resonanzen und Dissonanzen. Hartmut Rosas kritische Theorie in der Diskussion*, Bielefeld: transcript 2017; Wils, J.-P. (Hg.), *Resonanz. Im interdisziplinären Gespräch mit Hartmut Rosa*, Baden-Baden: Nomos 2018; für den romantischen Hintergrund siehe Taylor, C., »Resonanz und Romantik«, in: Peters / Schulz (Hgg.), *Resonanzen und Dissonanzen. Hartmut Rosas kritische Theorie in der Diskussion*, Bielefeld: transcript 2017, 249–270; zur religiösen Zweitcodierung Witte, S., »In Liebe gebor(g)en. Heilsversprechen der Resonanz als Symptom für das Unbehagen an der Kultur. Psychoanalytisch-kulturtheoretische Anmerkungen«, in: Peters / Schulz (Hgg.), *Resonanzen und Dissonanzen. Hartmut Rosas kritische Theorie in der Diskussion*, Bielefeld: transcript 2017, 291–307; typisch für eine Resonanztheorie, die auf eine »theory of everything« zielht, Cramer, F., *Symphonie des Lebendigen. Versuch einer allgemeinen Resonanztheorie*, Frankfurt a.M. / Leipzig: Insel 1996.

[31] Obwohl Hartmut Rosas Theorie der Resonanz gezielt ›gegen‹ die Systemtheorie Luhmannscher Provenienz gebaut ist, ergeben sich viele Überschneidungen in der modellhaften Ausgestaltung. Rosas grundlegende Unterscheidung zwischen analogen, synchronen und responsorischen Resonanzen ist allerdings systemtheoretisch nur bedingt anschlussfähig. Siehe Rosa, H., *Resonanz. Eine Soziologie der Weltbeziehung*, 2016, 283.

Dies führt dazu, dass sich in Resonanzverhältnissen die verschiedenen Entitäten nur in ein relatives und bedingt wechselseitiges Abstimmungsverhältnis begeben können. Resonanzbeziehungen bleiben wechselseitig und sind nie einseitig, dies unterscheidet sie von klaren Kausalbeziehungen. Weder strikt konstituierende Kausalbeziehungen noch Spiegelungen im Sinne eines Echos oder eines Gleichklangs erfassen Resonanzbeziehungen. Systemtheoretisch gedacht, sind die Resonanzen in einem System, bzw. in der anderen Entität auch nicht notwendig von außen sichtbar.[32] Resonanzbeziehungen sind notwendig in irgendeiner Weise reziprok, wenngleich sie nicht notwendig symmetrisch reziprok sein müssen. Die Wechselseitigkeit muss also nicht mit einer Symmetrie der systemischen Möglichkeiten einhergehen.[33] Auch prinzipiell asymmetrische Beziehungen können Resonanzbeziehungen sein.

Ein Aspekt des Nicht-Determinierenden ist, dass ein Ereignis in der Umwelt zweier Systeme in diesen unterschiedliche oder gar gegenläufige Reaktionen auslösen kann. Darum ist es in Resonanzbeziehungen so schwierig, den anzuregenden Entwicklungen eine Richtung zu geben. Das externe Ereignis in der Umwelt der Systeme löst – dies ist sozusagen die Minimalreaktion – irgendwie neue Selbstbeschreibungen und Selbstevaluationen aus, je nachdem, ob und inwieweit das Ereignis oder die Ereignisserie in die Erwartungen an die Umwelt passt. Diese Neubeschreibungen können, aber müssen nicht in interne Umbauten von Strukturen, Prozessen oder Elementen führen. Das Ereignis muss in die Sachorientierung, in die Zeitsystematik und letztlich in die basale Ontologie des jeweiligen Systems verwandelt werden.

Resonanzverhältnisse können in ihrer Ausbreitung einen mehrstelligen, kaskadenhaften Effekt haben. So kann beispielsweise die Politik auf eine Demonstration als Ereignis der Zivilgesellschaft reagieren, dies löst eine Reaktion auf Seiten der Medien aus, darauf können dann wieder Wissenschaft und Bildung reagieren und am Ende auch die Religion. Resonanzen reflektieren daher zumeist mehrstellige Relationsnetze – nicht Eins-zu-eins-Beziehungen.

Wichtig ist die Einsicht, dass es in Resonanzverhältnissen digitale Schwellenpunkte gibt, die in graduelle, d. h. analoge Prozesse eingelagert sind. So unvermeidlich Resonanzreaktionen grundsätzlich sind, so klar müssen Resonanzmöglichkeiten auch abgeblendet werden. Um zu überleben, müssen Systeme, seien es biologische, kognitive, soziale oder psychische Systeme, von ihrer

---

[32]   Dagegen unterstellt der phänomenologisch und psychotherapeutisch justierte Resonanzbegriff einen Prozess der Anverwandlung und wachsenden Kongruenz von Denken und Fühlen. Rosa, H., *Resonanz. Eine Soziologie der Weltbeziehung*, 2016, 285 ff.

[33]   Die Wechselseitigkeit der Gottesbeziehung bzw. der Weltbeziehung Gottes betont Moltmann, J., *Trinität und Reich Gottes. Zur Gotteslehre*, München: Kaiser 1980, 113 f.

Umwelt nicht nur, aber auch abschließen.[34] Systemtheoretisch ist daher Resonanz im Problemfeld einer auf den ersten Blick paradoxen systemischen Offenheit durch Geschlossenheit anzusiedeln. Die operative Schließung ist die Voraussetzung für die Offenheit lebender Systeme. Ein System darf und kann nicht auf jeden Impuls und jedes Ereignis in der Umwelt Eigenresonanzen erzeugen. Die relative Steuerung, d. h. aber auch die Unterdrückung, das Ignorieren von Responsivität ist darum essentiell. Doch irgendwann wird in den Augen des Beobachters (d. h. des Dritten, nicht notwendig in der Beobachtung der betroffenen Entitäten), ein Schwellenpunkt erreicht, jenseits dessen das beobachtete System irgendwie mit Eigenresonanzen ›reagieren‹ muss. Was der Beobachter als ›Schwellenpunkt‹ identifiziert, ist der Moment, von dem an für das System das nicht-negierbare Ereignis in seiner Umwelt erst ›existiert‹. Resonanzbeziehungen können daher auch nicht einfach auf Absichten zurückgerechnet werden. Ereignisse, die niemand beabsichtigt hat, können Resonanzen auslösen, die niemand beabsichtigt hat.

Allerdings wäre es verfehlt, anzunehmen, dass Resonanzbeziehungen immer positive und förderliche Beziehungen sind. Destruktive und irritierende Umwelteinflüsse können jenseits der Schwelle des Negierbaren beachtliche Irritationen auslösen und für ihre Verarbeitungen große Ressourcen binden. Nicht förderliche, sondern zersetzende Umgebungen binden auch dann, wenn sie nicht determinieren, ein erhebliches Maß an Aufmerksamkeit.

In all diesen Beobachtungen gilt es aber auch in Erinnerung zu rufen: Nicht alle Beziehungen Gottes zur Welt sind Resonanzbeziehungen. Ebensowenig sind alle responsorischen Verhältnisse – man denke beispielsweise an klar definierte Tauschbeziehungen – notwendig Resonanzverhältnisse, obwohl umgekehrt alle Resonanzverhältnisse zweifellos responsorische Verhältnisse sind. Sich in einer Wechselseitigkeit der Interaktion entfaltende Beziehungen können grundsätzlich

---

[34]   Im Kontext der Systemtheorie formuliert: »Beschreibt man die Gesellschaft als System, so folgt aus der allgemeinen Theorie autopoietischer Systeme, daß es sich um ein operativ geschlossenes System handeln muss. Auf der Ebene der eigenen Operationen gibt es keinen Durchgriff in die Umwelt, und ebensowenig können Umweltsysteme an den autopoietischen Prozessen eines operativ geschlossenen Systems mitwirken. [...] Operative Geschlossenheit hat zur Konsequenz, daß das System auf Selbstorganisation angewiesen ist. [...] Die eigenen Strukturen können nur durch eigene Operationen aufgebaut und geändert werden – also zum Beispiel Sprache nur durch Kommunikation und nicht unmittelbar durch Feuer, Erdbeben, Weltraumstrahlungen oder Wahrnehmungsleistungen des Einzelbewußtseins« (Luhmann, N., *Die Gesellschaft der Gesellschaft*, Frankfurt a.M.: Suhrkamp 1997, 92 f.); Luhmann, N., *Soziale Systeme. Grundriss einer allgemeinen Theorie*, Frankfurt a.M.: Suhrkamp 1988.

auch Kausalbeziehungen sein, ohne die Offenheit und Indeterminiertheit von Resonanzbeziehungen.[35]

d. Die theologische Grenze des Modells der Resonanz

So zentral das Modell der Resonanz für die Erfassung von Gottes Lebendigkeit ist, so begrenzt ist es an mehreren entscheidenden Punkten. Es ist die Anwendung des Modells auf das biblisch-theologische und dogmatische Material, was die relative Grenze des Modells hervortreten lässt. Theologisch formuliert sind Resonanzbeziehungen solche, in denen der dreieinige Gott nicht ohne die Seinen, d. h. nicht ohne die Gemeinde – und, grundsätzlich formuliert, nicht ohne die Menschen und ihre Welt – sein und handeln möchte.

Es ist der Geist Gottes, in dem Gott die intime Nähe des Menschen sucht und zugleich dem Menschen dessen Nähe zu Gott bezeugt. »Der Geist gibt Zeugnis unserem Geist, dass wir Gottes Kinder sind« (Röm 8,16). So ist und war die Pneumatologie der Ort, an dem speziell die protestantische Theologie die menschliche Mitarbeit an den Werken Gottes formuliert und hierin gegen einen abstrakten Supranaturalismus argumentiert hat.[36] Mit der Rede vom Geist Gottes wird die Theologie nicht gespenstisch, sondern realistisch, geradezu empirisch. All diese Einsichten in die Mitarbeit des Menschen und in die geistgewirkte Inanspruchnahme des Menschen können sehr mit dem Modell von Resonanzbeziehungen erfasst und entfaltet werden.[37] Nicht zuletzt steht der Geist Gottes in den Menschen nicht in einer zwingenden, sondern einer ermächtigenden und bewegenden Resonanzbeziehung zum menschlichen Geist und der menschlichen Leiblichkeit.

---

[35]   Beispielsweise sind die Bewertungsformeln in Gen 1 solche, die nicht einfach ein quasi narzisstisches Eigenlob des Schöpfers aussprechen, sondern eine Bewertung einer offenen responsorischen Konstellation vornehmen. Fretheim, T. E., *God and world in the Old Testament. A relational theology of creation*, Nashville: Abingdon Press 2005.

[36]   Im Horizont der Theologie Karl Barths vgl. Krötke, W., »Gott und Mensch als ›Partner‹. Zur Bedeutung einer zentralen Kategorie in Karl Barths Kirchlicher Dogmatik«, in: Krötke (Hg.), *Barmen – Barth – Bonhoeffer. Beiträge zu einer zeitgemäßen christozentrischen Theologie*, Bielefeld: Luther-Verlag 2009, 109–130. Dieses Motiv der Partnerschaft und Inanspruchnahme verbindet die Pneumatologien Jürgen Moltmanns und Michael Welkers. Die katholische Theologie sieht die intensive Partnerschaft zwischen Gott und Mensch primär im Amt des Bischofs und der Priester, in dem sich eine exklusive Nähe zu Gott manifestiert.

[37]   Zum zentralen Motiv der Inanspruchnahme für das Reich Gottes in der Taufe siehe Thomas, G., *Was geschieht in der Taufe? Das Taufgeschehen zwischen Schöpfungsdank und Inanspruchnahme für das Reich Gottes*, Neukirchen-Vluyn: Neukirchener Verlag 2011.

Das epistemische und handlungstheoretische Modell der Resonanz ist, soviel kann schon festgehalten werden, von großer systematischer Bedeutung für die Entfaltung von Gottes Lebendigkeit. Seine Übergeneralisierung führt jedoch in verhängnisvolle Fehlorientierungen. Sie verführt die Theologie dazu, Gott ganz in diese Partnerschaft mit dem Menschen innerhalb und außerhalb der Kirche aufzulösen und so letztlich von der menschlichen Mitarbeit abhängig zu machen. In letzter Konsequenz führt dies zu einer Reduktion der Macht Gottes auf die Möglichkeiten des Menschen.

Der christliche Glaube und speziell der evangelische Glaube hält an zentralen Punkten an einer in die Grenzlagen der resonanzlosen Einseitigkeit führenden Gottesbeziehung fest. Dass der lebendige Gott die Dynamiken der Resonanz missachtet, ist stets ein dem Menschen zugutekommendes Ereignis. Die Theologie der Reformatoren bestreitet, dass angesichts der Sünde des Menschen die Gottesbeziehung ohne eine unilaterale und disruptive Rechtfertigungshandlung erneuert werden kann. Auch die Auferweckung Jesu Christi von den Toten in der Macht des Geistes ist kein Resonanzereignis zwischen dem Sohn und dem Geist, denn auch der Sohn ›beteiligt‹ sich nicht irgendwie an der Auferweckung.[38] Der Übergang vom Leben in den Tod ist keine Resonanzbeziehung. Die strikte Abwesenheit menschlicher Zeugen markiert diese radikale Einseitigkeit. Der Mensch ist noch nicht einmal als Beobachter beteiligt. Die Betonung des Kommens, ja des überraschenden Kommens des Reiches Gottes betont ein Element der disruptiven Einseitigkeit, die auch die Hoffnung auf eine tiefgreifende Neuschöpfung von Himmel und Erde kennzeichnet. Nicht zuletzt ist es das theologische Motiv der *creatio ex nihilo*, das in der christlichen Theologie stets die ursprünglich einseitige Initiative des Schöpfungsaktes und die Radikalität der Abhängigkeit zur Sprache bringen sollte. Zweifellos ist die menschliche Responsivität in der Interaktionsgeschichte Gottes mit der Welt ein Moment der Würdigung und Anerkennung der Geschöpfe. Der Kern der christlichen Hoffnung ist jedoch, dass Gottes responsorisches Handeln die Möglichkeiten menschlicher Resonanzfähigkeit überschreitet. Ohne diese Überschreitung gibt

---

[38]   Als Markierung des Problems kann man die terminologische Ambivalenz in der Verwendung von Auferstehung und Auferweckung im Neuen Testament betrachten. Das Neue Testament verwendet für die Auferstehung der Toten das Substantiv ἀνάστασις. Allerdings findet sich bei den verbalen Aussagen vielfach das Verb ἐγείρω »auferwecken«, das auf den Tod als Schlaf anspielt, wobei auch ἀνίστημι zu finden ist. Handlungslogisch wird dabei der Akzent der Aktivität unterschiedlich gesetzt. Auffallend ist, dass schon in Jes 26,19 im sogenannten Parallelismus membrorum in der Tat beide Vorstellungen ausgesprochen werden. Siehe Kremer, J., »anastasis / anistemi«, in: Balz / Schneider (Hgg.), *Exegetisches Wörterbuch zum Neuen Testament. Bd. 1*, Stuttgart / Berlin / Köln / Mainz: Kohlhammer 1980, 210–221.

es keine Rettung, keine Erlösung, kein Kommen des Messias, kein Versammeln und Beleben der Totengebeine und keine eschatologische Stadt ohne Nacht.[39]

Eine Konsequenz des Wissens um die sehr spezifische Grenze des Resonanzmodells ist, dass die Theologie der Verwechslung von Gottes Leben und dem Leben dieser Welt entschlossen entgegentreten muss. Es ist die Auferweckung Jesu Christi von den Toten, die an die Grenze jeglicher kenotischen Theologie, an die Grenze jeglicher auf Mitarbeit abstellenden Vorstellung vom Geist und darin letztlich an die Grenze des Modells der Resonanz erinnert. Man mag dieses Festhalten an dieser Einseitigkeit des göttlichen Handelns als naiven Supranaturalismus und als unaufgeklärtes Relikt vormodernen Denkens bezeichnen. Man kann darin aber auch eine präzise Differenzmarkierung sehen, an der der christliche Glaube den Dissens mit anderen Rationalitäten festhalten muss. Dieser Dissens ist letztlich nur theologisch zu begründen, da er in der Auferweckung Jesu Christi als dem Gründungsdatum des christlichen Glaubens und damit verbunden in dem die spezifische Osterfreude auslösenden Geschehen ›gründet‹. Würde die Theologie hier zugunsten eines vermeintlich grenzenlosen Rationalitätskontinuums anders optieren, so müsste sich deren Vertreter, so Paulus, zu den »elendsten unter allen Menschen« zählen (1Kor 15,19).

5. Drei theologische Alternativen – idealtypisch skizziert

Jede Theologie bewegt sich mit ihren Rekonstruktionen wie auch mit ihren konstruktiven Vorschlägen in einem spezifischen und bewusst wahrgenommenen Umfeld. Aus ihm erwachsen Fragen, Irritationen und eine Suche nach Alternativen.[40]

Im folgenden Abschnitt sollen drei idealtypisch beschriebene Positionen, man könnte auch sagen drei Cluster an Überzeugungen im wissenschaftlich-theologischen und im kirchlichen Gespräch, knapp skizziert werden. Ohne die in

---

[39]   Speziell Ez 37,1–14 offeriert eine subtile Verschränkung von prophetischem Auftragshandeln als Inanspruchnahme und dem göttlichen Geist als eigenständigem Akteur.

[40]   Dies schließt nicht aus, sondern ein, dass andere Beobachter weitere und andere Kontextualitäten beobachten können. Nur: Ohne einen blinden Fleck ist nichts zu sehen. Darum bleibt alle Selbstaufklärung des eigenen Kontextes Fragment und auch alle vermeintlich überlegene aufklärerische Beobachtung anderer an wieder eigene blinde Flecken gebunden, die prinzipiell nicht gesehen werden können. Darum gibt es ohne Blindheit auch in der Theologie keine Sicht. Zu dieser von allen Beobachtern geteilten Blindheit vgl. die instruktiven Beiträge in Jahraus, O. / Ort, N. (Hgg.), *Beobachtungen des Unbeobachtbaren. Konzepte radikaler Theoriebildung in den Geisteswissenschaften*, Weilerswist: Velbrück Wissenschaft 2000.

der Gegenwart wirksame Systematische Theologie auf diese drei Typen reduzieren zu wollen, also ohne eine erschöpfende Beschreibung der Gegenwart
beanspruchen zu wollen, geht es um eine skizzenhafte und idealtypische Darstellung wahrgenommener und überaus mächtiger und lebendiger Alternativen.
In den verschiedenen Typen formt ein Cluster an theologischen Entscheidungen
ein gemeinsames Muster, das sich in verschiedenen profiliert ausgearbeiteten
Theologien wieder finden lässt. Dabei sind zweifellos Überblendung, Kombina-
tionen und Amalgamierungen der drei Typen möglich.

Wie jede idealtypische Beschreibung ist auch die folgende im Einzelnen
notwendig reduktiv und abstrahiert von manchen Details.[41] Sie erfassen primär
den europäischen Diskurs und Teile des nordamerikanischen Diskurses.[42] An
dieser Stelle geht es um ein mit breiten Pinselstrichen skizziertes Bild, das zu
verstehen helfen soll, in welchen Räumen sich eine Theologie der Lebendigkeit
Gottes bewegt. Selbstverständlich kann gegen jede idealtypische Vereinfachung
die Unendlichkeit feinerer Differenzierungen in Stellung gebracht werden. Es
geht zunächst um einen Akt der hermeneutischen Reflexivität. Die drei Alternativen versuchen, zumindest im Feld der deutschsprachigen kontinentalen
evangelischen Theologie ein gewisses Feld abzudecken – ohne den Anspruch, das
Gesamt der Gegenwartstheologie zu erfassen. Dass es bei der hier vorgeschla-
genen Theologie der Lebendigkeit Gottes auch zu ehrende theologische Mütter
und Väter gibt, ist unschwer zu erkennen.[43]

Unstrittig ist, dass alle drei der kritisch zu bewertenden Typen der Theologie
Wahrheitsmomente der theologischen Tradition und des kanonischen Gesprächs
erfassen. Zugleich manifestiert sich in ihnen eine Fehlabstraktion aus einem
komplexeren und reicheren Gefüge. In einer offenen epistemischen Situation, in
der es keine theologischen Lösungen gibt ohne die Schaffung neuer oder den
Erhalt alter Probleme, bieten sie Antworten, die, so der Anspruch, mehr Probleme
schaffen als lösen. Aber es gilt zu betonen: Die im Folgenden beschriebenen
Alternativen leben nicht nur in Bibliotheken und Seminarräumen, sondern auch
in der kirchlichen Verkündigung, in den Gemeinden und Synoden und nicht
zuletzt auch in Kirchenleitungen. Die für die europäische Theologie charakte-

---

[41] Gerhardt, U., *Idealtypus. Zur methodologischen Begründung der modernen Soziologie*,
Frankfurt a.M.: Suhrkamp 2001.

[42] Vieles kann hier nicht aufgegriffen werden. Nicht nur die Bewegung der ›Radical Orthodoxy‹, die Entwicklungen der evangelikalen Theologien und vor allem die Aufbrüche in
der charismatischen Theologie und nicht zuletzt auch die diversen neuthomistischen Ansätze
sind nicht Teil der hier aufgebauten Konstellation.

[43] Wie unschwer erkennbar sein wird, nimmt eine Theologie der Lebendigkeit Gottes als
konstruktive und im Austausch mit dem kanonischen Gespräch stehend eine Vielzahl von
Impulsen aus den Theologien Karl Barths, Dietrich Bonhoeffers, Wolfhart Pannenbergs,
Jürgen Moltmanns, Christine Janowskis und Michael Welkers auf.

ristische enge Verflechtung von theologischer Reflexion an den Universitäten und der im weiteren Sinne kirchenleitenden Profession macht – in einer organisations- und wissenssoziologischen Betrachtung – aus *jeder Theologie* letztlich eine *Theologie für die Kirche*, eine *kirchliche Theologie*. Dies gilt ganz unabhängig von den programmatischen Selbstbeschreibungen als z.B. liberale, befreiungstheologische, öffentliche, philosophische oder biblische Theologinnen und Theologen. Die jeweilige Theologie findet dort einen Entfaltungsraum, wo es ein reales Arbeitsfeld gibt – und dies ist zuerst und zumeist die evangelische Kirche.

a. Gott als unbewegter Grund

Allem Schwanengesang auf die Metaphysik zum Trotz lebt und reproduziert sich metaphysische Theologie im weitesten Sinne, sowohl im wissenschaftlichen Diskurs der Theologie und Philosophie, wie auch in der kirchlichen Rede in Gemeinden und Kirchenleitungen. Gott ist die wie auch immer alles bestimmende Wirklichkeit, konstitutiver Grund der Existenz und/oder der Welt. Der Gottesgedanke bietet einen variantenreich konzipierten Abschlussgedanken der Selbsterfassung des Subjektes, der Konstitution des Weltverhältnisses oder auch als Grund der Sozialität des Menschen. Dieser kann jenseits von Aristoteles oder Platon in einer nachkantianischen Welt transzendentalphilosophisch gedacht werden. Aber im gleichen Typus kann die religiöse Suche auch, sozusagen spiegelbildlich zu der Suche nach einem festen, weil in der Reflexion notwendigen Grund, auf eine eher mystische Beziehung zum Unbestimmten, Diffusen und irgendwie sprachlich nicht einholbaren Grund abzielen. Von einem im prägnanten Sinne handelnden Gott, d.h. von einer ›Agency‹ zu sprechen, verdankt sich im Horizont dieses Denkens einer problematisch metapherngesättigten Vorstellungswelt. Bestenfalls könnte man von einem allpräsenten Wirken Gottes sprechen – ohne jegliche personalistische Konnotation.[44] Gott bezieht sich als Grund des Seins auf alles Sein, als Schöpfer dann des Naturzusammenhangs stets gleich, d.h. gleichmäßig und gleichsinnig, auf das Ganze einer Welt. Für viele Protestanten stellt die Theologie Friedrich Schleiermachers unter den Bedingungen der Moderne die Standardreferenz dar. Ein partikulares und distinkt differenziertes Handeln Gottes ist in diesem Denkrahmen faktisch nicht möglich, auch wenn die religiöse Frömmigkeit dies immer noch eindrucksvoll imaginieren kann.

---

[44] Für eine knappe Einführung in die deutschsprachige Debatte um die Alternative, von einem Wirken oder Handeln Gottes zu sprechen, siehe Danz, C., *Wirken Gottes. Zur Geschichte eines theologischen Grundbegriffs*, Neukirchen-Vluyn: Neukirchener Verlag 2007, 6–16. Die Debatte leidet jedoch theologischerseits unter einem soziologisch unaufgeklärten Handlungsbegriff und der Annahme, von Gott univok sprechen zu können.

In der Flucht- und Entwicklungslinie dieses Ansatzes finden sich dann auch Vertreter einer radikalen Nichtgegenständlichkeit Gottes. Die Annahme einer radikalen Transzendenz Gottes schlägt um in ein Denken, für das sich Religion und speziell der Gottesgedanke vollständig in Prozesse des Selbstbewusstseins verwandelt. Entsprechend »wird der Gottesbegriff als ein Implikat der religiösen Selbstdeutung entwickelt.«[45] Das reflektierte Selbstverhältnis im Selbstbewusstsein ist dann nicht nur der Ort der Deutung und die ›Schnittstelle‹ einer ein Selbstverständnis implizierenden Beziehung zwischen Gott und Welt. Dieser Ort ist dann der Ort eines reflektierten und funktional gefassten Gottesgedankens, ohne dass er für sich selbst noch ein ›Außerhalb‹ des religiösen Bewusstseins denkend erfassen kann. Nicht ganz frei von einem Pathos der intellektuellen Aufrichtigkeit und einem Pathos des religiösen Heroen wird der Abschied von jeglicher Referenz außerhalb des Selbstbewusstseins vollzogen.[46]

In der kirchlichen Sprachpraxis führt dieser Typus der Theologie zu so emphatischen wie vagen Betonungen einer letzten Dependenz des Menschen und einer allumfassenden Gegenwart Gottes. Wie dieser Gott bzw. dieser Gottesgedanke auf gehaltvolle Weise mit der Suche nach Gerechtigkeit, mit emphatischer Fürsorge und der für das kanonische Gespräch so elementaren Erfahrung der Rettung in Verbindung gebracht werden kann, bleibt aber weitestgehend unbestimmt. Die Rede von Gott als Grund (im weiteren Sinne) bleibt »soteriologisch leer oder indifferent«.[47]

Gott wird zur letztinstanzlichen spirituellen Abschlussformel, die aber in Wahrheit weder adressierbar oder gar affizierbar ist, noch als handelnder Akteur zu denken ist. Pointiert formuliert der religionsphilosophisch orientierte Theologe Ulrich Barth: »Mit dem transzendenten Grund des Lebens ›spricht‹ man nicht, auf ihn ›besinnt‹ man sich.«[48] Letztlich ist das Gebet eine theologisch irrationale Praxis. Der Grund kennt keine ›Agency‹, keine Interaktion und somit auch keine Fürsorge. Glaube wird zu einer mehr oder weniger bewussten Arbeit am Selbst – angesichts des tragenden Grundes der Welt, des Lebens, des Ichs.

---

[45]   Exemplarisch Danz, C., *Wirken Gottes. Zur Geschichte eines theologischen Grundbegriffs*, 2007, 15.

[46]   Prägnant Slenczka, N., »Fides creatrix divinitatis«, in: Lüpke / Thaidigsmann (Hgg.), *Denkraum Katechismus. Festgabe für Oswald Bayer zum 70. Geburtstag*, Tübingen: Mohr Siebeck 2009, 171–195.

[47]   So die berechtigte Kritik in Welker, M., »Der schöpferische Geist, Kreativität und Neues in Gott«, in: *Evangelische Theologie* 78 (5) (2018), 339–348, hier 339.

[48]   Barth, U., »Buch mit sieben Siegeln. Warum wir im 21. Jahrhundert nicht mehr einfach so beten können«, in: *Zeitzeichen* (11) (2016), 33–36, hier 36. Dass die Gebetstheologie stets der Lakmustest des Gottesverständnisses ist, ist die tragende Annahme des Kapitels zur Affizierbarkeit Gottes im Gebet in diesem Band.

Auffallend hilflos reagiert diese Theologie auf ein postmodernes Desinteresse an tragenden Gründen und selbstreferentieller Stabilisierung zugunsten flüchtiger Identitätsformen und transindividueller Identitätsanker.[49] Die Betonung von religiösen Letztversicherungen verschiebt die Religion trotz anderslautender Erklärungen aus der Mitte des Lebens in die Grenzlagen und Krisenregionen. Das Vertrauen in den Grund, das auch als Vertrauen in die Vaterliebe codiert werden kann, führt nicht selten zu einer aufgeklärten Pathoshaltung, die ihre Nähe zu einem religiös imprägnierten Stoizismus nicht verbergen kann – auch dann, wenn in den liturgischen Formen noch andere Traditionsbestände präsent sind.

Im Resonanzraum zwischen diesem Typus der Theologie und einer qualifizierten Rede von Gottes Lebendigkeit lassen sich markante Differenzen benennen. Zwar kann die Theologie des Grundes Gottes Transzendenz entfalten, aber die christologisch wie pneumatologisch auszuformulierende Präsenz der Transzendenz in der Immanenz rückt völlig in den Hintergrund. Nicht zuletzt sind diese Theologietypen auch unzureichend in der Lage, distinkte Partikularität wie z. B. die besondere bleibende Erwählung Israels einzuholen. Sicherlich wird eine gewisse transzendente Weltüberlegenheit Gottes zur Sprache gebracht, aber eine dynamische Nähe und Ferne Gottes wird ›undenkbar‹ und ein durch das Leben der Schöpfung affiziert werdender Gott ganz und gar ›unsagbar‹. Eine Passion Gottes, bei der die drei Dimensionen des Begriffs – Leidenschaft, Leiden und Affektivität – eingeholt werden, ist im Rahmen dieses Gottesverständnisses nicht denkbar.

Gegenläufig zu diesem Typus wird die riskante und zugleich machtvolle christologisch und pneumatologisch zu entfaltende Präsenz Gottes herauszustreichen sein. Eine Erfassung der Lebendigkeit Gottes wird die dynamisch-stabilen (christologischen) und die dynamisch-fluiden (pneumatologischen) Re-Entry-Konstellationen in den Blick nehmen.[50] Gegenüber Theologien des transzendenten Grundes ist eine Sensibilität für den fürsorglich die Nähe zur Schöpfung suchenden, an und in dieser Nähe leidenden, aber aufgrund der Erfahrung der besonderen Nähe zu dieser Schöpfung auch diese Schöpfung ver-

---

[49]   Dies hat früh erkannt Tanner, K., »Von der liberalprotestantischen Frömmigkeit zur postmodernen Patchwork-Identität«, in: Graf / Tanner (Hgg.), *Protestantische Identität heute*, Gütersloh: Gütersloher Verlagshaus 1992, 96–104. Das Bedürfnis nach Gründung führt in der deutschsprachigen liberalen Theologie zu den charakteristischen Immunreaktionen gegenüber postmodernen Diskursen und allen anderen Relativismen. Für eine radikal gegenläufige Bewegung, die die Unbestimmtheit zum Grund des Werdens macht, siehe Keller, C., *Face of the deep. A theology of becoming*, London / New York: Routledge 2003; Keller, C. / Schneider, L. C., *Polydoxy. Theology of multiplicity and relation*, New York: Routledge 2011.

[50]   Zu der Figur des Re-Entry siehe Thomas, G., »Kommunikation des Evangeliums – oder: Offenbarung als Re-entry«, in: Thomas / Schüle (Hgg.), *Niklas Luhmann und die Theologie*, Darmstadt: Wissenschaftliche Buchgesellschaft 2006, 15–32.

wandelnden Gott zu entwickeln. Dass Gott der Schöpfung vorausliegende, aber auch die Schöpfung begleitende und korrigierende, seine Responsivität steuernde Aspirationen hat, wird im Gegenüber zu diesem Typus der Theologie besonders deutlich. Jede von der Platonrezeption Philos von Alexandrien über die Aristotelesrezeption des Thomas von Aquin bis zu Friedrich Schleiermacher reichende Gotteslehre wird auf die Vorstellung einer dynamischen und selektiven Responsivität nur mit Abwehrreaktionen antworten können.

Dem christlichen Stoizismus dieses Typus entspricht, dass Religion letztlich Passung, Einpassung, Coping ist. Dem unidirektionalen Handeln und umfassenden Willen dieses alles wirkenden Gottes gibt es und gilt es nichts entgegenzusetzen.[51] Protest und Klage sind entweder Durchgangsmomente eines Copings oder im prägnanten Sinne sinnlos.[52] Damit ist dieser Typus in dem Widerspruch gefangen, einerseits mit dem Gottesbegriff einen generellen Sinn stiften zu wollen und andererseits doch die meisten Formen der christlichen Religionspraxis und wesentliche Momente der biblischen Traditionen zumindest prima facie nicht als sinnvoll erachten zu können. Gegenüber dieser stillschweigenden Verwandlung christlichen Glaubens in eine Copingpraxis wird eine Theologie der Lebendigkeit Gottes Protest und Klage als legitime Momente der Interaktion mit Gott in den Vordergrund rücken.

b. Gott als Kraft des Lebens

Während der erste Typus im weitesten Sinne als eine Theologie der Transzendenz angesehen werden kann, repräsentiert dieser zweite Typus eine Theologie der Immanenz – als eine Theologie des Lebens. Trotz großer Ähnlichkeit mit dem ersten Typus kennzeichnet ihn das Differenzmerkmal: Gott ist ein Gott der radikalen Immanenz. Dieser Typus ist im deutschsprachigen Raum weniger präsent als im angelsächsischen Diskurs. Spiegelbildlich zum transzendenten Grund ist Gott die immanente Kraft und Dynamik der Welt und vor allem auch der naturalen Prozesse. Strömungen des theologischen Naturalismus, Varianten einer ökologischen Theologie, Theologien radikaler Kenosis und Teile der Prozesstheologie entsprechen diesem Typus.[53]

---

[51]   Einschlägig Härle, W., »Den Mantel weit ausbreiten. Theologische Überlegungen zum Gebet«, in: *Neue Zeitschrift für systematische Theologie und Religionsphilosophie* 33 (3) (1991), 231–247.

[52]   Exemplarisch für eine solche in ein Coping eingefügte Theologie der Klage Schmidt, J., *Klage. Überlegungen zur Linderung reflexiven Leidens*, Tübingen: Mohr Siebeck 2011.

[53]   Siehe exemplarisch die Diskussion in Peacocke, A. R. / Clayton, P., *All that is. A naturalistic faith for the twenty-first century. A theological proposal with responses from leading thinkers in the religion-science dialogue*, Minneapolis: Fortress Press 2007.

Gott ist verwoben in die Grundkräfte der Natur, ohne ihr nochmals bewertend, richtend oder rettend gegenüberzustehen. Obwohl dieser Typus eine große Affinität zu schöpfungstheologischen Motiven hat, kann er auch christologisch oder pneumatologisch ausformuliert werden.[54] Sowohl die Inkarnation wie auch die Geistpräsenz können entsprechend universalisiert und naturalisiert realisiert werden. Geht Gott solchermaßen in den evolutionären Prozess ein, so resultiert daraus eine Theologie des Lebens. Wird Gott letztendlich in diesem Typus als tragender Lebensgrund, als universal präsenter Logos oder als dynamischer Geist der Kreativität und Autopoiesis konzipiert, so werden letztlich das sich evolutionär entfaltende Leben der Welt und das Leben Gottes ununterscheidbar. Eine dynamische Interaktion zwischen beiden Entitäten lässt sich nicht mehr aussagen.[55] Ist Gott so in das Leben verwoben, so ist dieser evolutionäre, d. h. natural und soziokulturell vielfach gegliederte Prozess »all that is«.[56] Eine Theologie der Lebendigkeit Gottes wird dagegen auch auf die Möglichkeit einer elementar responsorischen Eschatologie verweisen, in deren Rahmen sich Gott bewertend und transformierend, d. h. rettend und erlösend, zu diesem Prozess verhält.

In spiritueller Kommunikation wird Gottvertrauen und die Erfahrung der Auferstehung innerhalb dieses Typus als Vertrauen in das Leben ausgeflaggt.[57] Die Macht Gottes wird zur Kraft des Lebens, die am Beginn und in der Mitte des Lebens gefeiert wird.[58] Die Abhängigkeit von der Natur und von den stützenden Kräften des Lebens wird spirituell eingefangen und erhöht. Man mag darin den Rückbau einer Erlösungsreligion zu einer Naturreligion sehen.[59] Unstrittig ist die

---

[54]   Für Ersteres vgl. Schaab, G. L., »The creative suffering of the triune God. An evolutionary panentheistic paradigm«, in: *Theology & Science* 5 (2007), 289–304 und Schaab, G. L., *The creative suffering of the Triune God. An evolutionary theology*, New York: American Academy of Religion 2007.

[55]   Für einen ponderablen Versuch, diese Differenzierung noch zu erhalten, siehe Gregersen, N. H., *Incarnation. On the scope and depth of Christology*, Minneapolis: Fortress Press 2015.

[56]   So der prägnante Titel von Peacocke, A. R. / Clayton, P., *All that is. A naturalistic faith for the twenty-first century. A theological proposal with responses from leading thinkers in the religion-science dialogue*, 2007.

[57]   Programmatisch Sutter Rehmann, L., *Sich dem Leben in die Arme werfen. Auferstehungserfahrungen*, Gütersloh: Kaiser, Gütersloher Verlagshaus 2002.

[58]   Kirchlicherseits und in der Öffentlichkeit hat dieser Typus einen prägnanten Ausdruck in dem bis 2017 geführten Motto des Gütersloher Verlagshauses für sein theologisches Programm gefunden: »Dem Leben trauen«.

[59]   In der Typologie von Sundermeier, T., *Was ist Religion? Religionswissenschaft im theologischen Kontext*, Gütersloh: Kaiser, Gütersloher Verlagshaus 1999, wäre dies ein Rückschritt aus der Religion 2 der sekundären Religionserfahrung in die Religion 1 der primären Religionserfahrung, welche das ›natürliche Leben‹ begleitet. Siehe Sundermeier, T., *Was ist*

Macht der rituellen Lebensbegleitung in diesem Deutungshorizont.[60] Religion ist wie im ersten Typus eine Deutung naturaler und soziokultureller wie auch psychischer Lebensprozesse. Wie schon im ersten Typus ist hier die Religion in einer religionssoziologischen Sicht vor allem eine Kontingenzbewältigungspraxis.

Deutlich ist, dass hier vielfältige Motive der Romantik aufgegriffen werden können (Lebensbaum, Lebenskreis, Einheit eines Organismus, vitale Emotionalität, Eingliederung in eine Ganzheit, Ehrfurcht vor der Natur, etc.) – wobei die gewaltgesättigten Konflikte innerhalb des ›Lebens‹, auch unterhalb menschlichen Bewusstseins, zumeist ausgeklammert werden.[61]

Kirchlicherseits feiert beispielsweise die Osterfrömmigkeit die Macht des den Tod/Winter überwindenden Lebens auch noch inmitten eines manifesten Karfreitagsschweigens. Ist die Gerechtigkeit Gottes in den Lebensprozess selbst hineingeflochten, so ist die intervenierende Schaffung von Gerechtigkeit kein plausibles eschatologisches Ziel. Nicht umsonst stellt die Rede von Versöhnung und Erlösung vielfach auf therapeutische Modelle um. Religiös sein heißt, sich mit dem Leben zu versöhnen, wie differenziert und komplex dieses auch immer gedacht wird. Zumindest ambivalent erscheint mit Blick auf die hier vorliegende Typologie die theologische und spirituelle Aktualität des Themas Segen und die vielgestaltigen Praktiken des Segnens. Man kann sie einerseits als ›Naturalisierung‹ einer Erlösungsreligion und als Momente dieser Theologie des Lebens begreifen. Zugleich kann man sie als Suche nach einer intensivierten Präsenz Gottes und damit als ein Moment des Erlebens der Lebendigkeit Gottes betrachten. Gegen eine Akzentuierung von Klage und Protest geht es wiederum, dem ersten Typus nicht unähnlich, um ein Einfügen in den Lebensprozess. Nicht unähnlich zum ersten Typus ist die Theologie des Lebens durchgehend eine Theologie der Präsenz des Göttlichen. Die Gottes Lebendigkeit mit charakterisierende Möglichkeit und Wirklichkeit der Abwesenheit Gottes kann in einer Theologie des Lebens und einem theologischen Naturalismus nicht eingeholt werden. Politisch kann dieser Typus mit einem eher konservativen oder einem

---

Religion? Religionswissenschaft im theologischen Kontext, 1999, 34–42. Zum Konzept der Erlösungsreligion in der Moderne und speziell bei Max Weber Hanke, E., »Erlösungsreligion«, in: Kippenberg / Riesebrodt (Hgg.), *Max Webers ›Religionssystematik‹*, Tübingen: Mohr Siebeck 2001, 209–226. Zum Problem siehe auch die Beiträge in Thomas, G. / Höfner, M. (Hgg.), *Ewiges Leben. Ende oder Umbau einer Erlösungsreligion?*, Tübingen: Mohr Siebeck 2018.

[60]   Siehe dazu die luziden Analysen in Rappaport, R. A., *Ritual and religion in the making of humanity*, Cambridge: Cambridge Univ. Press 1999.

[61]   Dazu exemplarisch Murray, M. J., *Nature red in tooth and claw. Theism and the problem of animal suffering*, Oxford / New York: Oxford University Press 2008; an diesem Punkt offen die Probleme markierend Southgate, C., *The groaning of creation. God, evolution, and the problem of evil*, Louisville: Westminster John Knox Press 2008.

eher progressiven Programm der Lebensbewahrung verbunden werden, wobei im Horizont ökologischer Krisen eine in den verschiedenen Gestalten einer ökologischen Theologie die letztere Möglichkeit dominiert.

Vis-à-vis dieses zweiten Typus liegt die Herausforderung einer die Lebendigkeit Gottes erschließenden Theologie in der klaren Differenzierung von Leben und Gott. Nur ein Gott, der dem Leben gegenübersteht, kann dem Leben schöpferisch, d. h. bewertend, rettend und verwandelnd gegenübertreten. Nur ein geschöpfliches Leben umgreifender Gott kann die Verwerfungen dieses Lebens, seine Abgründe, Bruchkanten und ›Nachtseiten‹ neuschöpferisch adressieren.

Trinitätstheologisch reflektiert und pneumatologisch ausformuliert ist allerdings die Einsicht in Gottes unüberbietbare Nähe, seine wahrnehmende und erfahrene Präsenz im Geschaffenen zu würdigen und aufzunehmen.[62] Allerdings ist es nicht die Rhythmik des Lebens selbst – sozusagen die Zusage des Noah-Bundes – die den Tod überwindet, sondern nur eine qualitativ neue Intervention Gottes.

Im Horizont dieser im Geist gegenwärtigen Hoffnung können die Lebensprozesse in ihrer Differenziertheit kritisch wahrgenommen werden. Allerdings stößt jegliche Theologie des Geistes Gottes an diesem Punkt auf eine Spannungslage, die auch von keiner der Pneumatologien des 20. Jahrhunderts auf befriedigende Weise aufgelöst wurde. Auch eine Theologie der Lebendigkeit Gottes wird diese Spannung nicht behende auflösen. Speziell im Gegenüber zu einer Theologie des Lebens in allen ihren Schattierungen wird sie sich aber an dieser Spannungslage abarbeiten müssen. Worin besteht diese Spannung? Sie besteht zunächst aus einer Unterscheidung. Aufgabe einer die Lebendigkeit Gottes nachvollziehenden Theologie ist die Unterscheidung zwischen einem Geist der Schöpfung und einem Geist der Neuschöpfung. Auf der einen Seite steht der die Schöpfung durchziehende Geist des Lebens, der den Staub atmen lässt (Gen 2,7) und der in Prozessen der machtvollen Autopoiesis und in mehr oder weniger konzertant abgestimmten Prozessen der Natur lebensbewahrend ›permanent‹ gegenwärtig ist. Auf der anderen Seite steht ein Geist Gottes, der nicht nur das geknickte Rohr nicht zerbricht und den glimmenden Docht nicht verlöscht (Jes 42,3), sondern darüber hinaus die Macht der Todesüberwindung (Röm 1,4) ist und die Schöpfung über die Neuschöpfung zu ihrem Ziel führt. Der Geist Gottes, der bewahrend, mobilisierend und rettend über den Menschen ausgegossen wird, der Geist, der sich im Christusgeschehen offenbart, ist sowohl

---

[62]   Die Gewalt und das Leiden in evolutionären Prozessen, die Brutalität des natürlichen Artensterbens – all dies unterliegt der kritischen und transformativen Bewertung Gottes und ist mehr und anderes als ein Vertiefen und Verbreitern der göttlichen Symphonie des Lebens. Zum Motiv der Symphonie Jonas, H., *Der Gottesbegriff nach Auschwitz. Eine jüdische Stimme*, 2004, 21. Für Jonas gilt für das Leben vorbewusster Geschöpfe: »Selbst ihr Leiden vertieft noch die Tonfülle der Synphonie«.

barmherziger als auch kreativ-machtvoller als das Leben selbst.[63] Der Geist Jesu Christi als Geist des lebendigen Gottes würdigt und achtet verletzliches und beschädigtes Leben und eröffnet zugleich eine Perspektive der Verwandlung. Diese Spannungslage zwischen einem Geist der Schöpfung und einem Geist der Erlösung, zwischen einem Geist der Schöpfung und einem Geist der Neuschöpfung durchzieht als ungelöste noch alle Pneumatologien der letzten Jahrzehnte. Der in den folgenden Ausführungen vorausgesetzte Vorschlag ist, von dem Geist Jesu Christi und dem Geist der Neuschöpfung aus ›rückwärts‹ den Geist des Lebens zu erfassen zu suchen.

Die spezifische Lebendigkeit des Geistes Gottes, der der Geist Jesu Christi ist, lässt die in diesem zweiten Typus der Theologie liegende Versuchung deutlich hervortreten. Mehr oder weniger offen, mehr oder weniger untergründig ist ihm ein machtvoller Vitalismus eingeschrieben. Der Grundvektor dieses Vitalismus ist die Durchsetzung des starken Lebens und die Grundmetapher ist letztlich die des Kampfes.[64] Der sich dem Geist Jesu Christi verdankende Glaube operiert jedoch gegen die evolutionäre, tragende Dynamik der Durchsetzung des starken Lebens.[65]

Die Nachfolge Jesu Christi ist im Rahmen dieses Typus als geschmeidige und spirituelle Lebensklugheit bzw. Weisheit zu konzipieren – weniger als Teilhabe an Gottes Willen und Widerwillen. Gegenüber diesem Typus rückt im Rahmen einer Theologie der Lebendigkeit die Frage in den Vordergrund: Ist die Gerechtigkeit, die Christen suchen und die in Christus erschienen ist, schon in die natürlichen Lebensprozesse eingeschrieben? Anders formuliert, gibt es eine Spannung zwischen der Gerechtigkeit des Schöpfers und der in Christus präsenten und verheißenen Gerechtigkeit Gottes? Eine auch kontroverse Optionen im kanonischen Gespräch aufnehmende Theologie wird hier in Spannungslagen im Gottesverständnis vordringen, ohne diese Suchbewegungen vorschnell zugunsten einer begrifflichen Klarheit im Gottesgedanken oder einer vermeintli-

---

[63]   So in Abgrenzung von Bonhoeffer, D., *Ethik (DBW 6)*, München: Kaiser 1992, 169, für den das Leben »sein eigener Arzt« ist.

[64]   Der Ort, an dem dieser Vitalismus in der Gegenwart gefeiert wird, ist der Sport. Wie weitgehend der an Kampf und Überwältigung orientierte Sport in sich Paradoxien einbauen kann, zeigen die Paralympics. Auch in der Inklusion der ansonsten Exkludierten wollen diese noch die überwältigenden Kräfte messen. Die Debatten um Doping artikulieren eindrücklich die Frage, ob diesem Vitalismus moralische Zügel angelegt werden dürfen.

[65]   Dies sieht deutlich Theißen, G., *Biblischer Glaube in evolutionärer Sicht*, München: Kaiser 1984. Eine Theologie des Lebens wird am Ende keine systematisch tragende Option für das schwache Leben tragen können und wollen, auch wenn dies prima facie vielfach so vorgetragen wird.

chen Eindeutigkeit des Bekenntnisses stillzustellen.[66] Die Erfahrung der Lebendigkeit Gottes wird, wohl wissend um die im Laboratorium der Theologie schon ausgetesteten Grenzlagen, stets auch das Motiv der Einheit Gottes im Auge behalten. Sie wird es tun, ohne sich allerdings von metaphysischen Konzepten der *simplicitas* ermutigt vorschnell den Komplexitätszumutungen des kanonischen Gesprächs und der gelebten spirituellen Welterfahrung zu entziehen.

c. Gott als mitleidender Begleiter

Diesen wirkmächtigen dritten Typus der Theologie gibt es in einer radikalen (R) und einer moderaten (M) Variante, wobei beide Varianten sehr weite Überschneidungen kennen. Da der Typus Gott als mitleidender Begleiter eine große Nähe zu einer Theologie der Lebendigkeit Gottes aufweist, bedarf es zunächst einer Markierung der Konvergenzen.

Teile der westlichen Theologie verarbeiteten die Erfahrung zweier Weltkriege und insbesondere die Greuel des Holocaust nicht nur als Kulturbruch, sondern als Bruch mit einer langen metaphysischen Tradition. Gott ist nicht der allmächtige und zugleich distanzierte Schöpfer, der Lenker und Erhalter dieser Welt, sondern der leidende, ja mit den Menschen leidende Gott. Als Mitleidender ist er auf der Seite der Opfer der Gewaltgeschichten. Es ist ein weit verzweigter, die Konfessionen und auch das Christentum selbst übergreifender Protest gegen einen Gott der abstrakten Allmacht. Dieser Protest reicht von der jüdischen Religionsphilosophie eines Hans Jonas zur Theologie Dietrich Bonhoeffers und Jürgen Moltmanns. Er schließt auch die Prozesstheologie, Prozessphilosophie und weite Teile der feministischen Theologie mit ein.[67] In dieser wahrhaft ökumenischen Bewegung einer Theologie des leidenden und speziell mitleidenden Gottes sind nicht zuletzt auch viele Befreiungstheologien zu verorten, die die christliche Option für die Armen und Entrechteten als Entsprechung zu Gottes mitleidender Präsenz bei diesen Menschen begreifen. Dieser dritte Typus der Theologie kann eher deistisch, stärker christologisch-kenotisch oder auch prägnant pneumatologisch ausgestaltet werden. Dabei bleibt grundlegend, dass dem

---

[66]   Sie wird innerhalb des kanonischen Gesprächs die Krise der Weisheit und eines Tun-Ergehen-Zusammenhanges definitiv nicht ignorieren wollen. Einer hybriden Mischung aus entspannter Schöpfungstheologie, weisheitlichem Denken und einem gelassen die Selbstkultivierung suchenden Stoizismus wird sie mit Skepsis und Kritik aus Schrift, Erfahrung und Reflexion entgegentreten.

[67]   Exemplarisch Faber, R., *Gott als Poet der Welt. Anliegen und Perspektiven der Prozesstheologie*, 2003. Für weitere Belege siehe das Kapitel zur Un/Veränderlichkeit Gottes in diesem Band.

aktuellen Mitleiden Gottes eine radikale Selbstentäußerung Gottes in die Prozesse dieser Welt entspricht.

Die in den folgenden Kapiteln ins Auge gefasste Theologie der Lebendigkeit Gottes verdankt viel diesen variantenreichen Umbauten der Theologie im zwanzigsten Jahrhundert. Hinter grundlegende christologische Einsichten in diesem dritten Typus gibt es kein Zurück. Angesichts der ungeheuren Problemlast der Theodizee-Problematik im 20. Jahrhundert manifestiert sich in ihm eine sowohl spirituelle wie intellektuelle Aufrichtigkeit. Darüber hinaus ist wahrzunehmen und anzuerkennen, dass die im Rahmen eines mitleidenden Gottes zu platzierenden Theologien markant gegen die Theologien des ersten Typus ›Gott als unbewegter Grund‹ entwickelt wurden. Sie entwerfen an vielen Punkten tragfähige Alternativen zu diesem ersten Typus. Fast alle Entwürfe suchen einen ernsthaften Kontakt mit dem kanonischen Gespräch der Bibel und rezipieren ein Ethos der Barmherzigkeit und Gerechtigkeit. Aus dieser Teilnahme an der ›Missio Dei‹ erwuchsen und erwachsen immer noch starke Impulse für Diakonie und soziale Arbeit. In den Kirchen Europas hat dies auch zunehmend institutionelle Gestalt angenommen. Hierin wurzelt auch eine öffentliche Theologie, die diese Impulse in den öffentlichen Raum und in die Politik vermitteln möchte. Im Raum der politischen Theologie verflüssigte die Theologie des mitleidenden Gottes in hohem Maße das statische Raumdenken der sogenannten Zwei-Reiche-Lehre.[68] Gott ist für sie durch seine Teilnahme an den Leidenserfahrungen dieser Welt emotional affizierbar.[69] Gott empfindet das Leid dieser Welt – in Christus und im Geist.

Trotz dieser großen Stärken der Theologie des mitleidenden Gottes verdienen die Differenzen beider, der radikalen wie auch der moderaten Variante, zu einer Entfaltung von Gottes Lebendigkeit klar benannt zu werden.

Die Differenz der radikalen Variante (R) zu einer Theologie der Lebendigkeit Gottes erschließt sich durch einen Blick auf die spekulative Theologie des jüdischen Philosophen Hans Jonas. Zunächst ist zu sehen, dass die Theologie der mitleidenden Begleitung sich nicht nur von fragwürdigen Konzepten der Allmacht distanziert, sondern auch von nicht tragfähigen Vorstellungen der Un-

---

[68] Programmatisch Moltmann, J., *Politische Theologie – Politische Ethik*, München / Mainz: Kaiser, Grünewald 1984.
[69] Zum Begriff bei Jürgen Moltmann vgl. Moltmann, J., *Trinität und Reich Gottes. Zur Gotteslehre*, 1980, 39. Hans Jonas verknüpft präzise Affizierbarkeit, Veränderbarkeit und Zeitlichkeit. Für ihn ist Gottes Veränderlichkeit »in der bloßen Tatsache« verankert, dass er »von dem, was in der Welt geschieht, affiziert wird, und ›affiziert‹ heißt alteriert, im Zustand verändert. Also, wenn Gott in irgendeiner Beziehung zur Welt steht […], dann hat hierdurch allein der Ewige sich ›verzeitlicht‹« (Jonas, H., *Der Gottesbegriff nach Auschwitz. Eine jüdische Stimme*, Frankfurt a.M.: Suhrkamp 1987, 28 f.).

veränderlichkeit Gottes.[70] Diese Distanzierung hat eine prägnante Gestalt im philosophischen Mythos von Hans Jonas gefunden.[71] Seine Theologie markiert prägnant – so die implizite These – eine radikale Grenzlage auch für die christliche Theologie. In gewisser Weise hält Jonas einer christlichen Theologie des Mitleidens Gottes einen eigenen jüdischen Spiegel vor. In seinem Tübinger Vortrag anlässlich der Verleihung des Lukaspreises entfaltet Jonas eine letztlich radikal prozessphilosophisch-kenotische und, wie er selbst sagt, mythische Theologie. Ihr zufolge hat sich Gott im Ereignis der Schöpfung vollständig in den evolutionären Prozess entäußert. Er steht der biologischen, soziokulturellen und letztlich gesteigerten menschlichen Freiheit nur noch mitleidend und empfangend, aber in keiner Weise intervenierend oder transformierend gegenüber. Angesichts der unauflöslich spannungsreichen Einheit von Allmacht Gottes, Verstehbarkeit Gottes und moralischer Güte Gottes plädiert Hans Jonas für die Verabschiedung des Prädikats der Allmacht.

Die aufschlussreiche Pointe des Jonasschen Vorschlags ist *nicht* die Limitierung bzw. Verabschiedung des Prädikats der göttlichen Allmacht zugunsten eines Festhaltens an der Güte und Verstehbarkeit Gottes. Sie ist vielmehr die äußerst konsequente *Verabschiedung* jeglicher auf Gott gerichteten *Hoffnung*. Gott ist strenggenommen nach dem initialen Akt der Schöpfung kein Akteur mehr. Von Gott ist nichts mehr zu erwarten oder zu erhoffen. Es ist, theologisch zugespitzt formuliert, ein jüdischer Glaube ohne jegliche messianische Komponente. Gott ist zu einem messianischen Handeln nicht mehr fähig – und war es gleichsam in dieser Geschichte niemals. Die menschliche Hoffnung kann sich *nur* noch auf den Menschen, konkret, auf menschliche Taten der ›Gerechten‹ richten. Dass diese jüdische Theologie nach Auschwitz sich der Hoffnung auf Gott entäußert, aber die Hoffnung auf den Menschen aufrechterhält, ist in vielfacher Hinsicht so konsequent wie bemerkenswert.

Hans Jonas macht in aller Schärfe deutlich, dass die vollständige Verohnmächtigung Gottes das ultimative Risiko jeglicher vollständigen Selbstentäußerung Gottes in die leidvollen Prozesse dieser Welt ist. Innerhalb dieses Denkrahmens einer vollständigen und vorbehaltlosen Selbstentäußerung in die Schöpfung ist der Schöpfer unfähig, eine neue Schöpfung heraufzuführen. Es gibt auch – durchaus präzise und wörtlich begriffen – keinen Grund zur Klage, denn Klage appelliert an einen Gott, der prinzipiell intervenieren könnte, dies aber eben nicht tut. Die Klage schreibt Gott eine Möglichkeit zu, die dieser nach Jonas

---

[70] Das Tableau der Möglichkeiten diskutieren differenziert Bauke-Ruegg, J., *Die Allmacht Gottes. Systematisch-theologische Erwägungen zwischen Metaphysik, Postmoderne und Poesie*, Berlin: De Gruyter 1998, und Kress, C., *Gottes Allmacht angesichts von Leiden. Zur Interpretation der Gotteslehre in den systematisch-theologischen Entwürfen von Paul Althaus, Paul Tillich und Karl Barth*, Neukirchen-Vluyn: Neukirchener 1999.

[71] Jonas, H., *Der Gottesbegriff nach Auschwitz. Eine jüdische Stimme*, 1987.

nicht mehr hat. Die Klage ist daher nicht wie im Typus ›Gott als unbeweglicher Grund‹ unberechtigt, sondern im prägnanten Sinn grundlos. Sie offenbart fehlgeleitete Erwartungen. Diese theologische Einsicht gilt auch dann, wenn sie als menschliche Geste psychologisch verständlich oder gar hilfreich sein mag.[72]

Diese Absage an jeglichen messianischen Horizont ist das entscheidende Merkmal der radikalen Variante (R) der Theologie des mitleidenden Gottes. Die hier als moderat bezeichnete Variante (M) ist durch eine scharfe Umakzentuierung, ja Umarbeitung der christlichen Zukunftshoffnung charakterisiert. Am deutlichsten und am ausstrahlungsreichsten hat dies Jürgen Moltmann herausgearbeitet. Die Hoffnung auf einen Ereigniskomplex ›am Ende der Zeiten‹ rückt stark in den Hintergrund zugunsten einer Theologie, in der das Eschatologische zur generellen Form der Theologie, d. h. zur Grammatik alles theologischen Redens und kirchlichen Handelns, ja zum »Medium des christlichen Glaubens« wurde.[73] Damit verschiebt sich der Akzent der Eschatologie radikal auf das christliche Hoffen in den gegenwärtigen Lebensbezügen – angesichts des zu Erhoffenden. Das dynamische Hoffen in der Gegenwart wird dann zum transformativen Impuls, der den Fokus von einer zur Vertröstung missbrauchten Jenseitigkeit und von einer schlechten Transzendenz verschiebt zugunsten einer realen Veränderung der Gegenwart. Die christliche Hoffnung auf das Reich Gottes wird zur Triebfeder der christlichen Weltverantwortung. Das Reich Gottes wird zum motivationalen wie auch kriteriologisch-inhaltlichen Impuls zur Gestaltung der näheren und ferneren Zukunft der Gesellschaft. Diese Gestaltung gewinnt, so der Anspruch, Kriterien und Orientierungen aus der Hoffnung auf das Reich. »Die soziale Revolution ungerechter Verhältnisse ist die immanente Kehrseite der

---

[72]   Auffallend ist, dass Jonas vor dem jüdischen Hintergrund und im Rahmen prozessphilosophischen Denkens immer noch eine gerichtete Geschichte denkt. Die Alternative findet sich in Fink, E., *Spiel als Weltsymbol*, Stuttgart: Kohlhammer 1960, insofern dieses Spiel der Welt keinen Spieler und keine Richtung kennt, sondern nur noch eine »abwesende Tiefe« (a.a.O., 242).

[73]   Moltmann, J., *Theologie der Hoffnung*, München: Kaiser Verlag 1966, 12. Der Hinweis auf die Bewegung in den Hintergrund ist der Tatsache geschuldet, dass der von Moltmann vollzogene Umbau ihn nicht davon abgehalten hat, 29 Jahre nach der Theologie der Hoffnung eine materiale Eschatologie zu publizieren. Siehe Moltmann, J., *Das Kommen Gottes. Christliche Eschatologie*, Gütersloh: Kaiser 1995. Zu Moltmanns Eschatologie siehe Welker, M., »Zukunftsaufgaben evangelischer Theologie. Nach vierzig Jahren Theologie der Hoffnung«, in: Welker (Hg.), *Theologische Profile. Schleiermacher, Barth, Bonhoeffer, Moltmann*, Frankfurt a.M.: Hansisches Druck- und Verlags-Haus 2009, 261–297; Thomas, G., *Neue Schöpfung. Theologische Untersuchungen zum ›Leben der kommenden Welt‹*, Neukirchen-Vluyn: Neukirchener Verlag 2009, 315–343.

transzendenten Auferstehungshoffnung«.[74] Mit diesem auf eine revolutionäre Erneuerung der Gesellschaft zielenden Handeln werden die Christen Teil einer die Kirche weit übergreifenden Bewegung, die sich real in »notwendigen Bewegungen der Veränderung« realisiert. Es ist das »latente Reich [...], das sich in diesen Bewegungen als wirksam erweist.«[75]

Die Theologie der Selbstentäußerung Gottes in die mitleidende und zugleich solidarisch-transformative Begleitung führt in beiden Varianten, der radikalen wie auch der moderaten, auf Seiten der Kirche zu einer tiefgreifenden Veränderung der christlichen Frömmigkeit und Glaubenspraxis. Wie schon angemerkt, erwächst aus der Einsicht in Gottes Präsenz bei den Armen und Schwachen eine beachtliche moralische und sozialpolitische Sensibilisierung, ein starkes Erbarmensethos, das während der letzten Jahrzehnte weit in die Gesetzgebung westlicher Gesellschaften ausstrahlte. Eine sozialethische Mobilisierung der Kirchen befördert das diakonische Engagement und den Einsatz im Raum des Politischen. Doch die Theologie der radikalen Kenosis baut auch die theologischen und politischen Erwartungshorizonte radikal um. Wenn von Gott nichts im Sinne einer Rettung zu erwarten ist (R), oder der Akzent ganz auf die Aktivitäten des Hoffens (M) gesetzt ist, muss hier und heute alles von Menschen erwartet werden. Das kirchlich populäre Diktum »Gott hat keine Hände außer unseren Händen« bringt dies grob vereinfacht, aber doch treffend auf den Punkt. Die Frömmigkeit und insbesondere die Gebetspraxis zielt weiterhin auf mehr oder weniger versteckte Formen der menschlichen Selbstaufforderung zum moralisch angemessenen Handeln ab.[76]

Was in der radikalen Variante dieses Typus programmatisch gedacht ist, ist – zumindest im Rückblick nach 50 Jahren – in der moderaten Variante eine faktisch nicht zu vermeidende Gefahr: Nicht nur alle Macht der Gefährdung des natürlichen, sozialen und individuellen Lebens auf dieser Erde, sondern auch alle Macht der Rettung liegt in den Händen des Menschen. Aus dieser Ermächtigung bzw. dieser Verantwortungsübernahme für die Welt erwächst nahezu unausweichlich »eine Hoffnung, die die Geduld des Kreuzes nicht mehr akzeptiert«. Diese ungeduldige Hoffnung führt in eine freud- und letztlich hoffnungslose Moralisierung aller Lebensbereiche.

Ob sich mentalitäts- und frömmigkeitsgeschichtlich die Differenz zwischen der radikalen, d. h. messianismusfreien Variante und der moderaten, noch mit

---

[74]   Moltmann, J., »Existenzgeschichte und Weltgeschichte. Auf dem Wege zu einer politischen Hermeneutik des Evangeliums«, in: Moltmann (Hg.), *Perspektiven der Theologie. Gesammelte Aufsätze*, München: Kaiser 1968, 128–146, 143.

[75]   A.a.O., 144.

[76]   Dass dies auch noch mitten im Luther-Jahr zu einer faktischen Distanznahme von dem moralkritischen Grundimpuls der Reformation führt, daran erinnert als theologischer Laie Bolz, N., *Zurück zu Luther*, Paderborn: Wilhelm Fink 2016.

einem wirklich kommenden Reich rechnenden Variante aufrechterhalten lässt, ist mit guten Gründen zu bezweifeln. Der Münsteraner Historiker Thomas Großbölting hat in einer umfangreichen Studie für den »Traditionsabbruch und Transformation in den langen sechziger Jahren« bilanziert: »Der Himmel, der [...] als Metapher für einen christlich geprägten Transzendenzbezug steht, ging in diesem Zeitraum verloren.«[77]

Mit Blick auf die Reichweite der Weltverantwortung wird die Theologie von Gottes Mitleiden auf eigene Weise zum Spiegelbild einer Theologie der Allmacht Gottes. Mit einer klaren Akzentuierung einer den Opfern der modernen Gesellschaft zuteil werdenden Barmherzigkeit Gottes widersteht sie sicherlich den Versuchungen eines grenzenlosen Vitalismus, die im zweiten Typus stets gegenwärtig sind. Anders als in den Generalisierungen der Präsenz Gottes in den beiden ersten Typen ist die mitleidende Präsenz Gottes partikular und spezifisch im Leiden der Kreatur. Gegenläufig zu dieser Betonung der besonderen Präsenz wird aber ein faktisch grenzenloser Verantwortungsraum aufgespannt. Die Weltverantwortung geht vollständig von Gott auf den zur Verantwortung gerufenen (R) oder den messianisch beauftragten Menschen (M) über. Die Christen und die Kirchen sind dann – neben den politischen Bewegungen im ›latenten Reich‹ – die herausgehobenen Subjekte der Weltverantwortung. Doch dies geschieht nicht nur im Rahmen eines neuzeitlichen Emanzipationsprozesses, sondern im Raum der Kirche im Rahmen eines theologisch provozierten Stellvertretungsprozesses.[78] Als Gattungswesen, als messianische Gemeinschaft, als Bewegung und als Einzelner ist der Mensch der Akteur. In einem Bonhoefferschen Duktus formuliert: Im menschlichen Sein für andere vollzieht sich die Fürsorge Gottes für seine Schöpfung. In einer Indienstnahme für das Reich Gottes realisieren Christen in ihrem Handeln Gottes *Präsenz* bei Leidenden, Bedrängten und Armen *und* die *Transformation* der diese Situation erzeugenden Umstände.

Doch diese Akzentuierung in dieser Theologie des mitleidenden Gottes ist, soziologisch formuliert, eine Fehloptimierung. Es ist eine eminent problemschaffende, letztlich hoch riskante Lösung. Obwohl die Einsicht in die schwache Präsenz Gottes auch zu einer Ideologie der Selbstbehauptung führen kann, befördert sie im Raum des Protestantismus vornehmlich ein stark ethisches Verständnis des christlichen Glaubens. Religiös sein heißt – im öffentlichen

---

[77] »Es ist damit zwar nicht gänzlich verschwunden, aber doch für einen immer größeren Teil der Bevölkerung nicht mehr relevant. Schlagartig und wie ›über Nacht‹ wurde dieser Wandel öffentlich, von vielen auch zum Maßstab des eigenen Lebens und damit weithin sichtbar« (Großbölting, T., *Der verlorene Himmel. Glaube in Deutschland seit 1945*, Göttingen: Vandenhoeck & Ruprecht 2013, 176 f. Die Metaphorik des Himmels dürfte zweifellos auch ein kommendes Reich Gottes abdecken.

[78] Blumenberg, H., *Die Genesis der kopernikanischen Welt*, Frankfurt a.M.: Suhrkamp 1975 und Blumenberg, H., *Säkularisierung und Selbstbehauptung*, Frankfurt a.M.: Suhrkamp 1974.

Selbstbild der Kirchen und in der Fremdzuschreibung – zunächst und zumeist sozialmoralisch zu handeln.[79] Betrachtet man im deutschsprachigen Raum die kirchlichen Entwicklungen der letzten 50 Jahre, so stellt sich die Einsicht ein: Die Theologie des mitleidenden Begleiters mündet nicht zwangsweise und nicht überall, aber doch über weite Strecken faktisch in etwas, was man die Hypermoralisierung des Protestantismus nennen könnte. Die in das innerkanonische Gespräch eingeschriebenen Veränderungsimpulse werden im Raum der Kirche nicht einfach säkularisiert, sondern in hohem Maße über den Raum der Kirche hinaus zunächst theologisch (christologisch und pneumatologisch) und dann sozial und politisch generalisiert.[80] Die theologische und spirituelle Grundierung dieses Transformationsimpulses erzeugt starke normative Erwartungen an die Politik, die zugleich weitgehend irritations- und lernresistent sind.[81] Der Veränderungsimpuls, der von dem schon anbrechenden und kommenden Reich Gottes, bzw. von der Vorstellung einer neuen Welt ausgeht, wird zu einem grenzwertig illusionären, die tiefe Ambivalenz des politischen Handelns leugnenden Impuls. Eine Hypermoralisierung ist nicht zuletzt dadurch gekennzeichnet, dass das zu Erhoffende, was von dem Noch-Ausstehenden des Reiches Gottes oder der Neuen Schöpfung schon in der Gegenwart durch menschliches Handeln antizipierend zu realisieren ist, überschätzt wird.[82] Die von diesen aktiven Vorwegnahmen des Reiches Gottes abgeleitete Aneignung von Gottes solidarisch mitleidendem und zugleich engagiert veränderndem Widerwillen gegen Zustände in der Welt wird überzeichnet. In der Folge fehlt in dieser Strömung des Protestantismus weitestgehend eine selbstkritische Auswertung von Ereignissen, die als Ereignisse der gesteigerten Gottesgegenwart und als Kommen des Reiches Gottes betrachtet wurden, aber doch zumindest in dieser Hinsicht ein-

---

[79] Die relative Nähe dieses ethischen Ansatzes zu Konzeptionen des liberalen Kulturprotestantismus hat sehr früh erkannt Honecker, M., *Konzept einer sozialethischen Theorie. Grundfragen evangelischer Sozialethik*, Tübingen: Mohr Siebeck 1971.

[80] Dazu kritisch Thomas, G., »Vertrauen und Risiko in moralischen Hoffnungsgroßprojekten. Skizzen zu einer realistischen Theologie der ›eschatologischen Differenz‹«, in: Springhart / Thomas (Hgg.), *Risiko und Vertrauen / Risk and Trust*, Leipzig: Evangelische Verlagsanstalt 2017, 55–85. In der Folge sind die Grenzen der Kirche schwerlich christologisch oder pneumatologisch bestimmbar.

[81] Die spirituelle Grundierung dürfte auch der Grund dafür sein, dass der Zusammenbruch der Sowjetunion und das weltweite Scheitern kommunistischer oder radikal sozialistischer Staaten auf Seiten des Linksprotestantismus irritierend wenig Lernprozesse auslöste und die markant antikapitalistischen Impulse keinerlei selbstkritischen Analysen aussetzte.

[82] Sensibel für den neuen Trend eines starken Moralismus stellte das Gütersloher Verlagshaus 2017 das religiöse Buchprogramm unter das neue Motto »Die Vision einer neuen Welt«.

deutig scheiterten.[83] Bei aller Betonung eines mitleidend weltverantwortlichen Handelns im Namen Gottes und für eine vorwegnehmende Realisierung der Herrschaft Gottes ist der Basso continuo diese Theologie: Gott ist kein eigenständiger ›Agent‹ jenseits des moralisch-strategischen menschlichen Handelns der Christen und ihrer mehr oder weniger bewussten Verbündeten.

Sowohl Theologien des Lebens wie auch Theologien des mitleidenden Begleiters akzentuieren ein *Eingehen* Gottes in die Welt. Und doch verorten sie die Präsenz Gottes, sei es als Logos, als Tat der Solidarität oder als Geist, z. T. sehr unterschiedlich. Eine Theologie des Lebens wird mit der schöpfungstheologischen Grundierung auch das starke Leben feiern und einen Habitus der Bewahrung und Würdigung geschöpflichen Lebens kultivieren – mit der schon erwähnten Gefahr eines Abgleitens in einen Vitalismus. Dagegen kann eine Theologie des mitleidenden Begleiters aufgrund des starken Veränderungsinteresses sehr leicht – sozusagen mit umgekehrten Vorzeichen – so moralisch werden, dass in ihrer auf Dauer gestellten Empörung Gott seine Schöpfung nicht verzeihen kann.[84] Wenn von Gott nichts zu erhoffen ist, also alles vom Menschen realisiert werden muss, so führt dies zu einer mehr oder weniger säkularisierten und politisierten eschatologischen Ungeduld, die auf ihre eigene Weise die Treue zu dieser Erde aufzukündigen droht. In ihrer vermeintlich strukturell notwendigen und theologisch legitimierten Kompromisslosigkeit ist sie bereit, den gegenüber der Kirche notwendig antagonistisch strukturierten Raum des genuin Politischen faktisch aufzulösen.[85]

---

[83] Eine persönliche und exemplarische Notiz: Im Januar 1986 besuchte der Verfasser mit einer Delegation der Presbyterianischen Kirche das von den Contras terrorisierte revolutionäre Nicaragua. Wir trafen Daniel Ortega, der wie eine Mischung aus Prophet und Messias gefeiert wurde. Ernesto Cardenal war Kultusminister. Nicaragua war ein befreiungstheologisches Projekt. Die nunmehr 400 Toten allein im Jahr 2018 unter der Präsidentschaft von Daniel Ortega und seinem Clan scheinen sich jedoch der Wahrnehmung der damaligen Unterstützer zu entziehen und – abgesehen von den lokalen katholischen Bischöfen, ist es ein dröhnendes Schweigen. Metaphorisch ausgedrückt: Die kirchliche Karawane der religiös-moralischen Empörung ist schon längst weitergezogen.

[84] Spannend ist zu sehen, wo und wie Theologien die Unterscheidung zwischen »Bewahren« und »Veränderung« eintragen und handhaben. So stehen sich z. T. Theologien gegenüber, die entweder sozial-politisch extrem experimentierfreudig und ökologisch ganz auf Bewahrung abstellen oder aber sozial-politisch ein Bewahrensethos pflegen und in Fragen der Ökologie deutlich entspannter sind.

[85] Dass dies, beim Wort genommen, die Sphäre des Politischen auflöst, ist die Pointe der Analyse von Mouffe, C., *Über das Politische. Wider die kosmopolitische Illusion*, Frankfurt a.M.: Suhrkamp 2007. Unabhängig von einer Gesamtbewertung der Soziologie und Gesellschaftsdiagnose Helmut Schelskys ist festzuhalten, dass seine in den siebziger Jahren gewonnenen Beobachtungen zur Veränderung des Christentums nicht einer prophetischen

Dabei bleibt eine Fokussierung auf Gottes Mitleiden die Antwort auf die drängende Frage schuldig, warum ein solidarisches Leiden jenseits psychologischer Modelle eine *transformative Kraft* hat. Warum und inwiefern rettet die machtlose Begleitung, abgesehen von Ermutigung, Hilfe zur Selbsthilfe und menschlichem Kampf? Die theologisch akzentuierte Macht der Schwachheit bleibt eine schwache Macht. An dieser Stelle schimmert auch in den Theologien des mitleidenden Begleiters ein dem Vitalismus naher, religiös verkleideter Heroismus durch.[86]

Radikal kenotische Theologien sind bereit, der solidarischen Nähe Gottes im Geist oder in Christus Gottes dynamische Responsivität zu opfern. Gott ist in dem Typus des mitleidenden Gottes affizierbar, aber doch frei der Macht und darin letztlich frei der Verantwortung für eine rettende Intervention. Angesichts der Leidens- und Gewaltgeschichten des 20. Jahrhunderts sind die Theologien des mitleidenden Begleiters unter anderem auch Strategien, um Gott freizusprechen und zu entschuldigen. Allerdings ist auch der Versuch, hier andere Wege zu beschreiten, nicht ohne Risiko. Hans Jonas erinnert daran, was die Kosten dafür sein können, *nicht* dem Programm der radikalen göttlichen Kenosis ins Leiden zu folgen: Die Gefahr ist eine offensichtlich systematische Verdunklung der Güte Gottes oder eine Erosion jeglicher Verstehbarkeit Gottes. Ohne Zweifel wird diese Gefahr eine Theologie der Lebendigkeit Gottes offen adressieren müssen. Doch das Bemühen, Gott von der Verantwortung für eine Rettung freizusprechen, führt in eine noch größere Hoffnungslosigkeit, als ein klagend-anklagendes Verzweifeln an Gottes Macht. Die Ausscheidung jeglicher messianischen oder gemeinhin apokalyptischen Vision, jeglicher gehaltvollen Eschatologie, lässt auf eine zukünftige responsorische Tat Gottes nicht mehr hoffen.[87]

Komponente entbehren. Siehe Schelsky, H., *Die Arbeit tun die anderen. Klassenkampf und Priesterherrschaft der Intellektuellen*, Opladen: Westdeutscher Verlag 1975, 317–330. Den kulturellen Fallout der Moralisierung der politischen Sphäre beschreibt präzise Lilla, M., *The once and future liberal. After identity politics*, New York: Harper 2017.

[86]   Die wirkungsgeschichtlich mächtige Bonhoeffersche Formel »Widerstand und Ergebung« bezieht sich für ihn explizit nicht auf Gott, sondern auf das Schicksal. Erst ›nach‹ Widerstand und Ergebung, gilt es für ihn »in diesem ›Es‹ (›Schicksal‹) das ›Du‹ [zu] finden.« So Bonhoeffer, D., *Widerstand und Ergebung. Briefe und Aufzeichnungen aus der Haft (DBW 8)*, Gütersloh: Gütersloher Verlagshaus, Kaiser 1998, 334. Dass die Erfahrung des Leidens ohne Rettung nicht notwendigerweise barmherziger, sondern möglicherweise auch gewaltbereiter und lebensaffirmativer machen kann, zeigt die langjährige Praxis der israelischen Streitkräfte, ihr Führungspersonal auf dem Wüstenberg Masada mit dem Ruf »Nie wieder Masada!« zu vereidigen. Siehe Zerubavel, Y., *Recovered roots. Collective memory and the making of Israeli national tradition*, Chicago: University of Chicago Press 1995, 195.

[87]   Die Philosophie und Theologie Jacob Taubes' beschreitet mit ihrer Betonung apokalyptischer Motive einen Hans Jonas entgegengesetzten Weg in der jüdischen Verarbeitung des

6. Gottes Lebendigkeit – Motive und Konturen

Die Titelformulierung dieses Bandes lässt fragen, was speziell mit dem Begriff der Lebendigkeit von Gott ausgesagt werden soll. Gottes Lebendigkeit bezeichnet zunächst eine dem Reichtum trinitarischen Lebens entsprechende Vielfalt der Beziehungsgestalten des Weltverhältnisses Gottes, in denen dieser mit und gegen und so für die Welt trotz aller ›Zwischenfälle‹ seine Aspirationen verwirklicht. Dies bedeutet, dass die Aspekte des Affiziertwerdens, der Resonanzfähigkeit und Responsivität mit Gottes lebensförderlichen, rettenden und erneuernden Absichten mit der Welt und seiner Liebe zusammen gesehen werden müssen.[88] Die formale Typologie der Beziehungen kann darum nicht von Gottes förderndem, ermöglichenden, begleitenden, bewertenden und schöpferisch-erneuernden Handeln getrennt werden. Sie kann auch nicht von den verschiedenen Akteurspositionierungen und -charakterisierungen von Vater, Sohn und Geist abgetrennt werden. Allerdings ist es der Leben gebende und Leben verwandelnde, d. h. erlösende Aspekt von Gottes Lebendigkeit, der es notwendig macht, zwischen göttlichem und menschlichem Leben zu unterscheiden.

Alle drei der knapp skizzierten alternativen Typen der Theologie offerieren Herausforderungen, von denen sich eine Theologie der Lebendigkeit Gottes nicht distanzieren kann und darf. Sie sollen mit wenigen Pinselstrichen skizziert werden. Dabei werden zugleich en passant in einem Vorgriff auf die folgenden Kapitel weitere Konturen dessen deutlich, was unter Gottes Lebendigkeit zu verstehen ist.

An die in den einleitenden Abschnitten dieses Kapitels unter Voraussetzung einer elementaren *Agency Gottes* dargelegten Denkformen der *Affizierbarkeit*, der *Rückbezüglichkeit* von Gottes Handeln und des *Risikos* ist an dieser Stelle nur kurz zu erinnern. Speziell das Modell der *Resonanz* wie auch seine Grenzen sind für die theologische Entfaltung von Gottes Lebendigkeit elementar. Diese vier Denkformen sind unentbehrliche Bestandteile des theologischen Werkzeugkastens. Allerdings haben die Überlegungen zu den Grenzen der Resonanzbezie-

---

Holocaust. Siehe die Taubes' Denken umsichtig analysierenden Beiträge in Faber, R. / Goodman-Thau, E. / Macho, T. (Hgg.), *Abendländische Eschatologie. Ad Jacob Taubes*, Würzburg: Königshausen & Neumann 2001.

[88]   Es gibt auch in der Tradition deutlich sprechende Ausnahmen. Anselms von Canterbury *Cur deus homo* wird getragen von den grundlegenden Einsichten, dass a) die Sünde des Menschen Gott so affiziert, dass die Ehre des göttlichen Schöpfers beschädigt wird und b) dass diese Ehrverletzung als Resonanz nicht zu Gottes vernichtendem Zorn führt, sondern zur Sendung des Sohnes aus Liebe. Siehe Anselm von Canterbury, *Cur deus homo - Warum Gott Mensch geworden. Lateinisch und Deutsch (hg. u. übers. von F. S. Schmitt)*, Darmstadt: Wissenschaftliche Buchgesellschaft 1956.

hungen schon sehr klar die enge Verflechtung von inhaltlichen theologischen Motiven und formalen Instrumentarien vor Augen geführt.

Als Ausblick in diesem Einleitungskapitel sollen im Folgenden einige Motiv- und Problemkomplexe kurz umrissen werden. Sie sind Teil des Problemhorizontes, innerhalb dessen die Theologie der Lebendigkeit Gottes Konturen gewinnt. Fünf Motivkomplexe sind zu erschließen:

a) Eine Theologie der Lebendigkeit Gottes, die eine Agency Gottes herausstreicht und diesem Gott eine eschatologische Macht der Rettung zuschreibt, hat gegenüber einer Theologie des mitleidenden Gottes mit deutlich *erhöhten Theodizeelasten* umzugehen. Die offensichtliche Spannung zwischen der Erfahrung von Gewalt und Unrecht auf der einen Seite und dem Festhalten an Gottes Macht der Rettung auf der anderen Seite kann unter anderem nur durch eine sachlich realistische – und nicht nur eine coping-strategische – *Theologie der Klage* überwunden werden, die an eine Theologie der Rechtfertigung Gottes reicht.[89] Die jüdischen Traditionen, in denen als Verarbeitung der Shoa Gott derjenige ist, der eschatologisch zur Rechenschaft gezogen werden soll, warten noch auf eine konstruktive protestantische Rezeption. Christen leiden mit den Leidenden unter der Geduld Gottes. Sie sind nicht in der Lage, Gott zu entschuldigen oder gar zu rechtfertigen. Dies bleibt allein Gottes Sache.

b) Die Theologie benötigt die Chuzpe, von Gott *mehr zu erhoffen* als gegenwärtig zu erfahren und menschlich zu tun möglich ist. Christen hoffen mehr als menschenmöglich ist. Dies ist die Pointe des Glaubens und einer Hoffnung in Gott als Akteur. Dies ist für jeden moralischen Homo Faber nicht Trost, sondern Ärgernis. Diese Hoffnung legt die Axt an alle moralische Selbstgerechtigkeit an. Die Hoffnung auf das Reich Gottes, auf eine Neuschöpfung von Himmel und Erde und ein die Opfer adressierendes Gericht Gottes jenseits (sic!) der Möglichkeiten dieser Welt ist nicht nur Bedingung für eine geduldige Treue zu dieser Erde, sondern ein Moment der göttlichen Lebendigkeit und des Trostes der Glaubenden. Dieses Moment der *Agency Gottes* darf die Theologie nicht aufgeben. Damit wird keine Rückkehr zu unreflektierten Auffassungen von Gottes Handeln vollzogen, sondern eine operative Voraussetzung christlichen Glaubens namhaft gemacht. Dies ist auch eine paradoxe Intervention in die Welt des religiösen Homo Faber. Theologie und Kirche dürfen den Mut haben, Friedrich Feuerbach und vielen anderen

---

[89]   Schüle, A., »Klage als Anfang der Theologie«, in: Springhart / Thomas (Hgg.), *Risiko und Vertrauen / Risk and Trust*, Leipzig: Evangelische Verlagsanstalt 2017, 37–53; zum Motiv der Rechtfertigung Gottes mit Perspektiven auf jüdische Theologie siehe Eckardt, A. R. / Eckardt, A., *Long night's journey into day. Life and faith after the holocaust*, Detroit: Wayne State University Press 1982; sehr differenziert Laytner, A., *Arguing with God. A Jewish tradition*, Northvale, N.J.: J. Aronson 1990.

zum Trotz an Gottes Zukunft mit dieser Welt und ihren Menschen festzuhalten. Diese rettend-responsorische Struktur der christlichen Hoffnung ist
der Kern dessen, was im Folgenden immer wieder eine ›realistische Eschatologie‹ genannt wird. Damit wird all dies, was an neuer Schöpfung schon
hier anbricht, nicht abgewertet. Allerdings gilt es die Formen weltlicher
Hoffnung mit Gottes zuweilen unverständlicher Geduld zu verknüpfen.
Gottes Lebendigkeit theologisch zu entfalten, wird von Theologie erfordern,
wieder apokalyptische Motive ernst zu nehmen.

c) Wer von der Zukunft des kommenden Gottes spricht, muss zugleich präzise
von der *Abwesenheit Gottes* sprechen. Je nachdem, wie transzendent man den
Grund in den Theologien des unwandelbaren Grundes (Typ 1) lokalisiert,
sind alle drei hier als mächtige Alternativen skizzierte Typen der Theologie
Theologien der *Präsenz Gottes*. Am klarsten wird dies in Theologien des
Heiligen Geistes sichtbar, die versuchen, den zweiten und den dritten Typus
der Theologie in eine Kombinatorik zu überführen. Zu Recht werden in
diesen Entwürfen über den Geist die Präsenz Gottes in ökologischen Kontexten und die Präsenz des Auferstandenen im Kampf gegen Armut und
Entrechtung als real gedacht und entfaltet. Prozesse der Entfaltung des
Geistwirkens in vielfältigen Räumen, Zeiten und Kulturen sind Basis der
vielgestaltigen Gegenwart des Auferstandenen.[90] Diese Einsichten gilt es zu
würdigen.

Was jedoch zu wenig erkannt wird, ist, wie der Geist stets *doppelt* wirkt: Der
Geist Gottes wirkt kontinuierlich und prozesshaft in reale Gegenwarten
hinein. Er tut dies als Angeld oder Erstlingsgabe (2Kor 1,22; Röm 8,23).
Allerdings bewegen sich auch intensivste Geisterfahrungen und Geistwirksamkeit innerhalb wie außerhalb der Kirche immer noch im Rahmen einer
nicht vollständigen, sondern *partikularen Gabe* des Geistes. Die Welt und
auch die Kirche lebt noch in dieser Situation der eschatologischen Differenz.
Auch transindividuelle Fassungen des Geistes in Interaktionsfeldern, in
Atmosphären und in weitverzweigten Kommunikationsprozessen vermögen
die eschatologische Fülle der Geistpräsenz und Kreativität des Geistes nicht
auszuschöpfen. Es ist diese *Differenz*, die in die Rede vom Wirken des Geistes
systematisch-strukturbildend eingeführt werden muss.

Dies führt zu einem auf den ersten Blick paradoxen Befund: Es ist die reale
Gegenwart des Geistes, die die *Abwesenheit* seiner Fülle vergegenwärtigt.
Und: Es ist die Gegenwart des Auferstandenen, die die Abwesenheit der Fülle

---

[90] Paradigmatisch und wegweisend für die protestantische Theologie des 20. Jahrhunderts
Barth, K., »Der Christ in der Gesellschaft (1919)«, in: Moltmann (Hg.), *Anfänge der dialektischen Theologie. Teil 1*, München: Kaiser 1962, 3–37.

der Wirklichkeit der Auferstehung gegenwärtig macht.[91] So sind Gestalten der graduellen und wachsenden Geistpräsenz mit einer disruptiven, noch ausstehenden Geistfülle in ein spannungsreiches Verhältnis zu setzen. Nur so kann es zu einer Verschränkung der Rede von der Anwesenheit *und* Abwesenheit Jesu Christi und einer Präsenz *und* Defizienz des Geistes führen. Diese Doppelung kennzeichnet die Situation der eschatologischen Differenz.[92] Gottes Lebendigkeit bedeutet, wie schon angedeutet, die Möglichkeit und Wirklichkeit von Gottes relativer Abwesenheit.

d) Bringt die Theologie Gottes Lebendigkeit als Affizierbarkeit und Partnerschaft zur Sprache, so stellt sich unausweichlich die Frage, inwiefern *sich Gott wandelt und sich Neues erschließt.* Dass es für Gott Neues gibt, ist in weiten Teilen der christlichen Theologiegeschichte eine unmögliche Möglichkeit. Doch Neuheit kann es in einem *schwachen* und *starken* Sinne geben. Da in den folgenden Kapiteln die These vertreten wird, dass es Neues in einem starken Sinne für Gott gibt, gilt es die Unterscheidung zu vergegenwärtigen. In einem multireferentiellen Zusammenhang kann etwas für eine Entität B neu sein, während es für die Entität A, in deren Handlungsfeld das als neu Erkannte verortet ist, nicht neu ist. So war Amerika für Columbus ein neuer Kontinent, während er für die dortigen Ureinwohner schon lange bekannt war. Entsprechend schließt Gott einen für die Menschen neuen Bund, während dieser ihm schon immer gegenwärtig war. In diesem epis-

---

[91] Dies erfordert beispielsweise, dass zentrale Praktiken wie zum Beispiel das Abendmahl multiperspektivisch erfasst werden. So bietet das Abendmahl eine gleichzeitige Steigerung der Anwesenheit *und* Abwesenheit des Auferstandenen. In der Feier des Sakraments wird Christus im Geist gegenwärtig und bleibt doch der, »der noch kommt« (1Kor 11,26). Nur aufgrund der Präsenz des Christus im Geist kann die Abwesenheit der vollen Gegenwart des Auferstandenen und damit die Fragmentarität der Neuschöpfung wahrgenommen und erfahren werden. Auf scheinbar paradoxe Weise ermöglicht die Anwesenheit des Geistes die Erfassung der noch abwesenden Fülle des Geistes. Die Anwesenheit des Christus ist auch die Abwesenheit dessen, der da ›kommt‹. Von dieser im Abendmahl eingebauten Spannung ist eine Topologie der relativen Abwesenheit Gottes zu entwickeln. Was im Kontext des Abendmahls christologisch ausformuliert wird, wird in Röm 8 pneumatologisch entfaltet. Die jetzige überaus reale Gegenwart des Geistes Jesu Christi ist ›wenig‹ in Relation zu der zukünftigen Fülle. Der gegenwärtige Geist des Trostes und der Liebe lässt mit der Schöpfung geburtswehenanalog seufzen. Genau hierin realisiert sich eine Hoffnung auf eine Fülle der Geistesgabe, die die Herrlichkeit der Kinder Gottes, d.h. deren vollendete Neuschöpfung, heraufführt. Zu Röm 8 siehe Jackson, T. R., *New Creation in Paul's Letters. A Study of the Historical and Social Setting of a Pauline Concept*, 2010, 150–169.

[92] Siehe dazu Thomas, G., »Vertrauen und Risiko in moralischen Hoffnungsgroßprojekten: Skizzen zu einer realistischen Theologie der ›eschatologischen Differenz‹«, in: Springhart, H. / Thomas, G. (Hgg.), *Risiko und Vertrauen / Risk and Trust*, Leipzig: Evangelische Verlagsanstalt 2017, 55–85.

temischen Sinne erschließt eine Entdeckung etwas als Neues. Bezogen auf die lebendige Beziehung zwischen Gott und Welt würde dies keine Veränderung in Gott voraussetzen – wenngleich für die Entität B natürlich nur das ›existiert‹, von dem sie weiß, dass es existiert.

In einem eher starken Sinne von Neuheit ist das Neue auch für Gott neu. Der neue Bund, das neue Herz, die Inkarnation des Gottessohnes, die Auferweckung des Gekreuzigten, all dies sind Neuheiten auch im Leben Gottes. Der holländische Systematiker Cornelius van der Kooi hat mit Verweis auf das paulinische Geistverständnis vorgeschlagen, dass das Neue in Gott einer Selbsterforschung durch den Geist erwächst. »Denn der Geist erforscht alle Dinge, auch die Tiefen der Gottheit. Denn was im Menschen ist, weiß niemand als allein der Geist des Menschen, der in ihm ist. So weiß auch niemand, was in Gott ist, als allein der Geist Gottes« (1Kor 2,10–11). Dieser eschatologische Impuls des Geistes ist aufzunehmen. Allerdings ist die Figur der Selbsterforschung noch zu selbstreferentiell angelegt. Betrachtet man die Entwicklung des kanonischen Gesprächs, die Interaktionsgeschichte Gottes mit den weltlichen Partnern, dann erschließt sich ein anderes Bild.

Das Neue in Gott erwächst aus der göttlichen Verarbeitung zweier ›Geschichten‹. Das emergent Neue geht hervor aus der göttlichen responsorisch-kreativen Verarbeitung a) der fortdauernden, aktiven und sensiblen Fürsorge für die Schöpfung und b) aus der göttlichen Wahrnehmung und Erfahrung der Nöte der weltlichen Partner, die aus deren Geschichte der misslingenden Entfaltung geschöpflicher Freiheit in der Zeit entstehen. Das Neue in Gott ist wesentlich Teil der so freien wie treuen responsorischen Beziehung Gottes zur Welt und damit nicht einfach Bestandteil eines großen Prozesses der Entwicklung Gottes durch die Entwicklung der Weltgeschichte, eines schlicht permanent werdenden Gottes. Das Neue in Gott ist darin als das paradigmatische Ereignis der Veränderung in Gott zu bestimmen.

Ist Gott nicht als ens realissimum eine Agency ohne Möglichkeiten, sondern stellen die Aspirationen des lebendigen Gottes reale Möglichkeiten dar, so stellt sich die Frage, ob das Neue in und für Gott eine *neue Wirklichkeit* auf der Basis einer ›alten‹ Möglichkeit ist oder aber ob es auch eine *neue Möglichkeit* sein kann.[93] Darauf kann es nur die Antwort geben, dass es neue Möglichkeiten sind.[94] Der Gott, der aus Liebe die Welt schafft und sich in Liebe für sie

---

[93] Die von Eberhard Jüngel gekennzeichneten Verschiebungen gelten auch für die göttliche Zuordnung von Möglichkeit und Wirklichkeit. Vgl. Jüngel, E., »Die Welt als Möglichkeit und Wirklichkeit«, in: Jüngel (Hg.), *Unterwegs zur Sache. Theologische Bemerkungen*, München: C. Kaiser 1972, 206–233.

[94] Hier zeigt sich die Differenz zur Prozesstheologie und deren zweipoligem Verständnis Gottes. Während Gott in seiner Folgenatur aus dem Prozess der Welt empfängt, ist es die Urnatur Gottes, in der er »the unlimited conceptual realization of the absolute wealth of

engagiert, hält im Akt der responsorischen Begleitung keine lebensförderlichen Möglichkeiten zurück – abgesehen von der Praxis der Geduld Gottes.[95]

e) Ist das Neue das paradigmatische Ereignis der Veränderung in Gott, so stellt sich die Frage, wie und mit welchen *Modellen* der Theologie die *Veränderlichkeit* und die als *Treue* zu begreifende Unveränderlichkeit Gottes zu explizieren ist. Deutlich ist, dass eine aristotelische Sein-Metaphysik dazu nicht in der Lage ist. Zwei Modelle legen sich nahe. So kann man einen gleichbleibenden Charakter der Person von wechselnden Handlungen unterscheiden.[96] Dies hat aber den Nachteil, dass nur dann der Charakter Gottes gleich bleibt, wenn die wechselnden Handlungen von dem Charakter abgekoppelt werden. In jüngster Zeit wurde auch das Modell von einer prozessorientierten und handlungskonstituierten Identität ausgetestet. Bleibt die Theologie aber in den identitätstheoretischen Figuren gefangen, so verstrickt sie sich in aporetische Konstellationen. In einem schlichten Modell relationaler Identität gibt es wohl einen Prozess der permanenten Entwicklung der Identität in der kontingenten Weiterentwicklung der Relationen über die Zeit. Angesichts der damit auftretenden Probleme einer Bewahrung von Gottes Identität über die Zeit erscheint ein Festhalten an einer Unveränderlichkeit Gottes die vernünftigere Option.[97] Dabei krankt das Modell der relationalen Identität daran, dass operative Schließungen gegenüber Relationen wie auch die stabile Replikation von Identitätsmustern in herausfordernden Umgebungen nicht angemessen erfasst werden können. Der in diesem Band verfolgte Ansatz ist, zwischen Gottes Aspirationen einerseits und den sich wandelnden Strategien der Realisierung dieser Aspirationen andererseits zu unterscheiden.

---

potentiality« ist. Sherburne, D. W., *A key to Whitehead's process and reality*, New York: Macmillan 1966, 179. Die Möglichkeiten der ›Urnatur‹ Gottes werden im Werden der Welt nicht verändert. Das Werden der Welt fügt in Gott und für die Welt keine neuen Möglichkeiten hinzu.

[95]   Das neutestamentliche Gleichnis vom verlorenen Schaf (Lk 15,4–7; Mt 18,12–13) entfaltet den totalen und restlosen Einsatz Gottes, während das Gleichnis vom verlorenen Sohn (Lk 15,11–31) die Spannweite von Gottes Geduld narrativ bearbeitet.

[96]   Dieses Modell findet sich z.B. bei Dorner, I. A., »Über die richtige Fassung des dogmatischen Begriffs der Unveränderlichkeit Gottes mit besonderer Beziehung auf das gegenseitige Verhältnis zwischen Gottes übergeschichtlichem und geschichtlichem Leben«, in: Dorner (Hg.), *Gesammelte Schriften aus dem Gebiet der systematischen Theologie. Exegese und Geschichte*, Berlin: W. Hertz 1883, 188–377.

[97]   So die pessimistische Schlussfolgerung in Muis, J., »Can the Triune God himself be changed?«, in: *Evangelische Theologie* 78 (5) (2018), 384–389.

Vor dem Hintergrund einer starken reformierten Tradition, den bundestheologischen Einsichten Karl Barths und nicht zuletzt den oben knapp markierten Denkformen bzw. Modellen lautet der hier unterbreitete Vorschlag: In der Dynamik des göttlichen Lebens und der relativ eigenständigen Entwicklungsdynamik der Welt, Israels und der Kirche erhält Gott in unveränderlicher Treue seine *übergreifenden und langfristigen Aspirationen* in wechselnden Umgebungen durch sich verändernde und weiter entwickelte *Handlungen und Handlungsstrategien*. An dieser Stelle sei nochmals daran erinnert: In Aspirationen dokumentiert sich nicht nur die Lebendigkeit einer Agency (*spiratio*), sondern ist das langfristige und übergreifende Hoffen, Planen, Intendieren, Imaginieren und Wünschen greifbar. Durch den zeitlich übergreifenden, vektoralen Charakter vermögen Aspirationen eine Koordinationsfunktion für Einzelhandlungen ausüben. In ihrer rekursiven Funktion formen Aspirationen einen ›Charakter‹ und eine ›Persönlichkeit‹. Gott bewahrt seine übergreifenden und langfristigen, aber zugleich stets respezifizierbaren Aspirationen für den offenen Prozess der Schöpfung. In dem Aufrechterhalten der Aspirationen in turbulenten Umgebungen, d. h. in einer hoch riskanten Schöpfung, kristallisiert sich Gottes unveränderliche Treue. Die Aufrechterhaltung der göttlichen Aspirationen ist es, die Gott angesichts der Wahrnehmung und Erfahrung der Welt im Geist und in Christus zu neuen Strategien, Entscheidungen und Maßnahmen provoziert bzw. drängt (nicht: zwingt). Es ist diese Aufrechterhaltung dieser Unveränderlichkeit, die Gott nicht nur zu Anpassungen an gescheiterte eigene Initiativen (Gen 6–9), sondern zu neuen Problemlösungen führt.

In diesem Prozess der Interaktion ist Gottes eigene Geschichte der Entwicklung nicht die Geschichte der Welt, wie umgekehrt die Geschichte der Welt nicht per se Gottes Geschichte ist. In der Sprache der Dogmatik gesprochen, ist es die Freiheit der Liebe, bzw. der große Rahmen der Bundesgeschichte, innerhalb deren in Gott Neues erwächst. Die Trinitätslehre ist der Ort, an dem diese doppelte Seite Gottes – unveränderliche Aspirationen auf der einen Seite und veränderliche Strategien und Handlungen auf der anderen Seite – auszubuchstabieren sind.[98]

---

[98]   Gegenüber dem Programm der Hegelschen Philosophie gilt es die kontingente und locker prozessuale Kopplung von Gott und Welt zu betonen. Ähnliches gilt für das mögliche Gespräch mit der Prozessphilosophie Alfred North Whiteheads, die wirksam wie kaum eine Gotteslehre die Affizierbarkeit Gottes in seiner konsequent Nature herausstreicht.

II. Das Kreuz Jesu Christi als Risiko der Inkarnation

Die Feststellung im Johannesprolog, dass das Wort Fleisch geworden sei, gehört zu den Grundaussagen der Christologie. Ebenso ist der Philipperhymnus mit seiner Theologie der Kenosis ein Grundtext der Christuserkenntnis der Kirche. Der Verweis auf die Inkarnation war in der frühen Christenheit einer der gewichtigsten Einwände gegen gnostisches Denken. Doch so elementar die Inkarnation für das christliche Verständnis des dreieinigen Gottes ist, so schwer ist zu bestimmen, wie die Fleischwerdung theologisch zu denken ist und was ihre theologischen Implikationen sind. Was die Inkarnation für die Person Jesus Christus, für Gott selbst und für uns Menschen bedeutet, bedarf in stets neuen geistigen Umwelten der Entfaltung und ist hierbei nicht unumstritten. Die Fleischwerdung ist als Eingehen in die geschöpfliche Wirklichkeit zugleich auch ein Eingehen in die Geschichte, in menschliche Sozialitäten, in die Erinnerungs-, Erfahrungs- und Erwartungsräume der Menschen einer spezifischen Zeit und Region. Doch was impliziert die in Christus offenbar werdende ›kenotische Liebe‹ Gottes für Gott selbst?[1] Zweifellos bedingen sich ein angemessenes Verständnis

---

[1]   Zum Problem der Kenosis, speziell in der britischen Tradition, siehe Polkinghorne, J. C. (Hg.), *The work of love. Creation as kenosis*, Grand Rapids, Mich.: W.B. Eerdmans 2001; Welker, M., »Romantic love, covenantal love, kenotic love«, in: Polkinghorne (Hg.), *The work of love. Creation as kenosis*, Grand Rapids, Mich.: W.B. Eerdmans 2001, 127–136. Die Inkarnation stand in den letzten beiden Jahrzehnten nicht im Zentrum des theologischen Interesses. Die intensive Debatte, die von Hick, J., *The myth of God Incarnate*, London: SCM Press 1977; und Hick, J., *The metaphor of God Incarnate. Christology in a Pluralistic Age*, London: SCM Press 1993, geführt wurde, hat den deutschsprachigen Raum wenig bewegt. Zu den dogmengeschichtlichen Debatten im lutherischen Raum informiert knapp Althaus, P., »Kenosis«, in: *Religion in Geschichte und Gegenwart. Bd. 3, 3. Aufl.*, Tübingen: Mohr Siebeck, 1234–1246; dogmengeschichtlich immer noch informativ Ottley, R. L., *The doctrine of the incarnation*, London, Methuen 1946 (Orig. 1896). Für Aspekte der jüngeren Diskussionslage siehe Madragule Badi, J.-B., *Inkarnation in der Perspektive des jüdisch-christlichen Dialogs. Mit einem Vorwort von Michael Wyschogrod*, Paderborn: Schöningh 2006; exegetisch ist instruktiv

der Inkarnation einerseits und des Lebens Jesu sowie des Kreuzes andererseits gegenseitig. Zugespitzt formuliert: Das Verständnis der Inkarnation bedingt ganz wesentlich das Verständnis des Kreuzesgeschehens, wie umgekehrt das theologische Verständnis des Kreuzes das der Inkarnation mitprägt.

Die Überlegungen dieses Kapitels möchten die folgende These darlegen und plausibilisieren: In der Inkarnation und im Leben Jesu manifestiert sich die *risikobereite Liebe Gottes*. Das Kreuz Jesu Christi ist das von Gott gezielt übernommene Risiko der Inkarnation, d. h. der göttlichen Bereitschaft, sich unter den Bedingungen geschöpflichen Lebens von den faktischen Bedingungen dieses Lebens affizieren zu lassen. Die folgenden Erwägungen möchten in der systematisch-theologischen Arbeit am christlichen Symbolsystem einer sich aus dem theistischen Erbe speisenden Verdunklung der Gottesvorstellungen entgegenwirken.[2]

Die Argumentation möchte ich in fünf Schritten entfalten.[3] In einem ersten Schritt möchte ich die Thematik des Risikos der Inkarnation in ein Verhältnis spezifischer gegenwärtiger Diskurse verorten, d. h. den theologischen Raum markieren, innerhalb dessen die Frage aufbricht (1.). Daran anschließend lege ich als Vorüberlegungen die dynamische Relationalität des mit dem Terminus Risiko beschriebenen Sachverhaltes dar (2.). Sie erstellen ein heuristisches Raster für die inkarnationstheologische Rezeption des Begriffs. In einem weiteren Schritt (3.) möchte ich knapp zwei theologiegeschichtliche Modelle skizzieren, die jeweils auf prägnante Weise mit dem Problem des Risikos der Inkarnation umgehen. Im Zentrum stehen dann Überlegungen zum Kreuzesgeschehen als Risiko der Inkarnation (4.), die abgeschlossen werden mit einem Abschnitt zur Auferstehung als Gottes Auseinandersetzung mit diesem Risiko (5.).

Davis, S. T. / Kendall, D. / O'Collins, G. (Hgg.), *The incarnation. An interdisciplinary symposium on the incarnation of the son of God*, Oxford / New York: Oxford University Press 2002.

[2]   Siehe Welker, M., »Gottes Geist und die Verheißung sozialer Gerechtigkeit in multikultureller Vielfalt«, in: Welker (Hg.), *Kirche im Pluralismus*, Gütersloh: Kaiser 1995, 37–57. Zur Krise des Theismus vgl. auch: Welker, M., »Christliche Theologie. Wohin an der Wende zum dritten Jahrtausend«, in: Krieg (Hg.), *Die Theologie auf dem Weg in das dritte Jahrtausend. Festschrift für Jürgen Moltmann zum 70. Geburtstag*, Gütersloh: Kaiser, Gütersloher Verlagshaus 1996, 105–125, speziell 107 f.

[3]   Die nachstehenden Überlegungen sind skizzenhafte Vorstudien zu einer umfassenderen Studie zur ›Passion Gottes‹. Methodisch wie materialiter profitieren sie von der für Michael Welkers theologische Arbeit charakteristischen Kombination aus 1. einem Ernstnehmen exegetischer Einsichten, 2. theologisch-inhaltlicher Bestimmtheitssuche und 3. dem fortlaufenden Gespräch mit außertheologischen Theorieunternehmungen. Ein spezieller Dank gilt dem Kopenhagener Theologen Niels Henrik Gregersen, der nicht nur das Risiko der Risikothematik kennt, sondern auch dazu ermutigte, dieses Risiko zu übernehmen.

1. Das ›Risiko der Inkarnation‹ – im Schnittpunkt von sechs Diskursen

1. Die Überlegung, systematisch-theologisch das Kreuz Jesu Christi als Risiko der Inkarnation zu betrachten, hat einen spezifischen Entstehungskontext. Sechs Diskurse markieren diesen Kontext: An erster Stelle ist das exegetische Gespräch über den *Sühnetod Jesu* zu nennen, das die Frage aufwirft, wie die Hingabeformeln des Neuen Testaments zu interpretieren sind.[4] Wessen Willen war es, dass Jesus am Kreuz starb? War es der ›ewige Wille‹ Gottes des Vaters? An die Systematische Theologie wird die Aufforderung adressiert, zu reformulieren, dass der »›Einsatz des ganzen Lebens‹ [...] den Tod Jesu als *Konsequenz seines Lebens* nicht au[s-], sondern ein[schließt], er [...] aber *nicht das Ziel seines Lebens*« ist.[5]

2. Eng damit verknüpft ist der systematisch-theologische Diskurs um die notwendige Differenzierung des deutschen Terminus ›Opfer‹ in ›victim‹ und ›sacrifice‹ und die daraus resultierende Frage, inwiefern der Kreuzestod Jesu als Tod eines ›victim‹ oder als ›sacrifice‹ zu begreifen ist.[6]

3. Der religionsphilosophische Diskurs, der sozusagen die Rückseite der Frage des göttlichen Risikos thematisiert, ist der zum Problem *Kontingenz und Gott*. Für den klassischen Theismus galt Kontingenz sowohl als ontologischer wie epistemischer Mangel, von dem Gott als absolut notwendiges Wesen frei war.[7] Handelt Gott nicht in der faktischen Realisierung von Sein, sondern in

---

[4]   Für einen differenzierten Überblick mit weiterführenden Literaturverweisen siehe Janowski, B., »›Hingabe‹ oder ›Opfer‹? Die gegenwärtige Kontroverse um die Deutung des Todes Jesu«, in: Weth (Hg.), *Das Kreuz Jesu. Gewalt, Opfer, Sühne*, Neukirchen-Vluyn: Neukirchener 2001, 13–43. In systematischer Perspektivierung siehe auch Dalferth, I. U., *Der auferweckte Gekreuzigte. Zur Grammatik der Christologie*, Tübingen: J.C.B. Mohr (Paul Siebeck) 1994, 237–315.

[5]   Janowski, B., »›Hingabe‹ oder ›Opfer‹? Die gegenwärtige Kontroverse um die Deutung des Todes Jesu«, in: Weth, R. (Hg.), *Das Kreuz Jesu. Gewalt, Opfer, Sühne*, Neukirchen-Vluyn: Neukirchener 2001, 13–43, 41 (Hervorh. im Orig.).

[6]   Grundlegend und bisher unübertroffen Brandt, S., *Opfer als Gedächtnis. Auf dem Weg zu einer befreienden theologischen Rede von Opfer*, Münster: Lit 2001; Brandt, S. (Hg.), *War Jesu Tod ein ›Opfer‹? Perspektivenwechsel im Blick auf eine klassische theologische Frage*, Neukirchen-Vluyn: Neukirchener 2001. Siehe auch die Bemerkungen in Krötke, W., *Gottes Klarheiten. Eine Neuinterpretation der Lehre von Gottes ›Eigenschaften‹*, Tübingen: Mohr Siebeck 2001, 179.

[7]   Siehe Dalferth, I. U. / Stoellger, P., »Einleitung. Religion als Kontingenzkultur und die Kontingenz Gottes«, in: Dalferth / Stoellger (Hgg.), *Vernunft, Kontingenz und Gott. Konstellationen eines offenen Problems*, Tübingen: Mohr Siebeck 2000, 1–44. Dass dieser Fragenkomplex auch in theologischen Kreisen aufbricht, die schwerlich als modernitätsheischend gelten dürften, zeigen deutlich Pinnock, C. H., *The openness of God. A biblical challenge to the*

der Zurverfügungstellung von Möglichkeitsräumen, so widerfährt Gott Kontingenz. Speziell die Kreuzestheologie der zweiten Hälfte des 20. Jahrhunderts arbeitet sich an dem Problem ab, den gekreuzigten Gott jenseits der Alternative von Notwendigkeit und ›bloßer‹ Kontingenz zu denken.[8]

4. Lässt sich vom Kreuz Jesu Christi her von einem Leiden, einer echten Passion Gottes sprechen? Der Diskurs um die *Leidensfähigkeit Gottes* hat als ein Thema die Möglichkeit einer verwundbaren Liebe, die ein Affiziertwerden vom ›Gegenstand‹ der Liebe einschließt.[9] Potentiell asymmetrische oder gar einseitige und grundsätzlich verwundbare Liebe, wirkliche ›Passion‹, impliziert ein nicht kalkulierbares Risiko auf Seiten des Liebenden. Nur ein Gott, der Reue kennt, kann ein Risiko eingehen.[10]

---

traditional understanding of God, Downers Grove, Ill.: InterVarsity Press 1994; Sanders, J., *The God who risks. A theology of providence,* Downers Grove, Ill.: InterVarsity Press 1998; Boyd, G. A., *God of the possible. A biblical introduction to the open view of God,* Grand Rapids, Mich.: Baker Books 2000; Pinnock, C. H., *Most moved mover. A theology of God's openness,* Carlisle, Cumbria, UK / Grand Rapids, Mich.: Paternoster Press, Baker Academic 2001, und die heftigen Reaktionen des eigenen theologischen Milieus auf diese Beiträge. Für interessante Gesprächslagen zwischen der »Open View of God«-Position evangelikaler Theologen und der Prozesstheologie siehe Griffin, D. R. / Cobb, J. B. / Pinnock, C. H., *Searching for an adequate God. A dialogue between process and free will theists,* Grand Rapids, Mich.: W.B. Eerdmans Pub. 2000. Spuren in der theologischen Tradition arbeitet heraus Gregersen, N. H., »Beyond secularist supersessionism. Risk, religion and technology«, in: *Ecotheology* 11 (2) (2006), 137–158.

[8] Jüngel, E., *Gott als Geheimnis der Welt. Zur Begründung der Theologie des Gekreuzigten im Streit zwischen Theismus und Atheismus,* Tübingen: Mohr 1977, für den »das Kontingente [...] mehr als notwendig sein« kann (30, Hervorh. im Orig.). Diese kreuzestheologische Spur wird jedoch in dem von Dalferth / Stoellger edierten Band nicht verfolgt.

[9] Siehe von anglikanischer Seite Vanstone, W. H., *The risk of love,* New York: Oxford University Press 1978; (in Großbritannien 1977 unter dem Titel *Love's endeavour, love's expense* erschienen). Paradigmatisch steht für dieses Anliegen die Theologie Jürgen Moltmanns, insbesondere Moltmann, J., *Der gekreuzigte Gott. Das Kreuz Christi als Grund und Kritik christlicher Theologie,* München: C. Kaiser 1981. Für eine massive Kritik dieses Ansatzes und den Versuch einer Rettung der Anliegen eines Theismus siehe exemplarisch die Beiträge in Koslowski, P. / Hermanni, F. (Hgg.), *Der leidende Gott. Eine philosophische und theologische Kritik,* München: Fink 2001. Zur weiteren Diskussion siehe das Kapitel zur Un/Veränderlichkeit Gottes.

[10] Entsprechend der dominierenden systematisch-theologischen Richtung innerhalb der 4. Auflage des Lexikons Religion in Geschichte und Gegenwart wird im Lemma »Risiko« dieses konsequent nur »auf menschliches Handeln bezogen«. So Gräb-Schmidt, E., »Risiko«, in: Betz (Hg.), *Religion in Geschichte und Gegenwart. Bd. 7, 4. Aufl.,* Tübingen: Mohr-Siebeck 2004, 526–528, hier 526.

5. Eine ›Rückseite‹ der Risikothematik ist zweifellos die Krise einer durch die klassische Metaphysik inspirierten *Providenzlehre*, wie sie speziell im Raum reformierter Theologie wirksam und beispielsweise im Westminster Katechismus von 1647 prägnant ausformuliert wurde.[11] Diese Krise der Providenzlehre betrifft nicht nur Gottes Vorhersehung bezüglich menschlicher Schicksale und Ereignisse, sondern, so die Grundthese dieses Kapitels, auch die Christologie, konkret die Frage, wessen Willen es war, dass Jesus am Kreuz starb.[12]

Zur Debatte steht letztlich die fundamental-hermeneutische Frage, wie die Systematische Theologie mit den die biblischen Traditionen durchziehenden Anthropomorphismen in der Rede von Gott umgehen soll. Sollen sie anhand einer auf Allquantoren gestützten Gottesvorstellung korrigiert werden oder in einem ›ontologischen‹ Sinne interpretiert, d. h. als wahrheitsfähige Aussagen über die Wirklichkeit Gottes, betrachtet werden? Nur in letzterem Fall erscheint es mir theologisch denkbar, von realen und d. h. auch reziproken Beziehungen zwischen Gott und menschlichen Geschöpfen auszugehen. Von einem ›Risiko Gottes‹ zu sprechen setzt voraus, dass Gott nicht die jederzeit »alles bestimmende Wirklichkeit« ist, sondern von einem Anderen, das nicht aktual vollständig bestimmt wird, real affiziert werden kann. Zum Problem der Reue Gottes exemplarisch Jeremias, J., *Die Reue Gottes. Aspekte alttestamentlicher Gottesvorstellung*, Neukirchen-Vluyn: Neukirchener Verlag 1997. Zur Frage der Macht Gottes Welker, M., »Der erhaltende, rettende und erhebende Gott. Zu einer biblisch orientierten Trinitätslehre«, in: Weth (Hg.), *Der lebendige Gott. Auf den Spuren neueren trinitarischen Denkens*, Neukirchen-Vluyn: Neukirchener 2005, 110–128; Welker, M., »Der erhaltende, rettende und erhebende Gott. Zu einer biblisch orientierten Trinitätslehre«, in: Welker / Volf (Hgg.), *Der lebendige Gott als Trinität. Jürgen Moltmann zum 80. Geburtstag*, Gütersloh: Gütersloher Verlagshaus 2006, 34–52; Welker, M., »Gott ist keine Zaubermacht. Über die Todesflut, falsche Allmachtsvorstellungen und eine unzerstörbare Hoffnung«, in: *Zeitzeichen* (6) (2005), 48–50, 48 f.
[11]   »God, the great Creator of all things, doth uphold, direct, dispose, and govern all creatures, actions and things, from the greatest to the least, by his most wise and holy providence, according to his infallible foreknowledge, and the free and immutable counsel of his own will, to the praise of the glory of his wisdom, power, justice, goodness and mercy« (5.1). Vgl. auch die Fragen 26–29 des Heidelberger Katechismus. Speziell: »Frage 27: Was verstehst du unter der Vorsehung Gottes? Die allmächtige und allgegenwärtige Kraft Gottes (Apg 17,25–28), durch die er Himmel und Erde samt allen Kreaturen, gleichwie mit seiner Hand, noch immer erhält (Hebr 1,3) und so regiert, daß Laub und Gras, Regen und Dürre, fruchtbare und unfruchtbare Jahre, Essen und Trinken (Jer 5,24; Apg 14,17), Gesundheit und Krankheit (Joh 9,3), Reichtum und Armut (Spr 22,2), überhaupt alles, nicht aus Zufall, sondern von seiner väterlichen Hand uns zukommt.«
[12]   Zur Krise der Providenzlehre und Versuchen der Neuformulierung siehe Bernhardt, R., *Was heißt ›Handeln Gottes‹? Eine Rekonstruktion der Lehre von der Vorsehung*, Gütersloh: Kaiser, Gütersloher Verlagshaus 1999. Zur Frage der Einwanderung der griechisch gefärbten Providenzlehre in die frühchristliche Theologie informiert instruktiv Bergjan, S.-P., *Der*

6. Innerhalb des jüdisch-christlichen Dialogs eröffnen neuere Forschungen zu Mittlerfiguren im Judentum der ersten zwei Jahrhunderte wie auch neuere Hinwendungen jüdischer Theologen zum Motiv der ›Inkarnation‹ in den eigenen Traditionen neue Gesprächskonstellationen.[13]

Diese sechs Diskurse spannen den Raum auf, innerhalb dessen die Frage nach dem Risiko der Inkarnation gestellt wird. Sie machen zugleich deutlich, dass das Gespräch mit außertheologischen Begriffen, Modellen und Theorien stets durch innertheologische Fragen und Verlegenheiten angeregt wird und auch wieder zu materialtheologischen Lösungsversuchen zurückkehrt. Diese sechs Diskurse bilden den theologischen Problemkontext des Gesprächs über ›Risiko‹.

2. Die dynamische Relationalität des Risikos

Welche Konstellation, welches Problem wird mit der Rede von Risiko auf den Begriff gebracht? Ein Risiko einzugehen heißt, dergestalt mit Unsicherheit umzugehen, dass für die Erreichung eines übergeordneten positiven Zieles auch mögliche Verluste akzeptiert werden.

Der Begriff des Risikos hat hierin bis heute nicht seine Herkunft aus der Kaufmannssprache des 15. Jahrhunderts abgestreift.[14] Das Bewusstsein kalkulierbarer Risiken kam wahrscheinlich in der merkantilen Welt der Renaissance im Kontext der Seeschifffahrt auf. Seeleute hatten im Rahmen von Handelsunternehmungen Risiken auf sich zu nehmen und die Handelsgüter wie auch das Leben der Seeleute wollten versichert sein. Nicht zuletzt aufgrund disziplinärer Sprachspiele ist die Verwendung des Begriffs im Sprachgebrauch nicht ein-

---

fürsorgende Gott. Der Begriff der PRONOIA Gottes in der apologetischen Literatur der Alten Kirche, Berlin / New York: De Gruyter 2002; zur aktuellen Debatte siehe Teuchert, L., *Gottes transformatives Handeln. Eschatologische Perspektivierung der Vorsehungslehre bei Romano Guardini, Christian Link und dem ›Open theism‹*, Göttingen: Vandenhoeck & Ruprecht 2018.

[13]   Einen Überblick bietet Markschies, C., »Jüdische Mittlergestalten und die christliche Trinitätslehre«, in: Welker / Volf (Hgg.), *Der lebendige Gott als Trinität. Jürgen Moltmann zum 80. Geburtstag*, Gütersloh: Gütersloher Verlagshaus 2006, 199–214; von jüdischer Seite Goshen-Gottstein, A., »Judaism and Incarnational Theologies«, in: *Journal of Ecumenical Studies* 39 (2002), 219–248.

[14]   Für die Hintergründe siehe Rammstedt, O., »Risiko«, in: Ritter / Gründer (Hgg.), *Historisches Wörterbuch der Philosophie. Bd. 8*, Basel: Schwabe & Co. 1992, 1045–1050; Gottschalk-Mazouz, N., »Risiko«, in: Düwell / Hübenthal (Hgg.), *Handbuch Ethik*, Stuttgart / Weimar: Metzler 2002, 486–491; »Risk«, in: *Stanford Encyclopedia of Philosophy* (Online: http://plato. stanford.edu; 20.02.2007); Shrader-Frechette, K., »Risk«, in: Craig (Hg.), *Routledge Encyclopedia of Philosophy*, London / New York: Routledge 1998, 334–338.

heitlich. So kann Risiko einfach ein möglicherweise eintretendes *unerwünschtes Ereignis* bezeichnen. Es kann aber auch die *Ursache dieses Ereignisses* bezeichnen.[15] Gemeinsam ist beiden Verwendungsweisen, dass mit der Rede von Risiko die *Möglichkeit,* dass ein Schadensereignis auftreten wird, benannt wird. Gegenüber diesem Gefahren als Risiko qualifizierenden Gebrauch, kann Risiko auch quantitativ die *Wahrscheinlichkeit* des Eintretens dieses (negativen) Ereignisses bzw. Resultats bezeichnen.[16] Hinsichtlich der mit dem Risiko verbundenen Ungewissheit kann vielfach zwischen einer Ungewissheit der Wahrscheinlichkeit eines unerwünschten Ereignisses einerseits und der Ungewissheit über die Art des unerwünschten Ereignisses andererseits differenziert werden. Im letzteren Fall kann das Risiko zum ›unkalkulierbaren Risiko‹ werden.

Für die Diskussion von Risiken in der Spätmoderne ist eine auch theologisch interessante Unterscheidung charakteristisch. Viele Risikovorsorge- und Risikovermeidungsstrategien sind auf sog. Risiken erster Ordnung gerichtet. Ein viel zitiertes Beispiel ist der Einsatz von Antibiotika, um dem Risiko von Infektionen zu begegnen. Allerdings erzeugt die Bearbeitung der Risiken neue Risiken, sog. Risiken zweiter Ordnung. Durch den Einsatz von Antibiotika resistent gewordene Bakterienstämme stellen solche Risiken zweiter Ordnung dar. Die Prävalenz solcher Risiken zweiter Ordnung dürfte die particula veri eher plakativer Überlegungen zur sog. Risikogesellschaft sein.[17] Die Anerkennung der Unver-

---

[15]   Z. B.: »In Industriegesellschaften stellt Übergewicht und Bewegungsarmut für Menschen über 40 Jahren ein hohes Gesundheitsrisiko dar.« Dabei sind Herz-Kreislauf-Erkrankungen die ›eigentlichen‹ Gefahren bzw. Risiken.

[16]   Daneben kommen selbstverständlich weitere technische Verwendungsweisen zu stehen wie beispielsweise in der technischen Risikoabschätzung, der ökonomischen Risiko-Nutzen-Analyse oder in der Bestimmung von finanziellen Verlustwahrscheinlichkeiten. Siehe Gottschalk-Mazouz, N., »Risiko«, in: Düwell, M. / Hübenthal, C. (Hgg.), *Handbuch Ethik,* Stuttgart / Weimar: Metzler 2002, 486–491, 486 ff.

[17]   Beck, U., *Risikogesellschaft. Auf dem Weg in eine andere Moderne,* Frankfurt a.M.: Suhrkamp 1986, präsentiert ansonsten die deutlich übersimplifizierende ›Story‹, dass in der Vormoderne Gefahren durch die Vorstellung von Schicksal und Vorsehung ›abgepuffert‹ wurden, in der Moderne das Risiko durch Wissenschaft und Technologie kontrolliert wurde und schließlich in der reflexiven Moderne der Risikogesellschaft die Risiken unkalkulierbar wurden. Für eine luzide Kritik dieses Narrativs siehe Gregersen, N. H., »Faith in a World of Risks. A Trinitarian Theology of Risk-Taking«, in: Pedersen / Lam / Lodberg (Hgg.), *For all people. Global theologies in contexts. Essays in honor of Viggo Mortensen,* Grand Rapids, Mich.: Eerdmans 2002, 214–233, hier 215 ff. Gegen dieses auch von Anthony Giddens vertretene Narrativ ist sicherlich festzuhalten: »We live, as it were, simultaneously in a premodern world of fate and fortunes, in a rationalized world in which risks are controlled, and in a postmodern awareness of the ubiquity of risk triggered by our wish to prevent risks« (Gregersen, N. H., »Risk and religion. Toward a theology of risk taking«, in: *Zygon* 38 [2] [2003], 355–376, 363). Vgl. Giddens, A., *The consequences of modernity,* Cambridge: Polity 1990, 30 f.

meidbarkeit von Risiken zweiter Ordnung führt zu der Einsicht, dass Sicherheit nicht das Gegenstück zu Risiko sein kann. Sicherheit ist durch Risiken zweiter Ordnung prinzipiell unerreichbar bzw. nicht existent.

Niklas Luhmann hat zur Erfassung der spätmodernen Gesellschaft und ihrer Prozesse diskursiver Selbstverständigung darum einen weitergehenden Differenzierungsvorschlag unterbreitet.[18] Nach Luhmanns Auffassung wird in der Gegenwart das alte Leitdual von ›Risiko vs. Sicherheit‹ durch die Unterscheidung von ›Risiko vs. Gefahr‹ ersetzt. Risiko und Gefahr unterstellen jeweils einen anderen Prozess der Zurechnung: Eine *Gefahr* wird einer nicht zu kontrollierenden Umgebung zugerechnet, wohingegen ein *Risiko* von einem Handelnden diesem selbst zugerechnet wird. Risiken sind im Gegensatz zu Gefahren mögliche Folgen der eigenen Handlungen. »Der Unterscheidung von Risiko und Gefahr liegt ein Attributionsvorgang zugrunde, sie hängt also davon ab, von wem und wie etwaige Schäden zugerechnet werden. Im Falle von Selbstzurechnung handelt es sich um Risiken, im Falle von Fremdzurechnungen um Gefahren.«[19] Diese terminologische Unterscheidung impliziert die ›realistische‹ Annahme von Gefahren, die sich nicht nur der systemeigenen Umweltwahrnehmung verdanken.

Jedes Risiko ist in einem mehrfachen Sinne *relational* zu denken – als Risiko relativ *für* jemanden *in* einem spezifischen Szenario. Im prägnanten Sinne objektive, nicht relationale Risiken gibt es nicht. Zumindest sechs Relationen sind zu bedenken:

a) So ist schon die Identifikation und darüber hinaus die Bewertung von Risiken abhängig von *wert- und zielabhängigen Bewertungen* des Akteurs und seiner *Relevanzhorizonte*. Welche Risiken sind es wert, auf sich genommen zu werden? Unter welchen Zielbestimmungen müssen welche Risiken akzeptiert werden? Jegliche Risikobestimmung findet darum in einem Überschneidungsbereich von ›Tatsachen‹ und ›kulturellen Bewertungen‹ bzw. aktiver Deutung statt.

b) Neben der evaluativen Relativität eines Risikos steht die situative. Sowohl die eher Passivität anzeigende Formulierung ›einem Risiko ausgesetzt sein‹ als auch die eher aktive Formulierung ›ein Risiko in Kauf nehmen‹ verweisen auf ein kontingentes, d. h. ein mehr oder weniger *frei wählbares Handlungsumfeld*. Das Risiko hoher Wellen aufgrund eines Sturmes besteht nur für die Schifffahrt, das Risiko eines tödlichen Autounfalls nur für Straßenverkehrsteilnehmer. Risiken sind darum stets *umfeld- und rahmenspezifisch*. Die Risikoübernahme kann sich hierbei gestuft i) entweder auf die aktive Wahl des Umfeldes und/oder ii) auf distinkte Handlungen *in* diesem Umfeld beziehen.

---

[18]   Luhmann, N., *Soziologie des Risikos*, Berlin / New York: Walter de Gruyter 1991.
[19]   Luhmann, N., »Risiko und Gefahr«, in: Luhmann (Hg.), *Soziologische Aufklärung 5. Konstruktivistische Perspektiven*, Opladen: Westdt. Verl. 1990, 131–169, hier 148.

c) In einem risikobesetzten Umfeld ist dennoch nicht alles gleich wahrscheinlich. Jedes Risiko ist zu bedenken vor dem Hintergrund relativ stabiler, erwartbarer Faktoren, Elemente und Prozesse. Das einzukalkulierende, relativ *Unwahrscheinliche* setzt sich als Risiko stets ab von einem *Hintergrund des überaus Wahrscheinlichen und sicher Erwartbaren.* Jede Wahrnehmung eines Risikos unterscheidet und relationiert darum Wahrscheinliches und Unwahrscheinliches.[20] Risikobewusstsein ist aus diesem Grunde stets eingebunden in komplexe Vertrauensgefüge. Ohne *Vertrauen* geht niemand ein Risiko ein.[21]

d) Jedes Risiko impliziert eine *Temporalstruktur.* Nur ›innerhalb‹ von Zeit, d. h. auf der Basis der basalen Unterscheidung von Gegenwart und Zukunft *und* darauf aufbauend einer solchen Zukunft, die *möglicherweise* Gegenwart werden kann, ist die Rede von Risiko sinnvoll. Risiken sind stets Möglichkeiten *in der Zukunft* und müssen doch – weil sie real sein können – als antizipiert bearbeitet werden. Risiken sind negative Erwartungen, bei denen Zukünftiges gegenwärtig handlungsbestimmend werden kann.[22]

e) Jede Abschätzung oder Abwägung eines identifizierten Risikos, egal, ob es als angemessen akzeptiert wird oder als unangemessenes minimiert werden muss, setzt dieses Risiko in eine Beziehung zu dem positiven Ertrag der ›riskanten Unternehmung‹. Während ein Risiko nur in einem Umfeld identifiziert werden kann, so kann es nur *relativ zu einem wertgeschätzten Ziel* bewertet werden. In solchen Situationen würde die völlige Vermeidung des Risikos mit der Aufgabe des positiven Zieles gleichzusetzen sein. Eine ›rationale Rechtfertigung‹ eines einzugehenden Risikos stellt stets den Bezug zum positiven Ertrag der Unternehmung her.

f) Darüber hinaus öffnet die Luhmannsche Unterscheidung von Risiko und Gefahr den Blick für die machtbelasteten *Aushandlungs- und Zurechnungsprozesse:* Welche Gefahren werden von wem als Risiken wahrgenommen? Wer und was steuert die Attributionsprozesse, die die Verteilung von Gefahren und Risiken vornehmen? Und: Nur über die Selbstzurechnung von

---

[20] Das Unwahrscheinliche, mit dem im Falle eines Risikos gerechnet wird, ist das immer noch Kontingente, das unterschieden werden muss vom bloß Zufälligen. Der ins Auge gefasste Fall des Risikos ist Bestandteil eines beschreibbaren Möglichkeitsraumes, ist nicht eine abstrakte, sondern eine reale Möglichkeit. Als reale Möglichkeit, die von bloßem Zufall zu unterscheiden ist, berührt sich das Phänomen der Kontingenz und das des Risikos.

[21] Mit Verweis auf die Arbeiten von A. Giddens, siehe Lupton, D., *Risk*, London: Routledge 1999, 77–80. Zur Verbindung von Risiko und Vertrauen vgl. die Beiträge in Springhart, H. / Thomas, G. (Hgg.), *Risiko und Vertrauen / Risk and Trust. Festschrift für Michael Welker zum 70. Geburtstag,* Leipzig: Evangelische Verlagsanstalt 2017.

[22] Risikowahrnehmungen sind daher strukturell der Hoffnung ähnlich. Siehe Gregersen, N. H., »Risk and religion. Toward a theology of risk taking«, 355–376, 359 f.

Risiken der eigenen Handlungen werden Risiken zweiter Ordnung darstellbar. Risikoübernahmen sind also stets in komplexe Kommunikationsprozesse der Selbst- und/oder Fremdzuschreibung eingebunden.

Diese Beobachtungen zu Risiko bilden den Hintergrund der folgenden Überlegungen. Sie stellen ein heuristisches Instrumentarium dar, mit dem die theologische Tradition in Sachen Inkarnation exemplarisch befragt werden soll.

3. Zwei Modelle der Beziehung zwischen Risiko und Inkarnation

a. Inkarnation als ein innergöttliches Risiko

Anselm von Canterbury, der große Theologe des Mittelalters, beansprucht in seinem in den Jahren 1093 bis 1098 entstandenen Hauptwerk *Cur Deus homo*, aus reinen Vernunftgründen (*sola ratione*) die Notwendigkeit der Menschwerdung Gottes als ›Antwort‹ auf die Sünde der Menschen darzulegen.[23] Für Anselms Argumentation charakteristisch ist, dass Gott das am meisten Angemessene auch aus innerer Notwendigkeit tut. Sein Anspruch ist, nicht nur bezüglich des Christusereignisses »mit zwingenden Gründen« aufzuzeigen, »dass es unmöglich sei, dass ein Mensch ohne ihn gerettet werde«, sondern auch, »dass alles, was wir von Christus glauben, mit Notwendigkeit (*ex necessitate*) geschehen müsse«.[24] An welcher Stelle von Anselms Argumentation bricht die Problematik des Risikos auf?

Zunächst ist deutlich festzuhalten, in welchem Zusammenhang die Risikoproblematik nicht aufbricht: Anselm steht in der langen Tradition, nach der die Inkarnation des Gottessohnes ausschließt, dass von diesem irgendwelche Aussagen der Niedrigkeit getätigt werden können, denn das Göttliche ist prinzipiell leidensunfähig – und d. h. auch strikt nicht durch anderes affizierbar. Anselm streicht gegenüber seinem Gesprächspartner eine Sprachregel heraus: »Denn wir behaupten, dass die göttliche Natur ohne Zweifel leidensunfähig ist (*divinam [...] asserimus impassibilem*) [...] Wenn wir daher sagen, Gott erleide etwas Niedriges

---

[23]   Zur Stellung und zum Traditionshintergrund der Freiwilligkeit siehe Plasger, G., *Die Notwendigkeit der Gerechtigkeit. Eine Interpretation zu ›Cur Deus homo‹ von Anselm von Canterbury*, Münster: Aschendorff 1993, Kap. IV.1. Zu Anselms Programm siehe Kessler, H., *Die theologische Bedeutung des Todes Jesu. Eine traditionsgeschichtliche Untersuchung*, Düsseldorf: Patmos 1970, 83–160.

[24]   Anselm von Canterbury, *Cur deus homo / Warum Gott Mensch geworden. Lateinisch und Deutsch (hg. u. übers. von F. S. Schmitt)*, 1956. Die nachfolgenden Seitenangaben im Haupttext beziehen sich auf diesen Band.

oder Schwaches (*aliquid humile aut infirmum pati*), so verstehen wir das nicht von der Erhabenheit der leidensunfähigen Natur, sondern von der Schwachheit der menschlichen Substanz, die er besaß« (25 f.). Die Zweinaturenlehre wird von Anselm daher konsequent dahingehend interpretiert, dass er die »eine Person in zwei Naturen« (27) unbeirrt in Richtung einer Nichtaffizierbarkeit und Leidensunfähigkeit des Göttlichen begreift. Für die Sendung des göttlichen Logos stellt die irdisch-menschliche Umgebung kein Risiko dar.

Das Bild ändert sich jedoch, fragt man, wie es dazu kommen konnte, dass Jesus Christus gestorben ist. Anselm geht, wie weite Teile der Tradition vor ihm, davon aus, dass der Mensch nur aufgrund der Sünde den Tod erleiden muss.[25]

Nun besteht allerdings eine der Pointen von Anselms Versöhnungslehre darin, dass Jesus Christus das durch seinen Tod erbrachte Werk vollständig freiwillig und selbständig vollbringt. »Daß er freiwillig gestorben ist (*quod sponte mortuus sit*)« (29), ist eine innere Notwendigkeit des Versöhnungsgeschehens.[26]

Damit wird die Auffassung abgelehnt, Christus sei gestorben, weil die Menschen seiner Zeit dies erzwungen hätten, d. h. aus äußerer Notwendigkeit. An diesem Punkt treten die metaphysischen Prämissen Anselms sehr deutlich zutage. Von Gott, d. h. vom Vater wie vom Gottessohn, kann nur in einer uneigentlichen Aussage ausgesagt werden, »er könne etwas nicht oder tue etwas mit Notwendigkeit [...] denn nichts ist notwendig oder unmöglich, außer weil er es so will« (135). Weil Gott »alles, was er will und nur was er will, tut«, so ist sein Tun schlechterdings durch nichts außer diesem *eigenen Willen* bedingbar – er lebt reine Selbstbestimmung.

Andererseits bricht die Frage auf, wie angesichts der göttlichen Notwendigkeit und angesichts der Willenskongruenz zwischen dem Vater und dem Sohn überhaupt *Freiwilligkeit* unterstellt werden kann. War der Tod Jesu Christi nicht schlicht eine Tat des Gehorsams gegenüber dem Befehl des Vaters? Anselm reagiert auf diese Anfrage, indem er mehrere Handlungsebenen unterscheidet: So hat »er selber [Christus] mit dem Vater und dem Heiligen Geist beschlossen«, durch welches Ereignis »die Erhabenheit seiner Allmacht der Welt zu zeigen« sei – d. h. nach welchen Regeln sich das Versöhnungsgeschehen vollzieht – und dass es sich nur durch einen freiwilligen Tod ereignen kann. Anselm betont wiederholt, dass der Vater nicht *direkt* den Tod des Sohnes will. Doch zugleich hebt er hervor, dass der Vater »das Menschengeschlecht nicht erneuert haben wollte, es sei denn, der Mensch vollbringe etwas so Großes, wie jener Tod es war« (33). Ebenso wenig, wie der Sohn einem Zwang des Vaters erlegen ist, war er dem

---

[25] »Ich glaube nicht, daß die Sterblichkeit zur reinen, sondern zur verdorbenen Natur des Menschen gehört« (111).

[26] Zur Freiwilligkeit des Todes als datio vitae und zur systematischen Ausblendung der Rede von der Auferstehung Jesu Christi siehe Schaede, S., *Stellvertretung. Begriffsgeschichtliche Studien zur Soteriologie*, Tübingen: Mohr Siebeck 2004, 300 ff.

Zwang einer feindlichen Umwelt ausgeliefert. Der Gottessohn hat unbedingt »freiwillig den von Gott erhaltenen Willen bewahrt« (35). Gleichwohl will der Vater, »was er nicht verhindert« (37). Die Gethsemane-Szene interpretiert Anselm daher dergestalt, dass der Sohn durchaus den Tod hätte vermeiden können, aber eben nicht wollte. Der Sohn handelte vielmehr durch seine eigene Macht und aufgrund seines eigenen Willens.[27] Er starb »durch keine Notwendigkeit, sondern allein aus seiner Macht« (133). »Denn angetan wurde ihm der Tod, weil er im Gehorsam verharrte, und ihn ertrug« (29).

Dieser letzte Hinweis wirft ein Licht auf eine Ambivalenz, die bei Anselm bezüglich des Zusammenhangs von Leben Jesu und Tod Jesu punktuell aufbricht. Einerseits ist das alleinige Ziel der Inkarnation, am Kreuz zu sterben. Der Tod ist das Telos des gesamten Christusgeschehens. Zugleich kann Anselm den Tod am Kreuz ›resultativ‹ betrachten, d. h. als faktische Konsequenz seines Gehorsams.

Obgleich Anselm von Canterbury in *Cur deus homo* niemals von Risiko spricht, ist das Thema der Sache nach dennoch präsent. Die spezifische Lokalisierung des Risikos der Inkarnation wird kenntlich, versucht man die Frage zu beantworten, *wer* sich in diesem Modell *wem* ausliefert. Entspricht jeder einzelne Aspekt der Menschwerdung des Sohnes wie auch das Kreuzesgeschehen vollständig dessen eigenem Willen, so liefert sich dieser nicht den Menschen aus. Die Inkarnation selbst birgt kein Risiko. Das Risiko ist vielmehr ein rein *innergöttliches Risiko*, insofern der Vater nur aufgrund der unbedingten Freiwilligkeit des Sohnes das Versöhnungswerk Ereignis werden lassen kann. Der Vater liefert sich damit dem Sohn aus, insofern nur der Sohn die Gabe erbringen kann, die die verletzte Ehre des Vaters wiederherstellt und diesen so gerecht und barmherzig zugleich sein lassen kann. Die systematisch so wichtige Freiwilligkeit des Sohnes ist der Lokus von Kontingenz und Risiko. Der Vater liefert sich dem Sohn aus, aber nicht einer geschöpflichen Wirklichkeit, nicht seiner Schöpfung. Unter der metaphysischen Prämisse absoluter Selbstbestimmung des Vaters wie auch des Sohnes bergen die Menschwerdung und das Eingehen in die geschöpfliche Wirklichkeit kein Risiko.

b. Inkarnation als risikofreie Begrenzung des Risikos der Schöpfung

Im Vorwort des 1942 veröffentlichten zweiten Halbbandes der Gotteslehre, der die sog. ›Erwählungslehre‹ enthält, bemerkt Barth, dass er »das Geländer der theologischen Tradition hier noch viel mehr los[ge]lassen« habe als in den vor-

---

[27]   Von Christus gilt, »daß er nicht mit Notwendigkeit stirbt, weil er allmächtig sein wird; noch aus Schuldigkeit, weil er niemals ein Sünder sein wird; und daß er aus freiem Willen sterben kann, weil es notwendig sein wird« (115). Anselm gerät hier durchaus in theologische Grenzlagen, in denen der Tod Jesu letztlich als Selbsttötung durch Unterlassung erscheint.

hergehenden Bänden. In der Tat hat Barth einen komplexen Neuansatz zur schwierigen Materie der Prädestination vorgelegt, der entscheidende Sackgassen der Tradition vermeidet.[28]

Grundlegend ist die Einsicht, dass der sich selbst bestimmende Gott kein anderer ist als der sich in Jesus Christus bestimmende, d. h. an Jesus Christus vorbei ist die Identität Gottes christlich nicht greifbar und nicht aussagbar. Dies bedeutet für das Verständnis Gottes, dass sich Gott ›von Anfang an‹ in Jesus Christus für den sündigen Menschen und diese Welt bestimmt. In Jesus Christus ereignet sich Gottes heilvolles Handeln an allen Menschen. Anders als in der in Anselms Überlegungen präsenten ›infralapsarischen‹ Tradition betont Barth, dass es eine »ewige göttliche Entscheidung [sei], [...] vor aller Weltwirklichkeit, vor allem Sein und Geschehen in unserer Zeit, vor dieser unserer Zeit selber« (KD II/2, 125). »Die ›in ihm‹ dem Geschöpf zugewandte freie Gnade Gottes hat zum vornhinein (von Ewigkeit her!) diese Gestalt« (KD II/2, 131). Dieser Beschluss ›vor allem Sein und Geschehen in unserer Zeit‹ umfasst aber nicht nur das Kommen Christi, »den Menschen Jesus von Nazareth«, sondern – und dies ist die Pointe von Barths Entwurf – auch »sein Werk in seinem Leben und Sterben, in seiner Erniedrigung und Erhöhung« (KD II/2, 125). Zugespitzt kann Barth angesichts der Sünde formulieren: Gott bestimmt »sich selbst zum Verlierenden, zum Verlassenen, zum Verworfenen an Stelle des Freigesprochenen [...] von Anbeginn der Welt her zu jenem Lamm, das geschlachtet wird« (KD II/2, 183). Nicht nur die Sendung des Sohnes, sondern auch das Kreuz sind von Anbeginn der Welt festgelegt, gehen ihr sachlich voraus. Daher war es konsequent, als Barth drei Jahre später in der Schöpfungslehre des Bandes III/1 den Bund Gottes als den inneren Grund der Schöpfung entfaltet hat. Dies bedeutet, dass die Existenz Jesu Christi »als Sohn Gottes des Vaters gewissermaßen die inner-göttliche Analogie und Rechtfertigung der Schöpfung war« – und dies schon als »der zum Träger unseres Fleisches Erniedrigte und als solcher Erhöhte [...]. Wollte Gott der Vater seinem ewigen Sohn diese Gestalt und Funktion geben [...] dann musste Gott [...] als der Schöpfer zu handeln anheben«.[29] Selbstverständlich drückt Barth vor dem

---

[28] Barth, K., *Die kirchliche Dogmatik II/2. Die Lehre von Gott*, Zürich: Evangelischer Verlag 1948. Detailliert und mit weiterführender Literatur Goebel, H. T., *Vom freien Wählen Gottes und des Menschen. Interpretationsübungen zur ›Analogie‹ nach Karl Barths Lehre von der Erwählung und Bedenken ihrer Folgen für die Kirchliche Dogmatik*, Frankfurt a.M. / New York: Peter Lang 1990.

[29] Barth, K., *Kirchliche Dogmatik III/3. Die Lehre von der Schöpfung*, Zürich: Evangelischer Verlag 1950, 59. »War Gottes ewiger Ratschluß, in der Freiheit seiner Liebe, der in der Krippe von Bethlehem, der am Kreuz von Golgatha und an der Grabstätte des Joseph von Arimathia verwirklichte Ratschluß – dann konnte Gott nicht nur, dann musste er Schöpfer sein. Der Blick Gottes auf diesen seinen Sohn [...] ist der echte Realgrund der Schöpfung« (KD III/1, 54).

Hintergrund der spezifischen Zeitlichkeit Gottes eine sachliche Vorordnung temporal aus.

In dieser Perspektivierung steht das Kreuz Jesu Christi wie schon bei Anselm nicht am Ende eines kontingenten Prozesses der Menschwerdung und des Eingehens in die Bedingungen des Geschöpflichen. Als Urgrund der Schöpfung, als ›Grund‹ kann es – innerhalb des Barthschen Modells – nicht ›Resultat‹ des in ihm Gegründeten sein. Dem Kreuzesgeschehen wohnt damit eine göttliche Notwendigkeit inne – wenngleich diese bei Barth anders als bei Anselm im *Willen* des Vaters und im *Gehorsam* des Sohnes gegründet ist.

So klar die diesbezüglichen Parallelen zwischen Anselm und Barth sind, so sprechend sind die markanten Unterschiede. In der ›infralapsarischen‹ Anlage der Anselmschen Konzeption ›reagiert‹ der Gottessohn auf die faktische Not des sündigen Menschen. In dem sog. ›supralapsarischen‹ Ansatz Barths antizipiert Gott schon ›vor‹ der Schöpfung die Notwendigkeit der Offenbarung, Versöhnung und Erlösung. Damit verlagert sich jedoch die Problematik des Risikos. Barth ist offensichtlich mit dem Problem konfrontiert, dass von dem ›ewigen Ratschluss‹ zugunsten des Kreuzes auf eine Notwendigkeit des Bösen und der Sünde in der Schöpfung geschlossen werden könnte: Braucht Gott das Negative, um durch seine Überwindung zu sich selbst zu kommen?[30] Ist das Böse und sind die Übel für Gottes eigenen Ratschluss ›vorauszusetzen‹? Will Gott »symmetrisch, das Gute und das Böse, das Leben und den Tod, seine eigene Herrlichkeit und deren Verfinsterung« (KD II/2, 187)?[31]

---

[30]   Einer solchermaßen ›hegelianisierenden‹ Deutung des Kreuzes kommen vereinzelte Aussagen Barths sehr nahe, so z. B. wenn er festhält:»Was der Menschensohn am Kreuz von Golgatha leidet in der Einheit mit dem ewigen Sohne Gottes, der als solcher das Opfer für die Sünde der Welt ist, das leidet er doch nur mit auf dem Wege, in dem unvermeidlichen Durchgangspunkt zu der darauf folgenden Herrlichkeit der Auferstehung, der Himmelfahrt, des Sitzens zur Rechten Gottes« (KD II/2, 189).

[31]   Es überrascht nicht, dass Barth aufgrund einer immer noch ausgeprägten Konzeption von Gottes Allmacht und durch ein als Unterscheidung vorgestelltes Schaffen vielfach gefährlich nahe an ein göttliches Schaffen des Bösen und der Übel gerät. So z. B. wenn er konstatiert:»Es geht aber im Ganzen des göttlichen Werkes um einen einzigen, in sich freilich sehr differenzierten und bewegten, aber durchaus nicht gestörten, nicht aufgehaltenen und gebrochenen, sondern Schritt zu Schritt und in jedem einzelnen Stadium unaufhaltsam sich vollziehenden göttlichen Regierungsakt. Es darf und es muss der eine und allmächtige Gott in seiner ungestörten Gnade und Wahrheit als der erkannt werden, der ohne Irrtum und Fehler, ohne alle Ohnmacht und Neutralität in Allem und durch alles seinen guten Willen geschehen lässt« (KD II/2, 97). Zum Problem des Nichtigen und seiner Verneinung und Überwindung siehe Thomas, G., *Neue Schöpfung. Theologische Untersuchungen zum ›Leben der kommenden Welt‹*, 2009; Wüthrich, M. D., *Gott und das Nichtige. Eine Untersuchung zur Rede vom Nichtigen ausgehend von §50 der Kirchlichen Dogmatik Karl Barths*, Zürich: Theologischer Verlag Zürich 2006.

Nun betont Barth zugleich, dass Gott durch die Sünde nicht »in Verlegenheit gebracht« werde (II/2, 97), d. h. nicht überrascht wird. Ist sowohl die zufällige Überraschung wie auch die notwendige Schaffung auszuschließen, in welchem Zusammenhang steht dann das Erwählungsgeschehen zur Schöpfung? Wie ist das Verhältnis zwischen dem besonderen Bundesgeschehen und der Schöpfung zu denken? Vor dem Hintergrund der eingangs angestellten Überlegungen *übergreift* die Erwählung Jesu Christi *die Risiken der Schöpfung*. Das auf Christus zielende Bundesgeschehen ist Gottes Fürsorge angesichts der Risiken, die von dem Bösen in der Schöpfung für den Menschen ausgehen. »Eben die Sorge um das unvermeidlich drohende und auch wirklich zur Herrschaft gekommene und seine Herrschaft ausübende Böse in der zum Schauplatz der göttlichen Herrlichkeit bestimmten Welt, eben das Leiden unter den Folgen dieser Herrschaft [...] hat Gott [...] auf *sich selbst* genommen« (KD II/2, 188 f.). D. h. Gott »hat [...] die Auseinandersetzung mit dem Bösen sich selbst vorbehalten« (ebd.). Es geht um den »Gefahrenpunkt« der menschlichen »Versuchlichkeit«, der von Gott selbst in Angriff genommen wird. Im Christusgeschehen als dem der Schöpfung vorgeordneten Ereignis möchte Gott »die ganze Gefahr, von der sein Geschöpf als solches nicht ohne seinen Willen bedroht war und die ganze Not, in die es sich wieder nicht ohne seinen Willen tatsächlich stürzen wollte, seine eigene Gefahr und Not sein [...] lassen« (KD II/2, 180).[32] Den kommenden, manifesten Risiken der Schöpfung begegnet Gott mit einer der Schöpfung schon vorangehenden Fürsorge. Das Kreuz selbst ist dann für Barth nicht das Risiko der Inkarnation, kontingentes Resultat der Menschwerdung, sondern selbst risikolose *Begrenzung* des Risikos der Schöpfung. Dass Gott selbst sich ›von Anbeginn an‹ der Risiken der Schöpfung annehmen möchte, ist Voraussetzung des Schöpfungsprozesses. Dass der Sohn ›von Anbeginn an‹ der Gekreuzigte ist, bringt die zentrale Einsicht zur Sprache, dass seine Kenosis – anders als in Anselms Theologie – *keine Episode* ist, sondern ihn selbst und das Leben der Trinität charakterisiert.

Die Barthsche Erwählungslehre wurde schon vielfach analysiert, rekonstruiert und kritisiert. An diesem Ort, an dem es nur um die Frage des Risikos gehen kann, ist neben den schon angedeuteten Anfragen an Grenzlagen der Theologie Barths vor allem eine in der Tat auf der Hand liegende Grundfrage an seinen Entwurf zu richten: Vorausgesetzt, das Bundes- bzw. Christusgeschehen nimmt die Risiken der Schöpfung auf, warum ist dann die Inkarnation, in der sich der Sohn in die Bedingungen der gefährdeten Schöpfung begibt, nicht selbst riskant? Die Inkarnation ist doch das Ereignis, in dem der ›Rahmen‹ der Schöpfung ›im Bild‹ erscheint.

---

[32] Barth geht so weit, von »der Verantwortung« zu sprechen, »die Gott selbst damit übernommen hat, daß er den Menschen geschaffen und seinen Sündenfall nicht verhindert hat« (KD II/2, 181).

Die im nächsten Abschnitt folgenden Überlegungen werden Aspekte der knappen Rekonstruktionen der Theologien von Anselm von Canterbury und Karl Barth aufnehmen, weiterführen und an einigen Punkten Umbauten vorschlagen. Die verfolgte ›methodische‹ Leitüberlegung ist, dass die Kenosis des Gottessohnes in und unter den Bedingungen des Geschöpflichen im Horizont dieses Risikos ernst genommen wird. Umgekehrt formuliert: Nur wenn die Kenosis und die Geschöpflichkeit Jesu Christi dogmatisch ernst genommen werden, tritt die Risikobehaftetheit der Inkarnation hervor.[33]

4. Riskante Risikobearbeitung – Inkarnation als Passion

a. Impulse Anselms von Canterbury und Karl Barths

Anselms von Canterbury theologisches Anliegen, die Liebe des Sohnes die bestimmende Kraft des Versöhnungsgeschehens sein zu lassen, ist als wichtiger dogmatischer Impuls aufzunehmen. Der Sohn ist nicht das ›victim‹ des Vaters, nicht Objekt eines väterlichen Bestrafungswillens, nicht Ziel einer Aggression des Vaters. Der Tod Jesu ist nicht das Handeln des Vaters am Sohn, wenngleich die ›notwendige‹ Gabe des Sohnes an den Vater. Die für Anselms metaphysische Hintergründe so schwierige Freiwilligkeit des Sohnes akzentuiert von dogmatischer Seite die auch exegetisch belegbare, nicht irritierbare Hingabebereitschaft des Sohnes – die mehr ist als Gehorsam. Zugleich fällt drastisch auf, was bei Anselm (wie auch in Teilen reformatorischer Theologie) in systematischer Hinsicht nahezu ausfällt: das Leben Jesu, die Zuwendung zu Kranken, Ausgeschlossenen und Sündern, die Kommunikation der Nähe Gottes – kurz: die im Leben Jesu präsente Liebe –, all dies ist ohne eigenes Gewicht und verlangt doch in Wahrheit auch dogmatisch ernst genommen zu werden.

In das Bild der Inkarnation als risikoreiches Ereignis ist aber auch die Barthsche Unterscheidung von Schöpfung und Bund sowie die Vorordnung des Bundes aufzunehmen. Barth sieht in seiner Umstellung bzw. seiner Rezeption der Tradition deutlich, dass Gottes riskantes Schaffen und sein Umgehen mit den Risiken der Schöpfung zu unterscheiden sind und doch nicht getrennt werden dürfen. Die ›Bearbeitung‹ der Risiken der Schöpfung ist von diesen selbst zu unterscheiden – auch dann, wenn diese Bearbeitung in der Form der Inkarnation unter Bedingungen der Geschöpflichkeit erfolgt. Die Vorordnung des Bundes hat die Pointe: Die Güte der Schöpfung ist nicht zuletzt in dem Umstand begründet,

---

[33]   Die in den neutestamentlichen Schriften manifeste Fülle der Deutungen der Inkarnation wie auch des Kreuzes soll nicht zurückgewiesen werden. Die leitende Frage ist jedoch, welche Aspekte des Christusgeschehens unter dem Gesichtspunkt ›Risiko‹ besonders hervortreten.

dass Gott selbst deren Risiko übernimmt. Gott selbst ist ›von Anfang an‹ und ›von Ewigkeit her‹ bereit, die Risiken der sich selbst entfaltenden Schöpfung zu tragen, d. h. die Wirkungen der Schöpfung auf Gott zuzulassen, ja zu suchen. Denn die Liebe und Zuwendung Gottes im Prozess der Schöpfung ist von der in Christus dokumentierten und initiierten Liebe zu unterscheiden *und* konsequent auf diese zu beziehen.[34] Barths theologische Einsicht verdeutlicht, dass das Risiko der Inkarnation nur ein ›Risiko zweiter Ordnung‹ sein kann: Ein Risiko, das wohl einerseits der riskanten Schöpfung schon immer zumindest als Möglichkeit vorgelagert ist, aber sachlich zugleich eine ›riskante Risikobearbeitung‹ des primären Risikos der Schöpfung darstellt.[35]

Ein folgenreicher, aber sachlich wohl notwendiger Umbau der Barthschen Vorsehungslehre ist zunächst als Frage zu formulieren: Kann nicht der Inkarnation, dem Leben Jesu und dem Kreuzesgeschehen dogmatisch angemessener Rechnung getragen werden, wenn Gottes definitive, die Schöpfung umfangende ›ewige Vorherbestimmung‹ zur offenbarenden Menschwerdung unterschieden wird vom Ereignis des Kreuzes?[36] Beinhaltet die in Treue und Fürsorge gegründete ›ewige Vorherbestimmung‹ Gottes die Menschwerdung, d. h. den Eintritt in die Bedingungen geschöpflichen Lebens, dann muss nicht zugleich ›in Ewigkeit‹ der faktische *Verlauf* der Menschwerdung festgelegt sein. An diesem Punkt ist nun umgekehrt zu fragen, warum das Inkarnationsgeschehen als Leben Jesu nicht anders als riskant gedacht werden kann.

---

[34]   An dieser Stelle nicht zu differenzieren ist zweifellos die Schwäche des beeindruckenden Werkes von Vanstone, W. H., *The risk of love*, 1978. Wie die Beiträge in dem ihm gewidmeten Band von Polkinghorne, J. C. (Hg.), *The work of love. Creation as kenosis*, 2001, zeigen, unterscheiden sich an diesem Punkt eher theistisch orientierte Ansätze von konsequent trinitarischen. Exemplarisch: Welker, M., »Romantic love, covenantal love, kenotic love«, in: Polkinghorne, J. C. (Hg.), *The work of love. Creation as kenosis*, Grand Rapids, Mich.: W.B. Eerdmans 2001, 127–136; Welker, M., »Der erhaltende, rettende und erhebende Gott. Zu einer biblisch orientierten Trinitätslehre«, in: Weth, R. (Hg.), *Der lebendige Gott. Auf den Spuren neuerer trinitarischen Denkens*, Neukirchen-Vluyn: Neukirchener 2005, 110–128. Innerhalb einer trinitarischen Differenzierung dürfte die angemessene Zuordnung des Geistes Gottes zu Schöpfung, Versöhnung und Erlösung zu den schwierigsten theologischen Aufgaben gehören.

[35]   Zur Debatte steht an diesem Punkt die Zuordnung von Schöpfung und Erlösung. Geht es in der Erlösung der Welt um eine Restitution, eine Vollendung oder eine transformative Rettung der Schöpfung? Das Risiko erkennend und für eine zielgerichtete Kreativität Gottes optierend Kooi, C. v. d., »Der heilige Geist. Quelle von Kreativität und Neuheit«, 327–338, spez. 332 ff.

[36]   Eine solche Umstellung erfordert zweifellos auch eine Neubewertung der Frage nach Möglichkeiten im Leben Gottes – ein wie auch immer geartetes göttliches *ens realissimum* lässt dies nicht denken.

b. Inkarnation als Risiko zweiter Ordnung

Das Ereignis der Menschwerdung ist ein dreifach qualifiziertes Geschehen, bei dem jeweils verschiedene Aspekte des Risikos hervortreten:

a) In dem Gottessohn tritt Gott ein in das von ihm als Schöpfer Unterschiedene. Er unterwirft sich den Bedingungen geschöpflichen Lebens: gebunden an naturale Prozesse, verortbar in Raum und Zeit, in spezifischen Geschichten und Traditionen.[37] Im Unterschied zu anderen Formen der präsenzschaffenden Überschreitungen dieser Grenze, der Einwohnung Gottes (Boten/ Engel, Schekhinah, Visionen, Tempel, Torah u. a.) ist die Inkarnation zweifellos eine Steigerung bzw. Intensivierung.[38] Es ist eine Präsenz *ohne Rückholbarkeit*, eine Präsenz, die durch eine Dahingabe der Selbstbestim-

---

[37] In substanzontologischer Annahme konzipiert Hermann Deuser die Inkarnation konsequent als Resultat semiotischer Repräsentation. »Dass Gott in Jesus Christus repräsentiert wird, kann spätestens seit Augustin als ein Darstellungsproblem rekonstruiert werden, worin nicht mehr Substanz, sondern Relation als philosophischer Grundbegriff fungiert« (Deuser, H., »Inkarnation und Repräsentation«, in: *Theologische Literaturzeitung* 124 [1999], 355–370, 360). Das Problem dieses Ansatzes ist, dass die in Christi Tod und Auferstehung angezeigte Verwandlung der Schöpfung ebenso ausfällt, wie die Zumutung der realen Materialität (Joh 1,14) und damit Temporalität als theologisch relevanter Sachverhalt. Eine ähnlich gelagerte Flucht aus der Materialität findet sich auch dort, wo die Inkarnation metaphorisch interpretiert und zugleich umgekehrt als Grundlage einer theologischen Metaphorologie generalisiert wird. Siehe Buntfuß, M., »Inkarnation als Interaktion. Zur religiösen Distanzreduktion der Inkarnationsmetapher«, in: Frey / Rohls / Zimmermann (Hgg.), *Metaphorik und Christologie*, Berlin / New York: De Gruyter 2003, 299–317.

[38] Für die mächtigen traditionsgeschichtlichen Kontinuitäten und Variationen vgl. Segal, A. F., »The Incarnation. The Jewish Milieu«, in: Davis / Kendall / O'Collins (Hgg.), *The Resurrection. An interdisciplinary symposium on the Resurrection of Jesus*, Oxford: Oxford University Press 1997, 116–139; von jüdischer Seite, mit der Leitvorstellung einer imaginierten körperlichen Präsenz Wolfson, E., »Judaism and Incarnation. The Imaginal Body of God«, in: Frymer-Kensky (Hg.), *Christianity in Jewish terms*, Boulder, Colo.: Westview Press 2000, 239–254; Rashkover, R., »The Christian Doctrine of Incarnation«, in: Frymer-Kensky (Hg.), *Christianity in Jewish terms*, Boulder, Colo.: Westview Press 2000, 254–261; mit dem Akzent auf der Inkarnation Gottes im Volk, allerdings als ›Einwohnung verstanden Wyschogrod, M., »Inkarnation aus jüdischer Sicht«, in: *Evangelische Theologie* 55 (1995), 13–28; Wyschogrod, M., »Incarnation and God's indwelling in Israel«, in: *Archivio di filosofia* 67 (1999), 147–157; den aktuellsten Überblick bietet Goshen-Gottstein, A., »Judaism and incarnational theologies«, 219–248; für exegetische Hintergründe siehe Janowski, B., *Gottes Gegenwart in Israel. Beiträge zur Theologie des Alten Testaments*, Neukirchen-Vluyn: Neukirchener Verlag 1993, insb. Teil II, 117–280; Dearman, J. A., »Theophany, Anthropomorphism, and the imago dei«, in: Davis / Kendall / O'Collins (Hgg.), *The incarnation. An interdisciplinary symposium on the incarnation of the son of God*, Oxford / New York: Oxford University Press 2002, 31–46.

mung und Freiheit empfindlicher und zugleich manipulierbarer ist.[39] Dieser
gesteigerten Präsenz entspricht eine Intensivierung der Wahrnehmung
menschlichen Lebens und Leidens, die eine Selbstgefährdung impliziert.[40] Es
ist darin eine Präsenz, in der sich Gott so auf die Welt einlässt, dass er selbst
verletzlich sein möchte. Das Eingehen in die naturalen, sozialen und kulturellen Bedingungen ist nicht nur eine Würdigung geschöpflichen Lebens[41],
sondern impliziert als Eingehen in Interdependenzgefüge eine Aufgabe
reiner Selbstbestimmung. Geschöpfliches Leben ist ohne ein Affiziertwerden
von Anderem, ohne ein gewolltes und/oder ungewolltes Erleiden nicht
denkbar. Darum ist schon die Sendung des Gottessohnes ohne Schutz vor

---

[39]   Ein Vergleich vermag den Aspekt der Rückholbarkeit zu verdeutlichen: Die in der kulti-
schen oder nicht-kultischen Feier, d. h. sich in der Kommunikation der Menschen vor Gott
sich ereignende Zuwendung von Gottes Angesicht als Geistgeschehen, enthält ein Moment
der »lebendige[n] Präsenz«. Das Angesicht Gottes verhält sich »rezeptiv und reaktiv«, zeigt
»Aktions- und Reaktionsverweigerungen an« (Welker, M., *Gottes Geist. Theologie des Heiligen
Geistes*, Neukirchen-Vluyn: Neukirchener 1992, 148). Die Wirkung dieser Präsenzform kann
stärker pneumatologisch (Ez 39,29; Ps 51,12 ff.; 143,7.10) oder schöpfungstheologisch (Ps
104,27–30) entfaltet werden. Allerdings ist es ein wesentliches Element dieses Motivs, dass
Gott sein Angesicht abwenden und verbergen, d. h. seine Gegenwart dem Einfluss der
Menschen entziehen kann (Dtn 31,17; Hiob 13,24; Ps 51,12 f.; Ez 7,22). Siehe Groß, W., »Das
verborgene Angesicht Gottes. Eine alttestamentliche Grunderfahrung und die heutige reli-
giöse Krise«, in: Groß (Hg.), *Studien zur Priesterschrift und zu alttestamentlichen Gottesbildern*,
Stuttgart: Katholisches Bibelwerk 1999, 185–197; Janowski, B., »Das verborgene Angesicht
Gottes. Psalm 13 als Muster eines Klagelieds des einzelnen«, in: Ebner / Hanson (Hgg.), *Klage.
Jahrbuch für biblische Theologie. Bd. 16*, Neukirchen-Vluyn: Neukirchener Verlag 2001, 25–
53, mit weiterer Literatur. In der Inkarnation schließt Gott selbst die Möglichkeit des
Selbstentzugs aus und liefert sich darin den Menschen aus.

[40]   Für Belege der Bewegung Gottes in die Welt in rabbinischen Traditionen siehe Kuhn, P.,
Gottes Selbsterniedrigung in der Theologie der Rabbinen, München: Kösel-Verlag 1968. Kuhn
weist darauf hin, dass im Herabsteigen Gottes in Gestalt der Schekhinah »bis in den Raum
irdischen Leids« gegenüber dem Hinabsteigen in die Welt eine weitergehende Entwicklung
gesehen werden muss (a.a.O., 86). Bemerkenswert ist, dass die von Kuhn aufgeführten Belege
nicht die Vorstellung einer Gefährdung der Präsenzgestalt selbst erkennen lassen. Während
›Erscheinungen‹ Gottes in vielen biblischen Traditionen (Ex 33,18–23 [Mose] oder Jes 6) als
Gefahr für die Rezipienten dargestellt werden, impliziert die Inkarnation eine Umkehrung
bzw. eine Verlagerung des Risikos: die Gefährdung der ›Erscheinung‹. Für die rabbinische
Periode vgl. auch: Neusner, J., *The incarnation of God. The character of divinity in formative
Judaism*, Philadelphia: Fortress 1988, der die Inkarnationsvorstellung zur »rich legacy of
anthropomorphism« rechnet (a.a.O., 6). Die innerbiblische ›Vorgeschichte‹ der Inkarnation in
Gestalt anderer Vermittlungsformen und -figuren skizziert Feldmeier, R. / Spieckermann, H.,
Menschwerdung, Tübingen: Mohr Siebeck 2018, Teil A.

[41]   Bonhoeffer, D., *Ethik (DBW 6)*, 1992, 148 f.

dem Tod.[42] In der Inkarnation dokumentiert sich darum unüberbietbar Gottes Bereitschaft, sich durch das Leben der Menschen bewegen zu lassen (Joh 11,35), d. h. die Schöpfung auf sich wirken lassen.

b) Inkarnation heißt aber auch: Eingehen in das *faktische* Leben, das dem großen *Risiko geschöpflichen Lebens schon immer erlegen* ist.[43] Damit setzt sich der Sohn den wirksamen Mächten der naturalen, sozialen und kulturellen Destruktion aus. Klassisch formuliert: Jesus liefert sich der Macht der Sünde und des Todes aus – dem Menschen zugute und zugunsten der Aufrichtung und Durchsetzung von Gottes Absichten mit der Schöpfung. Der Gottessohn kommt in leiblicher Gestalt zugunsten leiblicher Gemeinschaft zum Menschen, um so in dieser Gestalt die Schöpfung zu erneuern und aus der Macht der Sünde zu befreien. Ist, wie im Anschluss an die Schöpfungstheologie Barths zu formulieren ist, die Inkarnation ein Risiko zweiter Ordnung, so hat sie diese Gefährdung der Schöpfung nicht nur ›immer schon‹ als Möglichkeit, sondern auch als kontingentes Faktum immer schon als Voraussetzung. Geschieht dieses Eingehen in die Geschöpflichkeit unter der

---

[42]   An diesem Punkt stellt sich die Frage, ob das Anliegen der Theologie Eberhard Jüngels, »Gottes Einheit mit der Vergänglichkeit zu denken« nicht besser inkarnationstheologisch statt kreuzestheologisch entfaltet werden muss. Hierdurch würden sich nicht nur biblisch-traditionsgeschichtliche Anschlüsse an ›Vorformen‹ der Inkarnation anbieten, sondern würden sich Ansätze einer Differenzierung zwischen Vergänglichkeit und sündiger Zerstörung entwickeln lassen. Zum Problem siehe Jüngel, E., *Gott als Geheimnis der Welt. Zur Begründung der Theologie des Gekreuzigten im Streit zwischen Theismus und Atheismus*, 1977, insb. 248–306.

[43]   Diese Differenz zu übergehen ist charakteristisch für die machtvollen Strömungen eines naturalistischen Panentheismus, wie ihn Peacocke, A. R., *Theology for a scientific age. Being and becoming – natural, divine, and human*, Minneapolis: Fortress Press 1993, Kap. 13 u. 14, vertritt. Zur intensiven Diskussion siehe: Peacocke, A. R. / Clayton, P., *All that is. A naturalistic faith for the twenty-first century. A theological proposal with responses from leading thinkers in the religion-science dialogue*, 2007; zu seinem für weite Bereiche des angelsächsischen Dialogs zur Theologie und Naturwissenschaft charakteristischen Verständniss von Inkarnation siehe Predel, G., *Sakrament der Gegenwart Gottes. Theologie und Natur im Zeitalter der Naturwissenschaften*, Freiburg i.Br.: Herder 1996, 196–241. Die anglikanischen Hintergründe erhellt Link-Wieczorek, U., *Inkarnation oder Inspiration? Christologische Grundfragen in der Diskussion mit britischer anglikanischer Theologie*, Göttingen: Vandenhoeck & Ruprecht 1998. Zur Auflösung der Theodizeeproblematik im evolutionären Prozess der Liebe siehe Vanstone, W. H., *The risk of love*, 1978, 64 f. Fraglich erscheint, ob diese Unterscheidung auch im Horizont Peircescher Religionsphilosophie angemessen wahrnehmbar ist. Zur Verschmelzung von Schöpfung und Passion unter dem Vorzeichen der Liebe siehe Deuser, H., *Kleine Einführung in die systematische Theologie*, Stuttgart: Reclam 1999, 75 f. An diesem Punkt sensibel differenzierend Fiddes, P. S., *The Creative Suffering of God*, Oxford: Clarendon 1988, 221–229, zu »The alienation of the Creator by natural evil«.

faktischen Wirksamkeit der Destruktionsmacht des Bösen und der Sünde, so tritt der Sohn ein in die Solidarität mit denen, die diesem Risiko ›schon immer‹ erlegen sind und ihm immer wieder erliegen.

c) Diese gnädige, leibliche und gemeinschaftliche Zuwendung Gottes zum Menschen vollzieht sich daher in einer sehr spezifischen Geschöpflichkeit, d. h. unter den Bedingungen der Sünde.[44] Der Gottessohn bestätigt nicht die Regeln der Selbstdurchsetzung und der Inklusion durch Exklusion. In der Suche nach leiblicher Gemeinschaft adressiert er die Dynamiken der soziokulturellen wie religiösen Ausgrenzung – sowie ihre naturalen Grundlagen.[45]

---

[44] Traditioneller Topos der Differenz zwischen Schöpfung und sündiger Schöpfung ist die Sündlosigkeit Jesu. Für einen neueren Überblick siehe Köber, B. W., *Sündlosigkeit und Menschsein Jesu Christi. Ihr Verständnis und ihr Zusammenhang mit der Zweinaturenlehre in der protestantischen Theologie der Gegenwart*, Göttingen: Vandenhoeck & Ruprecht 1995.

[45] Schwer zuzuordnen sind die Auseinandersetzungen mit menschlicher Krankheit, die einen signifikanten Anteil von Jesu Verkündigungsexistenz ausmachen. Zumindest in dem heutigen ›dogmatischen Rückblick‹ bieten sie auch Gottes Auseinandersetzung mit den Härten und Brutalitäten eines evolutionären Prozesses, der enorme ›Kosten‹ hat. Hierin adressiert er Zerklüftungen und Verwerfungen eines geschöpflichen Lebens, in dem sich Leben auch auf Kosten anderen Lebens fortsetzt. Sind diese Prozesse, die menschliches Leben gefährden – genetische Mutationen, Krebs, Tsunamis oder Wirbelstürme – als ›vormoralisch‹ zu betrachten? Sind sie Teil eines ›insgesamt‹, d.h. mit Blick auf den schöpferischen Gesamtprozess und das Design der Schöpfung, notwendigen und guten ›Package-Deals‹? Je nachdem, ob die Theologie diese Aspekte naturalen Lebens der ›guten Schöpfung‹, der Sünde oder der ›unfertigen Schöpfung‹ zurechnet, je nachdem ob sie stärker theistisch oder trinitätstheologisch verarbeitet werden, bilden sich deutlich unterschiedlich akzentuierte Theologien heraus. Die Fragen nach Krankheit erweisen sich hier als Indikatoren für Grundentscheidungen. Der Kurs einer biblisch orientierten und naturwissenschaftliche Erkenntnisbildungen aufnehmenden Theologie wird hier zwischen der Scylla eines naturalistischen Theismus und der Charybdis einer gnostizierenden Schöpfungsverdunklung hindurchführen. Aus der Fülle der Literatur zu Krankheit siehe exemplarisch: Für einen Überblick siehe Müller, U. B., »Krankheit III. Neues Testament«, in: *TRE 19*, 1990, 684–686; Carroll, J. T., »Sickness« and Healing in the New Testament Gospels«, in: *Interpretation* 49 (1995), 130–142; Theissen, G. / Merz, A., *Der historische Jesus. Ein Lehrbuch*, Göttingen: Vandenhoeck & Ruprecht 1996, 256–284; systematisch-theologisch Thiede, W., »Heilungswunder in der Sicht neuerer Dogmatik. Ein Beitrag zur Vorsehungslehre und Pneumatologie«, in: *Zeitschrift für Theologie und Kirche* 100 (2003), 90–117; immer noch instruktiv Harnack, A. v., *Medicinisches aus der ältesten Kirchengeschichte*, Leipzig: Hinrichs 1892; Avalos, H., *Health care and the rise of Christianity*, Peabody, Mass.: Hendrickson 1999; Eibach, U., »Glaube, Krankenheilung und Heil«, in: *Evangelische Theologie* 66 (4) (2006), 297; Thomas, G., »Krankheit im Horizont der Lebendigkeit Gottes«, in: Thomas / Karle (Hgg.), *Krankheitsdeutung in der postsäkularen Gesellschaft. Theologische Ansätze im interdisziplinären Gespräch*, Stuttgart: Kohlhammer 2009, 503–525; Thomas, G., »Krankheit als Manifestation

Diese Kommunikation der Liebe, in der der Gottessohn zugleich die Liebe des Vaters realisiert, zielt auf die Befreiung der Menschen von den untragbaren Risiken der Schöpfung, d. h. von lebensfeindlichen Mächten der hierin ›alt‹ gewordenen Schöpfung, und von unheilvollen Netzen der Tun-Ergehens-Zusammenhänge. Jesus erneuert verdunkelte und zerrüttete Gottesverhältnisse, öffnet Menschen für Gott, die dadurch zugleich förderliche Beziehungen zu Mitmenschen entwickeln (Lk 19,1–11). Der Grenzfall der Kommunikation der Liebe ist dabei die Feindesliebe. Hierin findet sich der dritte Aspekt der Inkarnation, d. h. die spezifische Lebens- und Verkündigungspraxis, mit der Jesus Christus innerhalb der geschöpflichen Wirklichkeit und unter den gegebenen Bedingungen der Macht der Sünde präsent ist. Die in Jesu Leben wirksame Liebe kann in Abgrenzung von Formen einer »covenental love« als »kenotic love« bezeichnet werden.[46] In ihr wendet sich Jesus denen liebend zu, die sich nicht um Gottes Intentionen mit der Schöpfung kümmern. »In kenotic love God unconditionally turns to creatures in order to liberate them out of the depths of confusion, lostness, and sin, to win them for the coming reign of God, and to enable them to the experience and enactment for God's love, something they can only experience and enact as a new creation«.[47] Die kenotische Liebe stellt sich gewinnend gegen lebensfeindliche, den Schöpfer und die Schöpfung verdunkelnde Verwerfungen, Brüche, Grenzziehungen, Exklusionen, Gefangenschaften und Ohnmachten. Sie adressiert Konstellationen der natürlichen wie soziokulturellen Zerstörung, die ein Leben mit Gott und vor Gott verstellen, beschädigen oder gar unmöglich machen. In dieser Liebe lebt Jesus die Nähe zum gebrochenen, gedemütigten und verletzten Leben. Hierin überschreitet diese Liebe die in evolutionären Prozessen beobachtbare Güte und Schöpferkraft ebenso wie die der Schöpfung verliehene Kraft der Autopoiesis. Ihre Bewährung findet sie in den Feldern, in denen sich Menschen und Mächte gegen Gott und seinen Willen verbünden.

Warum ist diese Sendung des Gottessohnes in die ›Pro-Existenz‹ kenotischer Liebe riskanter als das Leben in den Bezügen geschöpflichen Lebens? Als gewinnende Liebe ist sie einerseits mächtig, aber in ihrer Bereitschaft zur Affizierbarkeit nicht nur durch Not, sondern auch durch Aggression und Gewalt auch

---

menschlicher Endlichkeit. Theologische Optionen zwischen Widerstand und Ergebung«, in: Höfner / Schaede / Thomas (Hgg.), *Endliches Leben. Interdisziplinäre Zugänge zum Phänomen der Krankheit*, Tübingen: Mohr Siebeck 2010, 161–193.

[46]   Welker, M., »Romantic love, covenantal love, kenotic love«, in: Polkinghorne, J. C. (Hg.), *The work of love. Creation as kenosis*, Grand Rapids, Mich.: W.B. Eerdmans 2001, 127–136.

[47]   A.a.O., 134.

stets bedroht und ohnmächtig.[48] Die Interventionen in die Routinen der macht-vollen Lebensfeindlichkeit und Gottesverdunklung sind weder durch Klug-heitskalküle noch durch flankierende Macht geschützt.[49] Die Verkündigungs-bzw. Lebenspraxis Jesu riskiert einen Widerstand zu entfachen, der ihn aus dem Leben drängt. Der Vollzug der Hingabe im Leben Jesu ›resultiert‹ unter Bedin-gungen der Sünde in einen Prozess der ›Victimisierung‹. Dieser Prozess der ›Victimisierung‹ steuert auf einen Mord zu, zu welchem sich die Mächte der öffentlichen Meinung, der Politik und der Religion verbünden.[50]

Das Kreuz wird so zu einem resultativen Endpunkt mindestens dreier Be-wegungen und Intentionen,[51] die das Kreuz einmal als Risiko, einmal als Gefahr erkennen lassen:[52]

a) Das Kreuz Jesu Christi dokumentiert, was Gott in der Inkarnation nicht in-tendiert, aber riskiert: Die schutzlose, aber dennoch aktive Lebenshingabe an die Menschen unter der Macht der Sünde – ohne Rückholbarkeit und ohne

---

[48]   Liebe steigert die Verletzlichkeit, die schon Implikat der Geschöpflichkeit ist. Vanstone, W. H., *The risk of love*, 1978, 52, spricht von der Macht, die dem ›Objekt‹ der Liebe eigen ist:»It is the power of affecting the one who loves. It creates a new vulnerability in the one who loves.«

[49]   Indem die Liebe die Geliebten frei macht, steigert die Liebe die doppelte bzw. multiple Kontingenz von Beziehungen. Unbestimmbarkeit ist daher ein stets mitlaufendes Implikat kenotischer Liebe.

[50]   Die nüchterne Feststellung, dass Menschen Jesus getötet haben, könnte leicht als an-tijudaistische Aussage moralisch markiert werden und würde übersehen, dass damit weder die Bundeszusage gegenüber Israel berührt ist, noch eine Bewertung der literarisch-histo-risch komplexen Konstellation des Gerichtsprozesses gegen Jesus. Für eine abwägende Skizze siehe Theissen, G. / Merz, A., *Der historische Jesus. Ein Lehrbuch*, 1996, 388–414.

[51]   Innerhalb der relativen Ontologie der Systemtheorie trägt dieses Problem den Titel ›Mehrsystemereignis‹. Luhmann differenziert hier zwischen Ereignis und Element, um dem Problem Rechnung zu tragen, dass die Elemente nicht nur aus ›noise‹ entstehen, sondern aus Ereignissen, die sie auch mit anderen Systemen ›teilen‹. Mehrsystemereignisse haben darum »mehrere Geschichten und je nach System verschiedene« und gehen so in verschiedene Ereignisserien ein. Siehe Luhmann, N., *Die Wissenschaft der Gesellschaft*, Frankfurt a.M.: Suhrkamp 1990, 32, zur Konzeption von Mehrsystemereignissen bes. 88 ff. Für eine mehrdimensionale Betrachtung des Kreuzes ist immer noch wegweisend Moltmann, J., *Der gekreuzigte Gott. Das Kreuz Christi als Grund und Kritik christlicher Theologie*, 1981, Kap. IV.

[52]   Mit den folgenden Überlegungen soll die Pluralität der Deutungen des Todes Jesu nicht problematisiert werden, ist diese doch theologisch von Relevanz. Vielmehr soll in der Per-spektivierung von Risiko ein Interpretationsvorschlag vorgelegt werden, der von einer Modellabhängigkeit, Konstruktivität und unausweichlichen Perspektivität theologischen Sprechens ausgeht. Für ein Panorama der Deutungen des Todes Jesu, das genau dies schon im NT erkennt, siehe Frey, J. / Schröter, J. (Hgg.), *Deutungen des Todes Jesu im Neuen Testament*, Tübingen: Mohr Siebeck 2005.

Selbstdurchsetzung, und eben darin die ›Hingabe‹ des Lebens Jesu (Röm 4,25a). Unter den gegebenen Bedingungen ist das Kreuz die Konsequenz von Jesu Leben und offenbart zugleich die Pointe dieses Lebens. Das Kreuz markiert, was Gott unter den Bedingungen sündiger Geschöpflichkeit mitzuleiden bereit ist.[53] Insofern Jesus dieses Leben unter diesen Bedingungen wählt, ist das Kreuz das Risiko der Menschwerdung. Der Tod am Kreuz ist der Kulminationspunkt der Solidarität des Leidens mit denen, die dem Risiko der Schöpfung erlegen sind.[54]

b) Zugleich kulminiert im Kreuz Jesu Christi die Bereitschaft der Menschen, diesen Gott aus dem Leben und der Welt zu entfernen. »Gott lässt sich aus der Welt herausdrängen ans Kreuz, Gott ist ohnmächtig und schwach in der Welt«, formuliert Dietrich Bonhoeffer 1944.[55] Im Kreuz triumphiert die Bereitschaft zur Gottesferne, zum Willen, den in Jesu Verkündigung präsent gemachten Gott zu begrenzen. Ist das Kreuz in der ersten Perspektive das abgründige Risiko des Lebens Jesu, so ist es in dieser zweiten Sicht die ihn bedrohende Gefahr. Es ist ein Mord. Das Kreuz muss darum auch »als eine Offenbarung der Mächte und Gewalten dieser Welt in ihrer tiefsten Trennung von Gott wahrgenommen werden«.[56] Es offenbart das tiefste Risiko der Schöpfung, die Verlorenheit der Welt: Die Welt will gott-los sein.

Nur wenn beide Perspektiven betrachtet werden, wird deutlich, dass das geschöpfliche Risiko durch die Kommunikation einschließender, befreiender, würdigender Liebe in sündigen, lebensfeindlichen Umgebungen enorm gesteigert wird. Die Überwindung des Risikos der Schöpfung scheint am Karfreitag mit dem Triumph des Willens zur Gottesferne gescheitert zu sein. Im Gottessohn erfährt Gott selbst das Risiko der Schöpfung – überwältigt zu werden von den Mächten der Zerstörung. »Aber die Erde war ... voller Gewalt« (Gen 6,11). Wie die Symbolik der Verdunklung bzw. der Nacht anzeigt (Mk 15,33 parr., vorweggenommen im Herrenmahl)[57], führt das gewaltsame Herausdrängen des Gottessohnes die gesamte Schöpfung in eine Krise.

---

[53]   Zum »Leiden Gottes an der gottlosen Welt« siehe Bonhoeffer, D., *Widerstand und Ergebung. Briefe und Aufzeichnungen aus der Haft (DBW 8)*, 1998, 395, Brief vom 18.7.1944.

[54]   Gregersen, N. H., »The Cross of Christ in an Evolutionary World«, in: *Dialog: A Journal of Theology* 40 (3) (2001), 192–207.

[55]   Bonhoeffer, D., *Widerstand und Ergebung. Briefe und Aufzeichnungen aus der Haft (DBW 8)*, 1998, 394, Brief vom 16.7.1944.

[56]   Welker, M., »Der erhaltende, rettende und erhebende Gott. Zu einer biblisch orientierten Trinitätslehre«, in: Weth, R. (Hg.), *Der lebendige Gott. Auf den Spuren neuerer trinitarischen Denkens*, Neukirchen-Vluyn: Neukirchener 2005, 110–128, 119.

[57]   Michael Welker hat auf die systematischen Implikationen der Einsetzung des Abendmahls »in der Nacht« hingewiesen: Das Abendmahl wird angesichts der Gefährdung der

c) In der Kombination dieser zwei Perspektiven wird die dritte erkennbar: War die Menschwerdung mit ihrem Risiko vom Vertrauen in Gott (den Vater) getragen, so offenbart das Kreuz, angezeigt durch Ps 22,2, eine Vertrauenskrise zwischen dem Gottessohn und dem Vater. Der Sohn übernahm das Risiko der Inkarnation im Vertrauen auf den Vater. Jesus erträgt das Leiden des Kreuzes – aber als Sieg der Gott widerstehenden Kräfte wird es zum Leiden, das in der Klage als ›Wozu‹ an den Vater adressiert wird. Während der Sohn seiner Sendung in die Praxis der Selbsterniedrigung in Gestalt affizierbarer Liebe treu bleibt (»gehorsam bis zum Tod am Kreuz«, Phil 2,8), bleibt die Bitte »und erlöse uns von dem Bösen« unbeantwortet. Als Sieg der Gewalt kann das Kreuz schwerlich der Ort solidarischer, rettender und transformativer Gerechtigkeit sein. Kann die Hingabe Jesu Manifestation des liebenden Gottes sein, wenn sie in diese Zweideutigkeit führt und dem Risiko der Schöpfung erliegt? Wird Jesus, wie Paulus formuliert, »in der Schwachheit Gottes« (1Kor 1,25) gekreuzigt, so leidet der Vater wohl am Leiden des Sohnes mit, aber der Sohn leidet an der Inaktivität des Vaters. Die in der Inkarnation greifbare Passion Gottes, verstanden als Bereitschaft zur Affizierbarkeit, zur liebenden Rezeptivität und darüber hinaus verstanden als Leidenschaft für den Menschen, die zu leiden bereit ist, ist im Kreuz nicht nur manifest, sondern auch in einer Krise. Das Scheitern der Sendung, das Überwältigtwerden von der Macht des Todes, kann von dem Gottessohn nur als Situation leidenschaftlicher Klage gedeutet werden. Die literarische wie theologisch-sachliche Zitation des Klagepsalms 22 bricht ab, *bevor* die Rettung die Wende zum Dank begründet.[58] Jesus ruft im gewaltsamen Tod, als eingetretenem ›worst case‹ der Inkarnation, nach der rettenden, befreienden, dem Leidenden beistehenden Solidarität des Vaters. Der Ruf »Mein Gott, mein Gott, warum hast du mich verlassen?«, in welchem das Leiden mit der Hoffnung ringt, ist der Ruf nach dem göttlichen Machterweis der Rettung. Der

---

Gemeinschaft von innen gefeiert. Siehe Welker, M., *Was geht vor beim Abendmahl?*, Stuttgart: Quell-Verlag 1999, 53–57. Das Motiv der Nacht verklammert die Bedrohung der Schöpfung mit der Nacht des Kreuzes und mit der Bedrohung, in der sich die neue Gemeinschaft als *creatio viatorum* befindet.

[58] Gese, H., »Psalm 22 und das Neue Testament«, in: Gese (Hg.), *Vom Sinai zum Zion. Alttestamentliche Beiträge zur biblischen Theologie*, München: Kaiser 1974, 180–201; Reinbold, W., *Der älteste Bericht über den Tod Jesu. Literarische Analyse und historische Kritik der Passionsdarstellungen der Evangelien*, Berlin / New York: De Gruyter 1994, 166–174; Ebner, M., »Klage und Auferweckungshoffnung im Neuen Testament«, in: Ebner / Hanson (Hgg.), *Klage. Jahrbuch für biblische Theologie. Bd. 16*, Neukirchen-Vluyn: Neukirchener Verlag 2001, 73–87. Für den markinischen Weg zu diesem Kreuz siehe Ebner, M., »Kreuzestheologie im Markusevangelium«, in: Dettwiler / Zumstein (Hgg.), *Kreuzestheologie im Neuen Testament*, Tübingen: Mohr Siebeck 2002, 151–168.

inkarnierte Gottessohn beansprucht als Geschöpf die Treue Gottes. Noch in dieser Klage bringt der Gottessohn stellvertretend das Risiko der Schöpfung solidarisch und darin stellvertretend vor Gott. Der sterbende Christus fordert in der Anrufung des Vaters dessen Treue, Gerechtigkeit und Schöpferkraft heraus. Würde die Sendung des Gottessohnes am Kreuz enden, so wäre das Umgreifen der riskanten Schöpfung durch die Menschwerdung zu riskant gewesen – da letztlich in der Ambivalenz gebender Zuwendung zu verletztem, gebrochenem und gedemütigtem Leben einerseits und gewaltsamem Lebensraub andererseits versunken.

5. Die Auferweckung Jesu Christi als Verarbeitung des Risikos der Inkarnation

Wie verhält sich die Auferweckung Jesu Christi zu der hoch riskanten Bearbeitung des geschöpflichen Risikos in der Sendung des Gottessohnes? War das Risiko der Inkarnation zu groß, weil das Kreuz die Botschaft Jesu widerlegte, die Gewalttat am Ende steht? Überwindet die Inkarnation doch nicht das Risiko der Schöpfung? Hat sie deren prekärer Einheit des Lebens als ›Einheit von Leben und Tod zugunsten des Lebens‹ nichts entgegenzusetzen? Bleibt das Kreuz als doppelte Grenzlage der Hingabe Jesu als Praxis der Liebe und des Triumphs der gewaltgesättigten Gottesferne unentschieden in der Schwebe?

Der Tod Jesu bewegt den Vater und provoziert den Geist – weil Gott in dem Sohn sowohl die liebende Hingabe an die Welt als auch die Risiken der Schöpfung an sich selbst erfährt – und eröffnet so in Gott neue Möglichkeiten. Die Auferstehung Jesu Christi von den Toten offenbart in Wahrheit – jenseits einer ›Revision‹ oder ereignisloser Erschließung des Kreuzes - eine differenzierte und mehrschichtige Auseinandersetzung mit dem Risiko der Schöpfung und mit dem Risiko der Inkarnation. Die in der neueren Theologie verbreitete Rede von einer Identifikation Gottes mit dem Gekreuzigten erfordert – da das Kreuz Ereignis mehrerer ›Geschichten‹ ist – wesentliche Differenzierungen.

Nimmt man den Zusammenhang zwischen Inkarnation und Zeitlichkeit ernst, so erscheint die Frage sinnvoll, ob die Erfahrung des Lebens und des Todes Jesu, sein Leiden wie auch seine Leidenschaft, auch Gott den Vater verwandelt hat. Auch wenn die Theologie hier in Grenzlagen gerät, ist doch zu fragen, ob von einem Lernen Gottes in der Geschichte und durch die Geschichte Jesu Christi zu sprechen ist.[59] Wenn das Kreuz auch für Gott ein kontingentes, identitätsprä-

---

[59]   Zu Spuren einer solchen Semantik des Lernens siehe Moltmann, J., *Der Weg Jesu Christi. Christologie in messianischen Dimensionen*, München: Kaiser Verlag 1989, 195 f. In Moltmanns Verklammerung von Kreuzesgeschehen und innertrinitarischem Geschehen wird ein kontingentes Ereignis in der geschöpflichen Zeit zugleich zum innergöttlichen Ereignis. »Was

gendes Ereignis ist, dann ist dieser Gedanke nicht von der Hand zu weisen. Was haben der Vater und der Geist aus der Erfahrung des Kreuzes ›gelernt‹? Welche Konsequenz ziehen sie aus der Vertrauenskrise?

Die gewaltsame Beendigung der Sendung durch die lebensfeindliche Verbindung des Missbrauchs von Politik, Recht, Religion und öffentlicher Meinung ist auch für den Vater mit Leiden verbunden. Das Kreuz wird aber zu einem Wendepunkt für den Vater.[60] An diesem Wendepunkt offenbart sich der dritte Aspekt der Passion Gottes: Die Leiden Jesu am Kreuz entfachen die Leidenschaft Gottes des Vaters und des Geistes.[61] Die Erfahrung des Kreuzes wird zur Wende, weil die *Leidenschaft der Rettung* in den Vordergrund rückt. Drei Aspekte des Auferstehungsereignisses sind an diesem Punkt von Bedeutung:

a) Die in den sog. Erscheinungserzählungen greifbaren Zeugnisse einer ›leiblichen Auferstehung‹ (einschließlich des Symbolismus der 40 Tage) halten zunächst fest: Gottes Auseinandersetzung mit dem Kreuz ist kein Rückzug aus dem Gang in die Konkretion der Leiblichkeit – auch dann nicht, wenn die Auferstehung *keine* einfache Fortsetzung des Lebens Jesu, sondern von Anfang an ein irritierendes Ereignis ist.[62] Vielmehr bestätigen sie die Bewegung in die Leiblichkeit als Grundzug der Inkarnation. Der Auferstandene ist nicht ein entleiblichter Christus. Darum ist das leere Grab ein zentrales Zeichen der Tiefe der Auseinandersetzung Gottes mit der Schöpfung.[63] Die

---

auf Golgatha geschieht, reicht bis in die Tiefen der Gottheit und prägt darum das trinitarische Leben Gottes in Ewigkeit« (ebd.).

[60] So bildet der Jammer »den Ursprung des Begehrens, des Begehrens das Leid des Anderen zu überwinden« (Stoellger, P., *Gottes Gefühle*, Rostock, unveröff. Manuskript 2008, 16.). Das Kreuz affiziert Gott den Vater wie die Not der Menschen den Sohn (Lk 7,13; Mk 6,34; Mk 8,2; Mt 20,34) affiziert hat.

[61] Der gegen das klassische Apathieaxiom gerichtete Vorschlag, terminologisch und sachlich von der ›Passion‹ Gottes auszugehen, geht auf Jürgen Moltmann zurück. Allerdings drängt die ausschließliche Konzentration auf »das Leiden des leidenschaftlichen Gottes« das Moment der leidenschaftlichen Aktivität systematisch in den Hintergrund. Siehe Moltmann, J., *Trinität und Reich Gottes. Zur Gotteslehre*, 1980, 38 ff. Nur über eine theologische Wahrnehmung der Leidenschaft zur Rettung lassen sich systematisch Zugänge zu exegetischen Befunden zum Zorn Gottes gewinnen. Siehe Welker, M., »Richten und Retten. Systematische Überlegungen zu einer unverzichtbaren Funktion von Religion«, in: Assman / Janowski / Welker (Hgg.), *Gerechtigkeit. Richten und Retten in der abendländischen Tradition und ihren orientalischen Ursprüngen*, München: Fink 199, 28–35.

[62] Welker, M., »Auferstehung (Dietrich Ritschl zum 65. Geburtstag)«, in: *Glauben und lernen* 9 (1994), 39–49.

[63] Detaillierter Thomas, G., »›Er ist nicht hier‹. Die Rede vom leeren Grab als Zeichen der neuen Schöpfung«, in: Eckstein / Welker (Hgg.), *Die Wirklichkeit der Auferstehung*, Neukirchen-Vluyn: Neukirchener Verlag 2002, 183–220, siehe auch das entsprechende Kapitel in diesem Band. Im Kontext der Kosmologie ringt Robert J. Russell – anders als der oben ge-

Auseinandersetzung mit den Risiken der Schöpfung lässt den ›Entschluss‹ zur Leiblichkeit nicht revidieren.[64] Im Medium der Leiblichkeit wird mit den bleibenden Wundmalen die bleibende Identität des Gekreuzigten mit dem Auferstandenen artikuliert, wird festgehalten, dass die Auferstehung das Kreuz nicht ›rückgängig‹ macht.

b) Darüber hinaus wird das Kreuz aus der offensichtlichen Zweideutigkeit, Manifestation der Pro-Existenz Jesu und Manifestation der Gottesverdrängung zu sein, befreit: Mit der Auferweckung des Gekreuzigten in der Macht des Geistes spricht Gott ein Nein zum Triumph des Willens zur Gottlosigkeit – ohne ein Nein zur Bereitschaft der Hingabe des Sohnes. Der Vater und der Geist tolerieren die Verstoßung des Sohnes in den Tod nicht. Gott identifiziert sich mit dem Gekreuzigten – nicht mit der Gewalttat der Victimisierung und gewollten Gottlosigkeit. Die Auferweckung ist darum ein lebendig machendes Handeln *am* toten Gekreuzigten.[65] Sie ist ein ›Nein‹ und zugleich ein Akt der Leidenschaft der Rettung, der Ungeduld Gottes, ja der machtvollen Intoleranz Gottes. In der Auferweckung des Gekreuzigten widerspricht Gott – durch das Wirken des Geistes – in seiner Leidenschaft als Rettender.[66] Die Auferstehung raubt daher den Mächten und Gewalten den

---

nannte, von Arthur Peacocke repräsentierte ›evolutionary theism‹ – mit den Spannungen zwischen ›natural evil‹ und ›new creation‹. Siehe Russell, R. J., »Eschatology and Scientific Cosmology. From Conflict to Interaction «, in: *Reflections* 8 (2006), 2–37 (mit weiterer Literatur); vgl. auch Polkinghorne, J. C., *The faith of a physicist. Reflections of a bottom-up thinker. The Gifford lectures for 1993–4*, Princeton, N.J.: Princeton University Press 1994, Kap. 9.

[64] Für die Implikationen dieses Motivs für die Eschatologie siehe Thomas, G., »Resurrection to new life. Pneumatological implications of the eschatological transition«, in: Peters / Russell / Welker (Hgg.), *Resurrection. Theological and scientific assessments*, Grand Rapids, Mich.: W.B. Eerdmans Pub. 2002, 255–276.

[65] Im Sinne eines ›operativen Realismus‹ ist an diesem Punkt zu betonen: Die Auferweckung Jesu Christi ist eine Tat Gottes, die mehr und anderes ist als eine Bedeutungserschließung des Kreuzes – wenngleich Theologie stets nur im Medium der Deutung zwischen Deutung/Erschließung und Ereignis unterscheiden kann.

[66] William Vanstone interpretiert die Risikobereitschaft der göttlichen Liebe dergestalt, dass das Ergebnis der Liebe ganz der Freiheit der geliebten Schöpfung bzw. des Menschen übergeben ist. »The vulnerability of God means that the issue of His love as triumph or tragedy depends upon His creation. There is given to the creation the power to determine the love of God as either triumphant or tragic love. This power may be called ›power of response‹: upon the response of the creation the love of God depends for its triumph or its tragedy« (Vanstone, W. H., *The risk of love*, 1978, 67). Die Tragödie, die Vanstone als offene Möglichkeit beschreibt, ist in Wahrheit mit dem Kreuz als definitive Zurückweisung der Liebe Gottes schon eingetreten. Dunkel formuliert er selbst: »The Cross of Christ discloses to us the poignancy of the creation itself – the tragic possibility that, when all is given in love, all may be given in vain«

Triumph der erfolgreichen, tödlichen Victimisierung. Der Vater erleidet den Tod des Sohnes, ohne die ihm zugrunde liegende Gewalttat zu akzeptieren. Die österliche Identifikation des Vaters gilt der Person Jesus in der Hingabe des Lebens in der Sendung zu den Gebrochenen – nicht dem Mord an dem Unschuldigen. Mit Ostern widerspricht der Vater durch den Geist einer religiösen ›Heiligsprechung‹ eines durch lebensfeindliche Gewalt hervorgerufenen Leidens.

c) Diese Unterscheidung von Gabe und Victimisierung im Ereignis der Auferstehung, d. h. die definitive Zurückweisung des Triumphes der Gewalt, lässt die Vertrauenskrise überwinden und macht das Kreuzesgeschehen offen für weitere Deutungen. Das eschatologische Nein zur Gewalttat lässt das Kreuz in einem anderen Licht erscheinen. Denn widerspricht Gott dem Tod Jesu als machtvollem Lebensraub, so kann dieser zum Symbol der Lebensgabe werden. Nur durch diese Initiative und Handlung des Vaters und des Geistes von der Zweideutigkeit befreit, kann Jesu Tod »Integral seiner irdischen Existenz« werden.[67] Die Lebensgabe ist nicht mehr Lebensraub zugleich. Vor dem Hintergrund der göttlichen Antwort erscheint die in der markinischen Überlieferung zentrale Frage Jesu als letztlich ›beantwortet‹.

d) Die Auferweckung Jesu Christi zeigt in aller Verknüpfung von machtvoller Totenauferweckung, irritationsgesättigten Erscheinungen und Unscheinbarkeit an, dass Gott *nicht* alles erträgt und leidend erduldet.[68] Doch nicht der

---

(a.a.O., 70). Mit der Auferstehung als Akt der rettenden Ungeduld Gottes zeigen der Vater und der Sohn jedoch an, dass das tragische Ende letztlich ausgeschlossen ist. Die Auferweckung Jesu Christi mutet die Erkenntnis zu, dass Gottes Schwachheit nicht so gedacht werden darf, dass er letztlich vom rettenden Handeln der Menschen abhängig ist.

[67] So Jüngel, E., »Thesen zur Grundlegung der Christologie«, in: Jüngel (Hg.), *Unterwegs zur Sache. Theologische Bemerkungen*, München: Kaiser 1972, 274–295, 289.

[68] Die Auferweckung Jesu Christi erfordert von der Theologie eine trinitarische Differenzierung der Macht Gottes. Wenn Armin Kreiner angesichts der Frage, ob Leid und Tod das letzte Wort haben (gegen die Prozesstheologie) festhält: »Ein nichtallmächtiger Gott kann keine eschatologischen Garantien übernehmen«, so formuliert er ein berechtigtes theologisches Anliegen und fällt doch zugleich in einen abstrakten Theismus zurück (Kreiner, A., »Gott im Leid. Zur Theodizee-Relevanz der Rede vom leidenden Gott«, in: Koslowski / Hermanni (Hgg.), *Der leidende Gott. Eine philosophische und theologische Kritik*, München: Fink 2001, 213–224, 221). Michael Sarot formuliert in anderer Form und in einem anderen Theoriekontext dasselbe Anliegen, wenn er aus demselben Grund die Leidensfähigkeit und Kenosis Gottes als stets durch Gottes Willen bestimmt und daher kontrolliert sehen möchte – und so Gott, wann immer er möchte, seine Selbstbeschränkung aufheben kann. Siehe: Sarot, M., *God, possibility and corporeality*, Kampen, The Netherlands: Kok Pharos Pub. House 1992, 55. Auch hier wird die notwendige Differenzierung mit der kompakten Annahme eines seiner Ohnmacht mächtigen Gottes unterlaufen. Die gleiche Problemlage prägt auch die ›andere

die Schöpfung auch zurücknehmende Zorn Gottes wird entfacht, sondern seine Schöpferkraft für eine neuschöpferische Initiative.[69] Noch bevor die Menschen, d.h. die Jünger und Jüngerinnen als Zeugen und Träger der Auferstehung in das Geschehen einbezogen werden, handelt Gott verwandelnd *an* dem aus der Welt Gedrängten. An ihm manifestiert sich exemplarisch die göttliche Bereitschaft zur definiten Überwindung der das Leben zerstörenden Mächte und Gewalten. Die Auferweckung Jesu Christi erwächst aus Gottes leidvoller Interaktionsgeschichte mit seiner Schöpfung als eine neue Initiative rettender Barmherzigkeit. Weil sie nicht ›schon von Anfang an‹ dem Kreuz folgt, ist sie keine Entwertung des Kreuzes. Sie ist Vorwegnahme der Auferstehung der Toten und darin definitiver Anbruch der Neuen Schöpfung. Aus der bis in den Tod gehenden intensiven Erfahrung der Welt erwächst in Gott für die Welt eine neue Möglichkeit: Die Auferweckung des Inkarnierten als »Anfang der endzeitlichen Verwandlung der Welt durch ihren Schöpfer« – einer Welt ohne das Risiko tödlicher Destruktion.[70]

Seite‹, wenn z.B. William Vanstone aus der Kenosis des Sohnes mehr oder weniger direkt auf die Kenosis des Schöpfers schließt.

[69]   Analog formuliert Gregersen, N. H., »Risk and religion. Toward a theology of risk taking«, 355–376, 372 als Regel: »The more risks God is willing to take within the order of creation, the more God must be able to absorb the risks and restore the loss impaired on the creatures in the order of salvation.« Es dürfte die Grenze der hellsichtigen Analysen und Vorschläge von Fiddes, P. S., *The Creative Suffering of God*, 1988, sein, an diesem Punkt die Schöpferkraft des Leidens nicht klar darlegen zu können. Nur am Rande hält er fest: »The sign of the resurrection of Jesus affirms that God does something new for his creation in the face of the finality of death« (a.a.O., 267). Treffend formuliert Bayer, O., »Zur Theologie der Klage«, in: Ebner / Hanson (Hgg.), *Klage. Jahrbuch für biblische Theologie. Bd. 16*, Neukirchen-Vluyn: Neukirchener Verlag 2001, 289–301, 291: »Auf diese – schöpferische – Vernichtung richtet sich die erhörte Klage in ganzer Leidenschaft mit dem Ruf ›Maranatha!‹ (1Kor 16,22; Apk 22,20; Did 10,6).«

[70]   Moltmann, J., *Der gekreuzigte Gott. Das Kreuz Christi als Grund und Kritik christlicher Theologie*, 1981, 149.

III. Göttliche Vulnerabilität, Passion und Macht

Die Texte der Hebräischen Bibel lassen keinen Zweifel daran, dass Gott sich von dem Leben, d. h. dem Glück, dem Scheitern, der Sünde, der Rechtsbrüchigkeit und dem Ungehorsam der Menschen bewegen lässt. Wenn Gott sich bewegen lässt, kann man dann theologisch so weit gehen, von einer Vulnerabilität Gottes zu sprechen? Ist Gott in seinem eigenen Leben verwundbar?[1] Ist es theologisch sinnvoll und förderlich, vor dem Hintergrund des kanonischen Gesprächs und der dogmatischen Traditionen von einer göttlichen Verletzlichkeit zu sprechen? Verläuft nicht die Trennlinie zwischen dem göttlichen und dem menschlichen Leben entlang der Unterscheidung zwischen einer verletzlichen und unverletzlichen Existenz? Menschliches Leben ist »Staub, der atmet« (Gen 2,7), vergänglich und wie Gras (Ps 103,15–18).[2] Besteht nicht die menschliche Hoffnung im Kern darin, dass Gottes Souveränität und Macht das zerbrechliche, gewalttätige und sündige geschöpfliche Leben schöpferisch rahmt und transformiert (Gen 6,11–13)?[3]

Die folgenden Ausführungen vertreten die These, dass es nicht nur möglich, sondern notwendig ist, Gott als verwundbar und verletzlich zu denken. Wird das Konzept der Verwundbarkeit auf eine reiche, nichtreduktionistische und hinreichend komplexe Weise verwendet, so ist es in der Lage, große Teile der

---

[1] Die Überlegungen in diesem Kapitel verdanken sich einem Gesprächszusammenhang eines interdisziplinären Forschungskolloquiums, das am 6.-9. September 2015 am IWH / Heidelberg zum Thema »Vulnerability – A new focus for theological and interdisciplinary anthropology« stattfand und als Springhart, H. / Thomas, G. (Hgg.), *Exploring Vulnerability*, Göttingen: Vandenhoeck & Ruprecht 2017, dokumentiert ist.

[2] Als Beispiel für einen humanistischen Theologen, der diesem Thema besondere Aufmerksamkeit widmet, siehe Schweiker, W., *Dust that breathes. Christian faith and the new humanisms*, Chichester, West Sussex / Malden, Mass.: Wiley-Blackwell 2010.

[3] Gen 6,11: »Aber die Erde war verderbt vor Gottes Augen und voller Frevel.« Vgl. Dietrich, W., »Im Zeichen Kains. Gewalt und Gewaltüberwindung in der Hebräischen Bibel«, in: *Evangelische Theologie* 64 (2004), 252–267.

christlichen dogmatischen Tradition neu zu rahmen, zu ordnen und zu analysieren.[4] Dieser Vorgang impliziert eine produktive und erhellende Verfremdung, die einen neuen Blick eröffnet a) auf das Werk des Geistes Gottes, b) auf die enge und dynamische Verbindung zwischen dem Kreuz und der Auferweckung Jesu Christi, c) auf das göttliche Leben und seine Geschichte der Interaktion mit der Schöpfung und nicht zuletzt d) auf die Kirche als Leib Christi.[5] Obwohl Verwundbarkeit kein Begriff der religiösen Sprache erster Ordnung noch ein klassischer Terminus der theologischen Tradition ist, lohnt es sich, eine konstruktive theologische Hermeneutik der Verwundbarkeit zu entwickeln.[6]

Die theologische Arbeit mit diesem Konzept im Feld des dogmatischen Materials kann aber zugleich auch ein neues Licht auf das in verschiedenen Disziplinen zum Gegenstand gewordene Konzept der Vulnerabilität selbst werfen. So

---

[4]   Systematische Theologie ist eine Bemühung um Selektion, Synthese, Betonung und Interpretation innerhalb der breiten Palette an Materialien der kanonischen Konversationen und später in der Entwicklung christlicher Gedanken. Sie ist immer kontextuell und unvermeidlich konstruiert. Und dennoch, Theologie ist wahrheitssuchend, obwohl alle daran Teilnehmenden wissen, dass das, was sie tun, ein Konstrukt ist, das auf hermeneutischen Fähigkeiten und der Kraft der Imagination basiert. Theologie ist weder schlicht eine Waffe im Kampf um Gerechtigkeit noch ein Werkzeug zur Erhaltung der Umwelt oder ein Mittel zur Erlangung von Frieden – auch wenn dies gewünschte, wenngleich nicht intendierte Effekte sein können. In diesem Sinne ist Theologie eine unmittelbar indirekte Form der Rede, welche sich dennoch erhofft, Prozesse und Wirklichkeiten dieser Welt zu erhellen. Ich nenne diesen Typ des Konstruktivismus »Operativer Realismus«. Ohne jeden Zweifel führt dieser konzeptionelle Rahmen in eine Grauzone, in der »Findung« und »Erfindung« sich nicht gänzlich unterscheiden.

[5]   Das Konzept der Verwundbarkeit Gottes genießt bisweilen keine große Aufmerksamkeit in der Reflexion gegenwärtiger konstruktiver Theologie. Jedoch entwickelt sich in der aktuellen Forschung ein Diskurs um Verwundbarkeit. Siehe als Beispiel für eine konzeptionelle Bewegung zur Ekklesiologie Koopman, N., »Vulnerable church in a vulnerable world? Towards an ecclesiology of vulnerability«, in: *Journal of Reformed Theology* 2 (3) (2008), 240–254; Pool, J. B., *God's wounds. Hermeneutic of the Christian symbol of divine suffering. Vol. I: Divine vulnerability and creation*, Cambridge; UK, James Clarke & Co 2009; Pool, J. B., *God's wounds. Hermeneutic of the Christian symbol of divine suffering. Vol. II: Evil and divine suffering*, Cambridge U.K.: James Clarke & Co 2010; Sirvent, R., *Embracing vulnerability. Human and divine*, Eugene, Oreg.: Pickwick Publications 2014; Gandolfo, E. O. D., *Power and vulnerability of love. A theological anthropology*, Minneapolis: Fortress 2015; aktuell: Springhart, H., *Der verwundbare Mensch. Sterben, Tod und Endlichkeit im Horizont einer realistischen Anthropologie*, Tübingen: Mohr Siebeck 2016.

[6]   Religiöse Sprache erster Ordnung findet sich in Texten der Bibel, in Liedern und Gebeten. Von reflektierten Formen der Sprache zweiter Ordnung unterscheidet sie sich nur darin, dass sie im Augenblick der Performanz nicht als Reflexion behandelt wird – aber gleichwohl das Resultat komplexer Reflexionen ist.

sind die folgenden Überlegungen beim Durchgang durch die dogmatischen Materialien auch von der Hoffnung getragen, dass die breitere Diskussion um Verwundbarkeit bereichert werden kann.

Die übergreifende Hypothese der folgenden Ausführungen ist die folgende: Das Konzept der Verwundbarkeit und der mit ihm verbundene Diskurs kann in der Tat der Theologie dabei helfen, mehrere Sackgassen zu überwinden. Es ist in der Lage, die notwendigen Werkzeuge bereitzustellen und einen Imaginationsraum zu eröffnen, um eine gegenwärtig mächtige Alternative zu überwinden: der allmächtige und leidensunfähige Gott auf der einen Seite und der in seiner leidenden Liebe ohnmächtige Gott auf der anderen Seite.

1. Historische Orientierungen – drei Sichtweisen auf göttliche Verwundbarkeit

a. Das grundlegende Desaster des Kreuzes

1. O Traurigkeit,
O Herzeleid!
Ist das nicht zu beklagen?
Gott des Vaters einig Kind
Wird ins Grab getragen.

2. O große Not!
Gott selbst ist tot,
Am Kreuz ist er gestorben,....

5. O süßer Mund,
O Glaubensgrund,
Wie bist du doch zerschlagen!
Alles, was auf Erden lebt,
Muß dich ja beklagen.[7]

Oder, anstelle der Lyrik von Johann Rist, in den Worten des Philosophen Friedrich Wilhelm Hegel formuliert:

---

[7]   Dies sind berühmte Zeilen des protestantischen Frühbarockdichters Johann von Rist (1607–1667) (https://liederindex.de/lieder/details?3476; abgeruf. 20.09.2018). Der erste Vers ist zu datieren auf das Jahr 1628, die Verse 2–8 auf das Jahr 1641. Für eine Choralbearbeitung durch Johann Sebastian Bach siehe BWV 404.

»Gott ist gestorben, Gott ist tot – dieses ist der fürchterlichste Gedanke, daß alles Ewige, alles Wahre nicht ist, die Negation selbst in Gott ist; der höchste Schmerz, das Gefühl der vollkommenen Rettungslosigkeit, das Aufgeben alles Höheren ist damit verbunden.«[8]

Man kann es aber auch in den Worten des Apostel Paulus formulieren: »wir aber predigen den gekreuzigten Christus, den Juden ein Ärgernis und den Griechen eine Torheit« (1Kor 1,23).

Man muss sich das Ausmaß des Desasters des Kreuzes vergegenwärtigen. Es ist ein Desaster einer höheren Ordnung, sozusagen ein potenziertes Desaster. Verbindet man das semantische Feld des christlichen Glaubens mit dem des Desastermanagements, so kann man formulieren: Das Kreuz Jesu Christi ist das desaströse Ende eines Rettungsteams auf einer letztlich fehlschlagenden Mission. In der kanonischen Erzählwelt und Imagination ist die Ausbreitung der Gewalt in allem Fleisch ein Desaster, das Gottes Schöpfung bedroht.[9] Innerhalb dieses Rahmens sendet Gott seinen eingeborenen Sohn in die Welt, um mit diesem ersten Desaster umzugehen. Doch dieses Desaster-Management endet in einem weiteren, ungleich größeren Desaster: dem Triumph tödlicher Gewalt über ein Leben der Liebe, des Mitleidens und der Gewaltfreiheit.

Vor dem Hintergrund dieses Dramas ist die Frage ›Ist der lebendige Gott verletzlich?‹ nicht neu. Es ist eine sehr alte Frage, die so alt ist wie das Christentum selbst. Sie wird an diesem Punkt nur mit einer neuen Terminologie artikuliert und in einem neuen Begriffsschema platziert.[10] Gewaltsam zum Tode gebracht zu werden stellt das höchste Risiko einer verletzlichen Existenz dar. Wie kann dieser Tod versöhnt werden mit der Immanenz des Reiches Gottes? Wie kann dieser Tod versöhnt werden mit der Macht des allmächtigen Gottes, dem Herrn der Geschichte, dem Retter der Schwachen und Unterdrückten, dem Schöpfer des Himmels und der Erde? Indem die frühe Christenheit den Anspruch

---

[8]   Hegel, G. W. F., *Vorlesungen über die Philosophie der Religion. Bd. 2 (Werke 17)*, Frankfurt a.M.: Suhrkamp 1969, 291. »Der Verlauf bleibt aber nicht hier stehen, sondern es tritt nun die Umkehrung ein; Gott nämlich erhält sich in diesem Prozeß, und dieser ist nur der Tod des Todes. Gott steht wieder auf zum Leben: es wendet sich somit zum Gegenteil. Die Auferstehung gehört ebenso wesentlich dem Glauben an« (ebd.).

[9]   Eine Auseinandersetzung mit René Girards Theorie zu »Mimetic Violence« und seiner Rezeption innerhalb der Theologie wird in diesem Aufsatz absichtlich ausgelassen.

[10]   Eines der Konzepte, das konzeptionell nah an Verwundbarkeit ist, ist das der Un/Veränderlichkeit Gottes. Größtenteils sind die Diskurse dieser beiden Konzepte immer noch deutlich separiert. Als bemerkenswerte Ausnahme (mit einer ethischen Ausrichtung) siehe Sirvent, R., *Embracing vulnerability. Human and divine*, 2014; Pool, J. B., *God's wounds. Hermeneutic of the Christian symbol of divine suffering. Vol. I: Divine vulnerability and creation*, 2009.

ernst genommen hat, dass es eine tiefe Verbindung zwischen Gott dem Vater und diesem Jesus von Nazareth gibt, hat sie sich ein Problem geschaffen, das man heute ein ›wicked problem‹ nennt.[11] Alle vier Evangelien und auch die Theologie des Paulus arbeiten dieses Problem aus – entweder durch narrative oder begrifflich entwickelte Lösungen.

b. Der un/verletzliche Gott und das Verständnis des Kreuzes

Weite Teile der christlichen Tradition haben sich dazu entschlossen, dieses Problem durch eine Betonung der Allmacht, der Souveränität, der Freiheit, der Macht und letztendlich der Unverletzlichkeit Gottes selbst zu lösen. Das Leiden Jesu Christi als Opfer (victim) wurde als heroisches Selbstopfer interpretiert. Die christologischen Debatten der ersten drei Jahrhunderte spiegeln eine intensive Suche nach einem Verständnis dieses Christusereignisses und seiner internen Spannungen. So ist die Entdeckung und Entwicklung eines trinitarischen Verständnisses Gottes ebenfalls eng mit diesem »wicked problem« verknüpft. Am vorläufigen Ende dieser Debatten stand ein Modell, in dem der göttliche Vater selbst nicht wirklich am Kreuz gelitten hat und in seiner Souveränität weder eingeschränkt war noch ist. Denkt man dieses Modell zuende, so wird deutlich: Das Leiden und der Tod des Gottessohnes sagen nicht wirklich etwas aus über das wahre innere göttliche Leben, über Gottes Sein selbst.[12]

---

[11] Für die ersten und klassischen Formulierungen der »wicked problems« siehe Rittel, H. W. J. / Webber, M. M., »Dilemmas in a General Theory of Planning«, in: *Policy Sciences* (4) (1973), 155–169.

[12] Viel Tinte wurde in den letzten Jahrzehnten in die Rekonstruktion der zahlreichen Dogmengeschichten der Gotteslehre mit Rücksicht auf die Fragestellungen der Veränderung, der Fähigkeit zum Leiden und der Leidenschaft vergossen. Wie auch immer die feinen Anpassungen der Differenzierungen aussahen, scheint eine »tektonische Bruchlinie« in allen Lösungen wiederholt zu werden, jedoch an unterschiedlichen Stellen des theologischen Schemas. Auf der einen Seite gibt es den transzendenten Gott der Philosophen und ihren Beweis dieses Gottes – was das allgemeinere und rational zugänglichere Wissen über Gott ist. Auf der anderen Seite steht die spezifischere Rede über Gottes Gnade, Gesellschaft und Sorge – enthüllt durch spezifische Wege der Offenbarung. Dort gibt es den entfernten Gott der strengen Gerechtigkeit, doch hier gibt es auch den Gott der Gnade und achtsamen Aufmerksamkeit. Die grundsätzliche Bruchlinie kann zwischen Gott in seiner Gottheit jenseits der Welt und Jesus Christus liegen. Und dennoch lokalisieren feinere christologische Konzeptionen die tektonische Bruchlinie in Jesus Christus. Der ewige Logos, der ewig mit Gott lebte und an der Seite des Vaters regiert, dieser logos asarcos ist nicht der gleiche wie das Wesen, das Fleisch geworden ist, durstig war, weinte und letztlich den gewaltsamen Tod am Kreuz erlitt. Wenn die tektonische Grundlinie im Wesen und der Person Jesu Christi ist, ist der leidende Jesus von Nazareth streng betrachtet nicht Teil des ewigen Lebens des göttlichen

Zwei machtvolle Faktoren haben diese Entwicklung unterstützt. Erstens: Als die jüdische Theologie und Religionsphilosophie der Welt der griechischen Philosophie und Kultur begegneten – noch bevor das Christentum mit dieser Herausforderung konfrontiert war – mussten sie eine Wahl treffen.

Auf der einen Seite standen die olympischen Helden und Gottheiten, wie sie in der mythischen und literarischen Imagination beschrieben und entfaltet wurden.[13] Auf der anderen Seite standen die Philosophen mit ihrem Diskurs der Naturphilosophie, der auf die ersten und vereinigenden Prinzipien *jenseits* der chaotischen menschlichen und mythisch-göttlichen Affären, *jenseits* der Konflikte und dem Durcheinander der Emotionen abzielte.[14] Sowohl Philo von Alexandrien als auch die frühen Kirchenväter verankerten ihre Arbeit in dieser theologischen Tradition, die ein mehr oder weniger personalisiertes erstes Prinzip und eine ursprüngliche Einheit untersuchte.[15]

Logos, der der Sohn Gottes im trinitarischen Leben Gottes ist, ganz zu schweigen vom ewigen Leben des Vaters.

[13]   Diese anthropomorphen Gottheiten mit all ihren Emotionen, labilen Charakteren, ihren Konflikten und Verantwortungsbereichen wurden sowohl in der Literatur als auch in den Inszenierungen des Theaters ausgespielt. Platos pointierte Kritik dieser sich immer verändernden und ganz und gar unglaubwürdigen Figuren bezeugt die kulturelle Kraft dieser mythischen Figuren. Die Reflexionen der inhärenten Wirkungsweise des Theaters, die er in seiner Theorie der Katharsis definiert, bezeugt eine dichte Struktur von Emotionen, Interaktionen und Gewalt.

[14]   Rationalität und Einheit, Klarheit des Denkens und Zuverlässigkeit überschreiten die Instabilität unmittelbarer Wahrnehmung, unmittelbarer Emotionen und eventuell wird die Unzulänglichkeit moralischen Lebens ein zentrales Anliegen. Für die Mehrheit der griechischen Philosophie ist das, was sich verändern kann, minderwertiger als das, was sich nicht verändern kann. Dementsprechend besitzt das Mögliche meist weniger Würde als das wirklich Reale, da bei diesem noch die Möglichkeit besteht, dass es sich in dem Prozess seiner Realisierung verändert. Vgl. Jüngel, E., »Die Welt als Möglichkeit und Wirklichkeit«, in: Jüngel, E. (Hg.), *Unterwegs zur Sache. Theologische Bemerkungen*, München: C. Kaiser 1972, 206–233.

[15]   Wir wissen nicht, welche Richtung die Geschichte der christlichen Lehren genommen hätte, wenn sowohl das jüdische als auch das christliche Denken die griechische Welt mythischer Imagination und Theaterinszenierungen übernommen hätte. Für eine Gegenüberstellung dieser mythischen Theologie und »philosophischer Theologie« siehe Burkert, W., *Griechische Religion der archaischen und klassischen Epoche*, Stuttgart / Berlin / Köln / Mainz: Kohlhammer 1977. Innerhalb aktueller historischer Rekonstruktionen wird ausführlich debattiert, in welchem Ausmaß das Christentum wirklich ein Konzept der unveränderlichen, unpassierbaren und völlig leidenschaftslosen Gottheit als Standardmodell entwickelt hat. Zweifelsohne hat die rabbinische Theologie einen anderen Weg eingeschlagen und starke Vorstellungen göttlichen Mitgefühls und Mitleidens aufgenommen. Siehe Ego, B., *Im Himmel wie auf Erden. Studien zum Verhältnis von himmlischer und irdischer Welt im rabbinischen*

Der zweite Faktor, der nicht unterschätzt werden darf, bezieht sich auf eine Einsicht, wie sie unlängst von den Exegeten Feldmeier und Spieckermann wieder in den Vordergrund gestellt wurde: In beiden Testamenten ist die Idee der Allmacht und ihr Korrelat der Unverwundbarkeit sehr eng verknüpft mit einer Wahrnehmung der eigenen Ohnmacht und Errettungsbedürftigkeit auf Seiten der Glaubenden. Sie hoffen in der manifesten Not auf eine Intervention Gottes.[16] Das kanonische Gespräch beider Testamente wirft daher einen Schatten des Zweifels auf allzu schnelle Versuche, Gottes Macht infrage zu stellen und wirklich Verletzlichkeit zuzuschreiben. Der verletzliche und schwache Gott könnte, so muss selbstkritisch eingeräumt werden, eine klassische Imagination der Mittelklasse sein, eine Idee der ökonomisch gut versorgten, der kulturell machtvollen und unabhängigen Kosmopoliten, denn diese bedürfen keiner Rettung aus manifester Not.

c. Der leidende Gott in der Theologie des zwanzigsten Jahrhunderts – eine problemschaffende Lösung

Das klassische Verständnis von Gottes Unverletzlichkeit wurde in der protestantischen Theologie des zwanzigsten Jahrhunderts massiv infrage gestellt. Es hatte aber auch schon seine Vorläufer im neunzehnten Jahrhundert. So war es beispielsweise Isaac Dorner, der den Weg für grundlegende Veränderungen in der ersten und zweiten Hälfte des zwanzigsten Jahrhunderts frei macht.[17] Vorstellungen eines leidenden Gottes waren nicht nur für die Prozesstheologie in den Vereinigten Staaten oder für Theologie in der Inkarnation in Großbritannien, sondern auch für die kontinentale Theologie leitend.[18] Dietrich Bonhoeffer, Jürgen Moltmann, Eberhard Jüngel, Paul Fides, W. H. Vanstone, Gloria Schaab und Arthur Peacocke stellen nur die wichtigsten Figuren einer größeren Gruppe von Theologinnen und Theologen dar, die im zwanzigsten Jahrhundert an einer Theologie des leidenden und in gewisser Weise auch schwachen Gottes gearbeitet

---

Judentum, Tübingen: Mohr Siebeck 1989, bes. 145–168; Bell, D. P., »Vulnerability in Judaism. Anthropological and Divine Dimensions«, in: Springhart / Thomas (Hgg.), *Exploring vulnerability*, Göttingen: Vandenhoeck & Ruprecht 2017, 93–106.

[16] Feldmeier, R. / Spieckermann, H., *Der Gott der Lebendigen. Eine biblische Gotteslehre*, Tübingen: Mohr Siebeck 2011, 139–202.

[17] Dorner, I. A., *Divine immutability. A critical reconsideration (ed. Williams, Robert W.)*, Minneapolis: Fortress Press 1994; Williams, R., R., »I. A. Dorner. The ethical immutability of God«, in: *Journal of the American Academy of Religion* 54 (1986), 721–738.

[18] Die frühen britischen Impulse spiegeln sich in Mozley, J. K., *The impassibility of God. A survey of Christian thought*, Cambridge: The University Press 1926.

haben.[19] Die Wendung hin zur Christologie ist für diese Theologien von herausragender Bedeutung. Diese zentrale Einsicht wurde von Dietrich Bonhoeffer in einem Brief vom 16. Juli 1944 prägnant erfasst:

> »Gott gibt uns zu wissen, daß wir leben müssen als solche, die mit dem Leben ohne Gott fertig werden. Der Gott, der mit uns ist, ist der Gott, der uns verläßt (Markus 15,34)! Der Gott, der uns in der Welt leben läßt ohne die Arbeitshypothese Gott, ist der Gott, vor dem wir dauernd stehen. Vor und mit Gott leben wir ohne Gott. Gott läßt sich aus der Welt herausdrängen ans Kreuz, Gott ist ohnmächtig und schwach in der Welt und gerade und nur so ist er bei uns und hilft uns. Es ist Matthäus 8,17 ganz deutlich, daß Christus nicht hilft kraft seiner Allmacht, sondern kraft seiner Schwachheit, seines Leidens! Hier liegt der entscheidende Unterschied zu allen Religionen. Die Religiosität des Menschen weist ihn in seiner Not an die Macht Gottes in der Welt, Gott ist der *deus ex machina*. Die Bibel weist den Menschen an die Ohnmacht und das Leiden Gottes; nur der leidende Gott kann helfen. Insofern kann man sagen, daß die beschriebene Entwicklung zur Mündigkeit der Welt, durch die mit einer falschen Gottesvorstellung aufgeräumt wird, den Blick frei macht für den Gott der Bibel, der durch seine Ohnmacht in der Welt Macht und Raum gewinnt.«[20]

Für Bonhoeffer ist dies die entscheidende Differenz zwischen christlichem Glauben und aller Religion. Die Religiosität des Menschen lässt ihn in seiner Not nach der Macht Gottes in der Welt suchen. Er bedarf letztlich eines *deus ex machina*. Die Bibel verweist ihn jedoch auf den machtlosen und leidenden Gott. Nur ein leidender Gott kann, so Bonhoeffer, helfen. In gewisser Weise kann man sagen, dass der Prozess, in dem die Welt ihre Mündigkeit erlangt hat, eine Verabschiedung einer falschen Konzeption von Gott ist und so auf ihre Weise einen Zugang zum Gott der Bibel freilegt, einem Gott, der Macht und Raum in dieser Welt durch seine Schwachheit erobert.[21]

Das Zitat von Dietrich Bonhoeffer wirft auf drei Aspekte der gegenwärtigen Situation ein Licht. Ohne Zweifel nimmt Bonhoeffer wahr, welche Herausforderung für jedes klassische theistische Verständnis von Gott von dem Erfolg der

---

[19]   Seit Kurzem erreicht diese Debatte sogar evangelikale Theologen in den Vereinigten Staaten. Zum einen existiert dort eine breite Bewegung des »Offenen Theismus«, zum anderen existiert ein offener Widerstand gegenüber jeglicher Veränderung in diese Richtung. Als Beispiel für Letzteres siehe die Diskursbeiträge in Huffman, D. S. / Johnson, E. L. (Hgg.), *God under fire. Modern scholarship reinvents God*, Grand Rapids, Mich.: Zondervan 2002.

[20]   Bonhoeffer, D., *Widerstand und Ergebung. Briefe und Aufzeichnungen aus der Haft (DBW 8)*, 1998, 533 f.

[21]   Für religionsphilosophische und theologische Suchbewegungen zur Verbindung von Schwäche und Macht siehe Klein, R. A. / Rass, F. D. (Hgg.), *Gottes schwache Macht. Alternativen zur Rede von Gottes Allmacht und Ohnmacht*, Leipzig: Evangelische Verlagsanstalt 2017.

Naturwissenschaften ausgeht, von einem modernen Verständnis der Geschichte und einer wachsenden Einsicht in die Probleme der Theodizee.[22] Daher beschreibt Bonhoeffer in der Tat die tiefe Krise: Der schwache Gott – wenn es denn überhaupt einen Gott gibt und sich keine Verabschiedung in den Atheismus oder die Gottvergessenheit ereignet – ist schon das Resultat vieler Kräfte und Entwicklungen in der Moderne.[23]

Es ist dieser spezifische Kontext, der nach Bonhoeffer die Kirchen und die christliche Theologie zu einem mehrschichtigen Akt der Anerkennung zwingt. Dieser Akt ist zur gleichen Zeit ein Akt der Wiederentdeckung: So konzentriert sich die Theologie auf den schwachen und machtlosen Gott, der nicht nur erlaubt, Opfer von Gewalt zu werden, sondern der den Menschen auch erlaubt, ihn aus Jerusalem hinaus nach Golgatha zu drängen, letztlich aus der menschlichen Welt. So ist es die gegenwärtige geistesgeschichtliche Situation, die ein neues Lesen der Bibel mit neuen Augen ermöglicht. Hinzu tritt ein zweiter Gesichtspunkt: Um jegliche Art von falschem Optimismus oder gar Triumphalismus zu vermeiden, treibt Bonhoeffer einen großen Keil zwischen Kreuz und Auferstehung. Darüber hinaus anerkennt Bonhoeffer auch gegenüber vielen Theologien, die die Autonomie und Macht des modernen Menschen hervorheben, ein noch immer gegenwärtiges Bedürfnis nach Hilfe. Daher muss man sagen, dass der obige kurze Text in zwei entgegengesetzte Richtungen weist: Der allmächtige Herrscher ist offensichtlich nicht mehr benötigt, aber Hilfe oder gar Erlösung ist immer noch notwendig. Es gibt offensichtlich immer noch Mächte und Räume, die erobert werden müssen!

Bonhoeffers luzide Bemerkungen zur göttlichen Schwachheit und Verletzlichkeit werfen weitreichende Fragen auf.[24] Inmitten von überwältigenden Mächten der Gewalt ist zu fragen, wie dieser Gott eine Hilfe in Situationen der Machtlosigkeit und Verzweiflung – jenseits der existenzrealistischen oder psychologischen Hilfe eines mitleidenden Freundes – sein kann? Warum ist der

---

[22] Die Mehrheit aktueller naturalistischer Strömungen stimmt dieser Ablehnung oder diesen Zweifeln bezüglich eines intervenierenden und beschützenden Gottes zu. Dieser naturalistisch gefasste Gott ist entweder mit dem Gewebe der natürlichen Evolution verwoben sein oder leidet in Gemeinschaft mit allen leidenden Kreaturen. Siehe Schaab, G. L., *The creative suffering of the Triune God. An evolutionary theology*, 2007.

[23] Für gegenwärtige Interpretationen siehe Link, C., *Theodizee. Eine theologische Herausforderung*, Neukirchen, Neukirchen-Vluyn 2016, 185 ff.; Krötke, W., »Teilnehmen am Leiden Gottes«. Zu Dietrich Bonhoeffers Verständnis eines ›religionslosen Christentums‹«, in: *Barmen – Barth – Bonhoeffer. Beiträge zu einer zeitgemäßen christozentrischen Theologie*, Bielefeld: Luther-Verlag 2009, 26, 357–380.

[24] Kritisch Anker, A., »Am Leiden Gottes teilnehmen? Eine kritische Auseinandersetzung mit dem Thema Mitleiden in Bonhoeffers Briefen aus der Haft«, in: Dalferth / Hunziker (Hgg.), *Mitleid. Konkretionen eines strittigen Konzepts*, Tübingen: Mohr Siebeck 2007, 239–258.

schwache Gott nicht einfach eine Objektivierung der Verzweiflung? Wo sind die Potenziale der Transformation zu verorten? Ist dies, was Bonhoeffer sich vorstellt, nicht auch ein Versuch, die Klage zu vermeiden oder zurückzuweisen und so jede Rebellion gegen den machtvollen, aber offensichtlich inaktiven Gott stillzustehen? Ist der schwache Gott frei von Verantwortung? Ist er so frei, dass er moralisch ambivalent werden kann?[25] Gott das Attribut der Verletzlichkeit zuzuschreiben scheint fast so frivol wie naiv zu sein – zumindest im gedanklichen Raum eines entwickelten Theismus und seiner intellektuellen Erben.[26] Es bleibt die Frage im Raum stehen: Erschöpft der mitleidende Begleiter wirklich die Fülle des Lebens Gottes? Besteht die Macht Gottes am Ende wirklich nur in der Macht der leidenden Liebe? Ist es wahr, dass die leidende Liebe die einzige oder zumindest wichtigste Art und Weise ist, in der Gott seine Macht ausübt? Könnte es sein, dass die Theologie in eine andere Falle getappt ist – nicht die eines nackten und blanken Theismus, sondern in die einer Verohnmächtigung Gottes?

Die These, die im Folgenden angesichts der neueren Theologiegeschichte verfolgt werden soll, lautet daher: Das Konzept der Verletzlichkeit ist geeignet, die falsche Alternative einer Sehnsucht nach dem *deus ex machina* einerseits und eines letztlich in seiner Ohnmacht auch hilflosen Gottes andererseits zu überwinden. Doch um dahin zu gelangen, muss die innere Verbindung zwischen Verletzlichkeit und Kreativität beleuchtet werden.

2. Begriffliche Orientierungen – Variationen zur Verletzlichkeit

Für eine sehr lange Zeit hatte Verletzlichkeit keine gute Presse. Ein verletzliches Subjekt setzt sich der Möglichkeit der Verletzung aus. Darum vergegenwärtigte Verletzlichkeit die schwachen und tief problematischen Seiten der menschlichen Existenz. Vor diesem Hintergrund überrascht es nicht, dass Verletzlichkeit ein hochgradig genderspezifiziertes Konzept war: Frauen seien das verletzliche

---

[25]   Hierbei handelt es sich um die von Hans Jonas aufgeworfene implizite Frage, in welcher er argumentiert, dass eins der folgenden drei Attribute Gottes geopfert werden muss: Verständlichkeit, Güte oder Allmacht. Siehe Jonas, H., *Der Gottesbegriff nach Auschwitz. Eine jüdische Stimme*, 2004; Jonas, H., »The concept of God after Auschwitz. A Jewish voice«, in: *The Journal of Religion* 67 (1) (1987), 1–13. In der philosophischen Theologie von Hans Jonas wird ersichtlich, dass der Schwerpunkt göttlicher Schwäche eine Strategie zur Rechtfertigung Gottes ist. Siehe dazu auch den Protest in Braiterman, Z. (Hg.), *(God) After Auschwitz. Tradition and change in post-Holocaust Jewish thought*, Princeton: Princeton University Press 2001.

[26]   Vgl. Swinburne, R., *The Coherence of Theism*, Oxford: Oxford University Press 1993. Für eine leidenschaftliche Kritik aus Sicht evangelikaler Theologie siehe die Diskursbeiträge von Huffman, D. S. / Johnson, E. L. (Hgg.), *God under fire. Modern scholarship reinvents God*, 2002.

Geschlecht, so der Mainstreamdiskurs über viele Jahrzehnte. Im Diskurs um Verletzlichkeit war die moralische Neukodierung des Zustandes der Schwachheit und zugleich das ›degendering‹ des Zustandes der Verletzlichkeit ein entscheidender erster und zugleich schon sehr wichtiger Schritt. Wie es die feministische Philosophin Esther Kitai formuliert hat: »Everyone is some mother's child«[27].

Gegenüber diesem sehr statischen Verständnis der Verletzlichkeit haben die Umweltwissenschaften ein eher dynamisches Konzept vorgeschlagen, obwohl dies noch immer ein primär negatives Verständnis von Verletzlichkeit darstellt. In diesem Kontext ist Verletzlichkeit ein Problem, das erfordert, stets am Aufbau von Resilienz zu arbeiten. Um Gefahren abzuwehren oder gar zu verhindern, können die Strukturen der Resilienz selbst wieder Risiken hervorbringen, aber die grundlegende Bewertung bleibt dieselbe. Eine vorgegebene Struktur der Verletzlichkeit vis-à-vis einer vorhandenen Resilienz bestimmt das Risiko.[28] Im Kern dieses Verständnisses der Verletzlichkeit steht eine unvermeidbare Exposition gegenüber einem ungewünschten, nicht intendierten und auch nicht erwarteten negativen Wandel.[29] Die Bedrohung durch ein Desaster und die Furcht vor diesem Desaster begleiten das Wissen um die eigene Verletzlichkeit. Eine Stadt auf einer tektonischen Bruchlinie, eine Erdbebenzone, ist enorm verletzlich und versucht damit umzugehen, indem sie Häuser baut, die den möglichen Schock absorbieren können.[30]

Auf den ersten Blick scheint es offensichtlich zu sein, dass ein solchermaßen negatives (dabei statisches oder dynamisches) Konzept der Verletzlichkeit für die theologische Reflexion des Lebens Gottes von geringem Nutzen sein kann. Bestenfalls könnte es eine konstruktive und orientierende Funktion innerhalb

---

[27] Kittay, E. F., *Love's labor. Essays on women, equality, and dependency*, New York: Routledge 1999, 23.

[28] Die Verletzlichkeit bezüglich schlechter Wetterbedingungen mag dieselbe bleiben, teurere Steinhäuser jedoch erhöhen die Widerstandskraft, wodurch das Risiko einer Zerstörung reduziert wird. Vgl. Gardoni, P. / Murphy, C. / Rowell, A. (Hgg.), *Risk analysis of natural hazards. Interdisciplinary challenges and integrated solutions*, Heidelberg: Springer 2016.

[29] Dies betont Culp, K. A., »Vulnerability and the Susceptibility of Transformation«, in: Springhart / Thomas (Hgg.), *Exploring vulnerability*, Göttingen: Vandenhoeck & Ruprecht 2017, 59–70.

[30] Für zwei der aktuellsten Beispiele für diese negative Sicht, welche verschiedene philosophische Traditionen von Verletzlichkeit repräsentieren, siehe Tham, J. / Garcia, A. / Miranda, G. (Hgg.), *Religious perspectives on human vulnerability in bioethics*, Dordrecht / Heidelberg / New York / London: Springer 2014; im Feld der philosophischen Anthropologie Coeckelbergh, M., *Human being @ risk. Enhancement, technology, and the evaluation of vulnerability transformations*, Dordrecht: Springer 2013.

der Anthropologie haben, um eben dort Aspekte des endlichen, zerbrechlichen und letztlich sterblichen menschlichen Lebens zu fassen.[31]

Diese Sichtweise auf Vulnerabilität ist in einem doppelten Sinne monozentrisch. Sie ist fokussiert auf den Aspekt der Negativität und konzentriert sich nur auf *eine* Entität bzw. einen Aspekt. In dieser doppelten Einseitigkeit wurde es von feministischen Philosophien fundamental infrage gestellt. Erinn Gilson beispielsweise erweitert das Konzept der Verletzlichkeit so weit, dass es eine Basis des sozialen Lebens in seiner komplexen Rationalität sein kann. Zugleich unterscheidet sie auf überzeugende Weise Verletzlichkeit als eine *basale* Bedingung des Lebens und Verletzlichkeit als eine *situative und kontextuelle* Bedingung. Für Gilson ist »ontological vulnerability [...] an unavoidable receptivity, openness, and the ability to affect and to be affected. Situational vulnerabilities other specific forms that vulnerability takes in the social world, of which we have a differential experience because we are differently situated.«[32] »Identifying vulnerability as an ontological condition enables us to see it as an open-ended condition that makes possible love, affection, learning, and self-transformation just as much as it makes possible suffering and harm.«[33] Ohne ein solches Risiko gibt es keine Offenheit des Prozesses und kein Wachstum von Beziehungen in dynamischen Interaktionen. »Vulnerability is defined by openness and affectivity, and such openness entails the inability to predict, control, and fully know that to which we are open and how it will affect us. That kernel of the unpredictable, uncontrollable, and unknown can prompt in us alteration that is likewise unpredictable, uncontrollable, and unknown.«[34] »The ability or capacity of vulnerability is [...] that openness that allows us to move forward, to change, to experience something new, to pass from what we take ourselves to be to what we are becoming, and so perhaps learn.«[35]

Ein solches Verständnis ist nicht nur komplexer, sondern auch realistischer. Darüber hinaus verschiebt es mit guten Gründen die Aufmerksamkeit weg von dem einzelnen verletzlichen Subjekt als einer einzelnen abstrakten und individuellen Entität hin zu den vielfältigen Facetten sozialen Lebens, das aus der

---

[31] Es sollte jedoch angemerkt werden, dass ein solch negatives, reduzierendes Konzept von Verletzlichkeit letztlich im Rahmen einer realistischen Anthropologie verändert und weiter entwickelt werden muss. Dies ist eins der Argumente in Springhart, H., *Der verwundbare Mensch. Sterben, Tod und Endlichkeit im Horizont einer realistischen Anthropologie*, 2016.

[32] Gilson, E. C., *The ethics of vulnerability. A feminist analysis of social life and practice*, New York: Routledge 2014, 37.

[33] A.a.O., 38.

[34] A.a.O., 127.

[35] A.a.O., 179.

Interaktion zwischen vulnerablen Akteuren erwächst.[36] In der Folge spielt Vulnerabilität eine entscheidende Rolle im Aufbau und Verstehen von moralischen Verpflichtungen und wirft ein Licht auf die Notwendigkeit von Mitgefühl und dem Aufbau von Vertrauen.[37] Durch diesen differenzierteren Blick auf die Bedingungen der Verletzlichkeit rücken nicht nur die Gefahren, sondern auch die kreativen Potenziale der Verletzlichkeit in den Fokus der Aufmerksamkeit. Verletzlichkeit ist eine basale Bedingung der Relationalität wie auch der Emergenz von Kommunikation und der sozialen Konstruktion von Wirklichkeiten. Die Empfindlichkeit gegenüber anderen menschlichen Wesen, die Wahrnehmungsfähigkeit gegenüber den eigenen Zuständen, die Sensibilität gegenüber den vielfältigen Umgebungen und Kontexten, die man bewohnt, die Aufmerksamkeit gegenüber den Bedürfnissen anderer – all diese Prozesse haben die Verletzlichkeit des Selbst zur Voraussetzung.[38] Alle Impulse, das eigene leibliche und

---

[36]   An diesem Übergang entfaltet Martha Fineman die Beziehung zwischen Verletzlichkeit und Gesetz. Siehe Fineman, M. A., »The Vulnerable Subject: Anchoring Equality in the Human Condition«, in: *Yale Journal of Law & Feminism* 20 (1) (2008), 1–23; Fineman, M. / Grear, A. (Hgg.), *Vulnerability. Reflections on a new ethical foundation for law and politics*, Aldershot, England / Burlington, Vt.: Ashgate 2013.

[37]   Der Diskurs um Vertrauen hat aktuell nicht viele Berührungspunkte mit dem Diskurs um Verwundbarkeit – wenn auch beide aufs Engste miteinander verbunden sind. Die Notwendigkeit von Vertrauen ist eine Folge verwundbaren Lebens, welches notwendigerweise in einem Zusammenhang mit einer zeitlichen Ebene steht. Dies wird am deutlichsten im Umgang mit verwundbaren Patienten in der Medizin. Siehe Jackson, J. C., *Truth, trust and medicine*, London / New York: Routledge 2001, Pellegrino, E. D. / Veatch, R. M. / Langan, J., *Ethics, trust, and the professions. Philosophical and cultural aspects*, Washington, D.C.: Georgetown University Press 1991. Für eine systematische Betrachtung vgl. Luhmann, N., *Vertrauen. Ein Mechanismus der Reduktion sozialer Komplexität*, Stuttgart: Ferdinand Enke 1968. Eine explizite Verbindung zwischen Risiko und Vulnerability entwickelt Christoffersen, M. G., »Trust, endangerment, and divine vulnerability. An interdisciplinary conversation with Niklas Luhmann and K.E. Løgstrup«, in: *Dialog* 56 (4) (2017), 391–401, und Christoffersen, M. G., *Living with risk and danger. Studies in interdisciplinary systematic Theology*, 2017.

[38]   Die Diskussion um Vulnerabilität fordert den systemtheoretischen Diskurs dazu heraus, das Verhältnis zwischen Offenheit und der notwendigen operativen Verschlossenheit eines gegebenen sozialen oder psychischen Systems zu spezifizieren. Es muss herausgestellt werden, dass selbst operativ geschlossene autopoietische Systeme gegenüber ihrer Umwelt sensibel sein müssen, um ihre grenzerhaltenden Mechanismen aufrechtzuerhalten. Gleichzeitig muss gegenüber dem vagen Sprechen über Relationalität betont werden: Verletzliche und damit einigermaßen relationale und »offene« Systeme brauchen immer noch stark selbstreferentielle Operationen zur Selbsterhaltung. Siehe Luhmann, N., *Social systems*, Stanford, Calif.: Stanford University Press 1995, Kap. 5. Subjektivität und Identität sind die klassischen Begriffe, die für diese spezielle Funktion reserviert werden.

intellektuelle Leben zu transzendieren, sind abhängig von dieser Bedingung der Verletzlichkeit.

Allerdings schließt diese nuancierte und vor allem auf Sozialität abgestimmte Konzeption der Vulnerabilität nicht die Möglichkeit eines fatalen Risikos aus: Zerstörung und Tod bleiben Optionen eines tragischen Ausgangs. Auch Prozesse der Victimisierung und umgekehrt der Verteidigung, die zudem gewaltsam werden kann, beruhen auf der Eigenschaft der Verletzlichkeit.[39]

Diese Beobachtungen führen uns nun zu der folgenden Frage: Welche Beziehung besteht zwischen dem fatalen Risiko der Verletzlichkeit und diesem wichtigen Moment eines kreativen Potenzials der Vulnerabilität? Wie begrenzen sich beide Aspekte? Begrenzt das fatale Risiko die Kreativität oder begrenzt die Kreativität das Risiko? Die zentrale methodologische These der folgenden Ausführungen ist, dass das Ereignis Jesus Christus, das sich von der Inkarnation über die Auferstehung bis zur Himmelfahrt erstreckt, komplexe Differenzierungen in der Beziehung zwischen göttlicher Risikobereitschaft und göttlicher Kreativität erkennen lässt. Im Fall des trinitarischen Gottes ist es seine leidenschaftliche Kreativität, die den entscheidenden Unterschied zu menschlicher Kreativität markiert.

---

[39]   Aus diesem Grund kann das Konzept der Verletzlichkeit innerhalb zweier verschiedener Imaginationsräume entfaltet werden. Sie stehen sich sozusagen diametral gegenüber: »Leben ist Liebe« oder »Leben ist Kampf«. Die überwiegende Anzahl der feministisch orientierten Studien zu Vulnerabilität arbeitet mit der Grundmetapher Liebe. Aber der Imaginationsraum »Leben ist Kampf« ist kulturell auch sehr einflussreich. Die nordische Mythologie in all ihren gegenwärtigen Erscheinungsformen, zum Beispiel in der Jugendkultur und der filmischen Imagination, ist eine sehr machtvolle Manifestation der entgegengesetzten Metapher »Leben ist Kampf«. Das mythische Narrativ von Siegfried macht deutlich, dass Unverletzlichkeit nicht erreicht werden kann: Der unwahrscheinliche Zufall eines fallenden Blattes unterläuft die Bemühungen, unverletzlich zu werden. Das Leben ist ein fortwährender Kampf, in dem alle Kreativität mobilisiert werden muss, um Aggressivität und die Bedrohung abzuwenden. All dies geschieht in einer endlosen Kette von Ereignissen situativer Vulnerabilität. Wenn die Grundmetapher Leben ist Kampf in den Vordergrund gerückt wird, dann geht es den Menschen entweder um die Erlangung oder um die souveräne Entkopplung von den Ereignissen. Letzteres ist die historische Lösung.

a. Das Kreuz Jesu Christi – Verletzlichkeit, Risiko und Leidenschaft Gottes

(1) Das Kreuz im Lichte der Inkarnation als Akt der göttlichen Leidenschaft

Verletzlichkeit als eine basale Bedingung göttlichen und menschlichen Lebens impliziert nicht notwendig eine Bereitschaft, das Risiko für das eigene Leben als Folge eines leidenschaftlichen Engagements für jemand anderes signifikant zu erhöhen. Wer verletzlich ist, muss nicht notwendigerweise riskante Initiativen starten, sich aktiv um jemand anderes kümmern oder sich leidenschaftlich für diese andere Person einsetzen. Auch ein verletzliches Leben, das mit anderen verletzlichen und bedürftigen Leben interagiert, muss sich nicht leidenschaftlich zuwenden. Die stoische Vorstellung vom Leben der Menschen wie der Götter zielt auf ein optimales Maß an Kontrolle bezüglich der Leidenschaften und des Engagements.

Die göttliche Verletzlichkeit jedoch, die sich im Kreuz und der Auferstehung Jesu Christi dokumentiert, ist unlöslich verbunden mit einer Haltung des Engagements, der Fürsorge und der Leidenschaft. Wie Joh 3,16 deutlich macht, impliziert die göttliche Verletzlichkeit eine responsorische Handlungsweise, die deutlich mehr ist als ein Stimulus-Response-Pattern. Die Fürsorge des Schöpfers und die lange Geschichte der Interaktion mit Israel und der Menschheit ist eine Geschichte eines leidenschaftlichen Engagements.[40] Nur eine göttliche Leidenschaft kann die situative Verletzlichkeit geschaffen haben, die ein Bestandteil der Menschwerdung ist. Schon die Geburtsgeschichten des Lukasevangeliums sind alle Geschichten der Gefährdung (König Herodes), der Zurückweisung (der Stall), der erzwungenen Veränderung (Flucht nach Ägypten). Die Inkarnation, die Sendung des geliebten Sohnes, war keine göttliche Notwendigkeit, sondern ein Ereignis, in dem sich Gott risikobereit und leidenschaftlich fürsorglich zuwendet. Gott selbst versetzt sich in diese Situation (Joh 1) mit allen möglichen Konsequenzen. Gott selbst bestimmt sich in und durch die situative Verletzlichkeit Jesu von Nazareth. Er versetzt sich selbst in diese spezifische Situation (Phil 2; Joh 1). In der Theologie des Neuen Testaments ist es eine sehr spezifische Leidenschaft, die die bewegende Kraft hinter der Inkarnation ist. Es ist göttliche Liebe, nicht Zorn, nicht Neid, nicht Aggression oder die unverbindliche Neugierde eines Flaneurs.[41]

---

[40] Vgl. Hanson, P. D., *The people called. The growth of community in the Bible*, San Francisco: Harper & Row 1986; Fretheim, T. E., *God and world in the Old Testament. A relational theology of creation*, 2005.

[41] Implizit vertritt diese Argumentation eine spezifische Position in Bezug auf die Natur der Inkarnation. Ist die Inkarnation zuallererst ein göttlicher Akt der Selbst-Bezeichnung, in der von Gott in Zeit und Raum gezeigt wird, wie er »ist« in seinem ewigen und unveränderlichen

(2) Das Kreuz als dunkle Möglichkeit eines verletzlichen Lebens

Warum kann das Kreuz ein solches Unglück, ja ein solches Desaster sein?[42] Das Kreuz Jesu Christi steht in einer doppelten Beziehung. Es steht in der Beziehung zu dem göttlichen Leben und in einer Beziehung zu Gottes Geschichte der Interaktion mit seiner Schöpfung und mit Israel. In dieser Geschichte (im Sinne von history und von story) einer wechselseitigen Interaktion, d. h. der Einheit von Handlung und Erleben auf beiden Seiten, ist die Inkarnation nicht nur ein Höhepunkt, sondern stellt den Versuch dar, Gewalt durch Liebe und leidenschaftliche Fürsorge zu überwinden. Die Sendung des Sohnes hat den Sinn und das Ziel, die ›Welt‹, verstanden als eine Abkürzung für eine Schöpfung, die stets der Gewalt zuneigt, zu überwinden. Es ist eine göttliche Initiative, die das Ziel hat, die Welt von dem untragbaren Risiko der Selbstzerstörung zu befreien und die vielfältigen Formen der Gewalt durch eine Praxis der Liebe zu beenden.[43] Die jesuanischen Heilungsgeschichten erinnern daran, dass diese Veränderung auch die körperliche Existenz in ihrem Leiden durch Krankheit einschließt. Diese sich in der Person Jesu ereignende göttliche Initiative trifft von Beginn an auf gewaltsamen Widerstand. In diesem Sinne sind die Evangelien in der Tat variantenreich ent-

---

Sein? Also: Ist Jesus Christus im Wesentlichen ein notwendiges und vertrauenswürdiges Zeichen, das auf Gott hinweist? Oder: Ist Jesus Christus ein neuartiges Ereignis sowohl für die Welt als auch für Gott – dann nicht hinweisend auf ein ewiges Wesen, sondern eine Repräsentation einer neuen Initiative der Vitalität Gottes, die nicht auf ein ewiges göttliches Leben verweist, sondern eine neue Initiative in Gottes Weltabenteuer darstellt? Kurz: Ist das Christusgeschehen ein Kommunikationsgeschehen oder eine abgegrenzte Handlung? Davon ausgehend, dass jeder Kommunikationsakt auch ein Geschehen ist und jedes Geschehen eine gewisse kommunikative Bedeutung hat, ist dies kein absoluter Gegensatz. Dennoch kann die Betonung »ein Unterscheid sein, die einen Unterschied ausmacht« (Gregory Bateson)! Im konzeptionellen Raum von Vulnerabilität, Risiko und göttlicher Vitalität ist nur die zweite Option eine valide: Die Inkarnation ist der Schlüssel in der zeitlichen und responsiven Beziehung zwischen Gott und der geschaffenen Welt von Himmel und Erde. Siehe Thomas, G., »Das Kreuz Jesu Christi als Risiko der Inkarnation«, in: Thomas / Schüle (Hgg.), *Gegenwart des lebendigen Christus*, Leipzig: Evangelische Verlagsanstalt 2007, 151–179.

[42]   Für »linking theology« und »disaster studies« siehe Gregersen, N. H., »Theology and disaster studies. From ›acts of God‹ to divine presence«, in: Dahlberg / Rubin / Vendelø (Hgg.), *Disaster research. Multidisciplinary and international perspectives*, Abingdon, Oxon / New York, N.Y.: Routledge 2016, 34–48.

[43]   Ohne jeden Zweifel hat diese göttliche Mission eine reichhaltige inhärente Komplexität. Dies wurde z.B. von Jürgen Moltmann als drei »Prozesse« oder neuerdings von Michael Welker in dem Modell der drei Ämter Jesu Christi beschrieben. Unglücklicherweise kann dieser multidimensionale Aspekt der Inkarnation an dieser Stelle nicht entfaltet werden.

wickelte Passionsgeschichten. Es sind Geschichten über die Bereitschaft des göttlichen Lebens, die Risiken geschöpflichen Lebens auf sich zu nehmen.[44]

Das Kreuz Jesu Christi rückt zwei komplexe drängende Fragen in das Zentrum der Aufmerksamkeit:

1. Ist Gott in Jesus Christus in seinem mittels verletzlicher Liebe geführten Kampf gegen Gewalt und Ungerechtigkeit besiegt worden? Gibt es irgendeine Hoffnung, dass Gott die menschliche Geschichte der Gewalt zu einem guten Ende führen kann? Kann Gott siegreich sein – gegenüber dem Wille hinter all den Gräueltaten in der Geschichte, gegenüber dem barbarischen Handeln und den endemischen Ungerechtigkeiten dieser Welt, um letztlich die Geschichten der Gewalt und des Schmerzes zu erlösen? Gibt es angesichts der potenziell fatalen Verletzlichkeit göttlichen Lebens im Leben Jesu einen hinreichenden Grund für die Hoffnung, dass Gott die Tränen des Schmerzes wird abwischen können (Apk 22)? Kommt in Jesu Schrei der Gottverlassenheit nicht einfach das ewige und letztlich tragische Risiko göttlicher Liebe und göttlichen Lebens zur Sprache?[45] Anders ausgedrückt: Wenn Gott verletzlich ist, verweist dann der gewaltsame Tod Jesu nicht auf die Möglichkeit, im göttlichen Leben durch die Welt überwältigt zu werden?

2. Was ist die göttliche Antwort auf diesen gewaltsamen Tod, sowohl hinsichtlich Gottes eigenen Lebens als auch hinsichtlich der Aggression und Gewalt in dieser Welt? Beide Dimensionen müssen zusammengehalten werden. Würde die göttliche Verletzlichkeit das Risiko des Todes Jesu ohne eine transformative Antwort enthalten, so würde Gott das Ziel der Inkarnation aufgeben, versteht man Jesu Passion nicht allein als Bewährungsprobe, die bis zum bitteren Ende getragen werden musste.

An diesem Punkt hilft das Konzept der Verletzlichkeit, die richtigen Fragen zu stellen und falsche Alternativen zurückzuweisen.[46] Gott ganz einfach Wandel

---

[44]   In den Worten Eberhard Jüngels ist das Sein Gottes »ein der Vergänglichkeit sich aussetzendes, weil auf das Nichts sich einlassendes Sein.« Siehe Jüngel, E., *Gott als Geheimnis der Welt. Zur Begründung der Theologie des Gekreuzigten im Streit zwischen Theismus und Atheismus*, 1977, 301.

[45]   Dies ist das »particular veri« der evangelikalen Kritik eines verwundbaren Gottes. Siehe Spiegel, J. S., »Does God takes Risks?«, in: Huffman / Johnson (Hgg.), *God under fire. Modern scholarship reinvents God*, Grand Rapids, Mich.: Zondervan 2002, 187–210.

[46]   An diesem Knotenpunkt wandeln Sühnetheologien Victimisierung in ein Opfer als ›Sacrifice‹ um – ein interpretativer Schritt, der bereits im Neuen Testament deutlich wird. Die sehr breite und intensive Debatte über Sühne und Opfer kann hier nicht dargestellt werden. Siehe Frey, J. / Schröter, J. (Hgg.), *Deutungen des Todes Jesu im Neuen Testament*, 2005; Janowski, B., »Das Leben für andere hingeben. Alttestamentliche Voraussetzungen für die Deutung des Todes Jesu«, in: Hampel / Weth (Hgg.), *Für uns gestorben. Sühne – Opfer –*

zuzuschreiben, würde die Möglichkeit eröffnen, dass Gott nicht nur Leiden und den Tod erfahren kann, sondern auch seine rettenden und auf Transformation abzielenden Absichten, die in der Inkarnation und dem Leben Jesu (d. h. in seinem Predigen und in seinem Handeln) manifest wurden, verändern kann und diese an den Gang der Ereignisse anpasst.

Inmitten der leidenden Liebe ist Gott herausgefordert, treu zu bleiben. Dies geschieht angesichts des scheinbar ultimativen Triumphes der Gewalt gegen eine leidenschaftlich fürsorgliche Existenz. Philosophisch formuliert, erfordert dem Wandel unterworfen zu und affiziert zu sein, in einer spezifischen Hinsicht unwandelbar zu sein. Gottes Bereitschaft, sich den speziellen Bedingungen einer sündigen und von Gewalt durchsetzten Welt auszusetzen, muss einhergehen mit seiner Weigerung, die in der Inkarnation manifesten und ursprünglichen Absichten zu korrigieren, zu verändern. Wenn unter den Bedingungen geschöpflichen Lebens Jesus Christus überwältigt werden kann, bedeutet dies dann auch, dass die göttliche Fürsorge am Ende scheitern kann? Ist das Kreuz nicht ein unzweideutiges Zeichen für den Sieg einer destruktiven Freiheit in der Schöpfung? Ist die Liebe, die leidenschaftliche Fürsorge und die Suche nach Gerechtigkeit etwas für die Verlierer in der Geschichte – irgendwie attraktiv, aber am Ende doch vergeblich? Gibt es ein kreativ-responsorisches Moment im göttlichen Leben, das an dieser Stelle einen echten Gezeitenwechsel herbeiführen kann? Wenn der gewaltsame Tod das von Gott eingegangene ultimative Risiko ist, das Risiko eines Lebens, das nicht durch Gewalt und Sünde, sondern durch leidenschaftliche Fürsorge charakterisiert ist, akzeptiert dann Gott dieses ultimative Scheitern als Teil dieses ultimativen Risikos?

Alan Lewis erfasst sehr klar was hier letztlich auf dem Spiel steht, zeigt aber einen unbegründeten theologischen Optimismus: »Surely this: that trust, defenselessness, and vulnerability are in themselves despite all appearances, fin-

---

Stellvertretung, Neukirchen-Vluyn: Neukirchener 2010, 55–72; für das Verhältnis zwischen Prozessen der Victimisierung und Opfer siehe Brandt, S., »Hat es sachlich und theologisch Sinn, von ›Opfer‹ zu reden?«, in: Janowski / Welker (Hgg.), *Opfer. Theologische und kulturelle Kontexte*, Frankfurt a.M.: Suhrkamp 2000, 247–281. Die Theologie des Johannesevangeliums bietet eine andere Lösung für den in Markus radikal formulierten Konflikt. Indem das Opfer als Opfergabe für die Freunde interpretiert wird, lenkt es den Fokus der Aufmerksamkeit von der Gottverlassenheit zur Gabe des Lebens. Zum Johannesevangelium siehe Frey, J., »Zur johanneischen Deutung des Todes Jesu«, in: *Theologische Beiträge* 32 (2001), 346–362; Frey, J., »Die ›theologia crucifixi‹ des Johannesevangeliums«, in: Dettwiler / Zumstein (Hgg.), *Kreuzestheologie im Neuen Testament*, Tübingen: Mohr Siebeck 2002, 169–238; Belle, G. v. (Hg.), *The death of Jesus in the fourth Gospel*, Leuven / Dudley, Mass.: Leuven University Press, Peeters 2007.

ally more productive and protective than all stratagems of aggression or defense, attack or retaliation, self-assertion or protection.«[47]

Allein im Lichte des Kreuzes kann diese Behauptung nicht aufrechterhalten werden. Mit Blick auf die Kreativität und transformative Kraft verletzlicher Liebe formuliert der empirisch orientierte Prozesstheologe Daniel D. Williams theologisch präziser. Für ihn gibt es keine letzte theologische Bestätigung, die aus der tiefen Ambivalenz eines radikal offenen Prozesses herausführen kann, eines Prozesses, in dem Gott »[is] creating new worlds forever, with new risks, new possibilities, new attainments.«[48]

b. Die Auferweckung Jesu Christi – schöpferische Antwort und Begrenzung des Risikos der Verletzlichkeit

Der gewaltsame Tod des Sohnes Gottes am Kreuz stellt für das göttliche Leben eine Herausforderung dar. Die Auferweckung ist vor diesem Hintergrund eine nach vorne schauende und zurückweisende Reaktion auf dieses Ereignis. Es ist eine schöpferische Antwort, die zugleich a) eine geduldige Bestätigung, b) eine lebhafte Zurückweisung und c) eine raffinierte Transformation ist. Diese Antwort wirft ein Licht auf zentrale und möglicherweise einzigartige Aspekte göttlicher Verletzlichkeit.[49]

---

[47]   Lewis, A. E., *Between cross and Resurrection. A theology of Holy Saturday*, Grand Rapids, Mich.: W.B. Eerdmans 2001, 312.

[48]   Williams, D. D., *The demonic and the divine*, Minneapolis: Fortress Press 1990, 83.

[49]   Bevor man mit der Interpretation der Auferstehung beginnt, ist eine hermeneutische Bemerkung notwendig: Jede theologische Äußerung ist eine menschliche Interpretation und Frucht der Kommunikation und Imagination innerhalb der christlichen Gemeinschaft oder des Bewusstseins (allgemein gesagt). Auf diese Weise betrachtet ist jede christliche Theologie eine Form der hermeneutischen Theologie. Dennoch ist der Kern dieses Verständnisses und Selbstverständnisses eine Unterscheidung, die notwendig zwischen Verstehen und dem zu Verstehenden gemacht werden muss. Theoretisch kann dies über eine systemtheoretische Re-Entry-Figur vergegenwärtigt werden oder im Rahmen eines internen Realismus rekonstruiert werden. Siehe Luhmann, N., *Die Gesellschaft der Gesellschaft*, 1997; Thomas, G., »Kommunikation des Evangeliums – oder: Offenbarung als Re-entry«, in: Thomas, G. / Schüle, A. (Hgg.), *Niklas Luhmann und die Theologie*, Darmstadt: Wissenschaftliche Buchgesellschaft 2006, 15–32; Großhans, H.-P., *Theologischer Realismus. Ein sprachphilosophischer Beitrag zu einer theologischen Sprachlehre*, Tübingen: Mohr Siebeck 1996. Auch wenn die Auferstehung Jesu Christi nur mit den Mitteln der menschlichen Vorstellungskraft, der begrifflichen Konstruktion und Interpretation artikuliert werden kann, ist es nicht nur eine Interpretation des Kreuzes. Nach wie vor kann keine Behauptung, die die ›Realität‹ der Auferstehung betrifft, hinter ein historisch kontingentes Schema theologischer Sprache zurückgehen. Die ›Instabilität‹ in den Auferstehungsnarrativen des Neuen Testaments weist auf ›etwas‹, das

(1) Die Auferstehung als Bestätigung – verletzliches Leben und göttliche Absichten

Die Auferweckung Jesu Christi ist in dreifacher Weise eine Bestätigung. Erstens bestätigt und versichert sie erneut, dass die Inkarnation und das Leben Jesu, das zu dem Kreuz führte, nicht ein göttlicher ›Fehler‹ war. Die göttliche Leidenschaft und die göttlichen Intentionen, die in der Inkarnation realisiert werden, werden nicht problematisiert. Aus diesem Grund ist es ein in gewisser Weise körperliches Ereignis, das auf die körperlichen Ereignisse der Inkarnation und des Kreuzes reagiert. Gottes leidenschaftliche Treue und stetige Fürsorge für diese Welt wird in diesem Ereignis bestätigt. Dass Gott letzten Endes nicht irritiert werden kann, wird in diesem lebensgebenden Akt zur Anschauung gebracht. Aus diesem Grund kann dieser machtvolle Akt der Treue zu einem Zeichen der Hoffnung werden, dass menschliche Gewalt, Dummheit und Destruktivität die göttlichen Absichten nicht aufheben können.[50]

Aus einer solchen Perspektive betrachtet ist, zweitens, die Auferweckung Jesu Christi das ultimative Ereignis göttlicher Weltloyalität. Der Gott, der in diese Welt kam, kann durch den gewaltsamen Tod am Kreuz nicht final aus der Welt gedrängt werden. Gottes Reaktion auf die gesteigerte Vulnerabilität des Kreuzes ist nicht der Rückzug von dieser Welt. Darüber hinaus zeigt das leere Grab die Bedeutung der leiblichen Existenz Jesu an. Was das Kreuz überlebt, ist nicht nur eine Idee oder ein machtvolles Ideal. Die göttliche Antwort bestätigt den Weg in das verletzliche Leben, in das Fleisch und die volle körperliche Existenz. Dies steht im Mittelpunkt aller vier Evangelien, auch wenn es in verschiedenen Varianten ausgeführt wird. Entkörperlichen oder Entleiblichung ist nicht die Antwort auf das Problem eines verletzlichen Lebens in der Leiblichkeit. Vielmehr bestätigt die Auferweckung die spezielle Bedingung der Verletzlichkeit. Diese Bestätigung ereignet sich auf eine gewissermaßen verwickelte Weise, indem mit der Betonung des leeren Grabes zugleich das leibliche Leben in seiner Kontinuität mit dem Kreuz hervorgehoben wird: der auferstandene Christus trägt immer noch die von der Kreuzigung herrührenden Narben.[51] Die Verletzlichkeit der leiblichen Existenz ist bestätigt, nicht verleugnet oder gar abgestoßen und aufgehoben.

---

schwerlich konzeptionell begriffen werden kann. Über-Beständigkeit ist in der aktuellsten Forschung zur Zeugenschaft eher ein Zeichen mangelnder Erfindungskraft. Siehe Jansen, G., *Zeuge und Aussagepsychologie*, Heidelberg: Müller 2012.

[50]   Die Dummheit ist ein wesentliches Moment der Banalität des Bösen.

[51]   Für die theologische Signifikanz der Narben, welche den Körper des auferstandenen Jesus gekennzeichnet haben, siehe Most, G. W., *Doubting Thomas*, Cambridge, Mass.: Harvard University Press 2005.

Zuletzt ist, drittens, zu vergegenwärtigen, dass die Auferweckung nicht eine Idee bestätigt hat, sondern die Praxis der Fürsorge und leidenschaftlichen Liebe, die stets das Risiko der Vulnerabilität bis in Grenzlagen hinein erhöht.

(2) Die Auferstehung als Zurückweisung – Begrenzung menschlicher Verletzlichkeit und der Kampf gegen den Triumph der Gewalt

Die Auferweckung Jesu Christi ist in dreifacher Weise ein machtvoller Akt der Zurückweisung – und dies nicht nur auf der Ebene der Interpretation, sondern auf der Ebene des in der Interpretation beanspruchten und behaupteten Ereignisses.[52] Die Auferweckung Jesu Christi ist in pointierter Weise ein sprechendes Ereignis, nicht nur eine Manifestation einer Botschaft.

1. Dieses Ereignis weist die Möglichkeit zurück, dass Gott letztlich doch in seiner Verletzlichkeit überwältigt und besiegt werden könnte. Die Zurückweisung zielt gegen einen Triumph der Gewalt in Prozessen der Victimisierung. Es zeigt eine klare Grenze in der göttlichen/menschlichen Verletzlichkeit Jesu von Nazareth. Allerdings ist es keine Leugnung der Verletzlichkeit und nicht eine *direkte* Zurückweisung des Ereignisses des Kreuzes. Es ist kein Akt einer Umkehrung, sondern ein Akt einer kreativen und zugleich kritisch verneinenden Verwandlung, eine äußerst entschlossene Antwort auf diesen gewaltsamen Tod an Karfreitag. Die Zurückweisung ist eine Handlung des Leben gebenden Geistes Gottes. Diese Handlung darf nicht verwechselt werden mit der fortwährenden Arbeit des Geistes in der Schöpfung und im Leben der Kirche. Jegliche Theologie, die sich ausschließlich auf das Kreuz konzentriert – und dies in Abgrenzung von der Auferweckung Jesu – bietet eine Fehlabstraktion.

2. Die Auferweckung Jesu Christi ist darüber hinaus eine deutliche Zurückweisung der Prozesse der Victimisierung, die zu diesem Tod geführt haben. Zum Opfer zu werden, victimisiert zu werden, ist das offensichtliche Risiko der Bedingung der Vulnerabilität. Dies zeigt sich in den Sphären des kulturellen, finanziellen, politischen, rechtlichen und religiösen Lebens. Nicht nur in den Heilungsgeschichten der Evangelien, sondern auch in der Auferweckung wird manifest, dass es für das geschöpfliche wie auch für das göttliche Leben nicht tragbare Risiken der Schöpfung gibt, die zu nicht intendierten und nicht zu akzeptierenden Konsequenzen führen und die in einem offenen Konflikt mit den göttlichen Intentionen für diese Welt stehen. In der Auferweckung wie auch in den Heilungen Jesu und der Suche nach Gerechtigkeit kämpft Gott gegen etwas. Die Bedingung der Verletzlichkeit in

---

[52] Allein durch Interpretation und menschliche Konstruktion (im weitesten Sinne) kann dieses Ereignis zum Ausdruck gebracht werden – die Pointe jedoch liegt darin, dass es sich nicht allein um ein Sprachereignis handelt.

geschöpflichem Leben hat auch eine dunkle Seite. Die Macht des Geistes wendet sich gegen jede kurzschlüssige Verbindung von Prozessen der Victimisierung und des Opfers.[53]

In den Grauzonen zwischen Victimisierung und Opfer wird leidende Liebe sehr oft ausgebeutet. Aus diesem Grund ist die Auferweckung Jesu Christi auch eine machtvolle Zurückweisung jeglicher falschen Idealisierung einer leidenden Liebe. Letztlich können die systemischen Mächte der Lebensverneinung nicht das letzte Wort über dieses Leben der verleiblichten Leidenschaft und des Mitgefühls haben. Ohne diese lebhafte Zurückweisung würde das göttliche Leben durch eine moralische Ambivalenz und eine Ambivalenz der Macht verdunkelt. Nicht den Mächten der gewaltsamen Victimisierung, die zu diesem gewaltsamen Tod führen, zu widersprechen, würde Gott zu einem Komplizen dieser gewaltsamen Bestätigung des Lebens über das Leben machen.

3. Die Auferweckung Jesu Christi als ein distinktes raumzeitliches Ereignis weist *drittens* die Möglichkeit eines ewigen Kampfes zwischen Leben und Tod, zwischen Gut und Böse, zwischen Liebe und Hass in der Welt wie auch in Gott entschieden zurück. Die Auferweckung verneint die Vorstellung einer ewigen Einheit von Leben und Tod, die den Triumph der Gewalt rechtfertigen könnte. Der lebendige Gott bestätigt nicht eine Einheit von Leben und Tod in Jesus Christus, sondern verneint diese Möglichkeit mit aller Macht.[54] Die Macht des Geistes verwirft die Idee, dass die Gabe des eigenen Lebens für einen übergreifenden Zweck die letztlich beste Weise sei, dieses Leben zu

---

[53]   Selbst das Johannesevangelium kann das Leben dessen, der sein Leben gegeben hat, erst in der Rückschau nach der Auferstehung darstellen. Und es ist Johannes, der den auferstandenen Jesus auf die realistischste Weise darstellt, beim Essen mit seinen Jüngern. Alle Evangelien sind sich einig, dass nach der Kreuzigung und dem Tod Jesu die Jünger in einem Zustand von Erschütterung, Verleugnung und Zweifel waren. Daher findet jedes Verstehen im Lichte der Auferstehung statt – wie schwierig dieses Geschehen auch immer zu begreifen war. Zu dieser Instabilität der Auferstehungszeugen siehe Welker, M., »Auferstehung (Dietrich Ritschl zum 65. Geburtstag)«, 39–49.

[54]   An diesem Knotenpunkt nehmen wir natürlich Rücksicht auf die Theologie von Eberhard Jüngel – welcher sich die Formulierung »Einheit von Leben und Tod zugunsten des Lebens« als Beschreibung für Gott vorbehält –, weil Gott sich selbst in Jesus Christus mit dem Tod identifiziert hat, hat er diesen in das göttliche Leben aufgenommen. Siehe Jüngel, E., *Gott als Geheimnis der Welt. Zur Begründung der Theologie des Gekreuzigten im Streit zwischen Theismus und Atheismus*, 1977, XIII, 434 f., 471 u. 525; für eine Kritik siehe auch Thomas, G., *Neue Schöpfung. Systematisch-theologische Untersuchungen zur Hoffnung auf das ›Leben in der zukünftigen Welt‹*, Neukirchen-Vluyn: Neukirchener 2009, 285–314.

fördern und zu stützen, sozusagen als letztgültiger Ausweis der eigenen Überzeugung und Stärke im Akt der Selbstaufopferung.[55]

Die Auferweckung Jesu Christi ist eine Zurückweisung in der Gestalt einer kreativen und ultimativ einseitigen Intervention. Sie macht klar: Die weltlichen Mächte, die den Sohn Gottes zurückgewiesen haben und dieses Leben leidenschaftlicher Solidarität ablehnen, werden nicht den Sieg davontragen. Das letzte Wort über das Leben Jesu ist weder seine eigene Selbstinterpretation am Kreuz noch der performative Akt der Kreuzigung, der von denen, die ihn zurückweisen, vollzogen wird. Dabei gilt es, sich zu vergegenwärtigen, dass es sich nicht um eine Zurückweisung des Kreuzes handelt, sondern der scheinbare Erfolg tödlicher Gewalt und Exklusion eine schöpferische Antwort erfordert. Jegliches Leben aus dem Geist im Raum der Kirche hängt von dieser göttlichen Antwort in der Macht des Geistes ab.

Diese machtvolle Antwort im Geist als Erweis des Neuen unterbricht eine vermeintliche Kontinuität, die direkt von der Inkarnation zum nachösterlichen Leben der Kirchen führen könnte. Sie steht aber auch zwischen einer Kontinuität des Geistwirkens *vor* der Inkarnation und im Leben Jesu einerseits und einem Geistwirken *nach* dem Pfingstereignis andererseits. Die Auferweckung Jesu Christi ist nicht aus den Möglichkeiten dieser Welt, noch aus der Macht leidender Liebe erwachsen. Sie übersteigt die Möglichkeitsräume dieser Schöpfung und auch des Lebens Jesu. Die Auferstehung ist nicht Teil der göttlichen Kenosis der Bewegung der Inkarnation. Jesus ist durch die Macht des Geistes nicht in das Leben der Kirche auferstanden. Gleichwohl bleibt im Leben der Kirche menschliches Leben, das erneuernde Leben des Geistes, eine Christusgegenwart und eine Abwesenheit der Fülle der Auferstehung stets auch vieldeutig miteinander verwoben.[56] Aus diesem Grunde kann aller Zweifel und kann alle Uneindeutigkeit bezüglich der Grundkräfte in dieser Schöpfung und ihren Geschichten Hoffnung und eine Bestimmtheit des Geistes in diesem ganz *einseitigen* Akt des Geistesgottes finden. Aus diesem Grund betont der Apostel Paulus, »wenn aber Christus nicht auferweckt ist, so ist also auch unsere Predigt inhaltslos, inhaltslos aber auch euer Glaube. Wenn wir allein in diesem Leben auf

---

[55] Dies ist innerhalb des kanonischen Gesprächs das Problem der Auferstehungsdebatte zwischen dem Markusevangelium und dem Johannesevangelium. Es ist zu bemerken, dass der vorliegende Aufsatz der Position des Ersteren näher gelegen ist.

[56] Sowohl der Narrativ der leiblichen Auferstehung als auch der der Himmelfahrt heben dies hervor. Als Beispiel für einen der wenigen Aufsätze über die Himmelfahrt siehe Farrow, D., *Ascension and Ecclesia. On the significance of the doctrine of the ascension for ecclesiology and Christian cosmology*, Edinburgh: T&T Clark 1999.

Christus gehofft haben, so sind wir die elendesten von allen Menschen.«
(1Kor 15,14.19)[57]

Die Idee, dass Jesus Christus auferweckt wurde in das Gedächtnis seiner
Sache und in die Fortführung der Ideale seines Lebens, und d. h. in die Praxis
seiner Nachfolger, bietet eine gefährliche Unterschätzung der Kräfte der Gewalt
und der systemischen Verzerrung, die in dieser Welt wirksam sind. Diese Aktion
in der Macht des Geistes erwächst aus Gottes Leidenschaft und Ungeduld – nicht
aus einer historischen Ruhe unter seiner historischen Distanz zu den Wirren
dieses Lebens. Nicht nur die Haltungen der Jünger erfuhren eine Veränderung,
sondern die Grundlage ihrer Trauer und ihrer Enttäuschung wurde verändert.
Dies ist auch dann festzuhalten, wenn wir zu diesem Ereignis nur im Medium
menschlicher Zeugnisse und menschlichen Glaubenszugangs finden.

(3) Die Auferweckung als Verwandlung – die Macht, göttliche Absichten auch gegen Widerstand aufrechtzuerhalten

Die Auferstehung des Sohnes Gottes in der Macht des Geistes ist in mehrfacher
Beziehung eine schöpferische Transformation. Um die göttlichen Intentionen
auch unter geänderten Bedingungen geschöpflichen Lebens nicht zu ändern,
muss Gott seine Strategien verändern. Darum ist die Auferweckung Jesu Christi
sowohl eine Manifestation der göttlichen Treue und Unwandelbarkeit als auch
der Innovation und des Wandels im göttlichen Leben.[58]

1. Zunächst bietet die Auferweckung Jesu Christi einen dramatischen Wandel in
    der Art und Weise, wie Gott mit Gewalt und Destruktion in seiner Schöpfung
    umgeht. Drei Alternativen werden überwunden: a) Die Auferweckung Jesu

---

[57]   Schaut man auf die gegenwärtigen theologischen Debatten, so ist die Auferweckung Jesu
Christi ein echter Stolperstein für jegliche Art von Panentheismus – weil sie eben nicht aus
den Möglichkeiten dieser Welt erwächst, seien es ihre physikalischen, biologischen, kulturellen und sozialen Möglichkeiten. Aus diesem Grund spielt die Auferweckung bzw. Auferstehung als distinktes Ereignis keine bestimmte Rolle in den meisten Gestalten des Panentheismus und auch der empirischen Theologie. Siehe z. B. Schaab, G. L., *The creative
suffering of the Triune God. An evolutionary theology*, 2007; beispielhaft für viele andere Shaw,
M. C., *Nature's grace. Essays on H.N. Wiemans finite theism*, New York: Peter Lang 1995. Das
leere Grab markiert sowohl den qualitativen Wandel wie auch die relative Kontinuität zwischen alter und neuer Schöpfung. Siehe das Kapitel in diesem Band zu »Er ist nicht hier«. Die
Rede vom leeren Grab als Zeichen der neuen Schöpfung.

[58]   Um es zugespitzt zu formulieren: Zwischen dem Kreuz und der Auferweckung Jesu
Christi lernt Gott. Gott erhält nicht und steigert nicht seine normativen Erwartungen (indem
er mehr Gehorsam oder ein Mehr an spirituellem Engagement fordert), noch passt er seine
kognitiven Erwartungen an die gewaltsame Welt und ihre Bedingungen an (indem er einfach
den Zustand der Welt akzeptiert und die Gewalt zwischen allem Fleisch hinnimmt). Angesichts der Erfahrungen der Ungerechtigkeit und Gewalt schafft Gott neu.

Christi impliziert nicht eine Zerstörung der lebensfeindlich, tödlich und böse handelnden Kräfte. Die tödliche Gewalt ist nicht durch die Zerstörung, die Bestrafung und die Exklusion der Übeltäter auf paradoxe Weise gesteigert. Der Übeltäter wird nicht gewaltsam zurückgewiesen. Vielmehr wird dem Opfer neues Leben gegeben. Dieses Modell des Umgangs mit der Gewalt in allem Fleisch offeriert ein Gegenmodell zu dem, wie es in den Flutgeschichten der Genesis greifbar ist (Gen 6–9). In diesen theologischen Diskursen ist die göttliche Macht eine, die die gewaltsamen menschlichen und nicht menschlichen Akteure zerstört. Die Auferweckung Jesu Christi überwindet allerdings noch zwei andere Strategien: b) die Begrenzung der Gewalt durch göttliche Gebote und c) den Aufbau von Resilienz gegenüber gewaltsamen Neigungen durch die Verortung des Gesetzes im menschlichen Herzen – ein Modell, das einen Bogen von der deuteronomischen Tradition bis hin zu Immanuel Kant zu spannen vermag. Dieses neue Modell spiegelt sich schon im Leben gebenden Leben von Jesus.[59] Die göttliche Antwort auf die destruktive Gewalt gegen ein verwundbares Leben ist die Gabe neuen Lebens. Alle destruktive Gewalt muss mit der Möglichkeit göttlicher Kreativität rechnen. In der Auferweckung Jesu Christi antwortet der Geist Gottes auf das Schicksal Jesu in ähnlicher Weise wie Jesus in seinem Leben auf andere Zerstörungen des Lebens reagiert hat.

2. Die Auferstehung verändert tiefgreifend die Art und Weise, wie in der Aufrichtung von Gerechtigkeit mit dem Opfer umgegangen wird. Keine andere Form der Zurückweisung von Gewalt kann das Leben derer zurückbringen, die Opfer von realer, ja tödlicher Gewalt wurden. Kein zukünftiges Leben einer Idee und kein zukünftiges Leben einer bestimmten Weltgestaltung kann das verlorene Leben zurückbringen.[60] Keine Zukunft kann die Vergangenheit erlösen. Auch das Bedauern und die Reue des Täters können das Leben, das er oder sie zerstört hat, nicht zurückbringen. Die Möglichkeit eines nicht mehr zu kompensierenden und nicht zurückzubringenden Verlustes ist ein intrinsischer Teil menschlicher Verwundbarkeit und der Unumkehrbarkeit der Zeit. Aus diesem Grund gibt es keine Erlösung der Ge-

---

[59] Für das »Leben gebende Leben« siehe Janowski, B., »›Hingabe‹ oder ›Opfer‹? Die gegenwärtige Kontroverse um die Deutung des Todes Jesu«, in: Weth, R. (Hg.), *Das Kreuz Jesu. Gewalt, Opfer, Sühne*, Neukirchen-Vluyn: Neukirchener 2001, 13–43; Janowski, B., »Das Leben für andere hingeben. Alttestamentliche Voraussetzungen für die Deutung des Todes Jesu«, in: Hampel, V. / Weth, R. (Hgg.), *Für uns gestorben. Sühne - Opfer - Stellvertretung*, Neukirchen-Vluyn: Neukirchener 2010, 55–72.

[60] Diese Vernachlässigung der Verbindung zwischen Gerechtigkeit und Wiedergutmachung ist am markantesten in jeglicher Form von Denkprozessen und empirischer Theologie.

schichte ohne eine neue lebensgebende Initiative Gottes.[61] Die Macht dieser Transformation reicht weiter als die Macht des Mitleidens und der mitleidenden Begleitung. Mit Blick auf das kanonische Gespräch ist festzuhalten, dass aus diesem Grund die Evangelien sehr scharf zwischen der Auferweckung Jesu Christi in der Macht des Geistes als einer radikalen Transformation und neuen Schöpfung einerseits und der Sendung der Kirche in der Macht des Geistes unterscheiden.

3. Die Einheit von Leben und Tod zugunsten des Lebens, die das Kennzeichen des guten geschöpflichen Lebens – man kann sagen, des noachitischen Lebens nach der Flut – ist, ist tiefgreifend verändert. Der Tod ist nicht länger überwunden durch die Fortsetzung des Lebens in anderen Lebewesen. Der Tod ist nicht transzendiert durch ein Leben in anderen Menschenleben, seien es natürliche, kulturelle oder soziale Prozesse – Prozesse, die Alfred North Whitehead als objektive Unsterblichkeit bezeichnet hat.[62] Es ist das Kennzeichen gesegneten Lebens, dass es Leben gibt und Leben fortsetzen lässt in anderen Leben – sowohl biologisch (zum Beispiel in Genen), kulturell (im Gedächtnis) oder sozial (Nachkommenschaft oder zum Beispiel in Philanthropie). Sowohl die Vorstellung der objektiven Unsterblichkeit als auch das Phänomen des Segens wird fundamental verändert. Die untragbaren Konsequenzen der Verletzlichkeit werden aufgenommen und adressiert in dem gleichen distinkten individuellen Leben, das leidet durch Schmerzen und endet im Tod. Dass genau diese individuelle Person Jesus von Nazareth, die am Kreuz zu Tode kam, schöpferisch in der Auferweckung adressiert wird, dies ist die Botschaft des leeren Grabes.[63] Die Antwort auf den Schrei der Gottverlassenheit ist nicht ein Trostwort und eine Fortsetzung des Lebens in anderem Leben, sondern die Gabe neuen Lebens an dieses zerstörte Leben. Dieses neue Leben ist mehr und anderes als ein Wachstum des Lebens durch die Schaffung neuer schöpferischer Umgebungen oder die neue Gabe sterblichen Lebens, wie es die Lazarus-Geschichte porträtiert (Joh 11). Darum ist der Tod nicht mehr der notwendige Preis des Lebens. Whiteheads Einsicht in den Umstand, dass Leben Räuberei sei und der Rechtfertigung bedürfe, erweist sich nicht mehr als wahr.[64]

---

[61] Zur kreativen Seite des Jüngsten Gerichts siehe das Kapitel in diesem Band zu Gottes schöpferischer Gerechtigkeit.

[62] Whitehead, A. N., *Prozeß und Realität. Entwurf einer Kosmologie*, Frankfurt a.M.: Suhrkamp 1984, 25.

[63] Siehe Thomas, G., »›Er ist nicht hier‹. Die Rede vom leeren Grab als Zeichen der neuen Schöpfung«, in: Eckstein, H.-J. / Welker, M. (Hgg.), *Die Wirklichkeit der Auferstehung*, Neukirchen-Vluyn: Neukirchener Verlag 2002, 183–220.

[64] »Ob dies nun aber dem allgemeinen Wohl dient oder nicht: Leben ist Räuberei. Genau an diesem Punkt wird im Zusammenhang mit dem Leben das Problem der Moral akut. Der

4. Die Auferweckung Jesu Christi als Zeichen, Beginn und Vorwegnahme der neuen Schöpfung zeigt ein göttliches Lernen an.[65] Die Welt, in der sich die Mächte des Gesetzes, der Politik, der öffentlichen Meinung und der Religion zusammengeschlossen haben, um den Sohn Gottes zu töten, kann nicht nur durch Mitleid und leidende Liebe verwandelt werden. Gegenüber vielen Theologien des göttlichen Mitleidens und der ohnmächtigen, aber darin vermeintlich starken leidenden Liebe gilt es, sich zu vergegenwärtigen, dass die Auferstehung die klaren Grenzen leidensbereiter Liebe und eines Mitleidens mit menschlichem Leiden anzeigt.

Der Vater, der mit dem Sohn mitgelitten hat, dem Sohn, der ein Leben unter den Bedingungen geschöpflichen, von Gewalt durchdrungenen Lebens gelebt hat, reagiert auf diesen Tod nicht mit einer Verheißung zukünftigen Lebens, sondern mit dem Beginn einer tiefen Transformation des Lebens. Die Auferstehung Jesu Christi ist der Beginn der Neuschöpfung von Himmel und Erde.[66] Nicht eine deutlichere, machtvollere und irgendwie effektivere Kommunikation der göttlichen Absichten wird die selbstgefährdete Welt retten, sondern eine radikale Verwandlung sowohl der Mächte der Erde als auch des Himmels. Die Auferweckung Jesu Christi ist die Anerkennung der intrinsischen Grenzen und einer möglichen Ohnmacht mitleidender Liebe.

In diesem Sinne ist die Auferweckung Jesu Christi durch den Vater in der Macht des Geistes ein weiter fortschreitendes und wirklich unterbrechendes tiefes Ereignis. Es lässt sich nicht aus dem Leben Jesu, d.h. aus seinem Leben leidenschaftlicher Fürsorge für die Schwachen, Ausgegrenzten und Armen wie auch den Heilungshandlungen und der Verkündigung des Gottesreiches ableiten. Dieser Wandel in Gott ist ein Wandel, um die göttliche Treue aufrechtzuerhalten, seine leidenschaftliche Treue gegenüber einer hochgradig gefährdeten und mit Risiken durchzogenen Welt. Der Wandel ist notwendig, um die göttlichen Intentionen, die in der Menschwerdung des göttlichen Logos Gestalt gewonnen haben und im Magnifikat (Lk 1,46–56) Sprache geworden sind, unter widrigen Bedingungen aufrechtzuerhalten. Um die Unveränderlichkeit der Treue und Fürsorge zu bewahren, muss Gott sich unter den Bedingungen der sündigen Welt verändern.

Räuber muß sich rechtfertigen« (Whitehead, A. N., *Prozeß und Realität. Entwurf einer Kosmologie*, 1984, 204 f.).

[65] Als Beispiel für ein Portrait des dynamischen Wachstums der Auswirkungen der Lebendigkeit Gottes siehe Feldmeier, R. / Spieckermann, H., *Der Gott der Lebendigen. Eine biblische Gotteslehre*, 2011, 515–546.

[66] Thomas, G., *Neue Schöpfung. Systematisch-theologische Untersuchungen zur Hoffnung auf das ›Leben in der zukünftigen Welt‹*, 2009, 414 ff.

3. Göttliche Verletzlichkeit – notwendige Unterscheidungen

Das Konzept der Vulnerabilität ist nicht nur in der Lage, innerhalb der Rede von Gottes Macht/Ohnmacht, Veränderlichkeit/Unveränderlichkeit und Wandelbarkeit/Unwandelbarkeit Akzente zu verschieben, Vorstellungen neu zu ordnen und neue Zugänge zum innerkanonischen Gespräch freizulegen. Das Konzept der Vulnerabilität kann auch einen neuen Raum der Entdeckung aufspannen, der neue Aspekte der Wirklichkeit des trinitarischen Gottes erschließen lässt. Es kann in der Tat neue Modelle und begriffliche Schemata für ein theologisches Verstehen nahelegen.[67]

In der ersten begrifflichen Annäherung an das Konzept der Vulnerabilität hat sich die Unterscheidung zwischen einer ontologischen Vulnerabilität und einer situativen Vulnerabilität als hilfreich erwiesen. Innerhalb dieser theoretischen Unterscheidung muss Gottes eigene Vulnerabilität im Sinne einer Verletzlichkeit der trinitarischen Gemeinschaft von der spezifischen Vulnerabilität unterschieden werden, die sich im Leben Jesu von Nazareth unter den Bedingungen geschöpflichen kreatürlichen Lebens zeigt. Fasst man nun in einer umfassenden Weise die Verbindung zwischen Kreuz und Auferstehung ins Auge, so legt sich nahe, drei problematische Typen göttlicher Vulnerabilität zu unterscheiden. Daran soll dann ein vierter, tragfähigerer Vorschlag angeschlossen werden.

a. Nur scheinbare göttliche Verletzlichkeit

Das göttliche Leben kann als völlig unberührt, selbstbestimmt, selbstsuffizient und souverän vorgestellt werden. Jegliche Annahme von Verletzlichkeit hätte letzten Endes eine semantische Illusion zur Grundlage – oder eben eine Art Anpassung oder »Appropriation« an die schlichten religiösen Geister. Nur in einem letztlich uneigentlichen, irgendwie theologisch ›minderwertigen‹ Diskurs, in einer zutiefst fragwürdigen Wahrnehmung und letztlich einer fehlgeleiteten religiösen Imagination würde Gott als verletzlich erscheinen. Der weise und aus irgendwelchen Gründen privilegierte Beobachter würde in der Lage sein, dies als Illusion und Selbsttäuschung zu entlarven. Diese Fassung der Problematik der Verletzlichkeit findet sich in vielen Gestalten traditioneller Gottesrede und Reflexion, die durch den klassischen Theismus beeinflusst sind. So finden sich

---

[67]   Zur Bedeutung dieser Modelle für jegliche wissenschaftliche Argumentation vgl. Thalheim, B. / Nissen, I. (Hgg.), *Wissenschaft und Kunst der Modellierung. Kieler Zugang zur Definition, Nutzung und Zukunft*, 2015, ohne Berücksichtigung der Theologie; vgl. Wendler, R., *Das Modell zwischen Kunst und Wissenschaft*, 2013.

gegenwärtig die stärksten Verteidiger von Gottes Unwandelbarkeit unter den Rezipienten von Thomas von Aquin und Friedrich Schleiermacher.[68]

b. Verletzlichkeit als Moment der göttlichen Selbstbeschränkung

Im Rahmen dieses Modells oder dieser Konstellation ist nur in einem sehr eingeschränkten Sinne von Verletzlichkeit zu sprechen. Auf den ersten Blick ist es geradezu paradox verfasst. Die Verletzlichkeit Gottes ist begrenzt durch und ist zugleich eine Manifestation von einer totalen göttlichen Selbstbestimmung und Macht. Was auch immer der göttliche Akteur erfährt, jeglicher Wandel ist nur als intrinsischer und selbst ausgelöster Wandel zu begreifen. Gott kann in der Tat leiden und lieben, aber alle Änderung, die durch diese Art von Verletzlichkeit sich einstellt, ist im Kern eine interne, selbstinduzierte Veränderung. Gott verliert nie die absolute Selbstbestimmung. Gott kann nicht affiziert werden, ohne sich grundsätzlich und zum spezifischen Ereignis (im Sinne einer ontologischen und einer situativen Verletzlichkeit) des Affiziertwerdens selbst zu bestimmen.[69] Die Theologie Karl Barths ist ein prominentes Beispiel für dieses Modell.[70] Gott kann mitfühlend die Welt wahrnehmen und von ihr affiziert werden, aber was auch immer in diesem responsiven Wechselgeschehen passiert, ist nur eine Wiederholung dessen, was Gott in seinen eigenen trinitarischen Beziehungen schon immer und vorlaufend selbst ist. Sowohl die ontologische, das Leben der trinitarischen Akteure bestimmende Verletzlichkeit wie auch die spezifische situative

---

[68]   Für eine detaillierte Auseinandersetzung mit Thomas von Aquin siehe Dodds, M. J., *The unchanging God of love. A study of the teaching of St. Thomas Aquinas on divine immutability in view of certain contemporary criticism of this doctrine*, Freiburg i.Üe.: Éditions universitaires 1986. In Friedrich Schleiermachers Theologie basiert das Konzept Gottes auf der Idee, dass dieser von nichts Weltlichem betroffen sein kann. Siehe Schleiermacher, F. D. E., *Der christliche Glaube. Nach den Grundsätzen der evangelischen Kirche im Zusammenhange dargestellt (1821/22) (KGA)*, Berlin / New York: De Gruyter 2008, §32. Für eine gegenwärtige Verteidigung göttlicher Unverwundbarkeit siehe Castelo, D., *The apathetic God. Exploring the contemporary relevance of divine impassibility*, Milton Keynes, U.K. / Colorado Springs, Colo.: Paternoster 2009. Interessanterweise wiederholt sich dieser Gedanke innerhalb von Prozesstheologien, in denen das Wesen Gottes als Liebe letztlich unverwundbar ist. Siehe Williams, D. D., »Vulnerable and the invulnerable God«, in: *Union Seminary Quarterly Review* 17 (3) (1962), 223–229, 228.

[69]   Für die philosophische Unterscheidung zwischen interner und externer Veränderung siehe Leftow, B., »Immutability«, The Stanford Encyclopedia of Philosophy (Winter 2016 Edition), Edward N. Zalta (ed.), forthcoming URL = <http://plato.stanford.edu/archives/win2016/entries/immutability/>.

[70]   Dies ist übersichtlich analysiert in Jüngel, E., *Gottes Sein ist im Werden. Verantwortliche Rede vom Sein Gottes bei Karl Barth. Eine Paraphrase*, 1967.

Verletzlichkeit im Leben Jesu ist immer unvollständig ein Ausdruck der göttlichen Selbstbestimmung. Begreift man Vulnerabilität als eine Begrenzung der Selbstbestimmung, so kann diese letztlich von Gott doch nicht ausgesagt werden.

c. Die radikale Verletzlichkeit Gottes

Dieser Typus der göttlichen Verletzlichkeit unterscheidet sich von allen eher moderaten Formen an einem entscheidenden Punkt: Gottes Verletzlichkeit schließt die Möglichkeit ein, dass er sehr weitgehende oder gar totale Beschränkungen seiner Selbstbestimmung mit Blick auf sein Leben, seine Ziele und Aspirationen auf sich nehmen muss. Diese Gestalt der Vulnerabilität muss nicht ohne eigene Formen der Kreativität sein, aber sie bleibt offen für die ultimative Möglichkeit vollständiger göttlicher Fremdbestimmung und eines Endes göttlichen Leidens im gewaltsamen Tod. Diese radikale Gestalt der Vulnerabilität enthält daher die Möglichkeit, dass die göttliche Gemeinschaft so stark von der Welt affiziert wird, dass Gott seine Pläne nicht nur korrigieren, sondern aufgeben muss. Die göttliche Interaktion mit der Welt wird so zu einem prinzipiell offenen Abenteuer mit einer unsicheren Zukunft. Gottes Geschichte mit der Welt, sein Weltabenteuer, könnte letztlich als Tragödie enden.[71] Die Verletzlichkeit Gottes kann im Prinzip jede Hoffnung auf Gott unterminieren. Innerhalb dieses radikalen Verständnisses der Verletzlichkeit können externe Kräfte die Möglichkeitsräume des verletzlichen Akteurs nicht nur limitieren und verändern, sondern letztlich auch zerstören. Die Veränderung, die den Kern jedes verletzlichen Lebens ausmacht, kann verschiedene Richtungen nehmen: die Bereicherung oder die Gefährdung des Lebens. Unter den gegebenen Bedingungen geschöpflichen Lebens kann das verletzliche Leben durch Gewalt potenziell überwältigt werden, auch bis zu dem Endpunkt des gewaltsamen Todes. Nicht wenige panentheistische Theologien[72] und Entwürfe der sogenannten empirischen Theologie, die stark von der Prozessphilosophie beeinflusst sind, bewegen sich in diese Richtung. Dies gilt für christliche wie auch jüdische Theologie.[73]

---

[71]   Dies ist klar ersichtlich bei Williams, D. D., *The demonic and the divine*, 1990, 45–90.

[72]   Henriksen, J.-O., *Life, love, and hope. God and human experience*, Grand Rapids, Mich.: Eerdmans Publishing Company 2014, 287, betont die Aktualität der Auferstehung und den Fakt, dass sie nicht aus kreatürlichen Möglichkeiten entsteht. Jedoch bleibt unklar, wie dies den Panentheismus beeinflussen würde, der jegliches göttliches Eingreifen oder die Verwirklichung dramatischer Veränderungen göttlicher Möglichkeiten ausschließt.

[73]   Jonas, H., *Der Gottesbegriff nach Auschwitz. Eine jüdische Stimme*, 2004.

d. Schöpferisch-responsive göttliche Verletzlichkeit

Das hier vorgeschlagene Modell einer responsiven göttlichen Verletzlichkeit ist durch ein starkes Moment selbstbestimmter Offenheit gekennzeichnet. Die göttliche Gemeinschaft kann durch die Schicksale der Welt affiziert und bewegt werden. Diese Offenheit ist ein wesentliches Moment einer fürsorgenden und leidenschaftlichen Beziehung zu dieser Schöpfung. Diese in einem gewissen Sinne moderate Gestalt der Verletzlichkeit beinhaltet eine responsive Seite. Die Reaktion oder Antwort Gottes kann wohl durch Ereignisse außerhalb Gottes getriggert werden, aber der Inhalt und die Qualität der Antwort kann damit nicht determiniert werden. Es wird also ein strukturiertes und gerichtetes Resonanzverhältnis unterstellt, das durch die wohlwollende und förderliche Treue Gottes geprägt bleibt. Die Veränderung, die auch ein wesentliches Element der göttlichen Verletzbarkeit ist, wird von außen getriggert und von innen bestimmt. Es besteht daher ein intensives Verhältnis der Resonanz zwischen Gottes Handlungen und Wahrnehmungen auf der einen Seite und den Ereignissen der Welten auf der anderen, ohne dass Gott in seinem Handeln von den Ereignissen der Welt determiniert würde.[74] In solchen Resonanzfeldern können neue und innovative Gestalten göttlichen Handelns und neue Ereignisse auftauchen. Obwohl die Offenheit der Interaktion, die so charakteristisch ist für verletzliche Wesen, erfordert, dass nicht alle Möglichkeiten Gott in gleicher Weise gegenwärtig sind, kann Gott doch seine langfristigen Aspirationen auch angesichts starker Herausforderungen aufrechterhalten.[75] Diese Beziehung der Resonanz beinhaltet eine Wechselseitigkeit, Interaktion und offene Prozesse, aber weder Symmetrie noch die Möglichkeit einer radikalen Fremdbestimmung, einer göttlichen Heteronomie. Die Verletzlichkeit Gottes muss seine Freiheit nicht ausschließen. Veränderungen müssen nicht einer ganz distinkten Ursache zwingend entsprechen. Relationen der Responsivität und Resonanz unterliegen nicht den Gesetzen einseitiger Kausalität. Dass Gott sich schöpferisch erbarmt, ist nicht zu erzwingen und ist doch Teil der antwortenden Fürsorge.

Darüber hinaus ist zu betonen, dass die schöpferisch-responsive göttliche Verletzlichkeit durch das Leben des dreieinigen Gottes realisiert wird. Das spezifische Profil der schöpferisch-responsiven Verletzlichkeit kann nur erfasst werden, wenn die verschiedenen Positionen, Rollen und Funktionen der drei Zentren der göttlichen Aktivität und der göttlichen Wahrnehmung berücksichtigt werden. Für die christliche Theologie ist daher das Leben der Trinität eine Ma-

---

[74] Für eine starke Betonung dieser Resonanz von Seiten der Bibelwissenschaften siehe Kessler, J., *Old Testament theology. Divine call and human response*, Waco, Tex.: Baylor University Press 2013, 381–445.

[75] Solch herausfordernde Veränderung könnte u. a. möglicherweise »negative Neuheit«, von Sünde zu Gewalt und entsetzlichem natürlichen Bösen, genannt werden.

nifestation göttlicher Verletzlichkeit, die durch Passion und Macht charakterisiert ist. Dabei bleibt zu vergegenwärtigen, dass im Begriff der Passion Erleiden, Emotion und leidenschaftliche Intervention verknüpft sind.

Vor diesem Hintergrund ist das Ereignis Jesus Christus ein Ereignis intensiver Resonanz zwischen Gottes Leben und dem Leben der Welt. Das Ereignis der Menschwerdung realisiert die Eröffnung eines Feldes intensiver Resonanz, in dem die göttliche Wahrnehmung der Welt und die göttliche Aktion in der Welt auf dramatische Weise gesteigert ist. In der Inkarnation entscheidet sich das göttliche Leben, sich zugunsten der Welt aus Liebe dem leiblichen, geschöpflichen Leben und dessen enorm riskanter Gestalt der Verletzlichkeit zu unterwerfen. Die intime Nähe zur Schöpfung, die Gott im Leben von Jesus von Nazareth wählt, ist durch eine gefährliche Gestalt der Verletzlichkeit geprägt. Sie schließt den gewaltsamen Raub und die Zerstörung dieses Lebens ein. In der Situation der Gottverlassenheit ist die leidende Liebe erschöpft und kommt an ihr Ende. Indem die Evangelien im Zusammenhang der Kreuzigung das Motiv der Nacht zitieren, zeigen sie eine unüberbietbare Krise der Schöpfung an (Mk 15,33; Mt 27,45; Lk 23,44 f.).[76]

Dieser Moment der Gottverlassenheit des Sohnes ist ein Ereignis der göttlichen Passion in dem dreifachen Sinn dieses Begriffs. Es ist ein Moment intensiver göttlicher *Passivität* und enormen *Leidens*. Es ist jedoch zugleich auch ein Moment, der die göttliche *Emotion* weckt, ja Gottes Passion als transformatives emotionales Engagement weckt. Und doch, es ist nicht der göttliche Zorn, der geweckt wird. Die Auferweckung Jesu Christi in der Macht des Geistes wird ein Ereignis nicht der leidenschaftlichen Vernichtung, sondern der leidenschaftlichen Kreativität.

Der gewaltsame Tod Jesu von Nazareth ist das in der Inkarnation miteingegangene Risiko Gottes.[77] Gott war bereit, sich den zerrütteten und fragwürdigen Bedingungen geschöpflichen Lebens, d. h. der Gewalt und der Ungerechtigkeit zu unterwerfen, um in diesem Leben eine wahre Menschlichkeit sichtbar zu machen und Gottes Intentionen zu offenbaren, sodass letztlich die gewaltsame Welt mit ihm versöhnt werden kann. Am Kreuz kam jedoch die diese Schöpfung kennzeichnende Kreativität Gottes an ein Ende. Diese kritische Situation eines göttlichen Leidens und Mitleidens provoziert die Leidenschaft der göttlichen Gemeinschaft. Aus diesem Grunde ist die Auferweckung Jesu Christi eine differenzierte und intervenierende Antwort. Sie erwächst in einer Situation, die durch den gewaltsamen Widerstand der Welt, die Überwältigung des Gottessohnes und letztlich dessen Tod gekennzeichnet ist. Sie erwächst aber letztlich aus der lebensgebenden Macht des Geistes Gottes und aus einem schöpferischen, nicht einem vernichtenden Widerwillen Gottes. Dabei zeigt die Auferweckung

---

[76]   Für weitere Überlegungen zum Motiv der Nacht siehe das Kapitel X. in diesem Band.

[77]   Zum Problem des Kreuzes als Risiko der Inkarnation siehe das Kapitel II. in diesem Band.

Jesu Christi nicht nur eine neue Möglichkeit, sondern eine neue Wirklichkeit. Dieser Wirklichkeit einer tiefgreifenden Transformation kann in Akten menschlicher Hilfe, Solidarität und Mitleidens nicht (sic!) wahrhaft entsprochen werden – auch wenn die Kommunikation von Hoffnung und der Aufbau von Resilienz wichtige Aspekte der Wirkung des Geistes sind. Diese Wirklichkeit, neues Leben aus dem Tod, transzendiert die Möglichkeitsräume geschöpflichen Lebens. Darum bleibt es eine zentrale Frage der Theologie, ob Gottes Passion weiter greift als menschliche Akte des solidarischen Mitleidens und weiter greift als die Kräfte der Regeneration natürlichen, sozialen und kulturellen Lebens. Wer sich theologisch auf den Wegen eines Naturalismus bewegt, wird entschlossen Nein sagen. Aber auch jeder, der sich auf den Bahnen eines »great suffering companions« bewegt, wird nicht weniger entschlossen Nein sagen müssen. Dagegen wird eine Theologie, die die Lebendigkeit Gottes zu entdecken entschlossen ist, festhalten müssen: Das Ereignis der Auferweckung Jesu Christi in der Macht des Geistes bezeugt eine so leidenschaftliche wie schöpferische Macht des Geists – die in der Welt gegenwärtig ist und doch zugleich auch deren Möglichkeiten übersteigt.

Der Beginn einer Erneuerung von Himmel und Erde wurde in Gott ›getriggert‹ in der Situation furchtbar gesteigerter Verletzlichkeit. Dass dieser Anbruch des Neuen zugleich von einer irritierenden Unscheinbarkeit ist, zeigt an, wie sehr sich in ihm *graduelle* und *disruptive* Elemente verschränken. Es ist diese spezifische Konstellation aus Passion und Macht im Göttlichen eben, die einerseits die geschöpfliche Verletzlichkeit würdigt und doch zugleich andererseits die unausweichlich dunklen Seiten menschlicher Vulnerabilität in einen Rahmen der Hoffnung versetzt.

IV. Gottes Un/Veränderlichkeit. Theologische Motive, klassische Modelle, gegenwärtige Debatten und Perspektiven

1. Vorbemerkungen

a. Ein Relevanzhorizont

Wenige Tage vor dem gescheiterten Attentat gegen Adolf Hitler, am 17. Juli 1944, schreibt der Theologe und Widerstandskämpfer Dietrich Bonhoeffer aus dem Gefängnis an seinen Freund Eberhard Bethge: »Gott läßt sich aus der Welt herausdrängen ans Kreuz. Gott ist ohnmächtig und schwach in der Welt und gerade und nur so ist er bei uns und hilft uns. Es ist [Mt 8,17] ganz deutlich, daß Christus nicht hilft kraft seiner Allmacht, sondern kraft seiner Schwachheit, seines Leidens. [...] Die Bibel weist den Menschen an die Ohnmacht und das Leiden Gottes; nur der leidende Gott kann helfen.«[1] Mit diesen knappen – und ohne Zweifel nicht in jeder Hinsicht klaren – Bemerkungen ruft Bonhoeffer ein Thema, ja einen Problemkomplex auf, der seit mehr als zwei Jahrtausenden Menschen in der christlich-jüdischen Tradition existentiell und intellektuell tief bewegt und auch die Konfessionsgrenzen überspannt.[2] Ist Gott ein leidender Gott? Ist Gott als

---

[1] Bonhoeffer, D., *Widerstand und Ergebung. Briefe und Aufzeichnungen aus der Haft (DBW 8)*, 1998, 533 f. Die folgenden Ausführungen verfolgen ein doppeltes Ziel. Sie möchten auf der Basis einer Problemgeschichte für ein neues Verständnis der Un/Veränderlichkeit Gottes werben und zugleich in die gegenwärtige Debatte in der Literatur einführen. Sie sind beides: programmatische Skizze und Literaturbericht.

[2] Zur theologiegeschichtlichen Dimensionierung der Thematik siehe den Beitrag von Volp, U., »»Denn Leidenschaftslosigkeit besass er ...«. Das sogenannte Apathieaxiom im Kontext antiker Christentumskritik«, in: Fischer / Frey (Hgg.), *Mitleid und Mitleiden. Jahrbuch für Biblische Theologie. Bd. 30*, Göttingen: Vandenhoeck & Ruprecht 2016, 225–246; zur aktuellen Diskussion im Raum der katholischen Theologie vgl. Tück, J.-H., »Passion Gottes? Zum unerledigten Disput um die Rede vom leidenden Gott«, in: Fischer / Frey (Hgg.), *Mitleid und Mitleiden. Jahrbuch für Biblische Theologie. Bd. 30*, Göttingen: Vandenhoeck & Ruprecht 2016, 3–28.

leidender Gott ein Wesen, das von außen, durch das Leben der Welt, berührt, bewegt und verändert werden kann? Entspricht seinem Leiden zugleich auch eine Leidenschaft – eben weil sich Gott nicht nur berühren, sondern auch bewegen lässt?

Dies sind nicht nur ›akademische Fragen‹. Unterstellt nicht jedes an Gott gerichtete Gebet, jede Bitte und jede Klage, in seiner sprachlichen Performanz, Gott zu bewegen? Nimmt Gott leidend und leidenschaftlich an den Katastrophen dieser Welt teil? Lässt sich Gott von irgendetwas bewegen? Aber der Einwand liegt nahe: Wenn sich Gott wahrnehmend, erleidend und empathisch auf das Leid dieser Welt einlässt, wird Gott dann von dieser Welt auch überwältigt – in seiner Ohnmacht? Versichern wir uns dann mit der Solidarität Gottes nicht zugleich auch unserer eigenen Hoffnungslosigkeit? Beten Menschen nur um Solidarität oder auch um Rettung? Was Dietrich Bonhoeffer in der bedrängenden Situation vor dem gescheiterten Attentat gegen Adolf Hitler pointiert als theologisches Problem markierte, ist in der Tat ein ›daueraktuelles‹ Problem. Es durchzieht auf markante Weise nicht nur die Geschichte christlicher Theologie, sondern auch die der vor- und nachtestamentarischen jüdischen Theologie.

b. Un/Veränderlichkeit als Grundproblem aller ›metaphysischen Gottesprädikate‹

In den klassischen theologischen Debatten um Gottes Eigenschaften im Horizont des griechischen Erbes wird die Unveränderlichkeit (*immutabilitas*) Gottes als eine distinkte Eigenschaft verhandelt. Doch zugleich berührt die Unveränderlichkeit oder aber die Veränderlichkeit so gut wie alle anderen ›metaphysischen‹ Prädikate Gottes, so z. B. das der Allmacht (*omnipotentia*), der Unendlichkeit (*infinitas*), der Ewigkeit (*aeternitas*), der Allwissenheit (*omniscientia*), der Allgegenwart (*omnipraesentia*) und der Einfachheit (*simplicitas*) Gottes.[3] Letztere hat gewissermaßen eine summarische Funktion, insofern Gott eine kohärente Einheit ohne jegliche Teilung ist. Gottes Un/Veränderlichkeit wird also nicht nur bei der Frage des *Mitleidens* Gottes, sondern auch bei der Frage nach einer Gott eigenen *Zeitlichkeit*, bei der Frage des vorausschauenden *Wissens* und der *Macht* Gottes mit thematisch.[4] Insofern steht, so eine der hier vertretenen Thesen, die Problematik der Un/Veränderlichkeit für eine *strukturelle Grundproblematik* der Gotteslehre. Der dogmengeschichtliche Schlüsselbegriff und ein wichtiger

---

[3] Zu den Diskussionen innerhalb der reformierten Theologie siehe Heppe, H. / Bizer, E., *Die Dogmatik der evangelisch-reformierten Kirche*, Neukirchen: Neukirchener Verlag 1958, 45 ff.

[4] Exemplarisch Bauke-Ruegg, J., *Die Allmacht Gottes. Systematisch-theologische Erwägungen zwischen Metaphysik, Postmoderne und Poesie*, 1998.

Kristallisationspunkt der Debatten ist das sogenannte Apathie-Axiom, das selbst wiederum Bestandteil eines weiteren semantischen Feldes ist, in dem die Unwandelbarkeit Gottes mit der Unveränderlichkeit, mit der Leidenschaftslosigkeit und der Gelassenheit Gottes verknüpft ist. Auf den ersten Blick beziehen sich die Unveränderlichkeit Gottes und die Leidensunfähigkeit/Apathie Gottes auf unterschiedliche Aspekte. Da jedoch die mit der Leidensfähigkeit verbundene Affizierbarkeit auch eine Veränderung impliziert, wird in den folgenden Ausführungen die Leidensfähigkeit als eine Konkretion der Veränderlichkeit aufgefasst. Die Leidensfähigkeit wird so interpretiert, dass sie über eine Selbstveränderung Gottes hinausgehende Affizierbarkeit und Bewegbarkeit durch anderes einschließt. Für die Anhänger der Metaphysik und ihre modernen Erben ist dies der Angelpunkt: Jede Art von Veränderung in Gott würde eine Minderung von Gottes Wesen implizieren.[5]

2. Drei Immunisierungsstrategien und die Verabschiedung einer Hermeneutik des Irrtums

Die Frage nach der Un/Veränderlichkeit Gottes kann durch drei – dogmen- und theologiegeschichtlich gut belegte – Ansätze stillgestellt, ja letztlich verabschiedet werden. Sie stellen m. E. jedoch in Wahrheit äußerst problematische Immunisierungsstrategien dar, die eine differenzierte, realistische und reiche Gotteserkenntnis behindern. In allen drei Ansätzen handelt es sich bei der biblischen, der dogmatischen oder der frömmigkeitspraktischen Rede von Gottes Veränderlichkeit in Wahrheit um eine im prägnanten Sinne uneigentliche Rede. Diese Rede meint nicht in Wahrheit, was sie zu sagen meint. Inwiefern darin eine Lösung oder ein Problem liegt, wird allerdings in allen drei Ansätzen unterschiedlich beurteilt.

1. In den Vorstellungen, die eine Veränderlichkeit Gottes nahelegen, kann sich eine Anpassung an die beschränkten menschlichen Verstehensmöglichkeiten ereignen, die, wie Johannes Calvin polemisch formuliert, von Gott selbst ins Werk gesetzt wird. In der letzten Fassung der *Institutio Christianae Religionis* arbeitet Calvin mit einer folgenreichen Unterscheidung: »Die Anthropomorphiten aber, die sich einbilden, Gott sei körperlich, weil ja die Schrift ihm häufig Mund, Ohren, Augen, Hände und Füße zuschreibt, sind leicht zu widerlegen. Denn es muß doch einer schon sehr töricht sein, wenn er nicht sieht, daß Gott an solchen Stellen mit uns kindisch redet, wie Ammen mit den Kindlein tun! Solche Ausdrücke wollen deshalb nicht etwa klar

---

[5]   Selbstverständlich gibt es einige wenige Stellen der Schrift, die auf den ersten Blick die Annahme einer strikten Unveränderlichkeit zu stützen scheinen. Standardreferenzen sind Jak 1,17; Jes 41,4 und 43,10 und Mal 3,6.

darlegen, wie denn Gott beschaffen sei, sondern vielmehr seine Erkenntnis unserer Schwachheit anpassen. Damit das aber möglich ist, muß Gott tief unter seine Erhabenheit heruntersteigen.«[6] Das Problem dieser Lehre der von Gott selbst ausgehenden Anpassung an das begrenzte menschliche Fassungsvermögen (*Akkomodation*) ist allerdings, dass sie für sich selbst erkenntnistheoretisch einen möglichen göttlichen Beobachterstandpunkt unterstellt, den sie zugleich für unmöglich erklärt.[7]

2. Das mit der Rede von der Akkomodation Gottes ins Auge gefasste Problem der unausweichlich anthropomorphen Rede über Gott kann aber auch so grundsätzlich und letztlich religionskritisch gefasst werden, dass aus einer ›problematischen Lösung‹ eine in Wahrheit ›unmögliche Lösung‹ wird. Nach dieser, prägnant von Spinoza vertretenen, Auffassung verfehlt alle anthropomorphe Rede Gottes Wesen und ist daher zu verabschieden.[8] Folgte man der Spur Spinozas, so gliche die Frage nach der Wandelbarkeit Gottes einer semantischen Gespensterjagd, weil nicht gesehen wird, dass in den biblischen Texten eben ganz und gar menschlich, eben anthropomorph geredet wird, wenn z. B. sich Gott reut oder mit sich verhandeln lässt. Doch auch diese Position zehrt von der Illusion eines alternativen, vermeintlich epistemisch privilegierten Zugangs zu Gott und verfehlt – zumindest für den christlichen Glauben – die erkenntnistheoretische Pointe der Inkarnation.[9]

3. Die mit dem Problem der Un/Veränderlichkeit Gottes gegebenen dogmatischen Fragen können auch durch eine ›Umsetzung‹ der Referentialität theologischen Sprechens sistiert werden. Dieser Weg wird prägnant von Friedrich Schleiermacher befürwortet und auch gegenwärtig in der Fluchtlinie seines Denkens mit einem Pathos der intellektuellen Wahrhaftigkeit vertreten. Aussagen über Gottes Eigenschaften sollen, so die klassische

---

[6] Calvin, J., *Unterricht in der christlichen Religion / Institutio Christianae religionis (1559)*, Neukirchen-Vluyn: Neukirchener Verlag 1988; I,14,1. Siehe auch I,13,1.

[7] Zur langen Problemgeschichte der Theorie göttlicher Akkommodation siehe die Studie von Benin, S. D., *The footprints of God. Divine accomodation in Jewish and Christian thought*, Albany: State University of New York Press 1993; Calvin, J., *Unterricht in der christlichen Religion / Institutio Christianae religionis (1559)*, 1988, (I,17,12,122–124).

[8] So die Problemlage bei Spinoza in der Rekonstruktion bei Jüngel, E., »Anthropomorphismus als Grundproblem neuzeitlicher Hermeneutik«, in: Jüngel (Hg.), *Wertlose Wahrheit. Zur Identität und Relevanz des christlichen Glaubens. Theologische Erörterungen III*, München: Kaiser 1990, 110–131. Für Spinoza siehe Spinoza, B. d., *Opera 1 Tractatus theologico-politicus / Theologisch-politischer Traktat*, Darmstadt: Wissenschaftliche Buchgesellschaft 1979, 10f.

[9] So zu Recht der Ansatz von E. Jüngel, mit Verweis auf Søren Kierkegaard: »Man eifert so sehr gegen Anthropomorphismen und denkt nicht daran, daß Christi Geburt der größte und der bedeutungsvollste ist.«

Formulierung Schleiermachers, »nicht etwas Besonderes in Gott bezeichnen, sondern nur etwas Besonderes in der Art, das schlechthinnige Abhängigkeitsgefühl auf ihn zu beziehen.«[10] Dogmatische Vorstellungen einer Barmherzigkeit Gottes, die selbstverständlich ein Moment der Wandelbarkeit implizieren, repräsentieren dann einen doppelten Fehler: Sie sehen nicht, dass sie nur eine Selbstaussage der Figuration des religiösen Bewusstseins sind und selbst dieses wird dogmatisch unangemessen gedacht. Mit dem intellektuellen Gestus der repressiven Toleranz kann diese Vorstellung von Schleiermacher dann in das »homiletische und dichterische Sprachgebiet« verwiesen werden, denn diese »brauchen es« – im Gegensatz zu dem philosophisch informierten und wissenschaftlich präzisen dogmatischen Sprachgebiet – »minder genau zu nehmen mit anthropopathischen Ausdrükken«.[11] Der Dogmatiker und Religionsphilosoph ›sieht‹ von seinem überlegenen, philosophisch gestützten Theoriestandpunkt aus, dass eine solche Rede eigentlich nichts über Gott aussagt, sondern sich in Wahrheit auf die Formation des religiösen Bewusstseins bezieht – *und* dies auch noch mit einem unpräzisen, zu lebensweltnahen Sprachmaterial. In der Fluchtlinie dieses Denkens operieren nicht wenige gegenwärtige systematische Diskurse, die pointiert eine nachmetaphysische Nicht-Gegenständlichkeit theologischen Redens für sich beanspruchen.

Gegenüber allen drei Ansätzen ist zu erinnern: Das Problem einer tiefgreifenden Uneigentlichkeit und anthropomorphen Prägung unserer Sprache betrifft unausweichlich alle Theorien, Ausdrücke, Begriffe, semantischen Netze, Sprachbilder und Metaphern. Aus diesem Problem entkommt auch keine philosophische oder besonders wissenschaftsaffine Theoriesprache.[12] Anthropomorph ist alle menschliche Sprache.

---

[10]   Schleiermacher, F. D. E., *Der christliche Glaube. Nach den Grundsätzen der evangelischen Kirche im Zusammenhange dargestellt (1821/22) (KGA)*, 2008, Leitsatz §50, 300. Vgl. zu diesem Ansatz Christ, F., *Menschlich von Gott reden. Das Problem des Anthropomorphismus bei Schleiermacher*, Einsiedeln / Gütersloh: Benziger Verlag, Gütersloher Verlagshaus Gerd Mohn 1982; Osthövener, C.-D., *Die Lehre von Gottes Eigenschaften bei Friedrich Schleiermacher und Karl Barth*, Berlin / New York: Walter de Gruyter 1996; Tomøe, C. W., »The changeless God of Schleiermacher and Kierkegaard«, in: Cappelørn / Crouter / Jørgensen / Osthövener (Hgg.), *Schleiermacher und Kierkegaard. Subjektivität und Wahrheit. Akten des Schleiermacher-Kierkegaard-Kongresses in Kopenhagen, Oktober 2003*, Berlin / New York: De Gruyter 2006, 265–278.

[11]   Schleiermacher, F. D. E., *Der christliche Glaube. Nach den Grundsätzen der evangelischen Kirche im Zusammenhange dargestellt (1821/22) (KGA)*, 2008, § 85, 527.

[12]   Weiterhin sei angemerkt, dass das Problem der Referentialität und des Realismus dogmatischen Sprechens nicht mit dem Rückzug auf die Selbstaussage des religiösen Be-

Gegenläufig zu diesen drei Immunisierungsstrategien, die ganz offensichtlich durch das gemeinsame, wenngleich variierte Motiv einer Bewahrung der Gottheit Gottes verbunden sind, dürfte die Pointe der dogmatischen Re/Konstruktion solcher Rede von der Un/Wandelbarkeit Gottes darin liegen, nach den fassbaren Gehalten dieser Sprachbilder zu fragen und so eine Unterstellung des Irrtums durch eine suchende Hermeneutik der Sprachbilder zu ersetzen. Nicht die Defizienz und/oder die Insuffizienz der anthropomorphen Rede sollte im Mittelpunkt des dogmatischen Interesses stehen, sondern die in dieser Rede gefassten produktiven Einsichten in das Leben Gottes.[13] Wissenschaftstheoretisch geht es dann im Gespräch zwischen Exegese und Dogmatik um ein umsichtiges und dennoch gewagtes Übersetzen von Metaphern in Modelle.[14]

3. Aktuelle Anfragen an die Rede von der Un/Veränderlichkeit Gottes

Die gegenwärtige Systematische Theologie lebt – wie alle anderen theologischen Disziplinen – nicht nur von Selbstanschlüssen an die eigenen Diskurstraditionen, sondern – so ist zu hoffen – auch von einer je eigenen Regulation von ›Öffnung‹ und ›Schließung‹ gegenüber Diskursen in ihren kognitiven Umwelten. Wie auch immer man das Verhältnis zwischen Prozessen der ›Schließung‹ als identitätssichernde Selbstanschlüsse und ›Öffnung‹ als Bemühung um ›Realitätskontakte‹ und Bewährungen suchende Sensibilisierungen gegenüber anderen Diskursen und Disziplinen beurteilen mag, deutlich ist zumindest, dass die Problematik der Un/Veränderlichkeit Gottes in einer Fülle von Diskursen intensiv diskutiert wird, während sie in der gegenwärtigen deutschsprachigen protestantischen Theologie weithin als vernachlässigbar eingeschätzt wird. Welche Zumutungen vermeidet die gegenwärtige Systematische Theologie, wenn sie mehr auf Schließung als auf Öffnung setzt? Acht Zumutungen lassen sich deutlich markieren:

---

wusstseins konsistent gelöst werden kann. An diesem Punkt dürfte in der Theologie Karl Barths präziser gedacht worden sein, als ihm von seinen Gegnern zugestanden wird. Siehe Dalferth, I. U., »Theologischer Realismus und realistische Theologie bei Karl Barth«, in: *Evangelische Theologie* 46 (4–5) (1986), 402–422; Großhans, H.-P., *Theologischer Realismus. Ein sprachphilosophischer Beitrag zu einer theologischen Sprachlehre*, 1996.

[13] An diesem Punkt überschneiden sich die Intentionen des Autors mit denen von so verschiedenen Theologen wie Stoellger, P., *Passivität aus Passion. Zur Problemgeschichte einer ›categoria non grata‹*, Tübingen: Mohr Siebeck 2010 und Vanhoozer, K. J., *Remythologizing theology. Divine action, passion, and authorship*, Cambridge, U.K. / New York: Cambridge University Press 2010.

[14] Zur aktuellen Diskussion um Modelle siehe Wendler, R., *Das Modell zwischen Kunst und Wissenschaft*, 2013.

1. *Dogmengeschichtliche und ideengeschichtliche Studien* machen zunehmend deutlich, dass einfache Erzählungen von einer Hellenisierung des Christentums und einer entsprechenden Überformung der einfachen Botschaft Jesu so nicht zutreffen. Die Idee, dass die Theologen der Alten Kirche mehr oder weniger unisono in den Bann der griechischen Philosophie und ihrer Vorstellung einer strikten Unwandelbarkeit Gottes gerieten, muss einem historisch viel nuancierteren Bild weichen.[15]

2. Die Systematische Theologie ist herausgefordert, auf ihre Weise auf die impliziten Anfragen von Seiten *jüdischer Theologie, Exegese und Religionsphilosophie* zu reagieren.[16]

3. Zugleich irritieren neuere *exegetische Studien* auf produktive Weise eingeschliffene systematisch-theologische Wahrnehmungen, die, anders als die Exegese, von der Tradition und philosophischen Rahmungen herkommend für eine strikte Unwandelbarkeit Gottes plädieren.[17] Der Nichtkommunika-

---

[15] Siehe hierzu den instruktiven Aufsatz von Volp, U., »»Denn Leidenschaftslosigkeit besass er ...«. Das sogenannte Apathieaxiom im Kontext antiker Christentumskritik«, in: Fischer, I. / Frey, J. (Hgg.), *Mitleid und Mitleiden. Jahrbuch für Biblische Theologie. Bd. 30*, Göttingen: Vandenhoeck & Ruprecht 2016, 225–246; ebenso exemplarisch Elert, W., »Die Theopaschitische Formel«, in: *Theologische Literaturzeitung* 75 (4/5) (1950), 195–206, schon überaus umsichtig Pannenberg, W., »Die Aufnahme des philosophischen Gottesbegriffs als dogmatisches Problem der frühchristlichen Theologie«, in: Pannenberg, W. (Hg.), *Grundfragen systematischer Theologie. Gesammelte Aufsätze*, Göttingen: Vandenhoeck & Ruprecht 1967, 296–346; grundlegend Gavrilyuk, P. L., *The suffering of the impassible God. The dialectics of patristic thought*, Oxford / New York: Oxford University Press 2004, vgl. auch die historischen Beiträge in Keating, J. / White, T. J. (Hgg.), *Divine impassibility and the mystery of human suffering*, Grand Rapids, Mich.: William B. Eerdmans Pub. Co. 2009; Frohnhofen, H., *Apatheia tou theou. Über die Affektlosigkeit Gottes in der griechischen Antike und bei den griechischsprachigen Kirchenvätern bis zu Gregorios Thaumaturgos*, Frankfurt a.M. / New York: Peter Lang 1987; Maas, W., *Unveränderlichkeit Gottes. Zum Verhältnis von griechisch-philosophischer und christlicher Gotteslehre*, München: Schöningh 1974.

[16] Wiederum überaus exemplarisch Kuhn, P., *Gottes Selbsterniedrigung in der Theologie der Rabbinen*, 1968; und Kuhn, P., *Gottes Trauer und Klage in der rabbinischen Überlieferung (Talmud und Midrasch)*, Leiden: Brill 1978; auf das rezeptive und interaktive Pathos Gottes bezogen Heschel, A. J., *The Prophets*, New York, Harper & Row 1962; mit instruktiven Implikationen für die Gotteslehre Schofer, J. W., *Confronting vulnerability. The body and the divine in rabbinic ethics*, Chicago / London: University of Chicago Press 2010; religionsphilosophisch-systematisch Jonas, H., *Der Gottesbegriff nach Auschwitz. Eine jüdische Stimme*, 2004.

[17] Allmacht als Macht der Rettung betonen Feldmeier, R. / Spieckermann, H., *Der Gott der Lebendigen. Eine biblische Gotteslehre*, 2011, 149–202; eine knappen Überblick bietet Jakob, E., »Le Dieu souffrant, un thème théologique vétérotestamentaire«, in: *Zeitschrift für die alttestamentliche Wissenschaft* 95 (1983), 1–8; vgl. auch Brueggemann, W., *Theology of the Old*

tion zwischen Exegese und Dogmatik dürfte auch das Schweigen zu dem schwierigen Topos des Zornes Gottes geschuldet sein.[18]

4. Bemerkenswert ist, wie auch an den machtvollen vermeintlichen Rändern des gegenwärtigen Christentums sowohl in *evangelikalen Traditionen wie auch in befreiungstheologischen Traditionen* intensiv um die Frage der Leidensfähigkeit, der Wandlungsfähigkeit und der leidenschaftlichen Solidarität Gottes gerungen wird. ›Open Theism‹ ist beispielsweise der Programmtitel eines aktuellen und überaus vitalen Diskurses innerhalb englischsprachiger evangelikaler Theologie, die die Brücke zur Prozesstheologie schlägt.[19]

Testament. Testimony, dispute, advocacy, Minneapolis: Fortress Press 1997, 359, zur möglichen Inkonsistenz Gottes; die Forschungen von Jeremias, J., *Die Reue Gottes. Aspekte alttestamentlicher Gottesvorstellung*, 1997, kritisch weiterführend Döhling, J.-D., *Der bewegliche Gott. Eine Untersuchung des Motivs der Reue Gottes in der Hebräischen Bibel*, Freiburg i.Br.: Herder, 2009; die relevanten Einsichten aus Fretheim, T. E., *The suffering of God. An old Testament perspective*, Philadelphia: Fortress Press 1984 werden mit Blick auf eine dynamische Interaktion weiter entwickelt in Fretheim, T. E., *God and world in the Old Testament. A relational theology of creation*, 2005.

[18]   Die ältere Diskussion aufnehmend Janowski, B., *Ein Gott, der straft und tötet? Zwölf Fragen zum Gottesbild des Alten Testaments*. Zum religionsgeschichtlichen Umfeld siehe auch Kratz, R. G. / Spieckermann, H., *Divine wrath and divine mercy in the world of antiquity*, Tübingen: Mohr Siebeck 2008. Knapp Hermisson, H.-J., »Von Zorn und Leiden Gottes«, in: Dalferth / Fischer / Großhans (Hgg.), *Denkwürdiges Geheimnis. Beiträge zur Gotteslehre. Festschrift für Eberhard Jüngel zum 70. Geburtstag*, Tübingen: Mohr Siebeck 2004, 185–207. Auf katholischer Seite Miggelbrink, R., *Der Zorn Gottes. Geschichte und Aktualität einer ungeliebten biblischen Tradition*, Freiburg / Basel / Wien: Herder 2000.

Zu Emotionen Gottes in Israel und seinem Umfeld Wagner, A. (Hg.), *Göttliche Körper – göttliche Gefühle. Was leisten anthropomorphe und anthropopathische Götterkonzepte im Alten Orient und im Alten Testament?*, Freiburg i.Üe. / Göttingen: Academic Press, Vandenhoeck & Ruprecht 2014, speziell Köhlmoos, M., »›Denn ich, JHWH, bin ein eifersüchtiger Gott‹. Gottes Gefühle im Alten Testament«, in: Wagner (Hg.), *Göttliche Körper – göttliche Gefühle. Was leisten anthropomorphe und anthropopathische Götterkonzepte im Alten Orient und im Alten Testament?*, Freiburg i.Üe. / Göttingen: Academic Press, Vandenhoeck & Ruprecht 2014, 191–216.

[19]   Schon wieder klassisch Pinnock, C. H., *The openness of God. A biblical challenge to the traditional understanding of God*, 1994; Pinnock, C. H., *Most moved mover. A theology of God's openness*, 2001; vgl. auch Richards, J. W., *The untamed God. A philosophical exploration of divine perfection, immutability, and simplicity*, Downers Grove, Ill.: InterVarsity Press 2003. Stärker der sogenannten »New Orthodoxy« zuneigend, einen dynamisch-kommunikativen Theismus vertretend Vanhoozer, K. J., *Remythologizing theology. Divine action, passion, and authorship*, 2010. Differenziert Sirvent, R., *Embracing vulnerability. Human and divine*, Eugene, Oreg.: Pickwick Publications 2014. Den Open Theism rezipiert für den deutschsprachigen Kontext Teuchert, L., *Gottes transformatives Handeln. Eschatologische Perspektivierung der Vorsehungslehre bei Romano Guardini, Christian Link und dem ›Open theism‹*, 2018.

5. Die Frage nach der Veränderlichkeit Gottes lässt die Theologinnen und Theologen des »Open Theism« das direkte Gespräch mit der *Prozesstheologie* suchen, die seit vielen Jahrzehnten innerhalb des von Alfred North White-head und Charles Hartshorne entwickelten philosophischen Rahmens für eine sehr spezifische dynamische Veränderlichkeit Gottes plädiert.[20]

6. Neuere neuropsychologische Forschungen um den *Zusammenhang von Emotion und Kognition* werfen ein ganz eigenes Licht auf die traditionellen Debatten um eine Veränderlichkeit, Affizierbarkeit und Emotionalität Got-tes.[21] Sie zeigen, wie stark auch diejenigen theologischen Optionen, die zu-gunsten der Gottheit Gottes gegen eine mit Emotionen verbundene Verän-derlichkeit argumentieren, noch von vorausliegenden anthropologischen Vorstellungen zu Gefühl und Denken geleitet sind.[22] Ist menschliches Den-ken, Wissen und Urteilen unausweichlich mit Emotionen verwoben, so lässt sich eine Rationalität Gottes nicht ohne eine Emotionalität Gottes begreifen.

---

[20] Zum Dialog zwischen Open Theism und Prozesstheologie Griffin, D. R. / Cobb, J. B. / Pinnock, C. H., *Searching for an adequate God. A dialogue between process and free will theists*, 2000. Grundlegend Cobb, J. B., *Prozess-Theologie. Eine einführende Darstellung*, Göttingen: Vandenhoeck & Ruprecht 1979. Die prozesstheologische Perspektive auf Gottes Veränder-lichkeit entfaltet Faber, R., *Gott als Poet der Welt. Anliegen und Perspektiven der Prozess-theologie*, Darmstadt: Wissenschaftliche Buchgesellschaft 2003. In dieser prozesstheologi-schen Tradition steht auch Keller, C., *Face of the deep. A theology of becoming*, 2003; dt. Keller, C., *Über das Geheimnis. Gott erkennen im Werden der Welt. Eine Prozesstheologie*, Freiburg i.Br. / Basel / Wien: Herder 2013.

[21] Grundlegend und exemplarisch Damasio, A. R., *Descartes' error. Emotion, reason, and the human brain*, New York: G.P. Putnam 1994 und Damasio, A. R., *Looking for Spinoza. Joy, sorrow, and the feeling brain*, Orlando, Fla.: Harcourt 2003. Die neuere Emotionsforschung wird rezipiert von Scrutton, A. P., »Living like common people. Emotion, will, and divine passibility«, in: *Religious Studies* 45 (4) (2009), 373–393 und Scrutton, A. P., *Thinking through feeling. God, emotion, and possibility*, New York: Continuum 2011, die allerdings dann doch zu Thomas v. Aquin zurückkehrt.

[22] Fraglich wird z.B. die für die theologische Tradition so wichtige Unterscheidung von intellektuellen Affekten und korporalen Empfindungen. So konnte z.B. Thomas von Aquin Gott selbst sinnliche Passionen absprechen, aber intellektuelle Affektionen (*gaudium et amor*) zuschreiben (ScG I, 91). Zur Problematisierung dieser Differenz vgl. auch Stoellger, P., *Passivität aus Passion. Zur Problemgeschichte einer ›categoria non grata‹*, 2010, 125 ff. Siehe auch Dalferth, I. U., »Passion, Passivity, and the Passive Voice«, in: Dalferth / Rodgers (Hgg.), *Passion and passivity. Claremont Studies in the Philosophy of Religion*, Tübingen: Mohr Siebeck 2011, 1–10. Grundlegend Dixon, T., *From passions to emotions. The creation of a secular psychological category*, Cambridge / New York, N.Y.: Cambridge University Press 2003. Philosophisch-historisch perspektivierend Sorabji, R., *Emotion and peace of mind. From Stoic agitation to Christian temptation. The Gifford lectures*, Oxford / New York: Oxford University Press 2000.

7. Bemerkenswert ist allerdings auch, wie sich, sozusagen gegenläufig, in dem letzten Jahrzehnt aus verschiedenen theologischen Traditionen heraus ein wachsender expliziter Widerstand gegen eine als gegenwärtig übermächtig wahrgenommene Rede vom Leiden Gottes aufbaut.[23]

Zugleich sind es zwei innertheologische Diskurse, die gewissermaßen präzise und doch zugleich indirekt die Problematik der Unveränderlichkeit Gottes thematisieren, ohne dass notwendig die entsprechende Semantik direkt aufgerufen wird:

8. Aus verschiedenen Quellen speiste sich in den letzten Jahren ein theologisches Gespräch um den in den Naturwissenschaften wie auch in den Sozialwissenschaften grundlegenden Begriff des *Risikos*, wobei im Zentrum die Frage nach dem Risiko Gottes in einem dynamischen Verhältnis zur einer evolvierenden Welt steht.[24]

9. Ein höchst indirekter und gewissermaßen spiegelbildlicher Diskurs zum dogmatischen Problem der Un/Veränderlichkeit Gottes findet sich in der

---

[23]   Siehe die Beiträge in Koslowski, P. / Hermanni, F. (Hgg.), *Der leidende Gott. Eine philosophische und theologische Kritik*, 2001; speziell Hermanni, F., »Abschied vom Theismus? Die Theodizeeuntauglichkeit der Rede vom leidenden Gott«, in: Koslowski / Hermanni (Hgg.), *Der leidende Gott. Eine philosophische und theologische Kritik*, München: Fink 2001, 151–176; Weinandy, T. G., *Does God change? The Word's becoming in the incarnation*, Still River, Mass.: St. Bede's Publications 1985 und Weinandy, T. G., *Does God suffer?*, Edinburgh: T&T Clark 2000; umsichtig kritisch auch die Beiträge in Keating, J. / White, T. J. (Hgg.), *Divine impassibility and the mystery of human suffering*, 2009; pointiert ablehnend Castelo, D., *The apathetic God. Exploring the contemporary relevance of divine impassibility*, 2009; Lister, R., *God is impassible and impassioned. Toward a theology of divine emotion*, Wheaton, Ill.: Crossway 2013. Im deutschen Kontext klassisch die Kritiken von Karl Rahner und Johann Baptist Metz. Vgl. zu dieser Debatte auf katholischer Seite die Diskussion bei Tück, J.-H., »Passion Gottes? Zum unerledigten Disput um die Rede vom leidenden Gott«, in: Fischer, I. / Frey, J. (Hgg.), *Mitleid und Mitleiden. Jahrbuch für Biblische Theologie. Bd. 30*, Göttingen: Vandenhoeck & Ruprecht 2016, 3–28. Exemplarisch für eine ›scholastische‹ Lesart der Theologie Karl Barths in der angelsächsischen Theologie und in klarer Frontstellung zu einer prägnanten Rede von Gottes Leiden und Veränderbarkeit Sonderegger, K., *Systematic theology. Vol. 1. The Doctrine of God*, Minneapolis: Fortress 2015, 156 ff.

[24]   Eine Fülle von Diskussionen stieß an Sanders, J., *The God who risks. A theology of providence*, 1998; für den europäischen Kontext sind einschlägig die Arbeiten des dänischen Systematikers Niels Henrick Gregersen. Siehe Gregersen, N. H., »Beyond secularist supersessionism. Risk, religion and technology«, 137–158 und Gregersen, N. H., »Risk and religion. Toward a theology of risk taking«, 355–376; Gregersen, N. H., »The Cross of Christ in an Evolutionary World«, 192–207. Vgl. auch Thomas, G., »Das Kreuz Jesu Christi als Risiko der Inkarnation«, in: Thomas, G. / Schüle, A. (Hgg.), *Gegenwart des lebendigen Christus*, Leipzig: Evangelische Verlagsanstalt 2007, 151–179 und in diesem Band.

Theologie des Gebets, speziell in Ansätzen einer *Theologie der Klage*. Dabei lässt sich eine eigentümliche Umkehrung beobachten: Deutlich ist, dass in der Moderne die wissenschaftliche Theologie zunehmend von der Vorstellung abrückt, dass der sprachlich-performativen Adressierung Gottes ein entsprechendes Bewegtwerden Gottes entspricht. Vielmehr stellt die Theologie des Gebets weithin von einer Bewegung Gottes auf eine Selbstbewegung und Selbstveränderung des betenden Menschen um.[25]

4. Leitthesen und die drei Horizonte der Themenfrage

Der aktuellen Debattenlage um die Un/Veränderlichkeit Gottes gilt es m. E. mit einer methodischen, einer hermeneutischen und einer inhaltlichen These zu begegnen:

1. Um die treue und zugleich dynamische Veränderlichkeit Gottes systematisch-theologisch zu erfassen und zu artikulieren, gilt es methodisch die Stärken der Gegner und die manifesten Schwächen ihrer Befürworter zu vergegenwärtigen.

2. Die Debatte um die Un/Veränderlichkeit Gottes lässt sich insgesamt hinsichtlich ihrer Probleme und ihrer Leitimaginationen am besten verstehen, wenn sie *trinitätstheologisch* anhand dreier Horizonte differenziert und kartographiert wird: a) Die Debatte kann primär innerhalb eines *einstellig-metaphysischen* Horizontes geführt werden, sie kann aber auch b) in einem

---

[25]   Zu dieser Umstellung siehe das Kapitel zur Affizierbarkeit Gottes im Gebet in diesem Band. Zur Theologie der Klage, sozusagen dem »Lackmustest« der Gebetstheologie, grundlegend Miller, P. D., *They cried to the Lord. The form and theology of Biblical prayer*, Minneapolis: Fortress Press 1994; vgl. Billman, K. D. / Migliore, D. L., *Rachel's cry. Prayer of lament and rebirth of hope*, Cleveland, Ohio: United Church Press 1999; Wolterstorff, N., »If God is good and sovereign, why lament?«, in: *Calvin Theological Journal* 36 (1) (2001), 42–52; Brueggemann, W., »The Costly Loss of Lament«, in: Miller (Hg.), *The Psalms: The life of faith*, Minneapolis: Fortress 1995, 98–111; Harasta, E. (Hg.), *Mit Gott klagen. Eine theologische Diskussion*, Neukirchen-Vluyn: Neukirchener Verlag 2008; Brown, S. A./ Miller, P. D. (Hgg.), *Lament. Reclaiming practices in pulpit, pew, and public square*, Louisville, K.Y.: Westminster John Knox Press 2005, die philosophiegeschichtlichen Grundlagen erhellend Dassmann, E., »Die verstummte Klage bei den Kirchenvätern«, in: Ebner / Hanson (Hgg.), *Klage. Jahrbuch für biblische Theologie. Bd. 16*, Neukirchen-Vluyn: Neukirchener Verlag 2001, 135–151. Dass eine Theologie der Klage, die ganz auf das Potential menschlicher Artikulation abstellt, in eine eigentümliche Mischung aus heroisch-intellektueller Selbststilisierung und theologischer Kümmerlichkeit abgleiten kann, demonstriert eindrücklich Schmidt, J., *Klage. Überlegungen zur Linderung reflexiven Leidens*, 2011.

dezidiert *christologischen* Horizont und nicht zuletzt c) in einem primär *pneumatologischen* Horizont stattfinden.

3. In der Debatte um die Un/Veränderlichkeit Gottes lassen sich zentrale Motive und berechtigte Anliegen beider Seiten aufnehmen, wenn die Frage im Horizont der Rede von Gottes Geist, d. h. der Pneumatologie, gestellt wird. Im Geist Gottes kommt Gott dem Menschen (und nicht nur den Menschen) empfindlich und empfindsam nahe – und ist dem Menschen (und nicht nur den Menschen) eine rettende Transformation verheißen, die aus Gottes nicht irritierbarer, d. h. unwandelbarer Treue erwächst.

In einem ersten Schritt möchte ich darum einen der ganz großen und einflussreichen Texte zur Unveränderlichkeit Gottes, der zugleich in einem klar einstellig-metaphysischen Horizont argumentiert, auf seine zentralen Motive und ernst zu nehmenden Anliegen befragen. Nur wenn diese Anliegen verstanden werden, können auch Alternativen überzeugen. In einem zweiten Schritt möchte ich mich den Argumenten eines modernen Klassikers zugunsten einer Wandelbarkeit Gottes zuwenden. Dieser in einem prägnant christologischen Horizont argumentierende Entwurf wird auf seine problematischen Schwächen hin befragt werden. In einem dritten Schritt möchte ich dann Skizzen zu einer Verhandlung der Un/Veränderlichkeit Gottes in einem pneumatologischen Horizont vorstellen.

5. Un/Veränderlichkeit Gottes – in einem einstellig-theistischen Horizont bei Philo von Alexandrien

Philo von Alexandrien lebte und dachte in einer Stadt, in der drei Kulturen interagierten, die griechische, die römische und – für ihn als Juden – die hebräische. In diesem kulturellen Laboratorium, das zugleich über die größte Bibliothek der Antike verfügte, verfasste Philo als Kommentar zu Gen 6, einem *locus classicus* zur Wandelbarkeit Gottes, den exegetisch-religionsphilosophischen Traktat »Von der Unveränderlichkeit Gottes«.[26] Für einen knappen Blick auf die Position Philos

---

26   Philo von Alexandrien, *Philonis Alexandrini Opera quae supersunt, Vol. 2: De Posteritate Caini, De Gigantibus, Quod Deus Sit Immutabilis, De Agricultura, De Plantatione, De Ebrietate, De Sobrietate, De Confusione Linguarum, De Migratione Abrahami.* Hg. Leopold Cohn & Paul Wendland, Berlin: Reimer 1897; die folgenden Verweise im Text beziehen sich auf Philo, »Über die Unveränderlichkeit Gottes«, in: Theiler / Adler / Heinemann / Cohn (Hgg.), *Philo. Die Werke in deutscher Übersetzung. Bd. IV,* Berlin: Walter de Gruyter 1964, 72–110. Zu Philo und speziell *Quod Deus Sit Immutabilis* Borgen, P., *Philo of Alexandria. An exegete for his time,* Leiden / New York: Brill 1997, 112–123; Runia, D. T., *Exegesis and philosophy. Studies on Philo*

sprechen mehrere Gründe: Philo ist eine der zentralen Vermittlungsgestalten zwischen jüdischem und griechischem Denken. Im Prozess einer Hellenisierung der jüdischen Diaspora sucht Philo die direkte und konstruktive Auseinandersetzung mit der griechischen Philosophie. Darüber hinaus entfaltet er eine reiche Wirkungsgeschichte in der frühchristlichen Theologie.[27] Auf fast paradoxe Weise besetzt Philo eine Schlüsselstellung für die Rezeption griechischer Philosophie in der christlichen Religionsphilosophie. Bei Philo finden sich nicht nur viele der Gesichtspunkte, die die späteren Debatten prägen, sondern auch eine epochale Grundentscheidung. Sie ist so grundlegend, dass sie in ihrem kontingenten Charakter weithin übersehen wird. Zugleich ist sie äußerst folgenreich für die Frage nach der Un/Veränderlichkeit Gottes.

Mit großer Selbstverständlichkeit schließt Philo im Gespräch mit der griechischen Welt nicht an die Götterwelt der Mythen und an den literarisch ausgestalteten polytheistischen Helden- und Götterkosmos an. Vielmehr sucht er die Verbindung mit dem anderen Strang der Gottesreflexion, der in naturphilosophischen und philosophischen Traditionen präsent ist und den der Altphilologe und Gräzist Walter Burkert eine »philosophische Religion« nennt.[28] Im Rekurs auf Platon teilt er faktisch dessen Mythenkritik. Obwohl die Helden der mythischen Erzählungen stets auch in Differenz zum Gemeinmenschlichen der einfachen und moralisch ambivalenten Menschen konzipiert werden, bleiben doch auch sie emotional und moralisch hoch ambivalent.[29] Hätten Philo und mit ihm dann die Theologen der frühen Kirche an das olympische Götterpantheon angeschlossen,

---

of Alexandria, Aldershot, Hampshire, Great Britain / Brookfield, Vt., USA: Variorum, Gower 1990, 241 ff.

[27] Für eine Rekonstruktion der Rezeptionen siehe Runia, D. T., *Philo in early Christian literature. A survey*, Assen / Minneapolis, Minn.: Van Gorcum, Fortress Press 1993; Runia, D. T., »Philo and the Early Christian Fathers«, in: Kamesar (Hg.), *The Cambridge companion to Philo*, Cambridge / New York: Cambridge University Press 2009, 210–230. Siehe auch die Studie von Hillar, M., *From logos to trinity. The evolution of religious beliefs from Pythagoras to Tertullian*, Cambridge / New York: Cambridge University Press 2012, 39 ff. für die Bedeutung Philos für die christliche Theologie und insbesondere die Rolle von Eusebius von Caesarea für diesen Prozess.

[28] Burkert, W., *Griechische Religion der archaischen und klassischen Epoche*, Stuttgart / Berlin / Köln / Mainz: Kohlhammer 1977, unterscheidet prägnant »Die gestalteten Götter« (189 ff.) der Heroen und der Dichtung und »Die philosophische Religion« (455 ff.).

[29] Dies ist auch präsent in McCoy, M., *Wounded heroes. Vulnerability as a virtue in ancient Greek literature and philosophy*, Oxford, U.K. / New York, N.Y.: Oxford University Press 2013. Siehe auch Burkert, W., *Griechische Religion der archaischen und klassischen Epoche*, 1977. Zur Eigenart des griechischen Anthropomorphismus, 280–289; »Hier die Sterblichen auf dem Weg zu ihrem Ende, dort die todlosen Götter. Mögen diese sich erregen, ja leiden, es fehlt dem der eigentliche Ernst, der beim Menschen aus der Möglichkeit der Vernichtung kommt« (a.a.O., 282).

so hätte die westliche Gotteslehre einen distinkt anderen Verlauf genommen. Der nicht erst bei den frühchristlichen Theologen, sondern schon bei Philo in der jüdischen Begegnung mit der griechischen Welt vollzogene Anschluss an die »philosophische Religion« war auch ein klarer Ausschluss einer Alternative. Dieser Ausschluss prägt Philos Auseinandersetzung mit Gen 6 als einem *locus classicus* der Veränderbarkeit Gottes.

Einer Analyse des Traktates lassen sich vier folgenreiche Thesen Philos entnehmen:[30]

1. Grundlegend ist Philos *erkenntnistheoretische These*, derzufolge er selbst als Philosoph gegenüber der anthropomorphen Rede von Gott in den Texten des Pentateuch eine faktisch überlegene Erkenntnisposition einzunehmen sucht. Philo kann sehen, was andere nicht sehen und was ›in Wahrheit‹ in den Textwelten zu finden ist. Er sieht, basierend auf der Methode der Allegorese, nicht anders, sondern besser, kurz: wahrer.

2. Die *pädagogische These* besagt: Die anthropomorphe Rede von Gott (von Gottes Körper und Gemütsregungen usw.) ist berechtigt, da sie für Menschen mit sinnlicher Orientierung genau das richtige ist. Beides gilt: Diese Menschen sind in ihrer Imagination dieser Sinnlichkeit verhaftet und Gott neigt sich ihnen so barmherzig, ihrem eingeschränkten Verständnis entsprechend, zu. Dies kann der philosophisch Gebildete, d. h. Philo, beobachten, funktional einordnen und hermeneutisch rekonstruieren.

3. Philos *psychologische These* bezieht sich auf die chaotische Natur des normalen emotionalen Haushaltes. Gefühle wie Reue öffnen die Tür für chaotische Unzuverlässigkeit und emotionale Instabilität im Göttlichen. Die spontanen, miteinander im Konflikt stehenden Gefühle überwältigen die Akteure, unterminieren deren Beständigkeit und schränken deren Rationalität unzulässig ein. Diese psychologische These hat eine *soziologische Seite*: Nur die Domestizierung bzw. die Abwesenheit solcher Unsicherheitsfaktoren eröffnet tragbare und dauerhafte Beziehungen.

4. Dies wird von Philo flankiert von einer *philosophisch-ontologischen These*, die in der christlichen Rezeption große Herausforderungen für die Trinitätslehre schaffen wird: Das Sein ist eine Einheit und darum unwandelbar. Die theologische Pointe dieser These wird von Philo klar gesehen: Das reine Sein hat letztlich keine Eigenschaften, da diese handlungsbezogen wären und somit Übergänge in Gott voraussetzen würden. Spätere Theologien haben daraus die Konsequenz gezogen, dass Gott nicht handelt, sondern im besten Fall nur wirkt – in Permanenz.[31]

---

[30]   Zu dieser Schrift siehe Maas, W., *Unveränderlichkeit Gottes. Zum Verhältnis von griechisch-philosophischer und christlicher Gotteslehre*, 1974, 87–132.

[31]   So Härle, W., *Dogmatik*, Berlin / New York: Walter de Gruyter 1995.

Auf der Basis dieser Thesen lassen sich in Philos Traktat zur Unwandelbarkeit Gottes mehrere Aspekte der Unwandelbarkeit voneinander abheben – Aspekte, die auch in späteren Diskussionen aufscheinen. Diese aufschlussreiche Differenzierung bietet er trotz der Betonung der eigenschaftslosen Einheit. Unstrittig ist für Philo die *epistemische Unwandelbarkeit* Gottes: Die Zukunft ist ihm nie unbekannt und ist völlig überraschungsfrei. Zugleich besitzt Gott eine *voluntative, den Willen betreffende Unwandelbarkeit*: Gott wandelt nie seinen Willen und seine Pläne. Grundlage beider ist eine *charakterliche Unwandelbarkeit*, d. h. die Auffassung, dass Gott niemals sein Wesen ändert, da er unüberbietbar tugendhaft ist.[32] Hintergrund oder Rahmen ist eine differenzierte *ontologische Unwandelbarkeit*: Philo unterscheidet hierbei eine *Selbstveränderung* und eine *Veränderung durch anderes* (wobei Letzteres die eigentliche Leidensfähigkeit ist) – und weist beides deutlich zurück. Mit dieser Differenzierung unterscheidet Philo eine *schwache* und eine *starke* Variante einer Unveränderlichkeit.[33]

Selbstverständlich können die einzelnen Aspekte historisch kontextualisiert werden.[34] Doch es ist nicht einfach eine Aufnahme platonischen und stoischen

---

[32]   Die Differenzierungen der Unveränderlichkeit verweisen auf das Problem, dass Philo letztlich Gott doch theistisch-personal denkt, obwohl er dies von seinen philosophischen Prämissen her nicht tun kann. An dem Punkt der personal-charakterlichen und d. h. ethischen Beständigkeit bei gleichzeitiger Betonung einer Veränderlichkeit des Handelns setzt dann an Dorner, I. A., »Über die richtige Fassung des dogmatischen Begriffs der Unveränderlichkeit Gottes mit besonderer Beziehung auf das gegenseitige Verhältnis zwischen Gottes übergeschichtlichem und geschichtlichem Leben«, in: Dorner, I. A. (Hg.), *Gesammelte Schriften aus dem Gebiet der systematischen Theologie. Exegese und Geschichte*, Berlin: W. Hertz 1883, 188–377. Hierzu Williams, R., »I. A. Dorner. The Ethical Immutability of God«, 721–738; und Gockel, M., »On the way from Schleiermacher to Barth. A critical reappraisal of Isaak August Dorner's essay on divine immutability«, in: *Scottish Journal of Theology* 53 (4) (2000), 490–510.

[33]   Im Rahmen seiner Gotteslehre betont Karl Barth vor dem Hintergrund der Freiheit und Selbstbestimmung Gottes, dass dieser sich selbstverständlich nur aus sich heraus, aus seinem freien Willen ändern kann. Zumindest in der Gotteslehre der Kirchlichen Dogmatik lehnt Barth eine Veränderung durch anderes konsequent ab. »Aber in dieser seiner Freiheit, in der er sich selbst je und je in bestimmter Weise an die Welt bindet, ist er von der Welt und von ihrem So- und Sosein her gesehen schlechterdings ungebunden. Seine ›Unveränderlichkeit‹ fällt nicht zusammen mit irgend einer unserer Stetigkeiten. [...] Seine Gegenwart im Sein und Leben der Welt ist seine persönliche und also aktuelle und also seine in souveränen Entscheidungen je so und so gestaltete Gegenwart.« (Barth, K., *Die kirchliche Dogmatik II/1. Die Lehre von Gott*, Zürich: Evangelischer Verlag 1948, 353 f.; vgl. auch 417).

[34]   Immer noch instruktiv die klassische Arbeit von Wolfson, H. A., *Philo. Foundations of religious philosophy in Judaism, Christianity, and Islam*, Cambridge: Harvard University Press 1947, für den Philo der Gründer der Religionsphilosophie ist. Zu der Kombination von Pla-

Gedankenguts in den jüdischen Glauben. Die tragende Intuition ist vielmehr spezifischer eine tief pessimistische Einschätzung *leiblich-emotionaler Vitalität* (moralische Intuition) und eine tiefe skeptische Haltung gegenüber *Prozessen der Vergänglichkeit,* die nur als Verfall gedeutet werden können.

Nicht zuletzt sichert die Unwandelbarkeit Gottes auch eine machtvolle Überlegenheit, die beim sinnlichen Menschen sich in einem Herr-Knecht-Verhältnis manifestiert, bei dem geistig orientierten in einem Vorbildverhältnis.

Zusammenfassend kann festgehalten werden, dass Philos Thesen und Differenzierungen für religionsphilosophische Reflexionen in einem letztlich theistischen Denkhorizont wegweisend wurden. Sogenannte ›einstellige‹ Konzeptionen, die nur mit der Stelle ›Gott‹ arbeiten, verlassen selten den von ihm aufgespannten Denkrahmen.[35]

Blickt man auf Philos Traktat zur Unwandelbarkeit Gottes, so lässt sich im Hintergrund der Rezeptionsprozesse zumindest andeutungsweise ein Anliegen ausmachen, das auch inmitten aller notwendigen Anfragen an diese Prozesse theologisch nicht von der Hand zu weisen ist: Wenn Gott veränderlich ist, wird er dann nicht wankelmütig und in der Konsequenz dann auch moralisch unzuverlässig und letztlich fragwürdig? Und: Wenn Gott veränderlich ist, gibt es dann, angesichts der definitiven Fraglichkeit der moralischen Existenz des Menschen, so etwas wie eine Macht der Transformation und Rettung? Dieses Anliegen gilt es m. E. auch dann aufzunehmen und zu würdigen, wenn in Sachen Un/Veränderlichkeit Gottes andere Wege beschritten werden.

6. Die Leidens- und Wandlungsfähigkeit Gottes in einem christologischen Horizont – William Hubert Vanstone und Jürgen Moltmann

Von Anbeginn der christlichen Theologie an war es das Leiden und Sterben Jesu von Nazareth, das innerhalb der theologischen Reflexion Gottes wie auch der Christusperson enorme Spannungslagen erzeugte.[36] Innerhalb eines prinzipiell

---

tonismus und Stoizismus siehe Hillar, M., *From logos to trinity. The evolution of religious beliefs from Pythagoras to Tertullian,* 2012, 41.

[35]   Es dürfte allerdings Philos theologischer, an den Texten des Pentateuch und der Propheten geschulten Sensibilität geschuldet sein, dass dieser ›ferne‹ Gott bei ihm zur Annahme von vielfältigen Zwischeninstanzen und Zwischenwesen nötigt.

[36]   An diesem Punkt sei nochmals nachdrücklich auf den Beitrag von Volp, U., »»Denn Leidenschaftslosigkeit besass er ...‹. Das sogenannte Apathieaxiom im Kontext antiker Christentumskritik«, in: Fischer, I. / Frey, J. (Hgg.), *Mitleid und Mitleiden. Jahrbuch für Biblische Theologie. Bd. 30,* Göttingen: Vandenhoeck & Ruprecht 2016, 225–246 verwiesen. Die Spannungslage innerhalb der Christologie spiegelt prägnant der zehnte Kanon des Konzils

christologischen Horizontes verschiebt sich die Problematik der Un/Veränderlichkeit Gottes semantisch stärker in das Feld ›Leiden Gottes‹. Darüber hinaus kann die Un/Veränderlichkeit Gottes mit differenten Schwerpunktbildungen entfaltet werden: Dies kann tendenziell *inkarnationstheologisch* oder *kreuzestheologisch* geschehen. Gemeinsam ist den christologischen Problemverortungen im 20. Jahrhundert, dass sie gegenüber den frühkirchlichen Debatten und gegenüber der reformatorischen Theologie die Frage nach der Un/Veränderlichkeit Gottes und seinem Leiden stärker im Horizont der Theodizeefrage stellen.[37] Dies gilt für Dietrich Bonhoeffer wie auch für Jürgen Moltmann, der einen Weg zwischen klassischem Theismus und dem spiegelbildlichen Protestatheismus zu gehen sucht.[38] Die kreuzestheologischen Debatten finden im langen Schatten der Theologie Karl Barths statt, der noch weitergehender als Martin Luther oder Johannes Calvin Gottes definitive Selbstbestimmung in Jesus Christus sehen wollte.[39]

---

von Konstantinopel (381) in aller seiner Ambivalenz: »Wer sagt, ein anderer sei der Gott Logos, der Wunder getan, und ein anderer Christus, der gelitten habe, oder [behauptet], der Gott Logos sei bei [...] Christus oder in ihm wie ein anderer in einem anderen und nicht vielmehr [bekennt], ein und derselbe sei unser Herr Jesus Christus, der Fleisch und Mensch gewordene Gott Logos, und [ein und] demselben gehörten sowohl die Wunder wie die Leiden an, die er freiwillig am Fleisch erduldete, der sei verdammt« (zit. nach Oberman, H. A. / Ritter, A. M. / Krumwiede, H.-W. [Hgg.], *Kirchen- und Theologiegeschichte in Quellen. Bd. 1. Alte Kirche*, Neukirchen-Vluyn: Neukirchener Verlag 1994, Text 81, 179–181). Zu den Entwicklungen der ersten Jahrhunderte vgl. Hallman, J. M., *The coming of the impassible God. Tracing a dilemma in Christian theology*, Piscataway, N.J.:, Gorgias Press 2007 und Gavrilyuk, P. L., *The suffering of the impassible God. The dialectics of patristic thought*, 2004.

[37]   Die deutschsprachige Debatte summierend Rohls, J., »Der leidende Gott in der Theologie des 20. Jahrhunderts«, in: Koslowski / Hermanni (Hgg.), *Der leidende Gott. Eine philosophische und theologische Kritik*, München: Fink 2001, 31–56.

[38]   Die sogenannte Gefängnistheologie Bonhoeffers interpretierend Tietz, C., »Der leidende Gott«, in: *Panorama* 23 (2011), 107–120, mit Verweisen auf die weitere Literatur. Aber auch schon in der Ethik hält Bonhoeffer fest: »Ecce homo [...] Diese Liebe Gottes zur Welt zieht sich nicht aus der Wirklichkeit zurück in weltentrückte edle Seelen, sondern sie erfährt und erleidet die Wirklichkeit der Welt aufs härteste. Am Leibe Jesu tobt sich die Welt aus« (Bonhoeffer, D., *Ethik [DBW 6]*, 1992, 69). Siehe auch Jüngel, E., *Gott als Geheimnis der Welt. Zur Begründung der Theologie des Gekreuzigten im Streit zwischen Theismus und Atheismus*, 1977, insbesondere 249 f. und 511 ff.

[39]   Zu Luther vgl. Ngien, D., *The suffering of God according to Martin Luther's theologia crucis*, New York: P. Lang 1995. Zu Barths Radikalisierung der göttlichen Selbstbestimmung in Jesus Christus siehe Barth, K., *Die kirchliche Dogmatik II/2. Die Lehre von Gott*, 1948, § 32 f. Im Schatten Barths und Luthers operiert Wolf Krötkes Kritik der klassisch theistischen Gottesprädikate. Siehe Krötke, W., *Gottes Klarheiten. Eine Neuinterpretation der Lehre von Gottes ›Eigenschaften‹*, 2001; ebenso Placher, W. C., *Narratives of a vulnerable God. Christ, theology,*

a. Die Kenosis der Liebe – Inkarnation als Radikalisierung und Selbstbezeichnung der Schöpferliebe

Eine prägnante Theologie einer kenotisch gefassten liebenden Veränderlichkeit Gottes findet sich vornehmlich in Strömungen der anglikanischen Theologie. So z. B. in der in ein evolutionäres Denken eingezeichneten Theologie des Biologen und Theologen Arthur Peacocke, aber auch in dem spezifischen theologischen Naturalismus von William Hubert Vanstone.[40] Die Konturen und die spezifischen Probleme der letzteren Position sollen an dieser Stelle holzschnittartig vorgestellt werden.

Der Ausgangspunkt William H. Vanstones ist eine tiefgehende Interpretation der christlichen Überzeugung, dass Gott Liebe ist.[41] Nach seiner Auffassung akzeptiert die Liebe die Grenzen und die Bedingungen des Feldes ihrer Wirksamkeit und widersteht jeglicher Versuchung einer Kontrolle. Die Fähigkeit des Geliebten, die Liebe zu empfangen und zu erkennen, limitiert trotz der transformativen Kraft der Liebe die Liebe selbst. Daher rückt für Vanstone in dieser grundlegend responsorischen Struktur das Moment eines Wartens auf eine Antwort in den Vordergrund. Liebe bleibt daher stets prekär und riskant. »Between the self and the other there always exists, as it were, a ›gap‹ which the aspiration of love may fail to bridge or transcend. The activity of love contains no assurance or certainty of completion: much may be expected and little achieved« (46). Dieses Risiko impliziert, dass sich die Liebe stets auf den komplexen Fluss der Antworten reaktiv einfügen muss. »The greatness of love lies in its endless

---

and scripture, Louisville, Ky.: Westminster John Knox Press 1994. Auf der Seite der deutschsprachigen katholischen Theologie ist einschlägig die kreuzestheologische Interpretation der Unveränderlichkeit Gottes als Bundestreue durch Mühlen, H., *Die Veränderlichkeit Gottes als Horizont einer zukünftigen Christologie. Auf dem Wege zu einer Kreuzestheologie in Auseinandersetzung mit der altkirchlichen Christologie*, Münster: Aschendorff 1969; sowohl katholische wie protestantische Entwürfe analysierend Faber, R., *Der Selbsteinsatz Gottes. Grundlegung einer Theologie des Leidens und der Veränderlichkeit Gottes*, 1995. Präzise Rekonstruktionen bietet Holmes, C. R. J., *Revisiting the doctrine of the divine attributes. In dialogue with Karl Barth, Eberhard Jüngel and Wolf Krötke*, New York: Peter Lang 2007.
[40]   Zur prägnanten Position Peacockes siehe Peacocke, A. R. / Clayton, P., *All that is. A naturalistic faith for the twenty-first century. A theological proposal with responses from leading thinkers in the religion-science dialogue*, 2007, und Peacocke, A. R., *Theology for a scientific age. Being and becoming - natural, divine, and human*, 1993; Pederson, A., »The centrality of incarnation«, in: *Zygon* 43 (1) (2008), 57–65; Schaab, G. L., »A Procreative Paradigm of the Creative Suffering of the Triune God. Implications of Arthur Peacocke's Evolutionary Theology«, in: *Theological Studies* 67 (2006), 542–566. Zur Kritik unter dem Titel »Emergenz oder Intervention?«, siehe das Kapitel XI. in diesem Band.
[41]   Die Verweise im Folgenden beziehen sich auf Vanstone, W. H., *The risk of love*, 1978; zur neueren Diskussion Polkinghorne, J. C. (Hg.), *The work of love. Creation as kenosis*, 2001.

and unfailing improvisation in hope that the other may receive« (49). Aufgrund dieser asymmetrischen Abhängigkeit verschiebt die Liebe Macht auf den geliebten Anderen: »It is the power of affecting the one who loves. It creates a new vulnerability in the one who loves« (52). Das Christusereignis insgesamt, aber insbesondere die Inkarnation, »the Redeemer as ›emptying Himself‹«, bezeichnet diese in der Schöpfung mächtige, sich selbst entäußernde Liebe. Der in Christus sich offenbarende, zeigende und sich selbst in besonderer Weise bezeichnende Gott ist für Vanstone wie für Peacocke der Schöpfer, »whose whole and total activity is the activity of self-emptying, or Kenosis. The Kenosis of the Redeemer, His surrender of that which He might have held, will then be the perfect manifestation of the Kenosis of God« (58).[42]

Vanstones Theologie der Kenosis und einer vulnerablen Liebe reicht damit in die Grenzlagen einer Selbstverohnmächtigung Gottes – letztlich deutlich markiert durch das Kreuz. »The vulnerability of God means that the issue of His love as triumph or tragedy depends upon His creation. There is given to the creation the power to determine the love of God is either triumphant or tragic love« (67). Das geschöpfliche Leben hat die eine Macht der Antwort, von der Gott sich selbst abhängig macht – so wie sich Christus in der Inkarnation von der Antwort der Menschen abhängig machte.[43] Die christologische Pointe dieser riskanten Liebe ist, dass diese wechselseitige responsorische Liebe in Gottes Leben auf eine Weise vorgebildet ist. Darum kann es die Selbstentäußerung einer Liebe sein, die selbst schon erfüllt ist und darin, so muss geschlussfolgert werden, in Christus noch risikobereiter und ›einseitiger‹ sein kann.[44] Dies führt – unter offensichtlicher Abblendung der in der Auferweckung Jesu Christi begründeten und angezeigten Hoffnung – zu einem geradezu hoffnungsfreien, ja hoffnungslosen Naturalismus: »Nothing must be withheld from the self-giving which is creation: no unexpected reserves of divine power or potentiality: no ›glory of God‹ or ›majesty of God‹ which may be compared and contrasted with the glory of the galaxies« (59).[45]

---

[42]   »The ›emptiness‹ of the Redeemer, the poverty and humility of His historical existence, will then point to the ›emptiness‹ of God in and through His eternal activity: and the Kenosis in Christ, so far from impairing the fullness of His disclosure of God, will in fact contain the very heart and substance of that disclosure« (58).

[43]   An diesem Punkt berührt sich die Position Vanstones mit der des jüdischen Religionsphilosophen Hans Jonas, für den die Selbstlimitierung Gottes so weit geht, dass dieser nur noch als Wartender die Welt begleitet. So Jonas, H., *Der Gottesbegriff nach Auschwitz. Eine jüdische Stimme*, 2004 und die Rekonstruktion in Schieder, T., *Weltabenteuer Gottes. Die Gottesfrage bei Hans Jonas*, Paderborn: F. Schöningh 1998.

[44]   Vanstone rekurriert auf die liturgische Fassung des *Dies Irae*: »Quaerens me sedisti lassus: Redemisti crucem passus: Tantus labor non sit cassus« (57).

[45]   Auf diesen naturalen Prozess bezieht sich Arthur Peacockes letzter Buchtitel: »All that is.« Diese inkarnations- und schöpfungstheologische Kenosis kann problemlos auch kreu-

Ohne Zweifel kann man an Vanstones stark personalistisch begegnungs-orientierte Konzeption der Liebe Fragezeichen anbringen. Nicht zuletzt tritt bei ihm die im Terminus »passio« liegende Bedeutungskomponente einer überwältigenden Macht der Liebe nahezu vollständig in den Hintergrund. Ungeachtet dessen, ob die Inkarnation ereignishaft eine neue und unüberbietbare Nähe Gottes darstellt oder ob sie primär einen nahezu omnipräsenten Prozess innerhalb der Schöpfung bezeichnet, die hierin angezeigte Affizierbarkeit und Veränderlichkeit Gottes ist eine, in der sich Gott der Bestimmung durch den Menschen definitiv und unumkehrbar riskant ausliefert.[46]

Der hohe Preis für diese in der Inkarnation angezeigte liebende und dynamische Nähe Gottes ist die Selbstverohnmächtigung Gottes, die nicht mehr fragen lässt, wie und wann Gott auch in allem Mitleiden der Rettende ist und worin und wann sich Gottes Intoleranz gegenüber der Gewalttat manifestiert. Die mit einer Unveränderlichkeit und Allmacht Gottes verbundene Theodizeeproblematik wird weder beantwortet noch stillgestellt. Sie bricht vielmehr mit neuer Macht auf, da auch die zukünftigen Opfer der Geschichte nichts zu hoffen haben.

Die Position Vanstones, wie auch ähnliche prozesstheologische Konzeptionen, wirft folgende Frage auf: Warum muss das Verhältnis der Liebe, wenn es als zweiseitige Affizierbarkeit gedacht wird, notwendig zu einer vollständigen Umkehrung der klassischen Asymmetrie führen, sodass Gott von der Welt als Abhängiger nur noch empfangen kann? Das Moment der wechselseitigen Affizierbarkeit muss nicht notwendig zu einer gänzlichen Umkehrung der Asymmetrie führen. Speziell eine Theologie, die Kreuz und Auferstehung nicht trennt, kann hier andere Wege gehen.

b. Das Kreuz Jesu Christi als Ereignis des Leidens der Trinität

Das wahrhaft umfangreiche Œuvre Jürgen Moltmanns wurde schon vielfach auch hinsichtlich der Frage nach der Un/Veränderbarkeit und speziell der Leidens-

---

zestheologisch weiterentwickelt werden. Für eine Interpretation der Position Peacockes, die die Leiden der naturalen Evolution dann ›christologisch‹ einfängt und kreuzestheologisch interpretiert, siehe Schaab, G. L., *The creative suffering of the Triune God. An evolutionary theology*, 2007.

[46] Exakt dies wird im Horizont reformierter und Barthscher Theologie bestritten von Torrance, A. J., »Does God suffer? Incarnation and impassibility«, in: Torrance / Hart / Thimell (Hgg.), *Christ in our place. The humanity of God in Christ for the reconciliation of the world. Essays presented to Professor James Torrance*, Exeter, Great Britain / Allison Park, Pa.: Paternoster Press, Pickwick Publications 1989, 345–368.

fähigkeit Gottes untersucht.[47] Darum sind an dieser Stelle nur die tragenden Grundeinsichten, das strukturgebende Modell und die notwendigen Anfragen zu vergegenwärtigen.

Eine grundlegende theologische und eine grundlegende sozialphilosophische Einsicht tragen und treiben Moltmanns Programm in der Frage nach der Leidensfähigkeit Gottes: Das Ereignis des Kreuzes ist ein Ereignis in dieser Welt und zugleich in der Wirklichkeit und Geschichte Gottes. Es ist – trinitarisch und nicht theistisch gedacht – ein Ereignis, in dem Gott nicht außerhalb steht. Damit gehören der Schmerz und das Leiden zur inneren Wirklichkeit und Geschichte Gottes, in der der Vater auf spezifische Weise auch leidet, wenngleich anders als der Sohn am Kreuz (gG 230).

Diese Einsicht, die manche Strömung in der Tradition noch hätte mittragen können, wird nun aber durch eine m. E. sozialphilosophische Einsicht zunehmend ergänzt: Das Wesen Gottes ist die Liebe, aber das Wesen der Liebe ist, dass sie wirklich *anderes* liebt und sich der Andersheit des anderen aussetzt. Damit wird die Schöpfung wie die Geschichte der Welt elementarer Bestandteil der Liebe Gottes – sie kann nicht lieben ohne diese Partnerschaft, in der sie sich den Wechselwirkungen der Beziehungsgeschichte aussetzt. »Es ist das aktive Leiden, die freiwillige Öffnung für die Affizierung durch anderes, d. h. das Leiden der leidenschaftlichen Liebe« (TRG 39). Diese affizierungsbereite Liebe manifestiert sich in der Schöpfung und zeigt sich unüberbietbar am Kreuz.

Mit der ersten Einsicht einer trinitarischen Verortung des Leidens Christi bestreitet Moltmann die Möglichkeit, von Gott auch in seinem inneren Wesen und

---

[47] Die in Moltmanns Frühwerk entwickelten Einsichten erfuhren keine tiefgreifende Variation und sind greifbar in Moltmann, J., *Der gekreuzigte Gott. Das Kreuz Christi als Grund und Kritik christlicher Theologie*, 1981 (im Folgenden bezeichnet mit: gG); Moltmann, J., *Trinität und Reich Gottes. Zur Gotteslehre*, 1980, speziell Kap. II »Die Passion Gottes« (im Folgenden bezeichnet mit: TRG); und Moltmann, J., *Kirche in der Kraft des Geistes. Ein Beitrag zur messianischen Ekklesiologie*, München: Kaiser 1975 (im Folgenden bezeichnet mit: KKG). Zur Rekonstruktion und Kritik siehe exemplarisch die Beiträge in Welker, M. (Hg.), *Diskussion über Jürgen Moltmanns Buch ›Der gekreuzigte Gott‹*, München: Kaiser 1979; McWilliams, W., *The passion of God. Divine suffering in contemporary Protestant theology*, Macon, Ga.: Mercer University Press 1985, Kap. 2; Jansen, H., »Moltmann's View of God's (Im)mutability. The God of the Philosophers and the God of the Bible«, in: *Neue Zeitschrift für systematische Theologie und Religionsphilosophie* 36 (3) (1994), 284–301; die Differenz zu der analogen Position von Eberhard Jüngel arbeitet detailliert heraus Faber, R., *Der Selbsteinsatz Gottes. Grundlegung einer Theologie des Leidens und der Veränderlichkeit Gottes*, 1995, zu Jüngel 282–302, zu Moltmann 302–343; sehr kritisch Hermanni, F., »Abschied vom Theismus? Die Theodizeeuntauglichkeit der Rede vom leidenden Gott«, in: Koslowski, P. / Hermanni, F. (Hgg.), *Der leidende Gott. Eine philosophische und theologische Kritik*, München: Fink 2001, 151–176. Moltmanns Position wurde zur Standardreferenz der protestantischen Kritiker einer Leidensfähigkeit und Veränderbarkeit Gottes.

Leben qualifiziert unter Absehung des Christusereignisses reden zu können. Mit der zweiten Einsicht bestreitet er die Möglichkeit einer rein einseitigen Beziehung der Liebe Gottes zu den Menschen. Das Leiden als negatives Affiziertwerden ist elementar das Risiko der Liebe. Für Moltmann ist es dieses »aktive Leiden, das Leiden der Liebe, in der einer sich freiwillig für die Affizierung durch anderes öffnet« (gG 217).[48] Gott selbst ist kein vollkommenes Wesen ohne die Beziehung zu dem riskant unvollkommenen Menschen und seiner Welt. Die Wandelbarkeit und die Leidensfähigkeit sind so notwendige Momente der ganz und gar nicht wandelbaren Wesenseigenschaft der Liebe. Das Motiv der lebendigen Liebe in der Zeit ist ein zentrales Movens der Moltmannschen Rede von der Leidensfähigkeit Gottes.

Vor dem Hintergrund der berechtigten Anliegen einer starken Konzeption der Unveränderlichkeit und auch der Anfragen an die Position Vanstones ist an dieser Stelle nun zu fragen: Warum führt die Affizierbarkeit Gottes, die Wechselseitigkeit der Relation und die Tatsächlichkeit der leidenden Liebe *nicht* zu einer Verohnmächtigung Gottes? Anders formuliert: Wie verhalten sich die Elemente des Gefühls und des Leidens im Begriffsfeld der »passio« zu dem Element des leidenschaftlichen, höchst aktiven und transformativen Handelns? Kann die leidensbereite, weil affizierungsbereite, Liebe das Moment der Passion als leidenschaftliche *Intervention* integrieren? Kann die leidende Liebe Gottes auch letztlich am ›Ende der Geschichte‹ und am Ende aller Auseinandersetzungen mit ›Sünde, Tod und Verderben‹ doch noch überwältigt werden – wie Christus am Kreuz von der Gewalt überwältigt wurde? Und dies ohne die Macht der Auferstehung? Hofft der Glaube nicht auf eine weltüberwindende Kraft, die die neue Schöpfung heraufführt?

An diesem entscheidenden Punkt bleibt die Position Moltmanns auffallend unklar, schwankend und im besten Sinne nicht ganz einheitlich. Zwei Aspekte werden von Moltmann zusammengeführt, ohne dass wirklich deutlich wird, wie eine Verohnmächtigung Gottes vermieden werden kann. Zunächst verweist Moltmann auf die transformative Kraft der leidenden Liebe. »Das Leiden Gottes mit der Welt, das Leiden Gottes an der Welt und das Leiden Gottes für die Welt sind höchste Formen seiner schöpferischen Liebe« (TRG 75).[49] Offensichtlich unterstellt er der leidenden Liebe eine Macht der Verwandlung, die das Leiden zu überwinden hilft. Diese innere Entwicklungsdynamik der Liebe wird von Molt-

---

[48]   Gegen Karl Barths Betonung der göttlichen *actio* und Ausschluß einer *passio* betont Moltmann: »Es wird die Passion Gottes, in der seine Aktion gründet, nicht erfaßt. Es wird auch die Rückwirkung der Welt auf Gott selbst nicht erfaßt, solange man Gott nur als Ewig-Wirksamen denkt. [...] Wie Gott durch sein Handeln aus sich herausgeht und seine Welt prägt, so prägt seine Welt durch ihre Reaktionen, Aberrationen und Eigeninitiativen auch ihn« (TRG 114, Hervorh. G.Th.).

[49]   Ähnlich TRG 134.

mann in einem zweiten Schritt als Moment der trinitarischen Geschichte Gottes gesehen. Indem Gott die leidende Liebe erfährt, ist »mit der Erlösung der Welt [...] darum immer auch der Prozeß der Erlösung Gottes von den Leiden seiner Liebe verbunden« (TRG 75). Zugespitzt formuliert Jürgen Moltmann: »Das Leiden der Liebe ist höchste göttliche Arbeit an sich selbst« (TRG 113). Letztlich braucht die leidende Liebe das Leiden, um selbst sich in dieser Liebe zu entwickeln, eine Geschichte zu leben. Das Leiden und der Schmerz werden so Teil der inneren Motorik des Lebens Gottes. An dieser Stelle bricht die Gefahr auf, dass das Leiden stets ein Moment der permanenten göttlichen Selbstveränderung und Entwicklung ist. Damit werden die verschiedenen Facetten von solidarischer Liebe in Resonanzverhältnissen nicht abgebildet.

So begrüßenswert Moltmanns christologisch geprägte epistemische Stoßrichtung ist – von Gott kann nicht ohne Jesus Christus gesprochen werden – und so überzeugend sein sachliches Anliegen einer angemessenen Erfassung der Verbindung von Liebe und Affizierbarkeit ist, so stehen doch die Fragen im Raum: Warum führt die enge Verknüpfung von Liebe und Leiden nicht zu einer Verohnmächtigung Gottes? Und – dies ist die nicht auszuschließende Grenzlage – führt dies nicht zu einer Idealisierung und gar Verherrlichung des Leidens; speziell dann, wenn das Leiden notwendig zum inneren Leben und der inneren Entwicklung Gottes gehört? Und – dies ist m. E. eine folgenreiche Frage der philosophischen und soziologischen Modellkonstellation: Denkt Moltmann die Wechselwirkung und die Leiden verursachende Wirkung nicht doch zu einfach unidirektional kausal? – in einer Art und Weise, die aus Gott dem Retter der Welt den Gefangenen der Welt macht? Wäre es nicht angemessener, von einem komplexen Resonanzverhältnis zwischen Gott und Welt zu sprechen?

Im Horizont der Frage nach der Un/Veränderlichkeit Gottes gedacht nähren die Ausführungen Moltmanns, dass die leidensbezogene Veränderlichkeit auf eine eigentümliche Art und Weise selbst wieder ›verewigt‹ wird.[50]

---

[50] Material theologisch ist die Frage zu stellen, ob in Moltmanns Theologie das Moment des Protestes gegen das Kreuz, das in dem Ereignis der Auferstehung greifbar ist, nicht deutlich unterbestimmt ist. Zum Problem siehe Thomas, G., »Das Kreuz Jesu Christi als Risiko der Inkarnation«, in: Thomas, G. / Schüle, A. (Hgg.), *Gegenwart des lebendigen Christus*, Leipzig: Evangelische Verlagsanstalt 2007, 151–179 und als Kapitel in diesem Band. Das Problem eines eigentümlichen ›auf die Dauer Stellen‹ der Kreuzessituation hat schon früh der holländische Theologe Kornelius Miskotte scharfsinnig beobachtet. Siehe Miskotte, K. H., »Das Leiden ist in Gott. Über Jürgen Moltmanns trinitarische Kreuzestheologie«, in: Welker (Hg.), *Diskussion über Jürgen Moltmanns Buch ›Der gekreuzigte Gott‹*, München: Kaiser 1979, 74–93. Zum Problem siehe auch die Diskussion in Faber, R., *Der Selbsteinsatz Gottes. Grundlegung einer Theologie des Leidens und der Veränderlichkeit Gottes*, 1995.

7. Die Un/Veränderlichkeit Gottes in einem pneumatologischen Horizont – Dynamiken und Mobilitäten des Geistes

Die am Ende dieses Aufsatzes stehende These ist, dass die Frage nach Gottes Un/ Veränderlichkeit zunächst und zumeist ihren Ort innerhalb der Pneumatologie haben sollte. Von ihr ausgehend, lassen sich die christologischen und aus der Gotteslehre kommenden Impulse aufnehmen und zugleich die markierten Probleme bearbeiten. Nur dieser pneumatologische Zugang verspricht, die Problematik der Veränderlichkeit Gottes im Rahmen einer die Lebendigkeit Gottes erfassenden Trinitätslehre zu stellen und so angemessen zu erfassen. Nur innerhalb der Erfassung der Wirksamkeit des Geistes lässt sich die treue und zugleich transformativ-zielgerichtete Beweglichkeit Gottes zur Sprache bringen.[51] Robert Jenson formuliert pointiert: »The Spirit is the Liveliness of the divine life because he is the power of the divine future. [...] He ist the Love into which all things will at the last be brought, who is thus the fulfillment not only of created life but of the divine life. [...] the divine *goal* at which relations of fulfillment focus should be acknowledged as the Spirit's Archimedean standpoint.«[52]

In diesem Kontext erschließt sich der Heilige Geist als vulnerable, treue und zugleich transformative Nähe Gottes. Auffallend ist, dass äußerst wenige theologische Studien die Frage nach der Un/Veränderbarkeit Gottes in einem explizit und konzentriert pneumatologischen Horizont aufarbeiten.[53] Für diese pneumatologische Option spricht jedoch manche Beobachtung an den biblischen

---

[51]   Diese Stoßrichtung in der Lösung der Frage der Un/Veränderlichkeit Gottes bestätigt Kooi, C. v. d., »Der heilige Geist: Quelle von Kreativität und Neuheit«, 327–338, auch auf die Theologie Robert Jensons verweisend.

[52]   Jenson, R. W., *Systematic theology. Vol 1. The Triune God*, New York: Oxford University Press 1997, 157. »It is in that the Spirit is God as the Power of God's *own* and our future and, that is to say, the Power of a future that also for God is not bound by the predictabilities, that the Spirit is a distinct identity of and in God. The Spirit is God as his and our future rushing upon him and us; he is the eschatological reality of God, the Power as which God is the active Goal of all things, as which God is for himself and for us those ›things not seen‹ that with us call for faith and with him are his infinity« (a.a.O., 160).

[53]   Dies mag am langen Schatten Augustins liegen, für den die relativ eigenständige Personalität des Geistes zugunsten des Bandes der Liebe in den Hintergrund zu treten droht. Unter den neueren Eschatologien finden sich entsprechende Erwägungen in Moltmann, J., *Der Geist des Lebens. Eine ganzheitliche Pneumatologie*, München: Chr. Kaiser 1991, 60 ff., in Aufnahme der Schechina-Theologie; eingeschrieben, wenngleich nicht explizit entfaltet ist die reziproke Dynamik des Geistes in Welker, M., *Gottes Geist. Theologie des Heiligen Geistes*, 1992. Explizit von pfingsttheologischer Seite zur Veränderlichkeit Gottes pneumatologisch konzipiert Gabriel, A. K., *The Lord is the Spirit. The Holy Spirit and the divine attributes*, Eugene, Oreg.: Pickwick Publications 2011.

Texten, die sich zugleich in einen strukturierten, systematischen Merkmalskomplex zusammenfügen. An dieser Stelle müssen einige wenige Pinselstriche genügen und kann keine ausgearbeitete Pneumatologie vorgelegt werden. Wichtig ist allerdings die in der Theologie des Westens wenig entwickelte, aber im kanonischen Gespräch stets vorausgesetzte Einsicht, dass der Geist Gottes in der Tat ein eigener Akteur ist, der erfahren und handeln kann. Er ist in seiner spezifischen Beweglichkeit stets ein »Agent«.

Konkret sind es zumindest drei Motivstränge in der biblischen und theologischen Rede vom Geist, die verdienen, stärker entfaltet zu werden. a) Die stets *medial* vermittelte *Nähe und Präsenz* des Geistes Gottes, die auch die Möglichkeit der Abwesenheit voraussetzt und die wiederum räumlich, zeitlich und sozial zu differenzieren ist; b) Gottes *Affizierbarkeit und Bewegung von außen* im Geist, die ein Aspekt der Responsivität und ein Bestandteil seiner Interaktionsgeschichte ist und c) die interaktiv dynamische Gegenwart Gottes im Geist als *Macht der rettenden Transformation*, die aus einem dynamischen Feld aus Gottes Vulnerabilität, Ohnmacht, Macht und Leidenschaft erwächst.

Die Un/Veränderlichkeit Gottes erschließt sich mit Blick auf den Geist Gottes in sechs Dimensionen der Beweglichkeit Gottes als Geist. Gezielt verfremdend soll von Mobilitäten des Geistes gesprochen werden. Unterscheiden lassen sich

a) eine räumliche Mobilität,
b) eine mediale Mobilität,
c) eine affektive Mobilität,
d) eine Handlungsmobilität,
e) eine Mobilität der Kreativität und
f) eine prozessuale Mobilität.

Selbstverständlich haben die Beschreibungen der »Mobilitäten des Geistes« die zutiefst anthropomorphe Rede des kanonischen Gesprächs zur Grundlage. Diese Form der Rede ist aber nicht ein Problem, sondern die Lösung. Nur in der Analogie der menschlichen Rede und nur in diesen Sprachbildern erschließt sich die ›Sache‹ der Lebendigkeit Gottes. Aus der Welt der Metaphern und Bilder, der Modelle und Strukturanalogien gibt es in dieser ›Sache‹ auch für ein gegenwärtiges Verstehen in der Bewegung des *fides quaerens intellectum* kein Entrinnen. Allerdings gibt es eine Suche nach gedanklicher Transparenz, nach Plausibilität und nach diskursiven Anschlüssen und hierin ein Streben, Komplexität und Kohärenz zugleich zu steigern.[54]

---

[54] Angesichts des vielschichtigen kanonischen Gesprächs wird eine stark philosophisch ausgerichtete Systematische Theologie stets in der Versuchung sein, die Komplexität zugunsten der gesteigerten Kohärenz zu opfern. Umgekehrt wird für eine primär am kanonischen Gespräch orientierte Theologie die Problematik der Kohärenz die größere Herausforderung sein.

a. Räumliche Mobilität

Gegenläufig zu allen Vorstellungen einer Allgegenwart des Göttlichen ist der Geist Gottes durch eine räumliche Mobilität charakterisiert. Die Gegenwart Gottes im Geist ist nicht ›flach‹, ›gleichmäßig‹ und ›ewig‹, sondern eine interaktiv dynamische des Entzugs und des Kommens. Die vielzitierte Freiheit des Geistes (2Kor 3,17), in der dieser auch weht wo er will (Joh 3,8) ist, nimmt man den Metaphernraum des Windes ernst, eine mobile Gegenwart. Ein freies und auch überraschendes Kommen und Gehen macht diese räumliche Mobilität aus. Die durch das Kommen erzeugte räumliche Nähe des Geistes wird als tröstend, aufrichtend, Gerechtigkeit schaffend und Glauben weckend erfahren. Im Raum des Geschöpflichen ist daher jede Präsenz des Geistes relativ partikular und damit auch begrenzt. Die Dynamik der Konzentration und der entstehenden Nähe, d. h. das »Kommen des Geistes« kann z. B. in der verbreiteten Metaphorik der Ausgießung des Geistes in Analogie zur Ausgießung von Wasser (Jes 31,15) artikuliert werden.[55] Innerhalb der johannäischen Theologie kann diese Mobilität des Geistes mit der Mobilität des Christus verschränkt werden: Der weggehende und dann entzogene Christus verheißt den ›verlassenen‹ Jüngern, den Geist zu senden (Joh 17). Als räumlich, und man muss hinzufügen, auch zeitlich und sozial partikular gegenwärtiger Geist verbindet und unterscheidet der Geist Gottes. Die räumliche Mobilität impliziert daher eine Dynamik der Distinktion.[56] Es entstehen auch Räume der relativen Abwesenheit des Geistes. Umgekehrt entspricht der realen Räumlichkeit des Gottesdienstes die Räumlichkeit der Geistpräsenz.

---

[55]   Zum Motiv der Ausgießung vgl. Welker, M., *Gottes Geist. Theologie des Heiligen Geistes*, 1992, 123 ff.

[56]   In einer pneumatologischen Betrachtungsweise können alle religiösen Unterscheidungen wie heilig/profan oder Kirche/Welt nur als instabile und dynamische, der Mobilität des Geistes entsprechende gedacht werden. Das hierdurch entstehende zeittheoretische Problem ist u. a. dann der die frühe dialektische Theologie, aber auch noch die Spättheologie Karl Barths charakterisierende Aktualismus: Gott ist auch im Geist nur je und je im nicht fassbaren Augenblick gegenwärtig. Die damit verbundenen Probleme thematisiert aus seiner lutherisch geprägten Perspektive sehr hellsichtig der frühe Dietrich Bonhoeffer – allerdings primär mit den Denkmitteln der Christologie, die weithin eine Pneumatologie stillschweigend voraussetzt. Siehe dazu Bonhoeffer, D., *Akt und Sein. Transzendentalphilosophie und Ontologie in der systematischen Theologie (DBW 2)*, München: Kaiser 2002. Ein radikaler theologischer Aktualismus erweist sich als eine Fehloptimierung der richtigen Einsicht in die räumliche und zeitliche Mobilität des Geistes.

b. Mediale Mobilität

Der Geist Gottes wirkt in dieser Schöpfung nur in und durch geschöpfliche Medien. Geisterfahrungen, d. h. Zuschreibungen von Geistwirken ereignen sich immer in Medienkonstellationen.[57] Religionstheoretisch zugespitzt und zugleich verallgemeinert kann man Religionen insgesamt als mediale Konstellationen begreifen.[58] So ist es der Geist, in dem und mit dem Gott in Zeit, Raum und Geschichte, in kollektiver wie subjektiver Erfahrung mittels der Materialität der Medien gegenwärtig wird. Doch diese Gegenwart ist doppelt qualifiziert. So ist sie nie unmittelbar, sondern stets medial vermittelt. Insofern die speziellen Medien die Materialität des Geschöpflichen zeigen, wird in den der Raum, die Zeit und die Materialität des Geschöpflichen (d. h. des ›natürlichen‹ wie auch des ›kulturellen‹ Lebens) durch diese Medialität gewürdigt und bestätigt. Aufgrund dieser spezifischen Medialität des Geistes ist er auch nicht einfach überall und jederzeit in gleicher Weise gegenwärtig.

Besitzt die Geistwirksamkeit in einer spezifischen Medienkonstellation eine gewisse Stabilität, so fokussiert dies die Erwartungen der Glaubenden. Dem Geist, der die Bibel zur Schrift macht, begegnen die Christen mit spezifischen Erwartungen der Orientierung und Stärkung. Der christliche Gottesdienst selbst ist auch hinsichtlich der Geistwirksamkeit ein multimediales Ereignis, an das intensive Erfahrungen der Gegenwart Gottes im Geist geknüpft sind.[59] Entsprechend der jeweiligen medialen Mobilität gibt es unterschiedliche Grade der medialen Bindung des Geistes. So ist die relative Bindung des Geistes an den messianischen Menschen, an die Christusperson und nicht zuletzt auch an die Schrift stärker als an andere Ereignisse. Dieses Gefälle bzw. die medialen Kaskaden oder Verkettungen lassen die Reformatoren betonen: Menschen werden wohl Medien des Geistes Gottes, aber dies nicht »unmittelbar«, sondern nur in der medialen Vermittlung von Christus und gepredigtem Wort. Darüber vermittelt werden dann aber doch leibliche Menschen Medien der Kommunikation des

---

[57] Für erste Vorarbeiten siehe Stoellger, P., »Die Medialität des Geistes oder: Pneumatologie als Medientheorie des Christentums«, in: Springhart / Thomas (Hgg.), *Risiko und Vertrauen / Risk and Trust*, Leipzig: Evangelische Verlagsanstalt 2017, 139–174.

[58] Neu, R., *Das Mediale. Die Suche nach der Einheit der Religionen in der Religionswissenschaft*, Stuttgart: Kohlhammer 2010.

[59] Thomas, G., »Die Multimedialität religiöser Kommunikation. Theoretische Unterscheidungen, historische Präferenzen und theologische Fragen«, in: Dalferth / Stoellger (Hgg.), *Perspektiven gegenwärtiger Hermeneutik der Religion. Hermeneutik der Religion in rhetorischen und medientheoretischen Perspektiven*, Tübingen: Mohr Siebeck 2007, 189–213, speziell auf die Predigt bezogen Bohren, R., *Predigtlehre*, München: Kaiser 1971 und systematisch Wainwright, G., *Doxology. The praise of God in worship, doctrine and life. A systematic theology*, London: Epworth Press 1980.

Geistes, in dem dieser Glaube, Liebe und Hoffnung kommuniziert (1Kor 12.13). Ein Aspekt der medialen Mobilität des Geistes dürfte daher die Unterscheidung von primären (Christus und Predigtwort) und sekundären Medien des Geistes sein.[60] Die paulinische Charismenlehre hat ihre Pointe darin, dass der Geist Jesu Christi nicht einfach individuelles Leben steigert, sondern Menschen auf vielfältige Weise Medien des Geistes für andere werden. Dieser Aspekt ist die Verbindung zur Ekklesiologie: Im Sein für andere innerhalb wie außerhalb der Kirche werden in den Charismen Menschen zu Medien des Geistwirkens – und werden in der Kommunikation von Glaube, Liebe und Hoffnung als Medium verwandelt.[61]

c. Affektive Mobilität

Die affektive Mobilität des Geistes zeigt sich darin, dass der Geist betrübt oder erfreut werden kann (Eph 4,13). Der Geist Gottes ist, metaphorisch gesprochen, emotional schwingungsfähig. Die affektiv-fürsorgliche Dimension des Geistes Gottes zeigt sich schon in Gen 1,2, wenn der Geist wie ein Adler über seinem Nest über dem Chaoswasser schwebt.[62] Im Handeln und Erleben des Geistes wird deutlich, dass die klassisch metaphysisch informierte Rede von Gottes Allmacht deutlich zu informationslastig und in Begründungsrelationen gefangen ist. Die im Geist sich vollziehende Wahrnehmung ist eine, in der Gott ›empfindsam empfindet‹. Die affektive Mobilität des Geistes, im Rahmen derer Gott mitleidet, ist nicht in einem Schema von Ursache/Wirkung oder Reiz/Reaktion zu erfassen.

---

[60]   Die traditionellen *media salutis* laufen auf die Bestimmung von primären Medien hinaus. In diesen Kontext der Unterscheidung einer primären und einer sekundären Medialität gehört auch Karl Barths Bemerkung, dass Gott auch durch den russischen Kommunismus, ein Flötenkonzert, einen blühenden Strauch oder durch einen toten Hund zu uns reden könne. Siehe Barth, K., *Die kirchliche Dogmatik I/1. Die Lehre vom Wort Gottes*, München: Kaiser 1932, 56. Auch Karl Barths Lehre von der dreifachen Gestalt des Wortes Gottes ist recht verstanden eine Lehre der Medienverkettung des Geistwirkens.

[61]   Für erste Überlegungen zu den Glaubenden als Kommunikationsmedien des Geistes und zu den generalisierten Kommunikationsmedien von Glaube, Liebe und Hoffnung siehe Thomas, G., »Die Kommunikation von Glaube, Liebe und Hoffnung als Gestalt christlichen Lebens«, in: Ebner (Hg.), *Liebe. Jahrbuch für biblische Theologie. Bd. 29*, Neukirchen-Vluyn: Neukirchener Verlagsgesellschaft 2015, 283–301.

[62]   Siehe für רָחַף Pièl parr Dtn 32,11: »Wie ein Adler ausführt seine Jungen und über ihnen schwebt, so breitete er seine Fittiche aus und nahm ihn und trug ihn auf seinen Flügeln.« Zur Stelle Janowski, B., »Gottes Sturm und Gottes Atem. Zum Verständnis von ruach 'älohim in Gen 1,2 und Ps 104.29 f«, in: Ebner / Fischer (Hgg.), *Heiliger Geist. Jahrbuch für Biblische Theologie. Bd. 24*, Neukirchen: Neukirchener Verlag 2011, 3–29.

Auch hier handelt es sich um ein Resonanzphänomen, das, metaphorisch gesprochen, nicht notwendig eine spiegelgleiche »Schwingung« zur Folge hat. Der Geist Gottes muss nicht die weltliche Emotion mimetisch spiegeln. Der Geist des Trostes wird in der Situation der Trostlosigkeit nicht nur Trostlosigkeit mitempfinden, sondern auf diese solidarisch und zugleich schöpferisch reagieren. Es ist dieser Prozess, der in den Theologien des Mitleidens Gottes vielfach in den Hintergrund gerückt ist. So ist z. B. die Freude, die der Geist Gottes gibt, ein Affekt, den der Geist aufgrund seiner ansteckenden Präsenz erweckt. Das Zeugnis, das der Geist Gottes unserem Geist gibt (Röm 8,16), ist ein Kommunikationsprozess, der neben sachlichen und motivationalen auch emotionale Aspekte hat. Die sich in Hymnus, im Dank und im Lob aussprechende Freude an Gott antwortet nicht auf einen freudlosen Gott.[63] Zugleich ist es die Präsenz des Geistes in den Christen, die sie das Seufzen der Schöpfung wahrnehmen und auch selbst seufzen lässt (Röm 8,18–25). Ein im Kontext der affektiven Mobilität des Geistes ins Zentrum der Aufmerksamkeit rückendes Forschungsdesiderat ist allerdings zweifellos der Zorn Gottes.[64]

d. Handlungsmobilität

Die Handlungsmobilität des Geistes betrifft den dynamischen Wechsel zwischen Erleben und Handeln. Der Geist Gottes ist in den kanonischen Schriften Akteur und zugleich eine wahrnehmende Entität. Diese Einheit von Erleben und Handeln ist angesichts der im Einleitungskapitel dieses Bandes vorgestellten theologischen Alternativen systematisch enorm folgenreich. Die sich im langen Schatten der platonischen oder der aristotelischen Philosophie bewegende Theologie schrieb Gott weithin kein Erleben zu.[65] Dagegen bewegt sich die neuere Theologie

---

[63]   Zur Grundlage des Lobes vgl. exemplarisch Janowski, B., *Konfliktgespräche mit Gott. Eine Anthropologie der Psalmen*, Neukirchen-Vluyn: Neukirchener Verlag 2003, 264–306.
[64]   Auffallend ist, dass der Zorn Gottes nicht dem Geist Gottes zugeschrieben wird. Zum Problem des Zornes exegetisch exemplarisch Janowski, B., *Ein Gott, der straft und tötet? Zwölf Fragen zum Gottesbild des Alten Testaments*, Neukirchen-Vluyn: Neukirchener Verlagsgesellschaft 2014, 145–174; Hartenstein, F., »Ein zorniger und gewalttätiger Gott? Zorn Gottes, ›Rachepsalmen‹ und ›Opferung Isaaks‹ – Neuere Forschungen«, in: *Verkündigung und Forschung* 58 (2013), 110–126. Der Zorn Gottes ist ein schwer zu entschlüsselndes Dispositiv des Widerwillens Gottes. Dieser Widerwille ist vor dem Hintergrund der exegetischen Befunde ein Element der Lebendigkeit Gottes, an dem Christen auch teilhaben.
[65]   Ob man die von Volp aufgeführten Gegenbelege als Formen des Erlebens deuten kann, bedürfte einer eingehenderen Untersuchung. Siehe Volp, U., »»Denn Leidenschaftslosigkeit besass er ...‹. Das sogenannte Apathieaxiom im Kontext antiker Christentumskritik«, in:

des Leidens Gottes z. T. in Grenzlagen, in denen Gott kein Handeln, sondern nur noch ein Erleben zugeschrieben wird. Doch der Geist Gottes lebt in beidem, in Handeln und Erleben. Für die Glaubenden wird nicht immer unmittelbar und in der Situation ersichtlich, wie Gott im Geist gegenwärtig ist – handelnd oder erlebend. Überhaupt ist im Paradigma der Resonanz die Unterscheidung zwischen einem Auslösen und »Triggern« von Resonanz (Handeln) und einer Eigenresonanz aufgrund eines Affiziertwerdens durch ein externes Anderes (Erleben) eine auf relativer Evidenz basierte Zuschreibung in einem dynamischen reziproken Verhältnis. Der Wechsel zwischen beiden Modi der Interaktion ist der Kern einer dynamischen Reziprozität der Interaktion. Ohne diesen Wechsel zwischen Erleben und Handeln bliebe die Rede von einer Partnerschaft zwischen Mensch und Gott abstrakt.[66] Vertrauen wächst nur zwischen Entitäten, die zu beidem in der Lage sind.[67] Für ein Verstehen des Kreuzesgeschehens ist es grundlegend, dass der auf Jesus herabgekommene Geist diesen in den Stunden der Anfechtung, des Zweifels und des Leidens nicht verlässt, sondern das Kreuzesgeschehen mit erfährt.[68] Die Handlungsmacht des Geistes ist es dann, in der sich die Auferweckung Jesu ereignet. Der Aspekt der Wahrnehmung und des Erlebens ist auch herausgestrichen in dem paulinischen Hinweis, dass der Geist – sozusagen in intimster Nähe zum Menschen – in diesem seufzt und betet. Es ist dieses mobile Leben des Geistes, das ihn als Akteur elementar von einem permanent und überall wirkenden Grund unterscheidet.[69] Eine radikale Einseitigkeit, d. h. ein reines Erleben oder auch ein reines Handeln bzw. Wirken widerspräche einem Wachsen an Vertrauen in den Geist Jesu Christi und einer Intensivierung der Gemeinschaft des Geistes.

Fischer, I. / Frey, J. (Hgg.), *Mitleid und Mitleiden. Jahrbuch für Biblische Theologie. Bd. 30*, Göttingen: Vandenhoeck & Ruprecht 2016, 225–246.

[66] Zum theologischen Motiv der Partnerschaft in der späten Theologie Karl Barths siehe Krötke, W., »Gott und Mensch als ›Partner‹. Zur Bedeutung einer zentralen Kategorie in Karl Barths Kirchlicher Dogmatik«, in: Krötke, W. (Hg.), *Barmen – Barth – Bonhoeffer. Beiträge zu einer zeitgemäßen christozentrischen Theologie*, Bielefeld: Luther-Verlag 2009, 109–130.

[67] Dass das Vertrauen in Gott Momente der Wechselseitigkeit hat, beleuchtet Reichel, H., »The God Who Trusts«, in: Springhart / Thomas (Hgg.), *Risiko und Vertrauen / Risk and Trust*, Leipzig: Evangelische Verlagsanstalt 2017, 23–36.

[68] An diesem Punkt zeigen sich zweifellos Brüche und unterschiedliche Optionen der vier Evangelien. Zum Konnex zwischen Christus und Geist siehe Dabney, D. L., *Die Kenosis des Geistes. Kontinuität zwischen Schöpfung und Erlösung im Werk des Heiligen Geistes*, Neukirchen-Vluyn: Neukirchener Verlag 1997.

[69] Ob das Modell einer Feldstruktur, das von Wolfhart Pannenberg vorgeschlagen wurde, diese Dynamik mit zu reformulieren erlaubt, bedarf einer eigenen Überprüfung.

e. Mobilität der Kreativität

Der Geist, in dessen Macht Jesus von den Toten auferweckt wird, ist der Geist der Neuschöpfung (Röm 1,4). Es ist der Geist, der zu dem geschöpflichen Leben rettend und transformierend hinzutritt und neue Möglichkeitshorizonte eröffnet. Es ist der Geist, der nach Joh 3,16 eine neue Geburt erfordert und so den Geistern des kreatürlichen Lebens entgegentritt. Doch der in seiner Kreativität intensivierte, aus den Toten rufende Geist, stößt die Welt nicht ab und ruft nicht aus dieser Welt heraus. Die jesajanischen Texte um den messianischen Geistträger sagen von diesem in herausragender Weise vom Geist erfüllten Gottesknecht: »Das geknickte Rohr wird er nicht zerbrechen, und den glimmenden Docht wird er nicht auslöschen« (Jes 42,3).[70] Was hier angezeigt wird, ist eine tiefe Sensibilität des Geistes für das verwundbare, zerbrechliche und elementar gefährdete Leben. Darum ist der Geist Gottes nicht einfach ein Geist der vitalen Affirmation des starken Lebens oder der machtvollen Autopoiesis des Lebens, die über die Schwächen und Verletzlichkeiten dieses Lebens sich erheben und über diese triumphieren. Es ist vielmehr ein Geist der Bewahrung dieses vulnerablen Lebens, der zugleich dieses vulnerable Leben mit gesteigerter Kreativität einer tiefgreifenden Verwandlung entgegenführt. Darin erweist sich der Geist weder als einer, der das schwache Leben verachtet und abstößt, noch als einer, der das Elend idealisiert und letztlich kontinuiert.

Die Kreativität des Geistes bewegt sich also zwischen zwei Polen. Der eine Pol des Kreativitätsspektrums des Geistes besteht aus der wahrnehmenden und würdigenden Bewahrung gefährdeten und beschädigten Lebens. In dieser Bewahrung des zerbrechlichen Lebens dieser Schöpfung bleibt der Geist dieser Erde treu. Darin enthebt er auch die Christen nicht der Erfahrung der Ambiguitäten und Spannungen dieser Schöpfung, sowohl in deren biologischen wie auch deren kulturellen und sozialen Aspekten. Der Geist der bewahrenden Intervention zielt auf die, die sich im Kräftespiel nicht durchsetzen können. Es ist ein Geist der solidarischen Präsenz. Der andere Pol in der Mobilität der Kreativität ist manifest in einem Handeln des Geistes, das die Gräber öffnet, die Gebeine versammelt und in ein neues Leben ruft. In der Auferstehung Jesu Christi dokumentiert sich daher die eigentümliche Doppelseitigkeit des Geistwirkens: Der Geist der Bewahrung des Gefährdeten und der Bewahrung der Humanität ist zugleich der Geist, der mit Macht aus den Toten ruft.

In dieser spannungsvollen Kreativität ist der Geist eine Verbindung von Schöpfung und der mit der Aufweckung anhebenden Neuschöpfung von Himmel und Erde und erschließt die Dynamik der göttlichen Verwundbarkeit. In der

---

[70] Zum Umfeld des leidenden Gottesknechtes siehe Janowski, B. / Stuhlmacher, P. (Hgg.), *Der leidende Gottesknecht. Jesaja 53 und seine Wirkungsgeschichte. Mit einer Bibliographie zu Jes 53*, Tübingen: J.C.B. Mohr 1996.

Person des Christus wird die Vulnerabilität Gottes durch eine Nicht-Rückhol-barkeit der Präsenz enorm gesteigert. Hierin dokumentiert sich eine Grenzlage der göttlichen Verwundbarkeit, in der die Kräfte der Viktimisierung drei Tage zu triumphieren scheinen. Eine Intensivierung und Steigerung der schöpferischen Kreativität des Geistes ist es, die Jesus von Nazareth in das neue Leben ruft. Aus der Perspektive der Neuschöpfung betrachtet, ist die Auferweckung des Toten ein Ereignis im ›Leben‹ Jesu, das seine Verkündigung, seine Heilungshandlungen und nicht zuletzt seinen Tod schon für die ersten Christen in einem neuen Licht göttlicher Kreativität erscheinen lässt. Im gesamten Leben Jesu zeigt sich dann die Spannung kraftvoller Vitalität und gleichzeitiger Präsenz im Schwachen. Nur so kann der Geist auch die Macht der rettenden Transformation sein.

f. Prozessuale Mobilität

Zu den Eigentümlichkeiten des Geistes Gottes gehören zwei Momente, die sich als eine prozessuale Mobilität bezeichnen lassen. Das erste Moment ist, dass die Präsenz des Geistes Gottes offensichtlich skalierbar, intensivierbar und stei-gerbar ist. Als Angeld oder Erstlingsgabe ist die Geistwirksamkeit analog und steigerbar gedacht (1 Kor 1,22; 5,5).[71] Die Präsenz des Geistes kennt ein Mehr und ein Weniger. Wirkt der Geist in und mit Menschen, die er für sich in Anspruch nimmt, so erzeugen die Charismen als Geistesgaben eine Verwandlung sozialer Beziehungen, die auch neue Formen der Gemeinschaft wachsen lassen. Die Naturmetaphorik in der Beschreibung des Geistwirkens – aus einem Wind kann ein Sturm werden – verweist auf diese graduelle und analoge Prozessualität. Hierin begünstigt und evoziert der Geist Prozesse des Wachstums, der Heilung, der Stärkung. In diesen analogen Prozessen der Geistpräsenz wirkt dieser die Bewahrung und anbrechende Verwandlung der ›alten Schöpfung‹ und den Ein-bruch des Neuen in der Gegenwart. Die Liebe, die Hoffnung und der Glaube als Gaben des Geistes, in denen dieser Gebende präsent ist, verwandeln Klug-heitskalküle und fragwürdige Herkunftsbindungen. Die Rede von den Früchten des Geistes (Gal 5,16–26) verweist auf solche kontinuierlichen, wachstums-analogen Prozesse der Veränderung, aus denen emergent Neues hervorgehen kann.[72]

---

[71]   Eine immer noch instruktive Diskussion der paulinischen Belege und deren Theologie bietet Horn, F. W., *Das Angeld des Geistes. Studien zur paulinischen Pneumatologie*, Göttingen: Vandenhoeck & Ruprecht 1992, der jedoch den juridischen Aspekt und nicht das Moment der Skalierbarkeit in den Vordergrund rückt.

[72]   Diese emergenten Prozesse sind es, die im Vordergrund der Analysen von Welker, M., *Gottes Geist. Theologie des Heiligen Geistes*, 1992 stehen.

Das zweite Moment ist allerdings die Unterscheidung zwischen einem pro-zessual-kontinuierlichen und einem disruptiv-innovativen Wirken des Geistes. Der Geist Gottes wirkt nicht nur graduell, sondern auch disruptiv. Als Macht der Rettung überwindet er die Ohnmacht auch dort, wo keine menschlichen Mög-lichkeiten – auch nicht die Möglichkeiten anderer Menschen und sonstiger förderlicher Umgebungen – in Anspruch genommen werden können. Es ist auch hier die Auferweckung in der Macht des Geistes, die letztlich den Tod besiegt, die die entscheidende Differenzmarkierung darstellt. Die Auferweckung von den Toten und die Schaffung einer Welt ohne Nacht ist nicht das Ergebnis emergenter Schöpfungsprozesse, sondern eines intervenierenden und disruptiven Geist-wirkens.

All diese Mobilitäten des Geistes sind Veränderlichkeiten Gottes, die letztlich dem Aufrechterhalten von Gottes Absichten gegenüber einer der Selbstgefähr-dung erliegenden Schöpfung dienen.

V. Die Affizierbarkeit Gottes im Gebet. Eine Problemskizze

1. Die Psalmen – systematisch-theologisch interpretieren und rezipieren

Wendet sich die Systematische Theologie den Psalmen zu, so gerät sie in einen schwierigen Konflikt der Interpretationen. Wie kann und wie soll eine systematisch-theologische Lektüre der Psalmen mit den dort greifbaren Aussagen über Gott umgehen? Ohne Zweifel bieten sich vielfältige Interpretationen dieses Textkorpus an. Die Psalmen können einer literaturwissenschaftlichen, einer religionsgeschichtlichen oder auch einer traditionsgeschichtlichen Lektüre unterworfen werden. Sie können als Schlüsseltexte elementarer menschlicher Erfahrungen, d.h. existential, und in einem weiteren Sinne anthropologisch interpretiert werden. Sie bieten dann Einblicke in die Macht menschlicher Imagination, in die Dynamik der Religionsgeschichte und in die kulturgeschichtlich prägenden Sedimente menschlicher Erfahrung. In all diesen Ansätzen wird jedoch die Frage, ob die Texte dann, wenn sie von Gott reden, von einer noch heute wirksamen und lebendigen Entität jenseits des Textes selbst sprechen, mehr oder weniger deutlich sistiert. Die Wirklichkeit Gottes wird dann nicht notwendigerweise bestritten, aber die spezifisch theologische Dimension der Interpretation zugunsten einer heute Wahrheit beanspruchenden Rede von Gott tritt weit in den Hintergrund.

Was wären Kennzeichen einer prägnant theologischen und insbesondere systematisch-theologischen Interpretation? Eine spezifisch theologische Lektüre würde

a. dem Umstand Rechnung tragen, dass die Psalmen – als theologisch reflektierte öffentliche Gebetstexte – in der Sprachform einer Rede *zu Gott* auch *von Gott* reden[1],

---

[1]   Die besondere theologische Herausforderung der Psalmen als veröffentlichte, in kommunikativen Prozessen geprüfte und verdichtete Gebetstexte besteht darin, dass sie sowohl theologische Diskurse wie auch Gebetsvorlagen sind. Sie sind als Gebetstexte zugleich Ge-

b. anerkennen, dass von dieser Rede über Gott eine Zumutung für gegenwärtiges Reden von Gott ausgeht, dass die Psalmen also in gewisser Weise *gültiges Reden* von Gott darstellen und dazu anleiten,

c. wahrnehmen, dass die Texte auch dort, wo sie nicht naiv realistisch, sondern imaginativ poetisch, bildhaft oder metaphorisch zu Gott reden, sie doch auch *von Gott* reden. Nicht zuletzt würde eine theologische Interpretation

d. sich der Zumutung aussetzen, dass das Psalmengebet in seinen inhaltlichen wie sprachperformativen Aspekten einen aktual wahrnehmenden Gott unterstellt.[2]

Eine an Gottes- und Welterkenntnis interessierte Theologie interpretiert die Aussagen zu und über Gott als Aussagen über Gott und fragt – stets und unausweichlich im Medium der gegenwärtigen Imagination und Interpretation – nach dem Wahrheitsgehalt dieser Rede über Gott.[3] Die Systematische Theologie muss sich – und dies scheint mir das Minimum einer sinnvollen Orientierung an der Schrift zu sein – von Aussagen dieser Texte befragen und provozieren lassen.

---

genstand und Resultat öffentlicher und wahrheitssuchender Glaubenskommunikation, eben selbst auch in einem pointierten Sinn systematisierende Theologie. Völlig unangemessen wäre es, an dieser Stelle eine Kluft zwischen einer nichtgegenständlichen Rede zu Gott im Gebet und einer abzulehnenden vermeintlich gegenständlichen Rede über Gott zu ziehen, insofern die gemeinschaftlich-öffentlichen Texte aus rekursiven Prozessen der Gotteserkenntnis und Gotteskommunikation erwachsen sind.

[2]   Brümmer, V., *Was tun wir, wenn wir beten? Eine philosophische Untersuchung*, Marburg: Elwert 1985, 29ff., geht gleich soweit, ein im prägnanten Sinne als Person gefasstes ›Gegenüber‹ als Teil des Sprechaktes des Gebets anzunehmen. Die direkt in viele Probleme des Theismus führende Aussage, es sei »offensichtlich, daß die Praxis des Bittgebets einen personalen Gott voraussetzt« (a.a.O., 33), soll in der hier vorliegenden Interpretation dahingehend präzisiert werden, dass das Gebet einen affizierbaren Gott voraussetzt. Personsein setzt Affizierbarkeit voraus, während Affizierbarkeit selbst nicht notwendig mit commonsensuellen Personkonzepten verbunden sein muss.

[3]   Dass dies innerhalb der alttestamentlichen Wissenschaft selbst strittig ist, weiß auch der Systematiker. Darum erscheint es angemessen, in Erinnerung zu rufen, dass Gerhard von Rad im Jahr 1957 für die alttestamentliche Wissenschaft meinte festhalten zu müssen: »Der Gegenstand, um den sich der Theologe bemüht, ist ja nicht die geistig-religiöse Welt Israels und seine seelische Verfassung im allgemeinen, auch nicht seine Glaubenswelt, welches alles nur auf dem Weg von Rückschlüssen aus seinen Dokumenten erhoben werden kann, – sondern nur das, was Israel selbst von Jahwe direkt ausgesagt hat.« Es gilt, »nach der kerygmatischen Intention zu fragen« (Rad, G. v., *Theologie des Alten Testaments. Bd. 1. Die Theologie der geschichtlichen Überlieferungen Israels*, München: Christian Kaiser 1968, 117f.). Zum damit aufgeworfenen Problem vgl. die Diskussion in Janowski, B. / Lohfink, N. (Hgg.), *Religionsgeschichte Israels oder Theologie des Alten Testaments? Jahrbuch für Biblische Theologie. Bd. 10*, Neukirchen-Vluyn: Neukirchener Verlag 1995.

Nur so kann die Systematische Theologie als Dogmatik ihren eigenen Beitrag zur interdisziplinären Analyse und Interpretation des Gebets leisten.[4]

2. Der Zusammenhang zwischen einer Theologie des Gebets und der Gotteslehre

Was ist nun ein elementares Implikat der in den Psalmen vorliegenden Rede zu Gott? Was wird dadurch, dass theologisch auf orientierende und zugleich gültige Weise Gott gelobt und gepriesen wird, Gott in Dank und Klage angeredet wird, über Gott in seiner Bezogenheit auf uns Menschen ausgesagt? Wie ist die im Akt des Gebets mitgesetzte Wirklichkeit Gottes zu denken?[5] Man wird schwerlich bestreiten können, dass die Kommunikationsform des vielgestaltigen individuellen wie gemeinschaftlichen Gebets impliziert, dass Gott durch das Gebet von Menschen affiziert, berührt und bewegt wird. Die Psalmen appellieren an Gottes Aufmerksamkeit, sein Hören, Sehen und spontanes Handeln: »Die Augen des Herrn merken auf die Gerechten und seine Ohren auf ihr Schreien« (Ps 34,26). Gott nimmt wahr und bewertet. Es lässt sich unschwer beobachten, dass sich die Zuschreibungen von Eigenschaften in den biblischen Texten zu der Vorstellung einer Körperlichkeit Gottes zusammenfügen.[6] Die Beter der Klagepsalmen appellieren an Gottes Aufmerksamkeit, ermahnen ihn zur Eile und erwarten göttliche Interventionen. Sie gehen mit großer Selbstverständlichkeit von einer grundlegenden rettenden Beweglichkeit Gottes aus.[7] Die Psalmen sind wohl auch

---

[4]   Zur aktuellen philosophischen Diskussion siehe Benson, B. E. / Wirzba, N. (Hgg.), *The phenomenology of prayer*, New York: Fordham University Press 2005.

[5]   Ohne Zweifel werden an diesem Punkt einer Theologie des Gebets viele Fragen der Theologie gebündelt, ja vereinen sich »wie durch ein Brennglas alle Linien christlicher Lehre und christlichen Lebens« – so die Formulierung Gerhard Ebelings. Ebeling, G., »Das Gebet«, in: Ebeling (Hg.), *Wort und Glaube. Bd. 3. Beiträge zur Fundamentaltheologie, Soteriologie und Ekklesiologie*, Tübingen: Mohr Siebeck 1975, 405-427, 427. Ganz analog enthält für den Alttestamentler Hans-Joachim Kraus eine Theologie der Psalmen »eine Art ›Theologie des Alten Testaments in nuce‹« (Kraus, H.-J., *Theologie der Psalmen*, Neukirchen-Vluyn: Neukirchener Verlag 1979, 5).

[6]   Siehe Wagner, A., *Gottes Körper. Zur alttestamentlichen Vorstellung der Menschengestaltigkeit Gottes*, Gütersloh: Gütersloher Verlagshaus 2010. Für Konzeptionen einer komplexen nichtanthropomorphen Körperlichkeit Gottes, die aber dennoch eine elementare Zugänglichkeit symbolisiert, siehe Sommer, B. D., *The bodies of God and the world of ancient Israel*, Cambridge / New York: Cambridge University Press 2009, 80-123.

[7]   Eines der hier im Hintergrund stehenden weiteren Problemfelder ist die Veränderbarkeit Gottes im Sinne einer Reue. Siehe Jeremias, J., *Die Reue Gottes. Aspekte alttestamentlicher Gottesvorstellung*, 1997 und in kritischer Weiterentwicklung Döhling, J.-D., *Der bewegliche*

reflektierte soziale Konfliktgespräche, die dichte, elementare und die Jahrtausende übergreifende Figurationen menschlichen Erlebens und sozialer Konflikte zur Sprache bringen. Sie sind aber darin auch »Konfliktgespräche mit Gott« – und nicht nur ›über Gott‹.[8]

Doch was auf der Ebene der Psalmentexte und in der Frömmigkeit vieler Christinnen und Christen unstrittig ist, ist im Horizont der wissenschaftlichen Theologie des ausgehenden 18. Jahrhunderts und der beiden darauffolgenden Jahrhunderte zu einem scheinbar unüberwindlichen Problem geworden. Wer zu einem göttlichen Wesen laut redet, setzt sich, so Immanuel Kant, dem Verdacht aus, »eine kleine Anwandlung von Wahnsinn« zu haben, geht es doch im Gebet nur um ein Mittel »zu wiederholter Belebung« der moralischen »Gesinnung«.[9] Für Kant ist es »ein ungereimter und zugleich vermessener Wahn, durch die pochende Zudringlichkeit des Bittens zu versuchen, ob Gott nicht von dem Plane seiner Weisheit (zum gegenwärtigen Vorteil für uns) abgebracht werden könne.«[10] Pointiert und letztlich für viele andere stehend ist es für Walter Bernet »nicht ein persönliches Gegenüber, sondern das Geheimnis der Erfahrung selbst, das den Menschen um der dem Geheimnis innewohnenden Rationalität willen zur Reflexion, zu einer Besinnung nötigt, die ich Beten nenne.«[11] Wird das Gebet nicht vollständig als Aufmerksamkeit, Achtsamkeit und Transformation des Selbst in der Selbstreferenz des Betenden wahrgenommen, so übernimmt es die ethische Funktion des Aufbaus von Handlungsdispositionen. In den Worten Dorothee Sölles: »im Gebet identifizieren wir uns nicht mit einem starken ›superman‹, sondern wir übernehmen die Verantwortung für unsere Welt«.[12]

Gott. Eine Untersuchung des Motivs der Reue Gottes in der Hebräischen Bibel, 2009, allerdings ohne Bezug auf die Psalmen.

[8]   Janowski, B., *Konfliktgespräche mit Gott. Eine Anthropologie der Psalmen*, 2003.

[9]   »Daß ein Mensch mit sich selbst laut redend betroffen wird, bringt ihn vor der Hand in den Verdacht, dass er eine kleine Anwandlung von Wahnsinn habe; und eben so beurteilt man ihn (nicht ganz mit Unrecht), wenn man ihn, da er allein ist, auf eine Beschäftigung oder Gebärdung betrifft, die der nur haben kann, welcher jemand außer sich vor Augen hat, was doch in dem angenommenen Beispiel der Fall nicht ist« – Kant, I., »Die Religion innerhalb der Grenzen der bloßen Vernunft (1793)«, in: Kant (Hg.), *Werke in zehn Bänden (Hg. W. Weischedel). Bd. 7. Teil 2. Schriften zur Ethik und Religionsphilosophie*, Darmstadt: Wissenschaftliche Buchgesellschaft 1983, 645-879, 871.

[10]   A.a.O., 872.

[11]   Bernet, W., *Gebet. Mit einem Streitgespräch zwischen Ernst Lange und dem Autor*, Stuttgart: Kreuz-Verlag 1970, 141.

[12]   Sölle, D., »Das entprivatisierte Gebet«, in: Sölle (Hg.), *Das Recht ein anderer zu werden. Theologische Texte*, Stuttgart: Kreuz Verlag 1981, 147-156, 149; entsprechend Sölle, D., »Gebet«, in: Sölle (Hg.), *Atheistisch an Gott glauben. Beiträge zur Theologie*, Olten, Freiburg i. Br. 1969, 109-117, 114 u. 116: »Armut, das Bewußtsein vom Dürftigen, und Verlangen, der

Nun ist nicht zu bestreiten, dass viele Kommunikationsprozesse autokommunikative Aspekte haben – d.h. sie sind entweder direkt an sich selbst gerichtet oder aber haben einen auf den Sprecher und den Mitteilenden rückwirkenden Effekt bzw. Begleiteffekt.[13] Dass auch das Gebet in seinen verschiedenen Haltungen und Sprachformen das Bewusstsein der Sprecherinnen und Sprecher verändert, dies soll an dieser Stelle nicht bestritten werden. Zweifellos hat die Theologie der letzten Jahrzehnte an diesem Punkt wichtige Gesichtspunkte der Sprachlichkeit, der eigenen Reflexionsgestalt und der Verbindung von Sprache und Empfindung zutage gefördert. Doch die Frage bleibt im Raum stehen, ob die spezifische Sprachform des Gebets nicht als solche ein wie auch immer gedachtes aktuales Gegenüber, eine durch dieses Gebet zu affizierende Entität zu denken nötigt. Entspricht dem Gebet eine spezifische Wahrnehmung Gottes nicht nur im Sinne eines *genetivus objectivus*, sondern eines *genetivus subjectivus*, eine Wahrnehmung, in der und durch die Gott durch dieses spezifische Gebet eines Menschen affiziert wird?

Eine solche Infragestellung eines geradezu schulübergreifenden *common sense* in der gegenwärtigen akademischen Systematischen Theologie kann m.E. weder mit einer pauschalen Warnung vor einer Rückkehr zu einer naiven Metaphysik noch mit einer Mahnung, nicht naiven Formen eines Personalismus mit vereinfachenden Ich-Du-Begegnungen zu verfallen, stillgestellt werden.[14] Eine an biblischen Texten orientierte Systematische Theologie lässt sich auch nicht durch ein zu einer Pathosformel erstarrtes ›nachmetaphysisches Denken‹ abfangen.[15] Der Anfrage können sich die Diskursteilnehmer m. E. auch nicht durch den

---

utopische Traum von dem, was noch nicht ist, sind im Gebet beieinander. [...] Beten ist antworten, und daß wir antworten können auf die Frage der Liebe, ist unsere ganze Definition.«

[13] Kritisch zu Gebet als therapeutischer Meditation siehe Brümmer, V., *Was tun wir, wenn wir beten? Eine philosophische Untersuchung*, 1985, 17-28; zu Formen ritueller Autokommunikation Rappaport, R. A., *Ritual and religion in the making of humanity*, Cambridge, U.K. / New York: Cambridge University Press 1999, 51f.

[14] Beispiele für Ich-Du-Denkformen lassen sich auch noch in differenzierten gebetstheologischen Entwürfen finden. Siehe u.a. Hiller, D., »Dogmatik«, in: Becker / Hiller (Hgg.), *Handbuch evangelische Theologie. Ein enzyklopädischer Zugang*, Tübingen / Basel: Francke 2006, 221-262, 256: »Das Gebet setzt als wechselseitiges Ich-Du-Geschehen Gott und Mensch in Beziehung.« Dass die biblischen Traditionen eine weitgehendere Differenzierung aufweisen, zeigt sich z. B. an der ungemeinen Vielfalt, in der die Natur, d.h. nichtmenschliche Entitäten, Gott loben. Für eine entsprechende Auflistung siehe exemplarisch Fretheim, T. E., *God and world in the Old Testament: A relational theology of creation*, 2005, 267f.

[15] Dazu prägnant Sass, H. v., »Unerhörte Gebete? Das Bittgebet als Herausforderung für ein nachmetaphysisches Gottesbild«, in: *Neue Zeitschrift für systematische Theologie und Religionsphilosophie* 54 (1) (2012), 39-65.

Verweis auf die vermeintliche Vormodernität der Fragerichtung entledigen. Vielmehr gilt es umgekehrt zu fragen, was die Infragestellung des theologischen *common sense* erzwingt.

Blickt man auf die wenigen dogmatischen Thematisierungen des Gebets in der protestantischen Theologie des 20. Jahrhunderts, so zeigt sich die tiefe Verbindung von Gotteslehre und Gebetslehre – allerdings nicht in dem Sinne, dass »das Phänomen des Gebets [...] zum hermeneutischen Schlüssel der Gotteslehre« wird und hierin »die Lehre von Gott [...] in Korrelation zur Lehre vom Gebet« entworfen wird,[16] sondern umgekehrt: Die im Horizont der Neuzeit und deren wirklichen und vermeintlichen Zumutungen entworfene Gotteslehre bildet zumeist den Rahmen der Rede vom Gebet. An deren Ende steht eine Lehre des Gebets, die in wohlwollender repressiver Toleranz das Gebet zwar nicht suspendieren möchte, aber seine innere Logik doch mehr oder weniger reduktionistisch strikt entgegen der performativen Sprachgestalt selbst begreifen möchte. Versteht man in der jüdisch-christlichen Tradition das Gebet als Kommunikationsprozess und nicht nur als ein letztlich an sich selbst gerichtetes Mitteilungshandeln und erfordert Kommunikation zugleich das Verstehen eines anderen, der durch die Mitteilung in irgendeiner Art und Weise affiziert wird, so steht die Frage im Raum: Kann die Systematische Theologie das Gebet als Kommunikation mit Gott oder Christus begreifen?[17]

Um sich die Schwierigkeiten in der Beantwortung der Frage vor Augen zu führen, lohnt es sich, einige theologiegeschichtliche Stationen abzuschreiten. Die These ist, dass die historische Perspektivierung das Problem deutlicher hervortreten lässt und zugleich veranschaulicht, wie tief es in der *longue durée* der modernen Theologie eingeschrieben ist. In einem ersten Schritt möchte ich mich knapp der vielschichtigen, aber nicht spannungsfreien, sondern tief ambivalenten Gebetstheologie des Reformators Johannes Calvin zuwenden. In einem weiteren Schritt möchte ich die Position Friedrich Schleiermachers als radikalisierende und vereindeutigende Interpretation Johannes Calvins kurz umreißen. Im dritten Schritt wird unter dem Stichwort »Der lange Schatten Schleiermachers« der Bogen zu aktuelleren Ansätzen einer Theologie des Gebets geschlagen. Die hieraus erwachsende Problemskizze findet dann in drei knappen christolo-

---

[16] So die Forderung Gerhard Ebelings, der in seiner umsichtigen und differenzierten Lehre des Gebets allerdings letztlich doch in weiten Zügen einer philosophischen und theologischen Gotteslehre die Führung überlässt. Ebeling, G., *Dogmatik des christlichen Glaubens. Bd. 1. Prolegomena. Der Glaube an Gott den Schöpfer der Welt*, Tübingen: Mohr-Siebeck 1986, 193f.

[17] Die Arbeit von Ostmeyer, K.-H., *Kommunikation mit Gott und Christus. Sprache und Theologie des Gebetes im Neuen Testament*, Tübingen: Mohr Siebeck 2006, zeigt für das Neue Testament anhand einer Untersuchung der Gebetsterminologie in detaillierter Weise, wie elementar das Gebet nicht nur als Äußerung, sondern als Kommunikation mit Gott begriffen wird.

gischen und pneumatologischen Überlegungen zur Affizierbarkeit Gottes ihren Abschluss.

3. Theologiegeschichtliche Etappen

a. Spannungslagen und Akzente in Johannes Calvins dogmatischer Rede vom Gebet

Johannes Calvin bietet für die Analyse des Verhältnisses zwischen Gotteslehre und Gebetslehre einen guten Einstiegspunkt, weil sich bei ihm Spannungslagen beobachten lassen, die für die weitere theologiegeschichtliche Entwicklung instruktiv und signifikant sind.[18]

Calvin setzt in der letzten Auflage seines Hauptwerkes *Institutio Christianae Religionis* aus dem Jahr 1559 in seinen Ausführungen zum Gebet mit einer bemerkenswerten Feststellung ein. Das Gebet sei, so Calvin, »gewissermaßen ein Verkehr des Menschen mit Gott«.[19] Es ist eine Handlung, in der sich Menschen »aufmachen, um mit Gott ein Gespräch zu haben« (III,20,4,566). So kann Calvin dieses Gespräch als die »vornehmste Übung des Glaubens« bezeichnen (III,20,1,564). Insofern im Glauben die Christen Christus angezogen haben und eine innige Vereinigung mit ihm pflegen, ist die vom Evangelium ausgehende Aufforderung zum Gebet eine Einladung zu einer intensiven Gemeinschaft mit Christus. Nur in Christus verwandelt sich der, wie Calvin formulieren kann, »Thron der furchtbaren Herrlichkeit in den Thron der Gnade« (III,20,17,581). Die Metapher des Gesprächs ist also strikt rückgebunden an eine in Christus erkennbare und durch den Geist realisierte Freundlichkeit und gnädige Nähe Gottes.[20] Calvins Überlegungen zu kommunikativer Nähe und zu vorausgehen-

---

[18]   Die hier vorgelegten Überlegungen müssen sich leider auf die explizite Gebetstheologie der *Institutio* beschränken, ohne Calvins implizite Gebetstheologie der Psalmenkommentare heranziehen zu können. Für die Gebetstheologie Calvins siehe Höfner, M., »Krankheit und Gebet. Überlegungen zu Calvin und Schleiermacher«, in: Thomas / Karle (Hgg.), *Krankheitsdeutung in der postsäkularen Gesellschaft. Theologische Ansätze im interdisziplinären Gespräch*, Stuttgart: Kohlhammer 2009, 465-488; Scholl, H., *Der Dienst des Gebetes nach Johannes Calvin*, Zürich / Stuttgart: Zwingli Verlag 1968; Harasta, E., *Lob und Bitte. Eine systematisch-theologische Untersuchung über das Gebet*, Neukirchen-Vluyn: Neukirchener 2005, 112-142.

[19]   Die Zitate sind entnommen der Ausgabe Calvin, J., *Unterricht in der christlichen Religion / Institutio Christianae Religionis (1559)*, 1988 (III,20,1, 564). Die Angaben im Text beziehen sich auf das Buch, dann das Kapitel, den Abschnitt und zuletzt auf die Seite dieser Ausgabe.

[20]   Ganz entsprechend ist für Calvin die Anrufung Gottes als »Vater« daran gebunden, dass Christus uns zum Bruder geworden ist (III,20,36, 598).

dem, Vertrautheit aufbauenden Glauben und seine steten Verweise auf die Psalmen lassen ihn fragen: »Was kann lieblicher und holdseliger sein, als daß Gott diesen Titel (Erhörer des Gebets) führt, um uns desto gewisser zu machen, daß nichts seiner Natur mehr gemäß ist, als das Gebet derer zu erhören, die ihn anrufen?« (III,20,13,576) In diesem Sinne »erinnert [das Gebet] Gott persönlich an seine Verheißungen« (III,20,21,564). Dem Duktus dieser Frage folgend kann Calvin schwerlich bestreiten, dass Gott durch das Gebet affiziert und bewegt wird – wenngleich Calvin im Kontext sehr deutlich macht, wie sehr die Rede von drei göttlichen Personen letztlich »eine uneigentliche Redeweise« sei (I,13,5,57).

Und doch lassen sich bei Calvin selbst drei gegenläufige Kräfte identifizieren, die die Metapher des Gesprächs stark einschränken und relativieren und die, so die These, in den folgenden Jahrhunderten deutlich in den Vordergrund getreten sind.

1. Das Problem des *Anthropomorphismus*: In der Verteidigung der Unermesslichkeit Gottes wendet sich Calvin direkt und massiv gegen die Vorstellung, dass eine anthropomorphe und darin Interaktion, Wahrnehmungsfähigkeit, Affizierbarkeit und eine wie auch immer geartete Reziprozität implizierende Rede von Gott in irgendeiner Weise etwas über Gott selbst aussagt.[21] Eine Affizierbarkeit Gottes voraussetzende Rede wird nicht produktiv auf ihre nicht-anthropomorphe Sachintention befragt, sondern primär als insuffiziente Erkenntnisform an die Seite gedrängt.

2. Der Hintergrund der *Vorsehungslehre*: Calvins im Kontext der Schöpfungslehre entwickelte, äußerst differenzierte Vorsehungslehre ist Grundlage der direkt im Anschluss an seine Ausführungen zum Gebet vorgetragenen Einsichten zur Prädestination.[22] Calvin unterscheidet eine allgemeine, gesetzesförmige Vorsehung (*providentia universalis*) und eine spezielle Vorsehung (*providentia specialis*), welche bis in die Details der Einzelereignisse geht, derer beide sich mit, gegen, aber auch ohne sogenannte »Mittelursa-

---

[21] »Die Anthropomorphiten aber, die sich einbildeten, Gott sei körperlich, weil ja die Schrift ihm häufig Mund, Ohren, Augen, Hände und Füße zuschreibt, sind leicht zu widerlegen. Denn es muß doch einer schon sehr töricht sein, wenn er nicht sieht, daß Gott an solchen Stellen mit uns kindlich redet, wie Ammen mit den Kindlein tun! Solche Ausdrücke wollen deshalb nicht etwas klar darlegen, wie denn Gott beschaffen sei, sondern vielmehr seine Erkenntnis unserer Schwachheit anpassen. Damit das aber möglich ist, muß Gott tief unter seine Erhabenheit heruntersteigen« (I,13,1,54).

[22] Kritische Überblicke bieten Bernhardt, R., *Was heißt ›Handeln Gottes‹? Eine Rekonstruktion der Lehre von der Vorsehung*, 1999, 87-122; Link, C., »Die Krise des Vorsehungsglaubens. Providenz jenseits von Fatalismus«, in: *Evangelische Theologie* 65 (6) (2005), 413-428, insb. 419ff. Die Debatten um den Open Theism aufnehmend Teuchert, L., *Gottes transformatives Handeln. Eschatologische Perspektivierung der Vorsehungslehre bei Romano Guardini, Christian Link und dem ›Open theism‹*, 2018.

chen« durchsetzen – nicht nur als Macht der Wirkung, sondern in der Tat als Macht der kausalen wie finalen Lenkung und Steuerung. Wenn, wie Calvin deutlich macht, »der Christ in seinem Herzen die unumstößlich gewisse Überzeugung hat, dass alles aus Gottes Führung, nichts aus Zufall geschieht« (I,17,6,117), und doch zugleich von ihm ein stoischer Schicksalsglaube zurückgewiesen wird, dann stellt sich angesichts dieser Allwirksamkeit im Sinne einer Lenkung der Geschehnisse unweigerlich die Frage, welche Funktion und Ausrichtung das Gebet haben kann.[23] Dass an dieser Stelle enorme Spannungen sichtbar werden, zeigt sich in Calvins überaus scharfer Polemik gegenüber der Auffassung, die Vorsehung Gottes mache das Gebet überflüssig. Welche Stellung hat das Gebet, wenn, wie Calvin mit Verweis auf Jak 5,14 erinnern kann, »die Gebete der Gläubigen [...] nicht unwirksam sein sollen« (IV,19,21,1021)? Letztlich ist es eine grundlegende relative Intransparenz der Vorsehung und der Prädestination, die das Gebet handlungslogisch begründet. Die Glaubenden sollen nach Gottes Willen »erkennen, wie uns eben das, was er uns aus seiner freien Güte zufließen läßt, auf unsere Bitten hin gewährt ist!« (III,20,3,566) Unter den Bedingungen einer relativen Intransparenz der Vorsehung zielt das Gebet auf eine wachsende Kongruenz mit dem Willen Gottes und hierin auf einen – aus der Perspektive des Menschen betrachtet – Mitvollzug der göttlichen Vorsehung.[24] Das Gebet ist der Ort, an dem Gottes Wille gesucht wird – um sich diesem unterzuordnen. Die tiefen Spannungen, die zwischen der Vorstellung einer alles wirkenden und steuernden Macht Gottes und einem als Gespräch begriffenen Gebet aufbrechen, sind unschwer erkennbar. Auch die durch den Geist ermöglichte Vertrautheit, in der Gott »auch unsere Seufzer hören« (III,20,3,566) will, affiziert Gott nicht dergestalt, dass ungeplant Neues geschieht. So lässt sich bei Calvin beobachten, wie die Vorsehungslehre als Schnittstelle zwischen Schöpfungslehre und Gotteslehre die theologische Rede vom Gebet nicht nur prägt, sondern stark überformt.

3. Nicht zuletzt durch die reformatorische Orientierung am Handeln Gottes am Menschen und speziell bei Johannes Calvin durch die konsequent pneumatologische Rahmung des Gebets vollzieht sich eine Konzentration hin zu dem, was das Gebet *mit dem Betenden* im Akt des Gebets macht. Diese Hinwendung zum ›Effekt‹ des Gebets für den betenden Menschen rückt das

---

[23] Kirby, W. J. T., »Stoic and Epicurean? Calvin's Dialectical Account of Providence in the Institute«, in: *International Journal of Systematic Theology* 5 (3) (2003), 309-322.

[24] Ob diese Willenskongruenz im Sinne einer Anpassung an Gottes vorgegebenen Willen letztlich primär theistisch als Übereinstimmung mit dem Schöpferwillen, oder christologisch als Einfügung in den in Christus offenbaren Willen Gottes gefasst wird, bleibt bei Calvin vielfach in der Schwebe. Aus diesem Grund lassen sich in der theologiegeschichtlichen Rezeption beide Anschlüsse ausmachen.

Gebet in psychologische Überlegungen ein, wenngleich diese Prozesse bei Calvin ohne Zweifel nicht psychologisch begründet sind. Als »Übung des Glaubens« ist das Gebet der Ort, an dem die Glaubenden ganz und gar affektiv »Gottes Gaben ergreifen« (III,20,1,564 Überschrift). »Das Gebet gräbt«, wie Calvin bildreich erläutern kann, »die Schätze aus, die unser Glaube im Evangelium angezeigt gefunden hat« (III,20,2,564). Damit ist das Gebet eine Handlung, die nicht Gott, sondern der betende Mensch ›braucht‹, und dies auch nicht in der und für die Zeit nach dem Akt des Gebets, sondern im Moment des Gebets. Mit unseren Bitten werden wir kommunikativ an Gottes Gaben erinnert. In der Beugung vor Gott üben sich die Glaubenden in einem Gefühlsmanagement. Es sind ja unsere Bitten, »die unser verschmachtendes Herz mit neuer Kraft erfrischen« (III,20,13,576). Hierdurch gewinnt das Gebet eine (selbst-)erzieherische und eminent psychologische Funktion.

b. Friedrich Schleiermacher als radikaler Interpret Johannes Calvins

Die bei Friedrich Schleiermacher anzutreffende Verhältnisbestimmung von Gebet und Gotteskonzeption stellt in zweifacher Weise eine radikalisierende Verschiebung der Position Calvins dar – und dies betrifft nicht nur die Theologie des Gebets, sondern insbesondere die deutlich engere Verzahnung der Gebetstheologie mit der Gotteslehre.[25]

Für die bei Schleiermacher beobachtbare Verschiebung ist seine Bestimmung der Frömmigkeit grundlegend. In den materialiter verschieden geprägten Frömmigkeiten findet Schleiermacher als gemeinsame Basis, »dass wir uns unserer selbst als schlechthin abhängig, oder, was dasselbe sagen will, als in

---

[25] Die folgenden Verweise im Text beziehen sich auf Schleiermacher, F., *Der christliche Glaube. Nach den Grundsätzen der Evangelischen Kirche im Zusammenhange dargestellt. Bd. 2*, Berlin: Walter de Gruyter 1960. Zur Gebetslehre Schleiermachers siehe Luibl, H. J., *Des Fremden Sprachgestalt. Beobachtungen zum Bedeutungswandel des Gebets in der Geschichte der Neuzeit*, Tübingen: Mohr Siebeck 1993, 114-124; Höfner, M., »Krankheit und Gebet. Überlegungen zu Calvin und Schleiermacher«, in: Thomas, G. / Karle, I. (Hgg.), *Krankheitsdeutung in der postsäkularen Gesellschaft. Theologische Ansätze im interdisziplinären Gespräch*, Stuttgart: Kohlhammer 2009, 465-488, 483ff. Einschlägig, über die Glaubenslehre hinausgehend, Schleiermacher, F., »Die Kraft des Gebetes, in so fern es auf äußere Begebenheiten gerichtet ist«, in: Schleiermacher (Hg.), *Kleine Schriften und Predigten. Bd. 1: 1800–1820, Hg. v. H. Gerdes u. E. Hirsch*, Berlin: De Gruyter 1969, 167-178. Eine primär auf Predigten Schleiermachers gestützte und daher anders akzentuierte Rekonstruktion von Schleiermachers Gebetsverständnis bietet Harms, S., *Glauben üben. Grundlinien einer evangelischen Theologie der geistlichen Übung und ihre praktische Entfaltung am Beispiel der ›Exerzitien im Alltag‹*, Göttingen: Vandenhoeck & Ruprecht 2011, 183-188.

Beziehung zu Gott bewusst sind«.[26] Da Schleiermacher sich dieses Bewusstsein als *unmittelbar* gegeben vorstellt, beansprucht er, von ihm aus den Gottesbegriff zu entwickeln. Dabei unterscheiden sich für ihn Welt und Gott genau darin, dass die Beziehung des Menschen auf ›Weltgegenstände‹ immer durch eine Kombination von Freiheit im Sinne von Einwirkung und Abhängigkeit im Sinne von Bestimmtwerden geprägt ist. Auf alle weltlichen Entitäten kann eingewirkt und hierin Freiheit praktiziert werden und zugleich wirken sie auf anderes ein, was von ihnen abhängig ist. Dasjenige, von dem der Mensch schlechthinnig sich abhängig weiß, ist allerdings etwas, auf das per Definition nicht eingewirkt werden kann und das von etwas außerhalb seiner selbst auch nicht affiziert werden kann. Gott steht daher zur Welt und zum Menschen im Verhältnis einer göttlichen (All-)Kausalität. Der Ausschluss jeglicher Wechselwirkung zwischen Welt und Gott ist darum gerade eine der Pointen des Schleiermacherschen Gottesgedankens. Das Gebet findet seine Zielbestimmung in »Ergebung oder Dankbarkeit« (376, §146.1), denn nur so spricht sich auf Seiten der Christen »die Teilnahme an der ungetrübten Seligkeit des Erlösers« aus (377, §146.1). Der Idee, durch das Bittgebet »eine Einwirkung auf Gott ausüben zu können, indem sein Wille und Ratschluß durch dasselbe gebeugt werde«, bescheinigt Schleiermacher, »einen Übergang in das Magische« zu vollziehen (381, §147.2). Jeden Zweifel daran, dass Gott durch das Gebet nicht affiziert werden kann, räumt er mit dem Verweis auf die »erste Grundvoraussetzung [aus], daß es kein Verhältnis der Wechselwirkung gibt zwischen Geschöpf und Schöpfer« (381, §147.2).[27] Das Gebet ist der Ort, an dem das Gefühl schlechthinniger Abhängigkeit zur Darstellung gelangt. »Die Gebetsmacht, die Gott an- und auszusprechen vermag, wird hier zur Definitionsmacht Gottes perfektioniert, an deren Ende All-Aussagen über Gott stehen, in denen jedes Element der Veränderung gelöscht ist.«[28] In der Ergebung in Gott hat letztlich auch das Gebet als Übung des Glaubens zu verstummen.

---

[26] Schleiermacher, F., *Der christliche Glaube. Nach den Grundsätzen der Evangelischen Kirche im Zusammenhange dargestellt. Bd. 1*, Berlin: Walter de Gruyter 1960, Leitsatz §4, 23.

[27] »Warlich in dem göttlichen Entwurf ist auf Alles gerechnet, und Alles ist Eins darin. Wonach Euer Herz auch verlange, ehe wird Himmel und Erde vergehen, ehe die geringste Kleinigkeit von demjenigen sich ändert, was in dem Rathe des Höchsten beschlossen ist.« (Schleiermacher, F., »Die Kraft des Gebetes, in so fern es auf äußere Begebenheiten gerichtet ist«, in: Schleiermacher, F. [Hg.], *Kleine Schriften und Predigten. Bd. 1: 1800–1820*, Hg. v. H. Gerdes u. E. Hirsch, Berlin: De Gruyter 1969, 167-178, 172).

[28] So pointiert Luibl, H. J., *Des Fremden Sprachgestalt. Beobachtungen zum Bedeutungswandel des Gebets in der Geschichte der Neuzeit*, 1993, 120.

Schleiermachers Gebetstheologie radikalisiert die Einsichten Calvins dahingehend, dass die Idee einer allmächtigen Allwirksamkeit Gottes die Vorstellung einer Affizierbarkeit Gottes ausschließt.[29]

Die offene Frage ist nur noch, ob speziell dem Bittgebet eine frömmigkeitspflegende Funktion zugeschrieben wird, oder ob es in das Schweigen führen soll. Der bei Calvin noch präsente Gedanke des Gesprächs zwischen dem betenden Menschen und Gott ist als Irrtum entlarvt.

4. Gebetstheologie im langen Schatten Schleiermachers

Nicht zu Unrecht ist Friedrich Schleiermacher der Kirchenvater des 19. Jahrhunderts genannt worden. In Sachen einer Theologie des Gebets wirft er zudem einen langen Schatten auf die protestantische Theologie des 20. Jahrhunderts.

Ein theologischer Entwurf von Rang, der die Frage der Sprache und darin der Adressierung eines Gegenübers im Gebet sehr ernst nimmt, ist die Theologie Gerhard Ebelings.[30] Ebelings facettenreiche Theologie des Gebets kann hier nicht dargelegt werden. Bemerkenswert ist jedoch seine durchaus im Horizont der Theologie Schleiermachers formulierte Verhandlung der Frage nach dem Adressaten des Gebets.[31] Im Gebet vollzieht sich durch die Anrede eine Inanspruchnahme Gottes. Doch diese Inanspruchnahme im Akt des Gebets setzt, so Gerhard Ebeling, »ein Angeredetsein voraus, das zum Anreden ermächtigt, ein Ich, das mich selbst zum Du macht und mich darum instandsetzt, das anredende

---

[29]   »Tragen wir einen Wunsch, daß dieses oder jenes sich in der Welt so ereignen möge, wie es für uns das beste zu sein scheint, Gott im Gebet vor, so müssen wir doch denken, daß wir ihn vortragen dem unveränderlichen Wesen, in welchem kein neuer Gedanke, kein neuer Entschluß entstehen kann, seitdem es zu sich selbst sprach: es ist alles gut, was ich gemacht habe« (Schleiermacher, F., »Die Kraft des Gebetes, in so fern es auf äußere Begebenheiten gerichtet ist«, in: Schleiermacher, F. [Hg.], *Kleine Schriften und Predigten. Bd. 1: 1800–1820, Hg. v. H. Gerdes u. E. Hirsch*, Berlin: De Gruyter 1969, 167-178, 173, Hervorh. im Orig.).

[30]   Ebeling, G., *Dogmatik des christlichen Glaubens. Bd. 1. Prolegomena. Der Glaube an Gott den Schöpfer der Welt*, 1986, §9, 192-244; Ebeling, G., »Das Gebet«, in: Ebeling, G. (Hg.), *Wort und Glaube. Bd. 3. Beiträge zur Fundamentaltheologie, Soteriologie und Ekklesiologie*, Tübingen: Mohr Siebeck 1975, 405-427.

[31]   »Das Gebet ist der völlig einzigartige Fall im Gebrauch der Sprache, in dem ein anderweitig nicht feststellbarer Adressat angesprochen wird, von dem aber zugleich aufs entschiedenste bestritten wird, dass es sich um einen nur potentiellen oder imaginären Adressaten handelt« (Ebeling, G., *Dogmatik des christlichen Glaubens. Bd. 1. Prolegomena. Der Glaube an Gott den Schöpfer der Welt*, 1986, 201f.).

Ich als Du anzureden«.[32] Die Erhörung des Gebetes interpretiert Ebeling nun jedoch wesentlich als Angeredet-worden-sein und in diesem Sinne als Gehört-worden-sein, und dieses wiederum als ein grundlegendes »Angenommensein«, in dem »sich der Beter [...] Gott ausliefert.«[33] Der Betende bewegt sich einerseits in einem Sprachgeschehen, in dem er oder sie schon immer angeredet ist und findet sich andererseits in dieser Grundsituation als angenommener und fundamental abhängiger Mensch. Die im Akt des Betens sich vollziehende Inanspruchnahme ist nicht die einer Resonanzfähigkeit Gottes, sondern einer schon immer wirkenden göttlichen Macht. Zugespitzt formuliert ist das ›Hören‹ Gottes nur im basalen Angenommensein des Menschen durch Gott greifbar – sodass letztlich auch bei Gerhard Ebeling kein aktuales Affiziertwerden Gottes theologisch denkbar ist.[34]

Während Wilfried Härle sich darin von Schleiermacher absetzt, dass er dem Akt des Gebets die Annahme eines personalen Gegenübers unterlegt, interpretiert er die schwerlich bestreitbare Asymmetrie der Beziehung des Menschen zu Gott dahingehend, dass »das Gebet [...] nicht den Sinn haben kann, auf Gott einzuwirken, um ihn zu etwas zu veranlassen, etwas anderes zu tun, als er ohnehin tut.«[35] Die beschränkte Alternative, in der Härle das Problem fasst, ist: Entweder beeinflusst das Gebet einen anderen Akteur im Sinne einer Einwirkung und Nötigung zu einer Handlung oder aber diese »schlechthin überlegene In-

---

[32] A.a.O., 202.

[33] Ebeling, G., »Das Gebet«, in: Ebeling, G. (Hg.), *Wort und Glaube. Bd. 3. Beiträge zur Fundamentaltheologie, Soteriologie und Ekklesiologie*, Tübingen: Mohr Siebeck 1975, 405-427, 426.

[34] Im Horizont der hermeneutischen Theologie Gerhard Ebelings bewegt sich auch noch Hartmut von Sass in seiner Polemik gegen »die (krypto)theistischen Phantasien eines personalistisch gedachten Gottes« (Sass, H. v., »Unerhörte Gebete? Das Bittgebet als Herausforderung für ein nachmetaphysisches Gottesbild«, 39-65, 64). Ist das Beten als ein »geschenktes Sich-Durch-Anderes-anders-Verstehen« und ist es »die Sprache des Glaubens, derer er [der Betende] sich bedient, indem sie sich ihm schenkt, insofern sie ihre Medialität abstreift und selbst zum Subjekt wird« (60), so wird die Theologie des Gebets letztlich einer Metaphysik der Sprache übereignet. Man könnte auch von einer halb versteckten, halb offenen Hypostasierung der Sprache sprechen. Warum sollte man dann nicht gleich auf die operative Fiktion »Gott« setzen?

[35] Härle, W., »Den Mantel weit ausbreiten. Theologische Überlegungen zum Gebet«, 231-247, 237. Bayer, O., »Erhörte Klage«, in: *Neue Zeitschrift für systematische Theologie und Religionsphilosophie* 25 (3) (1983), 259-272, 263 macht zu Recht darauf aufmerksam, dass im Gefolge von Schleiermacher die Relation zwischen Gott und Welt bzw. Mensch ganz im Sinne einer Kausalität und Dependenz gesehen wird, während doch Immanuel Kant in seiner Kategorientafel als Gestalt der Relation auch die »Gemeinschaft (Wechselwirkung zwischen dem Handelnden und dem Leidenden)« gekannt hat. Siehe Kant, I., *Werke. Bd. 3 Kritik der reinen Vernunft. Teil 1*, Hg. v. W. Weischedel, Frankfurt a.M.: Suhrkamp 1977, 118 (B 106).

stanz« (233) wird als »aktuelle Allwirksamkeit« (237) vorgestellt, die im Gebet in keiner Weise ›bewegt‹ wird. Gegen die Vorstellung einer Affizierbarkeit Gottes stellt Härle die Überzeugung, dass »in der Erhörung des Gebets nichts anderes geschieht, als daß Gottes ewiger Wille zu der von ihm ersehenen Zeit zur Erfüllung kommt« (241). Das Gebet wird stattdessen der Ort, an dem im Vollzug des Gebets der Betende das – im Sinne einer Annahme der Wirklichkeit – empfängt, »was Gott ihm geben will« (242). Das Gott nicht affizierende Gebet ist – funktional betrachtet – in seiner offensichtlichen pragmatischen Fehlorientierung immerhin noch eine ›Übung des Glaubens‹ – eben eine Einübung in eine in der Zielbestimmung immer schon vorgegebene Willenskongruenz zwischen dem Willen Gottes und dem Willen des betenden Menschen.[36] Gleichgültig in welcher religiösen Sprache dies formuliert wird, es geht letztlich um eine Einpassung in ein ohnehin sich ereignendes, schicksalhaftes Geschehen durch die Veränderung der Situationswahrnehmung des Betenden. Die in biblischen Traditionen präsente Vorstellung einer wohl asymmetrischen, aber doch dynamischen Reziprozität, eines eine Verhandlung einschließenden ›Streitgesprächs‹ mit Gott ist vollständig gestrichen.

Allerdings wäre es ein Irrtum anzunehmen, dass dieser Ausschluss einer Affizierbarkeit Gottes im Gebet nur im Rahmen eines bei Härle gut greifbaren reduktionistischen Theismus sich einstellen würde. Es findet sich in der Theologie des 20. Jahrhunderts auch eine christologisch begründete »Stillstellung« der Beweglichkeit Gottes, die am Ende auch nur eine Wahrnehmungsveränderung als Einpassung in einen gegebenen Geschehensverlauf zu denken erlaubt – ohne eine aktuale Affizierbarkeit Gottes zu entfalten. Karl Barth hat im Rahmen seiner Schöpfungslehre und speziell der Rede von Gottes Weltherrschaft eine Theologie des Gebets entwickelt, in der er sich explizit gegen »den langen Schatten Schleiermachers« wendet.[37] Barth insistiert darauf, dass Gottes Wirken in der Welt nicht so gedacht werden dürfe, dass Gott »von der Kreatur her sich nicht

---

[36] Ganz analog zu der Position Härles formuliert Herms, E., »Was geschieht, wenn Christen beten?«, in: Herms (Hg.), *Offenbarung und Glaube. Zur Bildung des christlichen Lebens*, Tübingen: Mohr 1992, 517-531, für den es im Gebet als einer Form des Ausdruckshandelns um die Gewinnung einer »Konformität des Willens des Beters mit dem Willen Gottes geht« (522) – obgleich Herms konzediert, dass das Gebet diesbezüglich eine »Suchbewegung« (524) darstellt – ohne allerdings auch nur entfernt den Charakter eines Konfliktgespräches mit Gott zu haben.

[37] Für eine knappe, aber prägnante Skizze zur Entwicklung von Barths Theologie des Gebets siehe Ruddies, H., »Anrufung Gottes. Das Gebet als Grundakt des christlichen Lebens bei Karl Barth«, in: *Zeitschrift für Dialektische Theologie* 17 (1) (2001), 8-24. Die Barthsche Gebetstheologie entfaltet in ihrer diachronen und systematischen Entwicklung Chan, J., *Gebet als christliches Sein, Leben und Tun. Die Bedeutung und Funktion des Gebets für die Theologie der ›analogia fidei‹ Karl Barths*, Leipzig: Evangelische Verlagsanstalt 2016.

berühren, nicht bewegen, nicht mit sich reden ließe, daß er nicht auf sie hörte, daß er sich, indem er allein Alles bestimmt, nicht auch durch sie bestimmen ließe.«[38] Doch diese Interaktion, in der der Mensch wohl auf Gott einwirkt, ohne aber eine »geschöpfliche Gegenwirkung gegen die ewige Aktivität seines Willens und Tuns« zu realisieren, und in der es »kein göttliches Nachgeben«, aber ein »göttliches Erhören« gibt, hat eine für Barth typische Pointe. Der Christ, der insbesondere im Gebet zum »Freund Gottes« wird, »ist ursprünglich und eigentlich der eine Menschensohn Jesus Christus«.[39] Von hier ausgehend kann Barth versuchen, deutlich zu machen, dass auch die eigentliche Erhörung des Gebetes, die jedes Gebet – ganz analog zur Verbindung von Glaube und Gebet bei Calvin – ein Akt des Empfangens ist, der in Jesus Christus schon geschehen ist. »Es gibt«, wie Barth formulieren kann, »eine große Erhörung aller wirklichen, der legitimen und notwendig an Gott gerichteten Bitten. Diese eine große göttliche Gabe und Erhörung ist Jesus Christus.«[40] Darum zielt das Gebet bei aller Betonung der Aktivität und Mitarbeit an Gottes Weltregierung letztlich doch auf ein »Einverständnis« mit der Weltherrschaft Gottes.[41]

Bei aller Polemik Barths gegen Vorstellungen von einer Unveränderlichkeit Gottes ist es die doppelseitige christologische Grundfigur, dass in Christus die Menschen nicht nur in die Beziehung Jesu zum Vater hineingenommen werden, sondern eben in ihm schon alles geschehen und erfüllt ist, die fragen lässt, ob Barth bereit ist, eine aktuale Affizierbarkeit Gottes durch heute gesprochene Gebete theologisch zu denken.[42] Diese Frage dürfte erst im Horizont seiner spätesten Ausführungen zum Gebet vorsichtig bejaht werden.[43]

---

[38]   Barth, K., *Kirchliche Dogmatik III/3. Die Lehre von der Schöpfung*, 1950, 301-326, hier 323. »Gott ist nicht in dem Sinne frei und unveränderlich, daß er der Gefangene seines eigenen Beschließens, Wollens und Tuns wäre, daß er als der Herr aller Dinge und alles Geschehens ein Einsamer sein und bleiben müßte« (ebd.).

[39]   A.a.O., 323ff.

[40]   A.a.O., 307. »In ihm, in diesem seinem geliebten Sohn, in diesem seinem Wort, das ein Wort des Heils und des Friedens ist, beherrscht er alles Geschehen: erhält er es, begleitet er es, regiert er es. Indem Jesus Christus da ist, ist der Welt schon geholfen, ist Alles schon da, dessen die Kreatur und inmitten der ganzen Kreatur der Mensch bedürftig ist« (ebd.).

[41]   A.a.O., 322.

[42]   »Wenn es einen kümmerlichen Anthropomorphismus gibt, dann die Zwangsvorstellung von der Unveränderlichkeit Gottes, die es ausschließe, daß er sich durch sein Geschöpf so oder so bestimmen lassen könne! Gott ist wohl unveränderlich, aber unveränderlich in seiner Lebendigkeit, in der Barmherzigkeit, in der er sich seines Geschöpfs annimmt«, so Barths polemische Spitze in Barth, K., *Kirchliche Dogmatik III/4. Die Lehre von der Schöpfung*, 1951, 119f. Allerdings findet sich derselbe christologische Vorbehalt wie in KD III/3, wenn Barth festhält: »Indem Jesus Christus bittet und indem wir es mit ihm tun, hat Gott sich selbst schon zum Garanten der Erhörung unserer Bitte gemacht, ja hat er sie schon erhört« (ebd.). In diesen

Wie die in groben Pinselstrichen skizzierte Entwicklung seit Calvins *Institutio* deutlich macht, ist ein effektives Affiziertwerden Gottes durch das Gebet für die meisten der protestantischen Theologien der neueren Zeit nicht mehr denkbar. Entweder wird darin ein fragwürdiger, ja kindlicher Anthropomorphismus gesehen oder aber die göttlichen Eigenschaften der Allwirksamkeit und Allwissenheit werden jeder Vorstellung einer responsorischen Beziehung Gottes zum Beter schlicht entgegengestellt. Selbst in der durch die Theologie Karl Barths exemplarisch repräsentierten Denkrichtung ist der in Jesus Christus bewegte, sich dem Menschen gnädig zuwendende Gott nicht aktual durch das hier und heute vollzogene Gebet affizierbar – weil Gott eben in Jesus Christus schon alle angemessenen Gebete erhört hat.

5. Erwägungen zur Affizierbarkeit Gottes im Gebet

Wenn es stimmt, dass das Gebet – in der Perspektive der ersten Person vollzogen – als notwendiges, sich zu unterstellendes Implikat eine adressierbare und affizierbare Entität voraussetzt, so beschreiben dies die knapp skizzierten Theologien letztlich als intellektuell peinlichen performativen Irrtum. Nun muss ohne Zweifel eine Theologie des Gebets stets vergegenwärtigen, »wie nahe wir

---

Spuren der Barthschen Theologie der 50er Jahre bewegt sich nicht nur Eberhard Jüngel, sondern ihm folgend auch Christiane Tietz, die formuliert: »Der Satz Gott erhört Gebet besagt [...]: Gott hat sich so bewegen lassen, dass er in Jesus Christus unsere fundamentale Bitte bereits erhört hat« (Tietz, C., »Was heißt: Gott erhört Gebet?«, in: *Zeitschrift für Theologie und Kirche* 106 [2009], 327-344, 338, Hervorh. im Orig.). Was das Gebet dann bewirkt, ist, »an der [...] vor Gott gebrachten Situation Gottes Fürsorge wahr[zu]nehmen« (a.a.O., 341, Hervorh. im Orig.). Gott selbst bleibt letztlich unberührt, was sich wandelt, ist die menschliche Wahrnehmung von einer unangemessenen zu einer angemessenen. Fasst man die beiden Beiträge von Jüngel, E., »Was heißt beten?«, in: Jüngel (Hg.), *Wertlose Wahrheit. Zur Identität und Relevanz des christlichen Glaubens. Theologische Erörterungen III*, München: Kaiser 1990, 397-405, und Jüngel, E., »Die Offenbarung der Verborgenheit Gottes. Ein Beitrag zum evangelischen Verständnis der Verborgenheit des göttlichen Wirkens«, in: Jüngel, E. (Hg.), *Wertlose Wahrheit. Zur Identität und Relevanz des christlichen Glaubens. Theologische Erörterungen III*, München: Kaiser 1990, 163-182, ins Auge, so zeigt sich, dass auch Eberhard Jüngel sich im Raum dieser Deutung bewegt. Die Offenbarung des Willens Gottes entlarvt am Ende notwendigerweise die Klage als Fehlwahrnehmung.

[43]   Obwohl Barth auch noch in den späten Fragmenten durchgehend von einer Allwirksamkeit Gottes ausgeht, betont er doch viel stärker ein Moment der »Mitbestimmung« (Barth, K., *Das christliche Leben. Die Kirchliche Dogmatik IV/4. Fragmente aus dem Nachlaß. Vorlesungen 1959-1961*, 1976, 169).

uns gerade hier dem gänzlich Absurden finden«.[44] Selbstverständlich darf die Theologie sich nicht von jeder Facette der gelebten Frömmigkeit gefangen nehmen lassen. Und doch darf die Theologie an dem für den jüdischen und christlichen Glauben so zentralen Punkt des Gebets nicht einen wissenschaftlichen Reduktionismus pflegen, den sie in der Auseinandersetzung mit religionssoziologischen oder religionspsychologischen Theorieansätzen scharf zurückweist.[45]

Verabschiedet sich speziell die Systematische Theologie nicht von dem Anspruch, die Bewegung des *fides quaerens intellectum* zu vollziehen, so kann sie nicht eine theologische Positionierung vornehmen, von der aus der Erwartung eines mit der Anrufung Gottes verbundenen, bewegten Gegenübers nur mit einer Mischung aus repressiver Toleranz und therapeutischer Barmherzigkeit begegnet werden kann.[46] Eine Theologie, die nicht mehr die zutiefst responsorische Struktur des Gebets einzuholen wagt, mag sich auf dem weiten Feld der Religionsforschung bewegen, verfehlt aber ihre Aufgabe, im prägnanten Sinne *fides quaerens intellectum* zu sein. Im Blick auf die in der Auseinandersetzung leitenden bzw. zutage geförderten Prämissen geht es um die Frage, ob eine Theologie des Gebets nicht ausbrechen muss aus dem Gefängnis einer vollständigen Selbstbestimmung und einer schlechthin alles umfassenden Allwirksamkeit

---

[44] So die Feststellung Karl Barths angesichts der von Friedrich Heiler beschriebenen phänomenologischen Vielfalt des Gebets. Siehe Barth, K., *Der Römerbrief*, Zürich: Theologischer Verlag 1984, 443; Heiler, F., *Das Gebet. Eine religionsgeschichtliche und religionspsychologische Untersuchung*, München, Reinhardt 1918.

[45] Einer religionssoziologischen Perspektivierung der skizzierten Gebetstheologien erschließen diese sich fast durchgehend als funktionale Erklärungen, die analog zu einer »Soziologie des Irrtums« als »Theologien des Irrtums« betrachtet werden müssen: Den beobachteten Akteuren, d.h. den Betern, wird deutlich gemacht, dass sie ›in Wahrheit‹ etwas anderes tun als sie meinen zu tun. Hierzu scharfsinnig Hamnett, I., »Sociology of religion and sociology of error«, in: *Religion* 3, (1) (1973), 1-12. Damit verharren diese Theologien (sic!) auf dem Reflexionsniveau funktionaler Theorien an der Wende vom 19. zum 20. Jahrhundert. Um Plausibilität zu gewinnen, müssten diese Theologien deutlich machen, warum eine ›lebendige Gebetsfrömmigkeit‹ die genannten vermeintlich naiven Akteursfiktionen benötigt und was der psychologische, soziale oder allgemein religiöse Gewinn dieser in der Perspektive der ersten Person und ihren Handlungen offensichtlich unvermeidbar notwendigen operativen Fiktionen ist. Dann würden sie immer noch reduktionistisch verfahren, aber wenigstens auf einem angemessenen Problemniveau.

[46] Dies hat wiederum der späte Karl Barth sehr scharf erkannt. »Sie [die Kinder Gottes] können Gott nicht unter Voraussetzung der Fiktion anrufen, er möchte vielleicht doch jener ohnmächtig Allmächtige, jener Gefangene seiner eigenen Souveränität sein, der sich als solcher nicht darauf einlassen dürfe, sein göttliches Handeln durch ihr menschliches mitbestimmen zu lassen« (Barth, K., *Das christliche Leben. Die Kirchliche Dogmatik IV/4. Fragmente aus dem Nachlaß. Vorlesungen 1959-1961*, 1976, 171).

Gottes. Warum ist die Theologie nicht nur (angesichts der Implikate des performativen Aktes des Gebets) genötigt, sondern auch aus guten Gründen berechtigt, sich von diesen Überformungen aus dem Raum der Gotteslehre zu lösen?[47] Zugespitzt formuliert: Eine Theologie, die nur noch eine Selbstveränderung des betenden Menschens und kein Affiziertwerden, keine Veränderung Gottes mehr zu denken wagt, verfehlt ihre Aufgabe. Die protestantische Theologie ist gut beraten, an dieser Stelle auf die ›Fremdprophetie‹ eines ihrer schärfsten Kritiker zu hören, der das Problem klar ins Auge fasste:

»Jede Religion, die auf diesen Namen Anspruch hat, setzt nämlich voraus, daß Gott nicht gleichgültig ist gegen die Wesen, die ihn verehren, daß also Menschliches ihm nicht fremd, daß er als ein Gegenstand menschlicher Verehrung selbst ein menschlicher Gott ist. Jedes Gebet enthüllt das Geheimnis der Inkarnation, jedes Gebet ist in der Tat eine Inkarnation Gottes. Im Gebete ziehe ich Gott in das menschliche Elend herein, ich lasse ihn teilnehmen an meinen Leiden und Bedürfnissen. Gott ist nicht taub gegen meine Klagen; er erbarmt sich meiner; er verleugnet also seine göttliche Majestät, seine Erhabenheit über alles Endliche und Menschliche; er wird Mensch mit dem Menschen; denn erhört er mich, erbarmt er sich meiner, so wird er affiziert von meinen Leiden. [Gott liebt den Menschen – d.h.: Gott leidet vom Menschen. Liebe ist nicht ohne Mitgefühl, Mitgefühl nicht ohne Mitleiden denkbar. Habe ich Teilnahme für ein empfindungsloses Wesen? Nein! Nur für Empfindendes empfinde ich – nur für das, was ich meines Wesens fühle, worin ich mich selbst fühle, dessen Leiden ich selbst mitleide. Mitleiden setzt gleiches Wesen voraus. Ausdruck dieser Wesensunterschiedenheit Gottes vom Menschen ist die Inkarnation, ist die Vorsehung, ist das Gebet.] Die Theologie freilich, welche die metaphysischen Verstandesbestimmungen der Ewigkeit, der Unbestimmbarkeit, Unveränderlichkeit und andere dergleichen abstrakte Wesensbestimmungen im Kopfe hat und festhält, die Theologie freilich leugnet die Passibilität Gottes, leugnet aber eben damit auch die

---

[47]   Eine reine Fixierung auf die Implikate des performativen Aktes des Gebets könnte als eine Art sprachbasierter Gottesbeweis missverstanden werden, sozusagen als eine »Begründung« eines Theismus mit einer Annahme eines rational-personalen Akteurs. Vergl. hierzu die Auseinandersetzung zwischen Richard Swinburne und D. Z. Phillips in Swinburne, R., *The coherence of theism*, Oxford / New York: Clarendon Press, Oxford University Press 1993, 90f. Phillips, D. Z., *The concept of prayer*, New York: Schocken Books 1966, 50: »In short, prayer is not a conversation [...]. Neither can one bargain with the will of God.« Die kommunikationstheoretische Auseinandersetzung mit Phillips kann an dieser Stelle nicht erfolgen. Wesentlich ist nur, dass letzten Endes die theologischen Gründe für die Annahme einer wahrnehmenden, adressierbaren und affizierbaren Entität nicht nur in den Implikaten des Aktes des Gebetes selbst liegen. Diese Implikate haben vielmehr die Funktion, die theologische Reflexion produktiv zu irritieren und theologische Suchbewegungen zu fördern. Die jüdischen Beter der Psalmen werden mit Sicherheit z.T. andere theologische Gründe anführen als die christlichen. Diese werden in dieselbe Richtung weisen und Überschneidungen werden erwartbar sein.

Wahrheit der Religion. [...] Die Behauptung, daß die Erfüllung des Gebetes von Ewigkeit her schon bestimmt, schon in den Plan der Weltschöpfung ursprünglich mit aufgenommen sei, ist eine leere, abgeschmackte Fiktion einer mechanischen Denkart, die absolut dem Wesen der Religion widerspricht.«

So der Duktus Ludwig Feuerbachs.[48]

In diesem als Problemskizze angelegten Kapitel kann keine ausgeführte Theologie des Gebets dargelegt werden. Allerdings sollen die Grundzüge einer solchen kenntlich gemacht werden. Blickt man auf die historischen Etappen ›nach Calvin‹, so erkennt man, dass diese Theologien des Gebets entweder christologisch und pneumatologisch oder zumindest pneumatologisch unterbestimmt sind. Zwei christologische Gesichtspunkte und ein pneumatologischer Aspekt sollen daher am Ende dieser Problemskizze kurz angerissen werden.

a. Das Gebet als Hineinnahme in die jesuanische Vertrauensbeziehung zu Gott

Wenn Christen beten, dann folgen sie der Aufforderung Jesu, Gott den Vater anzurufen – paradigmatisch greifbar im »Vaterunser«. Sie werden damit in die Vertrauensbeziehung Jesu zu seinem Vater hineingenommen. Bei dieser Rückbindung an das Gebet Jesu geht es nicht nur um die inhaltliche Orientierung und Ausrichtung des aktuellen Gebets an diesem Gebet und dem sich in ihm bekundenden theologischen Maßstab eines ›wahren‹ Betens und Bittens. Dass das christliche Gebet nicht primär der Selbstsorge und der Lebenssteigerung dient, dies wird im Beten Jesu heilsam offensichtlich. Zugleich wird zweifellos deutlich, dass das Gebet der Jünger und damit der Gemeinde auf die Heiligung des Namens Gottes und auf das Kommen des Reiches Gottes abzielen soll. Doch es ist eben nicht nur die Ausrichtung des Willens und hierin die Übung eines Gott angemessenen Gebets, die in Christus gegeben ist. Wenn Christen als Beter des Vaterunsers die Psalmen beten, dann werden sie auch in die in Christus eröffnete und gegenwärtige Gottesbeziehung hineingenommen – eine Beziehung, die in ihren kommunikativen Aspekten sowohl Vertrauen wie auch Klage umfasst.[49] In

---

[48]   Feuerbach, L., *Das Wesen des Christentums (Gesammelte Werke Bd. 5)*, Berlin: Akademie Verlag 1984, 109ff.

[49]   Die an die Aufmerksamkeit Gottes appellierende Klage setzt nicht nur eine leidvolle Differenzerfahrung voraus, sondern lokalisiert diese Differenz in der komplexen Temporalstruktur einer in der Vergangenheit ergangenen Verheißung, einer gegenwärtigen Abwesenheit oder auch Handlung Gottes und einem zukünftigen Handeln bzw. eine Zukünftigkeit Gottes. Wollte man theologisch die Klage primär als Ausdrucksform von leidvollen Differenzerfahrungen betrachten und nicht auch als Appell an eine Differenz in Gott, so

Jesus Christus macht sich Gott als im Gebet Adressierbarer, als sich Bewegender, eben als Vater Jesu Christi kund. Wenn Christen dem Beter Jesus Christus folgen, betreten sie einen Interaktions- und Kommunikationsraum, in dem Gott sich nicht in der Gestalt eines wirkenden Prinzips zur Welt verhält, sondern eines wohl risikobereiten, aber dennoch fürsorgenden »Vaters«. Dabei entspricht der Partikularität der Inkarnation die Partikularität der göttlichen Aufmerksamkeit gegenüber dem betenden Menschen.[50] Schon hier wird deutlich, dass eine christologische Unterbestimmung des Gebets ein trinitätstheologisches Defizit offenlegt.

b. Inkarnation als Verleiblichung

In Jesus Christus offenbart sich Gott nicht nur als adressierbar, sondern auch als affizierbar. Im Ereignis der Inkarnation wird Gott in beschämender, riskanter und zugleich heilvoller Weise im prägnant doppelten Sinne ›berührbar‹. Wie das Kreuz unübersehbar deutlich macht, wird Jesus auch zum Adressaten einer gewaltsamen Zurückweisung. Selbstverständlich darf dies nicht zu naiven Ich-Du-Modellen der Gottesbegegnung führen – nicht zuletzt ist weder die Wirklichkeit des präexistenten noch die des auferstandenen Christus in solchen Modellen denkbar. Und doch ist die in Jesus manifeste ›Selbstvergegenständlichung‹ Gottes auch eine ›Selbstpersonalisierung‹, die sich nicht zuletzt in der Verleiblichung und damit gegebenen Wahrnehmungsfähigkeit und Verletzlichkeit zeigt.[51] In der Berufung der Jünger, in Predigten, Heilungen und anderen Zeichenhandlungen erweist sich Jesus als adressierend und adressierbar, als bewegend und bewegbar, als überraschend und überraschbar. Darum zeigt sich in der Inkarnation, wie sich Gott der offenen und darin auch riskanten Kontingenz seiner Schöpfung erleidend und zugleich transformativ-rettend aussetzt – und wie er hierzu Menschen einlädt.[52] Dem Gang in die Materialität und Histo-

---

würde man die Klagepsalmen ihrer theologischen Pointe berauben. Instruktiv in dieser Sache Wolterstorff, N., »If God is good and sovereign, why lament?«, 42-52.

[50]   Für ähnliche Überlegungen auf prozesstheologischer Seite siehe Suchocki, M., *In God's presence. Theological reflections on prayer*, St. Louis, Mo.: Chalice Press 1996, 43ff.

[51]   In diese Richtung argumentiert Krötke, W., *Beten heute*, München: Kösel 1987, 35-41. Vor diesem Hintergrund erschließt sich auch der Aspekt der Leiblichkeit des Gebetes selbst. Erhellend dazu Etzelmüller, G., »Krise des Gebets? Protestantische Entwicklungen und Perspektiven«, in: Hafner / Enxing / Munzinger (Hgg.), *Gebetslogik. Reflexionen aus interkonfessioneller Perspektive*, Leipzig: Evangelische Verlagsanstalt 2016, 27-41.

[52]   Zum Problem des Risikos dieser Berührbarkeit das Kapitel »Das Kreuz als Risiko der Inkarnation« in diesem Band. Im Kontext der Christologie wird deutlich, dass die Frage nach der Wirklichkeit der Adressierung nicht mit der Frage nach der Lokalisierung konfundiert

rizität entsprechen eine Wahrnehmung der und eine Sorge für die Partikularität. Gegen eine theologische Ideologisierung einer abstrakten Allwirksamkeit Gottes offenbaren die Dank- und Klagepsalmen wie auch die Heilungsgeschichten der Evangelien eine kritisch-differenzierende Wahrnehmung der Schöpfung und eine Interventionsbereitschaft als wichtige Aspekte der Affizierbarkeit Gottes – und legen hierin die permanent präsente deistische Versuchung der Theologie offen. Im Leben Jesu realisiert sich eine Steigerung der göttlichen Wahrnehmung, eine Intensivierung der Affizierbarkeit durch Not und Bedrängnis, aber auch eine Intensivierung der Rettung.

c. Intimität und Öffentlichkeit des Geistes

Im Gebet werden Christen in die Bewegung des Geistes hineingenommen. Der Geist Gottes verklammert in höchstem Maße die Öffentlichkeit des Leibes Jesu Christi, die auch die Kirche einschließt, und die Intimität jedes einzelnen Christen. Mit der Unterstützung, in der Präsenz und in der Kraft des Geistes beten Christen. Das Gebet ist daher der Ort einer intimen Begegnung des Geistes Gottes und der menschlichen Person.[53] Wenn die Kinder Gottes Gott anrufen, dann ist das ein Ereignis»des fruchtbaren Zusammentreffens und der lebendigen Gemeinschaft des *Heiligen Geistes* mit ihnen, mit *ihrem* Geist: ihrem Erfahren, Vernehmen, Verstehen, Bedenken und Sichentschließen [...]. Im Heiligen Geist trifft Gott mit diesen Menschen so zusammen, daß zwischen ihm und ihnen, aber auch ihnen und ihm bei aller bleibenden Verschiedenheit *Gemeinschaft*, ein *Zusammenleben* entsteht.«[54]

---

werden kann. Die Lokalisierung des personalen Gottes in einer wie auch immer gedachten Transzendenz ist der Fehlschluss der theistischen Konzeptionen. Dagegen Welker, M., *Universalität Gottes und Relativität der Welt. Theologische Kosmologie im Dialog mit dem amerikanischen Prozessdenken nach Whitehead*, Neukirchen-Vluyn: Neukirchener Verlag 1988, 218f.: »Die Anrufung ›Unser Vater im Himmel‹ richtet sich nicht an eine passiv wohlwollende, gleichmütig gegenwärtige ›himmlische Kraft‹ – die der Sonne vergleichbar wäre, die über Böse und Gute scheint, oder dem Regen, der über Gerechte und Ungerechte niedergeht. [...] Der Anrufung des Vaters [...] folgt die Bitte um die aktualisierte, auffällige, unabweisbare Präsenz in der Welt.«

[53] Eine vorschnelle Gegenüberstellung und Koordination des Geistes Gottes und des Geistes des Menschen ist stets in der Gefahr, aufgrund eines reduktionistischen Bildes des Menschen sowohl die leibliche Dimension des Geistes Gottes wie auch die leibliche Dimension des Gebetes aus dem Blick zu verlieren.

[54] Barth, K., *Das christliche Leben. Die Kirchliche Dogmatik IV/4. Fragmente aus dem Nachlaß. Vorlesungen 1959–1961*, 1976, 145f. (Hervorh. im Orig.).

Im Gebet, ermöglicht durch den Heiligen Geist, ereignet sich eine Wahrnehmung Gottes im doppelten Sinne. Im Geist Jesu Christi begibt sich Gott in die Sphäre des Wahrnehmbaren und kommunikativ Erreichbaren und zugleich nimmt Gott den betenden Menschen mit seinem Gebet intensiv wahr. Im Horizont der Pneumatologie gedacht, erscheint es ausgeschlossen, dass Gott nicht durch das Gebet affiziert und bewegt wird. Als der durch den Geist nah Erfahrbare und Wahrnehmende ist Gott leidensempfindlich und zur Rettung bewegbar. In seiner spezifischen Rezeptivität und rettenden Interaktivität zeigt er sich als ein Gott des Lebens – wenngleich es diese Rettung ist, die das Gebet notwendig mit einem eschatologischen Horizont versieht. Nur auf der Basis einer dynamisch-responsorischen Beziehung, deren Pointe bei aller Asymmetrie gerade in einer vielschichtigen Wechselseitigkeit zu finden ist, erschließt sich die Klage – auch in der Form der vom Geist ermöglichten Teilhabe an dem Seufzen der Schöpfung – nicht nur als affektiver und kognitiver, aber letztlich aufklärungsbedürftiger und aufklärungsfähiger Irrtum in der subjektiven Wahrnehmung des Beters.

In der ›Schule des Betens‹ wächst das Vertrauen in den affizierbaren Adressaten des Gebets – denn der Beter drückt sich nicht nur *coram deo* aus, sondern spricht *ad deum*. Die Gottesgegenwart, die die Beter der Psalmen, des Vaterunsers, aber auch des persönlichen Gebets erfahren können, ist sicherlich theologisch differenziert zu entfalten. Und sie ist zudem nicht nur auf die Gebetskommunikation zu beschränken.[55] Der Gott adressierende und damit affizierende Beter gewinnt nicht nur sich selbst neu und findet sich selbst verwandelt, sondern findet einen lebendigen Gott, der zugunsten seiner Schöpfung in großer Treue berührbar und beweglich bleibt. Dies jenseits abstrakter Allwirksamkeitsvorstellungen und jenseits irreführender und vorschneller Distanznahmen von einer vermeintlich zu anthropomorphen Rede von Gott theologisch zu entfalten, bleibt eine Herausforderung Systematischer Theologie, für die sie mancher produktiven Irritation und kritischen Orientierung durch die alttestamentliche Forschung bedarf.

---

[55]   Janowski, B., *Konfliktgespräche mit Gott. Eine Anthropologie der Psalmen*, 2003, 326.

VI. Der Geist Gottes als Macht der Aufmerksamkeit

Innerhalb der theologischen Pneumatologie, d. h. der rationalen, der modellorientierten und ein gemeinschaftliches Verständnis suchenden Rede vom Geist Gottes, lassen sich mehrere charakteristische Spannungslagen beobachten. Zur Überwindung dieser Spannungslagen möchte ich in diesem Kapitel zum Geist Gottes als Macht der Aufmerksamkeit skizzenhaft einen Vorschlag unterbreiten, von dem ich hoffe, Konturen einer konstruktiven Pneumatologie aufzeigen zu können.

Die Reformulierung pneumatologischer Probleme im konzeptionellen Rahmen von »Aufmerksamkeit« und »Wahrnehmung« hat natürlich einen explorativen Charakter. Dieses Vorgehen hilft, theologisches Material zu reorganisieren, aber zugleich auch explorativ zu erweitern. Systematische Theologie arbeitet weithin in der schöpferischen Grauzone von quellengestützter Findung und imaginationsgestützter Erfindung, in der Modelle und Denkformen Altes neu sehen lassen, aber auch bisher nicht Gesehenes entdecken lassen. Dieser Ansatz hat zweifellos einen pragmatizistischen Grundzug, insofern es nicht ausgemacht ist, wozu eine Modellumstellung führt, und Bewährungen theologischer Einsichten selbst prozessual und vielschichtig sind. Neben einer Sachgemäßheit gewinnen solche Modellumstellungen Plausibilität, indem sie mehr theologische Probleme lösen als dass sie neue erzeugen. Aber diese Einschätzung ist natürlich selbst unentrinnbar perspektivisch. Zugleich gilt es daran zu erinnern, dass wir auch als wahrheitssuchende Gemeinschaft den Schatz der Wahrheit immer nur in den irdischen Gefäßen einer durch Theorien und Modelle geprägten Erkenntnis haben. Die Bewegung des *fides quaerens intellectum* findet stets in einem kulturellen Umfeld statt – und die Mediengesellschaften des beginnenden 21. Jahrhunderts sind in ihren neuen medialen Konstellationen wie nie zuvor durch die Aktivierung, das Management und den Verschleiß von Aufmerksamkeit charakterisiert. Ohne ein klares Verständnis der individuellen wie sozialen Dynamiken der Aufmerksamkeit ist ein Verstehen spätmoderner Gesellschaften – wie auch ihrer religiösen Prozesse – nicht möglich.[1]

1. Spannungslagen der theologischen Pneumatologie

a. Selbstreferenz versus Fremdreferenz

Die Rede vom Geist Gottes setzt – wie Michael Welker in seiner Lehre vom Geist Gottes klar gesehen und immer wieder kritisiert hat – vielfach auf das, was man technisch gesprochen *Selbstreferenz* nennen könnte.[2] In sogenannten liberalen Traditionen wird der Geist mit Selbstbewusstsein und Selbstgewissheit verbunden.[3] In theologischen Traditionen, die den Geist Gottes sehr stark an die Taufe, den Glauben und die Predigt binden, ist es je mein Glaube und der je meinige, bei mir wirkende Geist, der Gotteserkenntnis und Selbsterkenntnis, Sündenerkenntnis und Vertrauen in Gott und so den Glauben bewirkt. Eine nicht weniger selbstreferentielle Variante findet sich in manchen – wenngleich nicht allen – charismatischen Traditionen, die letztlich auf eine individuelle, religiös-emotionale Erfahrungsintensivierung und Lebenssteigerung setzen.[4] Der Heilige Geist ist eine Gabe an den individuellen Menschen und stattet das Individuum mit Charismen und Gaben aus. Man könnte auch von einer religiösen Steigerung eines Besitzindividualismus sprechen. Schatten dieser stark selbstreferentiellen Fassung des Geistes finden sich aber m. E. auch noch in den sozial angelegten Pneumatologien wie z. B. bei Schleiermacher. Die Hegelsche Geistkonzeption ist

---

[1]   Die folgenden Überlegungen stellen daher ein systematisch-theologisches Pendant dar zu dem stärker medienethischen Beitrag von Thomas, G., »Umkämpfte Aufmerksamkeit. Medienethische Erwägungen zu einer knappen kulturellen Ressource«, in: *Zeitschrift für evangelische Ethik* 47 (2) (2003), 89–104. Im Feld der Medientheorie etabliert sich Aufmerksamkeit als stabile Brücke zwischen Psychologie, Medienanalyse und Gesellschaftsanalyse.

[2]   Für eine prägnante Charakterisierung und Kritik siehe Welker, M., *Gottes Geist. Theologie des Heiligen Geistes*, 1992, 262 f.

[3]   Für ein neueres Plädoyer in diese Richtung siehe Henning, C., *Die evangelische Lehre vom Heiligen Geist und seiner Person. Studien zur Architektur protestantischer Pneumatologie im 20. Jahrhundert*, Gütersloh: Chr. Kaiser 2000, insb. 304–403.

[4]   Gegen diese Positionen argumentiert Macchia, F. D., *Baptized in the Spirit. A global Pentecostal theology*, Grand Rapids, Mich.: Zondervan 2006. Siehe auch Welker, M., »The Spirit in Philosophical, Theological and Interdisciplinary Perspective«, in: Welker (Hg.), *The work of the Spirit. Pneumatology and pentecostalism*, Grand Rapids, Mich.: Eerdmans 2006, 221–232.

wohl der komplexeste Entwurf, der auf eine individuelle wie soziale Selbstreferentialität abstellt.[5]

In den vergangenen Jahrzehnten wurden im Gegenüber zu diesen subjektzentrierten Ansätzen Alternativen gesucht. Hier lassen sich m. E. zwei Linien ausmachen: Eine kosmologische Ausrichtung, wie sie Jürgen Moltmann in seiner Schöpfungslehre entwickelt hat und in der – um den Preis einer weitgehenden Lockerung der Bindung an Christus – eine grenzenlose Universalisierung gesucht wird.[6] Die zweite Linie hält die Bindung des Geistes an Christus und die primär ekklesiologische Verortung fest, sucht allerdings andere Denkmodelle – wie z. B. eine Feldstruktur (W. Pannenberg, I. Dalferth, M. Welker).[7] Beide Linien setzen auf mehr oder weniger weit gefasste Universalität und auf *Fremdreferenz*. Damit steht die Frage im Raum, was den Geist prägt: Selbstreferenz, individuell oder sozial gedacht, oder Fremdreferenz?

b. Intimität oder Öffentlichkeit

Eine weitere Spannungslage durchzieht den Diskurs über die Wirksamkeit und Präsenz des Geistes Gottes: Geht es nun beim Geist Gottes um gesteigerte Formen der *Intimität* oder um *Universalität und Öffentlichkeit?* Der Geist Gottes ist ausgegossen, aber nicht einfach wie bei Joel (Joel 3,1–2) wie ein Gewitter in der Wüste, sondern, wie Paulus betont, in unsere Herzen. Es ist ja dieser Geist, der, wie Ez 36,26 festhält, als neues Herz und als neuer Geist in das Innere gegeben wird. Intimität oder die Öffentlichkeit, die bis in den Bereich des Kosmischen ausgedehnt werden kann – dies ist die zweite Spannungslage.

c. Passivität oder Aktivität, Erleben oder Handeln

Die dritte Spannungslage kann mit der Gegenüberstellung von Passivität und Aktivität charakterisiert werden. Viele biblische Zeugnisse machen deutlich, dass der Geist Gottes nicht in der Handlungsverfügung des Menschen steht. Er ist

---

[5]   Zur Geistkonzeption Schleiermachers und Hegels siehe Höfner, M., »Geist und Gemeinde. Überlegungen zu Schleiermacher und Hegel«, in: Etzelmüller / Springhart (Hgg.), *Gottes Geist und menschlicher Geist*, Leipzig: Evangelische Verlagsanstalt 2013, 42–51; auch Welker, M., *Das Verfahren von Hegels ›Phaenomenologie des Geistes‹ und die Funktion des Abschnitts: ›Die offenbare Religion‹ (Heidelberg, Univ. Diss., 1978)*, Heidelberg 1978.
[6]   Moltmann, J., *Gott in der Schöpfung. Ökologische Schöpfungslehre*, München: Christian Kaiser 1985, 219 ff.
[7]   Siehe exemplarisch Pannenberg, W., *Systematische Theologie. Bd. 2*, Göttingen: Vandenhoeck & Ruprecht 1991, 99 ff.

ausgegossen, er kann flüchtig sein und betrübt werden, d. h. sich abwenden. Der Geist ist eine Gabe und selbst ein Geschenk. Das Kommen des Geistes kann überraschen, ja der Geist kann Menschen überkommen. Theologische Traditionen, die den Geist durch das Hören des Wortes kommen lassen, betonen auch für den Menschen die Haltung der Rezeptivität und Passivität.[8] Zugleich macht der durch das Wort kommende Geist Menschen zu *aktiv handelnden* Akteuren. Er befähigt sie zur Ausübung von Ämtern und zum Angehen von bestimmten Aufgaben. Die paulinischen Charismen benennen Tätigkeiten, die von Menschen vollzogen werden, für die diese Menschen begeistert werden. Charismatische Christen setzen hier den Akzent.[9]

d. Ordnungsauflösung oder Strukturbildung und gepflegte Regelmäßigkeit

Eine weitere Spannungslage wird deutlich, wenn man die Frage stellt: Was ist der primäre Effekt des Geistwirkens? Ordnungsauflösung, Außeralltägliches, Ekstase, Kontingenzsteigerung, Liminalität und Gegenweltliches, das punktuelle Andere im Moment des Kairos und das Umstürzen der Hierarchien – oder: Strukturbildung, Ordnungserkenntnis, Geduld und Hoffnung im Alltäglichen, die Stetigkeit im Wandel, Kontingenzbannung, der Trost der Erwartbarkeit, der kontinuierliche Prozess und die ordentliche Regelhaftigkeit der Kommunikation und der religiösen Sozialität? Bewirkt der Geist also primär Ordnungsauflösung oder sich in verlässlichen und erwartungssicheren Zuwendungen zum Nächsten manifestierende regelgestützte Gemeinschaften? Wirkt der Geist emergent durch das Entstehen des Unwahrscheinlichen, aber doch eher in Prozessen der Stabilisierung, der Kontinuitätssicherung und der Gewissheitsbildung? Die religiöse Polemik gegen charismatische Aufbrüche in der Geschichte der Kirche ist hinsichtlich dieser Spannungslage überaus instruktiv.

Diese vier Spannungslagen prägen die theologische Pneumatologie und markieren einen Problembestand, der in seinem Charakter als Herausforderung schwer geleugnet werden kann.

---

[8]   Luthers Freiheitsschrift, speziell ihr erster Teil, ist hier auf protestantischer Seite ein klassisches Beispiel. Die kulturgeschichtlich prägende Linie der Passivität analysiert Stoellger, P., *Passivität aus Passion. Zur Problemgeschichte einer ›categoria non grata‹*, 2010.

[9]   Für diesen Akzent in der Anfangsphase der Pfingstkirchen siehe Jacobsen, D. G., *Thinking in the Spirit. Theologies of the early Pentecostal movement*, Bloomington: Indiana University Press 2003.

2. Aufmerksamkeitsrelative Welten

Worin besteht der eingangs erwähnte Abschied von einer vertrauten Vorstellung? Welche vertraute Vorstellung gilt es m. E. im Horizont der Pneumatologie zu verabschieden? Ich denke, es ist die von den Naturwissenschaften auf den ersten Blick massiv gestützte und von den Medien ebenso verstärkte Vorstellung, wir lebten schlicht in einer geteilten *einen* Welt. Es ist die unseren *Common Sense* tragende und durch lebensweltliche Vertrautheiten immer wieder regenerierte Idee, andere Menschen würden doch die gleiche Welt sehen und müssten doch irgendwie »wie wir« oder »wie ich« auf die gleichen sozialen, politischen und psychischen Probleme reagieren. Die Idee eines gesellschaftlichen Kommunikationskontinuums und die ihr entsprechende Flut der moralischen Appelle im Raum der öffentlichen Theologie unterstellt oft genau dies.[10] Irgendwie müssten wir uns doch auf die eine Perspektive auf die Welt einigen können, so der Grundtenor. Die Verabschiedung dieser vertrauten Vorstellung ist nicht leicht und auch nicht ohne ein neues Risiko, aber für die Bearbeitung realer Konflikte m. E. fruchtbar und notwendig – denn die jeweilige Welt, in der wir leben und denken, ist in elementarer Weise auf der Basis unserer Aufmerksamkeit, von unserer Wahrnehmung gebaut und permanent reproduziert. Die Vorstellung der einen geteilten Welt durchzieht den *Common Sense* und ist dicht in die Textur der Lebenswelt eingewoben – und doch sollte sich die akademische Theologie nicht diesem *Common Sense* ausliefern. Welten sind aufmerksamkeitsrelativ, und diese Einsicht gilt es, theologisch produktiv zu verarbeiten.

3. Der Geist Gottes und Gottes Wahrnehmung der Welt

Den hier nun mit groben Pinselstrichen zu konturierenden Überlegungen liegt folgende These zugrunde: Der Geist Gottes ist eine Macht der individuellen, der sozialen und der gemeindlichen Aufmerksamkeit. Das Kommen des Geistes Jesu Christi baut unsere Wahrnehmung um, aktiviert und sensibilisiert sie auf eine spezifische, eben durch die Christusperson geprägte Weise. Die *Aktivierung* von Aufmerksamkeit wird mit einer inhaltlichen *Qualifizierung* von Aufmerksamkeit verknüpft: Der Geist Gottes ist der Geist Jesu Christi. Der Geist Gottes ist aber auch – und dies ist der trinitätstheologische Aspekt der Verbindung von Geist

---

[10]   Es muss an dieser Stelle allerdings bemerkt werden, dass auch die Tradition der hermeneutischen Theologie mit der Unterstellung der einen wirklichen Welt in und hinter der Vielfalt der Deutungen und Weltverständnisse operiert.

und Aufmerksamkeit – der Geist der *Aufmerksamkeit Gottes,* der hierin sich ereignenden Wahrnehmung dieser Welt durch Gott.[11]

Welche Gründe sprechen dafür, den Geist Gottes als Macht der Aufmerksamkeit zu denken? Was gewinnen wir theologisch, wenn wir versuchen, in diesem Rahmen pneumatologisch zu denken? Meine Hoffnung ist, dass im Rahmen eines Modells der Aufmerksamkeit zugleich zwei Ziele verfolgt werden können: Eine ansatzweise Bearbeitung der genannten Spannungslagen und zugleich ein Verstehen des Geistes im Erlebnis- und Handlungshorizont der spätmodernen Mediengesellschaft.[12]

4. Konturen der Aufmerksamkeit

Der Begriff der Aufmerksamkeit ist zweifellos noch nicht selbstverständlicher Bestandteil des konsensuellen Feldes kultur- und sozialwissenschaftlicher Grundbegriffe. Dennoch rückt er zunehmend in den Fokus kulturwissenschaftlicher Analysen[13] und befruchtet medienwissenschaftliche Studien.[14] Das Konzept der Aufmerksamkeit verbindet trotz disziplinärer Verwurzelung die Neu-

---

[11]   Religionswissenschaftlich formatiert, kann man Religion bzw. *religio* als eine spezifische Form der Aufmerksamkeit, Achtsamkeit, Wahrnehmung und hierdurch begründete Handlung begreifen. An diese grundlegende Bestimmung der Religion erinnern die Beiträge in Assmann, A. / Assmann, J. (Hgg.), *Aufmerksamkeiten,* München: Wilhelm Fink 2001. Auch in soziologischer Betrachtung sind Religionen Einrichtungen des wirksamen gesellschaftlichen Aufmerksamkeitsmanagements.

[12]   Für einen Einblick in die Diskussion siehe die Nummer der Zeitschrift *Culture Machine* 13 (2012) zu »Paying Attention«. Die aktuelle philosophische Debattenlage bietet Watzl, S., *Structuring mind. The nature of attention and how it shapes consciousness,* Oxford: Oxford University Press 2017; kulturwissenschaftlich, mit einer stark kritischen Akzentuierung Celis Bueno, C., *The attention economy. Labour, time and power in cognitive capitalism,* London / New York: Rowman & Littlefield International 2017.

[13]   Mentalitätsgeschichtlich luzide Crary, J., *Aufmerksamkeit. Wahrnehmung und moderne Kultur,* Frankfurt a.M.: Suhrkamp 2002; der kulturwissenschaftliche Klassiker ist Franck, G., *Ökonomie der Aufmerksamkeit. Ein Entwurf,* München: Hanser 1998; Beller, J., *The cinematic mode of production. An attention economy and the society of the spectacle,* Hanover, N.H.: Dartmouth College Press, University Press of New England 2006.

[14]   Bleicher, J. K. / Hickethier, K. (Hgg.), *Aufmerksamkeit, Medien und Ökonomie,* Münster u.a.: Lit 2002; Dayan, D., »Sharing and Showing. Television as Monstration«, in: *The ANNALS of the American Academy of Political and Social Science* 625 (1) (2009), 19–31; Silverstone, R., *Media and morality. On the rise of the mediapolis,* Cambridge / Malden, Mass.: Polity Press 2007.

rowissenschaften,[15] Psychologie,[16] Computertechnologie[17] und philosophische Reflexion.[18] »Aufmerksamkeit« entwickelt sich zu einem Begriff, der einerseits hinreichend disziplinär geerdet ist und zugleich fruchtbare transdisziplinäre Anregungen vermittelt. An dieser Stelle können nur Grundzüge kommunikationswissenschaftlicher Hinsichten auf Aufmerksamkeit vergegenwärtigt werden.

Weitgehend formalisiert gesprochen ist Aufmerksamkeit die selektive Zuwendung im Sinne einer Bereitschaft zur Verarbeitung von Wahrnehmungsmustern und Kommunikationsangeboten. Aufmerksamkeit ist die Grundlage und Voraussetzung von Wahrnehmung, sei es Selbst- oder Fremdwahrnehmung. Dies betrifft sowohl natürliche wie nicht-natürliche Personen (Systeme und speziell Organisationen). Dabei ist sie stets leiblich bzw. an materielle Grundlagen gebunden. Auch die Aufmerksamkeit nicht-natürlicher Entitäten, d.h. die Aufmerksamkeit von Organisationen, von Staaten oder von anderen sozialen Entitäten ist an begrenzte Ressourcen und materiale Grundlagen gebunden. Die durch Aufmerksamkeit getragene Wahrnehmung ist immer und notwendig endlich und selektiv. Aufmerksamkeit ist hierin steuerbar, sie ist zu ›triggern‹ und zu verbrauchen.

Aufmerksamkeit ist in hohem Maße plastisch und lenkbar. Sie kann der Selbststeuerung, aber auch – wohl dosiert – der Fremdsteuerung überlassen werden. Wer ins Kino geht oder einen Gottesdienst besucht, überlässt seine Aufmerksamkeit einer Fremdsteuerung, ohne von ihr versklavt zu werden. Darum bleibt das Verhältnis zwischen Selbst- und Fremdsteuerung asymmetrisch. Hierdurch öffnet sich ein Blick auf Schwellenwerte, Skalierbarkeiten und nicht linear sich vollziehende Veränderungen der Aufmerksamkeit.

Wie verhält sich die Organisation von Aufmerksamkeit zu Handlungen? Aufmerksamkeit und die mit ihr verbundene Wahrnehmung liegen nicht nur einfach einer Handlung voraus. Handlungen ereignen sich in Möglichkeitsräumen, die durch aufmerksamkeitsgestützte Kommunikationen und Wahrnehmungen aufgespannt werden. Erst solche Möglichkeitsräume lassen ein Verhalten nicht einfach als alternativlos erscheinen, sondern Handlungen im prägnanten Sinne. Aufmerksamkeit und Wahrnehmung eröffnen sozusagen die Optionen, die dann organisiert, gewichtet und ›gewählt‹ werden können, wobei es

---

[15] Bruya, B. (Hg.), *Effortless attention. A new perspective in the cognitive science of attention and action*, Cambridge, Mass.: The MIT Press 2010.

[16] Styles, E. A., *The psychology of attention*, Hove England / New York: Psychology Press 2006.

[17] Roda, C., *Human attention in digital environments*, Cambridge / New York: Cambridge University Press 2011.

[18] Einen Überblick bieten Eilan, N. / Hoerl, C. / McCormack, T. / Roessler, J. (Hgg.), *Joint attention. Communication and other minds. Issues in philosophy and psychology*, Oxford / New York: Clarendon Press, Oxford University Press 2005; Mole, C., *Attention is cognitive unison. An essay in philosophical psychology*, Oxford / New York: Oxford University Press 2011.

vielfach kontingent bleibt, ob ein Ereignis als Erleben oder als Handeln in der Selbst- und/oder Fremdzuschreibung kenntlich gemacht wird.

Wichtig ist die Erkenntnis, dass die Aufmerksamkeit am Schnittpunkt von innerem Erleben und einem Erleben und Gestalten der Umwelt angesiedelt ist und dort ihre Dynamik entfaltet.[19]

Aufmerksamkeit ist nicht nur subjektzentriert zu denken und kann nicht nur natürlichen Personen, d. h. Menschen, zugerechnet werden. Auch nicht-natürliche Personen, Interaktionsgemeinschaften und Organisationen, aber selbst größere soziale Entitäten und »Kulturen«, die »Geister der Zeit«, verfügen über Umweltwahrnehmungen und damit über begrenzte Aufmerksamkeit. Sie praktizieren, auch wenn sie dies nicht selbst einholen können, über eine mittels selektiver Aufmerksamkeit gesteuerte Blindheit und Sicht. Selbst die Aufmerksamkeit von Nationen und Kulturen ist erregbar, steigerbar und kann über Kommunikation zu steuern versucht werden. Selbst die Aufmerksamkeit von Organisationen ist flüchtig, unruhig und kann einer Fremdsteuerung übergeben werden – wobei die Selbststeuerung nie völlig verschwindet.[20]

Aufmerksamkeit unterläuft, wie schon erwähnt, die klare Unterscheidung von Fremd- und Selbstbestimmung, insofern sie sowohl intern wie extern irritierbar ist, intern initiativ investiert werden kann und zugleich extern mobilisierbar ist – allerdings bedarf die operative Schließung der Entität, der diese Aufmerksamkeit zugerechnet wird, einer gewissen Reststeuerung und Fokussierung, sonst verliert sich die Aufmerksamkeit in pathologischer Form in der inneren oder äußeren unendlichen Umwelt des psychischen oder sozialen Systems. Dennoch gibt es keine komplette Kontrolle über die Aufmerksamkeit – hier finden wir effektive Grenzen der Selbstbestimmung. An den Grenzlagen finden sich paradoxe Formen, die durch eine Temporalisierung zu verflüssigen sind: So ist der zeitlich befristete Kontrollverlust oft geradezu organisierbar. Aufmerksamkeit ist über das Wahrgenommene, d. h. auch über Kommunikation provozierbar, evozierbar und anregbar.[21]

---

[19]   Extreme Formen der Selbstreferenz wie Meditationspraktiken setzen auf eine innere Unendlichkeit des Bewusstseins, bedürfen darin aber hoch artifizieller Spezialvorrichtungen und enden notwendig in paradoxen Konstellationen. Nicht umsonst operieren viele solcher Praktiken mit der Konzentration auf äußere Wahrnehmungsobjekte.

[20]   So erscheint es gesellschaftstheoretisch fragwürdig und problematisch, wenn sich die Wahrnehmung der Politik der Fremdwahrnehmung der Medien überlässt und sich hierdurch ihren Umweltkontakt, ihre Wahrnehmung eines Außen zuführt. Siehe Marcinkowski, F., *Publizistik als autopoietisches System. Politik und Massenmedien. Eine systemtheoretische Analyse*, Opladen: Westdeutscher Verlag 1993.

[21]   Zumindest im historischen Rückblick oder im nationalen Vergleich drängt sich der Eindruck auf, dass auch nicht-natürliche Akteure pathologisch erscheinende Einschränkungen oder Fehlorientierungen der Aufmerksamkeit aufweisen können.

Allerdings gilt auch umgekehrt: Aufmerksamkeit ist unabweisbare Grundlage einer prinzipiellen Affizierbarkeit. Nur wer aufmerksam und d. h. zugleich wahrnehmungsfähig ist, ist affizierbar, bewegbar und empfindsam, in einem prägnanten Sinne erlebnisfähig. In der Aufmerksamkeit manifestiert sich eine elementare Umweltsensibilität.

Für ein Verständnis kultureller Prozesse, aber auch für ein theologisches Verständnis des Geistwirkens ist entscheidend, dass die Aufmerksamkeit *mehrerer* Entitäten, also natürlicher wie nichtnatürlicher Personen, durch eine gemeinsame Fokussierung (oder deren effektive Unterstellung) machtvoll aggregierbar ist. Aufmerksamkeit kann mehr oder weniger momenthaft (z. B. durch Twitternachrichten) und mehr oder weniger sozial ausgreifend vernetzt werden. Und – dies ist für den Geist Jesu Christi entscheidend – sie ist stets sachlich geprägt, d. h. durch Wahrnehmungskontexte und Themen der Kommunikation. Durch die koordinierte, d. h. nicht diffuse, sondern thematisch fokussierte Aggregation von Aufmerksamkeit bauen sich interaktive oder auch mediengestützte Öffentlichkeiten auf. Aufmerksamkeit hat also stets eine soziale, eine zeitliche und eine sachliche Dimension.[22]

5. Der Heilige Geist als Macht der Aufmerksamkeit und der Geist Jesu Christi

Die bisherigen Konturierungen eröffneten möglicherweise assoziative Annäherungen, gingen aber noch nicht so weit, eine modellhafte Übertragung in das religiöse Feld vorzunehmen. Dieser Schritt soll nun noch andeutungsweise vollzogen werden.

Wie und wann ist die Mobilisierung von Aufmerksamkeit ein Wirken der Macht des Heiligen Geistes? – Eben ein Wirken des Geistes Jesu Christi? Geht es im christlichen Glauben nur um die Steigerung der Aufmerksamkeit für eine transzendente Macht, ein Prinzip der Kreativität und des Lebens, um die Aufmerksamkeit auf eine grundlegende Dependenz?[23] Ist der Heilige Geist eine

---

[22]   Von hier aus ließe sich auch die von Friedrich Schleiermacher vorgestellte Idee des christlichen Gesamtlebens differenzierter und ›moderner‹ reformulieren. Ebenso ist die nachösterliche Gemeinde ein komplexes, intern plural strukturiertes, dichtes Netz einer sich rekursiv verstärkenden und darin stabilisierenden Aufmerksamkeitsakkumulation.

[23]   Das Gespräch, das hier nur als notwendiges, aber aktuell nicht zu führendes markiert werden muss, ist das mit Paul Tillich, speziell seinem dritten Band seiner Dogmatik. In sachlicher Hinsicht bricht an diesem Punkt die schwierige Frage auf, wie sich der Geist des Lebens zum Geist Jesu Christi verhält – ein Problem, das die beiden pneumatologischen Werke Jürgen Moltmanns verbindet und zugleich tief trennt.

Macht des Schöpferischen, durch den sich im evolutionären Prozess das starke Leben durchsetzt und steigert?[24]

Die Pointe des Heiligen Geistes als des Geistes Jesu Christi ist eine eigentümliche Überblendung. Die Aufmerksamkeit der Christen wird geprägt durch die Aufmerksamkeit und die Wahrnehmung der Welt durch Jesus Christus (*genitivus subjectivus*). Die in Jesus Christus Ereignis gewordene göttliche Aufmerksamkeit, d. h. die aktive Aufmerksamkeit Jesu Christi, prägt, formt und strukturiert die Aufmerksamkeit und Wahrnehmung der Christen. Die göttliche, die jesuanische Aufmerksamkeit steuert und lenkt, überblendet und irritiert die Aufmerksamkeit im Handeln des Menschen – wenn der Geist Jesu Christi in der Aufmerksamkeit machtvoll präsent ist. Diese Überblendung unserer Aufmerksamkeit mit der Aufmerksamkeit Jesu Christi erzwingt nicht spezifische Handlungen – ist aber auch nicht willkürlich. Vielmehr wird ein Korridor der Freiheit eröffnet, der durch Glaube, Liebe und Hoffnung, Gerechtigkeit und Erbarmen geprägt wird. Der Geist der Freiheit erzwingt also nicht bestimmte Handlungen oder ein ganz bestimmtes Verhalten.[25] Der Geist Jesu Christi formt, prägt und baut allerdings Möglichkeitsräume, in denen wir uns bewegen und in die wir Aufmerksamkeit investieren – und diese Möglichkeitsräume sind stets differenziert – in Beruf, in Familie etc. Innerhalb der Gemeinde stellt die Vielfalt der Charismen eine variantenreiche Ausgestaltung dieser Möglichkeitsräume dar.

Die sich in der Präsenz des Heiligen Geistes manifestierende Aufmerksamkeit markiert ein offenes und prozessuales Verständnis von christlicher Identität. Aufmerksamkeit für diese Welt, für die Dynamik der Gesellschaft, Aufmerksamkeit für die Verwerfungen dieser Schöpfung macht affizierbar, verletzlich und verwundbar – ist also auch riskant und kann daher auch vermieden werden. Aber nur die im Heiligen Geist ermöglichte aufmerksame Wahrnehmung öffnet für die Lebensbewegung des anderen, seine Gefährdung, aber auch seine Entwicklungsmöglichkeiten. Aufmerksame Wahrnehmung des anderen ist daher auch die geistgewirkte Voraussetzung einer freien Selbstzurücknahme zugunsten des anderen und somit Implikat des Kommens des Reiches Gottes.[26]

---

[24] An dieser Stelle habe ich die Auseinandersetzung mit einem theologischen Naturalismus vor Augen, der auf Seiten der Theologie dem Gespräch zwischen den Naturwissenschaften und der Theologie erwächst. Das Problem der Verhältnisbestimmung zwischen einem Geist des Lebens und dem Heiligen Geist als Geist Jesu Christi lässt sich auch als einfache Frage formulieren: Wird man in das Reich Gottes hineingeboren oder wiedergeboren?

[25] Interessanterweise sind es medienwissenschaftliche Erkundungen, die immer eindringlicher deutlich machen, dass die (medial vermittelte) Wahrnehmung von fremder Not nicht notwendigerweise mit solidarischem Handeln einhergeht. Siehe Boltanski, L., *Distant suffering. Morality, media and politics*, Cambridge: Cambridge University Press 1999; Chouliaraki, L., *The spectatorship of suffering*, London / Thousand Oaks, Calif.: Sage 2006.

[26] Welker, M., »Das Reich Gottes«, in: *Evangelische Theologie* 52 (6) (1992), 497–512.

Wie verhält sich nun im Horizont dieser Konzentration auf Aufmerksamkeit und Wahrnehmung die spannungsreiche Beziehung zwischen der Intimität und der Öffentlichkeit des Geistes? Wie schon dargestellt, ist die individuelle wie auch die soziale Aufmerksamkeit in einem hohen Maße plastisch und lenkbar. Sie kann sich auf den Innenraum der Reflexion und Imagination, der Erkenntnis und der Selbstwahrnehmung beziehen. Sie kann auf Introspektion und Selbstbeobachtung abzielen. Nicht nur die mystischen, sondern auch pietistische Traditionen und nicht zuletzt Strömungen des Luthertums betonen das Moment der intimen Vertrautheit der Seele mit Gott im Ereignis des Geistes. Ohne ein Plädoyer für religiöse Selbstbeobachtung entfalten zu wollen soll daran erinnern werden, dass der Pietismus diese Suche nach religiöser Intimität im Geist mit einer aufmerksamen Wahrnehmung der Schrift kombiniert und über diese Bindung an Medialität zugleich die Öffentlichkeit steigert. Das Losungsbüchlein zeigt, wie der Geist zugleich Intimität und Öffentlichkeit steigern kann. Die Leser des Losungstextes bilden eine imaginierte Leserinnengemeinschaft, da alle in ihrer intimen Praxis von all den anderen Leserinnen wissen.[27] Vermittelt durch den Text und die gemeinsame Praxis bilden sie eine Gemeinschaft, die sich im Text selbst respezifiziert und materialisiert. Die gottesdienstliche Gemeinschaft steigert diese Dynamik, da die imaginierte Gemeinschaft des universalen Leibes Christi nicht nur, aber auch im Bibeltext und zudem in der physisch versammelten Gemeinschaft selbst vergegenwärtigt, rekonkretisiert und materialisiert wird.[28]

6. Der Heilige Geist und das priesterliche und prophetische Amt Jesu Christi

Die sogenannte Ämterlehre in der theologischen Rede von Jesus Christus hat, vor allem in der Geschichte der reformierten Tradition, anhand einer funktionalen Lektüre dieser in der Hebräischen Bibel verwurzelten Ämter (Priester, Prophet und König) die Aufgabe und Wirksamkeit Jesu Christi zu explizieren gesucht.

---

[27] Grundlegend und klassisch, mit einem religiösen Imaginationshintergrund, Anderson, B. R., *Imagined communities. Reflections on the origin and spread of nationalism*, London: Verso 1983.

[28] In welchem Medium wird die universale Gemeinschaft der Kirche respezifiziert und materialisiert? Die Beantwortung dieser Frage unterscheidet die verschiedenen christlichen Konfessionen. Während die katholische Kirche stärker auf das Sakrament und damit verbunden das priesterliche Amt und die rechtliche Einheit der Weltkirche verweist, dürfte es für den Protestantismus unaufgebbar sein, hinsichtlich der Medien, in denen die universale Aufmerksamkeitsaggregation imaginiert und symbolisiert wird, zur ganzen physisch versammelten Gemeinschaft und zur Schrift zu stehen.

Jenseits eines nicht mehr nachvollziehbaren stark realistischen und essentialistischen Verständnisses dieser Ämter wurden in jüngster Zeit die Differenzierungsgewinne für Christologie und Pneumatologie entlang dieser Ämter zu modellieren versucht.[29] Begreift man sie als strukturierende Metaphern, so können auch für die verschiedenen Aspekte des Geistes als der Macht der Aufmerksamkeit die Ämter als heuristisches Instrumentarium genutzt werden. Anhand des priesterlichen und des prophetischen Amtes soll dies kurz umrissen werden.

Die priesterliche Dimension manifestiert sich im Gottesdienst und im Gebet bzw. der persönlichen Frömmigkeit. Das Gebet ist eine mehr oder weniger konflikthafte Aktualisierung und Vernetzung unserer Aufmerksamkeit mit der Aufmerksamkeit Gottes für uns. Gebet und Gottesdienst konzentrieren und koordinieren die menschliche Aufmerksamkeit auf Gottes eigene Wahrnehmung der Welt. Der Gottesdienst routinisiert, erneuert und regeneriert darin einen letztlich ›unmöglichen Blick‹ auf die Welt. Der Gottesdienst investiert Aufmerksamkeit in einen Blick auf die Welt, nicht nur von außen, sondern von Gott, seinen Intentionen, Absichten und Handlungen (traditionell gesprochen, seinen Verheißungen) her gedacht. Gottes Fürsorge für die Welt, Gottes Aufmerksamkeit, Wahrnehmung und Wahrnehmbarkeit in Christus wird konzentriert gefeiert und kommuniziert. Das gemeinschaftliche Gebet verbindet die Intimität des Lebens der einzelnen Betenden und die Öffentlichkeit des universalen, des vergangenen wie auch des zukünftigen Leibes Christi.

Diese punktuelle Perspektivierung in Gebet, Lied, Predigt und Liturgie zielt auf das, was ich eine Überblendung nannte oder was auch als Reframing bezeichnet werden könnte. Die Möglichkeiten Gottes für die Welt, die Aufmerksamkeit Gottes für die Schöpfung, zielen – anders als das Reframing des Kinos oder des Konzertsaales – auf das, was Karl Barth Sendung und Zeugnis nannte. Die konzentrierte, aufmerksame Wahrnehmung von Gottes Wahrnehmung der Welt formt, ergänzt und moduliert die Wahrnehmung der Wirklichkeiten außerhalb des Gottesdienstes – eben den Gottesdienst im Alltag der Welt. Gebet und Gottesdienst kultivieren auch scharfe Wahrnehmungsdifferenzen. Die sich als Geistwirken ereignende Wahrnehmung von Gottes eigener Wahrnehmung der Welt eröffnet den Blick auf folgenreiche Inkongruenzen, tiefe Konflikte und letztlich schmerzhafte Verwerfungen. Klage und Bitte sind die Sprachformen der geistgeprägten Differenzwahrnehmungen.[30]

---

[29]   So Welker, M., *Gottes Offenbarung. Christologie*, Neukirchen-Vluyn: Neukirchener Verlagsgesellschaft 2012, Teil 4 und 5.

[30]   Zu Klage siehe die Diskussionen in Billman, K. D. / Migliore, D. L., *Rachel's cry. Prayer of lament and rebirth of hope*, 1999; Brown, S. A. / Miller, P. D. (Hgg.), *Lament. Reclaiming practices in pulpit, pew, and public square*, 2005. In einer trinitätstheologischen Sicht führen sie die Betenden hinein in die Dynamik der innergöttlichen Kommunikation. Deshalb ist

Abschließend halte ich eine Bemerkung zur Medienvermitteltheit der menschlichen Wahrnehmung von Gottes eigener Aufmerksamkeit für die Welt für notwendig: Protestanten sind der Überzeugung, dass Gott nur mittels Kommunikation (Predigt und Sakrament, Lied etc.) über Kommunikation (Schrift) über leibhafte Kommunikation (Christus) wahrnehmbar ist – also nicht direkt und auch nicht gesichert durch privilegierte Vermittler oder Organisationen.

Die prophetische Dimension deutete sich schon in der Gebetsform der Klage und der Bitte an. Sie betrifft eine transformativ kritische Wahrnehmung und Aufmerksamkeitsinvestition. Die prophetische Dimension des Geistes findet sich in einer Aufmerksamkeit, die – stets an Christus orientiert – neue Möglichkeiten erkennt und in die gesellschaftliche Kommunikation einspielt. Gegen eine breite Tradition in der Religionssoziologie ist mit allem Nachdruck festzuhalten, dass die aufmerksame prophetische Situationswahrnehmung nicht auf Kontingenzabsorption abstellt, sondern auf eine Kontingenzerhöhung und Einspielung von Kontingenz.[31] Die prophetische Geistwahrnehmung erkennt, dass diese Wirklichkeit – und hier ist dann ganz partikular, spezifisch und empirisch zu arbeiten – im politischen Feld, im wirtschaftlichen Handeln, im institutionellen Gefüge der Bildungseinrichtungen etc. wirklich anders sein könnte. Die prophetisch konturierte Aufmerksamkeit löst gezielt Ordnungen auf und erkennt jesuanisch informierte Transformationspotentiale. Diese sind nicht einfach im Modus der Entrüstung vorzutragen. Aufmerksamkeit wird in begründende, systemspezifische Analyse investiert werden. Dieser Geist der prophetischen Aufmerksamkeit ist ein Geist der Hoffnung, der Verohnmächtigungen und vermeintlich kluge Fatalismen aufbricht. Dabei gilt die Aufmerksamkeit den Veränderungen, die so klein sind wie das Senfkorn. Doch die geistgewirkte Ordnungsauflösung ist vektorial gerichtet – eben weil es der Geist Jesu Christi ist.

Es ist zu hoffen, dass selbst in diesen knappen Andeutungen und Skizzen sichtbar wurde, in welcher Perspektivierung die eingangs aufgeführten, geradezu klassischen Problemlagen der Pneumatologie nicht einfach verabschiedet, sondern produktiv gelöst werden können. Der Heilige Geist als Macht der Aufmerksamkeit verdient nicht nur verstärkt die Aufmerksamkeit der Theologie. Er ist es auch, der die Theologie selbst aufmerksamer macht für die Einsichten der Tradition, die Ressourcen der biblischen Texte, die Herausforderungen der gegenwärtigen Kultur und nicht zuletzt für die Aufgabe, in der Bewegung einer *fides quaerens intellectum* ihren spezifisch diskurs- und modellinformierten Beitrag zur wahrheitssuchenden Gemeinschaft des Leibes Jesu Christi zu leisten.

---

gegen eine lange Tradition der Fehlorientierung unbedingt festzuhalten: Opera trinitatis ad extra sunt divisa.

[31] Siehe hierzu Thomas, G., *Implizite Religion. Theoriegeschichtliche und theoretische Untersuchungen zum Problem ihrer Identifikation*, Würzburg: Ergon-Verlag 2001, 415–454.

Teil II. Die Verheißung der Lebendigkeit Gottes

VII. »Er ist nicht hier!« Die Rede vom leeren Grab als Zeichen der neuen Schöpfung

»Das Problem ist hier nicht die Frage, ›Was sind die Fakten?‹, sondern vielmehr die Frage, ›Wie sind die Fakten so zu beschreiben, damit sie eine bestimmte Weise ihrer Erklärung und nicht eine andere sanktionieren?‹«[1]

»Nicht Zerstörung, sondern Neuschöpfung der Leiblichkeit geschieht hier. [...] Wir wissen, es ist derselbe Leib – denn das Grab ist leer; und es ist ein neuer Leib – denn das Grab ist leer. Wir wissen, Gott hat die erste Schöpfung gerichtet und er hat eine neue Schöpfung in der Gleichheit der ersten geschaffen. Nicht eine Christusidee lebt fort, sondern der leibliche Christus. Das ist Gottes Ja zur neuen Kreatur mitten in der alten. In der Auferstehung erkennen wir, daß Gott die Erde nicht preisgegeben, sondern sich zurückerobert hat.«[2]

1. Vorbemerkungen

Die periodisch aufflackernden theologischen Debatten um die Auferweckung Jesu Christi spitzen sich regelmäßig auf die Frage zu, ob das Grab voll geblieben und Jesus darin verwest sei oder ob es leer gewesen sei, weil er auferweckt wurde. Dabei wird – wie in den von Gerd Lüdemann wieder entfachten Auseinandersetzungen – zumeist die Glaubwürdigkeit der Osterbotschaft als solche an die Frage geknüpft, ob das leere Grab wohl ein historisches Faktum sei.[3] Nachdem die systematisch-theologische Diskussion um die Auferstehung in den 60er Jahren ihren letzten Höhepunkt erlebt hat,[4] mehren sich in den letzten wieder die

---

[1] White, H. V., *Auch Klio dichtet. Oder die Fiktion des Faktischen. Studien zur Tropologie des historischen Diskurses*, Stuttgart: Klett-Cotta 1991, 159 f.

[2] Bonhoeffer, D., »Betrachtung zu Ostern. Auferstehung«, in: Bonhoeffer (Hg.), *Konspiration und Haft. 1940–1945 (DBW 16)*, München: Kaiser 1996, 471–474, hier 472.

[3] Siehe Lüdemann, G., *Die Auferstehung Jesu. Historie, Erfahrung, Theologie*, Göttingen: Vandenhoeck & Ruprecht 1994 und Lüdemanns eigene Weiterentwicklung, wie sie greifbar ist in ders., *Der große Betrug und was Jesus wirklich sagte und tat*, Lüneburg: zu Klampen 1998, insbes. 9–18. Zur Diskussion der Lüdemannschen Position siehe Oberdorfer, B., »›Was sucht ihr den Lebendigen bei den Toten?‹ Überlegungen zur Realität der Auferstehung in Auseinandersetzung mit Gerd Lüdemann«, in: Eckstein / Welker (Hgg.), *Die Wirklichkeit der Auferstehung*, Neukirchen-Vluyn: Neukirchener Verlag 2002, 165–182.

[4] Für Darstellungen und Analysen der verzweigten Diskussion siehe Klappert, B., *Diskussion um Kreuz und Auferstehung. Zur gegenwärtigen Auseinandersetzung in Theologie und Gemeinde*, Wuppertal: Aussaat 1967; Geyer, H. G., »Die Auferstehung Jesu Christi. Ein

systematischen Beiträge zum Thema.[5] Hierbei lässt sich die Tendenz erkennen, dass die Rede vom leeren Grab eher als Problemanzeige denn als erschließungsfähige theologische Präzisierung des Auferstehungsgeschehens gesehen wird. Am leeren Grab theologisch festzuhalten in dem Sinn, dass Jesus nicht verwest ist, sei, so die provokante Behauptung Ingolf U. Dalferths, »Doketismus und Bestreitung der soteriologischen Relevanz von Jesu Tod und Auferweckung.«[6]

Die historischen Rückfragen nach dem leeren Grab drohen, so die im Folgenden vertretene These, die Pointe der Rede vom leeren Grab zu verfehlen, weil schon die Fragen als *ausschließlich* historische falsch gestellt werden. Wird über der Frage nach dem sogenannten Faktum aber die theologische Rückfrage nach der theologischen Aussage und Erkenntnis in der Rede vom leeren Grab verabschiedet, so führt dies zu problematischen Verkürzungen in der Entfaltung der Wirklichkeit der Auferstehung. Gegenüber einer ausschließlich historischen Rückfrage wie auch gegenüber einer systematischen Erübrigung wird daher hier eine Orientierung an der *neutestamentlichen Rede vom leeren Grab* vorgeschlagen: Was soll theologisch über die Wirklichkeit der Auferstehung ausgesagt werden, wenn von Jesus von Nazareth gesagt wird, dass sein Grab leer gewesen sei? Geht es hier theologisch um ein »sprechendes Zeichen«, so ist anzugeben, *wofür* es ein Zeichen ist.[7]

Überblick über die Diskussion in der gegenwärtigen Theologie«, in: Marxsen / Wilckens / Delling / Geyer (Hgg.), *Die Bedeutung der Auferstehungsbotschaft für den Glauben an Jesus Christus*, Gütersloh: Gütersloher Verlagshaus 1967, 91–117; Essen, G., *Historische Vernunft und Auferweckung Jesu. Theologie und Historik im Streit um den Begriff geschichtlicher Wirklichkeit*, Mainz: Matthias-Grünewald-Verl. 1995.

[5]   Siehe Ringleben, J., *Wahrhaft auferstanden. Zur Begründung der Theologie des lebendigen Gottes*, Tübingen: Mohr Siebeck 1998; Dalferth, I. U., »Kreuz und Auferweckung. Das Wort vom Kreuz«, in: Dalferth, Ingolf U. (Hg.), *Der auferweckte Gekreuzigte. Zur Grammatik der Christologie*, Tübingen: J.C.B. Mohr 1994, 38–84; Dalferth, I. U., »Volles Grab, leerer Glaube? Zum Streit um die Auferweckung des Gekreuzigten«, in: *Zeitschrift für Theologie und Kirche* 95 (3) (1998), 379–409; Kessler, H., *Sucht den Lebenden nicht bei den Toten. Die Auferstehung Jesu Christi in biblischer, fundamentaltheologischer und systematischer Sicht*, Düsseldorf: Patmos-Verlag 1985. Die exegetischen Beiträge bis zur Jahrtausendwende sind rezipiert in dem Band von Avemarie, F. / Lichtenberger, H. P. (Hgg.), *Auferstehung / Resurrection. The fourth Durham-Tübingen Research Symposium Resurrection, Transfiguration and Exaltation in Old Testament, Ancient Judaism and Early Christianity (Tübingen, September, 1999)*, Tübingen: Mohr Siebeck 2001.

[6]   Dalferth, I. U., »Volles Grab, leerer Glaube? Zum Streit um die Auferweckung des Gekreuzigten«, in: *Zeitschrift für Theologie und Kirche* 95 (3), 379–409, 299.

[7]   Für ein Verständnis des leeren Grabes als »sprechendes Zeichen« siehe Barth, K., *Kirchliche Dogmatik. III/2. Die Lehre von der Schöpfung*, Zürich: Evangelischer Verlag 1959, 542 f. u. IV/1, 351. Die Differenz zu Barth liegt darin, dass hier die »Rede vom leeren Grab« als

Die folgenden Ausführungen sind nicht voraussetzungslos. Die Befragung der Rede vom leeren Grab geht von der theologischen Einsicht aus, dass in Christus, d. h. im Ereignis von Kreuz und Auferstehung, die »neue Schöpfung« Gottes anbricht. Die »neue Schöpfung« ist neben dem »Reich Gottes« und dem »Jüngsten Gericht« eines der eschatologischen Leitsymbole des christlichen Glaubens, das trotz verschiedener Überschneidungen mit den anderen beiden Symbolen unverzichtbare eigene Aspekte zur Sprache bringt.[8] Das leere Grab ist, so die hier zugrunde gelegte Erwartung, mehr als »eine theologische Satire über die Blamage des Todes«, insofern es als ein Zeichen der neuen Schöpfung ein Erschließungspotential für das theologische Verstehen der neuen Schöpfung hat.[9]

Hierzu sind zwei Vorabklärungen notwendig. Die erste dieser Klärungen besteht in der Differenzierung der Hinsichten und Perspektiven, in denen nach dem leeren Grab gefragt werden kann (2.). Die zweite, direkt daran anschließende Klärung führt die Unterscheidung zwischen Wahrnehmungen und der Kommunikation des Evangeliums ein, um deutlich zu machen, dass sich die theologische Reflexion zunächst nur auf Kommunikation, nicht aber auf historische Ereignisse beziehen kann (3.). Für die Erschließung der Rede vom leeren Grab für die Wirklichkeit der neuen Schöpfung wird dann in einem ersten Schritt der wechselseitige Interpretationszusammenhang von leerem Grab und Erscheinungen beleuchtet (4.). Dies führt zu Überlegungen, vom leeren Grab ausgehend das Osterereignis als Geschehen der Treue Gottes zu beschreiben. Daran schließt sich die Frage an, wie die Ereignishaftigkeit der Auferstehung zu begreifen ist, d. h. was die Bedeutung der scheinbar paradoxen Beschreibung des Nichtbeschreibbaren ist, wie sich dieses Ereignis zum ›Leben‹ Jesu verhält und welche Temporalstrukturen es aufweist. In materialer Hinsicht zeigt die Rede vom leeren

---

Zeichen verstanden wird. Zur Überlieferung des leeren Grabes als »äußeres Zeichen für die ›Auferstehung Jesu‹« vgl. auch Moltmann, J., *Der Weg Jesu Christi. Christologie in messianischen Dimensionen*, 1989, 244.

[8]   Der Zusammenhang zwischen dem leeren Grab, der Leiblichkeit der Auferstehung und dem eschatologischen Symbol des Jüngsten Gerichts wird ausgeleuchtet von Etzelmüller, G., »›Ich lebe, und ihr sollt auch leben‹. Die Leiblichkeit des Auferstandenen und ihre Bedeutung für die Eschatologie«, in: Eckstein / Welker (Hgg.), *Die Wirklichkeit der Auferstehung*, Neukirchen-Vluyn: Neukirchener Verlag 2002, 221–235.

[9]   Jüngel, E., »Thesen zur Grundlegung der Christologie«, in: Jüngel. E. (Hg.), *Unterwegs zur Sache. Theologische Bemerkungen*, München: Kaiser 1972, 274–295, 287. Mit den folgenden Überlegungen zum Zusammenhang der Rede vom leeren Grab und der neuen Schöpfung wird weder der Anspruch vertreten, das leere Grab allein oder auch die Auferstehung allein erschließe hinreichend die Wirklichkeit der neuen Schöpfung. Allerdings wird versucht zu belegen, dass der Aspekt des leeren Grabes lohnt, beleuchtet zu werden, um die *relative Kontinuität* und zugleich die *Radikalität des disruptiv Neuen* zu erfassen. Bewusst ausgeklammert sind an dieser Stelle die pneumatologischen Aspekte der neuen Schöpfung.

Grab eine Veränderung der prekären geschöpflichen Einheit von Leben und Tod an und erschließt die Schöpfung als *creatura viatorum:* Angesichts des theologischen Anspruchs der Rede vom leeren Grab wird im letzten Abschnitt nochmals die Frage nach dem sogenannten historischen Faktum aufgegriffen werden (5.).

2. Vier Typen theologischer Anfragen an die Rede vom leeren Grab

Die Frage nach dem leeren Grab kann in mindestens vier Fragehorizonten gestellt werden, die nicht vollständig unverbunden sind, aber dennoch zu unterscheiden sind und zu unterschiedlichen Problematisierungen des leeren Grabes führen:

1. Im Horizont von Überlegungen zur Historizität des Auferstehungsgeschehens kann nach dem *historischen Faktum* des leeren Grabes gefragt werden, d. h. nach seiner Wahrscheinlichkeit, nach der Verlässlichkeit der schriftlichen Zeugnisse und nicht zuletzt nach den Grenzen der Geschichtswissenschaft in der Erfassung singulärer Ereignisse. So kann, beispielsweise von dem sogenannten echten Markusschluss ausgehend, die Rede vom leeren Grab als Legendenbildung des 1. Jahrhunderts begriffen werden, die nicht deutlich vor das Jahr 70 n. Chr. zurückreicht.

2. Davon zu unterscheiden ist die ideen- und religionsgeschichtliche Fragestellung, ob die zeitgeschichtlich verbreitete Vorstellung der Auferweckung resp. Auferstehung von den Toten notwendig mit der *Vorstellung eines leeren Grabes* verbunden gewesen ist oder ob eine Auferstehung nicht auch ohne das leere Grab denkbar ist, sowie daran anschließend, was die historische Bedeutung der Vorstellung des leeren Grabes ist. Offensichtlich verbinden die neutestamentlichen Bekenntnisformeln wie auch Paulus (1 Kor 15,12–19) die Auferstehung nicht explizit mit einem leeren Grab. Darüber hinaus scheinen einige außertestamentarische Belege (äthHen 22 und Jub 23,31) eine Verbindung von Auferstehung und leerem Grab auszuschließen.

3. Bezogen auf die neutestamentlichen Zeugnisse der Auferstehung Jesu kann die historisch-philologische Frage aufgeworfen werden, ob *die literarischen Zeugnisse* vom leeren Grab historisch ›ursprünglich‹ sind oder ob mit ihnen nicht doch historisch erst relativ ›spät‹ zu lokalisierende Erzählungen vorliegen. Erweisen sich die literarischen Zeugnisse als ›später‹, so sind scheinbar die historisch früheren als sachgemäßere und zugleich theologisch verlässlichere zu privilegieren. Werden das paulinische Selbstzeugnis der Christusvision vor Damaskus und die Auseinandersetzung im 1. Korintherbrief als historisch ›frühere‹ literarische Zeugnisse eingestuft, so werden von ihnen aus die Erzählungen der Erscheinungen und die vom leeren Grab als theologisch von nachgeordneter Bedeutung für die Erschließung des Auferstehungsgeschehens betrachtet.

4. Ausgehend vom Faktum der neutestamentlichen Rede vom leeren Grab kann nach der *systematisch-theologischen Bedeutung der Rede vom leeren Grab* für ein gegenwärtiges Verstehen des Auferstehungsereignisses gefragt werden. In diesem Fall wird die Bedeutung des literarischen Zeichens des leeren Grabes analysiert und davon ausgehend beurteilt, ob es sich um ein notwendiges, ein kontingentes oder gar ein für das theologische Verstehen des Auferstehungszeugnisses irreführendes Zeichen handelt. Gibt das leere Grab Anlass für ein historisierendes Missverständnis des Auferstehungsgeschehens und leistet es einer fragwürdigen Relativierung des Kreuzesgeschehens Vorschub, so muss es, so das Argument, als irreführendes Zeichen angesehen werden. Und ist die Erwähnung des leeren Grabes kein Bestandteil der frühen Bekenntnisformeln, kann dieses keinen theologischen Beweis für die Auferstehung leisten. Sind darüber hinaus die Erscheinungen auch nicht notwendig an die Lokalität des leeren Grabes gebunden, so scheint dieses Zeichen theologisch bedeutungslos zu sein.[10]

Die ersten drei Anfragen repräsentieren alle *historische* Fragestellungen, entweder bezogen auf das empirische ›Faktum‹, auf die religionsgeschichtliche Vorstellung oder auf die literarische Überlieferung. Auf allen drei Ebenen wurden und werden gegen eine Relativierung der Rede vom leeren Grab entsprechende Gegenargumente angeführt. So hat Hans von Campenhausen gezeigt, dass auf der Basis der neutestamentlichen Texte auch die Historizität des leeren Grabes plausibilisiert werden kann bzw. für den Historiker dieses Faktum vergleichsweise adäquat belegt ist.[11] Die historische Faktizität des Grabes kann darüber hinaus Teil eines Auferstehungsgeschehens sein, das von der Ausweitung des der historischen Forschung zugrundeliegenden Wirklichkeitsverständnisses ausgeht.[12] Auch die Tatsache, dass die frühen Bekenntnisformeln wie auch 1 Kor 15

---

[10] Die verbreitetste Strategie der Entledigung der theologischen Bedeutung der Rede vom leeren Grab ist die Feststellung, dass die Überlieferung vom leeren Grab »für sich genommen theologisch nicht aussagekräftig« ist. So exemplarisch Dalferth, I. U., »Volles Grab, leerer Glaube? Zum Streit um die Auferweckung des Gekreuzigten«, 379–409, 397. Allerdings ist die Schlussfolgerung aus dieser zweifellos richtigen Feststellung nicht überzeugend.

[11] Siehe Campenhausen, H. v., *Der Ablauf der Osterereignisse und das leere Grab*, Heidelberg: Winter 1966. Für eine umsichtige und ausgewogene Darstellung der Diskussion um das leere Grab siehe Theissen, G. / Merz, A., *Der historische Jesus. Ein Lehrbuch*, 1996, 435–443.

[12] So im Anschluss an v. Campenhausen Pannenberg, W., *Grundzüge der Christologie*, Gütersloh: Gütersloher Verlagshaus Mohn 1966. Für Pannenbergs Auseinandersetzung mit E. Troeltschs Verständnis von Geschichte und historischer Forschung siehe Pannenberg, W., »Heilsgeschehen und Geschichte«, in: Pannenberg (Hg.), *Grundfragen systematischer Theologie. Gesammelte Aufsätze. Bd. 1*, Göttingen: Vandenhoeck & Ruprecht 1967, 22–78; Pannenberg, W., *Systematische Theologie. Bd. 2*, 1991, 403–405.

nicht explizit vom leeren Grab sprechen, erfordert nicht zwingend den Rückschluss, dass dieses definitiv außerhalb der Vorstellung von Auferstehung liegt. Ebenso hält der Verweis auf Belegstellen für eine Entkoppelung von Auferstehung und leerem Grab einer näheren Betrachtung nicht stand.[13] Und nicht zuletzt vermag die dem dritten Einwand zugrundeliegende Annahme, die späteren Zeugnisse seien hinsichtlich ihrer systematischen Erfassung des Ereignisses per se die inadäquateren, nicht zu überzeugen.[14] Darum gehe es, so die Gegenkritik, »nicht an, die Grabestradition (unter Berufung auf Paulus) pauschal als theologisch nebensächliche späte apologetische Legendenbildung abzutun«.[15]

Obwohl es zwischen diesen drei historischen Fragehorizonten und der systematisch-theologischen Verstehensbemühung einen Resonanzraum gibt, ist letztere *nicht unmittelbar* an die Fragen und Befunde der historischen Forschung angekoppelt. Denn selbst dann, wenn a) das leere Grab kein ›historisches Faktum‹ sein sollte, wenn es b) religionsgeschichtlich nicht notwendiges Implikat der Vorstellung der Auferstehung sein sollte und wenn c) die Rede von ihm nicht die historisch ›ursprüngliche‹ theologische Redeweise vom Ostergeschehen widerspiegeln sollte, so erübrigt sich die Frage nach der heute greifbaren und formulierbaren Bedeutung des unbestreitbaren *Faktums der Rede vom leeren Grab* in den Evangelienerzählungen nicht. Dann stellt sie sich vielmehr umso dringlicher, insbesondere dann, wenn erkannt wird, dass das leere Grab schon für die neutestamentlichen Zeugen nicht den Charakter eines jegliche Irritationen ausschließenden und zweifellos evidenten Beweises oder Beleges im Raum des ›historisch Feststellbaren‹ hatte, d. h. aber die Texte schon immer ›mehr als

---

[13]   Zwei Problemdifferenzierungen müssen hier berücksichtigt werden; so die Frage, ob die spezifische Qualität der Auferstehungsleiblichkeit ein leeres Grab erforderlich macht oder ob davon unabhängig andere Gründe dies erfordern oder nahelegen. Die richtige Beobachtung, dass die ›Materialität‹ des Auferstehungsleibes nicht die Aufnahme der ›Materialität‹ des irdischen Leibes erfordert, lässt nicht den Schluss zu, der Körper brauche nicht auferweckt zu werden. Davon zu unterscheiden ist die Frage, ob die Gleichzeitigkeit des vollen Grabes und eines Seins bei Gott die Zeit vor oder nach der allgemeinen Totenauferstehung betrifft. Die Belegstellen aus äthHen 22 und Jub 23,31 betreffen die Zeit davor, ebenso Phil 1,21 ff. Auch Mk 12,18 f. impliziert nicht, Jesus vertrete die Auffassung, die Patriarchen Israels seien auferstanden bei Gott, während doch die vollen Gräber verehrt werden. Mk 12,18 ff. schließt nicht die Auferstehung der Körper oder eine spezifische Körperlichkeit aus, sondern die Wiederholung irdischer Sozialformen nach dem Verwandlungsgeschehen. Der Vorwurf einer falschen substanzontologischen Orientierung im Verweis auf die leibliche Auferstehung verfehlt die schöpfungstheologische Pointe des Auferstehungsgeschehens.

[14]   Begreift sich die historische Forschung reflexiv selbst als konstruktiven Versuch, ein Ereignis oder eine Ereignisserie adäquat zu erfassen, so würde sie sich durch diese Annahme selbst den Boden entziehen.

[15]   So Stuhlmacher, P., *Biblische Theologie des Neuen Testaments*, Göttingen: Vandenhoeck & Ruprecht 1992, 175.

Historisches‹ sagen wollten – ohne dass mit der Rede vom leeren Grab der Anspruch verbunden ist, die Fülle der Auferstehungswirklichkeit auszusagen.[16]

3. Die Wahrnehmung von Ereignissen und die Kommunikation des Evangeliums

Warum ist die strikte und enge Kopplung der systematisch-theologischen Frage nach der Bedeutung der Rede vom leeren Grab an die historische Frage zu lockern? Gegenüber der Fixierung auf das historische Ereignis des »leeren Grabes« ist zunächst festzuhalten, dass die Evangelien *Texte* sind, d.h. verschriftlichte religiöse Kommunikation zum Zwecke der religiösen Kommunikation – Evangeliumskommunikation zum Zwecke der Evangeliumskommunikation. Alle Unterscheidungen von »historischem Ereignis« und »historischer Quelle« kommen nicht umhin, diese Unterscheidung *innerhalb dieser Texte* zu machen, die (sicherlich in verschiedener Gewichtung) selbst diese Unterscheidung nicht als *primäre* auf sich selbst anwenden: Sie reden nicht nur von historischen Ereignissen und ›naturalen‹ Prozessen, sondern schließen vielfältigere und umfassendere Wahrnehmungen ein. Diese Texte beschreiben vielmehr sedimentierte Kommunikation und wollen im gezielten Spiel mit der Grenze zwischen Beschreibung und Beschriebenem selbst neue Evangeliumskommunikation und Wahrnehmungen auslösen. Die vielfältigen einfachen oder auch komplexen individuellen und sozialen Wahrnehmungen, die zu dieser Kommunikation führten und führen, sind in diesen Texten nicht unmittelbar greifbar, wiewohl sie aus ihnen hervorgingen. Greifbar und belegt sind die Kommunikationsprozesse der verschiedenen Evangelien, die selbst metakommunikative Beschreibungen sind, d.h. Kommunikation *über* die damalige Kommunikation des Evangeliums. Da der Zusammenhang zwischen menschlichen Wahrnehmungen und sozialen Kommunikationsprozessen grundsätzlich und unausweichlich kontingent (nicht willkürlich!) ist, kann die Rückfrage nach den über Wahrnehmungen in die Kommunikation eingegangenen ›historischen Ereignissen‹ nur stets die Kon-

---

[16] Entsprechend plädiert Francis Schüssler Fiorenza hinsichtlich dieser Texte dafür »that we should first explore the meaning disclosed by these texts as part of a fundamental theological argument before we reduce them to sources for a historical reconstruction of the genesis of Christian faith. Moreover, we should not make a theoretical reconstruction of the meaning of these texts as if the meaning of the language and metaphors in these texts were determined by historical reconstruction.« (Schüssler Fiorenza, F., »The Resurrection of Jesus and Roman Catholic Fundamental Theology«, in: Davis / Kendall / O'Collins [Hgg.], *The Resurrection. An Interdisciplinary Symposium on the Resurrection of Jesus*, Oxford: Oxford University Press 1997, 213–248, 231).

tingenz der Kommunikation mitreproduzieren (»Es hätte auch anders und anderes gesagt werden können.«) und zu Wahrscheinlichkeitsurteilen führen.

Aufgrund dieses Zusammenhangs zwischen ›Ereignis‹, Wahrnehmung und Kommunikation kann sich systematisch-theologische Reflexion als Orientierung gegenwärtiger Glaubenskommunikation nur auf Kommunikation, und d. h. auf die neutestamentliche *Rede vom leeren Grab* als Implikat der theologischen Entfaltung der Auferstehungswirklichkeit beziehen.[17] Sicherlich verweist diese Rede wie alle Evangelienrede auch auf extratextuelle, ›historische‹ Ereignisse, aber zugleich führen diese Texte innerhalb der Glaubensgemeinschaft der Kirche den Anspruch mit sich, auch etwas über Gottes Wirklichkeit und Handeln wahrheitsfähig auszusagen.[18]

4. Die Rede vom leeren Grab als ›sprechendes Zeichen‹ der neuen Schöpfung

a. Das leere Grab als Korrelat der Leiblichkeit des auferstandenen Christus

Alle vier Evangelien erzählen nicht nur vom leeren Grab, sondern berichten mehr oder weniger direkt auch von Erscheinungen des Auferstandenen bei den Jüngerinnen und Jüngern. Paulus dagegen hatte vor Damaskus eine Christusvision, die ihn nach seiner eigenen Auffassung in die Gruppe der Zeugen des Aufer-

---

[17]   In analoger Weise unterscheidet Anton Vögtle »zwischen dem Glauben, die Auferweckung Jesu schließe die Aufhebung des im Grabe liegenden Leichnams ein, und der eventuell empirischen Feststellung, das Grab sei leer« (Vögtle, A., *Biblischer Osterglaube. Hintergründe – Deutungen – Herausforderungen*, Neukirchen-Vluyn: Neukirchener 1999, 50).

[18]   Methodisch impliziert diese Frage, dass auf der Basis der neutestamentlichen Texte und orientiert am Zeichen der Rede vom leeren Grab die im Auferstehungsgeschehen erschlossene und zur Geltung kommende Wirklichkeit eine ›Redeskription‹ erfährt, d. h. perspektivisch und aus unserer Gegenwart expliziert wird. Selbstverständlich kann das komplexe Auferstehungsgeschehen summarisch vereinfacht oder in seiner Grundstruktur als »Handeln Gottes an Jesus« und darin an der Welt beschrieben werden. Dieses Verfahren einer dichten Neubeschreibung unterscheidet sich aber von einem Vorgehen, das ›hinter‹ die »metaphorische Rede von der Auferstehung Jesu« bzw. die »gleichnishafte Rede« von der Auferweckung zu greifen beansprucht und als das eigentliche Interpretandum dieser kontingenten sprachlichen Interpretationen und Bilder dann aber nur vage Chiffrierungen bietet: Jesus habe »Anteil am Leben Gottes« bzw. der tote Jesus lebe »durch, bei und mit diesem Gott«. Vgl. dazu Schwöbel, C., »Auferstehung. 2. Dogmatisch«, in: Betz (Hg.), *Religion in Geschichte und Gegenwart. Bd. 1. 4. Aufl.*, Tübingen: Mohr Siebeck 2004, 924–926, und Dalferth, I. U., »Kreuz und Auferweckung. Das Wort vom Kreuz«, 38–84, 77.

standenen einreihte und die er auch terminologisch analog beschreibt.[19] Diese Christusvision wird von vielen Exegeten und manchen Systematikern als hermeneutisches Paradigma für ein Verstehen der nachösterlichen Erfahrung der Jüngerinnen und Jünger behandelt.[20] Gegenüber diesem Zugang über die Spuren der Auferstehung bei Paulus soll im Folgenden der Weg beschritten werden, die Rede vom leeren Grab im spezifischen Zusammenhang mit den Erscheinungserzählungen der Evangelien zu betrachten.[21]

Die Erscheinungserzählungen offenbaren eine eigentümliche Erfahrungsstruktur. Sie setzen nicht nur eine imaginäre, vorgestellte (wie bei Visionen), sondern eine *reale* Differenz zwischen erfahrenden Menschen und einem erfahrenen Gegenüber voraus. Die Schreiber der Evangelien tragen – innerhalb der erzählenden Interpretation wohlgemerkt – in das Ereignis der Erscheinung eine Unterscheidung ein: die Unterscheidung zwischen Wahrgenommenem und Wahrnehmenden.[22] Indem sie eine Begegnung berichten, unterstellen sie eine wie auch immer geartete Leiblichkeit und Sinnenfälligkeit dessen, der jemandem erschienen ist. Gegenüber der unbestreitbaren persönlichen, sozusagen privaten Evidenz der visionären Einsicht setzen die Erzählungen den Auferstandenen der gesteigerten Strittigkeit *und* der gesteigerten Evidenz sozialer öffentlicher Wahrnehmung und der Zweifelhaftigkeit von Erscheinungen aus.[23] Für die Entstehung der Gemeinde dürfte es von Bedeutung sein, dass außer Joh 20,14–18 in allen ausgeführten Erscheinungserzählungen der Evangelien die Erschei-

---

[19]   Siehe 1Kor 9,1 u. 1Kor 15,8. Vgl. Dietzfelbinger, C., *Die Berufung des Paulus als Ursprung seiner Theologie*, Neukirchen-Vluyn: Neukirchener Verlag 1985, 51–64.

[20]   Vgl. für viele exemplarisch Graß, H., *Ostergeschehen und Osterberichte*, Göttingen: Vandenhoeck & Ruprecht 1962, 186–196, auf Seiten der Dogmatik Pannenberg, W., *Grundzüge der Christologie*, 1966, 90 ff. und Pannenberg, W., *Systematische Theologie. Bd. 2*, 1991, 396 ff.

[21]   Damit soll nicht behauptet werden, für Paulus sei das Grab theologisch unbedeutend. Ganz im Gegenteil verklammert in 1Kor 15,3–5 der Ausdruck »daß er begraben worden ist« (καὶ ὅτι ἐτάφη) Tod und Auferweckung. Siehe Kittel, G., »Das leere Grab als Zeichen für das überwundene Totenreich: Karin Bornkamm gewidmet«, in: *Zeitschrift für Theologie und Kirche* 96 (4) (1999), 458–479, 470; ebenso Hengel, M., »Das Begräbnis Jesu bei Paulus«, in: Avemarie / Lichtenberger (Hgg.), *Auferstehung / Resurrection. The fourth Durham-Tübingen Research Symposium Resurrection, Transfiguration and Exaltation in Old Testament, Ancient Judaism and Early Christianity (Tübingen, September, 1999)*, Tübingen: Mohr Siebeck 2001, 119–183, 130. Die Möglichkeit einer unmittelbaren Entrückung in den Himmel wird damit ausgeschlossen, denn die Auferweckung schließt den Leib des toten Jesus mit ein.

[22]   Auch hier ist nochmals daran zu erinnern: In relativer Unabhängigkeit von der historischen Frage bleibt die Frage, was der Sinn dieser Unterscheidung innerhalb der literarisch-erzählerischen Interpretation für das gegenwärtige Verstehen des Evangeliums ist.

[23]   Die Tatsache der Strittigkeit und der Zweifel hinsichtlich der Erscheinungen betont Welker, M., »Auferstehung (Dietrich Ritschl zum 65. Geburtstag)«, 39–49.

nungen des Auferstandenen gegenüber mehreren Menschen stattfinden. Dabei ist aber zu bedenken, dass die ›relative Öffentlichkeit‹ der Jüngerinnen und Jünger nicht durchgehend auf die Erscheinung mit Glauben reagiert.

Die Strittigkeit und Zweifelhaftigkeit der Erscheinungen resultieren aus der eigentümlichen Leiblichkeit und Sinnenfälligkeit des Auferweckten. Während das leere Grab für sich allein Anlass zu Wiederbelebungsvorstellungen geben könnte, finden sich in den neutestamentlichen Texten keine Spuren solcher Vorstellungen.[24] Die Texte machen durchgehend deutlich, dass Christus in einer *anderen* Gestalt gegenwärtig ist.[25] Gegen diese einfache Kontinuität auf der Ebene der Leiblichkeit spricht schon der Umstand, dass bei Lukas (Lk 24,16; 24,37) wie auch bei Johannes (Joh 20,14; 20,20; 20,25; 21,4; 21,12) gleich mehrfach der auferstandene Jesus gerade *nicht* nur durch den Anblick seiner leiblichen Erscheinung erkannt wird, d. h. die neue Leiblichkeit eben *nicht* der vorösterlichen sozusagen »zum Verwechseln ähnlich« ist.[26] Schon diese Texte machen ebenso klar, dass in diesen Erzählungen die Pointe der Leiblichkeit der Erscheinungen nicht eine schlichte Sicherstellung der Kontinuität der personalen Gestalt ist.[27] Während die Erscheinungen hinsichtlich der Leiblichkeit also eine *Differenz* implizieren, markiert das leere Grab als ›Leerstelle‹ die *Kontinuität* zwischen der Leiblichkeit des vorösterlichen und des österlichen Jesus. Der Leib des Gekreuzigten wird weder wiederbelebt noch ›ersetzt‹, er wird vielmehr auf eine schwer beschreibbare und schwer fassbare Weise, mit Anzeichen der Differenz *und* Kontinuität, verwandelt und sinnenfällig zugänglich. Auffallenderweise schweigen sich die Texte der kanonisierten Evangelien über den Vorgang dieser

---

[24] Eine solche Interpretation scheint Lüdemann den neutestamentlichen Texten zu unterstellen. Siehe Lüdemann, G., *Die Auferstehung Jesu. Historie, Erfahrung, Theologie*, 1994, 216, Anm. 691.

[25] Dies hebt besonders hervor Welker, M., »Auferstehung (Dietrich Ritschl zum 65. Geburtstag)«, 39–49; Welker, M., *Was geht vor beim Abendmahl?*, 1999, 22–31. Die implizierten, mitberichteten Zweifel lassen es fraglich erscheinen, dass Visionen sozusagen den einzigen historischen »Kern« der Erscheinungsberichte ausmachten und Paulus darum das einzige Modell abgäbe.

[26] Beachtenswert ist, dass selbst ein Text wie Lk 24,36–49, der ein massives Interesse an einer physischen Leiblichkeit des Erscheinenden dokumentiert, letztlich die Rekognition über die Auslegung der Schrift laufen lässt.

[27] Sicher kann die Identität Jesu über den Tod hinaus nur durch Gott gesichert werden, aber diese richtige Feststellung darf nicht gegen die ebenso richtige Beobachtung gewandt werden, dass diese Identität keine körperlose sein soll und keinen doppelten Körper impliziert: Der Leib des Auferstandenen, so der Anspruch der Erscheinungserzählungen und der Rede vom leeren Grab, ersetzt den Leib des historischen Jesus ›restlos‹, ›rückstandslos‹. So sehr es um die Sicherstellung der Kontinuität von Jesu Identität geht, so sehr geht es auch um die Verkörperung dieser Identität.

Verwandlung übereinstimmend aus und verweisen nur auf das doppelte Resultat: Die Erscheinungen des Auferstandenen und das leere Grab.

Die mit der Rede vom leeren Grab betonte ›Abwesenheit‹ des alten Leibes und des alten Körpers zeigt an, dass dieser mit seiner Geschichte in der Leiblichkeit des Auferstandenen nicht abgestreift oder hinter sich gelassen, sondern aufgenommen ist. Die Leid- und Todesgeschichte Jesu ist an dem Leib des Auferweckten sichtbar, d. h. öffentlich und bleibend eingezeichnet: In Joh 20,20 und 20,25 wird der Auferstandene von den Jüngern an den Wundmalen als Identitätsmerkmalen erkannt. Seine Vergangenheit bleibt in der Fülle seines Lebens eine gegenwärtige Vergangenheit.

In diese Leiblichkeit des Auferstandenen zeichnet die Tradition der 40 Tage und der anschließenden Himmelfahrt eine wichtige Unterscheidung und Entwicklung ein.[28] Obgleich der Christus der Erscheinungen die Raumgrenzen überschreitet, so wird doch *nicht* eine Art Ubiquität ausgesagt. Der Auferstandene ist an verschiedenen Orten präsent, aber nicht zu gleicher Zeit. Die Wirklichkeit des Auferstandenen ist noch eine zeitlich und räumlich relativ begrenzte. Sie ist einerseits wirklich räumlich und zeitlich, andererseits ist sie aber nicht zeitlich kontinuiert wie eine ›natürliche‹ Person, noch räumlich omnipräsent wie eine ›himmlische‹ Person. Erst die Himmelfahrt zeigt eine Universalisierung der Vergegenwärtigung an, die darum nicht primär als Entfernung, sondern als Entschränkung seiner Gegenwart zu lesen ist.[29] Aus der Perspektive der himmlischen Zukunft Christi und seiner Herrlichkeit betrachtet, sind darum die Erscheinungen Selbstbegrenzungen und Zurücknahmen dieser universalen Herrlichkeit zugunsten der verängstigten und zweifelnden Jüngerinnen und Jünger, um sie sozusagen ›niederschwellig‹ in die Auferstehungswirklichkeit einzubeziehen. Der Universalisierung durch die Himmelfahrt korrespondiert dann jedoch die ›Re-lokalisierung‹ des irdischen Leibes Christi durch das in

---

[28] Für eine Deutung der 40 Tage siehe Barth, K., *Kirchliche Dogmatik III/2. Die Lehre von der Schöpfung*, 1959, 528–555, und Etzelmüller, G., »›Ich lebe, und ihr sollt auch leben!‹. Die Leiblichkeit des Auferstandenen und ihre Bedeutung für die Eschatologie«, 221–235. Die eschatologische Dimension der Himmelfahrt hebt hervor Farrow, D., *Ascension and Ecclesia. On the significance of the doctrine of the Acension for ecclesiology and Christian cosmology*, 1999. In dem lukanischen Himmelfahrtssymbol fließen Motive der Erhöhung und der Entrückung zusammen. Siehe Zwiep, A. W., »Assumptus est in caelum«, in: Avemarie / Lichtenberger (Hgg.), *Auferstehung / Resurrection. The fourth Durham-Tübingen Research Symposium Resurrection, Transfiguration and Exaltation in Old Testament, Ancient Judaism and Early Christianity (Tübingen, September, 1999)*, Tübingen: Mohr Siebeck 2001, 323–349.

[29] Dieser Zusammenhang zwischen Entzug und potentiell ausgeweiteter Präsenz findet sich schon in den Verarbeitungen der Eliatradition. Siehe Crüsemann, F., *Elia - die Entdeckung der Einheit Gottes. Eine Lektüre der Erzählungen über Elia und seine Zeit (1Kön 17–2Kön 2)*, Gütersloh: Kaiser, Gütersloher Verlagshaus 1997, Kap. V.

vielfältigen lokalen und realen Gemeinschaften präsente Geistwirken. Himmelfahrt und Pfingstgeschehen bieten daher gegenüber den Erscheinungen eine Differenzierung der Auferstehungswirklichkeit.

Diese raumzeitliche Begrenzung in den Erscheinungen ist folgenreich für das Verständnis bzw. die Lokalisierung des *Lebens* des Auferstandenen. Das Leben des Auferstandenen wird unterbestimmt, wenn es nur als Anteilhabe am Leben Gottes oder als Leben »durch Gott, bei Gott und mit Gott« erfasst wird.[30] Der Auferstandene ist – in neuer Gestalt – während der 40 Tage als der den Jüngerinnen und Jüngern Erscheinende der *bei ihnen* Lebende und eben nicht direkt, unmittelbar und ausschließlich ›bei Gott‹ Lebende. Darum korrespondiert in der ›Logik‹ der Erscheinungserzählungen dieser ›Anwesenheit‹ in Raum und Zeit das leere Grab. Auch wenn der Auferstandene der Erscheinungen nicht in der Kontinuität, Verfügbarkeit und interaktiven Zugänglichkeit des vorösterlichen Jesus präsent ist, wird den neutestamentlichen Erzählungen von den Erscheinungen des Auferstandenen die Spitze genommen, wenn sie ausschließlich dahingehend interpretiert werden, dass den Jüngerinnen und Jüngern offenbart bzw. evident wird, dass der Auferstandene ›bei Gott lebt‹.[31] Die Erscheinungserzählungen spielen, abgesehen von Joh 20,17,[32] nicht auf die Differenz zwischen ›dort bei Gott sein‹ und ›hier nur erscheinen‹ an, d. h. der Erscheinende ist nicht uneigentlich oder in irgendeiner verminderten Weise ›präsent‹. Der sich offenbarende Auferstandene zeigt nicht ›hier‹, dass er eigentlich ›dort‹ bei Gott ist. Das Ereignis der Auferstehung ist daher kein *Entzug* Christi in die himmlische Wirklichkeit, sondern ein neues Kommen, in gewisser Weise eine Fortsetzung der Inkarnation.[33] Die Wirklichkeit des Auferstandenen kommt in den Erscheinungen *in* die Wirklichkeit der Jüngerinnen und Jünger *und* stiftet in diesem Ereignis, indem er mit seiner Gegenwart erläutert (Lk 24,13–35), Glauben weckt, tröstet (Joh 20,19 f.) und beauftragt, eine grundsätzlich neue,

---

[30]   So Dalferth, I. U., »Kreuz und Auferweckung. Das Wort vom Kreuz«, 38–84, 77; ähnlich Schwöbel, C., »Auferstehung. 2. Dogmatisch«, 924–926, 926, und Härle, W., *Dogmatik*, 1995, 314, der formuliert: »Jesus Christus hat Anteil an dem Leben Gottes, das die Macht des Todes überwindet.«

[31]   Für diesen Verweis auf das Leben des Auferstandenen bei Gott würden die Erscheinungen der Engel genügen. Aber selbst der Engel in Mk 16,6 verweist auf die Präsenz des Auferstandenen in Galiläa.

[32]   Johannes verdichtet am Ostersonntag Himmelfahrt und Pfingsten in ein Ereignis.

[33]   Darum fasst Barth treffend das im Osterereignis Geschehene in dem »Begriff der Parousie Jesu Christi« zusammen. Siehe Barth, K., *Kirchliche Dogmatik IV/3. Die Lehre von der Versöhnung*, Zollikon-Zürich: Evangelischer Verlag 1959, 337. »Das Osterereignis ist [...] sein neues Kommen als der zuvor Gekommene« (a.a.O., 335).

verwandelnde Rahmung *ihrer* Wirklichkeit.[34] Wenn, aus der Perspektive der Jüngerinnen und Jünger betrachtet, Christus *hier* mitten unter ihnen ist, kann er nicht *dort* im leeren Grab sein, wenn er hier lebt, kann er nicht dort tot sein.[35]

Die Aufhebung dieser relativ ›lokalen Präsenz‹ wird in der lukanischen Theologie mit der Himmelfahrt angezeigt, insofern der Himmel der Bereich der geschöpflichen Wirklichkeit ist, der die verschiedenen Zeiten, Räume und Kulturen überspannt.[36] Die Erscheinungen halten ein Moment fest, in dem die *Un-*

---

[34] Geht die Beschreibung der Erscheinungen zu schnell von einer Ineinssetzung von Auferstehung und Erhöhung (Himmelfahrt) und zugleich von dem vermeintlich historisch ursprünglichen Fall von Visionserfahrungen aus, so droht der Aspekt der dynamischen Verschränkung der Wirklichkeiten in den Erscheinungserfahrungen verloren zu gehen. Die Vision öffnet, bildlich gesprochen, ein Fenster in eine andere Wirklichkeit, ohne dass die eigene hierdurch verändert wird. Die Vision zeigt einen ›Austritt‹, die Erscheinung ein ›Kommen‹ bzw. einen ›Eintritt‹ an. Diese differenzierte Leiblichkeit des Auferstandenen und seine spezifische Präsenz unter den Menschen lassen die beiden vielfach angewandten theologischen Verfahren, a) die Erscheinungserzählungen anhand der paulinischen Christusvision vor Damaskus und b) die Leiblichkeit des Auferstandenen anhand der paulinischen Aussagen über den Geistleib der zukünftig Auferstehenden aus 1 Kor 15, zu ›lesen‹, mit deutlichen Fragezeichen versehen. Die Erscheinungserzählungen der Evangelien scheinen sowohl hinsichtlich der Präsenz als auch der Charakteristik der Leiblichkeit eine andere Aussageintention zu bieten.

[35] Vor dem Hintergrund dieser differenzierten Präsenz in den Erscheinungen erscheint es äußerst fraglich, ob die Auferstehung Jesu Christi als abduktive Lösung der kognitiven Spannung aus »den beiden für sich genommen unvereinbaren Aussagen: ›Er ist tot‹ – ›Er lebt‹« begriffen werden kann. So Dalferth, I. U., »Kreuz und Auferweckung. Das Wort vom Kreuz«, 38-84, 67, und Dalferth, I. U., »Volles Grab, leerer Glaube? Zum Streit um die Auferweckung des Gekreuzigten«, 379-409, 393, der dabei faktisch Überlegungen von Moltmann, J., *Theologie der Hoffnung*, 1966, 180, weiterentwickelt. Für Moltmann entspringt die Verkündigung der Jünger von der Auferstehung »aus dem Vergleich ihrer widersprüchlichen Christuserfahrungen.« Die Parallelisierung von ›Er ist tot‹ und ›Er lebt‹ als »gleichzeitig [...] für sich unbestreitbar erfahrungsbegründete Sachverhalte« (Dalferth, I. U., »Volles Grab, leerer Glaube? Zum Streit um die Auferweckung des Gekreuzigten«, 379-409, 406) ist allerdings nur möglich durch die Ausfällung der temporalen Dimension: Wer erfährt ›Er lebt‹, für den ist die Erfahrung ›Er ist tot‹ keine gegenwärtige Gegenwart mehr, sondern eine gegenwärtige Vergangenheit. Die Erfahrung ›Er lebt‹ verändert sofort die andere in ein ›Er ist nicht mehr tot‹, ›Er war tot‹. Beide Erfahrungen sind daher nicht gleichzeitig in der gleichen Modalität gegenwärtig. Erfahrung des Lebens führt aber sofort eine radikale Asymmetrie in die Konstellation ein. Die Erfahrung des Todes wird mit der Erfahrung des Lebens eine andere, denn zwischen dem Tod und dem neuen Leben ist kein Patt. Die Rede vom leeren Grab markiert präzise den Übergang von ›Er ist tot‹ zu ›Er ist nicht mehr tot‹ – nicht von sich aus, sondern nur unter der Voraussetzung der Erfahrung ›Er lebt‹.

[36] Siehe Welker, M., *Schöpfung und Wirklichkeit*, 1995, 56-68.

terscheidung zwischen himmlischem Christus und der gegenwärtigen Macht des Geistes noch nicht getroffen ist.[37] Die Leiblichkeit des Auferstandenen der Erscheinungen ist – zumindest in der Theologie des Lukas – daher noch nicht die Leiblichkeit des Erhöhten, der in Kommunikation und Handlung der Kirche sich leiblich vergegenwärtigt.[38] Erst nach der Himmelfahrt ist die Gemeinde als Leib Christi in den Prozess der Neuschöpfung miteinbezogen. Die Emmausgeschichte (Lk 24,13–35) differenziert diese unterschiedlichen Gegenwarten präzise: Der leiblichen Erscheinung korrespondiert ein Nichterkennen, während die erkennende Vergegenwärtigung in Brot und Wein das *Ende* der Erscheinung impliziert. Die leiblichen Erscheinungen und die Vergegenwärtigung in Brot und Wein sind *nicht zugleich* zu haben. Sie sind *sachlich* und *zeitlich* zu unterscheiden und doch präzise aufeinander bezogen. Denn erst der in Brot und Wein Vergegenwärtigte lässt den dann Abwesenden als den auferstandenen Christus erkennen, lässt *post festum* die nichterkannte Erscheinung *als* Erscheinung des Auferstandenen erkennen.

b. Das Ostergeschehen als Ereignis der Treue Gottes

Die Auferweckung Jesu Christi aus dem Tod ist eine schöpferische Tat Gottes. Obgleich das Ereignis dieser Tat auch den Glauben der Jüngerinnen und Jünger einschließt, ist es zunächst und in strikter zeitlicher Ordnung eine Tat *an der Person Jesu* und als solche zugleich der Anbruch der neuen Schöpfung. Die Rede vom leeren Grab präzisiert an dieser Stelle exemplarisch das Verhältnis zwischen ›alter‹ und ›neuer‹ Schöpfung. Sie ist ein Zeichen der liebenden und rettenden Treue des neuschöpferischen Gottes zur ›alten‹ Schöpfung. Drei Fehlorientierungen werden ausgeschlossen:

a)   Das leere Grab als äußeres Zeichen eines Ereignisses macht – innerhalb der narrativen Konstruktion der Evangelien wohlgemerkt, nicht schon als sogenanntes historisches Faktum – deutlich, dass die neue Wirklichkeit, die mit dem Osterereignis gesetzt wird, nicht einfach eine andere, *neue Deutung derselben alten Wirklichkeit* ist, d. h. eine göttliche oder menschliche Neuperspektivierung des Alten. Die neue Wirklichkeit ist in ihrer letzten Ent-

---

[37]   Die »himmlisch-geschichtliche Existenzform« Christi und seine »irdisch-geschichtliche Existenzform« in der Gemeinde sind noch nicht unterschieden. So die Zuordnung in Barth, K., *Kirchliche Dogmatik. IV/3. Die Lehre von der Versöhnung*, 1959, 738. Die Himmelfahrt ist diese Unterscheidung, die eine raumzeitliche Erweiterung (Himmel) und eine Verleiblichung dieser Präsenz (Kirche) erzeugt.

[38]   Dass die Erscheinung, die Paulus vor Damaskus hatte, von einer anderen Beschaffenheit war als die, von denen die Evangelien berichten, ist auf der Ebene des lukanischen Textes stimmig – was auch immer historisch der Fall gewesen sein mag.

faltung *mehr* als eine neue Erfahrung *mit* der alten Wirklichkeit, mehr als eine neu interpretierende Erfahrung *mit* der Erfahrung und auch *mehr* als ein neuer metakommunikativer Rahmen, der Menschen eine neue Wahrnehmung ermöglicht.

b) Das Zeichen des leeren Grabes schließt in Verbindung mit den Erscheinungserzählungen auch die Annahme einer einfachen Wiederbelebung aus, die eine schlichte *Kontinuierung der bisherigen leiblich-vergänglichen Existenz* implizieren würde.

c) Aber auch die entgegengesetzte Vorstellung einer *vollständigen Diskontinuität* auf der Ebene des Geschöpflichen, derzufolge das Alte spurlos vernichtet und durch das Neue vollständig ersetzt wird, wird durch die Rede vom leeren Grab faktisch ausgeschlossen. Ein solches auf die Vernichtung konzentriertes Denken, wie es sich z. B. dogmatisch in der Lehre der *annihilatio mundi* herauskristallisiert hat, wird faktisch korrigiert.[39]

Während die erste und zweite Zuordnung die Faktizität und Ereignishaftigkeit des Neuen unterbestimmen, bleibt im letzten Fall die Kontinuität unzureichend erfasst. Besonders deutlich wird die Problematik dieser Diskontinuität, wenn die ›erste‹ Schöpfung *und* das schöpferische Handeln Gottes am toten Jesus als die ›zweite‹ Schöpfung in direkter Parallele als *creatio ex nihilo* betrachtet werden. So ist beispielsweise für Dietrich Bonhoeffer »der Gott der Schöpfung, des schlechthinnigen Anfangs [...] der Gott der Auferstehung. [...] Der tote Jesus Christus des Karfreitags – und der auferstandene κύριος des Ostersonntags, das ist Schöpfung aus dem Nichts, Schöpfung vom Anfang her.«[40] Wird dieses Geschehen als *creatio ex nihilo* bezeichnet, so wird damit sicherlich zu Recht ausgesagt, dass diese Tat ganz eine Tat der Freiheit Gottes ist und von keinerlei geschöpflichen Möglichkeiten und Bedingungen abhängt, die diese Freiheit begrenzen könnten. Denn der Begriff schließt »jede Vorgabe, jede äußere Not-

---

[39] Für den Hintergrund und die Entfaltung des Begriffs als »substantielle Vernichtung aller nicht vernunftbegabter Kreatur« bei Johann Gerhard siehe Stock, K., *Annihilatio mundi. Johann Gerhards Eschatologie der Welt*, München: Kaiser 1971, hier 27. Für eine massive Kritik von Seiten einer umsichtigen, sowohl alttestamentliche wie neutestamentliche Befunde auswertenden exegetischen Studie siehe Stephens, M. B., *Annihilation or renewal? The meaning and function of new creation in the book of Revelation*, Tübingen: Mohr Siebeck 2011.

[40] So exemplarisch für die dogmatische Tradition in seiner frühen Phase Bonhoeffer, D., *Schöpfung und Fall*, München: Kaiser 1989, 206 u. ö.; Jüngel, E., *Gott als Geheimnis der Welt. Zur Begründung der Theologie des Gekreuzigten im Streit zwischen Theismus und Atheismus*, Tübingen: Mohr 1992, 296. Im Jahr 1971 formuliert Jüngel allerdings noch anders: »Dieser neue Mensch ist nicht aus dem Nichts, das am Anfang war, geschaffen, sondern aus der aus Selbstzerstörung und Schuld resultierenden Nichtigkeit und Vernichtung [...]« (Jüngel, E., *Tod*, Stuttgart: Kreuz-Verlag 1971, 140).

wendigkeit, jeden inneren Zwang, aber auch jede latente Potentialität einer Ur-
materie und jeden innergöttlichen Ursprung aus« und drückt »die souveräne,
durch ›nichts‹ bedingte Freiheit aus, kraft der Gott die kreatürliche Wirklichkeit
ins Dasein ruft«.[41]

Bedenkt man jedoch den differenzierten Zusammenhang zwischen Auferweckung, leerem Grab und Erscheinungen, erscheint es zweifelhaft, die neuschöpferische Tat Gottes an Jesus als eine *creatio ex nihilo* in einer direkten
Parallele zur voraussetzungslosen Schöpfung »am Anfang« zu verstehen. Hierbei
sind mehrere Aspekte zu bedenken:

a) Das leere Grab zeigt an, dass die neue Schöpfung ein Handeln Gottes *an* der
    alten, todverfallenen Schöpfung ist, die gerade durch dieses neue Handeln
    zur alten wird. Die Neuschöpfung an Christus nimmt darum auf sinnenfällige
    Weise den ganzen, leiblichen, am Kreuz gestorbenen Jesus auf. Sie nimmt
    darin die alte Schöpfung in ihrer Gebrechlichkeit und mit ihrer Geschichte
    der sündigen Zurückweisung der Nähe Gottes auf. Das »volle Grab« als Spur
    und Dokument dieses gewaltsamen Todes und der leidvollen Vergänglichkeit
    in der alten Schöpfung ist der erste und der paradigmatische ›Ort‹, an dem die
    neue Schöpfung *in* der gegenwärtigen Realität der alten Schöpfung geschieht.
    Der ›Ort‹ selbst ist als ›leerer Raum‹ in der alten Schöpfung dennoch raum-
    zeitlich lokalisierbar.

b) Die Betonung einer *creatio ex nihilo* als eines voraussetzungslosen Schaffens
    aus Freiheit droht den zentralen Bezug zu Gottes eigener Geschichte mit
    Jesus in diesem Schöpfungsgeschehen zu übersehen: Die Schöpfung am
    Ostermorgen ist ein Handeln an der Person, am Geschick und an der Ge-
    schichte Jesu. Hierin setzt Gott sich selbst seine eigene Treue gegenüber Jesus
    von Nazareth voraus.[42] Im Unterschied zur ›anfänglichen‹ *creatio ex nihilo* ist
    der Schöpfer in dem schöpferischen Handeln an Christus an seine Verhei-
    ßungen, an die Geschichte seiner eigenen Selbstbindungen und nicht zuletzt
    an Jesu Reden und Handeln gebunden. Die *creatio nova* steht in der Ge-
    schichte Gottes mit der Welt und mit Christus und ist darum nicht voraus-
    setzungslos, sondern eminent voraussetzungsreich. Der Neuanfang der
    creatio nova ist Teil der langen Auseinandersetzung Gottes mit der
    menschlichen Verstrickung in Sünde und Unheil und der darin zum Zuge

---

[41] Link, C., »Creatio ex nihilo. 2. Dogmatisch«, in: Betz (Hg.), *Religion in Geschichte und
Gegenwart. Bd. 2, 4. Aufl.*, Tübingen: Mohr-Siebeck 2004, 487.

[42] Für eine Sicht der Auferstehung als »eschatologische[s] Treuegeschehnis Gottes« siehe
Moltmann, J., *Theologie der Hoffnung*, 1966, 182. Allerdings liegt der Akzent bei Moltmann
auf den Verheißungen Gottes, nicht auf der Realität der Schöpfung. Schon Karl Barth hält fest,
dass »in Jesu Christi Auferstehung Gottes feierliche Bekundung seiner der Welt und dem
Menschen zugewendeten Treue« geschehen sei (Barth, K., *Kirchliche Dogmatik IV/3. Die Lehre
von der Versöhnung*, 1959, 345).

kommenden liebenden und treuen Zuwendung Gottes. Darum *reagiert* und *antwortet* das neuschöpfende Handeln im Gegensatz zur Schöpfung ›am Anfang‹ auf das Leben und Schicksal Jesu und in ihm das der ganzen Schöpfung.[43] Die *creatio nova* ist zugleich eine *creatio nova ex vetere*. Ist die Person Jesu als ›Wort Gottes‹ nur als historisch kontingente *leibhafte* Person zu denken, so muss sich auch die rettende Treue Gottes an dieser ganzen leibhaftigen Person in ihrer ›Materialität‹ erweisen. Bliebe Jesu Körper auch nach seiner vollendeten Auferweckung noch im Grab, so zeigte dies eine Abstoßung, eine Verabschiedung und ein Abstreifen der ›Materialität‹ der alten Schöpfung an und nicht zuletzt auch ein Ende von Gottes Gang in diese ›Materialität‹, diese Leiblichkeit und diese Geschichte.[44] Auch der Körper, der am Kreuz hing, ist vom Tod nicht zu halten (Apg 2,31). Die differenzierte Leiblichkeit des Auferstandenen zeigt ohne Zweifel eine radikale Andersheit der Materialität an, während das leere Grab eine untergründige, relative Kontinuität ausdrückt.[45] Aber das Bekenntnis zu dem ganzen leibhaftigen Christus hat wie schon die Rede von der Inkarnation einen wichtigen schöpfungstheologischen Aspekt: Die Treue Gottes gegenüber der Schöpfung, die sich in der Rede von der Menschwerdung und Inkarnation ausdrückt, wird in der neuschöpferischen Auferweckung nicht aufgekündigt. Das leere Grab ist hierin in präziser Weise das Korrelat der Inkarnation. Die Rede vom leeren Grab markiert unzweideutig, dass sich das Bekenntnis Gottes zu Jesus auf genau diese Person bezieht, deren Körper am Kreuz verendet ist und deren Identität in ebendiesem Körper ›verkörpert‹ war. Gerade im Licht der Einsicht, dass menschliche Identität nicht vom menschlichen Körper abzulösen ist, zeigt die Rede vom leeren Grab an, dass sich Gott mit dem ganzen, körperlichen Menschen Jesus im Ereignis der Auferweckung identifiziert.

c)   Die Rede vom leeren Grab wirkt in Verbindung mit den Erscheinungen einer triumphalistischen Negation des Kreuzes entgegen, insofern sie eine Treue

---

[43]   Der Gedanke der Bestätigung steht im Zentrum der Auferweckungsdeutung Wolfhart Pannenbergs. Siehe Pannenberg, W., *Systematische Theologie. Bd. 2*, 1991, 38–405, bes. 386 f., und Wilckens, U., *Auferstehung. Das biblische Auferstehungszeugnis historisch untersucht u. erklärt*, Stuttgart/Berlin: Kreuz-Verl. 1970, 162, für den Jesu »Verkündigung und Lehre mit endzeitlicher Gültigkeit ins Recht gesetzt« werden.

[44]   Im Kontext der menschlichen Auferweckungshoffnung hält Pannenberg auf der Basis der Einheit von Seele und Leib fest, »daß auch eine Zukunft über den Tod hinaus für ihn nur als leibliche Erneuerung gedacht werden kann.« Siehe Pannenberg, W., *Systematische Theologie. Bd. 3*, Göttingen: Vandenhoeck & Ruprecht 1993, 616.

[45]   Selbst bei Paulus wird 1Kor 15,50 (»Fleisch und Blut das Reich Gottes nicht ererben können«) eine Verwandlung vorausgesetzt, insofern Paulus gegen die Vorstellung einer völligen Diskontinuität argumentiert.

Gottes zu seiner eigenen Selbstfestlegung im *gekreuzigten Jesus* anzeigt. Der neuschöpferische Gott weicht von dieser seiner Selbstdefinition im gekreuzigten Jesus nicht ab und auch der auferweckte Gekreuzigte wendet sich nicht gegen seine eigene Geschichte. Die Rede vom leeren Grab verankert die neue Schöpfung so im Leben von Jesus von Nazareth, dass »die Zukunft der qualitativ neuen Schöpfung [...] durch die Leidensgeschichte Jesu mitten in der Leidensgeschichte der verlassenen Welt schon begonnen« hat.[46] Die narrativen Konstruktionen der Evangelien bieten nicht nur eine auffallende Unscheinbarkeit des Erscheinenden, sondern auch keinerlei Distanzierung des Auferstandenen von den Gruppen und Kräften, die ihn ans Kreuz gebracht haben.

c. Die Ereignishaftigkeit der Auferstehung und die Beobachtung des leeren Grabes

(1) Das leere Grab und die Nichtbeschreibbarkeit des Geschehens

Inwiefern ist das Ostergeschehen als eigenes Ereignis zu verstehen und in welcher Perspektive betrachtet ist es dies? Ist es ein Geschehen an den Jüngern und damit für diese »der Ausdruck der Bedeutsamkeit des Kreuzes«[47], ein Geschehen in Gott oder an Jesus? Ist es ein historisches oder ein geschichtliches Ereignis? Und ist es ein eigenes Ereignis, zu welcher Geschichte gehört es? In jüngster Zeit hat Ingolf U. Dalferth die Auffassung vorgetragen, die Rede von der Auferweckung spreche »von keinem anderen Geschehen nach oder neben dem Kreuz, sondern von eben diesem anders«. Die Auferweckung Jesu durch Gott sei damit »kein historischer Sachverhalt, und sei er von noch so unvergleichlicher Einzigartigkeit«.[48] Aus diesem Grunde seien »Kreuz und Auferweckung [...] nicht zwei geschichtliche Ereignisse in zeitlicher Folge«.[49] Für das Verhältnis von Glaube und Geschichte folge daher: »Das Kreuz, nicht die Auferweckung verankert den Glauben in der Geschichte.«[50] Dalferth stellt sich mit dieser Auffassung in die lange Reihe der Theologinnen und Theologen, für die die Aufer-

---

[46]　Moltmann, J., *Der gekreuzigte Gott. Das Kreuz Christi als Grund und Kritik christlicher Theologie*, 1981, 156.

[47]　So Bultmann, R., *Neues Testament und Mythologie. Das Problem der Entmythologisierung des neutestamentlichen Verkündigung (Nachdr. d. 1941 ersch. Fassung hg. v. E. Jüngel)*, München: Christian Kaiser 1985, 58.

[48]　Dalferth, I. U., »Kreuz und Auferweckung. Das Wort vom Kreuz«, 38–84, 44 u. 79.

[49]　Dalferth, I. U., »Volles Grab, leerer Glaube? Zum Streit um die Auferweckung des Gekreuzigten«, 379–409, 288.

[50]　Ebd.

weckung kein besonderes geschichtliches Ereignis ist, weil es entweder nur ein Ereignis im Leben der Jünger oder ein Ereignis im Leben Gottes ist.[51]

Gegenüber diesen Alternativen zeichnen die vermeintlich nur mythologischen und legendenhaften Erzählungen vom leeren Grab ein äußerst differenziertes Bild, das auch Aufschlüsse über die spezifische Ereignishaftigkeit der Auferweckung und des Anbruchs der neuen Schöpfung zu geben vermag. Die Grabeserzählungen halten daran fest, dass die Auferweckung ein Ereignis in zeitlicher Folge (Raum und Zeit betreffendes Ereignis) zur Kreuzigung ist, wenngleich nur die negative Spur, sozusagen die Rückseite dieses Ereignisses feststellbar ist und das Ereignis in seiner ganzen Fülle, Komplexität und Herrlichkeit auch von den Jüngerinnen und Jüngern nicht beschrieben werden kann. Wie wird die Erkenntnis eines realen Geschehens, das sich der direkten Beschreibung entzieht, festgehalten?

Die Evangelienerzählungen vom leeren Grab sind risikoreiche narrative Inszenierungen einer Leerstelle, d.h. des Nichtbeschreibbaren und doch Geschehenen.[52] Dabei wird diese *Nichtbeschreibbarkeit des Nichtbeschreibbaren* auf verschiedene Weise in Szene gesetzt. Anhand der Erzählungen bei Markus und Matthäus sei dies kurz angedeutet: Im ursprünglichen Markusschluss verweist der Text durch die Engelserscheinung vorwärts über sich hinaus auf die zukünftige Erscheinung Jesu in Galiläa (Mk 16,7) und zurück auf die geschehene Auferstehung (Mk 16,6) – ohne dass der Vorgang selbst erzählte Gegenwart wird und damit jemals erzählerisch-performativ reproduziert werden könnte. Die Grabeserzählung steht bei Markus *zwischen* zwei *nichterzählten* Geschichten: der Auferweckung und den Erscheinungen. Die Auferstehung selbst ist im Zeitsystem der Jüngerinnen einerseits ein irgendwie datierbares Ereignis, andererseits ist sie in der temporalen Ordnung des Evangeliums nicht narrativ lokalisierbar – obwohl doch die Frauen »sehr früh« sich aufmachen. Für Markus widersteht die Auferstehung wie die Erscheinungen der Erfassung durch eine narrative Ordnung. Beide Geschehnisse erlauben nur die indirekte Mitteilung durch den Engel. Die Lichtgestalt, die den Frauen begegnet, macht ihnen aber deutlich, dass sie für

---

[51] Diese Ahnenreihe ist lang. Sie reicht vom Karl Barth der 2. Auflage des Römerbriefes, für den »die Erweckung Jesu von den Toten kein Ereignis von historischer Ausdehnung neben den anderen Ereignissen seines Lebens und Sterbens ist, sondern die »›unhistorische‹ [...] Beziehung seines ganzen historischen Lebens auf seinen Ursprung in Gott« (Barth, K., *Der Römerbrief*, 1984, 2. Aufl., München 1922, 175) über Rudolf Bultmann und Eberhard Jüngel bis Sally McFague, für die gilt: »The resurrection is a way of speaking about an awareness that the presence of God in Jesus is a permanent presence in our present« (McFague, S., *Models of God. theology for an ecological, nuclear age*, Philadelphia: Fortress Press 1987, 59).

[52] Für die Erzeugung der narrativen Leerstelle siehe Watson, F., »›He is not here‹. Towards a theology of the empty tomb«, in: Barton / Houlden (Hgg.), *Resurrection. Essays in honour of Leslie Houlden*, London: SPCK Publishing 1994, 95–107.

den Hervorgang aus dem Grab definitiv zu spät kommen. Ohne durch die Begegnung mit dem Auferstandenen in die Wirklichkeit der Auferstehung einzutreten, ist für die Jüngerinnen und Jünger in der alten Schöpfung zunächst nur der gezielte Abbruch der alten Schöpfung evident: Das Grab ist leer. Die Einsicht in das leere Grab unter Absehung der Erscheinungen führt bei Markus zu Entsetzen und Furcht: Ohne die Erscheinung des Auferstandenen ist diese Leerstelle ungemein vieldeutig.

Matthäus geht einerseits in der erzählerischen Ausgestaltung weiter und andererseits steigert er die narrative Beschreibung des Nichtbeschreibbaren. Die Frauen, die auf dem Weg zum Grab sind, treffen dort rechtzeitig ein, um die spektakuläre Ankunft eines Engels zu erleben. Diese narrative Technik des »zufälligen Zusammentreffens« ist gezielt eingesetzt. In einem beeindruckenden Geschehen wälzt der Engel den Stein beiseite und setzt sich darauf. Man könnte annehmen, der Stein werde weggerollt, damit die Evangelienleser und die sie repräsentierenden Frauen gemeinsam direkt beobachten können, wie Jesus aus dem Tode erweckt wird. Warum sonst sollten die Frauen genau in dem Augenblick am Grab eintreffen, in dem der Stein beiseite gerollt wird? Doch statt dass durch die geöffnete Grabestür jemand herauskommt oder jemand hineingeht, verkündet der Engel, Jesus sei auferstanden – schon *bevor* der Stein machtvoll weggerollt wurde. Bei Matthäus kommen selbst die ›pünktlichen‹ Zeuginnen der himmlischen Grabesöffnung *zu spät*. Erst auf dem Rückweg begegnen die Frauen der Erscheinung des Auferstandenen, sozusagen dem Perfektum der Auferstehung, allerdings in deutlich weniger spektakulärer, ja geradezu unscheinbarer Gestalt – ohne Belege und Zeichen seiner Macht.[53] Sowohl die spektakulärere Engelserscheinung mit der Graböffnung als auch die unspektakuläre Erscheinung des Auferstandenen auf dem Rückweg vom Grab rahmen die narrative Leerstelle: Das Ereignis der Auferstehung selbst ist prinzipiell nicht beobachtbar und bezeugbar – selbst für Matthäus, der doch ein Interesse an der Bezeugung des Auferstandenen hat. Das Evangelium baut narrativ die Erwartung einer direkten Zeugenschaft der Auferstehung auf, die es im letzten Augenblick gezielt verweigert zu erfüllen. Obwohl spektakuläre Engelserscheinungen und Wunder fraglos erzählt werden können, gilt dies nicht für die Auferstehung Jesu.

Was sind die Implikationen dieser narrativen Inszenierung einer Leerstelle? Zwei Aspekte sind hervorzuheben:

1. Vor dem Hintergrund dieser Erzählstrategien ist es sicherlich richtig, festzuhalten, dass der Vorgang der Auferstehung in der Narration *initial* eine schöpferische Tat Gottes ist, an der die Menschen mit ihren Möglichkeiten vollständig *unbeteiligt* sind, ja auch nicht als Beobachter und Zeugen ein-

---

[53] In Aufnahme von Beobachtungen von Welker, M., »Das Reich Gottes«, 497–512, 510 u. ö., kann man von einer auffallenden ›Unscheinbarkeit‹ des Auferstandenen in den Erscheinungen sprechen.

bezogen sind. Sie könnten dieses Ereignis noch viel weniger begreifen als sie die Erscheinungen des Auferstandenen erfassen können.[54] Die Erkenntnis der Nichtbeschreibbarkeit des Ereignisses führt nun aber nicht zu der Feststellung, die Auferstehung sei »wesentlich göttlich«, während »alle historischen Sachverhalte [...] ihren Ort in der Welt« haben.[55] Indem die Evangelien das nichtbeschreibbare Ereignis *am leeren Grab* lokalisieren, halten sie die Ereignishaftigkeit, ja die Tatsächlichkeit des Nichtbeschreibbaren fest und deuten auf die Spur bzw. die Rückseite dieses Ereignisses in Raum und Zeit: Das Grab ist leer, »er ist nicht hier«.[56] Die Auferweckung als eschatologische Tat Gottes ist zweifellos ein Ereignis in multiplen ›Wirklichkeiten‹ und eben darin zumindest in einer bestimmten Hinsicht auch eine Tat *in* der Welt.[57] Die Wirklichkeit der neuen Schöpfung beginnt in der Auferstehung sozusagen lokal: in diesem Grab. Damit unterlaufen die Erzählungen strikt

---

[54] Dieser Ausschluss der Zeugen dürfte vor dem Hintergrund der Traditionen zu betrachten sein, für die die direkte Schau Gottes und seiner Herrlichkeit für den Menschen fatale Konsequenzen hat. Die Geschichten vom leeren Grab radikalisieren in gewisser Weise das Geschehen in Ex 33,12–23, insofern dort Mose von Gott selbst geschützter, faktisch aber nichts sehender Zeuge der vorübergehenden Herrlichkeit Gottes wird. Mose wird Zeuge eines Geschehens, das er nicht sehen kann - allerdings darf er ›hinterherschauen‹. Strukturell analog dürfen die Osterzeugen am leeren Grab Gottes Handeln, der lebendigmachenden Verherrlichung Jesu, ›hinterherschauen‹.

[55] Dalferth, I. U., »Kreuz und Auferweckung. Das Wort vom Kreuz«, 38–84, 79, hierin die Tradition Bultmanns aufnehmend, für den es in der Auferstehung um die Erschließung der »Bedeutsamkeit als eines geschichtlichen Ereignisses« geht und »der Auferstehungsglaube [...] nichts anderes ist als der Glaube an das Kreuz als Heilsereignis« (Bultmann, R., *Neues Testament und Mythologie*. 1985, 55 und, 60 f.).

[56] Das leere Grab ist darum - im narrativ-theologischen Diskurs der Evangelien wohlgemerkt - das sinnenfällige Zeichen, dass die Auferstehung nicht nur ein noetisches Ereignis ist, nicht nur ein Anerkennen Gottes und ein Erkennen des Menschen und nicht ein »Wechsel der Bezugsrahmen, in denen Jesus erfahren und in denen von ihm und seinem Kreuz geredet wird« (Dalferth, I. U., »Kreuz und Auferweckung. Das Wort vom Kreuz«, 38–84, 81). Die von dem leeren Grab bezeugte Tatsächlichkeit ist auch mehr als die einer Offenbarung des Gekreuzigten, da sie eine neue Tat der Schöpfung ist. Dieser Konzeption eines Offenbarungsereignisses ist, wie Wolfhart Pannenberg zu Recht kritisiert (Pannenberg, W., *Systematische Theologie. Bd. 2*, 1991, 387) über weite Strecken auch Karl Barth in der KD verpflichtet. Siehe Barth, K., *Kirchliche Dogmatik III/2. Die Lehre von der Schöpfung*, 1959, 546, für den die Osterzeit »die Zeit der Offenbarung des Geheimnisses der ihr vorangehenden Zeit des Lebens und Sterbens des Menschen Jesus« ist.

[57] Die Präsenz dieses Ereignisses in verschiedenen Wirklichkeiten kann man sich anhand der systemtheoretischen Bestimmung von Mehrsystemereignissen verdeutlichen. Mehrsystemereignisse sind solche Ereignisse, die in verschiedene Systeme eingehen und hierdurch in differenten Ereignisreihen und Systemgeschichten zum Stehen kommen.

die falsche Alternative ›beobachtbares, aber punktuelles Mirakel‹ oder ›kein historisches Ereignis in der Welt, sondern Handeln Gottes *an* der Welt‹.[58] Die Auferweckung ist den anderen Fällen von Gottes Heilshandeln darin analog, dass es strukturell ein Ereignis *in* der menschlichen Wirklichkeit und zugleich ein Ereignis *an* dieser Wirklichkeit ist – wenngleich »mit einem schmalen ›historischen‹ Rand«.[59] Sie unterscheidet sich von diesen anderen Handlungen darin, dass in dem *initialen Augenblick* dieses Ereignisses die Menschen nicht mit einbezogen sind und dieses Ereignis endgültigen Charakter und universale Relevanz hat. Und dennoch beharren sie auf einem lokal und temporal bestimmbaren Beginn (»am 3. Tag«), der festhält, dass die menschliche Wirklichkeit – passiv – von Anfang an in die Wirklichkeit der Auferweckung einbezogen ist.

2. Der zweite Aspekt dieser narrativen Inszenierung betrifft den Zusammenhang zwischen dem Ereignis und seiner Deutung durch Engelgestalten. Die Rede vom leeren Grab erinnert in dieser eigentümlichen narrativen Gestaltung an eine elementare Bedrohung. Hält man sich vor Augen, dass – in einer kulturanthropologischen Perspektive betrachtet – das (volle) Grab ein prominenter Ort der öffentlichen Erinnerungskultur ist, die das kulturelle Gedächtnis fokussiert und am Leben hält, so markiert das *leere* Grab zunächst die Bedrohung ebendieses lebendigen Gedächtnisses des Lebens und des Wirkens Jesu.[60] Das leere Grab *für sich genommen* erbringt keine Evidenz für die Auferstehung, sondern dokumentiert, indem es z. B. die Salbung als kulturelle Technik des erinnernden Verabschiedens durch die Frauen unmöglich macht, zunächst eine *Gefährdung der kulturellen Erinnerung*. Das leere Grab vernichtet die geordnete kulturelle Erinnerung des Alten – ohne Neues und Zukünftiges freizusetzen. Indem das Grab Jesu leer ist, ist zunächst der Ort und der ›Haftpunkt‹ der öffentlichen Erinnerung dieses Menschen zerstört und die letzte sinnenfällige Spur seines Lebens genommen.

---

[58] Darum dürfte Richard Swinburnes Plädoyer für das »original miracle of the Resurrection« (Swinburne, R., *Revelation from metaphor to analogy*, Oxford: Clarendon Press 1992, 145) nicht überzeugen, da vor allem auch das zweite, neben dem Kriterium der »background evidence« zu stehen kommende Kriterium »historical evidence from reports of witnesses that it happened« eben von den Evangelien nicht gedeckt wird (a.a.O., 112). Die genannte falsche Alternative prägt in ihrer scharfen Zurückweisung eines »Mirakels in der Welt« den Entwurf Dalferths (Dalferth, I. U., »Kreuz und Auferweckung. Das Wort vom Kreuz«, 38–84, 79 ff.).

[59] Barth, K., *Kirchliche Dogmatik III/2. Die Lehre von der Schöpfung*, 1959, 535.

[60] Für den Zusammenhang zwischen Auferstehung und kulturellem Gedächtnis Welker, M., »Die Wirklichkeit der Auferstehung«, in: Eckstein / Welker (Hgg.), *Die Wirklichkeit der Auferstehung*, Neukirchen-Vluyn: Neukirchener Verlag 2002, 311–331.

An diesem Wendepunkt des leeren Grabes wird die gefährdete Erinnerung durch die Deutung der Engel so neu geformt, dass sie mit neuen Temporalhorizonten versehen wird. Die Erinnerung am Grab eines Toten zielt primär auf die Vergangenheit dieses Menschen, die, im Modell mehrfach modalisierter Zeit gedacht, eine Vergegenwärtigung ›vergangener Gegenwart‹ oder bestenfalls eine ›gegenwärtige Vergangenheit‹ sein kann. Das leere Grab verweist jedoch zusammen mit der Ankündigung der Erscheinungen durch den Engel auf eine *zukunftsoffene Erinnerung* Jesu, weil das leere Grab nun als die Spur des Auferweckungsgeschehens gesehen werden kann. Die Erinnerung an Jesus, sein vorösterliches Leben und Wirken wird so umgeformt, dass konkrete Zukunftserwartungen und *zukünftige Erfahrungen* mit ihm freigesetzt werden. In der narrativen Szenerie in Mk 16,1–8 platziert die Ankündigung der Erscheinungen in Galiläa den auferweckten Gekreuzigten gerade durch den Entzug des *gegenwärtigen* Toten (leeres Grab) in der *zukünftigen* Erfahrung (Erscheinung). Diese ist nicht frei von Erinnerungen des vorösterlichen Jesus, wie die Rekognitionsmomente der Erscheinungserzählungen verdeutlichen. Aber die Pointe der Auferweckung ist, dass der Auferweckte *als Lebender* erfahren werden soll, nicht nur lebendig erinnert. Weil er gegenwärtig lebt, wird sein vergangenes Leben gegenwärtig neu erinnert.[61] Umgekehrt betrachtet wird Jesus so erinnert, dass er als lebendig erfahren wird: »Was sucht ihr den Lebenden bei den Toten?« (Lk 24,5) Tote werden erinnert, Lebende werden gegenwärtig als lebendig erfahren, auch wenn die gegenwärtige Erfahrung erinnerungsgesättigt ist und die Geschichte des Erfahrenen mit sich führt.[62] Die Öffnung und Wende der Erinnerung hin zur Zukunft geschieht an dem Punkt, an dem das leere Grab zur Spur des unbeschreiblichen Ereignisses wird.

---

[61] Pneumatologisch formuliert bringt sich der Auferstandene im Wirken des Geistes selbst zur Erinnerung, aber eben unter Inanspruchnahme von kulturellen resp. rituellen Kommunikationsprozessen des kulturellen Gedächtnisses: Im Ritual des Abendmahls als Gedächtnis- und Hoffnungsmahles.

[62] Hierin könnte die Grenze einer Rekonstruktion der Auferstehung anhand des Modells des kulturellen Gedächtnisses liegen, obgleich das kulturelle Gedächtnis auch Erwartungen freisetzt und prägt. Das systematisch-theologische Sachproblem dürfte in der Verbindung von Erinnerung und aktueller Geisterfahrung liegen, und nicht umsonst verbindet die Feier des Abendmahls die Erinnerung mit der ereignishaften Inszenierung einer gegenwärtigen sinnlichen Erfahrung. Vgl. hierzu Welker, M., *Was geht vor beim Abendmahl?*, 1999. Im Kontext des kulturellen Gedächtnisses ist zu fragen, ob und wie es möglich ist, dass eine lebendige Erinnerung eine solche Intensität gewinnen kann, dass die erinnerte Person als personal lebend gedacht wird bzw. gedacht werden muss.

(2) Das Ereignis der Auferstehung im ›Leben‹ des Gekreuzigten

Ist die Auferweckung Jesu ein Ereignis, das nicht nur als eine Erschließung der Bedeutung seines Todes verstanden werden kann, so stellt sich unmittelbar die Frage, ob es ein Ereignis des ›Lebens Jesu‹ und seiner Sendung ist. Gehört dieses ›Ereignis‹ zur Geschichte und Existenz Jesu oder ist es ein ›Metaereignis‹ *zur Ereignisserie seines Lebens?* Die Rede vom leeren Grab legt Ersteres nahe: Die Auferstehung ist ein Teil des Gesamtereignisses ›Jesus Christus‹, ist Teil des sich differenzierenden Ereignisses, in dem Gott sich selbst offenbart und ›ausspricht‹. Die vielfältigen Versuche, die Auferstehung resp. Auferweckung Jesu als Erschließung der Bedeutung seines Todes und der Bestätigung seines Anspruchs zu verstehen, machen dagegen – kommunikationstheoretisch betrachtet – aus der Auferstehung eine Metakommunikation *über* die Kommunikation seines Lebens und Sterbens. Diese mag a) von den Jüngern geäußert werden (»die Sache geht weiter ...«) oder b) von Gott selbst gesprochen werden, und die Jünger stimmen dann in diese göttliche ›Perspektive‹ auf Jesus ein. Es bleibt in dieser Sicht ein (menschliches oder göttliches) Interpretationsgeschehen von etwas anderem.

Dass es sich bei der Frage nach der Ereignisserie, der die Auferstehung zugehörig ist, um keine überflüssige Frage, sondern um eine elementare christologische Weichenstellung handelt, kann man sich an folgendem christologischen Kernsatz Eberhard Jüngels verdeutlichen: »Gott ist vollständig definiert in dem gekreuzigten Jesus von Nazareth.«[63] Erschließt die Auferweckung die Bedeutung dieses Definitionsereignisses, so gehört sie, wie Jüngel faktisch deutlich macht, selbst nicht zu dem Ereignis der Definition selbst, sondern erläutert und erschließt dieses in sich *vollständige* Definitionsgeschehen *als* Definitionsgeschehen.[64] Die Auferweckung sagt nichts direkt über Gott aus, sondern nur in der metakommunikativen Indirektheit, dass sie Gottes Selbstdefinition in dem Gekreuzigten erschließt, d. h. die Bedeutung des Todes Jesu offenbart. Entsprechend dieser Position ist die Ostererfahrung der Jünger dann die Erfahrung der Erschließung und Evidenz einer Deutung, wobei als ›Restereignis‹ irgendwie die Tatsache mitgeführt wird, dass Jesus nun in Gottes Leben aufgenommen sei.

---

[63]   Jüngel, E., »Das Sein Jesu Christi als Ereignis der Versöhnung Gottes mit einer gottlosen Welt. Die Hingabe des Gekreuzigten«, in: Jüngel (Hg.), *Entsprechungen. Gott – Wahrheit – Mensch. Theologische Erörterungen. Bd. 2*, München: Kaiser 1980, 276–284, 277.

[64]   In unübertrefflicher Eindeutigkeit stellt Schleiermacher fest, dass »die Tatsachen der Auferstehung und der Himmelfahrt Christi [...] nicht als eigentliche Bestandteile der Lehre von seiner Person aufgestellt werden« können. Schleiermacher meint, »jedem, der mit dogmatischen Sätzen verkehrt, die Einsicht zumuten [zu können], daß der richtige Eindruck von Christo vollständig vorhanden sein kann und auch gewesen ist, ohne eine Kunde von diesen Tatsachen.« (Schleiermacher, F., *Der christliche Glaube. Nach den Grundsätzen der Evangelischen Kirche im Zusammenhange dargestellt. Bd. 2*, 1960, 82 ff.).

So berechtigt die religionskritischen Anliegen dieser Konzentration auf das Kreuz sind[65], so problematisch hoch ist der Preis, der für diese Verlagerung der Auferweckung auf das Terrain der göttlichen/menschlichen Erschließung/Interpretation gezahlt zu werden droht: Dass in Jesus von Nazareth auch Gottes Wille und Ziel für die Zukunft des Kosmos als neuer Schöpfung erschlossen wird, ist nur dann aussagbar, wenn er sich in Kreuz *und* Auferstehung des Jesus von Nazareth vollständig definiert hat. Doch dazu muss die Auferstehung *mit* Ereignis dieses Wortes, d. h. Teil der sich in Jesus von Nazareth aussprechenden Kommunikation Gottes sein. Jesu »Inkarnation wird folglich durch seine Auferstehung vollendet, nicht in seinem Kreuzestod.«[66] Die Auferstehung ist, den »seltsamen Schleifen« der Logik vergleichbar, einerseits ein Moment *in* der Geschichte Jesu und *zugleich* Ereignis *über* seine Geschichte, sozusagen ihr metakommunikativer Kommentar, der doch zugleich auch Teil des Kommentierten ist. Dass die Auferweckung Teil der Geschichte des leibhaftigen Jesus von Nazareth ist, darauf verweist lapidar die Rede vom leeren Grab, die das ›Leben‹ Jesu nicht mit dem Tod enden lässt, sondern Gottes neuschöpferisches Auferweckungshandeln für die Erfahrung der Jüngerinnen und Jünger das *relativ* abschließende ›Ereignis‹ in diesem ›Leben‹ sein lässt. Dieses Leben setzt sich nach dem relativen Abschluss in der Sendung der Jüngerinnen und Jünger in verwandelter Form fort. Die Auferweckung ist damit beides: ein ›Ereignis‹ der Geschichte Jesu Christi und zugleich ein metakommunikatives ›Ereignis‹ *an* der Geschichte Jesu Christi, in dem Gott sich zu ihm bekennt und ihn als Christus offenbart.

(3) Die Temporalstruktur des Auferstehungsereignisses

In temporaler Hinsicht stellt das leere Grab in der narrativ-theologischen Entfaltung eine scharfe Markierung dar. Die Auferweckung resp. Auferstehung Jesu hat tatsächlich stattgefunden. Die neue Schöpfung aus dem Tode ist wirklich angebrochen. »Er ist nicht hier« bedeutet, diese alte Wirklichkeit ist *in Christus* nicht mehr ›wirklich‹, ein neuer Morgen der Schöpfung hat begonnen. Die alte Schöpfung ist in der Person Christi ›spurlos‹ beendet, vollständig verwandelt. Das leere Grab zeigt präzise an, dass es ›in Christus‹ keine Gleichzeitigkeit des Alten und des Neuen gibt, weil in ihm die Verfalls- und Todesgeschichte nicht mehr weitergeht, ja schon ihr definitives Ende gefunden hat.[67] Die das Leben der

---

[65] Siehe exemplarisch Dalferth, I. U., »Kreuz und Auferweckung. Das Wort vom Kreuz«, 38–84, 39–44.

[66] Moltmann, J., *Der Weg Jesu Christi. Christologie in messianischen Dimensionen*, 1989, 272.

[67] Eben diese theologische Pointe wird verfehlt, wenn die die Verwesung einschließende Auferstehung der Christen im Rückschluss die theologische Annahme erforderlich macht, dass auch die Auferweckung Jesu Christi seine Verwesung einschließen muss, das Grab darum voll gewesen sein muss, wenngleich es historisch aus ganz anderen Gründen leer

Jüngerinnen und Jünger auszeichnende »Gleichzeitigkeit des Ungleichzeitigen« unterscheidet dieses vom Leben des Auferstandenen, insofern in Christus deren Zukunft schon vorweggenommen ist. Die Begegnungserfahrung der Jünger als »Gleichzeitigkeit des Ungleichzeitigen« ist darum zugleich Differenzerfahrung, die zu Proskynese (Mt 28,9), Verweigerung der Berührung (Joh 20,17) oder Entzug (Lk 24,31) führt. Wie verhält sich nun diese relative Gleichzeitigkeit des Neuen, die die Erscheinungen anzeigen, zu der relativen Abgeschlossenheit des Ereignisses in der Rede vom leeren Grab?

Instruktiv ist diesbezüglich eine Auseinandersetzung zwischen Jürgen Moltmann und Wolfhart Pannenberg: »Die Auferstehung Christi ist ein eschatologisches Ereignis... Wer die Auferstehung Christi wie seinen Kreuzestod ›historisch‹ nennt, übersieht die neue Schöpfung, die mit ihr beginnt, und verfehlt die eschatologische Hoffnung.«[68] Mit dieser polemischen Spitze gegen Wolfhart Pannenberg hat Jürgen Moltmann deutlich auf den Aspekt der grundsätzlichen *Zukunftsoffenheit* und *Unabgeschlossenheit* der Auferstehung hingewiesen. Diese Offenheit hin zu Gottes zukünftigem neuschöpferischen Handeln und der allgemeinen Totenauferstehung impliziert für Moltmann aber zugleich eine bestimmte *Einschränkung* bezüglich der Rede von Jesu Auferstehung als ›historisch‹. Die Auferweckung Jesu spricht »die Sprache der Verheißung und der begründeten Hoffnung, aber [...] noch nicht die Sprache der vollendeten Tatsachen.«[69] In seiner Replik hat Wolfhart Pannenberg darauf insistiert, Moltmann müsse eigentlich sagen, dass »die in der Auferstehung Jesu angebrochene Wirklichkeit des neuen Lebens [...] noch nicht vollendet [sei], daher auch dieses Ereignis noch strittig [sei], das aber dennoch als bereits geschehen behauptet wird und als bereits eingetreten die christliche Hoffnung zur ›begründeten Hoffnung‹« mache. Darum drohe bei Moltmann »das von Paulus betonte *perfectum* der Auferstehung Jesu (1Kor 15,12 ff.) doch verflüchtigt« zu werden.[70] Faktisch werfen Moltmann und Pannenberg die Frage nach der inneren temporalen Struktur des Auferstehungsereignisses auf. Ist die Auferstehung ein noch nicht abgeschlossenes *eschatologisches* Ereignis oder ist sie ein abgeschlossenes *historisches* Ereignis, deren angebrochene Wirklichkeit aber noch nicht vollendet ist? Ist sie ein *historisches* Ereignis in dem Sinne, dass es »in vielfältige Wirklichkeiten orientierend hineinwirkt, verändernd, Realität bewe-

---

gewesen sein könnte. So Dalferth, I. U., »Volles Grab, leerer Glaube? Zum Streit um die Auferweckung des Gekreuzigten«, 379–409, 300f.

[68] Moltmann, J., *Der Weg Jesu Christi. Christologie in messianischen Dimensionen*, 1989, 236.

[69] A.a.O., 245.

[70] Pannenberg, W., *Systematische Theologie. Bd. 2*, 1991, 404.

gend, Realität verdichtend, vernetzend«?[71] Oder ist sie kein Ereignis der Welt, ›einst einmal geschehen‹, sondern nur ein Ereignis in Gott ›ein für allemal geschehen‹, das eine »letztgültige Wahrheit und Bestimmtheit *der Welt insgesamt* ans Licht« bringt und daher in Relation zu *jedem* weltlichen Ereignis steht?[72] Eine Antwort auf diese Fragen eröffnet sich, wenn die Auferstehung als ein Ereignis in multiplen Bezugssystemen und damit auch in multiplen Zeitsystemen gesehen wird.

Orientiert man die Überlegungen zur Zeitstruktur des Auferstehungsereignisses ausschließlich an der Kreuzigung und der Rede vom leeren Grab und fasst zugleich Gottes Verhältnis zu der Person Jesus von Nazareth ins Auge, so ist mit Wolfhart Pannenberg das definitive *perfektum* der Auferstehung hervorzuheben. Das Grab war voll und ist jetzt leer, und als der Erscheinende bestätigt Jesus im Nachhinein den Satz des Engels »Er ist nicht hier«. Ein tatsächliches Ereignis wird als abgeschlossenes erinnert. Nimmt man hingegen Jesu Beziehung zu den Jüngerinnen und Jüngern in den Blick, so eröffnet die Verknüpfung der Rede vom leeren Grab mit den Erscheinungen des Auferstandenen eine andere Perspektive: Die entmutigten Jüngerinnen und Jünger werden in das Ereignis einbezogen und bekommen Anteil an dieser Auferstehungswirklichkeit. Indem ihre Zeit mit der Zeit des Auferstandenen gekoppelt wird, bekommen sie Anteil an dessen Zukunft. Die als Berufungsgeschichten verbundenen Erscheinungserzählungen gehen nochmals deutlich einen Schritt weiter, da sie den Horizont dieser Wirklichkeit sozial (»alle Völker«) und temporal (»alle Tage bis an das Ende der Welt«) ausdehnen, ja universalisieren. Indem bei Matthäus der Auferstandene den ausgesandten Jüngerinnen und Jüngern zusagt, »alle Tage« bei ihnen zu sein, wird der damit einsetzende Prozess der Mission und Kirchenbildung Moment der dynamisch sich ausbreitenden neuschöpferischen Auferstehungswirklichkeit.[73] Dieser Prozess, der auch als »kulturell-geschichtliche[s] Ereignis«[74] betrachtet werden kann, schließt die vielgestaltige Aktivität der Zeuginnen und Zeugen aller

---

[71] So Welker, M., »Auferstehung (Dietrich Ritschl zum 65. Geburtstag)«, 39–49, 44. Die Denkform des kulturellen Gedächtnisses hebt zweifellos die Unabgeschlossenheit des Ereignisses vor.

[72] Dalferth, I. U., »Kreuz und Auferweckung. Das Wort vom Kreuz«, 38–84, 78.

[73] An dieser Stelle muss nochmals die theologisch auffallende Tatsache hervorgehoben werden, dass die Evangelienerzählungen die Auferstehung Jesu nicht mit Auferstehungshoffnungen der Jüngerinnen und Jünger verbinden, sondern mit Berufung und Mission, d. h. mit der Grenzen überschreitenden und in vielfältige kulturelle und biographische Kontexte eingehenden Kommunikation des Evangeliums. Ökonomisch reformuliert: Nicht der individuelle religiöse Profit der Auferstehung für die Jünger steht im Vordergrund, sondern die räumliche, zeitliche und soziale Ausdehnung der Auferstehungswirklichkeit in Raum, Zeit und Kulturen.

[74] Welker, M., *Was geht vor beim Abendmahl?*, 1999, 28.

Zeiten und Regionen mit ein.[75] Insofern die lebendige Erinnerung des Kreuz und Auferstehung einschließenden ›Lebens‹ Jesu und die aus dieser Erinnerung erwachsenden Erwartungen selbst Teil dieses Ereignisses sind, ist das Ereignis der Auferstehung noch unabgeschlossen. Dabei geht von dem initialen, abgeschlossenen Ereignis die Kraft und Dynamik des unabgeschlossenen Ereignisses aus.

Gerade das die Zeugenschaft der Jüngerinnen und Jünger ausschließende leere Grab zeigt eine unüberspringbare *Differenz* zwischen a) dem initialen, abgeschlossenen Ereignis und b) der kommunikativen Ausbreitung der Auferstehung durch Wiederholungshandlungen (z. B. Feier des Abendmahls, Predigt) oder durch verstetigte Handlungszusammenhänge (z. B. der Diakonie) an: In die Ausbreitung in vielgestaltige Kontexte sind die Jüngerinnen und Jünger durch ihre Beauftragung elementar eingeschlossen und werden zugleich an die Zukunftsoffenheit ihres Tuns erinnert.[76] Der Zusammenhang zwischen beiden Ereignisformen ist an der Feier des Abendmahls erkennbar. Der gedenkende Rückbezug auf die Mahlfeier mit Jesus wird durch das abgeschlossene ›initiale‹ Ereignis der Auferweckung so verwandelt, dass Brot und Wein als natürlich-kulturelle Schöpfungsgaben immer wieder zu Gaben der neuen Schöpfung werden, in denen der auferstandene Christus sich zukunftsorientiert (1 Kor 11,26) kommunikativ vergegenwärtigt.[77]

---

[75]   Hierin liegt das Wahrheitsmoment von Ernst Troeltschs Hervorhebung des Kultes, der für die »Überlieferung und Lebendighaltung des Christusbildes« verantwortlich ist. An diesem Punkt liegt für Troeltsch jedoch explizit kein theologischer, sondern nur ein sozialpsychologischer Zusammenhang vor. Siehe Troeltsch, E., »Die Bedeutung der Geschichtlichkeit Jesu für den Glauben (1911)«, in: Troeltsch (Hg.), *Die Absolutheit des Christentums und die Religionsgeschichte und zwei Schriften zur Theologie*, Gütersloh: Gütersloher Verlagshaus Mohn 1985, 132–180, 146 ff.

[76]   Diese Differenz in der Ereigniskette bzw. der internen Struktur des einen Ereignisses Auferstehung hat eine Analogie in der theologischen Rede von der Schöpfung. Wie Michael Welker beobachtet hat, ist die Schöpfung nach Gen 1 u. a. durch eine Reaktivität des schaffenden Gottes und eine ihr korrespondierende Eigenaktivität gekennzeichnet – ein Aspekt, der in der Vergangenheit vielfach nicht hinreichend bedacht wurde (Welker, M., *Schöpfung und Wirklichkeit*, 1995, Kap. 1). Dieser geschöpflichen Beteiligung an der Schöpfung entspricht die Beteiligung der Jünger am Prozess der Auferstehung durch die Arbeit am kulturellen Gedächtnis, d. h. durch die Feier des Abendmahls und nicht zuletzt durch den vielgestaltigen ›Dienst an der Versöhnung‹. Allerdings ist in der sogenannten Schöpfung ›am Anfang‹ wie auch in der Neuschöpfung initial, d. h. ›am Anfang‹ die geschöpfliche Wirklichkeit nicht produktiv und kreativ beteiligt. Hierin dürfte die particula veri der Rede von einer *creatio ex nihilo* in beiden Fällen liegen.

[77]   Zum Zusammenhang von Brot und Wein und neuer Schöpfung vgl. Bonhoeffer, D., »Vorlesung. Christologie«, in: Bonhoeffer (Hg.), *Berlin 1932-1933 (DBW 12)*, München: Kaiser 1997, 279–348, 282 f. Ähnlich Welker, M., *Was geht vor beim Abendmahl?*, 1999, 177. Die

Der zukunftsoffene Kommunikationsprozess der Christus gedenkenden und vergegenwärtigenden Kirche ist als konfliktträchtige Gestaltgewinnung der Auferstehungswirklichkeit unter den schon bestrittenen, aber noch immer prägenden Bedingungen der alten Schöpfung nicht ohne einen Horizont. Der sachliche sowie temporale Horizont dieses Prozesses wird durch die Symbole der Wiederkunft Christi, eines neuen Jerusalems sowie eines neuen Himmels und einer neuen Erde angezeigt.[78] Aber auch angesichts der noch gegenwärtigen Wirksamkeit von Tod, Vergänglichkeit und Gewalt kann Kirche nicht davon absehen: »Mit der Auferstehung Christi [...] beginnt die neue Schöpfung pars pro toto am Gekreuzigten«[79] und setzt sich in der Gestaltgewinnung und Ausbreitung der Auferstehungswirklichkeit fort.

d. Die Aufhebung der prekären Einheit von Leben und Tod – oder: Der Tod des Todes

Innerhalb der alten Schöpfung ist der Noahbund ein Zeichen der Treue Gottes dafür, dass die prekäre Auseinandersetzung zwischen Tod und Leben in den kulturellen und natürlichen Lebensrhythmen zugunsten des Lebens entschieden wird (Gen 8,21 ff.). In den kulturellen wie natürlichen Rhythmen und Zyklen der Regeneration und Reproduktion manifestiert sich eine permanente Auseinandersetzung zwischen Tod und Leben zugunsten des Lebens.[80] Die Generativität,

---

eschatologische Dimension des Abendmahls hebt hervor Wainwright, G., *Eucharist and eschatology*, London: Epworth Press 1978.

[78] Karl Barth hat daher in Barth, K., *Kirchliche Dogmatik IV/3. Die Lehre von der Versöhnung*, 1959, 335 ff. von der dreifachen Parousie Christi, d. h. von einem Sichtbarwerden »in verschiedenen Formen« gesprochen. Allerdings insistiert er darauf, dass sie »in allen diesen Formen ein einziges Ereignis« ist (a.a.O., 338). Die Problemkonstellationen der Debatten um den antizipatorischen Charakter der Auferstehung vorwegnehmend, betont er, das Osterereignis sei die »Ur- und Grundgestalt« der folgenden Formen und zugleich habe in diesem das Ostereignis angehoben und es sei »in diesem in seiner Ganzheit als in seiner Ur- und Grundform anschaulich und begreiflich« geworden. Die Prägung der ›nachösterlichen‹ Ereignisserie bzw. Formgestalten kann Barth aber nur metaphorisch beschreiben. Das Ganze der Wiederkunft habe »in allen seinen Formen den Charakter, die Farben, die Akzente des Osterereignisses« (a.a.O., 338 f.) Die Dimensionen der Vergangenheit (Bezug auf das Kreuz), Gegenwart (aktuelles neues Leben) und Zukunft (Auferstehung) verknüpft auch die Antwort auf die 45. Frage des Heidelberger Katechismus: »Was nützt uns die Auferstehung«, wenngleich in der individualistischen Engführung dieses Textes.

[79] Moltmann, J., *Der Weg Jesu Christi. Christologie in messianischen Dimensionen*, 1989, 119.

[80] Der priesterschriftliche Schöpfungsbericht in Gen 1 spiegelt die Einordnung der Finsternis (Gen 1,2) in die Rhythmik von Tag und Nacht zugunsten der Schaffung eines Lebensraumes.

d. h. die Aufforderung »seid fruchtbar und mehret euch und füllet die Erde« wird zum sinnenfälligen Zeichen dieser Durchsetzung des Lebens, das als gesegnetes Leben sich steigern und ausbreiten kann. Nicht umsonst bezieht sich der Segen Gottes vielfach auf die Steigerung und Verstetigung dieser Durchsetzung des Lebens[81] und nicht umsonst sind die entsprechenden Prozesse und Phänomene Ausgangspunkt naturreligiöser Vorstellungen.[82] Die »Einheit von Leben und Tod zugunsten des Lebens«[83] kennzeichnet die alte Schöpfung, der der Schöpfer trotz des bleibend ›bösen Herzens‹ des Menschen treu bleibt – wenngleich er *sich selbst* (sic!) mit dem Regenbogen als Bundeszeichen immer wieder an diese Treue erinnern muss (Gen 9,14–16).[84] Der weder von den Mächten des Chaotischen noch den Gewalttaten der Menschen freien ›alten Schöpfung‹ gilt das bewahrende und Gemeinschaft suchende Handeln Gottes zugunsten des Lebens.[85]

Das Ereignis der Auferweckung des Gekreuzigten als Ereignis der neuen Schöpfung geht über diese schöpfungstheologisch greifbare »Einheit von Leben und Tod zugunsten des Lebens« weit hinaus. Zwischen dem Tod und dem Leben besteht im neuen Leben kein Patt und keine nur *relative* Asymmetrie zugunsten des Lebens. Alfred North Whiteheads Beobachtung: »Leben ist Räuberei«[86] wird,

---

[81]   Siehe Frettlöh, M. L., *Theologie des Segens. Biblische und dogmatische Wahrnehmungen*, Gütersloh: Kaiser Gütersloher Verlagshaus 1998, 353–367; Greiner, D., *Segen und Segnen. Eine systematisch-theologische Grundlegung*, Stuttgart: Kohlhammer 1998, 266–272.

[82]   Siehe Gladigow, B., »Natur/Umwelt/Naturreligiosität«, in: *Metzler-Lexikon Religion. Bd. 2*, Stuttgart / Weimar: Metzler 1999, 539–547.

[83]   Diese Formel wird hier in pointiert anderer Weise verwendet als von Jüngel, für den sie die Liebe und damit den Gott, der die Liebe ist, charakterisiert. Siehe Jüngel, E., *Gott als Geheimnis der Welt. Zur Begründung der Theologie des Gekreuzigten im Streit zwischen Theismus und Atheismus*, 1992, 434 u. 446, variiert als »Einheit von Tod und Leben zugunsten des Lebens«, 409.

[84]   Für den Regenbogen als »ein Zeichen der Liebe und Treue Gottes gegen seine Schöpfung, das ihn ›erinnert‹«, siehe Jacob, B., *Das erste Buch der Tora – Genesis*, Berlin: Schocken 1934, 257. Als »Metapher für die Ausübung der Herrschaft des Schöpfergottes« interpretiert ihn Zenger, E., *Gottes Bogen in den Wolken. Untersuchungen zu Komposition und Theologie der priesterschriftlichen Urgeschichte*, Stuttgart: Verl. Kath. Bibelwerk 1987, 131.

[85]   Ohne dass die Einsicht der Band *Dire Straits* in den Rang von Theologie erhoben werden muss, charakterisiert ihr Diktum »there is always sunshine after rain« doch treffend diese ›nachnoachitische‹ kreatürliche Lebensgewissheit des relativen Sieges des Lebens über den Tod in der in Treue bewahrten Schöpfung.

[86]   Siehe Whitehead, A. N., *Prozeß und Realität. Entwurf einer Kosmologie*, 1984, 204. In diesem Zusammenhang verweist Whitehead darauf, dass sog. »lebende Gesellschaften« in einer Wechselwirkung mit ihrer Umwelt andere Gesellschaften zerstören, um Nahrung zu gewinnen. »Im Falle lebender Gesellschaften nimmt diese Wechselwirkung die Form der Räuberei an.« (Ebd.) Anderes Leben wird zum Opfer (im Sinne von ›victim‹) des Räubers. Für aktuelle Diskussionen dieses Problems im Spannungsfeld von Biologie und Theologie siehe

so zutreffend sie für die fragile Einheit von Leben und Tod in der ›alten Schöpfung‹ ist, der ›neuen Schöpfung‹ nicht mehr gerecht.[87] In ihr setzt sich das Leben nicht auf Kosten des unfreiwilligen Todes anderen Lebens fort.[88] Weil der Tod als destruktive Macht überwunden wurde, markiert der Geschehenszusammenhang von Kreuz und Auferstehung den »Tod des Todes«.

Um diesen Übergang zu erfassen, ist es hilfreich, sich im Gespräch mit dem Entwurf Eberhard Jüngels den Zusammenhang zwischen dem Tod am Kreuz und dem Ereignis der Auferstehung zu vergegenwärtigen.

Die Identifikation Gottes mit dem Gekreuzigten führt, so Jüngel, dazu, dass Gott »den Tod Jesu erträgt« und hierdurch »die Ewigkeit seines Seins mit dem Kreuzestod Jesu belastet.«[89] Doch wie ist in dieser Konstellation der Sieg des Lebens über den Tod zu denken und warum ist »das Ereignis jener Identifikation als Offenbarung des Lebens des gekreuzigten Gottes zu verstehen«? (G408) Zwei Aspekte sind hier hervorzuheben. In der Identifikation Gottes mit Jesus definiert Gott »den toten Jesus als lebendigen Gottessohn« und definiert sich damit zugleich selbst.[90] Hierin erfährt Gott eine Selbstunterscheidung, insofern er als ›Gott der Sohn‹ die Verlassenheit von ›Gott dem Schöpfer‹ erleidet. Wie kommt es aber zur Überwindung des Todes, die Jüngel als Auferstehung bezeichnen kann? Zu ihr kommt es dadurch, dass »das Leben den Tod in sich aufgenommen hat«. (G499) Gott als Liebender kann sich, so Jüngel, auf die Härte des Todes in dieser Iden-

---

Kessler, H. (Hg.), *Leben durch Zerstörung? Über das Leiden in der Schöpfung – ein Gespräch der Wissenschaften*, Würzburg: Echter 2000.

[87] Schöpfungstheologisches Korrelat dieser Veränderung ist – in der Logik des eschatologischen Symbolismus – die Tatsache, dass es in der Stadt Gottes (Apk 22,5) keine Nacht mehr geben wird.

[88] Die Lebensgewährung durch freie Selbstzurücknahme ist damit nicht ausgeschlossen, sondern ist in Wahrheit unter den Bedingungen der ›alten Schöpfung‹ der Anbruch der ›neuen Schöpfung‹. Siehe Welker, M., »Das Reich Gottes«, 497–512. Auf der Grundlage der von S. Brandt herausgearbeiteten systematischen Differenzierung zwischen »victim« und »sacrifice« im Opferbegriff kann deutlich gemacht werden: Die neue Schöpfung schließt den Lebensraub der »victimization« aus, aber die Lebensgabe des »sacrifice« ein. Siehe Brandt, S., *Opfer als Gedächtnis. Auf dem Weg zu einer befreienden theologischen Rede von Opfer*, Münster 2001. Mit Blick auf Whiteheads Diktum stellt sich dann die Frage, wie, durch wen und von welchem Standpunkt aus in kulturellen und natürlichen Prozessen Lebensraub und Lebensgabe unterschieden werden können, d. h. wie die Wirklichkeit der alten Schöpfung von den realen Zeichen der neuen Schöpfung abgegrenzt werden kann.

[89] Jüngel, E., *Gott als Geheimnis der Welt. Zur Begründung der Theologie des Gekreuzigten im Streit zwischen Theismus und Atheismus*, 1977, 471. Seitenangaben im Text mit dem Kürzel G verweisen auf diesen Band.

[90] Jüngel, E., »Vom Tod des lebendigen Gottes. Ein Plakat«, in: Jüngel, E. (Hg.), *Unterwegs zur Sache. Theologische Bemerkungen*, München: Kaiser 1972, 105–125, hier 119. Seitenangaben im Text mit dem Kürzel V verweisen auf diesen Text.

tifikation einlassen und sich dem Tod ›aussetzen‹. Aber indem »Gott den Tod *erlitten* hat, hat nicht der Tod sich behauptet. Sondern gerade so, den Tod erleidend, hat Gott sich behauptet« (V120). Insofern Gott »an sich eine Verneinung duldet«, schafft er »in seinem Sein Raum [...] für anderes Sein« (V120). In diesem Prozess des Erleidens wird der Tod um seine Macht gebracht. Der Tod wird »verändert«, d. h. »dazu *bestimmt*, ein Gottesphänomen zu *werden*« (V123). Indem Gott da ist, wo der Tod hinkommt, tötet Gott den Tod: Denn Gott hat den Tod aufgenommen »in das Leben, das Gott selber ist« (V123).

Eberhard Jüngel entfaltet in prägnanter Weise eine sich auf das Kreuzesgeschehen konzentrierende Auseinandersetzung mit dem Tod – letztlich unter strikter Absehung von einem Auferstehungsverständnis, das durch das leere Grab informiert ist. Fasst man die Rede vom leeren Grab ins Auge, so wird man jedoch fragen müssen, ob die Auferstehung Jesu »auf keinen Fall« bedeuten kann, »daß der den Tod erleidende Gottessohn den Tod *hinter* sich gelassen habe und wieder ins Leben *zurückgekehrt* sei.«[91] Kann man angesichts des leeren Grabes sagen, dass »der den Tod auf sich nehmende Gott [...] den Tod für immer auf sich genommen« hat? (V123) Während es unbestritten ist, dass es sich bei der Auferweckung um keine Rückkehr handelt, ist bei Jüngel doch zu fragen, ob hier nicht die Gefahr droht, dass die Dynamik und Dramatik zwischen Karfreitag und Ostern stillgestellt wird zugunsten einer Verewigung oder gar Vergöttlichung des Todes, dessen Vernichtung aber im Horizont des Kreuzes allein – unter Absehung der Ereignishaftigkeit der Auferstehung – nicht mehr gedacht werden kann. Hat Jesus den Tod *nicht* hinter sich gelassen und *bleibt* dieser ein Gottesphänomen, so muss gefolgert werden, dass auch die neue Schöpfung vom Tod nicht befreit ist. Zu betonen, dass »das Leben den Tod in sich aufgenommen hat«, lässt offen, was diese Aufnahme für Jesus von Nazareth bedeutet, hält er doch in der trinitarischen Selbstunterscheidung zwischen Vater und Sohn durch den Tod die Differenz zwischen beiden offen. Entspricht, wie Jüngel betont, die Aufnahme des toten Jesus in das Leben Gottes schon der Auferstehung, so wird es fragwürdig, wie die Ostererzählung (Lk 24,5) zu sagen: »Was sucht ihr den Lebenden bei den Toten?« In Jüngels Entwurf müsste der Engel die Aufforderung »Sucht den Toten bei dem Lebendigen« aussprechen, denn letztlich ist es Gott, der die Affizierung mit dem Tod ›überlebt‹. Nicht die qualitativ neue Lebensgabe im Akt der Neuschöpfung ist das Ziel der Auseinandersetzung Gottes mit dem Tod, sondern dies, dass »Gott sich behauptet« (V120). Obwohl der Tod als gegenwärtige Vergangenheit Teil der Geschichte Jesu – und damit *auch* Teil der Geschichte Gottes – bleibt, besteht, so wird man zurückfragen müssen, doch der Kern der Ostererzählungen darin, dass Jesus von Nazareth nicht mehr tot ist, sondern lebt. Dem Satz aus dem vielfach und auch von Jüngel zitierten Osterlied Luthers »wie ein

---

[91] Jüngel argumentiert an dieser Stelle so, als sei die Alternative eine »Wiederkehr des Gleichen«, d. h. ein Kreislauf von Leben und Tod. Ähnlich Jüngel, E., *Tod*, 1971, 141.

Tod den andern fraß ...« steht nicht umsonst der andere voran: »Es war ein
wunderbarer Krieg, da Tod und Leben rungen; das Leben behielt den Sieg, es hat
den Tod verschlungen.«[92] In Jüngels trinitätstheologischer Funktionalisierung
des Todes kann der »Tod des Todes« als Geschehen der Verwandlung des Todes
aber nicht zu einer definitiven Überwindung des Todes führen.

Dass sich im Kreuzesgeschehen Gott mit dem toten Jesus von Nazareth
»identifiziert« hat und »im Tode Jesu die Berührung des Todes« erträgt, ist ohne
Zweifel ein wesentliches Prozessmoment in dem ›Ereignis‹ Jesus von Nazareth.[93]
Gilt allerdings der Satz: »Auferweckung Jesu von den Toten besagt, daß Gott sich
mit diesem toten Menschen identifiziert hat« (G497), so wird die innere Dynamik
von Kreuz und Auferstehung weitgehend abgeblendet. Ist es doch speziell die
Rede vom leeren Grab, die beansprucht zu sagen: Gott identifiziert sich nicht
tatenlos, folgenlos und dauerhaft mit dem Tod, sondern führt den Tod des Todes
herbei.

Inwiefern trägt die Rede vom leeren Grab dazu bei, die göttliche Auseinandersetzung mit dem Tod zu erschließen? Insofern Jesus für andere in den Tod geht
und sein Tod zugleich der Selbstdurchsetzung und vermeintlichen Steigerung der
Kräfte des politischen, kulturellen und religiösen Lebens dient, stellt dieser Tod
eine abgründige, zutiefst ambivalente Radikalisierung der geschöpflichen »Einheit von Leben und Tod zugunsten des Lebens« dar. Schlaglichtartig zeigt er
hierin die Verfassung der sündigen Welt *und* die liebende Hingabe Gottes an. Das
leere Grab lässt die Brechung dieser Radikalisierung, die in Jesu freier Lebenshingabe besteht, nochmals in einem anderen Licht erscheinen. Nicht ein anderes
Leben setzt sich durch den Tod dieses Lebens fort, sondern dieses Leben des Jesus
von Nazareth wird dem Tod entrissen. Damit verhält sich Gott in einer eminent
differenzierenden Weise zum Kreuz: Gott identifiziert sich mit Jesu Lebenshingabe
und verneint doch zugleich dessen Tod, insofern er die Folge der machtvoll-
brutalen Selbstdurchsetzung von Recht, Politik, Religion und *Common Sense* ist.
Am Kreuz identifiziert sich Gott differenziert mit dem Schicksal des Gekreuzigten, um ihn als Folge dieser Differenzierung letztlich vom Tode zu erretten, um
an ihm den sinnlosen Tod verneinend zu überwinden – ohne den Tod Jesu als freie
Lebensgabe abstrakt zu negieren.

Der Tod des Todes macht es aber notwendig, das Dokument des Todes, den
irdischen, toten Leib, mitzuverwandeln. Das volle Grab mit dem verwesenden

---

[92]   Siehe EG 101,4 bzw. EKG 76,4.
[93]   So die Formulierungen in Jüngel, E., *Tod*, 1971, 136 ff. Die Terminologie einer Identifikation Gottes »mit dem gekreuzigten Jesus, seinem Kreuz und seiner Ohnmacht« verwendet auch Moltmann, J., *Der gekreuzigte Gott. Das Kreuz Christi als Grund und Kritik
christlicher Theologie*, 1981, 156.

Leichnam wäre ein sinnenfälliger Beleg des dauerhaften Sieges des Todes.[94] Die Rede vom leeren Grab verweist darum nicht auf die Rückgängigmachung des Todes Jesu, sondern auf eine differenzierende Überwindung der Todesmacht an der Stelle, die den scheinbar lokalen, aber dennoch definitiven Sieg des Todes über dieses Leben dokumentiert: den toten Körper des Gewaltopfers im Sinne eines *victim*. Hier muss, in der mythischen Sprache des Osterliedes, der Tod vom Leben verschlungen werden. Dieses ›Verschlingen‹ der Todesmächte prägt die Identität des vieldimensionalen Lebens des Auferstandenen.

Denkt man für einen Augenblick im alten traditionellen christologischen Modell der Zwei-Naturen-Lehre, so betrifft die Auferweckung ebenso wie das Kreuz die Einheit von göttlicher und menschlicher ›Natur‹ und kann so in dieser Einheit der Anfang der neuen Schöpfung sein. Würde die ›menschliche Natur‹ nicht in das Ereignis der Auferweckung hineingenommen, so müsste das Kreuz als Auflösung bzw. Ende dieser Einheit gedacht werden. Die mit der menschlichen ›Natur‹ verbundene Leiblichkeit des Christus wäre eine transitorische Angelegenheit. Gottes Gang in die menschliche Wirklichkeit würde zur Episode, nicht aber zum Beginn einer dynamischen Entfaltung. So berechtigt das ›religionskritische‹ Anliegen ist, das Kreuz als »paradoxe Korrektur« der menschlichen Erwartungen und Sehnsüchte nach »Heil, nach Ganzheit und Güte, Göttlichkeit, Gemeinschaft und Glück« zu erfassen, so darf es doch nicht zu einem falschen Friedensschluss mit den zerstörerischen und destruktiven Formen der Vergänglichkeit, der leidvollen Endlichkeit, der gewaltsamen ›Victimisierung‹ und des unschuldigen Todes führen.[95] Die Tat der Auferweckung des Gekreuzigten wehrt zugleich einer Bagatellisierung und Funktionalisierung des Todes, denn sie fasst den Tod in seiner Vernetzung mit Gewalt, Unrecht, Krankheit, d.h. als furchtbares Ende und als Gottesferne ins Auge. Sie sieht, dass Leben anderes Leben missbraucht und tötet, d.h. Leben unentrinnbar mit dem Tod vernetzt ist. Dass der Tod Jesus nicht halten kann, macht deutlich, dass das ewige Leben der neuen Schöpfung dieser räuberischen Verflechtung von Leben und Tod ent-

---

[94] Barth insistiert aus diesem Grunde darauf, dass es sich bei der »Gotteserscheinung um die ganze wahrnehmbare Existenz des Menschen Jesus handelte und handeln mußte, darum war auch die ›Natur‹, d.h. Jesu Leib an diesem Ereignis beteiligt.« (Barth, K., *Kirchliche Dogmatik III/2. Die Lehre von der Schöpfung*, 1959, 541) Wäre die ›Natur‹ nicht beteiligt, so würde dies im Rückschluss die Problematisierung der ›gottmenschlichen‹ Identität Jesu nahelegen.

[95] Zu dieser Korrektur siehe Dalferth, Kreuz und Auferweckung, 490, aber auch Jüngel, für den es darauf ankommt, »im Gekreuzigten den menschlichen Gott zu erkennen, der darin gleichermaßen göttlich und menschlich ist, daß er dem Menschen verwehrt, Gott zu werden, und ihn dazu befreit, Mensch und nichts als Mensch zu sein« (Jüngel, E., *Gott als Geheimnis der Welt. Zur Begründung der Theologie des Gekreuzigten im Streit zwischen Theismus und Atheismus*, 1992, 125).

nommen ist. Das Leben der neuen Schöpfung bedarf nicht mehr des tödlichen Zugriffs auf anderes Leben.

e. Das leere Grab als Zeichen der *creatura viatorum*

»Neue Schöpfung ist in Jesu Christi Auferstehung geschehen. Und eben daß sie dort geschehen ist, ist ernst zu nehmen.«[96] Doch welche Dimensionen der ›alten Schöpfung‹ sind in dieses Geschehen eingeschlossen? Viele systematisch-theologische Ausführungen der letzten Jahrzehnte werden vor dem Horizont naturwissenschaftlich geprägter Wirklichkeitsverständnisse und des neuzeitlichen Geschichtsverständnisses und deren Kritik theologischer Erkenntnisansprüche nicht müde hervorzuheben, dass die Auferstehung nicht als ein ›naturhaftes‹ Geschehen, nicht als Mirakel innerhalb der Wirklichkeit dieser Welt zu verstehen sei und darum auch nicht eine Rückkehr in dieses Leben impliziere.[97] Sosehr die entschiedene Zurückweisung mirakelhafter Wiederbelebungsvorstellungen und fragwürdiger frommer Unsterblichkeitsphantasien ihr Recht hat, so sehr steht die Abblendung jeglicher ›naturalen‹ Dimension im Auferstehungsgeschehen (und die damit einhergehende scheinbare Konfliktfreiheit mit den Naturwissenschaften) in der Gefahr, eine Dimension des Auferstehungsgeschehens zu verschütten, die über die Veränderung menschlicher Existenz hinausreicht.[98]

Eine der theologischen Pointen der Rede vom leeren Grab ist, dass das Ereignis der Auferstehung auch in die Tiefen ›naturaler‹ Prozesse reicht und damit

---

[96]   Barth, K., *Kirchliche Dogmatik IV/3. Die Lehre von der Versöhnung*, 1959, 346. Das Geheimnis und Wunder der Erneuerung der Schöpfung, d. h. eines »neuen Himmels und einer neuen Erde« (Apk 21,1; 2Petr 3,13; Jes 65,17; Jes 66,22), wird durch die Auferstehung Jesu in der Osternacht vorweggenommen. So Hengel, M., »Das Begräbnis Jesu bei Paulus«, 119–183, 183.

[97]   Zur Abwehr eines »pseudohistorisch« und »pseudophysikalisch« verstandenen Geschehens vgl. Jüngel, E., »Thesen zur Grundlegung der Christologie«, in: Jüngel, E. (Hg.), *Unterwegs zur Sache. Theologische Bemerkungen*, München: Kaiser 1972, 274–295, 287.

[98]   Der Begriff »Natur« wird im Folgenden mit Anführungsstrichen versehen, da durch die Verzeitlichung der Natur einerseits und die Erkenntnis der ›naturalen‹ Grundlagen von Kultur andererseits die klassischen strikten Distinktionen ›Natur versus Geschichte‹ oder ›Natur versus Kultur‹ fraglich geworden sind. Die Anführungsstriche spiegeln die Einsicht, dass die Grenzen zwischen den Dualen ›Natur und Geschichte‹, ›Natur und Geist‹, ›Natur und Freiheit‹ oder ›Natur und menschliches Selbstverständnis‹ nur als Ebenenunterscheidungen zu ziehen sind. Alle Akte des menschlichen Denkens, der Ausbildung neuer Selbstverständnisse und der Ausbildung von leibgebundener personaler Identität vollziehen sich bei aller relativen Selbständigkeit emergenter Ebenen notwendig auch im Medium physikalischer, biologischer, chemischer und neurophysiologischer Prozesse. Auf sie verweist der Ausdruck ›naturale‹ Prozesse.

eine kosmologische Dimension hat.[99] Das leere Grab zeigt innerhalb des Auferstehungszeugnisses an, dass die in Christus schon vollendete neue Schöpfung
auch die Verwandlung der alten Schöpfung in ihren sogenannten ›natürlichen‹
Prozessen beinhaltet.[100] Damit geht die Dimensionierung der neuen Schöpfung
weit über neue existenzbestimmende Selbstverständnisse und Gefühle wie auch
über menschliche Kommunikationsprozesse hinaus, denn sie entspricht in ihrem
›Umfang‹ – sozusagen spiegelbildlich – der alten Schöpfung in deren ganzer
kosmologischer Weite. Diese kosmologische Dimension bildet den Horizont des
komplexen, zeitlich, sachlich und sozial differenzierten Auferstehungsereignisses. Seine theologische Chiffrierung als ›eschatologisches Handeln Gottes am
toten Jesus‹[101] muss vor dem Hintergrund der Rede vom leeren Grab diese ›naturale‹ Dimension, d. h. den physikalischen Kosmos, mit einschließen können.[102]

---

[99]   Jürgen Moltmann ist einer der wenigen gegenwärtigen westlichen Theologen, die den
kosmischen Zusammenhang zwischen Auferstehung und neuer Schöpfung hervorheben.
Moltmann hat diese gegenüber der »Theologie der Hoffnung« deutlich greifbare Akzentverschiebung wohl unter dem Einfluss ostkirchlich-orthodoxer Theologie und der ökologischen Krise vorgenommen. Siehe Moltmann, J., *Der Weg Jesu Christi. Christologie in messianischen Dimensionen*, 1989, 268–286; Moltmann, J., *Gott in der Schöpfung. Ökologische
Schöpfungslehre*, 1985, 78–82. Trotz vielfältiger und fundamentaler Differenzen zu der hier
zugrunde liegenden theologischen Orientierung bleibt es für die erste Hälfte des 20. Jahrhunderts der Verdienst von Paul Althaus, Walter Künneth und Karl Heim, an dieser kos-
mologischen Dimension beharrlich festgehalten zu haben. Siehe Althaus, P., *Die letzten Dinge.
Lehrbuch der Eschatologie*, Gütersloh: Gütersloher Verlagshaus 1961, 340–365; Künneth, W.,
Theologie der Auferstehung, München: Claudius-Verlag 1951, 140–156 u. 247–251; Heim, K.,
Jesus der Weltvollender. Der Glaube an die Versöhnung und Weltverwandlung, Wuppertal:
Aussaat Verl. 1952, 206–213 und Heim, K., *Weltschöpfung und Weltende*, Hamburg: Furche-
Verlag 1952, 134, 167 f. u. ö.

[100]   Wenn Paulus in 2Kor 5,17 hervorhebt, dass die Glaubenden als Gemeinschaft und als
einzelne ›in Christus‹ schon an der neuen Schöpfung partizipieren – eben weil sie in ihm
schon gegenwärtig ist, obwohl »unser nichtiger Leib noch nicht verwandelt und seinem
verherrlichten Leib gleichgestaltet« ist (Phil 3,21), so schließt er diese ›naturale‹ Dimension
nicht aus, sondern ein.

[101]   Schwöbel, C., »Auferstehung. 2. Dogmatisch«, 924–926, 925.

[102]   Dass sich an dieser Stelle sowohl fruchtbare als auch problematische Spannungen mit
naturwissenschaftlichen Wirklichkeitsverständnissen und insbesondere mit der vielbe-
schworenen »Situation des modernen Menschen« ergeben können, ist zu erwarten. Soweit ich
es sehe, lassen sich diese Spannungen aber nur durch zwei überaus fragwürdige Strategien
vermeiden: 1. Entweder man reduziert die Dimensionierung der Neuschöpfung auf ein neues
Selbstverständnis und die Schaffung des Glaubens und lockert dadurch den Konnex zwischen Schöpfung und Neuschöpfung. 2. Oder aber Schöpfung und Neuschöpfung werden so
angenähert oder gar konfundiert, dass Gottes schöpferisches Handeln abstrakt und totali-
sierend als Dependenzrelation gefasst wird, differenzierte Handlungstypen nicht mehr

In dieser Dimensionierung liegt das systematische Recht, von einer neuen »Schöpfung« zu reden, die auch das Seufzen der Kreatur (Röm 8,18 ff.) aufnimmt und die ernst nimmt, dass die Erneuerung der Schöpfung das menschliche Selbstbewusstsein und Selbstverhältnis einschließt, aber sich bei Weitem nicht darin erschöpft. Ist Christus der Erste der neuen Schöpfung unter Einschluss der Dimension der ganzen Leiblichkeit, so wird mit der Auferstehung aus der gesamten Schöpfung eine *creatura viatorum*.[103] Sicherlich zeigt das leere Grab nur die ›Rückseite‹ dieser Veränderung – der tote Jesus ist nicht mehr hier, unter den Toten – ohne zu demonstrieren, wie und worin im Detail diese Veränderung vor sich geht. Dass das Auferstehungsgeschehen das Grab ›leert‹, zeigt jedoch an, dass die ganze gebrechliche und todverfallene ›Natur‹ in den Prozess der Neuschöpfung hineingenommen wird.[104] In ihrem diakonischen und ökologischen Handeln wendet sich die *ecclesia viatorum* darum dem beschädigten, kranken und vom Tod gezeichneten Leben zu. Hierdurch nimmt sie einerseits das »Seufzen der Schöpfung« wahr und richtet andererseits »Gleichnisse der neuen Schöpfung mitten in Alltäglichkeiten dieser erschöpften Welt« auf.[105]

---

aussagbar sind und somit eine spezifisch kosmologische Dimension schon im Schöpfungshandeln »am Anfang« ausgefällt wird. So pointiert Dalferth, I. U., »Kreuz und Auferweckung. Das Wort vom Kreuz«, 38–84, 58 f., für den »Gottes Handeln [...] wesentlich und nicht nur in einer Hinsicht ein creare ex nihilo« ist. Gegen eine solche Konzeption gibt Jon D. Levenson zu bedenken: »The image of God's creating out of nothing leads rather easily to a conception of God as against nothing: there is nothing he is against« (Levenson, J. D., *Creation and the persistence of evil. The Jewish drama of divine omnipotence*, Princeton, N.J.: Princeton University Press 1994, XXV).

[103] An dieser Stelle muss zumindest die Frage aufgeworfen werden, ob die Gleichnisse der neuen Schöpfung bzw. die partikularen Realisierungen in der Zeit der »Gleichzeitigkeit des Ungleichzeitigen« nicht auch bis in die Dimensionen biologischer Prozesse hineinreichen. Zur differenzierten Erschließung der Gegenwärtigkeit und Zukünftigkeit dieser Dimension müsste nicht nur die Motivgeschichte des »eschatologischen Tierfriedens« wie auch die neutestamentlichen Heilungsgeschichten untersucht werden, sondern auch das Gespräch mit den Naturwissenschaften gesucht werden. Die Frage wäre hierbei, ob den theologisch beschreibbaren Differenzen zwischen den Prozessen der bewahrten und gesegneten ›alten Schöpfung‹ und der ›neuen Schöpfung‹ analoge Differenzen in sogenannten natürlichen Prozessen entsprechen.

[104] Hierin ist der natürliche Kosmos nicht mehr nur »Schauplatz der großen Gnaden- und Heilstaten Gottes« (Barth, K., *Kirchliche Dogmatik III/3. Die Lehre von der Schöpfung*, 1950, 55), sondern selbst schon hineingenommen in das Drama der Versöhnung und Erlösung. Vgl. Moltmann, J., *Gott in der Schöpfung. Ökologische Schöpfungslehre*, 1985, 75, der hier zu Recht I. Barbours Frage an Barth »But does not nature participate in a more direct way – is it not, in fact, part of the drama?« anführt.

[105] Moltmann, J., *Der Weg Jesu Christi. Christologie in messianischen Dimensionen*, 1989, 119. Anerkennt man die Brüchigkeit der alten Schöpfung und eine permanente bedrohliche

5. Das leere Grab – das literarische Zeugnis und das historische Faktum

Am Ende dieser Überlegungen zum Zeichencharakter der Rede vom leeren Grab ist nochmals die Frage nach dem sogenannten »historischen Faktum« des leeren Grabes aufzuwerfen. Wäre es denkbar, dass das leere Grab nur in der *Rede* vom leeren Grab existiert, d. h. *nur* ein literarisches Zeichen im Diskurs ist, das nicht auch auf ein »leeres Grab« außerhalb der »Rede vom leeren Grab« verweist, d. h. nur intra- und intertextuelle Verweise kennt? Könnte es sein, dass diese Rede nur eine Aussage über die Vollmacht und Zukunft Jesu Christi und Gottes schöpferische und neuschöpferische Macht ist, eine dichte Chiffre oder eben eine kreative Metapher, die in verschiedene Aussagekontexte hinein entfaltet wird? Ist die Rede vom leeren Grab eine Interpretation des Auferstehungsereignisses, der kein ›reales‹ leeres Grab zu korrespondieren braucht? Ist das leere Grab in dieser Rede ein innertextuelles Symbol, dessen Bedeutung entfaltet zu werden verdient, bei dem aber die Suche nach einer Korrespondenz in der ›extratextuellen Welt‹ einem Kategorienfehler gleichkommen würde, weil es sich hier eben um eine ›Karte‹, nicht aber um ein ›Territorium‹ handelt?[106] Auf diese Fragen kann eine historische und eine systematisch-theologische Antwort gegeben werden.

1. In einer *historischen* Betrachtungsweise erscheint es, wie schon vielfach bedacht wurde, wenig wahrscheinlich, dass sich die Botschaft vom leeren Grab in Jerusalem hätte halten können, wenn der einfache Gang zu Jesu Grab (auch Jahrzehnte später) grundsätzlich eines anderen belehrt hätte.[107] Man könnte sogar sagen, dass gegenüber einer Entrückung oder einer Vision die Behauptung eines leeren Grabes eine äußerst risikoreiche Behauptung ist, da sie Nachprüfungen und gegenläufige Interpretationen geradezu provoziert. Sie war für die Verbreitung der Botschaft der Jesusbewegung ideenpolitisch äußerst ›unökonomisch‹ und drohte offensichtlich ›kontraproduktiv‹ zu

---

Gegenwart des Chaotischen und Lebensabträglichen auch in der sogenannten Natur, so offenbart sich eine fragwürdige theologische Vereinseitigung in der Rede von der »Bewahrung der Schöpfung«. Eine Zurückweisung zerstörerischer Eingriffe des Menschen darf den Blick nicht für Selbstzerstörungen in der ›Natur‹ verdecken, die u. a. durch Krankheiten wie Krebs oder Autoimmunerkrankungen unübersehbar vor Augen geführt werden.

[106] Zum Problem der Verwechslung von Karte und Territorium siehe Bateson, G., *Ökologie des Geistes. Anthropologische, psychologische, biologische und epistemologische Perspektiven*, Frankfurt a.M.: Suhrkamp 1981, insbes. 241–261; theologisch instruktive religionsgeschichtliche Studien bietet Smith, J. Z. (Hg.), *Map is not territory. Studies in the history of religions*, Chicago u. a.: Univ. of Chicago Press 1993.

[107] Für eine Abwägung der historischen Gründe zugunsten des leeren Grabes siehe Theissen, G. / Merz, A., *Der historische Jesus. Ein Lehrbuch*, 1996, 435–439.

wirken.[108] Nicht zuletzt dürfte der Umstand, dass das leere Grab schon im Neuen Testament durchgehend *nicht* als Beweis stilisiert wird, sondern schon dort mehr Fragen aufwirft als ›empirische Belege‹ zu liefern, dafür sprechen, dass es sich hier um eine Rede handelt, die nicht ohne ernst zu nehmenden historischen Anhalt ist.[109]

2. Für den *systematisch-theologischen* Diskurs gilt zweifellos, dass aus einer theologischen Einsicht kein ›historisches‹ Faktum erschlossen werden kann. Gleichwohl kann ein theologisch informiertes Wirklichkeitsverständnis einen neuen und veränderten Möglichkeitshorizont für Ereignisse eröffnen. Wenn sich nun in der Einheit von Kreuz und Auferstehung Gottes unüberbietbarer Wille zur Befreiung des Sünders, zur dauerhaften Gemeinschaft mit diesem, zur Überwindung des Todes und zur neuen Schöpfung dokumentiert, so kann auch für Jesus von Nazareth der Tod nicht das letzte Wort haben. Wenn die *Rede* vom leeren Grab *wahr* sein sollte und sich Gottes neuschöpferisches Handeln differenziert mit dem Tod dieses Jesus von Nazareth auseinandersetzt, so muss die Theologie *notwendig* mit der *realen Möglichkeit* rechnen, dass das Grab leer war – und zwar nicht aus ›irgendwelchen‹ Gründen, sondern weil Gott in Jesus von Nazareth in der Welt *an* der Welt handelt und der Beginn der Neuschöpfung der Welt *in* dieser Welt eine Spur hinterlassen hat. Am leeren Grab kann mit Recht gesagt werden: »Er ist nicht hier«, denn Gott hat »die Erde nicht preisgegeben, sondern sich zurückerobert.«[110]

---

[108] Christian Dietzfelbinger sieht in dieser Offenheit für »böswillige und skeptische Mißdeutungen des leeren Grabes« den Grund dafür, dass man sich »hütete [...] die Tradition vom leeren Grab zur Basis für die Osterverkündigung der Kirche werden zu lassen.« Hierin sieht er »das weitgehende Schweigen des Neuen Testaments über das leere Grab [...] begründet« (Dietzfelbinger, C., *Johanneischer Osterglaube*, Zürich: Theol. Verl. 1992, 16).

[109] In diesem Zusammenhang kann das Fehlen eines Grabkultus nicht als Gegenargument gelten, da ein solcher Grabkult zugleich ein theologisches Missverstehen der Osterbotschaft implizieren müsste.

[110] Bonhoeffer, D., »Betrachtung zu Ostern. Auferstehung«, 471–474, 472.

VIII. Das Konzept von Gottes schöpferischer Neuzuwendung und seine Konsequenzen für das Geflecht theologischer Themen

Die folgenden Überlegungen möchten auf eine offene Baustelle führen oder, anders formuliert, in eine noch unabgeschlossene, eher experimentelle theologische Denkbewegung mitnehmen. In einem ersten Schritt werden idealtypisch formulierte Modelle der Zuordnung von Schöpfung und Neuer Schöpfung skizziert. Sie waren das Ergebnis und die hermeneutische These anderorts durchgeführter Studien zum Thema »Neue Schöpfung«.[1] Zielpunkt dieses Abschnitts wird die Konturierung des aus verschiedenen Gründen leistungsfähigsten Modells der *transformativen Rettung* sein. In einem zweiten Schritt werden knapp und mit breiten Pinselstrichen mehrere theologische Themenfelder benannt, auf die auf der Basis dieser Option in der Eschatologie ein substantieller Veränderungsdruck ausgeübt wird. Welche theologischen Themenkomplexe erfahren aufgrund dieser Umstellung in der Eschatologie eine Variation oder eine Umakzentuierung? Ist die Eschatologie in vielen Theologien sozusagen der Abschluss, so wird hier der umgekehrte Versuch unternommen, von den Umbauten der Eschatologie aus sozusagen rückwärts theologische Themenfelder zu konturieren und zu strukturieren.

Das Modell der transformativen Rettung im Feld der Eschatologie nimmt nicht nur faktisch Impulse aus apokalyptischen Traditionen auf, sondern entspricht ganz elementar Gottes Lebendigkeit. Es entfaltet im großen Rahmen der christlichen Hoffnung und in einem radikal gesteigerten Maße das für die biblischen Traditionen wesentliche Motiv der sogenannten »Rückbezüglichkeit« von Gottes Handeln. Die grundlegend förderliche, ermöglichende, aber auch bewertende und korrektive Begleitung der Welt durch Gott ist Teil von Gottes

---

[1]   Die folgenden Ausführungen nehmen Überlegungen aus Thomas, G., *Neue Schöpfung. Theologische Untersuchungen zum ›Leben der kommenden Welt‹*, 2009, und Thomas, G., »Gottes schöpferische Gerechtigkeit«, in: Heß / Leiner (Hgg.), *Alles in allem. Eschatologische Anstöße. J. Christine Janowski zum 60. Geburtstag*, Neukirchen-Vluyn: Neukirchener Verlag 2005, 109–132 auf.

responsorischem Handeln, das Neues wagt, um das Alte zu retten. Die transformative Rettung offenbart so Gottes Treue *und* Wandelbarkeit.

1. Modellkonstellationen der Zuordnung von Schöpfung und Neuer Schöpfung – Restitution, Substitution und Transformation

Innerhalb der dogmatischen Eschatologie gibt es leitende Modelle in der Entfaltung der Eschatologie und insbesondere der Sache der Neuen Schöpfung. Die hier verfolgte These ist, dass einige wenige Modellkonstellationen die Ausarbeitung der theologischen Entwürfe steuern bzw. diese Modelle in der Entfaltung der Theologien rekursiv verfestigt werden.[2] Sie können auch hochgradig inexplizit und latent wirksam sein. Darum wird in einer selbstkritischen hermeneutischen Selbstbeobachtung stets sichtbar, dass in der Rekonstruktion solcher leitenden Modelle eine »Logik der Entdeckung« mit einer »Logik der Erfindung« unseparierbar verwoben ist. Vor allem latent wirksame Modelle sind ja nur deshalb latent, weil sie nur der Beobachter sieht.

Innerhalb eines Entwurfs vernetzt ein Modell die theologischen Aussagezusammenhänge großräumig und führt zu rekursiven Verfestigungen. Die in einer Dogmatik rekursiv erzeugten Eigenwerte, von denen als evident ausgegangen wird, stehen zumeist in einem engen Zusammenhang mit dem leitenden Modell. Teil seiner faktischen Orientierungskraft ist, dass es auch in herme-

---

[2]   Der Modellbegriff hat in der wissenschaftstheoretischen Diskussion der 1970er Jahre eine große Rolle gespielt. Modelle fungieren als dynamische Relationierungsmuster, die sowohl kreativ und schöpferisch wirken als auch operationalisierbar und übertragbar sein müssen. Vgl. Hesse, M. B., *Models and analogies in science*, New York: Sheed & Ward 1963; Hesse, M. B., »Models and Analogies in Science«, in: Edwards (Hg.), *The Encyclopedia of Philosophy. Bd. 5*, New York: Macmillan 1967, Bd. 5, 354–359; Black, M., *Models and metaphors. Studies in language and philosophy*, Ithaca, N.Y.: Cornell University Press 1962, Kap. 3 u. bes. Kap. 13, 219–243. Siehe auch Leatherdale, W. H., *The role of analogy, model and metaphor in sciene*, Amsterdam: North Holland 1974. Für eine instruktive Diskussion der verschiedenen Vorstellungen und Funktionen von Modellen siehe Barbour, I. G., *Myths, models, and paradigms. A comparative study in science and religion*, New York: Harper & Row 1974, 29–91; Barbour, I. G., *Religion in an age of science*, San Francisco: Harper & Row 1990, Vol. 1, 31–50. Für die neuere Diskussion im deutschsprachigen Raum vgl. die Beiträge der Zeitschrift Dialektik 1993/1 zu »Modellfunktionen der Philosophie« und 1997/1 zu »Modelldenken in den Wissenschaften«. Zur aktuellen modelltheoretischen Diskussion im Überschneidungsbereich von Kultur- und Naturwissenschaften vgl. Balke, F. / Siegert, B. / Vogl, J. (Hgg.), *Modelle und Modellierung*, 2014; und v. a. Thalheim, B. / Nissen, I. (Hgg.), *Wissenschaft und Kunst der Modellierung. Kieler Zugang zur Definition, Nutzung und Zukunft*, 2015.

neutischer Hinsicht selektiv *und* erschließend wirkt. Es erzeugt, systemtheoretisch formuliert, unvermeidlich gleichzeitig Blindheit und Sicht – etwas, was zumeist wiederum nur ein Beobachter sieht oder eine Selbstbeobachtung erkennen lässt, die in ihrer Sicht selbst wieder von Blindheit und Sicht geprägt ist. In dieser Problematik ist also auch derjenige, der eine theologiegeschichtliche oder zeitgenössische Position rekonstruiert, in keiner privilegierten Position. Er sieht nicht besser, sondern nur anderes. Das beobachtete Modell vernetzt nicht nur großräumig, sondern wird, zumindest in Entwürfen mit hoher Systematizität, auch im Kleinräumigen repliziert.

Die folgenden Überlegungen gehen nun speziell in Sachen Neuschöpfung von Himmel und Erde mit Blick auf die christliche Theologie von drei idealtypischen Grundmodellen aus, die alle drei nochmals auf zwei Weisen variiert bzw. mit einer weiteren Unterscheidung gekreuzt werden können.[3]

	Restitution	**Substitution**	**Transformation**
Vollendend			
Rettend			

Die drei Modelle Restitution, Substitution und Transformation unterscheiden sich markant in der Gestaltung und Bewertung des Übergangs zwischen ›Schöpfung‹ und ›Neuschöpfung‹, zwischen Altem und Neuem.

Im Modell der *Restitution* wird ein veränderter Zustand wiederhergestellt. Dies kann, aber muss nicht eine Rückkehr zum Ursprung sein, da das Dazwischenliegende, das die Restitution nötig machte, ja integriert werden kann. Trotzdem geht es wesentlich um die Heilung eines Bruches, um die Rückkehr zu einem Ursprung, um die Restitution einer gebrochenen Beziehung etc. Es geht stets um eine rettende Restitution, die ein Verlorenes zurückzubringen versucht, ohne das intrinsische Ziel einer weiterentwickelnden Vollendung.

Der Grundgedanke im Modell der *Substitution* ist der einer Ersetzung eines Ersten durch ein Zweites. Was durch die Substitution substituiert wird, wird abgelöst. Dieses Modell impliziert daher eine grundlegende Diskontinuität, die durch die Abstoßung des Ersten zustande kommt. Von dem Modell der Restitution unterscheidet es sich dadurch, dass das Ziel nicht zum Anfang zurückführt, sondern in der Tat zu einem anderen, klar unterschiedenen »Ort«.

Die *Transformation* teilt mit der Substitution den Akzent auf der zweiten Stelle, die nicht wie bei der Restitution eine Rückkehr ist. Im Gegensatz zur Substitution wird jedoch am Übergang von der ersten zur zweiten Stelle keine

---

[3] Auf die dogmengeschichtlichen Belege muss an dieser Stelle verzichtet werden. Für die hier zugrunde gelegten Analysen siehe Thomas, G., *Neue Schöpfung. Theologische Untersuchungen zum ›Leben der kommenden Welt‹*, 2009.

Abstoßung gedacht, sondern eine mehr oder weniger bruchlose, mehr oder weniger diskontinuierliche Transformation. Darin, dass nichts als erübrigt abgestoßen wird, stimmt die Transformation mit der Restitution überein. Diese Transformation kann nun entweder als Einheit eines nicht irritierbaren Prozesses gedacht werden: dann ist von einer vollendenden Transformation zu sprechen. Der Prozess kann aber, indem er auf die Diskontinuitätserfahrung der Rettung eingeht, auch responsorischen Charakter haben.

Die Aspekte des Vollendenden oder des Rettenden unterscheiden sich darin, dass im Modus der *Vollendung* die »zweite« Position als »schon immer« in sachlicher, zeitlicher oder sozialer Hinsicht geplant, ins Auge gefasst, angestrebt oder in der Dynamik einer Entwicklung immanent gedacht wird. Die Vollendung ist gegenüber dem Ursprung letztlich kein Zweites oder ein Neues. Im Fall der *Rettung* ist die zweite Position als kontingent zu bestimmen, eben von der Rettungsnotwendigkeit oder der Rettungsfähigkeit abhängig. Hinsichtlich des zu erreichenden Zieles kann die Rettung der Vollendung gleichen, aber die Bewegung dorthin unterscheidet sich in ihrem Charakter der überwiegenden Kontinuität oder Diskontinuität. Die Rettung wird immer ein Moment des Zweiten, des Neuen und letztlich auch des Disruptiven haben.

Selbstverständlich können die verschiedenen Modelle auch in gewissen Mischungsverhältnissen auftreten. Bedenkt man, dass die Schöpfungsmotive wie auch die Neuschöpfungsmotive der Hebräischen Bibel sich entweder auf den Kosmos, den Menschen oder auf Israel beziehen können, so ist erwartbar, dass hinsichtlich dieser ›Gegenstände‹ der Schöpfung und des Aufkommens der Neuschöpfung charakteristische Modellungleichzeitigkeiten auftreten können: So kann beispielsweise aufgrund einer zunehmenden Einsicht in die Unheilsverfangenheit des Menschen mit Blick auf diesen disruptiv und diskontinuierlich von einem Neu-Geboren-Werden und zugleich von einem wachstumsähnlichen Veränderungsprozess mit Blick auf die kosmologische Dimension ausgegangen werden. Ganz entsprechend können Neuschöpfungsvorstellungen sich rechtfertigungs- oder heiligungstheologisch, ekklesiologisch oder stärker kosmologisch artikulieren.

Eine knappe Bemerkung verdient noch ein spezifischer Aspekt der Rede von der Neuschöpfung von Himmel und Erde. Biblisch-theologisch informiert ist von einem Übergang von der ›Welt‹ in die ›zukünftige Welt‹ auszugehen, wobei ›Welt‹ in beiden Fällen die geschöpfliche *Einheit der Unterscheidung von Himmel und Erde* ist. Unter dem gemeinsamen Einfluss einer einsetzenden Divinisierung des Himmels und des Neuplatonismus wurde dieser Übergang mit großen ideen-, kultur- und theologiegeschichtlichen Folgen umgebaut und in seiner Komplexität reduktionistisch reduziert zum Übergang von der Erde zum Himmel. Doch die Christen hoffen auf eine neue Erde und einen neuen Himmel.

2. Die eschatologische Neuzuwendung Gottes als rettende Transformation – eine Problemskizze

Innerhalb der drei knapp umrissenen Grundmodelle entspricht m. E. das der *rettenden Transformation* am ehesten dem Verlauf des innerkanonischen Gesprächs wie auch speziell der im Christusereignis offenbar gewordenen Intentionen Gottes. Nur im Rahmen dieses Modells – so die hier vertretene These – lässt sich die christliche Hoffnung auf eine Neuschöpfung von Himmel und Erde angemessen entfalten und artikulieren. Insbesondere der Aspekt der ›Neuzuwendung‹, d. h. der einer ›Reaktion‹ Gottes, wirft dabei allerdings theologisch weitreichende Probleme auf.

Wenn Gott sich dieser Schöpfung noch einmal rettend zuwendet, korrigiert Gott dann sich selbst? Greift Gott im Zuge der Vollendung responsorisch-rettend und verwandelnd in die Geschichten physischen Leidens, in die ›natürlichen‹ Devianzen der Evolution und beispielsweise in die massiv lebensbeeinträchtigenden Folgen von Krankheit ein?

Zur Illustration dieser Frage möchte ich auf zwei divergierende Berichte über dasselbe Gespräch verweisen, das interessanterweise in zwei verschiedenen Quellen überliefert ist. Antipode und zugleich Freund Barths war in dieser Sache Heinrich Vogel, der selbst eine schwer behinderte und gelähmte Tochter hatte. Als Barth wieder einmal in Berlin Gast in Vogels Haus war, soll er, so Vogel, in einer Diskussion über das neue eschatologische Sein auf seine, d. h. Vogels Aussage »Sie wird laufen!«, eine Verwandlung annehmend, bestätigend geantwortet haben: »Ja, sie wird laufen!«.[4] In Barths eigenem Bericht gegenüber Eberhard Busch will Barth in der Erinnerung an das Gespräch über die völlige Neuschöpfung dort gefragt (sic!) haben: »Sie wird laufen?« und hinzugefügt haben: »Ist es nicht eine viel schönere und kräftigere Hoffnung, daß dort das offenbar wird, was wir jetzt so gar nicht verstehen – nämlich daß dieses Leben nicht vergeblich war, weil Gott nicht umsonst zu ihm gesprochen hat: Gerade dich habe ich lieb!?«[5] Nach Buschs Auskunft hätte für Barth Heinrich Vogels Aussage »Sie wird laufen!« so geklungen, »als habe Gott in diesem Fall einen Fehler gemacht, den er dann dort eingestehen und korrigieren müsse«.[6] In Barths Reaktion wird zweierlei deutlich: Die eschatologische Vollendung ist nicht als verwandelte Schöpfung, sondern als neue Perspektive auf das Gewesene, eben hermeneutisch-revelatorisch als ein neues Verstehen zu denken. Der Grund für seine Zurückweisung einer schöpferischen Neuschöpfung liegt letztlich in der Vorstellung eines allmächtigen

---

[4] Vogel, H., *Freundschaft mit Karl Barth. Ein Porträt in Anekdoten*, Zürich: Theologischer Verlag Zürich 1973, 60. Diesen Hinweis verdanke ich Gregor Etzelmüller.

[5] Busch, E., *Glaubensheiterkeit. Karl Barth, Erfahrungen und Begegnungen*, Neukirchen-Vluyn: Neukirchener Verlag 1987, 92 f.

[6] Ebd.

Gottes und dessen unbegrenztem providentiellen Handeln begründet. Jegliches neuschöpferische Handeln an dem Gewesenen erschiene unter der Voraussetzung, dass sich schon in der Krankheit der Tochter unüberbietbar der gute Wille Gottes manifestiert – wie Barth selbst formuliert – als Eingeständnis eines Fehlers.

An dieser interessanten Anekdote mit Doppelüberlieferung zeigt sich, dass eine realistische Rede von der eschatologischen Neuschöpfung in fast aporetische Spannungslagen mit einer generalisierenden Rede von der Güte der Schöpfung führt: Entweder wird Gottes neuschöpferisches Handeln akzentuiert, aber als Folge dieser Betonung ›verschattet‹ die Verheißung des Neuen das Alte in einer Weise, dass die Güte von Gottes Schöpfung systematisch verdunkelt zu werden droht. Oder aber es wird das Gut-Sein der Schöpfung in einer Weise prinzipialisiert, dass jede Hoffnung auf eine eschatologische Vollendung schlichtweg überflüssig ist und alles, was zu erhoffen ist, eine Apokalypse im strikten Sinne des Wortes ist: Eine Aufdeckung und Aufklärung über den schon immer manifesten und guten Sinn des Gewesenen. Entweder wird die Hoffnung auf eine eschatologische Neuschöpfung der Güte der Schöpfung und der allmächtigen Allwirksamkeit Gottes geopfert oder umgekehrt die Schöpfungsgüte der Hoffnung und die Vorstellung von Gottes allmächtigem Wirken der Neuschöpfung von Himmel und Erde. Dies lässt an eine luzide Beobachtung des jüdischen Religionsphilosophen Jacob Taubes erinnern, der feststellt:»Der Faden zwischen Schöpfung und Erlösung ist ein ganz dünner. Ein ganz, ganz dünner. Und er kann reißen. Und das ist Marcion. Da ist der Faden gerissen.«[7] Diese Beobachtung Jacob Taubes' verweist auf das Alternativmodell, auf das die frühe katholische Kirche mit aller Macht reagiert hat. Im Denken Marcions wird die Schöpfung auf eine Weise in ihrer Güte problematisiert, dass der Vater Jesu Christi nicht mehr der Schöpfer des Himmels und der Erde sein kann. Marcion vertiefte die Dualität von Alt und Neu zu einem Dualismus, in dem die Schöpfung durch die Erlösung nicht vollendet oder erneuert, sondern im Grunde abgestoßen wird.[8] Gottes differenzierendes Handeln an und mit der Schöpfung wurde so auf einen Kampf verschiedener Götter zurückgerechnet.[9]

---

[7]   Taubes, J., *Die politische Theologie des Paulus*, München: Wilhelm Fink 1993, 93. Zu Taubes' apokalyptischem Denken siehe die Beiträge in Faber, R. / Goodman-Thau, E. / Macho, T. (Hgg.), *Abendländische Eschatologie. Ad Jacob Taubes*, 2001.

[8]   Dass die marcionitische Kirche von ihren Anhängern absolute Ehelosigkeit verlangte, ist unter diesem Gesichtspunkt konsequent. Siehe May, G., »Markion/Markioniten«, in: Betz / Browning / Janowski / Jüngel (Hgg.), *Religion in Geschichte und Gegenwart. Bd. 5, 4. Aufl.*, Tübingen: Mohr Siebeck 2002, 834–836.

[9]   Zu Marcion knapp Markschies, C., *Die Gnosis*, München: C.H. Beck 2001, 86–89. Zur neueren Diskussion um Marcion siehe die schon erwähnten Beiträge in May, G. / Greschat, K. / Meiser, M. (Hgg.), *Marcion und seine kirchengeschichtliche Wirkung*, Berlin / New York:

Vertrat Marcion letztlich eine Variante des Modells der *rettenden Substitution*, so manifestiert sich in der Reaktion der katholischen Kirche das Modell einer *rettenden Restitution:* »Paradise, paradise lost, paradise regained«. Die Schöpfungsgüte ist nur durch die Sünde verdunkelt. »When the universal church excluded Marcion as a heretic, it lost for itself the category of the new [...] Since then God's revelation has no longer been proclaimed in terms of the new and of freedom for the future, but with the authority of what is old and always true. No longer is the *incipit vita nova* announced, but a *restitutio in integrum*, not the beginning of new life but the restitution of the old in its integrity. The lost paradise, of which even the sinner still has a fragmentary memory, is won back through Christ and the church. The original relation between creation and Creator is restored in grace. The old naturalistic notion of die Wiederkehr des Gleichen, the return of what was, dominates Christian hope« – so die pointierte These Jürgen Moltmanns.[10] Offensichtlich führt die Überakzentuierung der Güte der Schöpfung und der providentiellen Fürsorge Gottes zu einem systematischen Rückgang der Hoffnung für diese Schöpfung, zu einem Versiegen der apokalyptischen Hoffnung, ja zu einem systematischen Ausschluss einer Neuschöpfung von Himmel und Erde. Sie führt weithin zu einer Reduktion der Übel auf, in der terminologischen Differenzierung von Leibniz gesprochen, moralische Übel und hierin zu einem unangemessenen Abdrängen der Theodizeeproblematik?[11]

Walter de Gruyter 2002. Zu Erwägungen dazu, ob größere gnostische Systeme letztlich von dem gespaltenen Gottesbild Marcions abhängen und ob man »den Valentinianismus als Bundesgenossen im Kampf gegen die zwei Götter Marcions« begreifen muss, siehe Markschies, C., »Die valentinische Gnosis und Marcion. Einige neue Perspektiven«, in: May / Greschat (Hgg.), *Marcion und seine kirchengeschichtliche Wirkung*, Berlin / New York: Walter de Gruyter 2002, 159–175, hier 173. Zum Verhältnis der beiden Götter Marcions siehe Aland, B., »Sünde und Erlösung bei Marcion und die Konsequenz für die sog. beiden Götter Marcions«, in: May / Greschat (Hgg.), *Marcion und seine kirchengeschichtliche Wirkung*, Berlin / New York: Walter de Gruyter 2002, 147–157. Aland betont jedoch, dass es Marcion nicht primär um den Kosmos, sondern »um die Gewalt des Bösen« gehe, »dessen Tiefe erst von der Errettung her zu ermessen ist« (a.a.O., 156).

[10] Moltmann, J., »›Behold, I make all things new‹. The category of the new in Christian thought«, in: Muckenhirn (Hg.), *The future als the presence of shared hope*, New York: Sheed & Ward 1968, 9–33, 22.

[11] Diese Problematik übergreift theologische Strömungen. Zwei Beispiele aus der eher liberalen Moderne: Als Beleg mit einer »starken« Schöpfungstheologie, rückgebunden an das Gottesprädikat der Allmacht, verstanden als schlechthinnige Ursächlichkeit siehe Schleiermacher, F., *Der christliche Glaube. Nach den Grundsätzen der Evangelischen Kirche im Zusammenhange dargestellt. Bd. 1*, 1960, §§75–78; als Beleg für eine »starke« Providenz Harnack, A. v., *Das Wesen des Christentums. Sechzehn Vorlesungen vor Studierenden aller Facultäten im Wintersemester 1899/1900 an der Universität Berlin gehalten*, Leipzig: J.C. Hinrichs 1900, 4. Vorlesung; als »Unmittelbarkeitsglaube« Troeltsch, E., *Glaubenslehre. Nach*

Die von Jürgen Moltmann beobachteten Verschiebungen führen selbstverständlich nicht notwendig zum Ausfall jeglicher futurischen Eschatologie, aber doch zum Zurücktreten derjenigen Traditionen, die, über die Totenauferweckung und das Gericht hinausgehend, anthropologisch wie kosmologisch auf eine Neuschöpfung von Himmel und Erde setzen. Nochmals zugespitzt formuliert: Leibniz' Vorstellung, diese Welt sei die beste aller möglichen Welten, erfordert eine Verflüssigung durch Temporalisierung: Die Verheißung eines neuen Himmels und einer neuen Erde eröffnet einen Hoffnungshorizont, der diese Welt in einem sehr spezifischen Sinne zur zweitbesten macht – und wer wollte Gott das Recht zur Überbietung des Geschaffenen bestreiten? Der Mensch braucht nicht zu glorifizieren, was Gott selbst zu verherrlichen verheißen hat.

Zu oft hat die Theologie eine abstrakte Behauptung der Güte der Schöpfung vollzogen, die sie durch die Pflege einer massiven Jenseitshoffnung selbst widerlegte, einer Hoffnung, die, weil sie auf ein himmlisches Jenseits hofft, nichts für diese Welt hofft. Nur wenn die Theologie die Geschöpflichkeit der verheißenen Neuschöpfung ernst nimmt und in diesem Sinne eine realistische Eschatologie anstrebt, kann sie sowohl einem religiösen Eskapismus, der nur auf den Himmel setzt, als auch einem stoisch-religiösen Fatalismus, der für die vergangenen Opfer und Leidenden nichts mehr als Aufklärung erhofft, begegnen. Der Güte der Schöpfung die Schöpfungsqualität der eschatologischen Ereignisse zu opfern, wurde – von wenigen Ausnahmen, die für eine *renovatio mundi* plädieren, abgesehen – das Grundmuster der westlichen Theologie. Diese problematische Ausrichtung hat nicht ausgeschlossen, den theologischen Topos der Neuschöpfung von Himmel und Erde in einer relativen Unbestimmtheit mitzuführen, hat aber doch dazu geführt, dass dieses letzte Stück der Dogmatik nicht angemessen mit den anderen theologischen Themenfeldern vernetzt wurde oder gar diese einer ›eschatologischen Relektüre‹ und Korrektur unterzogen wurden.[12]

Heidelberger Vorlesungen aus den Jahren 1911 und 1912, München: Duncker Humblot 1925, 267 u. 270. Die Spur reicht bis in die späte Theologie Dietrich Bonhoeffers mit ihrer besonderen Providenz- und Geborgenheitstheologie.

[12]   Ohne Zweifel dominiert von Irenäus, über Augustin und Thomas v. Aquin terminologisch der Gedanke der Verwandlung – ohne dass wirklich ein systematischer Ertrag für andere Sachthemen sichtbar wird oder die Implikationen der eschatologischen Verwandlung für diese Welt hinreichend entfaltet werden. Für die Nachweise der patristischen Theologen siehe Gerhard, J., *Ioannis Gerhardi loci theologici, cum pro adstruenda veritate, tum pro destruenda quorumvis contradicentium falsitate, per theses nervose, solide et copiose explicati*, Berlin: Schlawitz 1875, IX, 155–157, für die lutherischen Theologen einer Verwandlung wie Johannes Brenz, Philipp Nicolai und Andreas Althamer siehe Gerhard, a.a.O., 157. Belege zu den reformierten Vertretern einer Verwandlung (Johann Heinrich Bullinger, Johann Heinrich Alsted, Johannes Wolleb und Johann Heinrich Heidegger) siehe Schweizer, A., *Die Glaubenslehre der Evangelisch-Reformirten Kirche dargestellt und aus den Quellen belegt. Bd. 2,*

Ein genauerer und geduldiger Blick auf die Alternativen, die durch Marcion und die katholische Reaktion auf ihn aufgespannt werden, offenbart jedoch, dass Marcion und seine Überwinder in gewisser Weise aneinander gekettet bleiben. Während Marcion die Abstoßung der Schöpfung in radikaler Weise hier und jetzt vollzieht, praktizieren dies seine Gegner zeitverzögert, insofern das Eschaton als von Zeit und Geschöpflichkeit befreit, als Aufhebung und nicht als Verwandlung gedacht wird. Denn die Restitution der Schöpfung verhindert nicht ihre letztendlich zu vollziehende Abstoßung. Während Marcion radikal für eine schöpfungsfreie Erlösung plädiert, streben seine Überwinder in der sich dann verfestigenden augustinischen Tradition ein »schöpfungsfreies« Eschaton an, das in entsprechender Form schon vorweggenommen wird.[13] Gottes Treue zu seiner Schöpfung wird entweder radikal abgeschnitten oder zeitlich befristet. Ob eine Abwertung des Geschöpflichen durch diese Befristung letztlich vermieden werden kann, darf bezweifelt werden.

Beide, Marcion und seine Überwinder, kommen darin letztlich an drei Punkten überein: a) Es gibt nur eine Schöpfung, wenngleich sie aktual unterschiedlich bewertet wird. b) Schöpfung ist letztlich ohne einen futurisch-eschatologischen Horizont.[14] c) Hat die Schöpfung im prägnanten Sinne keine Zukunft, so kann sie auch schon in der Gegenwart auf Distanz gebracht werden.[15] Nur die

---

Zürich: Orell, Füssli und Comp 1847, 727 f. Für weitere Nachweise bei Benedictus Aretius und Wilhelm Amesius siehe Heppe, H. / Bizer, E., *Die Dogmatik der evangelisch-reformierten Kirche*, 1958, 567. Das theologisch-philosophische Diktum: »Sie müssen schon entschuldigen, aber in einer Welt kann ich nicht leben!« ist darum ein charakteristischer Satz eines christlich-jüdischen Außenseiters, der sein Leben lang an der Grenzlinie zwischen Apokalyptik und Gnosis entlangdachte. Zum Beleg dieses Satzes von Jacob Taubes siehe die Einleitung von Assmann/Assmann/Hartwich zu Taubes, J., *Vom Kult zur Kultur. Bausteine zu einer Kritik der historischen Vernunft. Gesammelte Aufsätze zur Religions- und Geistesgeschichte*, München: Wilhelm Fink Verlag 1996, 7–41.

[13]   Siehe Ritschl, D., »Die Last des augustinischen Erbes«, in: Busch / Fangmeier / Geiger (Hgg.), *PARRHESIA. Karl Barth zum achtzigsten Geburtstag am 10. Mai 1966*, Zürich; EVZ-Verlag 1966, 470–490.

[14]   Prägnant formuliert in seiner Schau im Garten von Ostia siehe Augustinus, *De Civ. Dei.* IX,10. Die Schau Augustins im Garten von Ostia vergegenwärtigt und formuliert eine Gottesnähe, die frei von der Einheit von Himmel und Erde und frei von der Einbindung in Sozialitäten und Abhängigkeiten eine Unmittelbarkeit zu Gott genießt. Sie lässt jegliche Vorstellung eines neuen Himmels und einer neuen Erde als geschöpfliche Realität geradezu als eine gefährliche Eintrübung der christlichen Hoffnung erscheinen. Für Augustinus für die Grundbewegung von der Erde in den Himmel, nicht von einer alten Erde und einem alten Himmel zur Neuschöpfung von Himmel und Erde.

[15]   Instruktiv und erhellend ist an diesem Punkt die Lektüre eines Textes aus einem Abstand von knapp 60 Jahren: Bultmann, R., *Geschichte und Eschatologie*, Tübingen: J.C.B. Mohr 1964, Kap. X, 164–184, bes. 180 ff.

mutige und christologisch bestimmte Unterscheidung von ›mehr als einer Welt‹ *zugunsten* dieser Welt kann es der Theologie ermöglichen, angesichts des immensen Leidens der Schöpfung in natürlichen, kulturellen und sozialen Prozessen eine Sprachlosigkeit wie auch eine schleichende Dämonisierung Gottes abzuwehren. Die Verheißung einer schöpferischen Neuzuwendung zu dieser Welt löst die Fragen und Probleme der Theodizee nicht auf, aber verortet sie in einem Horizont, der ermöglicht, Klage ernst zu nehmen, Leiden anzuerkennen und zugleich Gott bei seiner Treue der Zuwendung zu behaften.

3. Umbauten in theologischen Themenfeldern im Horizont rettender Transformation

Wird die Neuschöpfung von Himmel und Erde im konzeptionellen Rahmen einer rettenden Transformation gedacht, so werden verschiedene andere *Theologumena* nicht nur touchiert, sondern im Sinne der oben im Einführungskapitel dargelegten Überlegungen Nelson Goodmans auch Umbauzumutungen ausgesetzt. Komposition und Dekomposition, Neugewichten und Umakzentuieren, Ordnen und Umordnen, Löschen und Ergänzen und nicht zuletzt Deformieren – all dies kommt zum Tragen.[16]

An dieser Stelle können nur andeutungsweise sechs theologische Themenfelder angesprochen werden, in denen markante Umstellungen vorhersehbar sind.

a. Schöpfungslehre

Im Lichte der Neuschöpfung erweist sich die Güte der Schöpfung als relative und d.h. als eine durch Gott selbst überbietbare Güte. Die die westliche Theologie prägende Grundbewegung »*paradise – paradise lost – paradise regained*« wird überwunden. Eine *restitutio ad integrum* erfasst weder zureichend Gottes heilvolle Aspirationen noch den grundlegend prozessualen Charakter der Schöpfung und das darin verwobene Schöpfungshandelns Gottes. Die ambivalente Freiheit der Schöpfung lässt die Neuschöpfung als Realisation der göttlichen Intentionen aus Gottes Interaktion mit dieser Welt erwachsen. Eine Theologie der Neuschöpfung öffnet darüber hinaus den Blick auf das Leiden der Kreatur jenseits menschlicher Sünde im Raum der Natur und in geschöpflichen Prozessen.[17] Sie lässt die lange

---

[16]   Goodman, N., *Weisen der Welterzeugung*, 1984, 20–30.

[17]   Exemplarisch Murray, M. J., *Nature red in tooth and claw. Theism and the problem of animal suffering*, 2008; Deane-Drummond, C., »Shadow sophia in Christological perspective. The evolution of sin and the redemption of nature«, in: *Theology & Science* 6 (1) (2008), 13–32;

Tradition der theologischen Auseinandersetzung mit Krankheit wahrnehmen, ohne dass die Krankheit entweder auf der Seite der Sünde oder auf der Seite einer guten Schöpfung zu stehen kommt.[18] Die Heilungstaten Jesu legen offen, dass die menschliche Sünde nicht das einzige ›Problem‹ der ersten Schöpfung ist.

Der Schöpfungsprozess selbst ist nicht frei von offenen Risiken, die die göttliche Begleitung zu einer Problem- und Interventionsgeschichte machen. Die Schöpfung ist ein dynamischer Prozess, in dem Gott bewertet, auswertet, nachsteuert, lernt und dabei natürliche Prozessdynamiken und menschliche Mitarbeit in Anspruch nimmt – und in all dem eine riskante Freiheit gewährt. Gott selbst passt sich lernend seiner Schöpfung an, ohne dass er das Ziel der Schöpfung und seine Aspirationen aus den Augen verliert. Gott selbst geht mit seiner Schöpfung ein Risiko ein, das in seiner rettenden Zuwendung in Jesus Christus für ihn selbst noch einmal zu einem gesteigerten Risiko zweiter Ordnung wird.[19] Und doch bleibt alle riskante Freiheitsgewährung in naturalen und soziokulturellen Prozessen nicht ohne die Zusage einer letzten transformativen Rettung. Diese stets präsente rettende Rahmung des offenen Weltabenteuers Gottes ist in der hier verfolgen Stoßrichtung die Pointe der Erwählungslehre Karl Barths. Die Freiheit Gottes und die Freiheit geschöpflicher Prozesse legen für die begleitende Interaktion das Modell von Resonanzbeziehungen nahe – ohne dass sich Gottes Handeln in diesem Typus erschöpft.

Nach der Auferweckung Jesu Christi kann letztlich nicht mehr von Schöpfung gesprochen werden ohne zugleich auch von der Neuschöpfung zu sprechen. Ist die Neuschöpfung von Himmel und Erde das Handlungsziel Gottes, so ist die Rede von »Schöpfung« eine folgenreiche Fehlabstraktion und Fehlorientierung, denn die eschatologische Responsivität prägt bereits geschöpfliche Prozesse.

---

differenzierend die Beträge in Du Toit, C. W. (Hg.), *Can nature be evil or evil natural? A science-and-religion view on suffering and evil*, Pretoria: Research Institute for Theology and Religion, University of South Africa 2006; abwehrend Crosby, D. A., »Both Red and Green but Religiously Right: Coping with Evil in a Religion of Nature«, in: *American Journal of Theology & Philosophy* 31 (2) (2010), 108–123.

[18] Thomas, G., »Krankheit im Horizont der Lebendigkeit Gottes«, in: Thomas, G. / Karle, I. (Hgg.), *Krankheitsdeutung in der postsäkularen Gesellschaft. Theologische Ansätze im interdisziplinären Gespräch*, Stuttgart: Kohlhammer 2009, 503–525; Thomas, G., »Krankheit als Manifestation menschlicher Endlichkeit. Theologische Optionen zwischen Widerstand und Ergebung«, in: Höfner, M. / Schaede, S. / Thomas, G. (Hgg.), *Endliches Leben. Interdisziplinäre Zugänge zum Phänomen der Krankheit*, Tübingen: Mohr Siebeck 2010, 161–193.

[19] Siehe dazu das Kapitel dieses Bandes »Das Kreuz Jesu Christi als Risiko der Inkarnation«.

b. Gotteslehre

Die Erkenntnis eines radikal interaktiv-responsorischen Verhältnisses Gottes zur Welt führt zu einem Umschreiben der traditionellen Allquantoren in der Gotteslehre. Als affizierbarer Gott ist der trinitarische Gott stets ein auf die Entwicklung der Welt bzw. der Welten eingehender und darin veränderlicher Gott. Angesichts des Weltabenteuers Gottes ist die Allmacht ein radikal eschatologisches Prädikat Gottes – speziell ein Hoffnungsprädikat. Im Denkrahmen einer dynamischen Interaktion zwischen Gott und Welt gilt es daher zwei überaus verbreitete Vorstellungskomplexe umzubauen: Die theologisch populäre Idee, dass Gott die alles bestimmende Wirklichkeit sei und die Vorstellung, dass er durch nichts affizierbar ist, sind vor dem Hintergrund des überwältigenden biblischen Befundes und einer ernst zu nehmenden trinitätstheologischen Konzeption der Gotteslehre nicht haltbar. Durch Jesus Christus und in verschiedenen medialen Konstellationen durch den Geist Jesu Christi begleitet Gott schöpferisch, in Geduld und Ungeduld treu und zugleich veränderungsoffen den Prozess der Schöpfung. Das Eschaton ist der Ort, an dem Gott auf unüberbietbare Weise schöpferisch und radikal tiefgreifend transformativ reagiert – weil eben in der Geschichte der Schöpfung nicht alles auf vollständige Art und Weise seinen Intentionen und seinem Willen entspricht.

Die Trinitätstheologie ist dann der Ort, an dem die trinitarische Einheit Gottes als dynamisch-responsorische Interaktionsgemeinschaft artikuliert wird. Hierdurch rückt die traditionelle Lehre der göttlichen Appropriationen wieder in den Fokus der Aufmerksamkeit. Wenn beispielsweise Jesus Christus in den Heilungshandlungen auf die untragbaren Risiken geschöpflicher Prozesse reagiert und der Geist Gottes wiederum derjenige ist, in dessen Kraft und Macht Christus auferweckt wird, dann zeigt sich hier ein Geflecht an Interaktionen. Die differenzierte Begleitung der Welt durch den trinitarischen Gott erfordert nicht nur verschiedene Typen der Interaktion und Präsenz Gottes, sondern führt auch zu einer innergöttlichen Interaktionsgeschichte, die Bestandteil der göttlichen Lebendigkeit ist. Diese Konstellation wird letztlich zu einer Umstellung der Trinitätslehre von einer Ursprungs- zu einer Zukunftsorientierung führen.

Die Herausforderung der Gotteslehre ist, in Gottes Handeln sowohl unilaterales und multilaterales Handeln als auch kontinuierliche (analoge) und disruptive (digitale) Prozessmomente zu unterscheiden. Im Modell der Resonanz lassen sich die auf Emergenzen abstellenden multilateralen Handlungen erfassen, in denen die Schöpfung ko-kreativ ist und Gott menschliches Handeln, Planen und Denken in Anspruch nimmt.[20] Die Hoffnung und Freude der Christen

---

[20]   Dies sind die von Michael Welker sowohl für Prozesse der Schöpfung wie auch für ein Wachsen des Reiches Gottes konzipierten emergenten Prozesse. Siehe Welker, M., *Schöpfung und Wirklichkeit*, 1995, 15–41; Welker, M., *Gottes Offenbarung. Christologie*, 2012, 208–219.

richtet sich auf Gestalten der Präsenz Gottes, die reale Transformationen dieser Welt freisetzt. Doch zugleich hoffen Christen auf ein Handeln Gottes, das die Möglichkeitsräume dieser Schöpfung übergreift. Nur ein solches radikal dem Menschen ohne dessen Zutun zugute kommendes und transformierendes Handeln Gottes sprengt die Möglichkeiten dieser Welt. Dieses unilaterale Handeln Gottes erlaubt zu hoffen, dass sich sein rettendes, befreiendes und neuschöpferisches Handeln auch auf die *gewesene Schöpfung* beziehen kann. Die Vollendung dieser Schöpfung in der Neuschöpfung erfordert daher die göttliche Möglichkeit eines unilateralen und intervenierenden Handelns Gottes.

Eine Theologie der Lebendigkeit Gottes erfordert daher einen intensiven Austausch mit dem kanonischen Gespräch über die Frage von Gottes Macht und Ohnmacht. Weder abstrakte Figuren der göttlichen Allmacht noch dialektische Figuren der Macht der Ohnmacht erfassen die Spannung aus offener und resonanzorientierter Begleitung und transformativer Rettung in der finalen Neuschöpfung von Himmel und Erde.

c. Vorsehungslehre

Wendet sich Gott dieser Welt und ihrer Geschichte noch einmal unüberbietbar rettend und neuschöpferisch zu, so führt der Gedanke einer in der Geschichte sich realisierenden Allmacht und Allwirksamkeit Gottes zu einer systematischen Gottesverdunklung. Gottes rettendes Ringen mit seiner Schöpfung ist stets schöpferisch, intervenierend und zielorientiert. Gottes vorsehendes Handeln gilt einer in Freiheit selbst schöpferischen, aber eben riskant schöpferischen Welt. In seiner sogenannten Allmacht wirkt Gott nicht einfach alles in seiner Schöpfung, sondern in all dem, was diese Schöpfung ihrem Ziel entgegenführt und seiner zukunftsorientierten Fürsorge entspricht. Gottes vorsehende Fürsorge findet sich darum auch in Konstellationen, in denen diese Schöpfung auf ihre Zukunft hin bewahrt wird. Die in einer theologischen Vorsehungslehre formulierte Begleitung Gottes bezieht sich auf ein aktives wie passives, leidendes wie transformierendes Verhalten Gottes, in dem er die responsorische Verarbeitung der Vergangenheit mit der Fürsorge für die Zukunft schöpferisch rettend verbindet. Nur eine Eschatologie, die die rettende Transformation dieser ersten Schöpfung durch eine neue Schöpfung ins Auge fasst, befreit die Vorsehungslehre aus der babylonischen Gefangenschaft einer stoizistischen Grundimprägnierung.

Allerdings ist nicht zu verbergen, dass das Festhalten an der eschatologischen Macht der Rettung zu einer Verschärfung der Theodizeeproblematik führt. Eine realistische Theologie der Lebendigkeit Gottes wird daher notwendig einen Neuzugang nicht nur zur Sprache, sondern auch zum Sachproblem der Klage gewinnen müssen.[21] Die Differenz zwischen Welterfahrung und den göttlichen Aspirationen öffnet einen Spalt oder gar einen Riss, der Gott an seine Macht und seine Absichten erinnert. Die Klage ist eine komplexe Form des Gottvertrauens, die von Gott Rechenschaft fordert, der es letztlich um eine eschatologische Rechtfertigung Gottes geht.

Die der Klage komplementäre Seite ist die Geduld Gottes. Von der Zukunft Gottes und der Zukunft der Schöpfung her gedacht leiden die Christen, ja leiden alle in Schmerz und Leid gefangenen Menschen an der Geduld Gottes. Eine Theologie, die die messianische Komponente im Leben Gottes und der christlichen Hoffnung nicht fahren lässt, wird die tiefe Ambivalenz der Geduld Gottes ausloten müssen – ohne die Zeitlichkeit der Schöpfung theologisch zu problematisieren.[22] Gottes Geduld räumt nicht nur Zeit für die Freude an der Schöpfung ein, sondern auch die Zeit für die Untat und für das Leiden in dieser Schöpfung. Darum ist die Geduld Gottes bei allem menschlichen Einsatz für Gerechtigkeit, Freiheit und ein gutes Leben nicht frei von Ambivalenz. Im Neuen Testament ist diese Erkenntnis eingeschrieben in dem Ruf »Maranatha« (1Kor 16,22; Apk 22,20), der mit dem Kommen Jesu Christi die vollständige Realisierung der neuen Wirklichkeit der Auferstehung erhofft.

d. Theologie des Gebets

Stützt die theologische Eschatologie die Annahme eines grundlegend responsorischen Verhältnisses Gottes zur Welt, das zugleich trinitarisch differenziert gedacht wird, so eröffnet dieses zugleich neue Zugänge zu einer Theologie des Gebets. Dieses responsorische Verhältnis lässt eine Affizierbarkeit Gottes jenseits der Alternative eines naiven Paternalismus und eines frommen Selbstgesprächs denken. Zugleich eröffnet die Annahme einer responsorischen Dynamik Zugänge zu der weithin verschütteten Gebetsform der Klage. Die Klage des Menschen an Gott wird theologisch als Appell an Gott zugunsten einer gesteigerten Präsenz und Zuwendung begreifbar. So wird das Gebet befreit aus einer falschen Zentrierung auf einen nur zustimmenden Dank und einer letztlich wiederum auch nur zustimmenden Bitte.

---

[21] Dies wird – vermutlich durch die stärkere Präsenz der klassischen metaphysischen Tradition – interessanterweise auf katholischer Seite stärker gesehen als auf der protestantischen. Vgl. hierzu exemplarisch die Arbeiten von Ottmar Fuchs und Johannes Baptiz Metz.

[22] Dies ist – nebenbei bemerkt – der lange, bis zur Philosophie Heideggers reichende Schatten der Theologie Augustins und seiner letztlich theologisch perspektivierten Zeittheorie.

e. Pneumatologie

Die Pneumatologie ist der Ort, an dem die Theologie der Wahrnehmung Gottes im Sinne eines *genitivus subjectivus* und zugleich eines *genitivus objectivus* nachdenkt. Im Geist kommt Gott seiner Schöpfung kontextsensibel und empfindlich nahe, er eignet sich eine partikulare Nähe und Perzeption Gottes an, die zugleich mächtig und flüchtig ist. Für die Menschen ist die Wahrnehmung Gottes im Sinne eines *genitivus objectivus* stets eine medienvermittelte Wahrnehmung, die zugleich gemeinschaftliche Erfahrungsräume aufspannt. In und unter den Menschen wirkt der Geist Gottes als Macht der Aufmerksamkeit, die sie die Wirklichkeit durch den Imaginationsraum Jesu Christi hindurch sehen lässt. Die Fokussierung der Macht der Aufmerksamkeit auf Jesus Christus führt zu einer wachsenden Erkenntnis, zu einer Transformation ihrer Erfahrung und zur Entstehung von Gemeinschaft. So ist es der stets medial vermittelte Geist Gottes, der in einer sehr spezifischen Spannung aus Intimität und Gemeinschaft Öffentlichkeiten wachsen lässt. So entstehen emergierende Öffentlichkeiten aus einer geistgewirkten Aufmerksamkeitsbündelung.

f. Christologie

Im Ereignis Jesu Christi unterwirft sich Gott auf eine nicht rückholbare Weise den riskanten und zerstörerischen Bedingungen seiner Schöpfung. Zugleich ereignet sich in der Inkarnation eine elementare Würdigung geschichtlichen und geschöpflichen Lebens. Im Ruf zur Nachfolge, in der Verkündigung des Reiches Gottes, in den Heilungen und in der Gemeinschaft mit den Sündern wird eine intensiv korrektive Intervention Gottes erkennbar. In ihnen zeigt sich nicht nur der Wille, sondern auch der Unwille Gottes. Aus der gesteigerten Nähe Gottes, die seine eigene Verwundbarkeit impliziert, erwächst eine Intensivierung und Gefährdung (!) der Rettung. Das Ende des Lebens Jesu Christi am Kreuz ist in der Gleichzeitigkeit liebender Lebensgabe als Teil des Lebens für andere und offensichtlicher Gewalttat ein ambivalentes Ereignis, zu dem sich Gott in der Auferstehung Jesu Christi sowohl kritisch als auch bestätigend verhält. Die Auferstehung Jesu Christi ist Gottes schöpferische Antwort auf das Kreuz und zugleich Anzeichen für Gottes letzte neuschöpferische Auseinandersetzung mit der Not seiner Schöpfung.

g. Ekklesiologie

Der Schöpfung, der Gott seine bewahrende und responsorisch kreativ lockende Fürsorge nicht aufkündigt, dürfen auch die Christen die Treue nicht aufkündigen. Selbst als »Fremdlinge und Pilger« (1 Petr 2,11) mit einem Bürgerrecht im Himmel (Phil 3,20), als »Resident Aliens«[23] suchen die vom Geist Gottes Bewegten stets auch »der Stadt Bestes« (Jer 29,7). Als für die Sendung in die Welt aus der Welt herausgerufen weiß die Kirche um die Hoffnung, die in den Christen ist (1 Petr 3,15). Die Kirche weiß um die anbrechende Neue Schöpfung in der gegenwärtigen Wirksamkeit des Heiligen Geistes innerhalb und außerhalb der Kirche. Aber sie weiß zugleich um die Unterscheidung des Seufzens der Schöpfung vom befreienden Einbrechen des Reiches Gottes in die Gegenwarten dieser Welt. Sie weiß auch um die Unterscheidung einer vollständigen Versöhnung der Welt mit Gott und eine noch ausstehende Erlösung in eine neue Welt Gottes. Die die gemeinschaftliche Gestalt des Christseins prägende Kommunikation von Glaube, Liebe und Hoffnung führt zu einer dreifachen Aufgabenstellung – ganz entsprechend der Dimensionen des Geistes Gottes. Wissend um den Anbruch und die Zukunft des Neuen engagiert sie sich für einen barmherzigen und bewahrenden Umgang mit dem Alten. Die Treue Gottes zu dieser Schöpfung verbietet es der Kirche in ihrem Reden und Handeln, faktisch schöpfungsnihilistisch zu werden, und gebietet ihr eine Treue zu dieser Erde.

Diese Treue kann aber doppelt verraten werden: Durch eine fehlgeleitete Jenseitshoffnung und durch einen moralischen Jakobinismus, der Gott seine Geduld im Kommen des Reiches Gottes nicht verzeihen will. In Spannung zu dieser Treue zu dieser Schöpfung zielt die Kirche darauf ab, dem erneuernden, weil schon jetzt neuschöpferischen Handeln Gottes zu entsprechen. Als Hoffnungsgemeinschaft weiß sie aber von einer noch ausstehenden, deutlich tiefer greifenden Transformation durch den Geist – von Paulus als Überwindung des Todes markiert (1 Kor 15). Beide, die Bewahrung wie auch die Transformation in der Gegenwart leben davon, dass es diese übergreifende, nur Gottes Möglichkeiten aktualisierende Zukunft Gottes gibt. Diese Einsicht hält das Wissen wach, dass bei aller bestimmten Verantwortungsübernahme der Kirche und der Glaubenden die Weltverantwortung Gottes eigene Sache bleibt. Das Gleiche gilt von der Erlösung von dem Bösen (Mt 6,13). Die Kirche ist herausgefordert, in ihrem Reden und Handeln der komplexen Treue Gottes zu entsprechen, d. h. weder schöpfungsnihilistisch das Alte zu hassen und nur den Anbruch des Neuen moralisch zu zelebrieren noch hoffnungslos eine Vergötterung und Heiligsprechung des Alten zu betreiben. Sie darf auch nicht der Versuchung erliegen, nur auf den disruptiven Einbruch der Neuschöpfung zu warten und dabei nicht nur

---

[23]   In kritischer Anspielung auf Hauerwas, S. / Willimon, W. H., *Resident aliens. Life in the Christian colony*, Nashville: Abingdon Press 1989. Für eine kritische Rekonstruktion der Dialektik von Weltzuwendung und Weltabwendung im Anspruch einer Transformation vgl. Rasmusson, A., *The church as polis. From political theology to theological politics as exemplified by Jürgen Moltmann and Stanley Hauerwas*, Lund: Lund University Press 1994.

die Freude an der Schöpfung, sondern auch die Freude am aufbrechenden Neuen zu verspielen. Ein Festhalten an einer schöpferischen Neuzuwendung führt hierin zu einem dynamischen und zugleich entlang von Gottes eigenem Handeln differenzierten Verständnis der Kirche.

IX. Gottes schöpferische Gerechtigkeit

In den folgenden Erwägungen sollen vor dem Hintergrund der dichten, dogmengeschichtlich reichen und systematisch perspektivenreichen Arbeiten der Systematikerin Christine Janowski und in Aufnahme einiger von ihr eingeschärften Einsichten weithin vernachlässigte Aspekt der theologischen Rede vom »Endgericht« bearbeitet werden.[1] Die These der folgenden Skizze ist:

Mit der theologischen Rede vom Endgericht artikuliert die Theologie die gewisse Hoffnung, dass sich Gott dem Gewesenen nicht nur klärend, aufdeckend und unterscheidend zuwendet, sondern auch kreativ-schöpferisch, insofern er auf die Risiken seiner Schöpfung ›reagiert‹.[2] Ein die Beziehung zwischen dem Sünder und dem Opfer des Sünders einschließendes Verständnis des eschatologischen Gerichtes Gottes legt die Einsicht nahe, dass sich Gott nicht nur dem Sünder, sondern auch seinem Opfer schöpferisch zuwendet.

---

[1] Janowski, J. C., *Allerlösung. Annäherungen an eine entdualisierte Eschatologie. 2 Bde.*, Neukirchen-Vluyn: Neukirchener Verlag 2000 und Janowski, J. C., »Warum sollte Gott nicht alle erlösen?«, in: Frettlöh / Lichtenberger (Hgg.), *Gott wahr nehmen. Festschrift für Christian Link*, Neukirchen-Vluyn: Neukirchener 2003, 277–328.

[2] Theologisch folgenreich ist die an dieser Stelle nur anzudeutende Auffassung einer elementar responsorischen Beziehung Gottes zu seiner Schöpfung, die eine Fülle traditioneller Grundannahmen in stärker philosophisch informierten theologischen Entwürfen problematisiert. In dieser Beziehung positiv (auf exegetischer Basis und prozessphilosophisch beeinflusst) Welker, M., *Schöpfung und Wirklichkeit*, 1995. Friedrich Schleiermacher darf als derjenige angeführt werden, der über die Figur der schlechthinnigen Abhängigkeit die entsprechenden metaphysischen Theoreme in »moderne Theologie« fest eingeschrieben hat. Auch die verbreitete Formel von »Gott als der alles bestimmenden Wirklichkeit« muss als Popularisierungsform derjenigen klassisch-metaphysischen Postulate gewertet werden, die zu einer strikt unidirektionalen Beziehung Gottes zur Welt führen. Für die altprotestantische Orthodoxie vgl. exemplarisch König, J. F., *Theologia positiva acroamatica (Rostock 1664)*, Tübingen: Mohr Siebeck 2006, §40–71.

Der erste, stärker rekonstruktive Teil der folgenden Überlegungen wendet sich zwei Vorstellungskomplexen zu, die den Zugang zu dieser theologischen Einsicht systematisch verstellen: In einem ersten Schritt wird die als *opinio communis* zu bezeichnende zeittheoretische Basisannahme der Eschatologie der zweiten Hälfte des 20. Jahrhunderts umrissen. Im Anschluss daran werden knapp die damit verbundenen zwei Grundfiguren der Gerichtsvorstellung dargestellt und deren intrinsische Begrenzungen markiert. Im zweiten, eher konstruktiven Teil wird das Gespräch mit einem neueren Ansatz einer sozialen Eschatologie gesucht. Daran anschließend werden die Konturen einer theologischen Rede von Gottes schöpferischer Gerechtigkeit im Gericht dargelegt.[3]

1. Zwei Grundtendenzen der Eschatologie im 20. Jahrhundert

a. Ewigkeit als Verewigung des gelebten Lebens

Ohne Zweifel hat sich die protestantische Theologie des 20. Jahrhunderts in der Rede vom ›ewigen Leben‹ über weite Strecken mit guten Gründen gegen zwei problematischen Vorstellungen gewandt. Das ›ewige Leben‹ darf theologisch weder ›phantastisch‹ als gesteigerte, unendliche Fortsetzung des ›irdischen Lebens‹ unter ›himmlischen‹ Bedingungen noch ›reduktionistisch‹ nur als Qualität des irdischen Lebens begriffen werden. Mit beiden Stoßrichtungen der Kritik tritt die Theologie in Sachen Eschatologie in ein differenzierendes, d. h. selbstkritisches wie bestätigendes Verhältnis zu Grundtendenzen der Religionskritik des 19. Jahrhunderts. In dieser wichtigen und berechtigten Auseinandersetzung hat sich für die gedankliche Erfassung der spezifischen Zeitlichkeit der Ewigkeit des ewigen Lebens, und d. h. auch für die Überwindung einer abstrakten Entgegensetzung von Zeit und Ewigkeit,[4] in höchst diversen theologischen Traditionen so etwas wie ein nur marginal variiertes theologisches Standardmodell durch-

---

[3]   Die folgenden Ausführungen nehmen weiterführend Einsichten aus Thomas, G., *Neue Schöpfung. Systematisch-theologische Untersuchungen zur Hoffnung auf das ›Leben in der zukünftigen Welt‹*, 2009, auf.

[4]   Damit wendet sich die Theologie auch gegen ein platonisches Zeitmodell, nach welchem die Zeit bewegtes Abbild der Ewigkeit ist (Platon, Timaios, 37d.5). Dem Unbewegten und Einen der Ewigkeit steht das sich Bewegende und Zerteilte gegenüber. Siehe Echternach, E., »Ewigkeit«, in: Ritter (Hg.), *Historisches Wörterbuch der Philosophie. Bd. 2*, Darmstadt: Wissenschaftliche Buchgesellschaft 1972, 838–848. Entsprechend kommen die Modi der Vergangenheit und der Zukunft nur der Zeit zu, da ›Sein‹ nur in der unwandelbaren Gegenwart ist.

gesetzt:[5] *Aeternitas igitur est interminabilis vitae tota simul et perfecta possessio,* so formuliert pointiert im 6. Jahrhundert Boethius.[6] Ewigkeit ist also der zugleich vollständige und vollkommene Besitz unbegrenzten Lebens. Diese Bestimmung wird im Standardmodell zur theologisch und zeittheoretisch angemessenen Erfassung der Zeitlichkeit des Eschaton, d.h. des dem Tod entzogenen menschlichen Lebens.[7] Boethius selbst kontrastiert seine Zeitbestimmung mit der Zeit der geschöpflichen Welt. »Denn alles, was in der Zeit lebt, das geht als ein Gegenwärtiges vom Vergangenen weiter in die Zukunft, und es gibt nichts, was in der Zeit besteht, das seinen ganzen Lebensraum (*spatium*) gleichzeitig umfassen könnte«.[8] Die Ewigkeit ist im boethianischen Modell dagegen dadurch gekennzeichnet, dass die Vergangenheit nicht verloren ist und die Zukunft schon besessen wird.[9] Die Fülle des Lebens ist also dadurch charakterisiert, dass es im Modus der Gegenwart die Vergangenheit und die Zukunft *hat.* »Was jedoch die Fülle des unbegrenzbaren Lebens gleichzeitig umgreift und besitzt, dem weder etwas am Zukünftigen abgeht noch vom Vergangenen verflossen ist, das wird mit Recht als ewig aufgefasst, und das muss notwendigerweise, seiner selbst mächtig,

---

[5]   Dieses Modell erlaubt, sowohl die Vorstellung einer Ewigkeit als schlicht unendlich fortschreitende Zeit als auch eine absolute Zeitlosigkeit als »vulgäre[...] Verständnisse der Ewigkeit« abzuwehren. So Ebeling, G., *Dogmatik des christlichen Glaubens. Bd. 2. Der Glaube an Gott den Versöhner der Welt,* Tübingen: Mohr Siebeck 1986, 352. Beide Zeitverständnisse operieren »via eminentiae als Ausdehnung der Zeit ins Unbegrenzte und via negationis als Abhebung gegen die Zeit zur Zeitlosigkeit«.

[6]   Boethius, A. M. S., *De consolatione philosophiae / Trost der Philosophie. Lateinisch-deutsch. Hg. u. übers. von Ernst Gegenschatz,* Düsseldorf / Zürich: Artemis & Winkler 1988, V, 6, 9-10. Zur Rezeption von Boethius siehe auch Thomas von Aquin, S.Th. I, q 10a.1

[7]   Dieses Standardmodell wird vertreten von Barth, K., *Die kirchliche Dogmatik II/1. Die Lehre von Gott,* 1948, 688; Jüngel, E., »Das Entstehen von Neuem«, in: Jüngel, E. (Hg.), *Wertlose Wahrheit. Zur Identität und Relevanz des christlichen Glaubens. Theologische Erörterungen III,* München: Kaiser 1990, 132-150, hier 146f.; Moltmann, J., *Das Kommen Gottes. Christliche Eschatologie,* 1995, 320f.; Ebeling, G., *Dogmatik des christlichen Glaubens. Bd. 3. Der Glaube an Gott den Vollender der Welt,* Tübingen: Mohr Siebeck 1986, 645f.; Ringleben, J., »Gott und das ewige Leben. Zur theologischen Dimension der Eschatologie«, in: Stock (Hg.), *Die Zukunft der Erlösung. Zur neueren Diskussion um die Eschatologie,* Gütersloh, Kaiser / Gütersloher Verlagshaus 1994, 49-87, hier 60f.; Pannenberg, W., *Systematische Theologie. Bd. 1,* Göttingen: Vandenhoeck & Ruprecht 1988, 437; Pannenberg, W., *Systematische Theologie. Bd. 3,* 1993, 417f.; ähnlich, wenngleich nicht eindeutig Tillich, P., *Systematische Theologie. Bd. 1,* Stuttgart: Evangelisches Verlagswerk 1955, 315f.

[8]   Boethius, A. M. S., *De consolatione philosophiae / Trost der Philosophie. Lateinisch-deutsch. Hg. u. übers. von Ernst Gegenschatz,* 1988, V, 6,10ff.

[9]   *Sed crastinum quidem nondum apprehendit, heternum vero iam perdidit; in hodierna quoque vita nun amplius vivitis quam in illo mobili transitorioque momento* (A.a.O., V, 6,15-17).

immer als ein Gegenwärtiges in sich verweilen und die Unendlichkeit der bewegten Zeit als eine Gegenwart vor sich haben.«[10]

a) Unterzieht man dieses Standardmodell der Ewigkeit einer genaueren Analyse, so erscheinen folgende Aspekte bedenkenswert: Zunächst gilt es, sich
zu vergegenwärtigen, dass Boethius eine Bestimmung der Ewigkeit *Gottes*
vorlegen möchte – nicht der eschatologischen Ewigkeit geschöpflichen Lebens. Wird sie auf das eschatologische ewige Leben der Auferstandenen
übertragen, so stellt sich die Frage, ob damit faktisch die Ewigkeit des trinitarischen Gottes und die Ewigkeit des ewigen Lebens seiner Geschöpfe in
eins gesetzt werden sollen. Angesichts der Einsicht in die bleibende Geschöpflichkeit der Neuschöpfung in ihrer Differenzierung von Himmel und
Erde ist diese Strategie mit deutlichen Fragezeichen zu versehen.

b) Auffallend ist, dass die boethianische Bestimmung der Ewigkeit Gottes sowohl für Thomas von Aquin als auch für Friedrich Schleiermacher als Bestimmung der *Zeitlosigkeit* Gottes bzw. der Zeitlosigkeit von Gottes Ursächlichkeit aufgefasst werden.[11] Boethius und ihm folgend Thomas von
Aquin und Schleiermacher konzentrieren sich offensichtlich auf den *Ausschluss der ›Mobilität‹*, der Beweglichkeit der Zeit, da nichts mehr verloren
geht und noch nicht realisiert ist, d. h. keinerlei Wandel sich ereignet. Weder
ein Verlust noch eine Neuheit kann sich in dieser Ereignislosigkeit einstellen.
Für diese Deutung als Zeit*losigkeit* spricht, dass Boethius an anderer Stelle
deutlich macht, dass »die Ewigkeit unteilbar ist und, was in der Ewigkeit ist,
sich immer auf ein und dieselbe Weise verhält«.[12]

---

[10]   *Quod igitur interminabilis vitae plentitudinem totam pariter comprehendit ac possidet, cui
neque futur quicquam absid nec peaeteriti fluxerit, id aeternum esse iure perhibetur, idque
necesse est et sui compos preasens sibi semper adsistere et infinitatem mobilis temporis habere
praesentem* (a.a.O., V, 6,25–31).

[11]   Siehe Thomas von Aquin, S.Th. I,10,1. Schleiermacher, F., *Der christliche Glaube. Nach
den Grundsätzen der Evangelischen Kirche im Zusammenhange dargestellt. Bd. 1*, 1960, 52,
268, verweist im Zusammenhang dessen, dass die göttliche Ursächlichkeit »vollkommen
zeitlos gedacht werden« muss, in einer Anmerkung auf Augustin, Conf. IX, 16 und die Bestimmung von Boethius. Auf diese Gegenläufigkeit in der Rezeption macht aufmerksam
Hüttenhoff, M., »Ewiges Leben. Dogmatische Überlegungen zu einem Zentralbegriff der
Eschatologie«, in: *Theologische Literaturzeitung* 125 (2000), 863–880, hier 868. Für eine
aktuelle Interpretation als Zeitlosigkeit siehe Swinburne, R., *The Coherence of Theism*, 1993,
16 ff., allerdings ohne sich ihr anzuschließen.

[12]   *quia aeternitas est indivisibilis, et quod est in aeternitate, semper uno modo se habet*
(Boethius, A. M. S., »De aeternitatae mundi / Über die Ewigkeit der Welt«, in: Schönberger
[Hg.], *Über die Ewigkeit der Welt [Texte von Bonaventura, Thomas von Aquin und Boethius von
Dacien]*, Frankfurt a.M.: Klostermann 2000, 104–174, 161).

c) Die der Rezeption der Formel bei Thomas von Aquin und Friedrich Schleiermacher gegenläufige, im 20. Jahrhundert so dominierende Aufnahme der
Formel dürfte sich aus der vermeintlichen Integrationsleistung erklären. Aus
der Versammlung der Fülle der Vergangenheiten und Zukünfte in einer
Gegenwart scheint eine Integration dessen möglich, was in der »mobilisierten
Zeit« stets auseinanderzufallen scheint.[13] Die Ewigkeit erscheint dann nicht
als undifferenzierte Einheit, sondern als zeitliche, insofern die *Dimensionen*
der Zeit in ihr vereinigt sind. Die Ewigkeit ist damit implizit aber auch als Ort
der Abwesenheit der Differenzierung der logischen Modalitäten wie Möglichkeit und Wirklichkeit gedacht.[14] Die Ewigkeit in der Fülle der di-
mensionierten Zeit kann so als umfassende *Integration* des in der Schöpfung
Desintegrierten betrachtet werden. Die an dieser Stelle aufbrechende Frage
ist aber folgende: Kann die Dimensionierung der Zeit in Vergangenheit,
Gegenwart und Zukunft in der Weise von der Unterscheidung und Zuordnung der Modalitäten getrennt werden? In der von Boethius beschriebenen
Zeit ist die Zukunft das Noch-Nicht-Wirkliche oder *Mögliche*, die Gegenwart
das *Wirkliche* und die Vergangenheit das Nicht-Mehr-Wirkliche im Sinne des
Notwendigen. Das Problematische an Boethius' Bestimmung wird sofort
sichtbar, führt man sich vor Augen, dass die Gegenwart bzw. Gegenwärtigkeit in einer *doppelten* Weise verwendet wird: als Dimension *und* als Modus.
Einmal ist die Gegenwart als *Dimension* der Zeit der Vergangenheit und der
Zukunft als Dimension *entgegengesetzt.*[15] Zugleich wird die Gegenwart als
Anzeige des *Modus* der Wirklichkeit in der Ewigkeit dann die modale Eigenschaft *aller* drei Dimensionen. In der Fülle des Lebens muss die Vergangenheit ebenso wie die Zukunft (modal) als wirklich gegenwärtig sein,
d. h. das unbegrenzbare Leben muss »gleichzeitig ganz in der Gegenwart

---

[13]   In prägnanter Weise formuliert Paul Tillich wiederum im Zusammenhang der Gotteslehre unter Inanspruchnahme einer charakteristischen Denkfigur:»In Gott sind die Momente
der Zeit nicht voneinander getrennt. Die Gegenwart wird nicht von der Vergangenheit und
Zukunft verschlungen. Doch schließt das Ewige das Zeitliche in sich ein. Ewigkeit ist die
transzendente Einheit der getrennten Momente existentieller Zeit« (Tillich, P., *Systematische
Theologie. Bd. 1*, 1955, 315). Die gleiche Figur findet sich dann wieder in Pannenberg, W.,
Systematische Theologie. Bd. 1, 1988, 443.

[14]   Charakteristisch für eine ungenügende Unterscheidung der Dimensionierung der Zeit
und der logischen Modalitäten ist die pointierte Formulierung bei Tillich, P., *Systematische
Theologie. Bd. 1*, 1955, 315:»Zeit ohne Modi ist Zeitlosigkeit [...]. Wenn wir Gott einen lebendigen Gott nennen, behaupten wir, daß er Zeitlichkeit und damit eine Beziehung zu den
Modi der Zeit in sich begreift«.

[15]   *Nam quicquid vivit in tempore, id praeesens a praeteritis in futura procedit ...* (Boethius, A.
M. S., *De consolatione philosophiae / Trost der Philosophie. Lateinisch-deutsch. Hg. u. übers. von
Ernst Gegenschatz*, 1988, V, 6,13–14).

erfaßt« werden.[16] Möglich ist dies, weil Boethius faktisch die Modalisierung der Zeitdimensionen unterläuft. ›In der Zeit‹ ist das Vergangene nicht mehr wirklich und nicht mehr möglich, daher notwendig, und das Zukünftige ist das Mögliche, aber nur das Gegenwärtige ist das Wirkliche. Aufgrund dieser Option ist umgekehrt die ›mobilisierte Zeit‹ die defizitäre. Die angestrebte Integration des Verschiedenen erfolgt daher durch eine radikale Reduktion der Modalitäten auf die reine Wirklichkeit der reinen Gegenwart.[17]

d) Diese Strategie der Entmodalisierung der Zeitdimensionen führt das Modell bei genauerer Betrachtung in eine Krise, wenn nicht gar in seine Auflösung. Wird die Vergangenheit und die Zukunft gegenwärtig als *Dimension*, so kollabiert die Unterscheidung der Zeitdimensionen. Begreift man wiederum das Gegenwärtigsein *modal* als *Wirklichwerden*, so ereignet sich im boethianischen Modell eine Überführung alles Möglichen in die Wirklichkeit der Gegenwart, sodass es ebenso zu einer Aufhebung der Unterscheidung kommt, insofern alles wirklich und gegenwärtig wird. Eine weitere Möglichkeit wäre, dass die Zukunft so gegenwärtig wird, dass sie wieder *als Möglichkeitshorizont* präsent ist. Führt aber nur die mit der Zeit gegebene Dynamik zu einer (komplex bedingten, selbst- und fremdgesteuerten) Selektion innerhalb eines ereignisrelativen Möglichkeitsraumes, so sind die Möglichkeiten innerhalb eines solchen Möglichkeitsraumes ohne die ›Mobilität‹ der Zeit strikt ›gleich-gültig‹. Ohne eine Prozessdynamik zwischen Gegenwart und Zukunft zerfällt die spezifische Gestalt von Möglichkeitsräumen. Die von Boethius und im Standardmodell der Ewigkeit anvisierte *statische* Kopräsenz von Vergangenheit, Gegenwart und Zukunft erlaubt darum nicht, einen Reichtum des Lebens zu denken, sondern nur eine vollständige Konturlosigkeit und Armut der Leblosigkeit.[18]

---

[16] *aliud interminabilis vitae totam pariter complexum esse praesentiam, quod divinae mentis proprium esse manifestum est* (a.a.O., V, 6,36–38).

[17] Um der realen Komplexität von Geschichtsprozessen Rechnung zu tragen, hat das moderne Konzept der Mehrfachmodalisierung der Zeit das einfache dreigliedrige Schema komplexer aufgefächert. Es erlaubt nicht nur einer Gegenwart in der Vergangenheit eine unausgeschöpfte und realisierte Zukunft als auch eine vergangene Vergangenheit zuzuordnen, sondern auch zu denken, dass diese dimensionierte Vergangenheit selbst selektiv gegenwärtig sei. Und doch löst es nicht die Modalisierung der Dimensionen auf. Zum Problem siehe Koselleck, R., *Vergangene Zukunft. Zur Semantik geschichtlicher Zeiten*, Frankfurt a.M.: Suhrkamp 1979, 130–157; Luhmann, N., *Die Gesellschaft der Gesellschaft*, 1997, 997–1016.

[18] Gegen eine »Aufbewahrung des gelebten Lebens« wendet sich zu Recht Beißer, F., *Hoffnung und Vollendung (HBSTh 15)*, Gütersloh: Gütersloher Verlagshaus 1993, 326, mit dem Verweis auf das Nicänum und mit dem Hinweis auf die in der Verewigung unzureichend erfasste Qualität des ›Lebens‹. Die Konturlosigkeit kann nur durch eine imaginative Verräumlichung der Zeit aufgefangen werden, indem das Kopräsente in Näheres und Ferneres

e) Die ›Entmodalisierung‹ führt bei einem Wesen, das eine Geschichte hat bzw. hatte, d. h. welches im prägnanten Sinn zeitlich ist, zu einer vollständigen Dekomposition der Geschichte. Erst die selektive Überführung multipler möglicher Zukünfte eines Möglichkeitsraumes in die Wirklichkeit einer spezifischen Gegenwart macht in einer Verkettung dieses Prozesses eine relative Geschichte aus.[19] In diesem undifferenzierten Entzug der modalen Markierung der Zeitdimensionen ist das boethianische Ewigkeitsmodell prinzipiell auf eine Geschichtslosigkeit hin ausgerichtet. Dieser Schritt ist für Boethius allerdings kein Problem, sondern geradezu die Lösung. So ist dieses Modell doch für die Denkbarkeit der Ewigkeit Gottes entwickelt, der als der Eine noch nie eine Geschichte hatte. Wird diese für die Ewigkeit Gottes entwickelte Definition nun allerdings auf die Ewigkeit des ewigen Lebens der Auferstandenen angewendet, so wirkt es angesichts der faktischen Geschichte der Auferstandenen von seiner Theorieanlage her, gewollt oder ungewollt, geschichtsnihilistisch. Es erlaubt weder eine Neukonfiguration der Geschichte noch deren echte Bewahrung.

f) Das boethianische Modell will eine prinzipielle Ereignislosigkeit aussagen, hierin ist geradezu seine Pointe greifbar. Auf den eschatologischen Menschen angewandt dekomponiert es allerdings nicht nur jede vergangene Geschichte, sondern schließt auch jegliche neue Geschichte, d. h. jegliche Art von neuem Ereignis, aus – sowohl als neue Möglichkeiten wie auch als neue Wirklichkeiten. Dass Menschen im Eschaton bisher nicht reale Möglichkeiten zugeeignet werden, ist unter der Bedingung einer konsequenten Ausschaltung ›mobiler Zeit‹ nicht denkbar. Die *consummatio mundi* als

---

geordnet wird. Die Verräumlichung des ursprünglich temporalen Ordnungsmusters stützt die Vorstellung der Präsenz, aber verlagert dennoch nur die Probleme des Zugriffs: Denn auch im Raum ›verbraucht‹ der Zugriff auf die fernere Möglichkeit mehr Zeit als der auf die näher gelegene. Auf das Verhältnis des ewigen Gottes zur Welt appliziert, wirft das boethianische Ewigkeitsmodell die Frage auf, ob ein Determinismus vermeidbar ist. Es droht die Statik eines *block universe*. Siehe Brom, L. J. v. d., »Eschatology and Time. Reversal of the Time Direction?«, in: Fergusson / Sarot (Hgg.), *The future as God's gift. Explorations in Christian eschatology*, Edinburgh: T & T Clark 2000, 159–167; Brom, L. J. v. d., »Ewiges Leben. V. Religionsphilosophisch; VI. Dogmatisch«, in: Betz / Browning / Janowski / Jüngel (Hgg.), *Religion in Geschichte und Gegenwart. Bd. 2, 4. Aufl.*, Tübingen: Mohr Siebeck 1999, 1765–1769.

[19] Die Differenz der Zukünfte hinsichtlich ihres Möglichkeits- bzw. Wirklichkeitsstatus bleibt die Signatur eines Ereignisses. Ein Ereignis ist bzw. war nur das, was es in einem bestimmten selektiv bearbeiteten und selektiv figurierten Möglichkeitsraum gewesen ist. Die modale Gleichbehandlung aller Vergangenheiten und Zukünfte mit der Gegenwart führt so zu einer vollständigen Dekomposition der Relationenvielfalt zwischen wirklichen Gegenwarten und den verschiedenen Vergangenheiten und Zukünften. Die Gegenwart als Modalität führt zur systematischen Dekomposition aller ereignisrelativen Möglichkeitsräume.

Vollendung kann dann nur als Ende, nicht als zukunftsoffene, d.h. ereignisoffene *perfectio* gedacht sein.[20] Die boethianische Ewigkeitsbestimmung ist daher nicht in der Lage, eine wahre Lebendigkeit des ewigen Lebens auszusagen.[21]

g) Die Modellübertragung aus der Gotteslehre in die theologische Fassung des »Lebens der zukünftigen Welt«, d.h. die Ineinssetzung beider Ewigkeiten durch den Gedanken der Partizipation an der Ewigkeit Gottes, tritt in Spannung mit der Realität der Sünde in der Geschichte. Die Realität gescheiterten und beschädigten Lebens macht die Übertragung unpassend, ist doch weder die Vergangenheit noch die Gegenwart des Menschen per se eine heilsame Angelegenheit.[22] Entweder wird die Notwendigkeit einer tiefgreifenden eschatologischen Bearbeitung der Vergangenheit übergangen oder diese sprengt notwendigerweise das Modell. Die Rettung der Vergangenheit erfordert die Zuwendung zum Gewesenen in erlösender, d.h. korrektiver und tröstender, aber nicht einfach in bewahrender Absicht. Hierin unterscheidet sich das von fremder und eigener Sünde beschädigte Leben qualitativ von Gottes eigener Vergangenheit, sodass es fraglich erscheint, in beiden Fällen mit dem gleichen Modell zu operieren.

Blickt man auf das boethianische Ewigkeitsmodell zurück, so ist festzuhalten, dass es große Schwierigkeiten bereitet, eine Lebendigkeit des ewigen Lebens auszusagen. Wie noch zu zeigen sein wird, wirkt es faktisch enorm restringierend auf das, was als materiale Eschatologie sinnvollerweise entfaltet werden kann.

----

[20]   »Versucht man, [...] die Zeitlichkeit des e.L. [ewigen Lebens] ohne Beziehung von Gegenwart, Vergangenheit und Zukunft zu denken, müßte das e.L. [ewige Leben] als eine rätselhaft zeitlose Zeitlichkeit gedacht werden« (Brom, L. J. v. d., »Ewiges Leben. V. Religionsphilosophisch; VI. Dogmatisch«, in: Betz, H. D. / Browning, D. / Janowski, B. / Jüngel, E. [Hgg.], *Religion in Geschichte und Gegenwart. Bd. 2. 4. Aufl.*, Tübingen: Mohr Siebeck 1999, 1765–1769, 1767).

[21]   Umgekehrt betrachtet, problematisiert die genannte Bestimmung jede Form geschöpflicher Vergänglichkeit. So findet sich auch bei Wolfhart Pannenberg eine enge Verflechtung ›mobiler‹ und dimensionierter Zeit mit Sünde und Tod. Besonders prägnant ist der Zusammenhang zudem bereits bei Paul Althaus, der für viele andere sprechend und die augustinische Tradition radikalisierend festhält: »Die irdische Zeitlichkeit ist nichts anderes als der Tod selbst« (Althaus, P., *Die letzten Dinge. Lehrbuch der Eschatologie*, 1961, 339). Für Fernwirkungen siehe Theunissen, M., *Pindar. Menschenlos und Wende der Zeit*, München: Beck 2000, 3ff. Die von Theunissen stets anvisierte Zeitenwende, »in der das von einer fremden Zeit beherrschte Leben zu sich befreit wird und Kraft aus sich selbst gewinnt« ist »vorrangig im Aion« und nicht im Chronos lokalisiert (a.a.O., 31)!

[22]   Wie Wolfhart Pannenberg in der Auseinandersetzung mit John Hick deutlich gesehen hat, ist die ereignislose Verewigung als Gestalt des ewigen Lebens nur schwer zu unterscheiden von der Hölle.

Allerdings entspricht es weitgehend den Überlegungen, die in den letzten Jahrzehnten hinsichtlich des Jüngsten Gerichts entfaltet wurden. Damit komme ich zu dem zweiten Vorstellungskomplex.

b. Gericht im Horizont der Verewigung: Ereignislose Entbergung und Aufdeckung des Verborgenen

Die theologischen Fassungen des letzten Gerichts in der protestantischen Theologie der zweiten Hälfte des 20. Jahrhunderts entsprechen in prägnantem Sinne den zeittheoretischen Orientierungen am Standardmodell der Ewigkeit. In vielfältigen Variationen hat die evangelische Theologie der letzten 50 Jahre das Endgericht Gottes mit dem Gedanken der Enthüllung bzw. der Aufdeckung verknüpft und so als Offenbarung begriffen. Dabei kann sich die Enthüllung und Offenbarung auf verschiedene Dinge beziehen.[23]

Ist es bei Regin Prenter die Offenbarung der bereits im Augenblick der Verkündigung gefallene Entscheidung im Sinne der Offenlegung der durch das »verborgene Wirken des Heiligen Geistes« gezogenen »Scheidelinie« zwischen den Menschen, so ist es für Helmut Thielicke die offenbare Überführung aller Menschen als Sünder.[24] Das Gericht bietet ein »Offenbarwerden dessen, was jetzt unter dem Gegenteil verborgen ist«, legt offen, »was im Leben Wirklichkeit geworden« ist, und lässt den »Zusammenhang« durchschauen, »der die Tat mit dem Glauben verbindet«, so Gerhard Ebeling.[25] Ganz analog möchte Edmund Schlink im Gericht eine Enthüllung der in diesem Leben gefallenen Grundentscheidung einer Annahme oder Ablehnung der Christusbotschaft, d. h. eine Apokalypsis des Geschehenen, erkennen.[26] Mit explizitem Verweis auf die Theologie Karl Barths wollen auf reformierter Seite sowohl Heinrich Ott als auch Walter Kreck im Gericht Gottes ganz wesentlich ein Offenbarungsgeschehen erblicken. Für Ott ist

---

[23] Für einen knappen Überblick der Gerichtsvorstellungen seit der frühen dialektischen Theologie und dem Neuluthertum siehe Etzelmüller, G., ›zu richten die Lebendigen und die Toten‹. Zur Rede vom Jüngsten Gericht im Anschluss an Karl Barth, Neukirchen-Vluyn: Neukirchener Verlag 2001, 9–77. Die folgenden Darlegungen und Überlegungen profitieren auch da, wo sie eigene Wege gehen, viel von dem kontinuierlichen Austausch mit Gregor Etzelmüller.

[24] Prenter, R., Schöpfung und Erlösung. Dogmatik, Göttingen: Vandenhoeck & Ruprecht 1958, 534 ff., hier 527; Thielicke, H., Der evangelische Glaube. Grundzüge der Dogmatik. Bd. 3, Tübingen: Mohr Siebeck 1978, 505–623.

[25] Ebeling, G., Dogmatik des christlichen Glaubens. Bd. 3. Der Glaube an Gott den Vollender der Welt, 1986, 469 f.

[26] Schlink, E., Ökumenische Dogmatik. Grundzüge, Göttingen: Vandenhoeck & Ruprecht 1983, 405 f.

es das Endgericht, das die grenzenlose Aufdeckung des Kreuzes und des gegenwärtigen Lebens der Sünde und also für alle Menschen eine »Enthüllung des göttlichen Urteils« bringt. In einer gewissen Nähe zu Ott ist in der Theologie Walter Krecks das Jüngste Gericht die unwidersprochene und unbestrittene Aufdeckung des in der Person Jesus Christus ergangenen Rechtfertigungsurteils. In all diesen Entwürfen ist das Gericht eine Apokalypse dessen, was gegenwärtig schon Wirklichkeit ist. Zweifellos lässt sich hinsichtlich der Funktionszuschreibung des Gerichts eine Akzentverschiebung weg von einer urteilenden Unterscheidung zwischen Gerechten und Verdammten hin zu einer die Rätsel der individuellen wie kollektiven Geschichte auflösenden Aufklärung feststellen.

Besonders instruktiv und geradezu idealtypisch verfasst ist das Gerichtsverständnis Eberhard Jüngels. In prägnanter Weise macht es die Umbauten der Eschatologie sichtbar und lässt zugleich die problematischen Grenzen einer Gerichtsvorstellung im Banne Boethius' erkennen. Für Jüngel ist die große Klammer um jede angemessene Rede vom *iudicium postremum* die Einsicht, dass der die Menschen erwartende Richter niemand anderes als Jesus Christus ist. Seine Aufgabe ist, für eine Friedens- und Wohlordnung zu sorgen.[27] Mit dieser Grundorientierung erzielt Eberhard Jüngel klar und eindeutig einen doppelten Fortschritt, der sich in anderen Positionen schon angedeutet hatte: 1. Der Weltenrichter, der am ›Tag des Herrn‹ richtet, ist der gekreuzigte Christus. 2. Als der Gekreuzigte ist er der, in dem Gott die Welt mit sich versöhnt hat und der das Evangelium, ja Gottes Gnade ist. Jüngel interpretiert das Gericht also nicht nur streng christologisch, sondern auch konsequent evangeliumsorientiert. Das Gericht ist in den Horizont der Rechtfertigung der Gottlosen zu stellen.

Darüber hinausgehend taucht nun ein Gedanke auf, dem Jürgen Moltmann besondere Aufmerksamkeit geschenkt hat und der ein großes Defizit vieler traditioneller Gerichtstheologien markiert: Das Gericht ist ein Geschehen, das sich nicht nur an den Täter der Sünde, sondern auch an die Opfer wendet.[28]

---

[27]   Für Jüngels Gerichtsvorstellung und weitergehende Eschatologie siehe Jüngel, E., »Gericht und Gnade«, in: Bonin (Hg.), *Deutscher Evangelischer Kirchentag Berlin 1989. Dokumente*, Stuttgart: Kreuz 1989, 222–238; Jüngel, E., »The Last Judgement as an Act of Grace«, in: *Louvain Studies* 15 (1990), 389–405; Jüngel, E., »›Die Weltgeschichte ist das Weltgericht‹ aus theologischer Perspektive«, in: Jüngel (Hg.), *Ganz werden. Theologische Erörterungen V*, Tübingen: Mohr Siebeck 2003, 323–344.

[28]   Auch Jürgen Moltmann möchte die Opfer in das Gerichtsgeschehen einbeziehen und wendet sich in diesem Zusammenhang massiv gegen ein Gerichtsverständnis, das nur ein Enthüllungsgeschehen kennt. Moltmann erwartet von dem Weltenrichter, »daß er endgültig die Rechtlosen ins Recht setzt und die Ungerechten gerecht macht« (Moltmann, J., *Der Weg Jesu Christi. Christologie in messianischen Dimensionen*, 1989, 363). Damit wird im Gericht nach dem »Evangelium von der rettenden Gottesgerechtigkeit« gerichtet, und zwar um »aufzurichten und zurechtzubringen« (a.a.O., 339). In enger Verklammerung von Rechtfer-

Beiden, dem Täter und dem Opfer, kommt das Gericht zugute, für beide ist es, so Jüngel, als ein therapeutisches Ereignis zu begreifen. Beide, Opfer und Täter, bedürfen der Heilung, der Veränderung für die Aufrichtung der Friedensordnung. Jüngel überschreitet damit deutlich ein konstatierendes Gerichtsverständnis – es geht ja um mehr als um die Offenlegung der im gelebten Leben realisierten Grundentscheidung für Christus.[29] Als »ein Akt der Gnade« ist das Gericht »das therapeutische Ereignis schlechthin«.[30]

Doch worin besteht die Therapie von Opfer und Täter? Was ereignet sich, dass der Mörder »den Anblick seiner Opfer und daß die Opfer seinen Anblick als eines begnadeten Verbrechers ertragen können«?[31] Hier, an diesem entscheidenden Punkt, an der Stelle, an der die kreative und schöpferische Seite des Gerichts thematisiert werden muss und kann, verharrt Jüngel im boethianischen Zeitverständnis und fällt zurück in ein allzu problematisches Zeitverständnis. Der Tag des Gerichts bringt alles an den Tag. Alles Vergangene wird dem »Zwielicht der Lüge«, der Täuschung und Selbsttäuschung entrissen und in das Licht der Wahrheit gestellt. Jede Sünde und Schuld wird offenbar werden und so den Mörder beschämen und die Traumata der Opfer freilegen. »In das Licht der Wahrheit gerückt werden, das ist Aufklärung. Und Aufklärung ist auch dann,

---

tigung und Rechtschaffung möchte Moltmann festhalten, dass »im Alten Testament das Rechtschaffen dem Rechtlosen Inbegriff des göttlichen Erbarmens und damit der Gottesgerechtigkeit« ist (Moltmann, J., »Gerechtigkeit für Opfer und Täter«, in: Moltmann [Hg.], *In der Geschichte des dreieinigen Gottes. Beiträge zur trinitarischen Theologie*, München: Chr. Kaiser 1991, 74–88, 77). Wie schon G. Etzelmüller (Etzelmüller, G., ›*zu richten die Lebendigen und die Toten*‹. *Zur Rede vom Jüngsten Gericht im Anschluss an Karl Barth*, 2001, 44) deutlich gesehen hat, gelingt es Moltmann nicht, mit der Rechtsterminologie die Rechtfertigung, die Rechtsaufrichtung und die Friedensschaffung systematisch zu verbinden. Darüber hinaus ist zu fragen, was es im Kontext des *iudicium postremum* für das Opfer bedeuten kann, dass nach dem irdischen, geschöpflichen Leben ihm Recht geschaffen wird, ein Recht, das ihm im Leben vorenthalten wurde. Die Figur des Rechtschaffens droht eine rhetorische Beteuerungsformel zu werden, solange nicht expliziert werden kann, was die göttliche Rechtsschaffung für das gelebte und v. a. ungelebte Leben des Opfers und seine eschatologische Zukunft bedeutet. Für eine Rezeption der in der reformierten Tradition eines Bundesdenkens prominenten Formel der Rechtsschaffung siehe auch Dietrich, W. / Link, C., *Die dunklen Seiten Gottes. Bd. 2. Allmacht und Ohnmacht*, Neukirchen-Vluyn: Neukirchener Verlag 2000, 354).

[29]   Jüngel ist hier nicht ohne gewisse ›Vorgänger‹. So unterscheidet und verknüpft beispielsweise Edmund Schlink die bilanzierende und die schöpferische Seite des Gerichts anhand eines »bindenden« und eines zweiten »erlösenden« Urteils. Siehe Schlink, E., *Ökumenische Dogmatik. Grundzüge*, 1983, 406 ff.

[30]   Jüngel, E., »›Die Weltgeschichte ist das Weltgericht‹ aus theologischer Perspektive«, in: Jüngel, E. (Hg.), *Ganz werden. Theologische Erörterungen V*, Tübingen: Mohr Siebeck 2003, 323–344, 340 u. 343.

[31]   A.a.O., 341.

wenn sie schmerzt, eine dem Menschen widerfahrende Wohltat.«[32] Unklar bleibt jedoch, warum die Aufklärung über das Gewesene für das Opfer einen therapeutischen Effekt haben soll. Warum kommt die Aufklärung nicht einer erneuten, ja dauerhaften Verohnmächtigung des Opfers gleich? Positiv zu würdigen ist zweifellos, dass Eberhard Jüngel eine heilvolle Funktion des Gerichts für die Opfer zwischenmenschlichen Unrechts deutlich in den Blick nimmt. Die Vorstellung, dass in der als Begegnung gedachten Aufklärungssituation allein schon die Aufdeckung des Gewesenen eine therapeutische Heilung der Opfer darstellt, vermag nicht zu überzeugen.[33] Warum ist die universelle Aufdeckung alles Unrechts eine heilsame Wahrheit und nicht die Hölle?

Für Eberhard Jüngels Zögern bezüglich eines ereignisreichen Handelns Gottes an den Opfern gibt es mehrere Gründe. Einer davon ist zweifellos das Zeitverständnis des Boethius, da es nicht erlaubt, ein ereignisreiches, Neues bietendes und das Gewesene überbietendes Eschaton zu denken, in dem dem gelebten Leben etwas zugeeignet wird. Im konzeptionellen Rahmen des boethianischen Zeitverständnisses kann und darf es kein ereignisbasiertes, lebendiges Leben im Eschaton geben.

---

[32]   Jüngel, E., »Gericht und Gnade«, in: Bonin, K. v. (Hg.), *Deutscher Evangelischer Kirchentag Berlin 1989. Dokumente*, Stuttgart: Kreuz 1989, 222–238, 235.

[33]   Man wird sehr deutlich sehen müssen, dass die Metapher der Therapie in einer Verwendung als Modell nicht nur opak bleibt, sondern geradezu irreführend ist. Die Therapie ermöglicht einen angemessenen, d. h. ein Weiterleben ermöglichenden Umgang mit dem Gewesenen. Sie ist Deutearbeit am Unabänderlichen und darin eine kognitive, affektive und habituelle *Anpassung* zugunsten eines ›Weitermachens‹. Eine solche Therapie erstickt den Protest, muss jede Klage als Widerstand beiseiteschieben. Der Täter mag einer £Resozialisierung‹ (Moltmann) oder einer Therapie bedürfen, das Opfer braucht mehr als Adaptation an das Gewesene, es braucht *Rettung*. Gegenüber der eschatologischen Tröstung, dem ›Abwischen der Tränen‹, ist die Therapie ›zu viel‹, gegenüber einer Rettung ›zu wenig‹. Der Therapiegedanke verharrt letztlich im Vorstellungsgefüge einer Offenbarung der ›richtigen‹ Deutung, des adäquaten Sinnes und kennt per se keine ›Kompensation‹ oder ›Reparation‹. Darüber hinaus ist kritisch zu fragen, ob die zugrundeliegende Vorstellung einer Begegnung von Opfer und Täter nicht selbst zu überwinden ist.

2. Schöpferische Gerechtigkeit: Soziale Versöhnung und Lebensgabe

a. Eschatologische Versöhnung – um den Preis einer Vernichtung der Erinnerung?

Kaum ein Theologe hat in den letzten Jahren so viele Impulse der Eschatologien Eberhard Jüngels und Jürgen Moltmanns aufgenommen und zugleich so scharfsinnig deren Grenzen diagnostiziert wie der in Yale lehrende Miroslav Volf.[34]

In Aufnahme und Fortführung der Einsichten Eberhard Jüngels und Jürgen Moltmanns betont Volf, dass das Leben, auf das sich das Gericht bezieht, das gelebte Leben in seinen mannigfaltigen natürlichen, kulturellen und soziopolitischen Prägungen ist. Das Rechtfertigungsgeschehen am Tage des Gerichts bezieht sich auf das Subjekt bzw. den Akteur der vergangenen Geschichte, auf einen Menschen mit einer, so könnte man formulieren, je eigenen relativen Welt, aber eben einer relativen Welt vielfältiger Relationierungen. Die Zueignung der Rechtfertigung erfordert die Annahme einer diese Zueignung perzipierenden und annehmenden Person. »The only appropriate object of the final justification is not the lived life, but the human person as a subject of that lived life and recipient of God's grace«.[35] Volf verknüpft nun drei Fäden: a) Zunächst nimmt er die unentrinnbar sozial situierte und in Umgebungen verwobene menschliche Existenz ernst. Das bedeutet, dass die menschliche Sünde stets Sünde gegen andere Menschen, Völker und Kulturen ist. b) Wendet sich nun das Gericht der Vergangenheit des Sünders zu, so nimmt es konkret die Situationen und Konstellationen des Unversöhntseins in den Blick. So ist das Rechtfertigungsgeschehen als Moment der eschatologischen Erlösung nicht zu trennen von spezifischen Ereignissen der Versöhnung, ja nicht zu trennen von einer Adressierung der durch die Ereignisse des Unversöhntseins geprägten Identitäten. c) Diese Versöhnung ist, und dies ist die dritte weiterführende Einsicht Volfs, eine zu-

---

[34] Siehe Volf, M., *Exclusion and embrace. A theological exploration of identity, otherness, and reconciliation*, Nashville: Abingdon Press 1996; Volf, M., »After Moltmann. Reflections on the Future of Eschatology«, in: Bauckham (Hg.), *God will be all in all. The eschatology of Jürgen Moltmann*, Edinburgh: T&T Clark 1999, 233–257; Volf, M., »Enter into joy! Sin, death, and the life of the world to come«, in: Polkinghorne / Welker (Hgg.), *The end of the world and the ends of God. Science and theology on eschatology*, Harrisburg, Pa.: Trinity Press International 2000, 256–278; Volf, M., »The Final Reconciliation. Reflections on a Social Dimension of the Eschatological Transition«, in: *Modern Theology* 16 (1) (2000), 91–113.

[35] Volf, M., »Enter into joy! Sin, death, and the life of the world to come«, in: Polkinghorne, J. C. / Welker, M. (Hgg.), *The end of the world and the ends of God. Science and theology on eschatology*, Harrisburg, Pa.: Trinity Press International 2000, 256–278, 263 f.

kunftsgerichtete. Vollzieht sich das eschatologische Leben in einer Welt der Liebe, so ist die Versöhnung ein Implikat dieser Liebe und selbst die Zukunftseröffnung des eschatologischen Lebens. Volf nimmt mit der Akzentuierung der Beziehung zwischen Täter und Opfer die triadische Konstellation der alttestamentlichen Rechtshilfe im Gericht und damit auch deren zukunftseröffnende Funktion auf.

Jede eschatologische menschliche Identität ist das selektive Sediment von Erfahrungen der Erfüllung, aber auch der Erfahrungen der Entrechtung, der Gewalt und Erniedrigung, der Enttäuschung und der Friedlosigkeit. Jede Identität ist das Ergebnis eines vielschichtigen und dynamischen Prozesses des Gewinns und des Verlustes von Möglichkeiten und der selbst- und fremdgesteuerten Verwirklichung ausgewählter Möglichkeiten. »Persons cannot be healed without the healing of their specific socially constructed and temporarily structured identities«.[36] Volfs Konzeption der sozialen Versöhnung wendet sich gleichermaßen gegen die Vorstellung einer mirakelhaften Heilung der Identitäten wie auch gegen die Idee einer nivellierenden ›Nullsummenbilanz‹, nach der die Sünder irgendwie alle in einem ausgleichenden Maße Opfer wie Täter sind. Das Ereignis des die Beziehungen zwischen Menschen und Völkern neu bestimmenden eschatologischen Schaloms als Komplement der Gerechtigkeit stellt sich nicht nur zwischen Mensch und Gott, sondern auch zwischen Menschen ein. »Reconciliation will not have taken place until one has *moved toward one's former enemies* and *embraced them* as belonging to the same communion of love.«[37] Indem Volf dieses Ereignis als zeitliches denken möchte, wird deutlich, dass er die boethianische Auffassung der Zeitlichkeit des Eschaton unmissverständlich hinter sich lässt. »Without an afterlife, neither final justification nor the final social reconciliation is possible.«[38]

Ohne Zweifel stellt die Betonung der sozialen Versöhnung und der Adressierung von der Geschichte gezeichneter Identitäten einen wichtigen Fortschritt gegenüber Ich-Gott-Beziehungen im Gericht und eine deutliche konzeptionelle Weiterentwicklung der bei Eberhard Jüngel und Jürgen Moltmann schon greifbaren primären Opferorientierung dar. Und doch stößt das Konzept der Versöhnung an einem neuralgischen Punkt an eine deutliche Grenze: Ist es dem Opfer auch im Geschehen der Versöhnung zumutbar und möglich, den vergan-

---

[36]   A.a.O., 262.

[37]   Volf, M., »The final reconciliation. Reflections on a social dimension of the eschatological transition«, 91–113, 104 (Hervorh. im Orig.). »With that mutual embrace, made possible by the Spirit of communion and grounded in God's embrace of sinful humanity on the cross, all will have stepped into a world in which each enjoys the other in the communion of the Triune God and therefore all take part in the dance of love freely given and freely received« (ebd).

[38]   Volf, M., »Enter into joy! Sin, death, and the life of the world to come«, in: Polkinghorne, J. C. / Welker, M. (Hgg.), *The end of the world and the ends of God. Science and theology on eschatology*, Harrisburg, Pa.: Trinity Press International 2000, 256–278, 264.

genen, real erfahrenen und folgenreichen Raub an Lebensmöglichkeiten zu bejahen? Kann sich das Opfer auch mit der Vergangenheit versöhnen? Und zugleich ist auch für die Täterperspektive zu fragen: Wie kann der Täter damit leben, dass er auch im Akt der Versöhnung dem Opfer nicht das geben kann, was er ihm oder ihr geraubt hat? Wie ist also zu verhindern, dass das Opfer eine stete Erinnerungshölle durchlebt und der beschämte und das von ihm ausgegangene Unheil erkennende Täter – wenngleich anders, aber doch auch – in eine Erinnerungsqual abgleitet? Je ernster die vergangenen Geschichten genommen werden und je konsequenter die zerstörerische Relationalität erkannt wird, umso drängender wird dieses Problem der *Erinnerungshölle.*

Die einzige Lösungsmöglichkeit, die Volf an dieser Stelle ins Auge fassen kann, ist das totale Vergessen. »For if heaven cannot rectify Auschwitz, then the memory of Auschwitz must undo the experience of heaven. Redemption will be completely only when the creation of ›all things new‹ is coupled with the passage of ›all things old‹ into the double *nihil* of nonexistence and nonremembrance. Such redemptive forgetting is implied in a passage in Revelation about the new heavens and the new earth. ›Mourning and crying and pain‹ will be no more not only because ›death will be no more‹ but also because ›the first things have passed away‹ ([Apk] 21:4) – from experience as well as from memory, as the text in Isaiah from which Revelation quotes explicitly states: ›the former things shall not be remembered or come to mind‹ ([Jes] 65:17; cf. 43:18)«.[39] Die transformative Erinnerung schließt als Befreiung von den Traumatisierungen auch ein Vergessen ein. Selbst Gott will die Sünde vergessen und beide, Opfer und Täter, werden ihm darin entsprechen.[40] Doch wider der Logik eines Subtraktionsmodells, in dem

---

[39] Volf, M., *Exclusion and embrace. A theological exploration of identity, otherness, and reconciliation,* 1996, 136. Volf steht mit dieser Auffassung nicht allein. Auch Sauter, G., »Versöhnung und Vergebung. Die Frage der Schuld im Horizont der Christologie«, in: *Evangelische Theologie* 36 (1976), 34–52, 51 setzt darauf, dass uns »ein umfassendes, völliges Vergessen verheißen ist«.

[40] Siehe Jes 43,25 und Hebr 8,12. Zwischen dem Vergessen Gottes und dem Vergessen der Menschen herrschen jedoch weitreichende strukturelle Unterschiede: Die Paradoxie dieses göttlichen Vergessens ist nicht nur darin greifbar, dass Gott die Sünden nicht nur nicht erinnern will, sondern auch darin, dass das Vergessen in dem Gekreuzigten von Gott und im Wort vom Kreuz erinnert wird. Um es mit der kulturwissenschaftlichen Semantik auszudrücken: Für Gott ist das Vergessen ein ›heißes Erinnern‹. Zur Unterscheidung zwischen heißem und kaltem Gedächtnis siehe Assmann, J., *Das kulturelle Gedächtnis. Schrift, Erinnerung und politische Identität in frühen Hochkulturen,* München: Beck 1992, 66–86. Hier kann nur kurz angemerkt werden, dass Volfs Vorschlag auch in exegetischer Hinsicht nicht überzeugt, geht es doch bei den genannten Stellen um die Aufgabe eines aktiven Gedenkens, eines aktiven Vergegenwärtigens und um ein handlungs- und erwartungssteuerndes Präsenthalten. Die Debatte leidet unter der Konfusion des Aktes des Gedenkens und des Er-

alles nicht mehr Angemessene vom Menschen weggenommen wird, befreit für Volf nur die totale Amnesie von der Last der Vergangenheit. Aber so verständlich Volfs hellsichtige und realistische Einschätzung der Gefahr einer Erinnerungshölle ist, so fragwürdig ist seine Idee einer umfassenden *annihilatio memoriae*.[41]

   Welche Weichenstellungen führen Volf zu dieser fragwürdigen Auffassung? Zunächst bezieht sich Miroslav Volf bestätigend auf Dorothee Sölles vielzitierten Satz:»Kein Himmel kann so etwas wie Auschwitz wiedergutmachen« – ohne jedoch die Söllesche Voraussetzung, ein allmächtiger und alleswirkender Gott habe dieses Ereignis ›gemacht‹, zu problematisieren.[42] Doch erst die Zurückweisung von Sölles grundlegender Prämisse lässt den Unterschied zwischen eschatologischer Rettung und eschatologischer Wiedergutmachung erfassen. Gott muss nicht wiedergutmachen, wovon er nicht im prägnanten Sinne Täter ist – denn das Ereignis von Auschwitz entsprach nicht Gottes Aspirationen.[43]

   Die zweite problematische Weichenstellung ist greifbar in einer unzureichenden Fassung des Vorgangs des Vergessens bzw. des Erinnerns. Im Falle eines individuellen Erinnerns kann dieses sich durch Situationsähnlichkeiten oder durch bewusstes Gedenken und *Nach*-denken einstellen.[44] Eine zentrale Erkenntnis der Gedächtnisforschung ist nun allerdings, dass »Vergessen [...] weniger der Zerfall oder das Verschwinden bisher aufgenommener Information [ist], sondern die Verschiebung, Herabstufung und Ummodellierung des zuvor erworbenen [...] Das heißt, [...] unsere Denkprozesse formen unsere Erinnerung (um), so dass sie integriert in den personenbezogenen Gesamtzusammenhang passen. Die Formung des Gedächtnisses beinhaltet die zeitgerechte Unterdrückung inzwischen unwesentlicher und unpassend gewordener Information«.[45]

---

eignisses der sich einstellenden Erinnerung. Die Beendigung des Gedenkens impliziert nicht notwendigerweise das Verschwinden der Erinnerung. Dies ist auch das Problem der umsichtigen Ausführungen zu Vergessen und Gericht von Etzelmüller, G., ›zu richten die Lebendigen und die Toten‹. Zur Rede vom Jüngsten Gericht im Anschluss an Karl Barth, 2001, 309 ff.

[41]   Volfs so nicht genannte, aber so zu verstehende *annihilatio memoriae* erscheint nur unzureichend davor geschützt, letztlich doch wieder geschichtsnihilistisch zu sein und zu einer ›gnostizierenden‹ Abstoßung der alten Schöpfung in der neuen Schöpfung zu führen.

[42]   Zur Stelle Sölle, D., *Leiden*, Stuttgart: Kreuz-Verlag 1978, 182 f.

[43]   Natürlich bleibt das Problem der Unterlassung bzw. Nichtintervention als Tat der Unterlassung im Raum stehen.

[44]   Für den ersteren Vorgang steht der selbst ›unvergessliche‹ »Löffel Tee mit dem aufgeweichten kleinen Stück Madeleine darin an den Lippen«, dessen Geruch ein weites Fenster zu längst vergessen geglaubten Kindheitserinnerungen öffnet (Proust, M., *Auf der Suche nach der verlorenen Zeit*, Frankfurt a.M.: Suhrkamp 1954, 347 f.).

[45]   So der Gedächtnisforscher Markowitsch, H. J., *Dem Gedächtnis auf der Spur vom Erinnern und Vergessen*, Darmstadt: Wissenschaftliche Buchgesellschaft 2002, 172. Vergessen voll-

Diese Verschiebung geschieht wesentlich *durch neue, prägende und tiefgreifende Erfahrungen.* In diesem Prozess wird jede Erinnerung durch neue und andere Erfahrung umgebaut, ohne dass es ein gespeichertes und dann abrufbares ›Original‹ gibt.

Orientiert man sich an diesem Prozess der Verschiebung und Umgewichtung in der Erinnerung, so besteht die Antwort auf die von Volf völlig zu Recht aufgeworfene Problematik der bedrückenden Erinnerung des Leidens aus drei Prozessen: Wesentlich ist 1. eine Situationsveränderung, die die Erinnerung des traumatischen Unrechts nicht durch analoge Erfahrungen wieder ›auslöst‹, und 2. die Aufgabe im Sinne einer Preisgabe des aktiven, gezielten und gewollten Erinnerns. Von größter Bedeutung dürfte allerdings 3. die permanente Umgestaltung der Erinnerung durch den Reichtum und die Fülle der ›eschatologischen Erfahrung‹ sein. Das die Erinnerungshölle verunmöglichende Vergessen geschieht darum nicht durch eine göttliche *annihilatio memoriae*, eine Vernichtung der Erinnerung, die auch alle geschichtliche Identität auslöschen würde. Das Vergessen geschieht vielmehr durch die schöpferische göttliche Zuwendung, die zu einer kreativen Zueignung neuen Lebens, und d. h. neuen, die Erinnerung umgestaltenden und die Relevanzhorizonte verschiebenden Erfahrungen führt. Der Reichtum der zugeeigneten Erfahrung macht die Menschen dann zu *gewesenen* Sündern, zu *gewesenen* Opfern und *gewesenen* Tätern, aber so, dass die Spur des Gewesenen nicht mehr schmerzt und nicht mehr beschämt. Dessen man nicht mehr gedenken wird, wird dann nur noch als Vergangenes erinnert.[46] Diese sich unter dem Eindruck von neuen Erfahrungen einstellende *prozessual-transfor-*

---

zieht sich damit nicht intentional und operativ, sondern prozessual im konkreten Verarbeiten von Erfahrungen durch Erfahrungen. Gelingt dies nicht, »so leidet das Individuum unter der ›Informationsssschwemme‹« (ebd.). Dies heißt konkret, dass es menschliche Identität nur durch Selektivität der Erinnerung gibt, d. h. aber durch Vergessen. Die Identität eines Menschen wie im Zeitmodell der Ewigkeit des Boethius als die Totalität seiner Geschichte zu denken, dekomponiert in Wahrheit jeden Moment der vergangenen Identität. Dass das Gedächtnis bzw. das Gehirn weitestgehend unterhalb der Ebene von Bewusstsein selbstselektiv umbaut und ›vergisst‹, erzeugt das illusionäre, aber verständliche Bedürfnis der in Boethius' Ewigkeitsbestimmung so prägnant ausformulierten Selbsthabe. Nur, diese Selbsthabe würde das Selbst zerstören. Das Gericht ist daher die öffentliche Auseinandersetzung darüber, welche Ereignisse in welcher Perspektivierung nicht negierbar zu ›mir‹ gehören (Mt 28). Zur Problematik siehe auch Schacter, D. L., *Wir sind Erinnerung. Gedächtnis und Persönlichkeit,* Hamburg: Rowohlt 1999, insbes. Kap. 2–5.

[46] Der Sünder erinnert sich als »peccator in memoria« an die Vergangenheit, ohne dass aus dem Erinnerten ein Aktualisierungsdruck erwachsen würde. Zum Sachverhalt siehe auch Janowski, J. C., *Allerlösung. Annäherungen an eine entdualisierte Eschatologie. 2 Bde.,* 2000, 620; Janowski, J. C., »Eschatologischer Dualismus? Erwägungen zum ›doppelten Ausgang‹ des jüngsten Gerichts«, in: Baldermann (Hg.), *Sünde und Gericht (JBTh 9),* Neukirchen-Vluyn: Neukirchener Verlag 1994, 175–218, 215.

mative Erinnerung liegt jenseits der Alternative von heißem und kaltem Gedächtnis.[47] Ist das Gewesene das, was es in seinen Relationierungen ist, so wird es, solange sich neue Erfahrungen neu darauf beziehen, als dieses ein anderes. Das Neue schafft das Alte um, ohne es vernichten zu müssen. Der eschatologische Trost besteht darum nicht in der Gabe des Vergessens, sondern der neuen Lebensfülle. Darum ist das Eschaton etwas anderes als eine Verewigung des Gewesenen *und* kennt es mehr als eine amnestische Vernichtung, ein Wegnehmen von Gewesenem: wirkliches Werden. Das eschatologische Lachen (Lk 6,21) wird nicht durch ein Auslöschen der Erinnerung erkauft. Als Hoffnung formuliert: »Deine Toten werden leben, aufwachen und jubeln werden die Bewohner des Staubes« (Jes 26,19).

b. Das Gericht als Lebensgabe des schöpferisch-gerechten Gottes

Gottes schöpferische Zuwendung zur Geschichte, und d. h. zu der Fülle der individuellen und kollektiven Geschichten, seine schöpferische Erhebung beraubten Lebens ist ein eschatologischer Aspekt des Rechtfertigungsgeschehens. Den im Zusammenhang des Volfschen Beitrags angedeuteten Gedanken gilt es nun knapp zu entfalten.

Für ein sachlich angemessenes Verständnis gilt es sich in einem ersten Schritt den schwierigen Sachverhalt des Verhältnisses zwischen *Sündersein* und der Unterscheidung von *Opfer und Täter* zu vergegenwärtigen. Die in der Rechtfertigungslehre formulierte Einsicht, dass sich jeder Mensch als gerechtfertigter Sünder erkennen kann und muss, ist unaufgebbar. Jeder Mensch gehört zur Welt, die Gott mit sich versöhnt hat.[48] Ebenso unaufgebbar ist aber die andere Erkenntnis, dass die Unterscheidung zwischen Täter und Opfer auch eschatologisch nicht nivelliert werden darf – sonst legt sich über die Geschichte/n der gelebten Leben ein nihilistisch-grauer Schleier. Hierin liegt das Wahrheitsmoment der eschatologischen Aufdeckung des Gewesenen, wie sie das Endge-

---

[47] Es wäre ein naheliegendes Missverständnis, wollte man die angemessene Verarbeitung der ›heißen‹, machtvoll die Gegenwartserfahrung und Erwartung bestimmenden Erinnerungen des Leidens in der ›Abkühlung‹ des Gedächtnisses erblicken. Es könnte nicht nur jederzeit wieder unheilvoll ›erhitzt‹ werden, sondern wäre auch als kaltes nur die Vorstufe der Amnesie. In der Neukonstruktion des Gewesenen in der durch Neues und Anderes geprägten Erinnerung wird das Vergangene ›anders‹ durch einen Prozess der Rekontextualisierung, durch stets neue und als eschatologisch neue das Alte nicht bestätigende Interferenzen.

[48] Selbstverständlich kann auch diese Aussage in Grenzlagen kommen, wie deutlich wird in Janowski, J. C., »»Was wird aus den Kindern ...?«. Einige Anfragen an die klassische Theologie in Zuspitzung auf die eschatologische Perspektive«, in: Ebner (Hg.), *Gottes Kinder (JBTh 17)*, Neukirchen-Vluyn: Neukirchener Verlag 2002, 337–367.

richt in Mt 25 anzeigt. Die Rechtfertigungslehre entlarvt nun allerdings *jeden* Versuch, die Menschen letztlich und definitiv in zwei Gruppen, in Täter und Opfer, unterscheiden zu wollen, als irreführend. Zugespitzt formuliert: *Jedes Opfer ist auch* – zumindest zu anderen Zeiten und in anderen Situationen – ein der Rechtfertigung und der Versöhnung mit Gott und der Versöhnung mit dem anderen bedürfender Täter. Zugleich ist in der systematischen Reflexion ein naheliegender und fataler Trugschluss unbedingt zu vermeiden, konkret: Die Schlussfolgerung bzw. Annahme, dass wenn alle Menschen grundsätzlich Sünder sind, alle Menschen *gleichermaßen* Opfer und Täter seien. Die Rechtfertigungslehre eröffnet mit der konsequenten Unterscheidung zwischen Sünder und Sünde die Einsicht, dass die Unterscheidung zwischen Tätern und Opfern *nicht personrelativ, sondern ereignis- und beziehungsrelativ*, und d. h. als dynamische und temporale Konstellation zu denken ist.[49] Die Unterscheidung von Opfer und Täter hält eine ereignis- und zeitpunktbezogene Beziehung fest, taugt also nicht zu einer durchgehenden und darin endgültigen ›Sortierung‹ von Personen. Eine eschatologisch-definitive Scheidung von Opferpersonen und Täterpersonen ist darum rechtfertigungstheologisch unterbestimmt.[50]

Umgekehrt ist eine eschatologische Nivellierung der ereignis- und beziehungsrelativen Unterscheidung von Opfer und Täter im Sinne eines ›Nullsummenspiels‹ der göttlichen Barmherzigkeit und Liebe zum Detail nicht angemessen. Theologisch erwächst aus diesem Zusammenhang die Herausforderung, dass sich Richten und Retten, Rechtfertigung und Rechtsaufrichtung an denselben Personen vollzieht *und* doch zugleich an verschiedenen Personen unterschiedlich.[51] Insofern sich das Sündersein elementar in sozialen Feldern

---

[49] Die prozesstheologische Eschatologie trägt diesem Umstand dadurch Rechnung, dass sich Auferstehung und Gericht zunächst auf die vergangenen »occasions« bezieht. Siehe Suchocki, M., *The end of evil. Process eschatology in historical context,* Albany: State University of New York Press 1988, Kap. VI.

[50] An dieser Stelle nicht hinreichend zu differenzieren belastet manche neuere Eschatologie. So entsteht auch bei Jürgen Moltmann und Eberhard Jüngel der Eindruck, als richte sich Gottes Handeln an Tätern und Opfern an verschiedene Menschengruppen. Siehe exemplarisch Moltmann, J., »Gerechtigkeit für Opfer und Täter«, in: Moltmann, J. (Hg.), *In der Geschichte des dreieinigen Gottes. Beiträge zur trinitarischen Theologie,* München: Chr. Kaiser 1991, 74–89. Auch G. Etzelmüllers Ausführungen (Etzelmüller, G., *›zu richten die Lebendigen und die Toten‹. Zur Rede vom Jüngsten Gericht im Anschluss an Karl Barth,* 2001, Kap. 3.3) lassen hier die erforderliche Klarheit vermissen, insofern er zwischen Opfern und Heiligen als kompakten Personen unterscheidet.

[51] Dies schließt nicht aus, sondern ein, dass die Sünde auch gegen sich selbst gerichtet sein kann und dass der ›Andere‹ sowohl plural als auch systemisch verfasst sein oder auch erst eine zukünftige Entität sein kann. Aus Gründen der Vereinfachung soll im Folgenden von

realisiert, erzwingt eine realistische Wahrnehmung der Sünde die (wohlgemerkt ereignisrelative!) triadische Konstellation zwischen Rechtshelfer, Täter und Opfer.[52]

Vor dem Hintergrund der alttestamentlich greifbaren Rechtshilfe haben vor allem reformierte Theologen die Gerechtigkeit im Gericht als *iustitia correctiva* begreifen wollen.[53] Doch gerade der Blick auf die juridische Triade offenbart, dass

---

einem einfachen dualen Schema ausgegangen werden: einem Täter und einem Opfer, wohl wissend dass die Wirklichkeit komplexer ist.

[52]   Siehe exemplarisch Ps 7,12; 72,2–4; 82,3–4. Von exegetischer Seite zum Täter-Opfer-Ausgleich im Mischpatim (Ex 21,1–22) siehe Crüsemann, F., *Die Tora. Theologie und Sozialgeschichte des alttestamentlichen Gesetzes*, München: Kaiser 1992, 198; zum rettenden Crüsemann, F., »Jahwes Gerechtigkeit im Alten Testament«, in: *Evangelische Theologie* 36 (1976), 427–450; siehe auch Janowski, B., »JHWH der Richter – ein rettender Gott. Psalm 7 und das Motiv des Gottesgerichts«, in: Baldermann u. a. (Hgg.), *Jahrbuch für Biblische Theologie, Bd. 9, Sünde und Gericht*, Neukirchen-Vluyn: Neukirchener Verlag 1994, 53–86; Janowski, B., »Der barmherzige Richter. Zur Einheit von Gerechtigkeit und Barmherzigkeit im Gottesbild des Alten Orients und des Alten Testaments«, in: Scovalick (Hg.), *Das Drama der Barmherzigkeit Gottes. Studien zur biblischen Gottesrede und ihrer Wirkungsgeschichte in Judentum und Christentum*, Stuttgart: Katholisches Bibelwerk 1999, 33–91; Assmann, J. / Janowski, B. / Welker, M., »Richten und Retten. Zur Aktualität der altorientalischen und biblischen Gerechtigkeitskonzeption«, in: Janowski (Hg.), *Die rettende Gerechtigkeit. Beiträge zu einer Theologie des Alten Testaments 2*, Neukirchen-Vluyn: Neukirchener Verlag 1999, 220–246, 232 ff. »JHWH [...] ›richtet‹, indem er ›rettet‹, das heißt, indem er den personae miserae zum Recht verhilft ... und sie aus der Gewalt der Frevler befreit ...« (a.a.O., 233). Zur Bitte um Rechtshilfe vgl. Miller, P. D., *They cried to the Lord. The form and theology of biblical prayer*, 1994, 108 ff.

[53]   Systematisch-theologisch jetzt instruktiv und in kritischer Auseinandersetzung mit Karl Barth, Etzelmüller, G., ›*zu richten die Lebendigen und die Toten‹. Zur Rede vom Jüngsten Gericht im Anschluss an Karl Barth*, 2001, 246 ff. Etzelmüller möchte im Anschluss an den von Huber, W., *Gerechtigkeit und Recht. Grundlinien christlicher Rechtsethik*, Gütersloh: Chr. Kaiser, Gütersloher Verlagshaus 1996, 152 f., von Aristoteles aufgegriffenen Begriff von einer *iustitia correctiva* sprechen. Da diese »aus dem Begriff der Gerechtigkeit Gottes ausgeblendet bleibt, wenn sie exklusiv als eine Bestimmung der den Sünder rechtfertigenden Gnade verstanden wird, sollte Gottes Gerechtigkeit umfassender als seine Barmherzigkeit gegenüber den Sündern und als ausgleichende Gerechtigkeit gegenüber allem Unrecht verstanden werden. Gerechtigkeit Gottes bezeichnet nicht nur die den Sünder rettende Tat, sondern auch die, in dem das Opfer zu seinem Recht kommt« (a.a.O., 249). Wie oben schon angemerkt, erwarten auch Dietrich und Link vom Gericht, dass es die Betenden der Klagepsalmen im Gericht ins Recht setzt, indem »Gott zum Recht kommt« (Dietrich, W. / Link, C., *Die dunklen Seiten Gottes. Bd. 2. Allmacht und Ohnmacht*, 2000, 354). Ebenso Moltmann, J., »Gerechtigkeit für Opfer und Täter«, in: Moltmann, J. (Hg.), *In der Geschichte des dreieinigen Gottes. Beiträge zur trinitari-*

Gottes schöpferische Gerechtigkeit als eine äußerst spezifische Form der *iustitia correctiva* gedacht werden muss. Das Problem einer Opferorientierung im Jüngsten Gericht ist, dass »Recht bekommen« nicht nur die öffentliche Anerkennung, dass Unrecht getan wurde, impliziert, sondern darüber hinaus die reale Rettung, die Rückgabe der geraubten Lebensmöglichkeiten einschließt.[54] Im Rahmen einer *iustitia correctiva* der Rechtshilfe und Rechtsaufrichtung müsste aber die Entschädigung für den Lebensraub von dem Schädigenden kommen und von diesem dem Geschädigten zugeeignet werden. Doch genau dies ist, bei aller menschlichen, d.h. politischen, diakonischen und rechtlichen Bemühung um reale Opfer, im Horizont eines *iudicium postremum* eine nicht von den Sündern zu leistende Sache.[55] Eine ernstgenommene *iustitia correctiva* scheitert angesichts der Reue und der Scham des offenbar gewordenen Täters. Allerdings scheitert er im Gericht nicht an dem Willen zum Ausgleich, sondern an seiner realen Ohnmacht als Sünder. Er kann weder die Zeit ›zurückdrehen‹ noch schöpferisch geraubtes Leben geben. Ohne dass die theologische Einsicht in die pneumatologisch und christologisch auszuformulierende Tatsache des Mitleidens Gottes in den Leiden der Opfer zu schmälern oder gar aufzugeben ist, erfordert die göttliche Schaffung bzw. Aufrichtung von Recht für den, der von dem Sünder Unrecht erlitten hat, definitiv mehr, als vom Sünder geleistet werden kann.[56] So führt das Rechtfertigungsgeschehen zur Anerkenntnis einer *doppelten* Ohnmacht des Sünders: Er kann sich weder in eine neue Gottesbeziehung versetzen, noch kann er die Folgen seiner unheilvollen Taten an anderen übernehmen. Für die Beschädigungen anderen Lebens aufzukommen, übersteigt die menschlichen Möglichkeiten – aufgrund der Komplexität der Handlungsnetze, aufgrund der

---

schen Theologie, München: Chr. Kaiser 1991, 74–88. Doch was kann das Recht für das Opfer bedeuten, wenn es nicht eine Lebensgabe im Medium der Zeit beinhaltet?

[54] Dafür, dass mit Gerechtigkeit Jahwes »hilfreiche Taten Jahwes für Israel bezeichnet werden, also Sieg über Feinde, Rettung aus Not«, siehe Crüsemann, F., »Jahwes Gerechtigkeit im Alten Testament«, 427–450, 434.

[55] Darum verharren Dietrich und Link im Rahmen einer *iustitia distributiva*, darum kann Etzelmüller den berechtigterweise erhobenen Anspruch nicht einlösen und kann Moltmann jenseits politischer Gerechtigkeitssuche und dem Gedanken des Mitleidens Gottes für die Opfer nur darauf verweisen, dass sie in ihrer »menschlichen Rechtlosigkeit bei Gott Recht bekommen« und »als diese ›Verdammten der Erde‹ zu Subjekten im göttlichen Weltgericht« werden (Moltmann, J., »Gerechtigkeit für Opfer und Täter«, in: Moltmann, J. [Hg.], *In der Geschichte des dreieinigen Gottes. Beiträge zur trinitarischen Theologie*, München: Chr. Kaiser 1991, 74–88, 80). Man ist geneigt zu fragen: Was haben die Opfer von diesem Subjektsein, außer der Öffentlichmachung der Tatsache, dass sie im Recht *waren?*

[56] Die Rechtsforderung der Entrechteten bzw. das Leiden des Opfers darf durch die Präsenz Gottes im Leid oder durch ein Mitleiden am Leiden Christi nicht theologisch stillgestellt werden, ja missbraucht werden.

Zeitpunktfixierung geraubter Möglichkeiten, aufgrund der Begrenztheit der Fähigkeiten und Ressourcen und letztlich aufgrund der weitreichenden Verstrickung in Sünde.[57] Der Ausgleich im Modell der *iustitia correctiva* kann nicht zwischen dem Täter und dem Opfer erfolgen, ist es doch gerade die offenbare und öffentliche Aufrichtung des Rechts, die die doppelte Ohnmacht des Sünders manifest macht. Nur die Einsicht in die eschatologische Lebenszuwendung Gottes gibt die Rechtsforderung auf die *Realisierung* des vom Recht geschützten Lebens nicht an der Grenze des Todes preis. Die Erlösung des Opfers wie auch die Erlösung des Täters ist mehr als ein Offenbarwerden von Wissen und mehr als ein Urteil.

Der eschatologisch zu entfaltende Zusammenhang zwischen Rechtfertigung, Gericht und neuschöpferischem Geschehen ist darin greifbar, dass sich Gott über das soziale Versöhnungsgeschehen hinausgehend den von dem Sünder unterschiedenen Taten zuwendet, d. h. die Opfer von dessen Untaten schöpferisch in den Blick nimmt, denn Gott »schafft Recht denen, die Unrecht leiden« (Ps 103,6). Der in Christus rechtfertigende Gott will die Opfer des Sünders nicht vergessen und setzt nicht eine ›Nullsummenformel‹, derzufolge alle Menschen in einem ausgleichenden Sinne Sünder sind (und daher alle Täter und Opfer zugleich, sich der Lebensraub irgendwie ausgleicht oder eine *Quantité négligeable* darstellt). Genauso wenig, wie das Tun und Lassen der Menschen eine Nacht ist, in der alle Katzen grau sind, ist es das von diesem Tun und Lassen betroffene Leben anderer. Die konkreten Differenzen in der Erfahrungswirklichkeit werden nicht geschichtsnihilistisch übergangen und nicht von einem gar rechtfertigungstheologischen Standpunkt der A/Moralität vergleichgültigt. Es entspricht zutiefst der Liebe und der barmherzigen Weitsicht Gottes, dass er sich im Ereignis der Rechtfertigung nicht nur dem Täter der Sünde, sondern auch dem anderen als dem Opfer der Sünden des Sünders schöpferisch zuwendet. Würde der rechtfertigende Gott nicht dem durch die Sünde dieses Menschen Geschädigten seine schöpferische Aufmerksamkeit zuwenden, so würde der Täter noch in der Rechtfertigung – ein zweites Mal, aber wider seinen reuigen Willen! – über das Opfer triumphieren. Angesichts des vom zu rechtfertigenden Sünder ausgehenden Leidens enthält so die Rechtfertigung die Verheißung einer neuen, schöpferischen und lebensgebenden Zuwendung Gottes. Der Verlust der Lebensmöglichkeiten, die das Opfer durch den Täter der Sünde erfährt, ist noch nicht dadurch abgegolten, dass auch das Opfer, der Rechtfertigung bedürftig, als

---

[57]   Diese Grenze der Gesetzestheologie ist einer der Ansatzpunkte, die zur Ausbildung der Sühnetheologie führten. Zum Ausgangspunkt bei einem »irreparablen Unheilsgeschehen« siehe Gese, H., »Sühne«, in: Gese (Hg.), *Zur biblischen Theologie. Alttestamentliche Vorträge*, München: Kaiser 1977, 85–106; Janowski, B., *Sühne als Heilsgeschehen. Studien zur Sühnetheologie der Priesterschrift und zur Wurzel KPR im Alten Orient und im Alten Testament*, Neukirchen-Vluyn: Neukirchener Verlag 1982, 169–174.

Person von seinen Taten getrennt wird. Dies anzunehmen hieße, dass der Sünder nicht nur von seinen Taten, sondern – in seinem Opfersein – auch von seinem Erleben getrennt wird. Einer solchen, auf einer Fehldeutung der Trennung von Person und Werk aufruhenden, zynisch-nihilistischen Deutung steht die Verheißung des eschatologischen Trostes (Jes 25,8; Apk 7,17 u. 21,4) diametral entgegen. Doch wie wendet sich Gott den nicht vergessenen Opfern des von ihm gerechtfertigten Sünders zu? Was geschieht mit den Opfern von Tschernobyl, Treblinka und Soweso? Sind die Kinder, deren Leben in Familiendramen ausgelöscht wurden, vergessen?

Eschatologie betritt hier schwieriges Terrain. Selbstverständlich und sehr schnell kann die Perspektive auf eine neue ›eschatologische‹ Zuwendung Gottes als Verrat an der irdischen Wirklichkeit, als Ausflucht, als Vertröstung, als Wunschprojektion, als Opium oder als subtiles Herrschaftsinstrument entlarvt werden. Nach Ludwig Feuerbach, Karl Marx, Friedrich Nietzsche, Sigmund Freud und Michel Foucault muss die Theologie nicht ganz zu Unrecht mit diesem Vorwurf leben. Eine über diese Schöpfung hinausgreifende Eschatologie kann selbst innerhalb des theologischen Diskurses als veraltete Hilfskonstruktion, ja als Ausdruck der Hoffnungslosigkeit aufgefasst werden.[58] Den religionskritischen und diesen theologischen Vorwürfen muss die Theologie mit einem selbstkritischen, aber auch gediegenen Hoffnungsbewusstsein ins Auge sehen – und sie entschlossen zurückweisen. Ohne sie leichtfertig abzuweisen muss sie zurückfragen: Wer, wenn nicht Gottes belebender Geist kann sich den Opfern der Geschichte(n) der Sünde(n) zuwenden? Wer kann sich dem nochmals zuwenden, dass die Menschen auch als vom Geist Bewegte und Ergriffene nicht oder nicht mehr erreichen können? Gibt es eine größere responsorische Treue zu dieser Erde, als wenn Gott sich dem zu Unrecht Erloschenen, den aller Lebensmöglichkeiten Beraubten nochmals zuwendet?[59]

---

[58]   So exemplarisch, mit prozesstheologischem Hintergrund argumentierend in der ansonsten eindrücklichen Studie Farley, W., *Tragic vision and divine compassion. A contemporary theodicy*, Louisville, Ky.: Westminster, John Knox Press 1990, 64 u. 115: »Eschatology may provide consolation, but it is not redemption. Radical suffering is precisely the experience of hopelessness; it cannot be redeemed by hope. [...] Eschatological symbols of heaven or hell, of a New Jerusalem, or of the lion and lamb lying down together, are expressions of this hopelessness. Eschatology is hope that must be projected onto a transhistorical future because there is so little hope for history«.

[59]   Im eschatologischen Gericht ›Recht zu bekommen‹ kann nicht bedeuten, nur die Bestätigung dafür zu bekommen, dass man zu Unrecht ›kein Recht hatte‹, aber eigentlich doch gehabt hätte. Vielmehr impliziert ›Recht zu bekommen‹ eine Zukunft, Recht für die Zukunft eines spezifischen Lebens. Die Vorstellung einer Aufrichtung von Recht beinhaltet notwendig Zeit.

Nur Gott selbst kann in neuschöpferischer Kreativität den Opfern der Sünder das zurückgeben, was diese in ihrem »verzweifelten Zugriff auf das Leben« den anderen geraubt haben.[60] Zu meinen, Gott könne diese Zuwendung ganz dem in der Geschichte durch den Menschen präsenten Geistwirken überlassen, wäre eine haltlose Überschätzung der menschlichen Möglichkeiten und eine enthusiastische Überschätzung der Präsenz des Geistes. Damit soll die Einbeziehung der Menschen in Christi Kampf gegen die Mächte des Lebensfeindlichen und der Destruktion (1Kor 15,24) nicht theologisch entwertet werden. Sie wird aber nüchtern und realistisch begrenzt und so letztlich von der menschliches Handeln so oft bestimmenden Kopräsenz von Machtphantasien und Ohnmacht befreit. Den Sünder spricht Gott in der Rechtfertigung als Person schöpferisch frei. Im *iudicium postremum* erfährt das Opfer des Sünders eine Erhebung seines Lebens durch die schöpferische Gabe geraubter Lebensmöglichkeiten.[61] Das eschatologische Leben wird nicht nur auf gewesene Möglichkeiten hin entgrenzt, sondern auch auf in der Vergangenheit noch zukünftige, die aber aufgrund der sündigen Beraubung nie reale Möglichkeiten wurden. Nimmt also die Theologie die Rechtfertigungslehre in ihrer ganzen Tiefe ernst, befreit sie aus heilsindividualistischen Engführungen und sieht, dass das Sündersein immer ein Sein in der Tat der Sünde ist, so wird eine eschatologische Rettung des Opfers der Sünde sichtbar, die ein schöpferische Lebensmöglichkeiten erfahrbar zueignendes Handeln Gottes fordert. Der Indikativ des Evangeliums ist »eine neue Möglichkeiten eröffnende Wirklichkeit«, aber eben in einer durch keine Nullsummenbilanz zu nivellierenden Zweiheit der neuen Möglichkeiten für den zu Rechtfertigenden und den von diesem in der Tat der Sünde beraubten anderen.[62] Damit impliziert das Rechtfertigungsgeschehen als Rettung des Opfers die Annahme eines postmortalen Lebens, in welchem Lebensmöglichkeiten zur Verwirklichung zugeeignet und erschlossen werden, wenngleich an dieser Stelle der Rechtfertigungsgedanke das eschatologische Denken in Grenzlage führt.

Die Neuschöpfung von Himmel und Erde ist darum nicht eine ereignislose Verewigung eines durch Sünde beschädigten Lebens, sondern die ereignisreiche Erschließung einer neuen Lebensfülle. Das Jüngste Gericht ist ein zentrales Element der Neuschöpfung. Es realisiert, allem Spott der Spötter zum Spott, Gottes responsorisches Schaffen angesichts der langen Geschichte des Elends,

---

[60]   Zu dieser gelungenen Formulierung und dem Verständnis der Sünde bei Dietrich Bonhoeffer siehe Class, G., *Der verzweifelte Zugriff auf das Leben. Dietrich Bonhoeffers Sündenverständnis in ›Schöpfung und Fall‹*, Neukirchen-Vluyn: Neukirchener Verlag 1994.

[61]   Dass das Opfer irgendeinen Gewinn hat, wenn der Täter einen dauerhaften, ewigen Verlust erleidet, dürfte eine der fehlgeleiteten Hoffnungen hinter mancher Strafvorstellung sein. Dies dürfte ein Wahrheitsmoment der Verabschiedung von der Hölle sein.

[62]   Jüngel, E., »Gericht und Gnade«, in: Bonin, K. v. (Hg.), *Deutscher Evangelischer Kirchentag Berlin 1989. Dokumente*, Stuttgart: Kreuz 1989, 222–238.

des Leids und des Lebensraubs. Da es angesichts des Raubs der Sünde um ein
›Mehr‹ geht, ist durch Gottes neuschöpferisches Handeln nicht nur eine Bi-
lanzierung, eine Apokalypse oder eine Verewigung gefordert.[63] »Das ewige Leben
als *Ausgleich* für entgangene Vorteile des irdischen Lebens zu postulieren – das
wäre ein durch und durch schäbiges Postulat« (E. Jüngel) – ginge es in diesem
Ausgleich um eine Belohnung für das sittliche Verhalten des Menschen.[64] Geht es
aber um die Begegnung des Opfers mit dem Reichtum der *Doxa* Gottes, die der
Geist als Lebensfülle kommuniziert, so wird aus dem »schäbigen Postulat« eine
Verheißung für die durch das Elend in der Vergangenheit festgezurrten Menschen. Dass sich historisch wie kulturgeschichtlich an einem solchen postmortalen Ausgleich Fehlorientierungen eschatologischer Imagination angelagert
haben, ist offensichtlich.[65] Zu bestreiten ist allerdings, dass sich ohne die Annahme einer postmortalen ›Gabe‹ an das durch Sünden beschädigte und beraubte

---

[63] Erwägenswert wäre daher, ob die evangelische, d. h. rechtfertigungstheologisch gesteuerte Antwort auf den katholischerseits vertretenen *limbus infantium/limbus puerorum*
nicht in der Lehre eines eschatologischen *coelum infantium* bestehen sollte. Damit würde sie
die Lebensfülle und Lebenssteigerung verheißende Segnung der Kinder durch Jesus (Mk
10,13–16) in die eschatologische Modellbildung einholen und ihnen eine auch eschatologisch
gesteigerte Zuwendung Jesu zusagen. Siehe zur Stelle Müller, P., *In der Mitte der Gemeinde.
Kinder im Neuen Testament*, Neukirchen-Vluyn: Neukirchener Verlag 1992; zur evangelischen Sprachlosigkeit angesichts des Todes von Kindern und der Ablehnung des *limbus
infantium* siehe den äußerst hellsichtigen Beitrag von Janowski, J. C., »›Was wird aus den
Kindern …?‹. Einige Anfragen an die klassische Theologie in Zuspitzung auf die eschatologische Perspektive«, in: Ebner, M. (Hg.), *Gottes Kinder (JBTh 17)*, Neukirchen-Vluyn: Neukirchener Verlag 2002, 337–367. Zur Stellung der Kinder in theologischen Entwürfen siehe
die Beiträge in Bunge, M. J., *The child in Christian thought*, Grand Rapids, Mich.: Eerdmans
2001. Die offensive und konstruktive Klärung der Frage der Kinder dürfte Veränderungs-
zumutungen hinsichtlich der Tauftheologie verstärken, aber zugleich die faktische Tauf-
praxis befruchten und stärken.

[64] Jüngel, E., »›Die Weltgeschichte ist das Weltgericht‹ aus theologischer Perspektive«, in:
Jüngel, E. (Hg.), *Ganz werden. Theologische Erörterungen V*, Tübingen: Mohr Siebeck 2003,
323–344, 337, mit Verweis auf Schillers Anliegen, das sittliche menschliche Individuum auf
den Wert des geschichtlichen Augenblicks hin zu orientieren. Das Opfer ist bei Jüngel nicht
im Blick.

[65] Hierzu dürfte auch die Vorstellung eines eschatologischen Revanchismus gehören, der
das Unrecht der Täter an den Opfern im Namen der Gerechtigkeit nur umkehrt, ohne auch für
den Täter rettende Gerechtigkeit zu sein. Hier bleibt die Rechtfertigungslehre das zentrale
Korrektiv, das eine personale Unterscheidung in Sünder und Nicht-Sünder verbietet. Der
theologische Gedanken der Stellvertretung darf nicht dadurch pervertiert werden, dass der
auferweckte Gekreuzigte zum stellvertretenden (späten) Rächer an der Opfer statt wird.

Leben christliche Hoffnung angesichts der Trümmer und des Leids der Geschichte angemessen artikulieren lässt.[66]

Ohne die gewisse Hoffnung einer eschatologischen Lebensgabe, die in der Erhebung dieses Lebens zugleich auf das geraubte Leben eingeht, kann das letzte Gericht wenig mehr sein als die Offenlegung des Gewesenen in seiner Verflechtung von Heil und Unheil, Recht und Unrecht. Ohne diese Erhebung verbannt es, metaphorisch und ereignisrelativ gesprochen, die Opfer in eine Erinnerungs- und die Täter in eine Ohnmachtshölle. Sicherlich ist die Offenlegung des im Geheimen und Undurchsichtigen geschehenen Unrechts ein wichtiger, ja essentieller Teil des eschatologischen Gerichts. Zweifellos offenbart das Gericht auch Gottes eigenen langen Kampf gegen den Tod und die Sünde, offenbart die vielfältigen Geschichten von Gottes rettendem Wirken des Geistes, innerhalb und außerhalb der Kirche. Aber: Steigert die Offenbarung des Gewesenen als Einsicht in die Schrecken und Abgründe der Geschichte und die Verurteilung der Täter nicht die ganz heillose Ohnmacht angesichts der bleibenden Unabänderlichkeit des Gewesenen? Die eschatologische Lebensgabe, die damit einhergehende Erhebung des Lebens, ist an dieser Stelle keine Vertröstung, sondern ein Handeln Gottes, mit dem dieser das Opfer vom Täter trennt, während das Urteil den Täter vom Opfer löst. Die Erhebung des Lebens, die aneignungsfähige Zueignung von Lebensmöglichkeiten, geschieht, indem sich Gott als Vater in seiner Doxa, in seiner in Christus offenbaren Barmherzigkeit und in seiner im Geist möglichen lebensschaffenden Macht und Intimität dem auferweckten Menschen zuwendet. Die theologische Eschatologie wird dadurch über eine kalte Verewigung des Gewesenen und über eine lieblos-abgründige Aufdeckung des Gewesenen hinausgeführt, dass sie das in der Rechtfertigung des Gottlosen sich realisierende Erbarmen Gottes als Eröffnung erneuerten Lebens begreift.

---

[66]   Zum »Moment der Kompensation für die Leiden und Versagungen der gegenwärtigen Welt«, siehe Pannenberg, W., *Systematische Theologie. Bd. 3*, 1993, 686.

X. Hoffen auf einen ›Neuen Himmel‹. Erwägungen zu einer Welt ohne die Macht der Nacht

»Himmel« ist ein Wort im Zentrum des christlichen Glaubens. Wann immer Christinnen und Christen der Aufforderung Jesu folgen und das »Vaterunser« beten, rufen sie den Vater »im Himmel« an und bitten darum, dass Gottes Wille »wie im Himmel, so auf Erden« geschehe. Wann immer sie das Apostolische Glaubensbekenntnis oder das Nizänum sprechen, bekennen sie Gott als den »Schöpfer des Himmels und der Erde« und begreifen den auferstandenen Christus als »aufgefahren in den Himmel«. Und doch scheint das hier zugrunde gelegte Verständnis des Himmels zu dem zu gehören, was die Gebildeten unter den Liebhabern der Religion als überholt und obsolet, als Relikte vergangener religiöser Vorstellungswelten hinter sich lassen möchten. Wer kennt nicht das in vielfältigen Bildungsveranstaltungen popularisierte Käseglockenmodell des antiken Weltbildes und wer befragt nicht die schlichte Gleichsetzung von Himmel und einem irgendwie gearteten Jenseits? In der Frage nach Sinn und Bedeutung der eschatologischen Neuschaffung des Himmels scheinen sich die Verlegenheiten, die Theologie und Kirchen in Sachen Himmel prägen, noch zu steigern.

Die aktuelle Sprachlosigkeit erstaunt umso mehr, vergegenwärtigt man sich, dass die Vorstellung des Himmels (zusammen mit ihren möglichen Gegensätzen wie ›Hölle‹ oder entsprechenden Überschneidungen wie ›Paradies‹ oder ›Jenseits‹) nicht nur zur Gruppe der kultur- und frömmigkeitsgeschichtlich bedeutsamen religiösen Symbole gehört.[1] Der Himmel ist zugleich Teil derjenigen Gruppe religiöser Symbole, die eine starke Rezeption in der weiteren Imaginationskultur erfahren und außerhalb explizit religiöser Traditionen weiterentwickelt werden. Gehört der Himmel also zu den Worten, bei denen die steigende kulturelle Verbreitung einer wachsenden religiösen Sprachlosigkeit entspricht? Es drängt sich zumindest der Eindruck auf, dass mit dem Zurücktreten der

---

[1] Lang, B. / McDannell, C., *Der Himmel. Eine Kulturgeschichte des ewigen Lebens*, Frankfurt a.M.: Suhrkamp 1990 (engl. Orig. 1988). Religionsgeschichtlich informativ ist Boustan, R. S., *Heavenly realms and earthly realities in late antique religions*, Cambridge: Cambridge University Press 2004.

Himmelsvorstellung in gegenwärtigen Frömmigkeitsformen und Theologien eine umgekehrt proportional starke Rezeption des Himmelsmotivs in der ›säkularen‹ audiovisuellen Populärkultur der Gegenwart einhergeht.[2] In diesen Aufnahmen des Motivs dient der Begriff des Himmels in enger Verbindung mit der Paradiesvorstellung zur Bezeichnung eines in psychischer, sexueller, sozialer, politischer, wirtschaftlicher oder ökologischer Hinsicht heilvoll-glücklichen, ja beglückenden Zustandes, der allerdings – die philosophische Religionskritik faktisch aufnehmend – für die Erde selbst eingeklagt wird.

Möchten Theologie und Kirche in dieser Situation nicht nur mehr oder weniger gelassen oder mehr oder weniger ohnmächtig – aber eben doch tatenlos – dem öffentlichen Verschleiß eines ihrer Kernsymbole zuschauen, so müssen sie sich der Mühe und Anstrengung eines gegenwärtigen Verstehens unterziehen. Dispensiert sich die Theologie nicht von der öffentlichen Aufgabe der kritischen Reflexion ihrer eigenen Spuren in den soziokulturellen Umgebungen der Kirche, so muss sie eine sachorientierte und nachvollziehbare Rede vom Himmel zurückgewinnen. Und möchte die Theologie Fehlorientierungen der Frömmigkeit entgegentreten, so kann sie dies nur durch eine biblisch-theologisch informierte und zugleich für gegenwärtiges Denken resonanzfähige systematische Entfaltung des Himmelssymbols.[3] Nicht zuletzt steht die Frage im Raum, ob die

---

[2]   Hierzu zählen exemplarisch die lyrischen Verarbeitungen bei Musikgruppen wie BAP (Verdamp Lang Her / LP Für Uzzschnigge, 1981), Queen (Heaven for Everyone / CD Made in Heaven, 1995), Led Zeppelin (Stairway to Heaven) oder Dire Straits (Ticket to Heaven / CD On Every Street, 1991) und Künstlern wie Belinda Carlisle (Heaven is a Place on Earth), Bob Dylan (Knockin On Heavens Door / LP Billy The Kid, 1973), Tracy Chapman (Heaven's Here on Earth / CD New Beginning, 1995) oder Eric Clapton (Tears in Heaven / CD Unplugged, 1992). Während in der Werbung überaus simplifizierte Gleichungen von Glück und Himmel dominieren, finden sich differenzierte Aufnahmen und Verarbeitungen des Himmelsmotivs im Film, wie z. B. in Wim Wenders »Der Himmel über Berlin« (1987) oder »In weiter Ferne, so nah« (1993). Für das Medium Buch lässt sich feststellen, dass gegenwärtig (Stand: September 2018) im KNO-K&V WWW-Katalog nicht weniger als exakt 1.000 deutschsprachige Bücher mit »Himmel« im Titel lieferbar sind.

[3]   Die komplexen exegetischen und religionsgeschichtlichen Hintergründe können an dieser Stelle nicht beleuchtet werden. Vgl. hierzu Houtman, C., *Der Himmel im Alten Testament. Israels Weltbild und Weltanschauung*, Leiden / New York / Köln: Brill 1993; Houtman, C., *Der Himmel im Alten Testament. Israels Weltbild und Weltanschauung*, 1993; Auffarth, C., »Himmel. I. Religionswissenschaftlich«, in: Betz / Browning / Janowski / Jüngel (Hgg.), *Religion in Geschichte und Gegenwart. Bd. 3, 4. Aufl.*, Tübingen: Mohr-Siebeck 2000, 1739–1741; Schüle, A., »Schöpfer des Himmels und der Erde. Religionsgeschichtliche und systematische Konzepte zu einer alttestamentlichen Gottesbezeichnung«, in: Brandt / Oberdorfer (Hgg.), *Resonanzen. Theologische Beiträge. Michael Welker zum 50. Geburtstag*, Wuppertal: Foedus 1997, 297–316. Zur Ikonographie siehe Holländer, H., »Himmel«, in: Kirschbaum (Hg.), *Lexikon der christlichen Ikonographie. Bd. 2*, Darmstadt: Wissenschaftliche Buchgesellschaft

christliche Theologie den in den populärkulturellen und common-sensuellen Rezeptionen beobachtbaren Trivialisierungen des Himmels wie auch den religionskritischen Destruktionen und Transformationen nicht weithin selbst durch falsche Modellorientierungen Vorschub geleistet hat. Zu diesem notwendigen und gegenwartsorientierten Verstehen des Glaubens in Sachen Himmel möchten die folgenden Überlegungen beitragen.

Zunächst wende ich mich der mit den Namen Karl Barth, Jürgen Moltmann und Michael Welker verbundenen systematisch-theologischen *Wiederentdeckung des Himmels* in der Theologie des 20. Jahrhunderts zu. Da jede gegenwärtige Wiedergewinnung eines theologischen Zugangs zum Symbol des Himmels auf deren Arbeiten aufruht, gilt es, sich knapp die Umrisse dieser drei Zugänge zu vergegenwärtigen.

In einem zweiten Abschnitt möchte ich einen radikalen Wechsel der Blickrichtung vornehmen: von der innertheologischen Reflexion zur außertheologischen, speziell kulturanthropologischen Außenbeobachtung. Anhand der Symboltheorie Victor Turners möchte ich zeigen, dass das Himmelssymbol mit all seinen vielfältigen Bedeutungsaspekten als eine *komplexe Ordnungsform* zu begreifen ist. Die Symbolik des Himmels stellt auch für gegenwärtiges Denken »keine Verirrung des menschlichen Geistes« dar, sondern eine beachtliche kulturelle Leistung, die gegenwärtige interpretative Erschließungen herausfordert.

Der dritte Abschnitt verbindet die beiden vorhergehenden: So geht er auf der Grundlage der von K. Barth, J. Moltmann und M. Welker formulierten Einsichten zum ›Himmel‹ *sachlich* die Problematik einer *Neuschöpfung* des Himmels an. In methodischer Hinsicht nimmt er Impulse der symboltheoretischen Reflexionen des zweiten Abschnitts auf und versucht konstruktiv, das Bedeutungsnetz des Symbols des neuen Himmels freizulegen. Nur eine klare theologische Einsicht in die Bedeutung der Neuschöpfung des Himmels kann die mit dem Himmel verbundenen menschlichen Wünsche, Träume und Sehnsüchte konstruktiv und fruchtbar auf Gestalten der christlichen Hoffnung beziehen.

Die drei Abschnitte entfalten zusammen die *These,* dass eine biblisch-theologisch realistische wie auch phänomen- und zeitsensible und darin letztlich orientierende Rede vom Himmel beides einschließen muss: ein Verstehen des Himmels wie auch eine Einsicht in die ›Not-wendigkeit‹ der Neuschöpfung des Himmels. In der biblischen Imagination ist das markanteste Zeichen des Unterschiedes von alt und neu bzw. von Schöpfung und Neuschöpfung das litera-

---

2012, 255–267; Stange, A., *Das frühchristliche Kirchengebäude als Bild des Himmels*, Köln: Comel 1950 und Hughes, R., *Heaven and Hell in Western art*, London: Weidenfeld and Nicolson 1968; mit reichem Bildmaterial Stephenson, D., *Visions of Heaven. The dome in European architecture*, New York, N.Y.: Princeton Architectural Press 2005; einen äußerst differenzierten exegetischen und systematischen Überblick vermitteln die Beiträge in Ebner, M. / Hanson, P. D. (Hgg.), *Der Himmel (JBTh 20)*, Neukirchen-Vluyn: Neukirchener Verlag 2006.

risch-symbolische Motiv der Abwesenheit der Nacht. Da dieses Motiv einen markanten Unterschied anzeigt, wird darauf noch einzugehen sein.

1. Die Wiederentdeckung des Himmels in der Theologie des 20. Jahrhunderts – Eine Entwicklungsskizze

Es gehört zweifellos zu den Verdiensten Karl Barths, vor dem Hintergrund einer stärker biblisch-orientierten Theologie im 20. Jahrhundert wieder Zugänge zu einem systematisch-theologischen Reden vom Himmel freigelegt zu haben. Während Karl Barth in seiner Frühzeit die Unterscheidung von Himmel und Erde (»Gott ist im Himmel und du auf Erden«) noch eher schematisch als Beleg für den »»unendlichen qualitativen Unterschied‹ von Zeit und Ewigkeit« begreifen möchte, verschieben sich in der Schöpfungslehre der »Kirchlichen Dogmatik« die Akzente zugunsten einer systematischen Erschließung der Rede vom Himmel.[4]

Drei Einsichten stehen dabei im Zentrum:

a) Barth macht deutlich, dass Gott und Himmel nicht identisch oder gar gleichen Wesens sind, d.h. dass theologisch einer unangemessenen Vergöttlichung des Himmels entgegenzutreten ist. Der Grund ist darin zu suchen, dass für die biblischen Traditionen der Himmel ebenso wie die Erde ein Geschöpf ist. Die geschaffene Welt ist sozusagen die Einheit der Unterscheidung von Himmel und Erde. Himmel und Erde sind als zwei Bereiche der Schöpfung untrennbar miteinander verbunden.

b) Der Himmel ist jedoch »im Unterschied zur Erde als die unsichtbare Geschöpfwirklichkeit: unsichtbar und darum auch unbegreiflich, unzugänglich, unverfügbar«.[5] Barth sieht deutlich, dass der Himmel als ein Bereich der Schöpfung von der Erde dadurch unterschieden ist, dass er dem Menschen nicht zugänglich und nicht verfügbar ist.

c) Der Himmel »ist der Ort in der Welt, von dem her Gott am Menschen, für ihn und mit ihm handelt«. In der Unterscheidung von Himmel und Erde ist der Himmel derjenige Bereich des Geschöpflichen, in dem Gott »in dieser unserer wirklichen Welt seinen ihm eigentümlichen Bereich hat«.[6] Diese Einsicht führt in der Konsequenz zu der Erkenntnis, dass »wo Gott ist [...] auch der Himmel« ist.[7]

---

[4]   Barth, K., *Der Römerbrief*, 1984.

[5]   Barth, K., *Kirchliche Dogmatik III/3. Die Lehre von der Schöpfung*, 1950, 494.

[6]   A.a.O., 503.

[7]   A.a.O., 269. In welche Grenzlagen diese Aussage, die die Nähe Gottes zu seiner Schöpfung aussagen möchte, führt, wird deutlich durch den Kontext der ganz ähnlich lautenden Feststellung Gerhard Ebelings: »Nicht wo der Himmel ist, ist Gott, sondern wo Gott ist,

Leider überformt Barth seine eigenen Beobachtungen sogleich wieder durch das die Schöpfungstheologie durchziehende Analogiemodell, insofern er eine Analogie zwischen der Beziehung zwischen Himmel und Erde einerseits und Schöpfer und Geschöpf andererseits erkennen möchte. Mit diesem Zugriff droht die Geschöpflichkeit des Himmels wieder zu sehr in den Hintergrund zu treten und in neuer Gestalt eine Vergöttlichung des Himmels stattzufinden. Und doch stellen die klaren Einsichten Barths in die Welthaftigkeit und Geschöpflichkeit des Himmels, die Überlegungen zur Unzugänglichkeit und Unverfügbarkeit der Schöpfung und zuletzt die Selbstbindung Gottes an den geschöpflichen Raum des Himmels unaufgebbare, gut begründete und weiterführende theologische Erkenntnisbildungen dar.

Im direkten Anschluss an Karl Barths Ausführungen und unter dem Eindruck von Michael Welkers frühen prozessphilosophischen Überlegungen hat Jürgen Moltmann in seiner Schöpfungslehre den modernen theologischen Diskurs über den Himmel an drei Punkten weitergeführt.[8] Wie verschieben sich bei Moltmann die Akzente?

a) Hatte Barth im Himmel vor allem eine Begrenzung der irdischen Seite der Schöpfung erkannt, so möchte Moltmann mit einer eher umgekehrten Blickrichtung seines Denkens im Himmel eine »Offenheit der sichtbaren Welt« sehen. Vom Standpunkt der Erde aus betrachtet stellt der Himmel einen Bereich *relativer Transzendenz* in der Schöpfung dar. Ganz entsprechend markiert die Bindung Gottes an den Himmel eine prinzipielle und grundlegende »Weltimmanenz Gottes«.[9]

b) Gegen Barths tendenziell theistische Lesart einer Gegenüberstellung von Gott im Himmel und Mensch auf der Erde finden sich bei Moltmann wenigstens andeutungsweise *trinitätstheologisch differenzierte Zuordnungen* – sind doch der Sohn der Erde und der Geist beiden Sphären der Schöpfung zuzuordnen.[10]

---

ist der Himmel« (Ebeling, G., *Vom Gebet. Predigten über das Unser-Vater*, Tübingen: Mohr Siebeck 1963, 24). Bei Ebeling wird der Himmel ganz in die Wirklichkeit Gottes hineingezogen. Zum umgekehrten Vorgang einer Absorbtion Gottes in den Himmel siehe Welker, M., »Whiteheads Vergottung der Welt«, in: *Neue Zeitschrift für systematische Theologie und Religionsphilosophie* 24 (2) (1982), 185–205.

[8] Moltmann, J., *Gott in der Schöpfung. Ökologische Schöpfungslehre*, 1985, Kap. VII., 167–192. Vier Jahre zuvor erschien Welker, M., *Universalität Gottes und Relativität der Welt. Theologische Kosmologie im Dialog mit dem amerikanischen Prozessdenken nach Whitehead*, 1988.

[9] Moltmann, J., *Gott in der Schöpfung. Ökologische Schöpfungslehre*, 1985, 168.

[10] Die Einlösung des trinitätstheologischen Anspruchs ist die grundlegende Unterscheidung eines Himmels der Natur, den er dem Vater zuordnet, und eines Himmels Jesu Christi. Innerhalb des Letzteren unterscheidet er dann einen *coelum gratiae*, der sich in der

c) Die schon von Barth gesehene Differenz zwischen Himmel und Erde wird von
Moltmann als Unterschied in den *Modalitäten* interpretiert. Im Anschluss an
das Merkmal der Gottoffenheit der Schöpfung durch den Himmel möchte er
in diesem »das Reich der *schöpferischen Möglichkeiten Gottes*« erkennen. Der
Himmel ist das Reich »der Möglichkeit (*possibilitas*) und der Mächtigkeit
(*potentia*) Gottes«.[11]

Indem nun Moltmann im Himmel »die Bereitstellung der Möglichkeiten und
Kräfte der Schöpfung, der Versöhnung und der Verherrlichung der Welt« sieht,
fällt er schon semantisch in eine Entgegensetzung einer göttlichen und himmlischen Sphäre und »dem Reich der Wirklichkeit der Welt« zurück.[12] Damit gerät
der Himmel zu einem – sozusagen modifiziert platonisiert zu begreifenden –
Reich der geschaffenen Möglichkeiten, die der Welt bzw. Erde gegenüberstehen
und die als mögliche Wirklichkeiten dann in verwirklichte Möglichkeiten
überführt werden. So treffsicher und theologisch fruchtbar die Einführung der
Problematik der Modalitäten in das Verstehen des Himmels ist, so präzisierungs-
und ausbaubedürftig bleibt der Ansatz Moltmanns.

Michael Welker hat 1991/92 in den Warfield-Lectures in Princeton in Aufnahme der Beobachtungen Barths und Moltmanns, aber auch in Fortschreibung
seiner früheren Studien zur »Relativität der Welt« weiterführende Präzisierungen
vorgebracht: Ausgehend von den elementaren Erfahrungen des natürlichen
Himmels erschließt er die Logik der Bedeutungsanreicherung. So stehen schon
die natürlichen Kräfte des Himmels, die sowohl »das biologische als auch das
kulturelle Leben in vielen seiner Formen« figurieren, »nicht in der Menschen
Verfügung«. Obgleich sie sinnfällig erfahrbar sind, sind sie doch nicht in gleichem
Maße steuer- und manipulierbar wie irdische Kräfte. Von dieser doppelten Erfahrung der Sinnfälligkeit und der Nichtmanipulierbarkeit des natürlichen
Himmels ausgehend werden in den biblischen Traditionen »auch die nichtna-
turalistischen Kräfte, die das natürliche und kulturelle Leben auf kaum von
Menschen manipulierbare Weise prägen, ›dem Himmel‹ zugeschrieben. Auch
historische und soziale Kräfte überkommen die Menschen ›vom Himmel her‹.«[13]

Angesichts der lebensförderlichen wie auch der möglicherweise verhee-
renden Kräfte ›vom Himmel‹ interpretiert Welker die Geschöpflichkeit von

---

Menschwerdung erschließt und einen *coelum gloriae*, der mit der Ankunft der eschatologischen Herrlichkeit Gottes verbunden ist. Siehe a.a.O., 173–183.

[11]   A.a.O., 174.

[12]   Moltmann, J., *Gott in der Schöpfung. Ökologische Schöpfungslehre*, 1985, 174 f., erkennt
selbst die semantische Verschiebung (»Wir verwenden ›Welt‹ hier für die durch die ›Erde‹
symbolisierte Seite der Schöpfung«), zieht aber keine systematischen Konsequenzen aus der
damit einhergehenden Umcodierung von ›Himmel‹ und ›Erde‹.

[13]   Welker, M., *Schöpfung und Wirklichkeit*, 1995, 59 f.

Himmel und Erde als Artikulation einer vertrauensstiftenden »letzte[n] Homogenität der Wirklichkeit«, einer letztlich gleichen Grundbeschaffenheit der sichtbaren, zugänglichen Erde und der unzugänglichen, unsichtbaren Himmelssphäre.[14] Während bei Moltmann der Himmel und die Präsenz Gottes im Himmel sich fast vollständig ineinander schieben, ist es für Welker gerade die Einwohnung Gottes im Himmel, die für die relative Wohlordnung der Kräfte des Himmels sorgt. »Gottes schöpferisch regierendes und ordnendes Handeln ist vielmehr unverzichtbar, um die Mächte der – relativ zur Erde – Transzendenzbereiche nicht in unabsehbarer Weise wirken und wüten zu lassen.«[15] Auch die Kräfte des Himmels stehen in einem in der Treue Gottes gegründeten Ordnungszusammenhang.

Die sich im Gedanken der Geschöpflichkeit festmachende Einsicht in die Kontinuität und Homogenität eröffnet einen spannungsreichen Zusammenhang von Partikularität und Universalität. Schon das Leben unter dem natürlichen Himmel ist ein Leben unter wechselnden Wahrnehmungshimmeln und einem immer je bestimmten Himmelsausschnitt – gepaart mit dem Wissen, dass der Himmel für andere Menschen in anderen Landschaften und zu anderen Zeiten ein anderer ist. Die Einheit des Himmels hält an diesem Punkt trotz der »evidenten Diskontinuitäts-, Differenz- und Fremdheitserfahrungen« eine zugleich sinnenfällige Einheit fest. Der Himmel, unter dem alle Menschen leben, kann so »zur Grundlage und zum Bezugspunkt realer Universalität werden [...], die die Völker, Kulturen, Klimata und Zeiten übergreift.«[16] Die Rede vom Himmel verknüpft daher ein hohes Abstraktionsniveau mit einer schlechterdings jedem und jeder unterstellbaren Wahrnehmungsrealität. In der gleichen Weise verbindet die Rede von Gott im Himmel »Universalität und Uneinholbarkeit und machtvolle Konkretheit der Zuwendung Gottes«.[17]

Blickt man auf die Überlegungen Karl Barths, Jürgen Moltmanns und Michael Welkers zurück, so ist deutlich, dass die Rede vom »Himmel« unverzichtbar ist für eine biblisch-theologisch informierte Rede von Schöpfung. Schöpfung ist in einem sehr prägnanten Sinne mehr als die Erde bzw. das über naturalistische Verfahren Bestimmbare. Eine die Fragestellungen der Modalitäten aufgreifende Konzeption des Himmels ist Voraussetzung für einen konstruktiven theologischen Beitrag zu aktuellen Diskussionen um einen dynamischen, nachpositivistischen Weltbegriff. Nicht nur ein theologisches Begreifen der geschöpflichen Wirklichkeit, sondern auch ein Erfassen der in Christus geschehenen Versöhnung und der mit der Auferweckung des Gekreuzigten anhebenden Erlösung fordert ein Verstehen dessen, was mit der Rede vom Himmel gemeint ist. Eine

---

weder verkitschte noch trivialisierte Rede von Engeln hat stets eine klare Erfassung des Himmels zur Voraussetzung. Die unbestimmt vielfältige Rede von Engeln korrespondiert der Rede vom Himmel in der populären Kultur.

Blickt man auf diese theologischen Erkenntnisprozesse im 20. Jahrhundert zurück, so ist deutlich, dass die drei genannten Systematiker einerseits eine wichtige Grundlagenarbeit geleistet haben und andererseits doch nur Teilaspekte der Himmelssymbolik ausgeleuchtet haben. Die theologische Arbeit steht in gewisser Weise erst am Anfang einer sachgemäßen Entschlüsselung der differenzierten Himmelssymbolik. Und doch macht ihre schöpfungstheologische Grundorientierung schon unübersehbar klar, wie theologisch fragwürdig, ja obsolet die die populäre Frömmigkeit prägende Gleichsetzung eines der Welt entgegengesetzten Himmels mit einem »glückserfüllten Jenseits« ist.[18] Die evangelische Theologie nimmt mit der systematischen Erkenntnis und Anerkennung der Geschöpflichkeit des Himmels faktisch und d. h. offen und konstruktiv manche Herausforderungen der Religionskritik des 19. Jahrhunderts an. Das im Gegenzug zu einem als ›Entweltlichung‹ verstandenen Evangelium formulierte Anliegen, den ›Himmel auf Erden‹ zu schaffen, ist aus diesem Grunde nicht ohne eine *particula veri*. Es ›entgöttlicht‹ zu Recht den Himmel und wirkt eskapistischen religiösen Haltungen entgegen, wenngleich es selbst ideologisierend und illusionsbefrachtet die elementare Unterscheidung von Himmel und Erde einzieht.

So unbestreitbar das Orientierungspotential der theologischen Erfassungen des Himmels ist, so unbestreitbar sind auch die relativen Grenzen. Eine Grenze ist, dass die bisherigen Verständnisvorschläge die Unterscheidung von ›Himmel‹ und ›neuem Himmel‹ bzw. Schöpfung und Neuschöpfung nicht für ein Verstehen des Himmels fruchtbar gemacht haben. Die bisherigen Reflexionen des Himmels hatten ihren Ort fast ausschließlich in der Schöpfungstheologie, nicht in der Eschatologie. Diesem Defizit soll im Folgenden entgegengewirkt werden, insofern der Horizont einer eschatologischen Verwandlung des Himmels skizziert werden soll.

2. Eine symboltheoretische Zwischenreflexion

Die von Michael Welker ansatzweise vorgenommene Analyse der inneren Dynamik der Analogiebildung beim Himmel führte schon zu der Erkenntnis, dass der ›Himmel‹ eine komplexe kognitive Ordnungsform ist. ›Himmel‹, das ist kein vieldeutiger, schlechthin diffuser und notorisch unscharf verwendeter Begriff, sondern macht eine anspruchsvolle, komplexe und divergente Wissensgebiete

---

[18] Knappe, aber instruktive dogmengeschichtliche Hinweise zu dieser Entwicklung gibt Moltmann, J., *Gott in der Schöpfung. Ökologische Schöpfungslehre*, 1985, 181.

verknüpfende kognitive Ordnungsform vorstellig. Dass es sich hierbei nicht um eine entweder Kopfschütteln oder Bewunderung auslösende Sonderform handelt, lehrt ein Blick auf die Instrumentarien und Modellbildungen der kulturanthropologischen Symboltheorie. Er macht sichtbar, dass polyvalente oder multivokale Symbole wie ›Himmel‹ Weisen des Denkens darstellen, die vergleichbar sind mit modernen komplexen Modellbildungen. Da m.E. viele theologische Zentralbegriffe in Wahrheit solch vielschichtige, mehrdimensionale Symbole sind, möchte ich in dieser kurzen Zwischenreflexion knapp dieses symboltheoretische Instrumentarium skizzieren. Es ermöglicht, im Falle dieser ›großen Symbole‹ zwischen exegetischen Beobachtungen und systematischen Entfaltungen ein fruchtbares Resonanzverhältnis zu etablieren. Der Kulturanthropologe Victor Turner hat im Verlauf seiner Feldforschungen im Rückgriff auf die Zeichentheorie von Peirce und andere Symboltheorien ein sehr feinsinniges und facettenreiches Konzept kulturell dominanter und polyvalenter Symbole entwickelt.[19]

Was kennzeichnet ein kulturell zentrales, polyvalentes Symbol? Grundlegend ist, dass es mehrere Bedeutungen, oft ein ganzes Spektrum an Bedeutungen, zusammenzieht und so eine »ökonomische Darstellung der wesentlichen Aspekte der Kultur« oder der religiösen Wirklichkeit ermöglicht.[20] Und doch hat das Symbol, wie auch im Fall des Himmels, eine evidente und eindeutige Wahrnehmungsqualität. Die sinnliche Evidenz des ›aufgespannten‹ Himmels ist schlechterdings nicht negierbar. Die Verbindung der einzelnen Bedeutungen erfolgt durch Analogien, Assoziationen von Ähnlichkeiten, durch pragmatische Gesichtspunkte oder logische Erwägungen. Durch diese Zusammenziehung vernetzen polyvalente Symbole verschiedene Zeichensysteme und aktivieren die Verknüpfung heterogener Erfahrungsfelder. Die grenzüberschreitende Größe des erfahrbaren Himmels kann so mit Aspekten der grenzüberschreitenden, unfassbaren Herrschaft Gottes verbunden werden. Nur die Unermesslichkeit des sinnenfälligen Himmels kann die Einsicht in den Himmel als Wohnort Gottes stützen (Dtn 26,15; 1 Kön 8,30 ff.; Ps 2,4; Apk 4,2). Dabei kann es zu einer hohen symbolischen Verdichtung kommen, insofern viele einzelne Ideen, Handlungen und Übergänge in einem Symbolträger zeitgleich repräsentiert werden, die im Falle einer narrativen Verknüpfung zu einer ›langen Erzählung‹ führen.

---

[19] Bisher unübertroffen ist die Einführung und Darlegung von Strecker, C., *Die liminale Theologie des Paulus. Zugänge zur paulinischen Theologie aus kulturanthropologischer Perspektive*, Göttingen: Vandenhoeck & Ruprecht 1999. Aus der Fülle von Turners Veröffentlichungen ist für die folgenden Überlegungen exemplarisch zu verweisen auf Turner, V. W., *The forest of symbols. Aspects of Ndembu ritual*, Ithaca, N.Y.: Cornell Univ. Pr. 1967, 1–56; Turner, V. W., *Dramas, fields, and metaphors. Symbolic action in human society*, Ithaca, N.Y.: Cornell University Press 1974, 23–59.

[20] Turner, V. W., *The forest of symbols. Aspects of Ndembu ritual*, 1967, 50 (Übers. G.Th.).

Turner macht nun die Beobachtung, dass sich oftmals bei den Signifikanten eine eigentümliche Polarisierung finden lässt: Der eine Pol ist der physiologisch-sensorische oder sogenannte »orektische Pol«, bei dem die Referenten allgemein natürliche, leiblich-physiologische und psychologische Prozesse sind und mit allgemeinen Erfahrungen emotionaler Art vernetzt sind. An diesem Pol ist die Bedeutung vielfach mit äußeren Kennzeichen des materiellen Symbolträgers und mit der Darstellung und Weckung von Emotionen und Wünschen verbunden. Wie unschwer zu erkennen ist, ist es im Fall des Himmels der Vorstellungskreis des Glücks, der Ungebundenheit, der Freiheit, des Lichts und der Lebenszuwendung. Um den anderen, eher kognitiven Pol sind Signifikanten gruppiert, die auf Aspekte der moralischen Ordnung, auf Normen und Werte der Gesellschaft verweisen und oft abstrakterer Natur sind als die Signifikanten am »orektischen Pol«. Teil der inneren Dynamik polyvalenter Symbole ist die Beziehung, die zwischen beiden Polen entstehen kann. Beim Himmelssymbol entsteht so eine kreative Spannung zwischen der evidenten Erfahrung sinnlicher Aspekte des Himmels und der hoch abstrakten Konzeption des plural strukturierten Raumes unausschöpflicher geschöpflicher Möglichkeiten. Der die Völker, Kulturen, Erfahrungsstile und Zeiten übergreifenden natürlich-sinnlichen Erfahrung des Himmels entspricht wiederum die universale göttliche Wirksamkeit. Das sinnlich offensichtliche Merkmal des Raumübergreifenden des Himmels steht in einer direkten Verbindung mit dem Aspekt des Zeitübergreifenden: Wie der Himmel von jedem räumlichen Standort aus ein Hier und Dort übergreift, so übergreift bzw. beinhaltet er auch zeitlich die Vergangenheit und Zukunft.[21] Im polythetischen Symbol findet sich so eine zeitliche Verdichtung und Raffung, eine Gleichzeitigkeit des Ungleichzeitigen. Bei der klassischen Frage nach der Bedeutung des Symbols ist darum zu unterscheiden zwischen ›einer Bedeutung‹ und der ›Gesamtbedeutung‹, die sich aus dem inneren, z. T. auch spannungsreichen Beziehungsreichtum ergibt. Die Motive »Schöpfer von Himmel und Erde« und »Neuschöpfung von Himmel und Erde« sind relativ umfassend und integrierend, ohne jedoch die Gesamtbedeutung auszuschöpfen.

Bedenkenswert ist beim Himmelssymbol darüber hinaus die anthropologische Erkenntnis, dass bei polyvalenten Symbolen Prozesse einsetzen können, in denen sich sogenannte sekundäre semantische Systeme ausbilden. Schilderun-

---

[21] Diese Analogie mit dem übergreifenden Raum wirft ein Licht auf sogenannte Himmelsreisen: Die Entrückung, die Vision oder die Himmelsreise erlaubt alternative zeitliche Überblicke. Räumlich gedacht, bietet der Himmel keine abstrakte Zeitlosigkeit, sondern Zugriffe auf zeitlich entferntere Regionen, die durch den ›Verwirklichungsgaranten‹ Gott, modal betrachtet, als Möglichkeiten wirklicher sein können als die gegenwärtigen irdischen Wirklichkeiten. Die Erfahrung, dass der Himmel weiter reicht als die standortbezogene irdische Raumwahrnehmung, dürfte ein (nicht der einzige!) Ausgangspunkt dafür gewesen sein, dass der Himmel zeitlich als Ort der Toten bestimmt wird.

gen von Ereignissen im Himmel, Visionen über himmlische Wesen und die Vervielfältigung des Himmels legen Zeugnis ab von diesen dynamischen Prozessen. Entfalten einzelne Symbolbedeutungen ein solches ›Eigenleben‹, so kann es zu nicht mehr auszugleichenden Spannungen kommen. Dass polythetische Symbole nicht nur Ausdrucksmittel von Emotionen sind, sondern starke Gefühle wecken können, dies belegt für die Vergangenheit die emotionale Strahlkraft, die der Himmel als Aufenthaltsort der Seligen haben konnte und die er noch in Säkularisaten als paradiesischer Ort eines in sozialer, politischer, ökologischer oder sexueller Hinsicht heilvoll beglückenden Zustandes hat.

Für das spannungsreiche Gespräch zwischen exegetischer, systematischer und praktischer Theologie ist weiterhin eine Unterscheidung Turners zu den verschiedenen ›Orten‹ der Bedeutungserschließung hilfreich. Die sogenannte ›exegetische Dimension‹ der Bedeutung des Symbols erschließt sich durch eine Analyse der formativen Mythen, Geschichten und expliziten Interpretationen einer Kultur. Von dieser ›exegetischen Dimension‹ möchte Turner die ›operationale Dimension‹ der Bedeutung abheben.[22] In welchen Vollzügen verwenden welche Menschen zu welchen Zwecken das Himmelssymbol? In der jüngeren Gegenwart scheint es aus freier religiöser Kommunikation fast verschwunden und nur noch in festen Formen in Lied, Gebet und Bekenntnis verankert zu sein – während es in der Populärkultur stark präsent ist. Nur eine Untersuchung des faktischen Symbolgebrauchs in der Frömmigkeit kann diese ›operationale Dimension‹ der Bedeutung erheben. Die ›positionale Dimension‹ der Bedeutung eines komplexen multivalenten Symbols ergibt sich aus seiner Vernetzung mit anderen Symbolen, aus seiner Positionierung in anderen Symbolclustern.[23] In dieser ›positionalen Dimension‹ ist die Gegenüberstellung zur geschaffenen Erde, die mit dem Himmel die Einheit der Welt bildet, elementar. Dass der Himmel

---

[22] Turner, V. W., *The forest of symbols. Aspects of Ndembu ritual*, 1967, 50 ff.; Turner, V. W., »Symbols and social experience in religious ritual«, in: *Studia Missionalia* 23 (1974), 1–21, 12.

[23] Im Gegensatz zu Lévi-Strauss sieht Turner in der klar herausgebildeten binären Opposition nur eine ganz spezifische Form der Relationierung. Diese kann auch triadisch oder schlicht vielstellig sein (vgl. Turner, V. W., »Symbols and social experience in religious ritual«, 1–21, 13). Die Verknüpfungsweisen können Hierarchisierungen, sequentielle Abläufe, Antithesen, Entstehungszuordnungen, Unterscheidungen von aktiv/passiv, gleich/ungleich oder größer/kleiner sein. Systematische Reflexion ist in diesem Sinne die Rekonstruktion und Konstruktion der Relationierungsmuster, der Kohärenzen und der Spannungslagen der religiösen Kernsymbole. Die zur positionalen Bedeutungsbestimmung erforderlichen Netzbildungen bringen möglicherweise Textkomplexe in einen systematischen Zusammenhang, der nicht notwendigerweise auch der der historischen oder traditionsgeschichtlichen Forschung ist. Die Anthropologie ist mit diesem Problem vertraut, ist sie doch bei jeder systematisierenden Erfassung kultureller Muster und Symbole aus einer Vielzahl von Texten und Kontexten mit diesem Problem konfrontiert.

angesichts vielfältiger Differenzmarkierungen zur Erde doch auch als Geschöpf Gottes (Gen 1,1; Ps 8,4; 33,6; Jes 42,5; Apg 4,24; Apk 10,6) gilt, ist ein markantes Merkmal.[24] Aber auch die Gegenüberstellung der *Schöpfung* von Himmel und Erde und der *Neuschöpfung* von Himmel und Erde ist eine elementare Positionierung.

Vor dem Hintergrund dieser Unterscheidungen ist zu betonen, dass Turner auch sehr deutlich die (Selbst-)Gefährdungsmöglichkeiten der Kommunikation in und mit polythetischen Symbolen sieht und deren Entstehung beschreibbar macht. So kann die kulturelle Kommunikation eines Symbols *alle* vier Merkmale der Multivalenz, Vereinigung, Verdichtung und Polarisierung koevolutiv ausbauen, d.h. den Einzugsbereich der Signifikanten enorm ausdehnen. Andererseits kann, da das »Symbol disparate oder gar kontradiktorische Themen repräsentieren kann, der Gewinn an Ökonomie durch den Verlust an Klarheit der Kommunikation verloren werden.«[25] Die Bedeutungsverschiebungen können eine solche Dynamik entfalten, dass sich die Symbolik von imaginationsprägenden Texten und Kontexten löst und – relativ zu diesen normativ erachteten Kontexten – dann Fehlentwicklungen, d. h. unangemessene Reduktionen der inneren Komplexität, Umbauten in der Architektur der positionalen Bedeutungen, unangemessene Semiosen oder gar Irrläufer religiöser Imagination auftreten. Mit Sicherheit ist die Vergöttlichung des Himmels und die strikte Entgegensetzung zur Erde eine solche Fehlentwicklung. Offensichtlich führte die Spannung, die dadurch entsteht, dass der ewige Gott im geschaffenen Bereich des Himmels Wohnung nimmt und diesen als seinen Machtbereich gestaltet (Ps 11,4; Eph 1,20; Hebr 1,3), dazu, dass in einer sogenannten »Semiose« die Eigenschaften Gottes das Geschaffensein des Himmels überblenden. Hierin wird deutlich, dass der Himmel in einer dynamischen Vernetzung mit anderen Symbolen steht.

Diese knappen Überlegungen und Beobachtungen in der Perspektive der anthropologischen Symboltheorie wollen und können nicht die systematisch-theologische Reflexion ersetzen. Sie eröffnen aber eine Sichtweise auf einen ›religiösen Großbegriff‹, die erlaubt, die Lebendigkeit und Dynamik, die Entwicklungsoffenheit, die Wirkungsgrundlagen, aber auch die Potenziale der Selbstgefährdung und Steigerung der Diffusität als *theologische* Herausforderung wahrzunehmen und anzunehmen. Die wissenschaftliche Theologie tritt selbst

---

[24]   Offensichtlich kann die Unterscheidung von Himmel und Erde nicht nur als Grenzlinie, sondern so als Negation interpretiert werden, dass der Himmel zur paradiesischen Gegenwelt ausgebaut wird. Siehe Stolz, F., »Paradiese und Gegenwelten«, in: *Zeitschrift für Religionswissenschaft* 1 (1) (1993), 5–24. Ob die gezielte Negation für einen Eskapismus, fatalistische Bewusstseinshaltungen oder für gezielten, kritischen Widerstand verwendet wird, ist mit dieser Operationalisierung der Unterscheidung noch nicht festgelegt.

[25]   Turner, V. W., »Symbols in African Ritual«, in: *Science* 179 (4078) (1973), 1100–1105, 1101 (Übers. G.Th.).

analysierend und orientierend in den Prozess der Symbolentwicklung ein. Die nun anschließenden systematisch-theologischen Erwägungen stellen, durch Turners Optik betrachtet, eine Verknüpfung der Interpretationsarbeit an der ›exegetischen‹ und ›positionalen‹ Dimension der Symbolbedeutung dar. Ausgehend von einem formativen Text der christlichen Rede vom Himmel soll der Frage nach der Bedeutung der Neuschöpfung von Himmel und Erde nachgegangen werden.

3. Neuschöpfung: Ein nachtfreier Himmel und eine meerfreie Erde als Kennzeichen einer verwandelten Schöpfung

Eine biblisch-theologisch verantwortliche Rede vom Himmel muss ihren Ausgangspunkt bei der Aussage nehmen, dass Gott der Schöpfer des Himmels und der Erde ist. Die damit einhergehende Erkenntnis der Geschöpflichkeit des Himmels wurde von Karl Barth über Jürgen Moltmann bis Michael Welker klar gesehen und deutlich artikuliert. Eine im Kontext einer falschen Divinisierung des Himmels verdrängte, ja sachlich obsolet gewordene Frage ist die nach der Neuschöpfung nicht nur der Erde, sondern auch des Himmels (Jes 62,2; 66,22; Apk 21,1). Die Erneuerungsbedürftigkeit des Himmels ist eine der offenen, kaum bearbeiteten, aber zugleich biblisch-theologisch zentralen Fragen zum Himmel.[26] Die christliche Hoffnung richtet sich nicht nur auf eine neue Erde, sondern auf einen neuen Himmel und eine neue Erde. Für eine realistische Eschatologie vollzieht sich der Übergang nicht von der irdischen Erde in den göttlichen Himmel, sondern von Himmel und Erde zum neuen Himmel und der neuen Erde. Von diesem Hoffnungshorizont aus betrachtet ist zu fragen, worin, mit den Worten Jürgen Moltmanns formuliert, »die messianische Bedürftigkeit des alten Himmels und der alten Erde« besteht.[27] Die Verheißung eines neuen Himmels spezifiziert ja nicht nur die christliche Hoffnung, sondern wirft auch ein Licht zurück auf die Verfasstheit und Funktion des (alten) Himmels.

Welcher Zusammenhang zwischen Himmel und Erde ist es nun, der die Hoffnung von Christen auf ein »Leben der zukünftigen Welt«[28] als Neuschöpfung

---

[26]   Ein anderer weithin vernachlässigter Problemkomplex ist die Himmelfahrt des auferstandenen Christus, die eine relative Nähe bei gleichzeitigem relativen Entzug anzeigt. Zum Problem siehe die instruktive Studie von Farrow, D., *Ascension and Ecclesia. On the significance of the doctrine of the ascension for ecclesiology and Christian cosmology*, 1999.

[27]   Moltmann, J., *Gott in der Schöpfung. Ökologische Schöpfungslehre*, 1985, 181.

[28]   So die Hoffnungsvision des Nizaeno-Constantinopolitanum, siehe Kirchenausschuß, D. E., *Die Bekenntnisschriften der evangelisch-lutherischen Kirche. Hrsg. im Gedenkjahr der Augsburgischen Konfession 1930*, Göttingen: Vandenhoeck & Ruprecht 1982, 27.

von Himmel und Erde artikulieren lässt? Zunächst ist im Rückgriff auf Barths, Moltmanns und Welkers Beobachtungen Folgendes zu bedenken: Die Welt als die geschöpfliche Einheit des in Himmel und Erde Unterschiedenen ist als ganze ›Welt‹ Gegenstand von Gottes eschatologischer Erneuerung. Gottes neuschöpferisches Handeln ›unterbietet‹ in seinem Umfang nicht sein schöpferisches Wirken. Wendet sich Gott in schöpferischer Treue seiner Welt zu, so gilt diese eschatologische Zuwendung Himmel und Erde. Der Himmel ist ja, wie schon Gen 1 eindringlich vor Augen führt, nicht ein sozusagen für Gott geschaffenes und reserviertes Geschöpf (als Göttersitz), sondern ein auf die Erde in vielfältiger Weise hin ausgerichteter Teil der Welt. Der Ausschluss des Himmels aus dem Geschehen der Neuschöpfung würde ein Missverstehen der biblisch durchaus variantenreich modellierten, aber immer wieder betonten geschöpflichen Einheit von Himmel und Erde offenbaren. Die Unterscheidung von Himmel und Erde ist kein Problem, das durch einen Übergang »von der Erde in den Himmel« einer ›eschatologischen Lösung‹ ansteht, sondern diese Unterscheidung ist auch die eschatologisch bleibende Voraussetzung geschöpflichen Lebens.

Ist jedoch die Neuschöpfung des Himmels nur darin begründet, dass sie ein unverzichtbarer Bestandteil der Welt, eben das notwendige Gegenstück zur Erde ist? Wäre dies der Fall, so würde der Himmel selbst keiner Verwandlung entgegengehen. Ist dies nicht der Fall, was ist dann der Schlüssel, um den Übergang vom ›alt gewordenen‹ zum ›neuen‹ Himmel zu verstehen? Mein Vorschlag an dieser Stelle ist, das Neue des neuen Himmels durch eine ›exegetische‹ und ›positionale‹ Analyse (siehe oben unter 2.) eines Textes zu bestimmen, der auf vielfältige Weise auf Gen 1 verweist: Die visionäre Beschreibung der sogenannten himmlischen Stadt in Apk 21 und 22.[29] Selbstverständlich stellt sie selbst wie-

---

[29]   Eine erhellend umsichtige und ins Alte Testament ausgreifende Kontextualisierung der Neuschöpfung in der Offenbarung sowie einen neueren Forschungsstand bietet Stephens, M. B., *Annihilation or renewal? The meaning and function of new creation in the book of Revelation*, 2011. Exegetisch informiert u. a. Roloff, J., »Neuschöpfung in der Offenbarung des Johannes«, in: Baldermann (Hg.), *Schöpfung und Neuschöpfung (JBTh 5)*, Neukirchen-Vluyn: Neukirchener Verlag 1990, 119–138; Bauckham, R., *The theology of the Book of Revelation*, Cambridge: Cambridge Univ. Press 1993, 126–143; instruktiv Georgi, D., »Die Visionen vom himmlischen Jerusalem in Apk 21 und 22«, in: Lührmann / Strecker (Hgg.), *Kirche. Festschrift für Günther Bornkamm zum 75. Geburtstag*, Tübingen: Mohr Siebeck 1980, 351–372; motivgeschichtlich ausgreifend Söllner, P., *Jerusalem, die hochgebaute Stadt. Eschatologisches und himmlisches Jerusalem im Frühjudentum und im frühen Christentum*, Tübingen: Basel, Francke 1998, 188–261 und Lee, P., *The new Jerusalem in the Book of Revelation. A study of Revelation 21-22 in the light of its background in Jewish tradition*, Tübingen: Mohr Siebeck 2001. Einen Ansatz bei bildhafter Imagination wählt Räpple, E. M., *The metaphor of the city in the apocalypse of John*, New York / Washington, D.C.: Lang 2004; eine hellsichtige traditions-, theologie- und kulturgeschichtliche Rekonstruktion des Jerusalem-Motivs bietet Grimm, M.

derum einen hoch komplexen und polyvalenten Symbolismus dar, der zu den kulturgeschichtlich prägendsten des Abendlandes gehört.[30]

Inwiefern gibt nun die Vision von Apk 21 und 22 eine Antwort auf die Frage nach den Kennzeichen des ›neuen Himmels‹ bzw. den Unterscheidungsmerkmalen des ›alten‹ und des ›neuen‹ Himmels? Im Rahmen der umfasssenderen Verheißung eines neuen Himmels und einer neuen Erde wird das neue Jerusalem als eine Stadt mit ›kosmischen Veränderungen‹ skizziert.[31] Obwohl es noch einen Himmel gibt, wird die Stadt nicht nur keiner Sonne und keines Mondes mehr bedürfen (Apk 21,24; 22,5), sondern auch keine Nacht mehr erfahren (Apk 21,25; 22,5). In der Abwesenheit der Nacht zeigt sich eine fundamentale Veränderung der dem Menschen nicht verfügbaren und von Gott selbst in Anspruch genommenen Rhythmik und Motorik der Schöpfung an. Die Veränderung der Tag-Nacht-Rhythmik ist ein Umbau im kosmischen, Leben ermöglichenden und zugleich gefährdenden himmlischen Bereich der Schöpfung. So kommt die neue Stadt selbst schon als Exemplar der neuen Schöpfung aus dem veränderten Möglichkeitsraum der neuen Schöpfung. Die Herabkunft der neuen Stadt aus dem Himmel bestimmt den neuen Himmel nicht als ›bewohnbare Sphäre‹, sondern als neues Korrelat der neuen Erde.

Die Abwesenheit der Nacht in der neuen Stadt zeigt eine neuschöpferische Verwandlung an, die bis auf den ersten Schöpfungstag ›zurückgeht‹.[32] Mit dem neuen Himmel verändert Gott selbst die Rahmenbedingungen geschöpflichen

---

A., *Lebensraum in Gottes Stadt. Jerusalem als Symbolsystem der Eschatologie*, Münster: Aschendorff 2007.

[30] Für einen Einblick in die höchst ambivalente Geschichte und für weiterführende Literatur siehe die Beiträge in Hengel, M. / Bergman, J. (Hgg.), *La Cité de Dieu / Die Stadt Gottes 3. Symposium Strasbourg, Tübingen, Uppsala, 19.–23. September 1998 in Tübingen*, Tübingen: Mohr Siebeck 2000; exegetisch und theologiegeschichtlich ausgreifend Grimm, M. A., *Lebensraum in Gottes Stadt. Jerusalem als Symbolsystem der Eschatologie*, 2007.

[31] Roloff, J., »Neuschöpfung in der Offenbarung des Johannes«, in: Baldermann, I. (Hg.), *Schöpfung und Neuschöpfung (JBTh 5)*, Neukirchen-Vluyn: Neukirchener Verlag 1990, 119–138, 127 ff., plädiert in Abgrenzung von kosmologischen Dimensionierungen für eine strikt ekklesiologische Deutung der neuen Stadt. Überzeugende Gegenargumente bietet Söllner, P., *Jerusalem, die hochgebaute Stadt. Eschatologisches und himmlisches Jerusalem im Frühjudentum und im frühen Christentum*, 1998, 57. Söllner erkennt zu Recht im neuen Jerusalem einen mehrschichtigen Symbolismus mit interdependenten, aber auch stärker selbständigen Anteilen. Eine ekklesiologische und eine kosmologische Deutung müssen sich nicht ausschließen.

[32] Eine knappe, aber luzide, die biblischen Traditionen mit einschließende Kulturgeschichte der Deutung der Nacht bietet Seitter, W., *Geschichte der Nacht*, Berlin: Philo 1999. Stephens, M. B., *Annihilation or renewal? The meaning and function of new creation in the book of Revelation*, 2011, 246, verweist darauf, dass die Nacht nicht nur Chaos anzeigt, sondern auch die Konnotation von Weinen (Ps 30,6) und Terror (Ps 91,5).

Lebens, die Bedingungen, denen er selbst das geschöpfliche Leben unterwerfen möchte. Ohne die Rhythmik von Tag und Nacht eröffnet sich Gott selbst ein neues Möglichkeitsspektrum der Gemeinschaft mit den Menschen. So vielfältig die Aufnahme der Paradiesmotive in Apk 21 und 22 ist (Lebensbaum und Lebenswasser), so unübersehbar ist die korrektive Überbietung des Paradieses. In seinem neuschöpferischen Handeln nimmt sich Gott die Freiheit, die Güte der Schöpfung zu überbieten.

Prägt die Unterscheidung zwischen der lebensfeindlich und chaotisch konnotierten Nacht und dem lichten und mit Leben gefüllten Tag den ›ersten‹ Himmel, so transformiert die Aufhebung der Nacht, d. h. die Beseitigung der wohl verwandelten, aber in der Verwandlung doch in der Schöpfung gegenwärtigen vorgeschöpflichen Finsternis, die Prägung der Erde durch den Himmel.[33] In der Doppelung von Tag und Nacht ist der Himmel nicht einfach der unzugängliche und unkontrollierbare Bereich und Möglichkeitsraum, sondern darin beides: potenziell lebensbedrohlich und wirklich lebensförderlich – eine Erkenntnis, die durch die das Leben so vieler Menschen vernichtende Flutwelle am 26.12.2004 in bedrückender Weise wieder in das öffentliche Bewusstsein gebracht wurde.[34] Erst

---

[33]   Dass die Vision auf die vorgeschöpfliche Realität der Finsternis und eine die ursprüngliche Schöpfung überbietende Chaosüberwindung zielt, macht der Hinweis auf die Abwesenheit des Meeres als chaotischer Macht deutlich. Vor allem die Visionen von Kap. 13 nehmen auf das Seeungeheuer Bezug. Catherine Keller hat in ihrer ökofeministischen Relektüre der Apokalypse moniert, dass es mit der Eliminierung des Meeres um »the Christian repression of the tehom, the indeterminate, the transitional, the wild« gehe. »Such symbolic tehomophobia maintains a general squeamishness toward all things mortal, fleshy, feminized, unpredictable, and complex. [...] The saltwater of tears, recognized rightly as confluent with the oceanic flux of all existence, are dried up together .... In the end, no death; no depth.« (Keller, C., »No More Sea. The Lost Chaos of the Eschaton «, in: Hessel / Radford Ruether [Hgg.], *Christianity and ecology. Seeking the well-being of earth and humans*, Cambridge, Mass. / London: Harvard University Press 2000, 183–198, hier 196). Ähnlich Keller, C., *Apocalypse now and then. A feminist guide to the end of the world*, Boston: Beacon Press 1996, 80–83. So fragwürdig und irreführend Kellers Deutung des biblisch gemeinten Chaos ist, so instruktiv ist die *particula veri* ihrer Argumentation: Die das Leben auszeichnenden Momente des Überraschenden, Nichtlinearen, Beziehungsreichen und Möglichkeitsgesättigten haben ihren Ort in der ›Interaktion‹ zwischen Himmel und Erde. Darum hat das neue Leben in dieser bleibenden Spannung »depth«.

[34]   Dies beobachtet hellsichtig schon Barth, K., *Die kirchliche Dogmatik III/1. Die Lehre von der Schöpfung*, Zollikon-Zürich: Evangelischer Verlag 1947, 143, ohne allerdings die systematisch-theologischen Konsequenzen zu ziehen: »Daß der Tag die Nacht, die Zeit diese Unzeit neben sich hat, daß die Finsternis immerhin diese Macht hat, das ist eines von den Merkmalen der Vorläufigkeit der Schöpfung des Himmels und der Erde [...]. Dieses Nebeneinander wird in der neuen Schöpfung aufgehoben, es wird in ihr wie keine Finsternis, so auch keine Nacht mehr ihre gefährdende, bedrohende Rolle spielen dürfen«.

durch die vollständige Verwandlung der ursprünglichen Finsternis, d. h. durch
die Entfernung der Nacht, wird der Himmel zu einem der Erde ausschließlich
lebensförderlich zugewandten Bereich. Ist mit der Nacht die vorgeschöpfliche
Finsternis als ein Ausgeschlossenes in die Schöpfung eingeschlossen, so ist diese
nun vollständig und heilvoll ausgeschlossen.

Ohne den Tod, ohne Leid, Schmerz und Geschrei sind die Mächte und Kräfte,
die das Leben der Menschen in der neuen Stadt bestimmen, ausschließlich lebensförderlich, lebenssteigernd und gemeinschaftsstiftend. Der himmlischen
Abwesenheit der Nacht entspricht die irdische Abwesenheit von Tränen, Tod,
Leid, Geschrei und Schmerz. In der Symbolarchitektur der neuen Stadt erlaubt es
die Abwesenheit der Nacht, die Tore der Stadt offen zu lassen, d. h. der neue
Himmel verändert auch das kulturelle Möglichkeitsspektrum: Bedrohungen des
gelingenden Lebens fallen ebenso weg wie der Schutz dieses Lebens vor den
Destruktionspotenzialen der Nacht. Das veränderte Möglichkeitsspektrum des
neuen Himmels eröffnet die Möglichkeit einer Gemeinschaft in einer fort-
schrittlichen und risikoreichen, aber innerhalb stets offener Tore eben doch
bedrohungsfreien Sozialform der Stadt. Es entspricht der Treue zur Geschichte,
d. h. der Anerkenntnis der z. T. finsteren Ereignisse in der Vergangenheit, und
zugleich der Abwesenheit aktueller Verdunklungen der Menschen und Völker,
dass der Baum des Lebens nicht mehr Ausgangspunkt der Gefährdung des
Menschen ist, sondern der »Therapie« und der Heilung der Völker dient (Apk
22,2). Die Abschaffung der Nacht (zusammen mit der Abschaffung des chaotischen Meeres als anderem vorgeschöpflichen Element in der Schöpfung) si-
gnalisiert eine Überwindung aller naturalen und sozialen Bedrohungen des Lebens, aller Risiken der ersten Schöpfung. Nicht umsonst ist auch die
Überwindung von Krankheit ein Aspekt eschatologischer Hoffnung. Die neue
Schöpfung realisiert in dieser dauerhaften Nachtfreiheit etwas, was sich an dem
siebten Schöpfungstag (Gen 2,3) in seiner Lösung von der Rhythmik von Tag und
Nacht erst ankündigt.[35]

Die mit dem Himmel verbundene Unterscheidung von Tag und Nacht ist nicht
nur zur Seite des Tages hin instabil, sie kann auch zugunsten der Nacht ver-
schoben werden. So ist die Verdunklung der Sonne und die damit einhergehende
Ausbreitung der Finsternis biblisch-theologisch ein vielfach variiertes Kennzeichen des Gerichts. Dieser Aspekt der Nacht, d. h. die subtile Ausgestaltung des
Sonnen-/Licht- und des Nachtmotivs spielt auch in der Johannes-Apokalypse eine
wichtige Rolle (vgl. Apk 6,12; 8,12 und 9,2). Überhaupt ist die Verfinsterung der
Sonne als Ausbreitung der Nacht und Zurücknahme der Ordnung des Tages, d. h.

---

[35] Vgl. zur Nachtfreiheit die Beobachtung von Seitter, W., *Geschichte der Nacht*, 1999, 37:
»Die Souveränität des Lichtes herrscht jetzt ubiquitär und immanent: auch in den Steinen, die
allesamt lichtdurchlässige, lichtaufnehmende, lichtenthaltende Steine sind. Das ist das Gemeinsame der vierzehn Steinsorten, aus denen die Stadt erbaut ist: sie erzeugen keine Nacht«.

als Einbruch des Chaos, deutlich mit dem »Tag Jahwes« verbunden (Jes 13,9 f.;
Joel 2,1 f.; 10 f.; 3,4; 4,14 f.; Ez 32,7 f.). Obwohl die Erwähnung von Sonne und
Mond in Apk 21 und 22 die kosmische Seite der Nacht herausstreicht, spielt die
Johannesapokalypse als einer der anspielungsreichsten ›Hypertexte‹ des Neuen
Testaments sicherlich auch auf die im Abendmahl erinnerte »Nacht des Verrats«
(1Kor 11,23) an. Zweifellos steht diese im Abendmahl stets mitvergegenwärtigte
Nacht in einer engen Beziehung zur Nacht des Auszugs aus Ägypten (Ex 12,1–
10). Für eine Verbindung der Kreuzestheologie und der Schöpfungstheologie
spricht die Aufnahme des Motivs der Finsternis zur Deutung des Todes Jesu
(Mt 27,45; Mk 15,33; Lk 24,44 f.). Das Aufkommen der Finsternis im Ereignis des
Kreuzes markiert dessen kosmische Dimension.

Diese Konstellation einer als Gericht und Gottesferne hereinbrechenden
Verfinsterung wird im himmlischen Jerusalem so umgekehrt, dass sie zugleich
aufgelöst wird: »Die Entbehrlichkeit der Sonne und des Mondes ist hier nicht
Kennzeichen des Gerichts, sondern des eschatologischen Heils«.[36] Die Abschaffung der Nacht markiert eine Definitivität der Rettung und eine Unüberbiet-
barkeit der Güte der dann Neuen Schöpfung. Es ist die uneingeschränkte Präsenz
der Herrlichkeit Gottes, die die Stadt erleuchtet (Apk 21,23; 22,5).[37] Die Zuwendung Gottes kann durch keine ›nächtliche‹ Sünde, durch keinen ›nächtlichen‹
Verrat bedroht werden. Gottes eschatologische Präsenz in der kommenden Stadt
wird so geartet sein, dass er sich in keiner Situation der Verfinsterung aus der
Welt herausdrängen lässt. Ohne Nacht und ohne Sonne gibt der Himmel den
unverstellten Blick frei auf die *Doxa* Gottes, ermöglicht seine Entborgenheit und
kommunikative Zugänglichkeit. In der Hoffnung auf die Neuschöpfung des
Himmels artikuliert sich die gewisse Hoffnung, dass die Rettung der Welt und die
kommende Gerechtigkeit Gottes auch die Auseinandersetzung mit überindivi-
duellen, viele Menschen unfrei machenden und gefährdenden, schwer greifbaren
und zeitübergreifend wirkenden Mächten und Kräften einschließt. In dieser
Auseinandersetzung setzt sich Gott nicht nur in ein definitiv heilsames Verhältnis zur Erde, sondern auch zum anderen Teil seiner Schöpfung, dem Himmel.

---

[36]   So treffend Söllner, P., *Jerusalem, die hochgebaute Stadt. Eschatologisches und himmlisches Jerusalem im Frühjudentum und im frühen Christentum*, 1998, 238. Lee, P., *The new
Jerusalem in the Book of Revelation. A study of Revelation 21–22 in the light of its background in
Jewish tradition*, 2001, 292 f. liest die kosmischen Veränderungen irrtümlicherweise nur als
Steigerung des Lichtes. Die Auflösung der Unterscheidung von Tag und Nacht durch das Ende
der Nacht und die Funktionserübrigung der Sonne zeigt gegenüber einer mit dem Heil
verbundenen Steigerung der Leuchtkraft der Sonne (Jes 30,26) oder dem dauerhaften Schein
der Sonne (Jes 60,19) eine Steigerung an, die mehr ist als eine Verschiebung der Grenze
innerhalb der Unterscheidung.

[37]   Zu diesem Motiv Grimm, M. A., *Lebensraum in Gottes Stadt. Jerusalem als Symbolsystem
der Eschatologie*, 2007, 192.

4. Der neue Himmel. Heilsame Ernüchterung und Perspektivierung der Sehnsüchte

Mehrere biblisch-theologische Motive mussten in den vorstehenden Überlegungen ganz abgeblendet bleiben: Der Himmel als soziale Wirklichkeit Gottes, die Regierung Gottes im Himmel, der Zusammenhang von Himmel und Erde in der Tempel- und Sakramententheologie, Himmel und Engel und nicht zuletzt der Konnex von Himmel und Reich Gottes, um nur die Wichtigsten zu nennen. Die Wiedergewinnung einer theologisch verantwortlichen Rede vom Himmel, die auch die theologische Abstimmung und Verknüpfung der verschiedenen Motivstränge leistet, steht erst am Anfang. Und doch sollte deutlich geworden sein, dass für die Überwindung der religiösen Sprachlosigkeit und die Adressierung der populärkulturellen Konjunktur des Himmels die Auseinandersetzung mit dem Differenzierungs- und Orientierungspotenzial der biblischen Traditionen und Symbolkomplexe lohnend ist. Wie der Blick auf die anthropologische Symboltheorie lehrt, handelt es sich dabei um eine Interpretation eines polythetischen Symbols mit einer eigenen inneren Rationalität.

Gegenüber regressiven Himmelsphantasien wie auch gegenüber theologischen Vergöttlichungen des Himmels wirkt die notwendige Anerkennung der Geschöpflichkeit des Himmels heilsam ernüchternd. Und doch muss sich die Theologie von den Sehnsüchten nach einem Zustand ungetrübten und unbedrohten Glücks, von den Hoffnungen auf eine Befreiung von den Belastungen der Erdenschwere nicht nur distanzieren. Werden diese Hoffnungen »an den Himmel« projiziert, so droht der Himmel zu einem vergöttlichten Paradies zu werden. Und doch: Die gewisse Hoffnung auf eine Neuschöpfung von Himmel und Erde schafft Raum dafür, die risikoreiche Fragilität des Lebens in der in Himmel und Erde unterschiedenen Welt wahrzunehmen und zu leben. Diese Wahrnehmung der Fragilität und Gefährdung des Lebens unter diesem Himmel und die Hoffnung auf eine Neuschöpfung des Himmels schließt auch eine theologische Würdigung der Sehnsüchte, Träume und Phantasien der Menschen ein. Auch vis-á-vis der Religionskritik der Moderne wird die Theologie nicht gut beraten sein, diese Sehnsüchte theologisch verächtlich zu machen. In Sachen Himmel steht darum jede Kommunikation christlichen Glaubens vor einer doppelten Aufgabe: Mit der theologischen Rede vom *Himmel* wird nicht die Erde »hinter sich gelassen«, sondern realistischer von der Welt als Schöpfung gesprochen. In der Rede von einer *Neuschöpfung von Himmel und Erde* spricht sich die Hoffnung aus, dass Gott sich in seiner Treue zu dieser Welt zu ihr nochmals so verhält, dass ihre Fragilität überwunden und ihre Güte überboten wird. Auch dieser neue Himmel wird nicht göttlich, aber ganz und grenzenlos von Gottes lebensförderlicher Herrlichkeit erfüllt sein.

XI. Emergenz oder Intervention? Konstellationen der schöpferischen Treue Gottes im Gegenüber zu einem theologischen Naturalismus

1. Einführende Bemerkungen

Die Frage nach dem radikal Neuen bricht in der Systematischen Theologie nicht nur an einer Stelle, sondern in mehreren Themenfeldern auf. Verwendet man die Frage nach dem Neuen als heuristisches Instrumentarium, so fällt erst auf, in wie vielen theologischen Loci ein Übergang von Alt nach Neu gedacht wird und die Frage nach der Kontinuität oder Diskontinuität dieses Übergangs aufbricht. Ist die Kirche das neue Israel? Markiert die Sünde einen so tiefen Einschnitt, dass ein nicht nur besserer, sondern neuer Mensch geschaffen werden muss? Ist der Geist Gottes eine Kraft der Lebensbewahrung oder der Erneuerung? So ließe sich noch vielfältig weiter fragen.

In den folgenden Erwägungen möchte ich die Problematik des Neuen in einer doppelten Perspektivierung bearbeiten: (i) Ich werde mich auf einen zentralen Themenkomplex konzentrieren, d. h. konkret auf den Zusammenhang zwischen dem schöpferischen und neuschöpferischen Handeln Gottes. (ii) Die Frage nach dem Neuen im schöpferischen Handeln Gottes wird im spezifischen Kontext einer Systematischen Theologie gestellt, die in einem hohen Maße eine Anschlussfähigkeit an Erkenntnisse der Naturwissenschaften und insbesondere der Biologie sucht.

Dabei möchte ich in fünf Teilschritten vorgehen. Zur Orientierung werde ich die leitenden Thesen meiner Überlegungen in einem ersten Schritt kurz an den Anfang stellen (1.). Als zweiten Schritt möchte ich in wenigen Strichen zunächst den kulturellen und dann den theologischen Kontext meiner Überlegungen umreißen (2.). Daran anschließend möchte ich historisch einschlägige Modellkonstellationen der Zuordnung von ›Altem‹ und ›Neuem‹, im Problemfeld von Schöpfung und Erlösung skizzieren (3.). Nach diesem in der Tat längeren Vorlauf werde ich das Gespräch mit dem panentheistischen Naturalismus des britischen Theologen und Biologen Arthur Peacocke suchen (4.). Aus der Auseinandersetzung mit der prägnanten Position Peacockes heraus werde ich weiterführende

Überlegungen zur Frage nach dem emergent Neuen und dem eschatologisch radikal Neuen entwickeln (5.).

Den folgenden Ausführungen möchte ich zur Orientierung die grundlegenden Thesen voranstellen:

1. Der theologische Topos des qualifiziert Neuen ist darum von zentraler Bedeutung, weil er Schöpfung, gegenwärtigen Glauben und die christliche Hoffnung verklammert.

2. Ein Lackmustest für eine realistische Rede vom Neuen ist die klare theologische Erfassung des eschatologischen Topos der »Neuschöpfung von Himmel und Erde«, da sich hier stets offenbart hat und immer noch theologisch zeigt, wie die Zuordnung zwischen dem Schöpfungs- und dem Erlösungshandeln Gottes begriffen wird.

3. Indem in der Neuschöpfung von Himmel und Erde Gott unüberbietbar Neues schafft, kommt Gottes Erlösungshandeln an sein Ziel – ein Handeln, mit dem er zugleich in einer rettenden, schöpferischen Transformation die göttliche Treue zu seiner Schöpfung bewährt.

4. Diese rettende Transformation impliziert ein responsorisches Handeln gegenüber der Schöpfung und übergreift hierin die Schöpfung.

5. Gegenüber den Entwicklungen in den Natur-, Geistes- und Gesellschaftswissenschaften pflegt die Theologie als konstruktiv-reflektierte Rede von Gott ein Verhältnis der kritischen Resonanz, das den Weg zwischen der Skylla einer vollständigen Abkopplung und der Charybdis einer Auslieferung an die Plausibilitäten und Selektivitäten einer Rahmentheorie zu gehen sucht.

2. Kulturell-religiöse Ausgangsbeobachtungen und ein methodischer Hinweis

Ernst Troeltsch hatte mit seiner vielzitierten Bemerkung aus dem Jahr 1916, »das eschatologische Bureau sei heutzutage zumeist geschlossen«, offensichtlich nicht ahnen können, dass er für das aufkommende 20. Jahrhundert auf den ersten Blick ganz im Unrecht sein sollte und im Rückblick vom 21. auf das 20. Jahrhundert in gewisser Weise doch recht behalten sollte.[1] Der Befund ist mehrdeutig: Sicherlich begann nur drei Jahre später mit Karl Barths erstem Römerbrief das eschatologische Büro Überstunden zu machen. Dieses Büro entfaltete in den Folgejahren eine unglaubliche Produktivität, die im Rückblick von der Theologie Bultmanns bis zur Theologie der Hoffnung Jürgen Moltmanns reicht. Eschatologie als Entfaltung der christlichen Hoffnung boomte geradezu bis in die achtziger Jahre des

---

[1]   Troeltsch, E., *Glaubenslehre. Nach Heidelberger Vorlesungen aus den Jahren 1911 und 1912*, 1925, 36. Troeltsch delegiert diese Beobachtung: »Ein moderner Theologe sagt: ...«.

20. Jahrhunderts – zumindest wenn man führende Buchpublikationen als Parameter nimmt. Der Aufbruch zu neuen Ufern und darin die Sehnsucht nach dem wahrhaft Neuen war ein Grundstrom der Theologie.

Und doch könnte es sein, dass Ernst Troeltsch am Ende doch recht behält – zumindest was die gegenwärtig greifbaren Mentalitäten und handlungsleitenden Vorstellungen in den Kirchen angeht. Wenn ich es recht sehe, dann können wir in den letzten Jahrzehnten einen zunehmenden Umbau des Christentums in Europa von einer *Erlösungsreligion* hin zu einer *Schöpfungsreligion* bzw. *Religion der Lebensbegleitung* beobachten. Während Max Weber im Jahre 1913/1914 noch ganz zweifelsfrei das Christentum als Erlösungsreligion einstufte, hätte 100 Jahre später das Urteil wohl deutlich verhaltener ausfallen können:[2] In den Ritualen der Säuglingstaufe feiert die Kirche das neue geschöpfliche Leben, begleitet dieses ganz irdische Leben in den Krisen und Umbrüchen mit Konfirmation, Hochzeit und Beerdigung.[3] Die Spiritualität, die die evangelischen Kirchen in Kursen, Freizeiten und Schriften befördern, ist eine Spiritualität der Lebensbegleitung und des Lebensmanagements. »Coping« ist ein (impliziter) Leitbegriff geworden. Nicht Glückseligkeit ist angesagt, sondern Glück. In vielen Ostergottesdiensten wird mit Blumen als Zeichen des Frühlings ein Sieg des Lebens über den Tod gefeiert. Als Schöpfungsreligion steht die Bewahrung der Schöpfung inmitten ökologischer Gefährdungen im Zentrum vieler ethischer Bemühungen. Ein spiritueller Pragmatismus ist dabei gepaart mit einer verantwortungsbereiten Sorge für die Zukunft des Lebens auf diesem Planeten. Die Hoffnungen auf eine himmlische Stadt, auf ein eschatologisches Gericht und auf ein ewiges Leben erscheinen verblasst, geradezu irreal und der gelebten Religiosität fern. Die Straf- und Gerichtseschatologien bieten weder eine existentiell noch politisch überzeugende Antwort auf Erfahrungen manifester Ungerechtigkeit und bedrängenden Unheils.

Selbst die starken Temporalisierungen der Transzendenz, die Erlösung in und aus der Zukunft ins Auge fassten, haben mit dem Erkalten der starken politischen Utopien an Überzeugungskraft eingebüßt. Die säkularen Eschatologien des 20. Jahrhunderts wurden mehr oder weniger schnell entmythologisiert und haben sich binnen weniger Jahre vielfach in säkulare Apokalypsen ver-

---

[2] Zu dem gesamten Komplex der Erlösungsreligion bei Weber wie auch zu Webers Abhängigkeit von Ernst Troeltsch siehe Hanke, E., »Erlösungsreligion«, in: Kippenberg, H. G. / Riesebrodt, M. (Hgg.), *Max Webers »Religionssystematik«*, Tübingen: Mohr Siebeck 2001, 209–226.

[3] Für eine kritische Rekonstruktion dieser Tendenz im Fall der Taufe siehe Thomas, G., *Was geschieht in der Taufe? Das Taufgeschehen zwischen Schöpfungsdank und Inanspruchnahme für das Reich Gottes*, 2011. Ein breites Analysespektrum deckt ab Thomas, G. / Höfner, M. (Hgg.), *Ewiges Leben. Ende oder Umbau einer Erlösungsreligion?*, 2018.

wandelt.[4] Ganz entsprechend boomt die philosophische wie die theologische Diskussion zum Thema Glück – »jetzt« – und weniger die Beschäftigung mit »Glückseligkeit«.[5] Das Christentum wird zur Religion der Lebensbegleitung und des Lebensmanagements. Zu hoffen ist zu riskant, zu stressig, zu komplex. Von was werden Christen erlöst? Die Optionen reichen von Atomstrom über Homophobie, Umweltverschmutzung zu Werteverfall oder gar Ehescheidungen – je nachdem, wie die moralische Orientierung justiert wird.

Nun wäre es ein folgenschwerer Irrtum, wollte man diese Entwicklung einfach als Verfallsgeschichte qualifizieren, als Selbstsäkularisierung des Christentums brandmarken oder schlicht als Traditionsabbruch beklagen. Diese Entwicklung nimmt nicht nur Friedrich Nietzsches Verdikt der Giftmischer und Verächter des Lebens auf, sondern auch Dietrich Bonhoeffers Mahnung ernst, dieser Erde treu zu bleiben. »Ich beschwöre euch, meine Brüder, bleibt der Erde treu und glaubt denen nicht, welche euch von überirdischen Hoffnungen reden! Giftmischer sind es, ob sie es wissen oder nicht. Verächter des Lebens sind es, Absterbende und selber Vergiftete, deren die Erde müde ist: so mögen sie dahinfahren!«, so formuliert Nietzsche im Zarathustra.[6] In Aufnahme dieses Impulses der Religionskritik des 19. Jahrhunderts setzt sich Bonhoeffer mit dem Plädoyer für eine »Treue zur Erde« von allen jenseitsbezogenen Weltfluchttendenzen ab. Mit beißendem Spott und scharfer Polemik wendet er sich gegen ein »Hinterweltlertum«, das religiös oder christlich sein möchte »auf Kosten der Erde«.[7] Gegenüber aller religiösen Abwertung leiblich-endlicher Existenz hält Dietrich Bonhoeffer in der ersten Hälfte des 20. Jahrhunderts schon fest: »Der Mensch, den Gott nach seinem Ebenbilde, d.h. in Freiheit geschaffen hat, ist der Mensch, der aus Erde genommen ist. [...] Seine Verbundenheit mit der Erde gehört zu seinem Wesen. [...] Sein Leib ist nicht sein Kerker, seine Hülle, sein Äußeres, sondern sein Leib ist er selbst. [...] Der Ernst des menschlichen Daseins

---

[4]   Die Bewegung von einer Theologie der Hoffnung hin zu einer Theologie der Bedrohungsabwendung lässt sich sehr klar an der Textur und Karriere einer ökologischen Theologie nachzeichnen. Siehe z.B. Conradie, E. M., *Christianity and ecological theology. Resources for further research*, Stellenbosch: Sun Press 2006. Kulturtheoretisch nachgezeichnet in den instruktiven Analysen in Horn, E., *Zukunft als Katastrophe*, Frankfurt a.M.: S. Fischer 2014.

[5]   An dieser Stelle exemplarisch Bindseil, C., *Ja zum Glück. Ein theologischer Entwurf im Gespräch mit Bonhoeffer und Adorno*, Neukirchen-Vluyn: Neukirchener Verlag 2011. Symptomatisch für die philosophische Literatur Hampe, M., *Das vollkommene Leben. Vier Meditationen über das Glück*, München: Hanser 2009.

[6]   Nietzsche, F. W., »Also sprach Zarathustra«, in: Schlechta (Hg.), *Friedrich Nietzsche. Werke in sechs Bänden. Bd. 3*, München: C. Hanser 1980, 277–561, 280.

[7]   Bonhoeffer, D., *Berlin 1932–1933 (DBW 12)*, München: Kaiser 1997, 265.

ist seine Gebundenheit an die mütterliche Erde, sein Sein als Leib.«[8] Seelsorge ist darum eben nicht nur die Sorge um die Seele.

Die skizzierte Situation ist also auch – wenngleich nicht nur – das Ergebnis genuin *theologischer* Impulse und Umbauten, deren Geschichte nicht nur an die Anfänge des 20., sondern weit in das 19. Jahrhundert zurückreicht.[9] Erlösung als das Neue des christlichen Glaubens kann nicht mehr als Erlösung aus und von dieser Welt, als göttlich gewährter Übergang aus dieser Welt in den Himmel verkündet werden. Christinnen und Christen sind – contra Augustin und contra langer und starker Traditionen im Christentum – keine Pilger aus dem irdischen Jammertal in den himmlischen Thronsaal, aus der Zeit in die Ewigkeit. Diese Last des augustinischen Erbes wird – zumindest in weiten Teilen des Protestantismus – glücklicherweise gegenwärtig mehr oder weniger explizit abgeschüttelt.[10] Friedrich Nietzsche und Dietrich Bonhoeffer scheinen ihr Ziel erreicht zu haben – auch wenn viele Lieder unserer Kirchengesangbücher noch eine ganz andere Sprache sprechen und eine ganz andere Theologie offerieren.[11] Wirklich Neues oder gar radikal Neues scheinen die mitteleuropäischen Christen zu Beginn des 21. Jahrhunderts weder zu hoffen noch zu befürchten.

Doch ist damit schon die theologische Aufgabe, ›Altes‹ und ›Neues‹, Schöpfung und Erlösung produktiv zusammenzudenken, erledigt? Bricht die Frage nach dem Zusammenhang zwischen dem ›Alten‹ und dem ›Neuen‹ nicht doch ständig auch in der kirchlichen Praxis an vielen Punkten auf – so z. B. beim Verständnis der Taufe, beim Abendmahl, eben bei allen evangelischen Sakramenten? Nimmt das christliche Leben nicht Schaden, wenn die spannungsreiche und eben doch stets auch das ›Neue‹ einschließende Einheit aus Glaube, Liebe und Hoffnung zerreißt?

Was ist zu tun, wenn der Blick auf das 20. Jahrhundert deutlich macht, dass nicht nur die *Abwendung* von dieser Erde, sondern auch die pointierte *Zuwendung* zu ihr in die Barbarei führen kann – angezettelt von politischen Utopien oder politischem Chauvinismus? Was ist, wenn wir deutlich sehen, dass die Zuwendung zur Erde ganz neue »Giftmischer und Verächter des Lebens« geboren hat und stets neu gebiert? Wie können wir – nicht an der Wende vom 19. zum 20. Jahrhundert, sondern nach der Wende zum 21. Jahrhundert – theologisch verantwortlich, rational durchsichtig und an andere Diskurse anschlussfähig –

---

[8]   Bonhoeffer, D., *Schöpfung und Fall*, 1989, 71 f.

[9]   Die Übergänge, die sich von Martin Luther hin zu Friedrich Schleiermacher vollziehen, rekonstruiert prägnant Osthövener, C.-D., *Erlösung. Transformationen einer Idee im 19. Jahrhundert*, Tübingen: Mohr Siebeck 2004.

[10]   Ritschl, D., »Die Last des augustinischen Erbes«, in: Busch, E. / Fangmeier, J. / Geiger, M. (Hgg.), *PARRHESIA. Karl Barth zum achtzigsten Geburtstag am 10. Mai 1966*, Zürich: EVZ-Verlag 1966, 470–490.

[11]   Siehe exemplarisch EG 393 von Teerstegen oder EG 477 von Paul Gerhardt.

vom wahrhaft Neuen, von Erlösung und Hoffnung sprechen? Kurz: Wie kann von ›Neuem‹ gesprochen werden und zugleich die Treue zur ›alten‹ Erde ernst genommen werden?

Wie sich nun die Systematische Theologie in diesem Problemfeld positioniert, hängt selbstverständlich auch von dem Selbstverständnis und dem Status der theologischen Reflexion selbst ab. Darum möchte ich den folgenden Überlegungen einen knappen methodischen Hinweis vorausschicken: Systematische Theologie muss sich im Streit der Interpretationen als konstruktiv-reflektierende Rede von Gott begreifen, und d. h. nicht nur als Rede *über* die Rede von Gott und zu Gott in praktischer Frömmigkeit. Selbstverständlich unterscheidet sie sich von der Rede von Gott in Vollzügen der Frömmigkeit darin, dass sie nicht erwartet oder erhofft, dass Gott selbst durch sie spricht. Darum ist das Katheder nicht mit der Kanzel zu verwechseln. Auch an ihrem speziell universitären Ort muss die Theologie bei aller Strittigkeit der Interpretationsvorschläge die Dynamik und die Lebendigkeit ihres Gegenstandes reflektiert in Rechnung stellen. Die Theologie kann sich auch in der Rede von dem ›Neuen‹ nicht aus dem Streit und Konflikt der Interpretationen heraushalten. Sie kann sich im religiösen Feld nicht einfach auf die Position einer Beobachtung zweiter Ordnung zurückziehen. Die Theologie kann diesen Rückzug nicht antreten, auch dann nicht, wenn sie selbst an den historischen, philologischen und philosophischen Differenzierungen von Problemen teilnimmt und die damit verbundene Steigerung an Komplexität in der Problemwahrnehmung eher zum Schweigen verleiten mag.

3. Reparatur, graduelle Optimierung, radikaler Ersatz oder Umbau des Gewesenen? Theologische Modelle

Nach der kulturellen Selbstverortung in einer spezifischen Gegenwart möchte ich einen Blick zurückwerfen und dogmen- bzw. ideengeschichtliche Modellkonstellationen der Zuordnung des ›Alten‹ und des ›Neuen‹ skizzenhaft vorstellen. Analysiert man in einer sehr formalisierten Analyse die Denk- und Ideengeschichte des Christentums (sei sie theologisch, religionshistorisch oder religionsphilosophisch motiviert), so lassen sich m. E. eine Reihe von idealtypischen Grundmustern der Zuordnung von ›alter Schöpfung‹ und ›neuer Schöpfung‹ voneinander abheben. Wie bei allen idealtypischen Beschreibungen sind Variationen und Mischungen stets möglich. Im Weberschen Sinne idealtypische Grundmuster kommen in gänzlicher Reinheit nirgendwo in der empirischen Welt vor und dennoch organisieren sie den Diskurs und in diesem Diskurs ›gibt‹ es sie auch.

Grundsätzlich kann die »Neue Welt Gottes«, um ein Motiv des frühen Karl Barth aufzunehmen, dem »Alten« als *Restitution*, als *Substitution* und als *Trans-*

formation gegenübertreten.[12] Anders formuliert: als Reparatur, als Austausch oder als Umbau. Worin unterscheiden sich die Ansätze? *Restitution, Substitution* und *Transformation* unterscheiden sich in der Gestalt des *Übergangs* zwischen Altem und Neuem, zwischen Schöpfung und Neuschöpfung. Neben dem Modus des Übergangs muss darüber hinaus die *Zielbestimmung* der Übergangsdynamik in *vollendend* oder *rettend* differenziert werden.

Im Modell der *Restitution* wird ein veränderter Zustand *wiederhergestellt.* Dies kann, aber muss nicht eine Rückkehr zum Ursprung sein, da das Dazwischenliegende, das die Restitution nötig machte, ja integriert werden kann. Trotzdem geht es ganz wesentlich um die Heilung eines Bruches, um die Rückkehr zu einem Ursprung, um die Restitution einer gebrochenen Beziehung. Prägnant und knapp formuliert:»Paradise lost – Paradise Regained« (John Milton 1670).[13] Es geht stets um eine *rettende Restitution*, die ein Verlorenes bzw. einen Ursprung zurückzubringen versucht oder ein Beschädigtes wieder heilt – ohne das intrinsische Ziel einer weiterentwickelnden Vollendung. Dabei erfordert die Restitution kein prägnant Neues. Das Gewicht liegt stets auf dem Alten. Wie unschwer erkennbar ist, dachte die abendländische Theologie im Gefolge Augustins im Wesentlichen in diesem Modell.

Der Grundgedanke im Modell der *rettenden Substitution* ist der einer Ersetzung eines Ersten durch ein Zweites. Dieses Modell impliziert daher eine fundamentale Diskontinuität, die letztlich durch die bleibende Abstoßung des Ersten, durch einen unüberbrückbaren Bruch zustande kommt. Von dem Modell der Restitution unterscheidet sich die Substitution dadurch, dass das Ziel nicht zum Anfang zurückführt, sondern in der Tat einen vollständigen Abbruch voraussetzend zu einem anderen, klar unterschiedenen ›Ort‹ führt. Die Absicht kann in einer Rettung liegen, sodass das zu Substituierende der Ort, der Zustand oder die Zeit ist, aus denen heraus die Rettung sich vollzieht bzw. aus denen heraus jemand befreit wird. In dem Substitutionsmodell steht der Schöpfergott des ›Alten‹ dem Erlösergott des ›Neuen‹ letztlich weitgehend unversöhnlich gegenüber. Alle alten wie neuen Spielarten der Gnosis und des offenen wie versteckten Schöpfungsnihilismus operieren in den Grenzen dieses Modells. Die Spannung kann, wie die Person des altkirchlichen Theologen Marcion verdeutlicht, zu einer Spaltung im Gottesbild, ja zu der Annahme zweier Götter führen. Der Philosoph Micha Brumlik hat die andere Spur, die Spur der Gnosis von der Antike über die

---

[12] Die Modellkonstellationen sind detaillierter entwickelt und begründet in Thomas, G., *Neue Schöpfung. Theologische Untersuchungen zum ›Leben der kommenden Welt‹*, Neukirchen-Vluyn: Neukirchener Verlag 2008.

[13] Da das Modell der Restitution grundsätzlich auf eine Defizienzüberwindung angelegt ist, scheidet hier die Kombination einer vollendenden Restitution aus.

Kabbala, C. G. Jung, Rudolf Bultmann, Martin Heidegger bis Carl Schmitt nachgezeichnet.[14]

Das Modell der *Transformation* teilt mit dem der *Substitution* den Akzent auf der zweiten Position, die nicht wie bei der Restitution eine Rückkehr ist. Im Gegensatz zur *Substitution* wird aber im Übergang von der ersten zur zweiten Position keine Ablösung gedacht, sondern eine mehr oder weniger bruchlose, mehr oder weniger diskontinuierliche Transformation. Darin, dass nichts als ›erübrigt‹ abgestoßen wird, stimmt dieses dritte Modell mit dem ersten der *Restitution* überein. Diese *Transformation* kann nun als Einheit eines kontinuierlichen, nicht irritierbaren Prozesses gedacht werden. In diesem Fall ist von einer *vollendenden Transformation* zu sprechen. Der Prozess kann aber, indem er auf die Diskontinuitätserfahrung der Rettung eingeht, auch responsorischen Charakter haben. Dann ist von einer *rettenden Transformation* auszugehen.

Die Aspekte des Vollendenden oder des Rettenden unterscheiden sich darin, dass im Modus der *vollendenden Transformation* die ›zweite‹ Position als ›schon immer‹ in sachlicher, zeitlicher oder sozialer Hinsicht als geplant ins Auge gefasst, angestrebt oder in der Dynamik einer Entwicklung als immanent, d. h. immer schon präsent gedacht wird. Im Modell der *rettenden Transformation* ist die zweite Position als kontingent zu bestimmen, eben von der Rettungsnotwendigkeit oder der Rettungsfähigkeit abhängig. *Vollendung* oder *Rettung* unterscheiden sich also hinsichtlich der beabsichtigten Kontinuität des Übergangs von der ersten zur zweiten Position. Hinsichtlich des Endpunktes kann die *Rettung* der *Vollendung* gleichen, aber die Bewegung dorthin unterscheidet sich in ihrem Charakter der überwiegenden Kontinuität oder Diskontinuität.[15] Es ist dieses Modell der *rettenden Transformation*, das m. E. am besten die diversen Motive der Christologie, Pneumatologie und Eschatologie in sich aufnehmen kann: Es verbindet die ›Treue zur Erde‹ mit Gottes unbedingtem Willen zur ›Rettung‹.

---

[14] Siehe Brumlik, M., *Die Gnostiker. Der Traum von der Selbsterlösung des Menschen*, Frankfurt a.M.: Eichborn 1992. Die von Brumlik mit breiten Pinselstrichen gezeichnete Skizze konzentriert sich weniger auf historische Tiefenschärfe als auf ideengeschichtliche Entwicklungslinien.

[15] Selbstverständlich können die verschiedenen Modelle auch in gewissen Mischungsverhältnissen auftreten. Bedenkt man, dass die Schöpfungsmotive der hebräischen Bibel sich entweder auf den Kosmos, den Menschen oder auf Israel beziehen können, so ist erwartbar, dass hinsichtlich dieser ›Gegenstände‹ der Schöpfung und Neuschöpfung Modellungleichzeitigkeiten auftreten können. Ganz entsprechend können Neuschöpfungsvorstellungen sich eher rechtfertigungs- oder heiligungstheologisch, ekklesiologisch oder stärker kosmologisch artikulieren.

4. Das ›Alte‹ und das ›Neue‹ im Horizont eines theologischen Naturalismus – ein Gespräch mit Arthur Peacocke

In den folgenden Überlegungen möchte ich das Gespräch mit dem 2006 verstorbenen Theologen Arthur Peacocke aufnehmen. Für diese Wahl sprechen im Horizont der Frage nach dem ›Neuen‹ mehrere Gründe: Die naturalistische und zugleich panentheistische Konzeption Arthur Peacockes ist in einer äußerst engen Anlehnung an ein evolutionäres Denken in den Naturwissenschaften entwickelt.[16] Es stellt sich daher als eine starke *gegenwärtige* Alternative zu klassischen Positionen – auch der deutschsprachigen Theologie – dar. Darüber hinaus repräsentiert es das Modell einer *vollendenden* Transformation, das dem der *rettenden* Transformation sehr nahe steht und doch grundlegend verschieden ist. An ihm lässt sich im Vergleich herausarbeiten, wie sich im Horizont einer *rettenden* Transformation ›Neues‹ erhoffen und denken lässt, wie ›tief‹ die mit dem Neuen verbundene Transformation geht.

Einer der Einsatzpunkte der Theologie Arthur Peacockes ist die im Gespräch mit den Naturwissenschaften und als Naturwissenschaftler gewonnene Überzeugung, dass die christliche Theologie sich im Raum wissenschaftlich – und d. h. letztlich naturwissenschaftlich – möglicher Aussagen bewegen muss.[17] Peacocke sieht »the need to find ways of integrating ›talk about God‹, that is theology, and those experiences denoted as ›spiritual‹ or ›religious‹ with the worldview engendered and warranted by the natural sciences« (5). Auf der Basis dieser Prämisse argumentiert er für eine »Christian *naturalistic* theology« bzw. für einen »theistic naturalism«, der von anderen auch als »panentheism« interpretiert

---

[16] Grundlegend ist das frühe Werk Peacocke, A. R., *Creation and the world of science*, Oxford / New York: Clarendon Press, Oxford University Press 1979; Peacocke, A. R., *The sciences and theology in the twentieth century*, Notre Dame, Ind.: University of Notre Dame Press 1981; eine stark emphatische Darstellung der Position und Entwicklung Peacockes bietet Schaab, G. L., *The creative suffering of the Triune God. An evolutionary theology*, 2007; eine frühe deutschsprachige Gesamtdarstellung stammt von Predel, G., *Sakrament der Gegenwart Gottes. Theologie und Natur im Zeitalter der Naturwissenschaften*, 1996; knapp, aber präzise einführend ist Murphy, N. C., »Arthur Peacocke's naturalistic Christian faith for the twenty-first century. A brief introduction«, in: *Zygon* 43 (1) (2008), 67–73; für eine kritische Darstellung der Grundzüge siehe Peters, T. / Hewlett, M., *Evolution from creation to new creation. Conflict, conversation, and convergence*, Nashville, Tenn.: Abingdon Press 2003, 135–139.

[17] Diese Prämisse überspannt die gesamte theologische Entwicklung Peacockes. Für die vorstehenden Überlegungen orientierend Peacocke, A. R., »A naturalistic Christian faith for the twenty-first century: an essay in interpretation«, in: Clayton (Hg.), *All that is. A naturalistic faith in the twenty-first century*, Minneapolis: Fortress Press 2007, 3–56; die folgenden Seitenangaben im Haupttext mit dem Kürzel ATI beziehen sich auf diesen Titel.

wird.[18] Peacocke stimmt an dieser Stelle Charles Hardwick zu und formuliert pointiert, »that if faith can survive in the current time [...] faith does not continue to be served up as tired eschatological symbols [...] largely unreflectively in mythological forms that scarcely any educated person believes today« (9).

In der Frage der theologischen Erfassung des Neuen möchte ich mich auf vier dafür einschlägige Themenfelder konzentrieren, die alle das Verhältnis zwischen Schöpfung und Erlösung beleuchten: Schöpfung, Christus, das Leiden der Schöpfung und die christliche Hoffnung.[19]

a. Die Welt als Schöpfung

Um im Blick auf die Welt als Schöpfung Gottes zu sprechen, ist es für Peacocke entscheidend, dass eine naturalistische Weltsicht nicht notwendigerweise Gott überhaupt ausschließt, sondern nur einen der Welt deistisch gegenüberstehenden und in sie intervenierenden Gott:»God as external to nature, dwelling in an entirely different kind of ›space‹ and being of an entirely different ›substance‹, which by definition could not overlap or mix with that of the created order« (ATI 17). Dagegen plädiert Peacocke für eine »immanence of God as Creator ›in, with and under‹ the natural processes of the world unveiled by the sciences« (ATI 19). Es ist diese Zurückweisung eines »externen Gottes« bei gleichzeitiger Betonung eines »dynamic picture of the world of entitities, structures, and processes involved in continuous and incessant change and in process without ceasing« (ATI 19), die ihn als Biologen zu dem Schluss kommen lässt: Die eigentlich wissenschaftlich relevante und theologisch interessante Rede von dem Schöpfergott ist – traditionell gesprochen – die Rede von der *creatio continua*: »God is the immanent Creator creating in and through the processes of the natural order. The processes are not themselves God but are the action of God-as-Creator – rather in the way that the processes and actions of our bodies as psychosomatic persons express ourselves. God gives existence in divinely-created time to a process that itself brings forth the new, and God is thereby creat*ing*« (ATI 20). Blickt man auf die innertheologischen Debatten der letzten zwei Jahrhunderte um Schöpfung außerhalb eines eher schlichten Theismus, liegt die schöpfungstheologische Pointe in der radikalen Umstellung von Schöpfung auf den *permanenten evolu-*

---

[18]   Siehe Gregersen, N. H., »Three varieties of panentheism«, in: Clayton / Peacocke (Hgg.), *In whom we live and move and have our being. Panentheistic reflections on God's presence in a scientific world*, Grand Rapids, Mich.: Eerdmans 2004, 19–36 u. 290–293.

[19]   »Emergentist monism affirms that natural realities although basically physical, evidence various levels of complexity with distinctive internal inter-relationships between their components, such that new properties, and also new realities, emerge in those complexes – in biology in an evolutionary sequence« (14).

tionären Prozess bei gleichzeitiger Abblendung der ganzen Fragen um eine *creatio originalis*. Schon Friedrich Schleiermacher hat auf ein Handeln Gottes in und durch den Gesamtzusammenhang der Natur verwiesen – ohne allerdings die der biologischen Evolutionstheorie implizite *Historisierung der Natur* mit zu vollziehen. Die Hervorhebung von »God as creator continuously giving existence with time to processes that have the character the sciences unveil« führt zu einem Gott »intimately in the created order«. Die schöpferische Tätigkeit Gottes zielt auf ein »bringing into existence the new, in processes whereby novelty and complexity are made to emerge from some prior, earlier, and more basic simpler entities« (ATI 20).

Diese Umstellung auf den fortlaufenden Prozess der evolutionären Entwicklung stellt sich auch als deutliche Alternative zu einer die lutherische Theologie bis heute prägenden »existentiellen Schöpfungstheologie« des »Großen Katechismus« Luthers dar. Mehr noch: Mit dieser radikalen Umstellung auf den evolutionären Prozess schließt Peacocke jede Türe, die zu einem Modell der Restitution führen könnte. Der Dreiklang von »paradise – paradise lost – paradise regained«, der eineinhalb Jahrtausende die abendländische Christenheit weithin geprägt hat, ist theologisch nicht mehr erschwinglich. Bis tief hinein in die Kirchenlieder und -gebete hat er die Frömmigkeit geprägt – und befindet sich doch zugleich in der eingangs skizzierten Krise. Insofern spiegelt die Theologie Arthur Peacockes in gewisser Weise den Umbau des Christentums von einer Erlösungsreligion in eine Schöpfungsreligion.

Wie manche Interpreten der Theologie Arthur Peacockes kritisch angemerkt haben – und wie er übrigens auch selbst konzediert hat –, ist es eigentümlich und theologisch eher konventionell, dass er dennoch eine »ultimate transcendence of God as Creator over the contingent natural order« (ATI 23) festhalten möchte und damit einen *reinen* Naturalismus überschreitet.[20] Ich denke allerdings, dass es eine andere, ebenso die Tradition festhaltende Entscheidung ist, die für das Profil seiner gesamten Theologie viel folgenreicher ist. Und es ist darüber hinaus dieses andere traditionelle Element, das in der Kombination mit einer schöpfungstheologischen Anlehnung an die biologische Evolution fragwürdige, wenn nicht gar unheilvolle theologische Folgen zeitigt. Dieses eher unscheinbar kleine, aber umso wirkmächtigere Element besteht aus folgender Einsicht: Es ist der »view of God as

---

[20] Für einen knappen Überblick die grundlegenden Unterscheidungen zum Problem des Naturalismus im Kontext von Religion und Naturwissenschaft siehe Drees, W. B., »Naturalism«, in: Van Huyssteen (Hg.), *Encyclopedia of Science and Religion*, New York: Macmillan Reference USA 2004, 593–597; Drees, W. B., *Religion, science, and naturalism*, Cambridge / New York: Cambridge University Press 1996, speziell Kap. 4 u. 20; für die aktuelle Diskussion und weitere Literatur siehe Engberg-Pedersen, T. / Gregersen, N. H. (Hgg.), *Essays in naturalism and Christian semantics*, Copenhagen: Centre for Naturalism & Christian Semantics 2010.

giving existence to all-that-is: entities, structures, and processes« (ATI 23). »... giving existence to all-that-is« – dies ist nicht nur der programmatische Titel des Buches, das als Vermächtnis Arthur Peacockes angesehen werden darf, sondern auch eine das Verhältnis von Schöpfung und Erlösung prägende Weichenstellung.

Innerhalb des innerkanonischen Gesprächs ist überdeutlich, dass dieser All-Quantor »all that is« durch vielfältige Differenzierungen relativiert zu werden verdient. Es ist dieses »giving existence to all-that-is«, das nicht nur eine klare theologische Erfassung der Schöpfung verdunkelt, sondern auch radikal Neues noch nicht einmal am Horizont aufscheinen lässt. Ist Gott in der Tat in *gleicher* Weise Schöpfer *jeglichen* Ereignisses – eben von »all-that-is«? Für die Interaktion des lebendigen Gottes mit seiner Schöpfung ist grundlegend, dass nicht alles und jedes, alles Existierende, in gleicher Weise vollständig den Intentionen Gottes entspricht. Im Verhältnis zwischen Schöpfung und Erlösung bestimmt die Erfassung von Gottes schöpferischem Wirken den Möglichkeitsraum, innerhalb dessen das Problem greifbar wird, auf das wiederum ›Erlösung‹ und das Ereignis der Neuen Schöpfung reagiert. Sicherlich darf dieses »giving existence to all-that-is« nicht als Determination im alten Sinne verstanden werden. Es ist ja zugleich ein Sich-Ausliefern Gottes, da der Prozess der Schöpfung sich dann auch durch »Zufall und Notwendigkeit« vollzieht. Nicht umsonst nimmt Peacocke Überlegungen der Selbstbeschränkung, Verwundbarkeit und Selbstentäußerung Gottes auf.[21] Der Prozess der Schöpfung ist hierin für Gott selbst nicht ohne Risiko – wie zumindest Peacocke in seinen früheren Jahren festhalten konnte.[22] Daher spricht Peacocke pointiert von »God the Creator as *exploring* in creation« (TSA 307). Mit der Vorstellung eines die eigene Schöpfung erforschenden Gottes kommt Peacocke in überaus spannende Grenzlagen theologischen Denkens, weil Gott der in und mit der Erfahrung der Schöpfung Lernende ist.

An dieser Stelle gilt es eine Entscheidung zu markieren: Ich denke, dass weder das Bekenntnis zu Gott, dem Schöpfer von Himmel und Erde, noch ein Festhalten an einer Freiheit Gottes gegenüber der Welt dazu nötigt, Gottes

---

[21]   Peacocke, A. R., *Theology for a scientific age. Being and becoming – natural, divine, and human*, 1993, 123. Alle weiteren Seitenangaben mit dem Kürzel TSA beziehen sich auf diesen Band.

[22]   »Because of the interplay of chance and law in the processes of creation we also inferred, that God may be regarded, as it were, as ›taking a risk‹ in creating and therein making himself and his purposes vulnerable to the inherent open-endedness of those processes.« (TSA 309) Es bleibt allerdings unklar in Peacockes Denken, warum Gott nicht den Prozess der Schöpfung von Moment zu Moment neu adjustiert. Er betont nur: »God's interaction with the world has been characterized [...] as a holistic, top-down continuing process of input of ›information‹, conceived of broadly, whereby God's intentions and purposes are implemented in the shaping of particular events, or patterns of events, without any abrogation of the regularities discerned by the sciences in the natural order« (TSA 295).

schöpferische Präsenz in wirklich *allem* und *jedem* zu behaupten. Ist es nicht ein Kern des jüdisch-christlichen Gottes- und Schöpfungsverständnisses, dass Gott die Schöpfung in eine riskante Freiheit entlässt und sich Israel höchst spezifisch und immer wieder sehr punktuell intensiviert zuwendet? Ist es nicht diese riskante Freiheit, die Gott davor bewahrt, zum Fatum, zum alles bestimmenden Dämon zu werden, der in allem wirkt, ohne sich zur Welt selektiv, spezifisch – und darin eben auch in einem qualifizierten Sinne neu verhalten zu können? Dieses Themenfeld soll nun in das Gesichtsfeld rücken.

b. Die Leiden der Schöpfung und das Leiden Gottes

Die Verbindung eines – eine letzte Transzendenz Gottes nicht ausschließenden – Panentheismus mit dem Gedanken eines »giving existence to all-that-is« führt zu einer sehr spezifischen Bearbeitung des traditionellen Theodizeeproblems bzw. der Thematik des »natural evil«. Peacocke wendet sich klar gegen die Vorstellung des »God of classical theism«. Dieser Gott des Theismus »witnesses, but is not involved in, the sufferings of the world – even when closely ›present to‹ and ›alongside‹ them« (ATI 25). Es ist speziell der theologische Blick auf die biologische Evolution, dem sich in ungeahnter Weise der Blick auf den Schmerz, das Leiden und die tödlichen Mechanismen der Evolution eröffnet.[23] Ohne die kulturellen und sozialen Übel zu relativieren, rückt das Gespräch mit der Biologie die sogenannten »natürlichen Übel« in den Fokus auch der theologischen Wahrnehmung. Jeder traditionelle theologische Entwurf, der die Güte der Schöpfung erst (temporal) und nur (sachlich) durch die Sünde des Menschen beschädigt sieht, muss sich fragen lassen, wie er mit einer »Nature, red in tooth and claw« (Alfred Lord Tennyson) umgeht.[24] Das die europäische Aufklärung von Voltaire

---

[23] Zum Problem vgl. die Beiträge in Drees, W. B. (Hg.), *Is nature ever evil? Religion, science, and value*, London / New York: Routledge 2003 und Du Toit, C. W. (Hg.), *Can nature be evil or evil natural? A science-and-religion view on suffering and evil*, 2006. An diesem Punkt sensibel und scharfsinnig hinsichtlich der schöpfungstheologischen Engführung Crosby, D. A., *Living with ambiguity. Religious naturalism and the menace of evil*, Albany: State University of New York Press 2008. Instruktiv ist der Austausch zwischen Deane-Drummond, C., »Shadow sophia in Christological perspective. The evolution of sin and the redemption of nature«, 13–32 und Russell, R. J., »Can we hope for the redemption of nature? A grateful response to Celia Deane-Drummond«, in: *Theology & Science* 6 (1) (2008), 53–59. Siehe auch Russell, R. J., »Natural Theodicy in an Evolutionary Context. The Need for an Eschatology of New Creation«, in: Barber / Neville (Hgg.), *Theodicy and eschatology*, Adelaide: ATF Pres 2005, 121–152.

[24] Zu dieser prägnanten Formel, ihren Hintergründen und der theologischen Diskussion siehe Murray, M. J., *Nature red in tooth and claw. Theism and the problem of animal suffering*, 2008.

über Goethe bis Telemann so beschäftigende Erdbeben von Lissabon (1. November 1755) erscheint im Rückblick angesichts der tödlichen Verschwendung der Evolution geradezu als eine schwache Vorahnung kommender Erkenntnis.

Wie verhält sich Gott zu diesem Leiden? Affiziert es ihn, und wenn ja, wie und mit welcher Konsequenz? Für den panentheistischen Entwurf Peacockes ist es charakteristisch, dass er auch in dieser Frage zunächst nicht trinitarisch-christologisch, sondern *schöpfungstheologisch* argumentiert. Wohl konzediert Peacocke überraschenderweise, dass die Erkenntnisbildung an diesem Punkt letztlich von der Eucharistie auszugehen habe. Allerdings sei es grundlegend, dass es die Immanenz Gottes in der Schöpfung ist, die Gott das Leiden, den Schmerz und den Tod in der Schöpfung erfahren lässt – weil eben die Welt als in Gott und darum Gott in der Welt gedacht wird. »God, to be anything like the God who is Love in Christian belief, must be understood to be suffering in, with and under the creative processes of the world [...] Creation is costly *to God*. [...] God experiences its suffering directly as God's own and not from the outside« (ATI 25). Aus diesem Grunde kann Peacocke schon mit Blick auf die Schöpfung festhalten: »God's relation to the world has profound ›cruciform‹ implications« (ATI 25).[25]

Wie ist das Christusereignis, d.h. die Einheit von Inkarnation, Leben, Tod, Auferstehung und Verkündigung Jesu Christi, im Horizont des Peacockeschen »theistic naturalism« zu denken? An dieser Stelle ist es die – wenngleich erwartbare – hermeneutische Grundentscheidung Peacockes, dass das Erfassen des Christusereignisses gegründet sein muss in »insights into what we have been able to discern of divine Being and Becoming from our more general reflections based on the character of natural being and becoming« (TSA 300). Das heißt konkret, Jesus ist selbst ein Ereignis der sich in »being and becoming«, »novelty through emergence« manifestierenden Evolution – aber dies hieße eben nicht »a unique invasion«. Vielmehr ist Jesus »exemplifying that emergence-from-continuity which characterizes the whole process whereby God is creating continuously through discontinuity« (TSA 301).

Wie neu ist in diesem Horizont das Christusereignis? Manifestiert sich in ihm ein radikal Neues von Seiten Gottes? In der Beantwortung der Frage, worin denn

---

[25] Diese christologisch-kreuzestheologische Deutung des Leidens der Evolution hebt besonders hervor Schaab, G. L., *The creative suffering of the Triune God. An evolutionary theology*, 2007, Kap. 3; Schaab, G. L., »The creative suffering of the triune God. An evolutionary panentheistic paradigm«, 289–304; Schaab, G. L., »A Procreative Paradigm of the Creative Suffering of the Triune God. Implications of Arthur Peacocke's Evolutionary Theology«, 542–566; ähnlich Haught, J. F., *God after Darwin. A theology of evolution*, Boulder, Colo.: Westview Press 2000: »The cruciform visage of nature ... invites us to depart, perhaps more than ever before, from all notions of a deity untouched by the world's suffering« (46). Für eine differenzierte, prägnant lutherische Sicht siehe Gregersen, N. H., »The cross of Christ in an evolutionary world«, in: *Dialog* 40 (3) (2001), 192–207.

nun die Neuheit des Christusereignisses besteht, zeigt sich, dass Peacocke sich – darin überaus konsequent – für eine epistemische, man könnte auch sagen semiotische oder informationstheoretische, Christologie entscheidet. In Christus ist in der Tat etwas neu, denn es erscheint ein »new mode of human existence, which, by virtue of its openness to God, is a new revelation of both God and humanity« (TSA 301). Im Christusereignis wird etwas bzw. jemand anschaulich, begreifbar und manifest, das oder der »is already in the world but not recognized or known« (TSA 302). Es ist eine »distinctive manifestation of a possibility *always* inherently there for human beings in their potential nature, that is, by virtue of what God had created them to be and to become« (TSA 302, Hervorh. G. Th.). Indem Jesus allerdings auf zugleich *einmalige* Weise offen ist für Gott, wird er in der Rezeption der Glaubenden »God's very self-expression in a human person« (TSA 307). Die Neuheit in Christus ist, so könnte man formulieren, in der Prägnanz und Sichtbarkeit einer Möglichkeit gegeben, die allerdings *schon immer* eine Möglichkeit geschöpflichen Lebens ist. In Christus offenbart sich *neu* das *schon immer* Gegenwärtige.

An diesem Punkt bricht selbstverständlich eine Frage auf, die innerhalb dieses Modells schwer zu beantworten ist: Was ist das Problem, auf das das Christusereignis reagiert? Bietet das Christusereignis eine Information, die vorher einfach noch nicht verfügbar war? Letztlich kann es für Peacocke – metaphorisch gesprochen – nur um eine *relative* Aufhellung einer *relativen* Dunkelheit, um die Aufklärung einer *relativen* Verworrenheit gehen. Das Christusereignis bestätigt die Geschöpflichkeit der Schöpfung in ihrer – ich denke in Wahrheit prekären – Offenheit. »In Jesus the Christ, the open-endedness of what is going on in the world, self-consciously and overtly by the willing act of a created human being united itself with the purposes of God for the still open future« (TSA 307). »In Jesus' openness with God his Father, we see the open-endedness of the creative process operative in him as a human person becoming united fully and self-consciously with the immanent activity of God – God who is the open future which is the medium of expression of God's intentions for humanity and the world« (TSA 307).

An dieser Stelle gilt es nochmals zu fragen: Was ist das Problem? Nur die fehlende Information über die wahren Intentionen Gottes? Provokativ formuliert: Zeigt sich in Jesus Christus, dass Gott im Prozess der Schöpfung scheitert – weil von Christus gilt: »his path through life was pre-eminently one of vulnerability to the forces that swirled around him, to which he eventually innocently succumbed in acute suffering and, from his human perception, in a tragic, abandoned death« (TSA 309). Zeigt sich im Leiden Christi (als dem Leiden der Schöpfung im evolutionären Prozess) das Scheitern der schon immer zu riskanten Schöpfung an – oder umgekehrt, Gottes Zuwendung zu dieser leidgesättigten Welt, also ›Lösung‹ bzw. ›Erlösung‹? Wenn Christus das *deutliche Zeichen* des stets gleich wirkenden Gottes ist, warum ist er dann nicht ein Zeichen einer leider scheiternden Liebe?

Warum ist Christus dann nicht das Zeichen des ganz und gar Alten und eben nicht des ganz und gar Neuen?

Unter der Voraussetzung, dass »sacrifical, self-limiting, self-giving action on behalf of the good of others is, in human life, the hallmark of love«, und zugleich gilt, »those who believe in Jesus as the Christ as the self-expression of God's own self have« come to see his life as their ultimate warrant for asserting that God is essentially ›Love‹« (TSA 310), dann könnte Jesus auch das ultimative Zeichen des *Scheiterns* der Liebe Gottes in einer evolutionären Welt voller Gewalt sein. In dieser Sicht *widerlegt* das Kreuz Jesu Leben der Liebe. Was auch immer an dieser Stelle die theologische Antwort ist, sie hat wenig mit theistischem Naturalismus, sondern mit Trinitätstheologie zu tun.[26]

Um das Problem auf den Punkt zu bringen: Wenn das Christusereignis keine Intervention Gottes darstellt, sondern das deutliche Zeichen der sich *schon immer realisierenden göttlichen Intentionen* in der Schöpfung ist, warum ist er dann nicht einfach ein deutliches Zeichen der göttlichen Ohnmacht und Ambivalenz, eben der »Nature, red in tooth and claw«?[27] Worüber werden wir in Christus besser aufgeklärt? Nur über »the deep meaning of what God has been effecting in creation« (TSA 310)? Im Korsett einer naturalistischen Schöpfungstheologie kann die Christologie nur wiederum die Schöpfungstheologie bestätigen – und darf die Schöpfung in Christus mit nichts wirklich Neuem konfrontiert werden. Wohl ist das Christusereignis Zeichen und Motor der permanenten Transformation der Schöpfung, der Entstehung neuer emergenter Ebenen der Realität, und ist Treiber hin zu ihrer evolutionären Vollendung, aber es gibt kein ›reaktives‹ Moment in ihm. Es ist letztlich repräsentativ und darin nicht effektiv. Auch die Auferstehung ist letztlich eine ganz im Kontext des »emergentist monism« interpretierbare Angelegenheit: Sie ist in Kontinuität mit der Welt, *wie sie ist*, zu begreifen, auch wenn in ihr eine relativ neue soziokulturelle Ebene der Realität erreicht wird. Die Auferweckung Jesu Christi ist letztlich ein Erkenntnisereignis, konkret ein Ereignis einer tieferen Einsicht in die Tiefenstrukturen der Schöpfung und in Gottes

---

[26] Für eine in jeder Hinsicht unbegründete und hierin sich selbst nicht durchsichtige Option für eine ›Unsterblichkeit‹ im Medium der Liebe siehe Johnston, M., *Saving God. Religion after idolatry*, Princeton, N.J.: Princeton University Press 2009: »to the extend that one carries out this commandment [of love], one becomes present wherever and whenever human beings are present; one lives on in the onward rush of humankind and acquires a new face every time a baby is born ... those who live the life of agape might live on in the onward rush of humanity« (187). Das mögliche Scheitern dieser Liebe scheint keine Möglichkeit zu sein, mit der zu rechnen wäre.

[27] Dieses Diktum von Alfred Lord Tennyson spannt den Problemhorizont der Studie von Murray, M. J., *Nature red in tooth and claw. Theism and the problem of animal suffering*, 2008, auf.

Absichten mit der Schöpfung. Die Auferweckung Jesu Christi ist schöpfungser-schließend, aber nicht schöpfungserneuernd.

An diesem Punkt setzten meine eigenen Fragen und meine Überlegungen im Modell der *rettenden* Transformation ein: Könnte es nicht sein, dass sich im Christusereignis Gottes eigene *Auswertung* und *Bewertung* der Erfahrung der Schöpfungsgeschichte (und der Geschichte mit Israel) dokumentiert? Zeigt sich hier nicht auch Gottes kritische wie selbstkritische Bilanz der Schöpfung? Wenn das Schicksal der Schöpfung Gott berührt, mobilisiert es ihn dann auch? Ich denke, dass sich im Christusereignis nicht zuletzt auch Gottes eigenes Lernen an und mit der Schöpfung dokumentiert – und eben nicht nur eine gewisse Dun-kelheit der Erkenntnis erhellt wird. Insofern ist durchaus zu fragen: Stellt das Christusereignis nicht in der Tat auch eine rettende Intervention dar, eine Un-terbrechung, die eine andere, radikal neue Zukunft anzeigt? Dokumentiert sich in der Auferstehung der Toten nicht eine *neue Initiative* Gottes? Dies führt mich zu meinem letzten Themenfeld im Gespräch mit Arthur Peacocke.

c. Welche Hoffnung erschließt das Christusereignis?

Welches ist die Aufgabe der Kirche und der Christen angesichts der »universal operation of divine grace« (ATI 53)? Ist Gott »everywhere and at all times in the processes and events of the natural world, which are [...] capable of expressing his intentions and purposes«, müssen wir die Natur nicht nur respektieren, sondern »respect is transmuted into reverence at the presence of God in and through the whole of the created order«. Menschen werden verwandelt zu »priest of creation, ... ministers of grace, as a result of whose activity the sacrament of nature is reverenced ...« (ATI 53). In seinen früheren Arbeiten hat Peacocke relativ vage und opak davon gesprochen, dass es die Hoffnung der Christen sei, »to be ›in God‹« (TSA 344) oder »to participate in the life with God«, ein Prozess, der of-fensichtlich schon hier beginnt (TSA 345). In seinem letzten Beitrag »A Natu-ralistic Christian Faith for the Twenty-First Century« ist es seine Hoffnung »to re-direct the thrust of technology« und die hoffende Aufforderung »that we will have to learn to love ›our neighbor‹ in the form of the natural world, of which we are an inherently part« (ATI 53). Kurz und knapp formuliert: Es gibt keine Hoffnung außer der Hoffnung auf das Fortschreiten des evolutionären Prozesses. Es gibt nichts Neues zu erhoffen, außer der Neuheit, die der evolutionäre Prozess in der Gestalt von Emergenz schon immer bietet. Noch präziser formuliert: Wer mehr erhoffen möchte, zweifelt an der in der Natur unüberbietbar manifesten Liebe Gottes.

Die Opfer naturaler Prozesse müssen erkennen – wie Peacocke aufgrund seiner tödlich verlaufenden Krebserkrankung in einer tief beeindruckenden Thematisierung seiner Erfahrungen formuliert –, dass dies die letztlich nicht zu kritisierende, weil nicht zu überbietende Form der Liebe Gottes im naturalen Prozess ist. Es gibt keine Rettung, für nichts und niemanden, außer in der Form, dass Menschen sich für die Liebe in Anspruch nehmen lassen – wobei auffallend offen bleibt, wie weit sich die »priest of creation« in ihrer Liebe durch pharmakologische Forschung und medizinische Maßnahmen gezielt *gegen* naturale Prozesse wenden dürfen. Es dürfte den Intentionen Peacockes entsprechen, wenn die Theologin Ann Peterson in der Auseinandersetzung mit seiner Position formuliert: »redemption is not separate from God's intentions established in creation. Creation and redemption are processes of participation of the natural communities we life, move and have our being. [...] When we enter into the joy and sorrow of the natural world and lose ourselves, we find God present in us through the power of transforming grace. We emerge again, divinized, naturally«.[28]

Man fragt sich an dieser Stelle, ob diese Formulierungen nicht einen Grenzwert oder einen Schwellenwert erreichen, an dem – wie Kornelius Miskotte formuliert hätte – die Religion der »Edda« angeboten wird, nicht aber die Religion Jerusalems, der Thora und des Neuen Testaments.[29] Es drängt sich der Eindruck auf, dass dies eine Theologie der Sieger im evolutionären Prozess ist. Als solche ist es letztlich einfach eine Naturreligion neuen Zuschnitts.[30] Dagegen hat schon früh der Neutestamentler Gerd Theißen die Stimme erhoben und festgehalten, dass der urchristliche Glaube eine pointiert »antiselektionistische Revolte« dar-

---

[28] Pederson, A., »The juxtaposition of naturalistic and Christian faith. Reappraising the natural from within a different theological lens«, in: Peacocke / Clayton (Hgg.), *All that is. A naturalistic faith for the twenty-first century. A theological proposal with responses from leading thinkers in the religion-science dialogue*, Minneapolis: Fortress Press 2007, 119–129 u. 212, 123.

[29] Miskotte, K. H., *Edda und Thora. Ein Vergleich germanischer und israelischer Religion (1939)*, Berlin / Münster: Lit 2015.

[30] Dass ein religiöser Naturalismus sich letztlich in Richtung eines Vitalismus bewegt, lässt sich vielfach beobachten. Exemplarisch siehe Kaufman, G. D., *In the beginning – creativity*, Minneapolis, Min.: Fortress Press 2004. Die hier aufbrechenden Theodizeeprobleme diskutieren im Gegenüber von Naturalismus und klassischem Theismus Evans, J. / Taliaferro, C., *The image in mind. Theism, naturalism, and the imagination*, London: Continuum 2011, 149–197. Pointiert formuliert John Hick an die Adresse der naturalistischen Theologen und Philosophen: »They do not seem to be aware that they are announcing the worst possible news to humanity as a whole. They ought frankly to acknowledge that if they are right the human situation is irredeemably bleak and painful for vast numbers of people. For – if they are right – in the case of that innumerable multitude whose quality of life has been rendered predominantly negative by pain, anxiety, extreme deprivation, oppression, or whose lives have been cut off in childhood or youth, there is no chance or their ever participating in an eventual fulfillment of the human potential. There is no possibility of this vast century-upon-century tragedy being part of a much larger process which leads ultimately to limitless good« (Hick, J., *The fifth dimension. An exploration of the spiritual realm*, Oxford: Oneworld 1999, 23 f.).

stellte.[31] Man könnte darin zweifellos auch einen theistischen Stoizismus mit subtil gnostischen Untertönen sehen. Löst sich solchermaßen die Unterscheidung von Schöpfung und Erlösung, von Alt und Neu einfach auf, so fällt die Peacockesche Theologie doch wieder in ein Restitutionsmodell zurück. Erlösung stellt sich dann als die individuelle Rückkehr in eine verlorene geschöpfliche Naturunmittelbarkeit dar. Der Erlöser selbst wird dann zum Symbol der optimalen, d. h. ›naturgemäßen‹ Einfügung in den Schöpfungsprozess.

Wie auch immer man sich an diesem Punkt der Deutung entscheidet, eines ist deutlich geworden: Arthur Peacockes Naturalismus entfernt – für die allermeisten Traditionen des theologischen Naturalismus auf exemplarische Weise – aus der jüdisch-christlichen Tradition zwei Elemente, die für eine qualifizierte theologische Bestimmung des Neuen wesentlich sind. Sie stellen Kernelemente der Wahrheitserkenntnis Israels dar. Diese sind, pointiert formuliert, heiße Glutnester der religiösen Imagination und spezifizieren zugleich die theologische Rede vom Neuen. Von ihnen her gewinnt die eschatologische Dimension der Erlösung ihre Kraft und von ihnen her wird Neues imaginiert und erhofft. Was sind diese Glutnester? *Gott wendet sich dem Gewesenen differenzierend, d. h. aufdeckend, korrigierend und zugleich transformativ-schöpferisch zu.* Und spezieller: *Gott wendet sich speziell den Opfern von Geschichte und Schöpfung schöpferisch, mit neuer Kreativität, und d. h. neu-schöpferisch zu.*

Die Theologie riskiert an diesem zentralen Punkt eine m. E. überaus produktive *Spannungslage* mit einem naturalistischen Denken. In dem komplexen Resonanzverhältnis zwischen den Naturwissenschaften und der Theologie muss es auch – um mit den Worten des Anthropologen Roy Rappaport zu sprechen – »creative maladaptation« geben.[32] Im Horizont des kanonischen Gesprächs und der Theologiegeschichte formuliert: Theologie und nicht zuletzt evangelische Theologie kann und darf eine sehr spezifische apokalyptische Komponente nicht verleugnen.[33] Nur in dieser produktiven Spannungslage kann die Theologie Gottes dynamischen, lernbereiten und zukunftseröffnenden Umgang mit seiner Schöpfung zur Sprache bringen. Auch dann, wenn die Theologie die Schöpfungsmittlerschaft Christi sehr ernst nimmt, werden in Christus nicht nur Gottes

---

[31] Theißen, G., *Biblischer Glaube in evolutionärer Sicht*, 1984, 146. Es ist, wie schon vielfach bemerkt, diese antiselektivistische Barmherzigkeit, die Friedrich Nietzsche am Christentum spitz als »décadence« bezeichnet hat. Siehe Nietzsche, F. W., »Der Antichrist«, in: Schlechta (Hg.), *Friedrich Nietzsche. Werke in sechs Bänden. Bd. 4*, München: C. Hanser 1980, 1161–1235, 1167 und öfter.

[32] Rappaport, R. A., *Ecology, meaning, and religion*, Richmond, Calif.: North Atlantic Books 1979.

[33] Als Manifest gegen die Apokalyptikvergessenheit der christlichen Theologie siehe Ziegler, P. G., *Militant grace. The Apocalyptic turn and the future of Christian theology*, Grand Rapids, Mich.: Baker 2018.

schon immer im Schöpfungsprozess manifeste Intentionen deutlich. Neben seinem Willen wird – z. B. in den Heilungsgeschichten – auch sein Widerwille sichtbar. Ohne eine klare Erfassung dieses Widerwillens droht das theologische Plädoyer für eine kenotische Liebe einer abgründigen »schlechten Versöhnung mit dem Elend« Vorschub zu leisten. In der Auferweckung Jesu Christi von den Toten wird Gottes neuer, die Schöpfungsintentionen überbietender Wille sichtbar. Aber: Die *particula veri* des theistischen Naturalismus liegt zweifellos in der Hervorhebung der unbedingten Treue Gottes zu eben dieser ganz und gar naturalen Schöpfung. Allerdings bedarf diese Schöpfung auch in ihrem evolutionsbedingten Schmerz der Hoffnung auf eine transformative Überwindung dieser ›naturalen Übel‹, nicht nur eine religiöse Funktionalisierung.[34] Diese letztlich in der leiblichen Auferstehung Jesu Christi begründete Hoffnung ist es, die die Theologie dazu zwingt, nicht nur Ludwig Feuerbach und Friedrich Nietzsche, sondern möglicherweise auch Charles Darwin (und manchem anderen) in die Augen zu schauen und zu hoffen: Zu hoffen, dass aus Gottes »Erforschen der Schöpfung«, aus seinem Affiziertwerden und aus seiner Treue zu dieser Schöpfung ein neuschöpferisches Handeln erwächst, das die Nachtseiten der Evolution nicht kennt. Dieses neuschöpferische Handeln ist mehr als ein neues Sehen. Das Leben »nach Noah«, das als stets bedrohtes und zugleich treu bewahrtes Leben eine Einheit von Leben und Tod zugunsten des Lebens ist, wird so verwandelt, dass das Whiteheadsche »Life is robbery« überwunden wird.

5. Bilanz und Rückfragen

a. Emergent Neues oder radikal Neues?

Für eine an traditionellen Unterscheidungen geschulte Theologie ist offensichtlich, dass die Peacockesche Theologie letztlich die Unterscheidung zwischen einer *creatio continua* und einer *creatio nova* einzieht. Allerdings würde Peacocke darauf bestehen, dass seine Sicht auf die Evolution die Entstehung von Neuem geradezu ins Zentrum stellt. Ohne die Annahme von emergent Neuem ist die Evolution des menschlichen Lebens, ja des Kosmos, überhaupt nicht zu denken.[35]

---

[34] Für fruchtbare Differenzierungen innerhalb der sogenannten »natürlichen Übel« und der Leiden in der Schöpfung siehe Wildman, W. J., »The Use and the Meaning of the Word ›Suffering‹ in Relation to Nature«, in: Murphy / Russell / Stoeger (Hgg.), *Physics and cosmology. Scientific perspectives on the problem of natural evil. Vol. 1* Vatican City State / Berkeley, Calif.: Vatican Observatory Publications, Center for Theology and the Natural Sciences 2007, 53–66.

[35] Einen Überblick über die Verständnisse von Emergenz bietet Clayton, P., »Emergence«, in: Van Huyssteen (Hg.), *Encyclopedia of Science and Religion*, New York: Macmillan 2004,

Auch der Übergang von rein physikalischen zu biologischen Betrachtungsweisen naturaler Prozesse ist für Peacocke ohne Emergenz nicht denkbar. Die Frage nach dem Neuen ist daher theologisch zu präzisieren: Kann die im Phänomen der Emergenz gegenwärtige Neuheit dies ausschöpfen, was die theologische Rede von einer Neuschöpfung von Himmel und Erde zu erfassen beansprucht? An dieser Stelle ist meines Erachtens die Theologie dazu aufgefordert, sehr selektiv und präzise eine Differenz zu einem wissenschaftlichen Naturalismus zu formulieren. Die in der Auferweckung Jesu Christi angezeigte und von Paulus erhoffte Überwindung des Todes überschreitet den Möglichkeitsraum des emergent Neuen. Es überschreitet die Novität emergenter Prozesse aber auch darin, dass damit eine schöpferische Hinwendung zur Vergangenheit verbunden ist. Nur so kann die Zuwendung Gottes zu den Opfern von Gewalt auch nur näherungsweise theologisch gedacht werden. In der Symbolik der Neuen Schöpfung denkt die Theologie die Hoffnung auf eine schöpferische Zuwendung Gottes, die auch die Opfer der Zerklüftungen und Verwerfungen seiner Schöpfung einschließt. In der Neuen Schöpfung werden *dieser* Schöpfung auf kreative Weise rettende Möglichkeiten zugespielt, die den ihr eigenen emergenten Prozessen nicht immanent sind. Ohne dieses radikal Neue verschwindet im Christentum der Horizont der Erlösung, und was bleibt ist ein Coping mit dem evolutionären Prozess, eine Lebensbegleitungsreligion. In Christus, in Kreuz und Auferstehung und in dem als Eschatologie zur Sprache gebrachten Handeln offenbart sich jedoch ein radikal neues Moment der Intervention Gottes – ein radikal Neues zugunsten des Alten. Als radikal Neues überschreitet es die Möglichkeiten dieser Schöpfung und liegt jenseits dessen, was in deren Prozessen als emergent Neues aufbrechen kann. Eschatologisch kann die Treue Gottes zu dieser Erde nur als radikal Neues gedacht werden.[36]

256-259; zur Rolle der Emergenz im Denken Peacockes siehe Clayton, P., »Hierarchies. The core argument for a naturalistic Christian faith«, in: *Zygon* 43 (1) (2008), 27–41. Für eine eher unmittelbare religiöse Deutung der Emergenz als Gottes Kreativität Kaufman, G. D., »A religious interpretation of emergence. Creativity as God«, in: *Zygon* 42 (4) (2007), 915–928.

[36] Es wäre zu prüfen, ob dieser Übergang noch im Horizont einer Theorie der Emergenz begriffen werden kann. Ted Peters betont m. E. gegenüber Peacocke zu Recht die neuschöpferische Qualität von Gottes eschatologischem Handeln und die Notwendigkeit zu einem Handeln Gottes an dieser Schöpfung. »The new creation will be the result of what God's Spirit does to the present creation [...]. The new creation will consist of refashioning the present creation, a weaving of the divine thread throughout the fabric of physical reality.« Mit Blick auf die Peacockesche Position plädiert er für einen ausschließlich »eschatological panentheism«, denn »God's eschatological act [...] will retroactively consummate all that has gone before. [...] It will involve a new divine act of giving the world a unifying future, an eschatological and redemptive future«. Siehe Peters, T. / Hewlett, M., *Evolution from creation to new creation. Conflict, conversation, and convergence*, 2003, 162 ff.

b. Anfragen und Einwände

Gegenüber der hier skizzierten Position einer theologischen Betonung eines radikal Neuen, das die Möglichkeitshorizonte des naturwissenschaftlich als emergent Neuen, Erfassbaren überschreitet, lassen sich selbstverständlich ponderable Anfragen formulieren.

i. Wie verhält sich dieses Verständnis der radikalen eschatologischen Neu-schöpfung zu Gottes neuschöpferischem Handeln in der Gegenwart des christlichen Lebens und der christlichen Gemeinde? Wirkt nicht der Geist Gottes schon hier und in dieser Zeit erneuernd und im prägnanten Sinn neuschöpferisch? Mit der Betonung des radikal Neuen soll das Wirken des Geistesgottes in der Gegenwart nicht gering geschätzt werden. Allerdings verweist auch die paulinische Geistauffassung auf die Möglichkeit einer Steigerung und Intensivierung des Geistwirkens, die offen ist für einen qualitativen Umschlag. Die Vorstellung eines Angeldes des Geistes denkt beides: eine graduelle Steigerung, die zugleich eine qualitative Veränderung enthalten kann. Überall dort, wo der Geist der Liebe, der Hoffnung und des Trostes in den Umgang mit naturalen Prozessen verwoben wird, da ereignet sich schon hier und heute Neues.[37] Im Ereignis des Glaubens, in der Liebe und der Kommunikation von Hoffnung ereignet sich schon das Neue – das aber in der unausweichlichen Fragmentarität immer wieder in individuellen wie sozialen Gestalten reales *Zeichen* des eschatologisch radikal Neuen wird.

ii. Öffnet die Theologie, wenn sie sich nicht im Rahmen eines Naturalismus bewegt, nicht allen Formen des Supranaturalismus Tor und Tür? Verab-schiedet sich die Theologie mit dieser Art von Eschatologie nicht in ein Reich der religiösen Phantasie? Natürlich ist sich die skizzierte Position dessen bewusst, dass Eschatologie auch nur religiöse Phantasie sein kann. Schon immer ist das Feld der christlichen Hoffnung der Ort ›heiß laufender‹ reli-giöser Imagination gewesen, bei der ›Karte‹ und ›Territorium‹ drohen, ver-wechselt zu werden. Doch dieser Einwand könnte gegen alle Rede von einem radikal Neuen gerichtet werden. Alles radikal Neue muss in irgendeinem Medium artikuliert werden, mit dem der Möglichkeitshorizont des Gegen-wärtigen auch überschritten werden kann – und die theologische Eschato-logie ist ein solches Medium. Gegenüber der Neubeschreibung der Welt

---

[37] Mit dieser Verortung der Liebe im neuschöpferischen Handeln Gottes wird bestritten, dass in dem evolutionären Prozess Gottes Liebe schon unüberbietbar eingeschrieben ist oder gar der Prozess selbst in Gänze als durch Liebe gekennzeichnet beschrieben werden kann. Eine durch Charles Sanders Peirce in der Tiefe geprägte Theologie optiert hier selbstver-ständlich anderes. Dem evolutionären Prozess Liebe zu unterlegen, hieße, Güte und Liebe zu verwechseln. An dieser Stelle pointiert eindeutig für den evolutionären Prozess optierend Deuser, H., *Kleine Einführung in die systematische Theologie*, 1999, 52 ff. u. 90 ff.

durch die Kunst riskiert jedoch die theologische Eschatologie eine spezifische Blindheit gegenüber den reinen *Möglichkeiten* der Gegenwart und operiert – im Rahmen der Hoffnung wohlgemerkt – mit der Unterstellung eines theologischen Realismus – wohl wissend, dass eine Beobachtung zweiter Ordnung diesen stets als kontingent und ›konstruiert‹ entlarven kann.[38] Doch umgekehrt betrachtet gerät die Eschatologie ohne diesen operativen und speziell eschatologischen Realismus schnell in die Gefahr, in einen moralischen und wunschorientierten Kommentar der gegenwärtigen Weltsituation abzugleiten und die Möglichkeiten des Neuen im Modus moralischer Zumutungen vorzutragen.[39] Eine weitergehende Frage ist, ob und wenn ja inwieweit die Theologie und die Glaubenskommunikation sich auf die grundlegenden Wirklichkeitsannahmen gegenwärtiger Wissenschaften einlassen sollen. Die Theologie trifft auf eine Pluralität von Wissenschaften, die sich nicht konfliktfrei auf eine Grundlagenwissenschaft reduzieren lassen und die auch schwerlich konfliktfrei eine gemeinsame Ontologie teilen. Vielmehr stellt sich die viel grundlegendere Frage, ob von der Theologie im vielstimmigen und selten harmonischen Konzert der Wissenschaften nicht gerade umgekehrt eine Irritation ausgehen darf, die die Theologie nur dann leisten kann, wenn sie sich *nicht* fugenlos einfügen lässt und noch in der Lage ist, sehr spezifische Zumutungen zu artikulieren. Eine offene und sehr verschieden beantwortete Frage ist also, wie die Theologie jenseits von Isolation oder Appeasement realistisch vom radikal Neuen sprechen kann.

iii. Wie verhält sich die im Gespräch mit Arthur Peacocke mit breiten Pinselstrichen skizzierte Position zu der im deutschsprachigen Raum so wirk-

---

[38] Zum Möglichkeitssinn der Kunst Luhmann, N., *Die Kunst der Gesellschaft*, Frankfurt a.M.: Suhrkamp 1995.

[39] Die theologisch weitverbreitete Vorstellung, es gäbe – im Gegensatz zur weltfernen Eschatologie – Teile der christlichen Gottes- und Welterkenntnis, die dem gesunden Menschenverstand oder den wissenschaftlichen Welterfassungen *per se* plausibler sein müssten, und die Befürchtung, die Eschatologie sei ganz sicher nicht in dieser Gruppe, ist eine wissenssoziologisch interessante und selbst zu historisierende Illusion. Sie ist Teil des langen Schattens der Natürlichen Theologie und eines philosophischen Theismus, die selbst als Gelehrtenreligion kaum mehr empirisch greifbar erscheinen. Auch Peacockes Entwurf lebt von der Voraussetzung, dass der Schritt von einem reinen Naturalismus hin zu einem theistischen Naturalismus irgendwie noch sehr ›vernünftig‹ ist, während weitere andere christlich-religiöse Vorstellungen wie z. B. von einer besonderen Nähe oder Ferne Gottes doch dem Gebot der ›Passung‹ mit naturwissenschaftlich Reformulierbarem weichen müssen. Bemerkenswert konsequent ist an dieser Stelle die Position von Willem B. Drees, der auch noch von dem Theismus Peacockes Abstand nimmt und Religion konsequent im Feld der Moral verortet. Siehe Drees, W. B., *Religion and science in context. A guide to the debates*, London / New York: Routledge 2010, Kap. 6 u. 7.

mächtigen hermeneutischen Theologie? Eine sicherlich sehr simplifizierende und der inneren Komplexität der Bewegung schwerlich gerecht werdende Charakterisierung der hermeneutischen Theologie konzentriert sich auf *ein* markantes Merkmal. Hermeneutische Theologie folgt der Schleiermacherschen Grundentscheidung, die Problematik der Religion im Feld der Wahrnehmung, der Erfahrung und sprach- bzw. zeichengestützten Deutung der Wirklichkeit bzw. der Welt zu verorten. In dieser Linie bewegen sich dann auch die Zuspitzungen im 20. Jahrhundert, die den Glauben im Kontext des menschlichen Selbstverständnisses zu artikulieren suchen. Letztlich bieten die Theologie und der Glaube kein Weltwissen, das sich mit dem empirischen Wissen um die Verfasstheit dieser Welt in irgendeiner Weise überschneidet, es herausfordert oder gar mit ihm konkurriert. Der Ort des Neuen ist dann prinzipiell das Selbstverstehen des Glaubenden und die von diesem neuen Selbstverstehen geprägten Interaktionen. Das Neue ist ein existentieller »Orientierungswechsel«, dessen Unverfügbarkeit von manchen Theologen als Wortgeschehen und Sprachereignis beschrieben wurde. Das Wahrheitsmoment der hermeneutischen Theologie ist zweifellos, dass der stets unverfügbar kommende Glaube »alles in ein anderes Licht rückt« und so ein in der Tat lebensveränderndes Geschehen ist. Das durch den Geist Gottes gewirkte Neue des Glaubens ist ein radikaler »Lebens- und Orientierungswechsel«.[40] Und gerade deshalb ist der Glaube mehr und anderes als eine alternative Version der Welterklärung in Konkurrenz zum empirischen Wissen. Hierin ist der hermeneutischen Theologie unbedingt zuzustimmen. Und doch bleibt die Frage im Raum stehen, ob sich die Aussagen über die Welt und die Aussagen über die Selbstdeutung in dieser Welt so konflikt- und überschneidungsfrei trennen lassen, wie sich die hermeneutische Theologie dies vorstellt. Und theologisch ist noch ein Schritt weiter zu gehen: Die Rede von der Neuschöpfung von Himmel und Erde beansprucht, eine Verwandlung der Welt ins Auge zu fassen, die in der Tat eine Verwandlung dieser wirklichen Welt darstellt – und eben nicht nur die Verwandlung eines Selbst- und Weltverstehens. Die christliche Hoffnung richtet sich nicht nur auf eine neue und andere ›Karte‹, sondern auf ein neues ›Territorium‹.[41]

Zweifellos kann dieses eschatologisch realistisch gedachte theologisch Neue in einer Beobachtung zweiter Ordnung immer als ein Konstruiertes eingeholt oder gar als Produkt religiöser Phantasie kritisiert werden. Doch die spezifisch theologische Beschreibung hält daran fest, dass hier – theologisch ganz und gar

---

[40]   Dalferth, I. U., *Radikale Theologie*, Leipzig: Evangelische Verlagsanstalt 2010, 281 ff.

[41]   Zu dieser, einen operativen Realismus implizierenden Unterscheidung siehe Bateson, G., *Ökologie des Geistes. Anthropologische, psychologische, biologische und epistemologische Perspektiven*, 1981, 576–597, 577.

realistisch wohlgemerkt – etwas *wirklich* Neues geschieht. Allerdings – und hier könnte sich die Differenz zur hermeneutischen Theologie auftun – darf der *Ort* der Selbsterschließung, d. h. das menschliche Selbstverstehen nicht mit der *Sache* der Erschließung verwechselt werden, denn diese übergreift das menschliche Selbst. Der Gott, der vom Tod in das Leben ruft, erschließt sich an dem *Ort*, an dem der kommende Glaube ankommt. Aber was inhaltlich erschlossen wird, ist die Zukunft der Welt Gottes. Gegenüber der Theologie Arthur Peacockes ist zu betonen, dass nicht die Evolution der Ort der Selbsterschließung Gottes ist, sondern sich diese selbst als *creatio viatorum* auf dem Weg zu Gottes eschatologischem Erweis seiner Treue und Liebe befindet, die sich in Christus gezeigt hat.

An die in vielen Varianten und Strömungen präsente hermeneutische Theologie ist demgegenüber die Frage zu richten, ob das neue Welt*verstehen* des Glaubens ohne die Annahme einer von Gott zu erhoffenden realen Welt*veränderung* zu haben ist. Besteht nicht die unveräußerliche Pointe der christlichen Hoffnung darin, dass der Glaube nicht nur die *Welt neu sehen* lässt, sondern *eine neue Welt sehen* lässt, eben eine *creatio nova*, und genau hierin ein radikal Neues erhofft?

Mit dem Vorwurf, dass das radikal Neue ein Produkt einer in die Phantasie abgleitenden religiösen Imagination sein kann, muss die hermeneutische Theologie wie auch die hier vertretene realistische Eschatologie als Teil einer Theologie der Lebendigkeit Gottes leben. Zeichenvermittelt konstruiert und zugleich mit einem anfechtbaren Realismus ausgestattet sind beide. Man kann sich das Problem anhand von Bultmanns vielzitiertem Diktum aus seinem berühmten Aufsatz »Neues Testament und Mythologie« vergegenwärtigen. »Man kann nicht elektrisches Licht und Radioapparat benutzen, in Krankheitsfällen moderne medizinische und klinische Mittel in Anspruch nehmen und gleichzeitig an die Geister- und Wunderwelt des Neuen Testaments glauben. Und wer meint, es für seine Person tun zu können, muss sich klar machen, daß er, wenn er das für die Haltung des christlichen Glaubens erklärt, damit die christliche Verkündigung in der Gegenwart unverständlich und unmöglich macht.«[42] Selbstverständlich gilt es, nicht naiv hinter diese Feststellung zurückzugehen und einem mirakulösen Wunderglauben das Wort zu reden. Das Problem ist allerdings, dass die von der hermeneutischen Theologie vorgeschlagene Lösung, das menschliche Selbstverständnis zum ›Ort‹ des Neuen zu machen, im Gegenüber zur Neuropsychologie und konstruktivistischen Philosophie auch nicht weniger »unverständlich« ist. Sie erscheint heute im Horizont speziell der exakten Wissenschaftlichkeit, die Bultmann vor Augen hatte, als ein verlorenes Rückzugsgefecht. Und das be-

---

[42] Bultmann, R., »Neues Testament und Mythologie. Das Problem der Entmythologisierung der neutestamentlichen Verkündigung«, in: Bartsch (Hg.), *Kerygma und Mythos. Ein theologisches Gespräch*, Hamburg: Herbert Reich 1948, Band 1, 15–53, 18.

deutet: Vor einem radikalen Naturalismus ist die hermeneutische Theologie in ihrem vermeintlichen religiösen Refugium auch nicht geschützt.

Selbstverständlich erstellen Theologie und Kirche in der Rede von der Neuschöpfung von Himmel und Erde ›Karten‹ und keine ›Territorien‹.[43] Sie wissen beide, dass diese ›Karten‹ Produkte menschlicher Erfahrung und Imagination sind. In all den sprituellen Versuchen, diese ›Karten‹ zu bewohnen, wissen sie beide, wie mißbrauchsanfällig und illusionsgefährdet diese sind. Und doch: Sie erstellen nicht einfach neue und besser orientierende ›Karten‹ dieser alten Welt, sondern neue ›Karten‹ eines neuen ›Territoriums‹. Dies bleibt der epistemische Kern der christlichen Hoffnung. Bei all dem, was der Geist Gottes schon in dieser alten Welt an Neuem schafft, hoffen Christen inmitten einer seufzenden Schöpfung auf eine Offenbarung der Herrlichkeit der Kinder Gottes. Gegenüber allen externen und letztlich notwendig reduktionistischen Perspektiven auf diesen theologischen Umgang mit ›Karten‹ und behauptetem ›Territorium‹ hält die Theologie hier präzise eine epistemische Differenz. Diese Differenz hat die Auferstehung Jesu Christi als Grundlage und macht die Theologie der Lebendigkeit Gottes an diesem entscheidenden Punkt zu einem Zeugnis, das diesem Ereignis nachdenkt und dieses Ereignis zu verstehen sucht. Weil die Theologie hier einer dem Menschen und der Welt gnädig, rettend, heilend und neuschöpferisch zugewandten Lebendigkeit Gottes nachdenkt, kann sie eine freudige Unternehmung sein.

---

[43] Die Unterscheidung von Karte und Territorium wird entwickelt von Bateson, G., »Form, Substanz und Differenz«, in: Bateson (Hg.), *Ökologie des Geistes. Anthropologische, psychologische, biologische und epistemologische Perspektiven*, Frankfurt a.M.: Suhrkamp 1981, 576–597, unter Rückgriff auf Korzybski, A., *Science and sanity. An introduction to non-Aristotelian systems and general semantics*, Lakeville, Conn.: International Non-Aristotelian Library Pub. Co. 1958, 747–761.

XII. Literaturverzeichnis

Aland, B., »Sünde und Erlösung bei Marcion und die Konsequenz für die sog. beiden Götter Marcions«, in: May, G. / Greschat, K. (Hgg.), *Marcion und seine kirchengeschichtliche Wirkung*, Berlin / New York: Walter de Gruyter 2002, 147-157.

Althaus, P., »Kenosis«, in: *Religion in Geschichte und Gegenwart. Bd. 3, 3. Aufl.*, Tübingen: Mohr Siebeck 2000, 1234-1246.

Althaus, P., *Die letzten Dinge. Lehrbuch der Eschatologie*, Gütersloh: Gütersloher Verlagshaus 1961.

Anderson, B. R., *Imagined communities. Reflections on the origin and spread of nationalism*, London: Verso 1983.

Anker, A., »Am Leiden Gottes teilnehmen? Eine kritische Auseinandersetzung mit dem Thema Mitleiden in Bonhoeffers Briefen aus der Haft«, in: Dalferth, I. U. / Hunziker, A. (Hgg.), *Mitleid. Konkretionen eines strittigen Konzepts*, Tübingen: Mohr Siebeck 2007, 239-258.

Anselm von Canterbury, *Cur deus homo - Warum Gott Mensch geworden. Lateinisch und Deutsch (hg. u. übers. von F. S. Schmitt)*, Darmstadt: Wissenschaftliche Buchgesellschaft 1956.

Assmann, A. / Assmann, J. (Hgg.), *Aufmerksamkeiten*, München: Wilhelm Fink 2001.

Assmann, J., *Das kulturelle Gedächtnis. Schrift, Erinnerung und politische Identität in frühen Hochkulturen*, München: C.H. Beck 1992.

Assmann, J. / Janowski, B. / Welker, M., »Richten und Retten. Zur Aktualität der altorientalischen und biblischen Gerechtigkeitskonzeption«, in: Janowski, B. (Hg.), *Die rettende Gerechtigkeit. Beiträge zu einer Theologie des Alten Testaments 2*, Neukirchen-Vluyn: Neukirchener Verlag 1999, 220-246.

Auffarth, C., »Himmel. I. Religionswissenschaftlich«, in: Betz, H. D. / Browning, D. / Janowski, B. / Jüngel, E. (Hgg.), *Religion in Geschichte und Gegenwart. Bd. 3., 4. Aufl.*, Tübingen: Mohr Siebeck 2000, 1739-1741.

Avalos, H., *Health care and the rise of Christianity*, Peabody, Mass.: Hendrickson 1999.

Avemarie, F. / Lichtenberger, H. P. (Hgg.), *Auferstehung - Resurrection. The fourth Durham-Tübingen Research Symposium Resurrection, Transfiguration and Exaltation in Old Testament, Ancient Judaism and Early Christianity (Tübingen, September, 1999)*, Tübingen: Mohr Siebeck 2001.

Balke, F. / Siegert, B. / Vogl, J. (Hgg.), *Modelle und Modellierung*, Paderborn: Fink 2014.

Barbour, I. G., *Myths, models, and paradigms. A comparative study in science and religion*, New York: Harper & Row 1974.

Barbour, I. G., *Religion in an age of science*, San Francisco: Harper & Row 1990.

Barth, K., *Die kirchliche Dogmatik I/1. Die Lehre vom Wort Gottes*, München: Kaiser 1932.

Barth, K., *Die kirchliche Dogmatik III/1. Die Lehre von der Schöpfung*, Zollikon-Zürich: Evangelischer Verlag 1947.

Barth, K., *Die kirchliche Dogmatik II/1. Die Lehre von Gott*, Zürich: Evangelischer Verlag 1948.

Barth, K., *Die kirchliche Dogmatik II/2. Die Lehre von Gott*, Zürich: Evangelischer Verlag 1948.

Barth, K., *Kirchliche Dogmatik III/3. Die Lehre von der Schöpfung*, Zürich: Evangelischer Verlag 1950.

Barth, K., *Kirchliche Dogmatik III/4. Die Lehre von der Schöpfung*, Zürich: Evangelischer Verlag 1951.

Barth, K., *Kirchliche Dogmatik III/2. Die Lehre von der Schöpfung*, Zürich: Evangelischer Verlag 1959.

Barth, K., *Kirchliche Dogmatik IV/3. Die Lehre von der Versöhnung*, Zollikon-Zürich: Evangelischer Verlag 1959.

Barth, K., »Der Christ in der Gesellschaft (1919)«, in: Moltmann, J. (Hg.), *Anfänge der dialektischen Theologie. Teil 1*, München: Kaiser 1962, 3–37.

Barth, K., *Das christliche Leben. Die Kirchliche Dogmatik IV/4. Fragmente aus dem Nachlaß. Vorlesungen 1959–1961*, Zürich: Theologischer Verlag 1976.

Barth, K., *Der Römerbrief*, Zürich: Theologischer Verlag 1984.

Barth, K., »Das Wort Gottes als Aufgabe der Theologie (1922)«, in: Barth, K. (Hg.), *Vorträge und kleinere Arbeiten, 1922–1925 (Gesamtausgabe. III.)*, Zürich: Theologischer Verlag 1990, 144–175.

Barth, K., »Schicksal und Idee in der Theologie«, in: Barth, K. (Hg.), *Vorträge und kleinere Arbeiten 1925–1930 (Gesamtausgabe III)*, Zürich: Theologischer Verlag 1994, 344–392.

Barth, U., »Buch mit sieben Siegeln. Warum wir im 21. Jahrhundert nicht mehr einfach so beten können«, in: *Zeitzeichen* (11) (2016), 33–36.

Bateson, G., »Form, Substanz und Differenz«, in: Bateson, G. (Hg.), *Ökologie des Geistes. Anthropologische, psychologische, biologische und epistemologische Perspektiven*, Frankfurt a.M.: Suhrkamp 1981, 576–597.

Bateson, G., *Ökologie des Geistes. Anthropologische, psychologische, biologische und epistemologische Perspektiven*, Frankfurt a.M.: Suhrkamp 1981.

Bauckham, R., *The theology of the Book of Revelation*, Cambridge: Cambridge Univ. Press 1993.

Bauke-Ruegg, J., *Die Allmacht Gottes. Systematisch-theologische Erwägungen zwischen Metaphysik, Postmoderne und Poesie*, Berlin: De Gruyter 1998.

Bayer, O., »Erhörte Klage«, in: *Neue Zeitschrift für systematische Theologie und Religionsphilosophie* 25 (3) (1983), 259–272.

Bayer, O., »Zur Theologie der Klage«, in: Ebner, M. / Hanson, P. D. (Hgg.), *Klage. Jahrbuch für biblische Theologie. Bd. 16*, Neukirchen-Vluyn: Neukirchener Verlag 2001, 289–301.

Beck, U., *Risikogesellschaft. Auf dem Weg in eine andere Moderne*, Frankfurt a.M.: Suhr-kamp 1986.

Beißer, F., *Hoffnung und Vollendung (HBSTh 15)*, Gütersloh: Gütersloher Verlagshaus 1993.

Bell, D. P., »Vulnerability in Judaism. Anthropological and Divine Dimensions«, in: Springhart, H. / Thomas, G. (Hgg.), *Exploring vulnerability*, Göttingen: Vandenhoeck & Ruprecht 2017, 93–106.

Belle, G. v. (Hg.), *The death of Jesus in the fourth Gospel*, Leuven / Dudley, Mass.: Leuven University Press, Peeters 2007.

Beller, J., *The cinematic mode of production. An attention economy and the society of the spectacle*, Hanover, N.H.: Dartmouth College Press, University Press of New England 2006.

Benin, S. D., *The footprints of God. Divine accomodation in Jewish and Christian thought*, Albany: State University of New York Press 1993.

Benson, B. E. / Wirzba, N. (Hgg.), *The phenomenology of prayer*, New York: Fordham University Press 2005.

Bergjan, S.-P., *Der fürsorgende Gott. Der Begriff der PRONOIA Gottes in der apologetischen Literatur der Alten Kirche*, Berlin / New York: De Gruyter 2002.

Bergmann, M., »Foundationalism«, in: Abraham, W. / Aquino, F. (Hgg.), *Oxford Handbook of the Epistemology of Theology*, Oxford: Oxford University Press 2017, 253–273.

Bernet, W., *Gebet. Mit einem Streitgespräch zwischen Ernst Lange und dem Autor*, Stuttgart: Kreuz-Verlag 1970.

Bernhardt, R., *Was heißt ›Handeln Gottes‹? Eine Rekonstruktion der Lehre von der Vorsehung*, Gütersloh: Kaiser, Gütersloher Verlagshaus 1999.

Billman, K. D. / Migliore, D. L., *Rachel's cry. Prayer of lament and rebirth of hope*, Cleveland, Ohio: United Church Press 1999.

Bindseil, C., *Ja zum Glück. Ein theologischer Entwurf im Gespräch mit Bonhoeffer und Adorno*, Neukirchen-Vluyn: Neukirchener Verlag 2011.

Black, M., *Models and Metaphors. Studies in language and philosophy*, Ithaca, N.Y.: Cornell University Press 1962.

Bleicher, J. K. / Hickethier, K. (Hgg.), *Aufmerksamkeit, Medien und Ökonomie*, Münster (u. a.): Lit 2002.

Blumenberg, H., *Säkularisierung und Selbstbehauptung*, Frankfurt a.M.: Suhrkamp 1974.

Blumenberg, H., *Die Genesis der kopernikanischen Welt*, Frankfurt a.M.: Suhrkamp 1975.

Blumenberg, H., *Schiffbruch mit Zuschauer. Paradigma einer Daseinsmetapher*, Frankfurt a.M.: Suhrkamp 1979.

Boethius, A. M. S., *De consolatione philosophiae / Trost der Philosophie. Lateinisch und deutsch. Hg. u. übers. von Ernst Gegenschatz*, Düsseldorf / Zürich: Artemis & Winkler 1988.

Boethius, A. M. S., »De aeternitatae mundi – Über die Ewigkeit der Welt«, in: Schönberger, R. (Hg.), *Über die Ewigkeit der Welt [Texte von Bonaventura, Thomas von Aquin und Boethius von Dacien]*, Frankfurt a.M.: Klostermann 2000, 104–174.

Bohren, R., *Predigtlehre*, München: Kaiser 1971.

Boltanski, L., *Distant suffering. Morality, media and politics*, Cambridge: Cambridge University Press 1999.

Bolz, N., *Zurück zu Luther*, Paderborn: Wilhelm Fink 2016.

Bonhoeffer, D., *Schöpfung und Fall*, München: Kaiser 1989.

Bonhoeffer, D., *Ethik (DBW 6)*, München: Kaiser 1992.

Bonhoeffer, D., »Betrachtung zu Ostern. Auferstehung«, in: Bonhoeffer, D. (Hg.), *Konspiration und Haft. 1940-1945 (DBW 16)*, München: Kaiser 1996, 471-474.

Bonhoeffer, D., *Berlin 1932-1933 (DBW 12)*, München: Kaiser 1997.

Bonhoeffer, D., »Vorlesung. Christologie«, in: Bonhoeffer, D. (Hg.), *Berlin 1932-1933 (DBW 12)*, München: Kaiser 1997, 279-348.

Bonhoeffer, D., *Widerstand und Ergebung. Briefe und Aufzeichnungen aus der Haft (DBW 8)*, Gütersloh: Gütersloher Verlagshaus, Kaiser 1998.

Bonhoeffer, D., *Akt und Sein. Transzendentalphilosophie und Ontologie in der systematischen Theologie (DBW 2)*, München: Kaiser 2002.

Borgen, P., *Philo of Alexandria. An exegete for his time*, Leiden / New York: Brill 1997.

Boustan, R. S., *Heavenly realms and earthly realities in late antique religions*, Cambridge: Cambridge University Press 2004.

Boyd, G. A., *God of the possible. A biblical introduction to the open view of God*, Grand Rapids, Mich.: Baker Books 2000.

Bracken, J. A. (Hg.), *World without end. Christian eschatology from a process perspective*, Grand Rapids, Mich.: William B. Eerdmans Pub. Co. 2005.

Braiterman, Z. (Hg.), *(God) After Auschwitz. Tradition and Change in Post-Holocaust Jewish Thought*, Princeton: Princeton University Press 2001.

Brandt, S., »Hat es sachlich und theologisch Sinn, von ›Opfer‹ zu reden?«, in: Janowski, B. / Welker, M. (Hgg.), *Opfer. Theologische und kulturelle Kontexte*, Frankfurt a.M.: Suhrkamp 2000, 247-281.

Brandt, S., *Opfer als Gedächtnis. Auf dem Weg zu einer befreienden theologischen Rede von Opfer*, Münster: Lit 2001.

Brandt, S. (Hg.), *War Jesu Tod ein ›Opfer‹? Perspektivenwechsel im Blick auf eine klassische theologische Frage*, Neukirchen-Vluyn: Neukirchener Verlag 2001.

Brom, L. J. v. d., »Ewiges Leben. V. Religionsphilosophisch; VI. Dogmatisch«, in: Betz, H. D. / Browning, D. / Janowski, B. / Jüngel, E. (Hgg.), *Religion in Geschichte und Gegenwart. Bd. 2., 4. Aufl.* Tübingen: Mohr Siebeck 1999, 1765-1769.

Brom, L. J. v. d., »Eschatology and Time. Reversal of the time direction?«, in: Fergusson, D. / Sarot, M. (Hgg.), *The future as God's gift. Explorations in Christian eschatology*, Edinburgh: T & T Clark 2000, 159-167.

Brown, S. A. / Miller, P. D. (Hgg.), *Lament. Reclaiming practices in pulpit, pew, and public square*, Louisville, Ky.: Westminster John Knox Press 2005.

Brueggemann, W., »The Costly Loss of Lament«, in: Miller, P. D. (Hg.), *The Psalms. The life of faith*, Minneapolis: Fortress 1995, 98-111.

Brueggemann, W., *Theology of the Old Testament. Testimony, dispute, advocacy*, Minneapolis: Fortress Press 1997.

Brumlik, M., *Die Gnostiker. Der Traum von der Selbsterlösung des Menschen*, Frankfurt a.M.: Eichborn 1992.

Brümmer, V., *Was tun wir, wenn wir beten? Eine philosophische Untersuchung*, Marburg: Elwert 1985.

Bruya, B. (Hg.), *Effortless attention. A new perspective in the cognitive science of attention and action*, Cambridge, Mass.: The MIT Press 2010.

Bultmann, R., »Neues Testament und Mythologie. Das Problem der Entmythologisierung der neutestamentlichen Verkündigung«, in: Bartsch, H.-W. (Hg.), *Kerygma und Mythos. Ein theologisches Gespräch.* Bd. 1, Hamburg: Herbert Reich 1948, 15–53.

Bultmann, R., *Geschichte und Eschatologie*, Tübingen: J.C.B. Mohr 1964.

Bultmann, R., *Neues Testament und Mythologie. Das Problem der Entmythologisierung der neutestamentlichen Verkündigung (Nachdr. d. 1941 ersch. Fassung hg. v. E. Jüngel)*, München: Christian Kaiser 1985.

Bunge, M. J., *The Child in Christian Thought*, Grand Rapids, Mich.: Eerdmans 2001.

Buntfuß, M., »Inkarnation als Interaktion. Zur religiösen Distanzreduktion der Inkarnationsmetapher«, in: Frey, J. / Rohls, J. / Zimmermann, R. (Hgg.), *Metaphorik und Christologie*, Berlin / New York: De Gruyter 2003, 299–317.

Burkert, W., *Griechische Religion der archaischen und klassischen Epoche*, Stuttgart / Berlin / Köln / Mainz: Kohlhammer 1977.

Busch, E., *Glaubensheiterkeit. Karl Barth, Erfahrungen und Begegnungen*, Neukirchen-Vluyn: Neukirchener Verlag 1987.

Calvin, J., *Unterricht in der christlichen Religion / Institutio Christianae religionis (1559)*, Neukirchen-Vluyn: Neukirchener Verlag 1988.

Campenhausen, H. v., *Der Ablauf der Osterereignisse und das leere Grab*, Heidelberg: Winter 1966.

Carroll, J. T., »Sickness and Healing in the New Testament Gospels«, in: *Interpretation* 49 (1995), 130–142.

Castelo, D., *The apathetic God. Exploring the contemporary relevance of divine impassibility*, Milton Keynes, U.K. / Colorado Springs, Colo.: Paternoster 2009.

Celis Bueno, C., *The attention economy. Labour, time and power in cognitive capitalism*, London / New York: Rowman & Littlefield International 2017.

Chan, J., *Gebet als christliches Sein, Leben und Tun. Die Bedeutung und Funktion des Gebets für die Theologie der ›analogia fidei‹ Karl Barths*, Leipzig: Evangelische Verlagsanstalt 2016.

Chouliaraki, L., *The spectatorship of suffering*, London / Thousand Oaks, Calif.: Sage 2006.

Christ, F., *Menschlich von Gott reden. Das Problem des Anthropomorphismus bei Schleiermacher*, Einsiedeln / Gütersloh: Benziger Verlag, Gütersloher Verlagshaus Gerd Mohn 1982.

Christoffersen, M. G., *Living with risk and danger. Studies in interdisciplinary systematic theology*, Kopenhagen: Det Teologiske Fakultet 2017.

Christoffersen, M. G., »Trust, endangerment, and divine vulnerability. An interdisciplinary conversation with Niklas Luhmann and K.E. Løgstrup«, in: *Dialog* 56 (4) (2017), 391–401.

Class, G., *Der verzweifelte Zugriff auf das Leben. Dietrich Bonhoeffers Sündenverständnis in ›Schöpfung und Fall‹*, Neukirchen-Vluyn: Neukirchener Verlag 1994.

Clayton, P., »Emergence«, in: Van Huyssteen, W. (Hg.), *Encyclopedia of Science and Religion*, New York: Macmillan 2004, 256–259.

Clayton, P., »Hierarchies. The core argument for a naturalistic Christian faith«, in: *Zygon* 43 (1) (2008), 27–41.

Cobb, J. B., *Prozess-Theologie. Eine einführende Darstellung*, Göttingen: Vandenhoeck & Ruprecht 1979.

Coeckelbergh, M., *Human being@risk. Enhancement, technology, and the evaluation of vulnerability transformations*, Dordrecht: Springer 2013.

Conradie, E. M., *Christianity and ecological theology. Resources for further research*, Stellenbosch: Sun Press 2006.

Cramer, F., *Symphonie des Lebendigen. Versuch einer allgemeinen Resonanztheorie*, Frankfurt a. M. / Leipzig: Insel 1996.

Crary, J., *Aufmerksamkeit. Wahrnehmung und moderne Kultur*, Frankfurt a.M.: Suhrkamp 2002.

Crosby, D. A., *Living with ambiguity. Religious naturalism and the menace of evil*, Albany: State University of New York Press 2008.

Crosby, D. A., »Both Red and Green but Religiously Right: Coping with Evil in a Religion of Nature«, in: *American Journal of Theology & Philosophy* 31 (2) (2010), 108-123.

Crüsemann, F., »Jahwes Gerechtigkeit im Alten Testament«, in: *Evangelische Theologie* 36 (1976), 427-450.

Crüsemann, F., *Die Tora. Theologie und Sozialgeschichte des alttestamentlichen Gesetzes*, München: Kaiser 1992.

Crüsemann, F., *Elia - die Entdeckung der Einheit Gottes. Eine Lektüre der Erzählungen über Elia und seine Zeit (1Kön 17-2Kön 2)*, Gütersloh: Kaiser, Gütersloher Verlagshaus 1997.

Culp, K. A., »Vulnerability and the susceptibility of transformation«, in: Springhart, H. / Thomas, G. (Hgg.), *Exploring vulnerability*, Göttingen: Vandenhoeck & Ruprecht 2017, 59-70.

Dabney, D. L., *Die Kenosis des Geistes. Kontinuität zwischen Schöpfung und Erlösung im Werk des Heiligen Geistes*, Neukirchen-Vluyn: Neukirchener Verlag 1997.

Dalferth, I. U., »Passion, passivity, and the passive voice«, in: Dalferth, I. U. / Rodgers, M. (Hgg.), *Passion and passivity. Claremont Studies in the Philosophy of Religion*, Tübingen: Mohr Siebeck 2011, 1-10.

Dalferth, I. U., »Theologischer Realismus und realistische Theologie bei Karl Barth«, in: *Evangelische Theologie* 46 (4-5) (1986), 402-422.

Dalferth, I. U., *Der auferweckte Gekreuzigte. Zur Grammatik der Christologie*, Tübingen: J.C.B. Mohr (Paul Siebeck) 1994.

Dalferth, I. U., »Kreuz und Auferweckung. das Wort vom Kreuz«, in: Dalferth, Ingolf U. (Hg.), *Der auferweckte Gekreuzigte. Zur Grammatik der Christologie*, Tübingen: J.C.B. Mohr 1994, 38-84.

Dalferth, I. U., »Volles Grab, leerer Glaube? Zum Streit um die Auferweckung des Gekreuzigten«, in: *Zeitschrift für Theologie und Kirche* 95 (3) (1998), 379-409.

Dalferth, I. U., *Die Wirklichkeit des Möglichen. Hermeneutische Religionsphilosophie*, Tübingen: Mohr Siebeck 2003.

Dalferth, I. U., *Radikale Theologie*, Leipzig: Evangelische Verlagsanstalt 2010.

Dalferth, I. U. / Stoellger, P., »Einleitung. Religion als Kontingenzkultur und die Kontingenz Gottes«, in: Dalferth, I. U. / Stoellger, P. (Hgg.), *Vernunft, Kontingenz und Gott. Konstellationen eines offenen Problems*, Tübingen: Mohr Siebeck 2000, 1-44.

Dalferth, I. U. / Stoellger, P., *Vernunft, Kontingenz und Gott. Konstellationen eines offenen Problems*, Tübingen: Mohr Siebeck 2000.

Damasio, A. R., *Descartes' error. Emotion, reason, and the human brain*, New York: G.P. Putnam 1994.

Damasio, A. R., *Looking for Spinoza. Joy, sorrow, and the feeling brain*, Orlando, Fla.: Harcourt 2003.

Danz, C., *Wirken Gottes. Zur Geschichte eines theologischen Grundbegriffs*, Neukirchen-Vluyn: Neukirchener Verlag 2007.

Dassmann, E., »Die verstummte Klage bei den Kirchenvätern«, in: Ebner, M. / Hanson, P. D. (Hgg.), *Klage. Jahrbuch für biblische Theologie. Bd. 16*, Neukirchen-Vluyn: Neukirchener Verlag 2001, 135-151.

Davis, S. T. / Kendall, D. / O'Collins, G. (Hgg.), *The incarnation. An interdisciplinary symposium on the incarnation of the son of God*, Oxford / New York: Oxford University Press 2002.

Dayan, D., »Sharing and showing. Television as monstration«, in: *The ANNALS of the American Academy of Political and Social Science* 625 (1) (2009), 19-31.

Deane-Drummond, C., »Shadow sophia in christological perspective. The evolution of sin and the redemption of nature«, in: *Theology & Science* 6 (1) (2008), 13-32.

Dearman, J. A., »Theophany, Anthropomorphism, and the imago dei«, in: Davis, S. T. / Kendall, D. / O'Collins, G. (Hgg.), *The incarnation. An interdisciplinary symposium on the incarnation of the son of God*, Oxford / New York: Oxford University Press 2002, 31-46.

Deuser, H., »Inkarnation und Repräsentation«, in: *Theologische Literaturzeitung* 124 (1999), 355-370.

Deuser, H., *Kleine Einführung in die systematische Theologie*, Stuttgart: Reclam 1999.

Dietrich, W., »Im Zeichen Kains. Gewalt und Gewaltüberwindung in der Hebräischen Bibel«, in: *Evangelische Theologie* 64 (2004), 252-267.

Dietrich, W. / Link, C., *Die dunklen Seiten Gottes. Bd. 2. Allmacht und Ohnmacht*, Neukirchen-Vluyn: Neukirchener Verlag 2000.

Dietzfelbinger, C., *Die Berufung des Paulus als Ursprung seiner Theologie*, Neukirchen-Vluyn: Neukirchener Verlag 1985.

Dietzfelbinger, C., *Johanneischer Osterglaube*, Zürich: Theologischer Verlag 1992.

Dixon, T., *From passions to emotions. The creation of a secular psychological category*, Cambridge / New York, N.Y.: Cambridge University Press 2003.

Dodds, M. J., *The unchanging God of love. A study of the teaching of St. Thomas Aquinas on divine immutability in view of certain contemporary criticism of this doctrine*, Freiburg i.Üe.: Éditions universitaires 1986.

Döhling, J.-D., *Der bewegliche Gott. Eine Untersuchung des Motivs der Reue Gottes in der Hebräischen Bibel*, Freiburg i.Br.: Herder 2009.

Dorner, I. A., »Über die richtige Fassung des dogmatischen Begriffs der Unveränderlichkeit Gottes mit besonderer Beziehung auf das gegenseitige Verhältnis zwischen Gottes übergeschichtlichem und geschichtlichem Leben«, in: Dorner, I. A. (Hg.), *Gesammelte Schriften aus dem Gebiet der systematischen Theologie. Exegese und Geschichte*, Berlin: W. Hertz 1883, 188-377.

Dorner, I. A., *Divine immutability. A critical reconsideration (ed. Williams, Robert W.)*, Minneapolis: Fortress Press 1994.

Drees, W. B., *Religion, science, and naturalism*, Cambridge / New York: Cambridge University Press 1996.

Drees, W. B. (Hg.), *Is nature ever evil? Religion, science, and value*, London / New York: Routledge 2003.

Drees, W. B., »Naturalism«, in: Van Huyssteen, W. (Hg.), *Encyclopedia of Science and Religion*, New York: Macmillan Reference 2004, 593–597.

Drees, W. B., *Religion and science in context. A guide to the debates*, London / New York: Routledge 2010.

Driel, E. C. v., *Incarnation anyway. Arguments for supralapsarian christology*, New York: Oxford University Press 2008.

Du Toit, C. W. (Hg.), *Can nature be evil or evil natural? A science-and-religion view on suffering and evil*, Pretoria: Research Institute for Theology and Religion, University of South Africa 2006.

Ebeling, G., *Vom Gebet. Predigten über das Unser-Vater*, Tübingen: Mohr Siebeck 1963.

Ebeling, G., »Das Gebet«, in: Ebeling, G. (Hg.), *Wort und Glaube. Bd. 3. Beiträge zur Fundamentaltheologie, Soteriologie und Ekklesiologie*, Tübingen: Mohr Siebeck 1975, 405–427.

Ebeling, G., *Dogmatik des christlichen Glaubens. Bd. 1. Prolegomena. Der Glaube an Gott den Schöpfer der Welt*, Tübingen: Mohr Siebeck 1986.

Ebeling, G., *Dogmatik des christlichen Glaubens. Bd. 2. Der Glaube an Gott den Versöhner der Welt*, Tübingen: Mohr Siebeck 1986.

Ebeling, G., *Dogmatik des christlichen Glaubens. Bd. 3. Der Glaube an Gott den Vollender der Welt*, Tübingen: Mohr Siebeck 1986.

Ebner, M., »Klage und Auferweckungshoffnung im Neuen Testament«, in: Ebner, M. / Hanson, P. D. (Hgg.), *Klage. Jahrbuch für biblische Theologie. Bd. 16*, Neukirchen-Vluyn: Neukirchener Verlag 2001, 73–87.

Ebner, M., »Kreuzestheologie im Markusevangelium«, in: Dettwiler, A. / Zumstein, J. (Hgg.), *Kreuzestheologie im Neuen Testament*, Tübingen: Mohr Siebeck 2002, 151–168.

Ebner, M. / Hanson, P. D. (Hgg.), *Der Himmel (JBTh 20)*, Neukirchen-Vluyn: Neukirchener Verlag 2006.

Echternach, E., »Ewigkeit«, in: Ritter, J. (Hg.), *Historisches Wörterbuch der Philosophie. Bd. 2*, Darmstadt: Wissenschaftliche Buchgesellschaft 1972, 838–848.

Eckardt, A. R. / Eckardt, A., *Long night's journey into day. Life and faith after the holocaust*, Detroit: Wayne State University Press 1982.

Ego, B., *Im Himmel wie auf Erden. Studien zum Verhältnis von himmlischer und irdischer Welt im rabbinischen Judentum*, Tübingen: Mohr Siebeck 1989.

Eibach, U., »Glaube, Krankenheilung und Heil«, in: *Evangelische Theologie* 66 (4) (2006), 297.

Eilan, N. / Hoerl, C. / McCormack, T. / Roessler, J. (Hgg.), *Joint attention. Communication and other minds. Issues in philosophy and psychology*, Oxford / New York: Clarendon Press, Oxford University Press 2005.

Elert, W., »Die Theopaschitische Formel«, in: *Theologische Literaturzeitung* 75 (4/5) (1950), 195–206.

Engberg-Pedersen, T. / Gregersen, N. H. (Hgg.), *Essays in naturalism and Christian semantics*, Kopenhagen: Centre for Naturalism & Christian Semantics 2010.

Essen, G., *Historische Vernunft und Auferweckung Jesu. Theologie und Historik im Streit um den Begriff geschichtlicher Wirklichkeit*, Mainz: Matthias-Grünewald-Verlag 1995.

Etzelmüller, G., ›... *zu richten die Lebendigen und die Toten‹. Zur Rede vom Jüngsten Gericht im Anschluss an Karl Barth*, Neukirchen-Vluyn: Neukirchener Verlag 2001.

Etzelmüller, G., »›Ich lebe, und ihr sollt auch leben!‹. Die Leiblichkeit des Auferstandenen und ihre Bedeutung für die Eschatologie«, in: Eckstein, H.-J. / Welker, M. (Hgg.), *Die Wirklichkeit der Auferstehung*, Neukirchen-Vluyn: Neukirchener Verlag 2002, 221–235.

Etzelmüller, G., »Krise des Gebets? Protestantische Entwicklungen und Perspektiven«, in: Hafner, J. E. / Enxing, J. / Munzinger, A. (Hgg.), *Gebetslogik. Reflexionen aus interkonfessioneller Perspektive*, Leipzig: Evangelische Verlagsanstalt 2016, 27–41.

Evans, J. / Taliaferro, C., *The image in mind. theism, naturalism, and the imagination*, London: Continuum 2011.

Faber, R., *Der Selbsteinsatz Gottes. Grundlegung einer Theologie des Leidens und der Veränderlichkeit Gottes*, Würzburg: Echter 1995.

Faber, R., *Gott als Poet der Welt. Anliegen und Perspektiven der Prozesstheologie*, Darmstadt: Wissenschaftliche Buchgesellschaft 2003.

Faber, R. / Goodman-Thau, E. / Macho, T. (Hgg.), *Abendländische Eschatologie. Ad Jacob Taubes*, Würzburg: Königshausen & Neumann 2001.

Farley, W., *Tragic vision and divine compassion. A contemporary theodicy*, Louisville, Ky.: Westminster, John Knox Press 1990.

Farrow, D., *Ascension and Ecclesia. On the significance of the doctrine of the ascension for ecclesiology and Christian cosmology*, Edinburgh: T&T Clark 1999.

Feldmeier, R. / Spieckermann, H., *Der Gott der Lebendigen. Eine biblische Gotteslehre*, Tübingen: Mohr Siebeck 2011.

Feldmeier, R. / Spieckermann, H., *Menschwerdung*, Tübingen: Mohr Siebeck 2018.

Feuerbach, L., *Das Wesen des Christentums (Gesammelte Werke Bd. 5)*, Berlin: Akademie Verlag 1984.

Fiddes, P. S., *The creative suffering of God*, Oxford: Clarendon 1988.

Fineman, M. / Grear, A. (Hgg.), *Vulnerability. Reflections on a new ethical foundation for law and politics*, Aldershot, England / Burlington, Vt.: Ashgate 2013.

Fineman, M. A., »The Vulnerable Subject: Anchoring Equality in the Human Condition«, in: *Yale Journal of Law & Feminism* 20 (1) (2008), 1–23.

Fink, E., *Spiel als Weltsymbol*, Stuttgart: Kohlhammer 1960.

Franck, G., *Ökonomie der Aufmerksamkeit. Ein Entwurf*, München: Hanser 1998.

Fretheim, T. E., *The suffering of God. An Old Testament perspective*, Philadelphia: Fortress Press 1984.

Fretheim, T. E., *God and world in the Old Testament. A relational theology of creation*, Nashville: Abingdon Press 2005.

Frettlöh, M. L., *Theologie des Segens. Biblische und dogmatische Wahrnehmungen*, Gütersloh: Kaiser Gütersloher 1998.

Frey, J., »Zur johanneischen Deutung des Todes Jesu«, in: *Theologische Beiträge* 32 (2001), 346–362.

Frey, J., »Die ›theologia crucifixi‹ des Johannesevangeliums«, in: Dettwiler, A. / Zumstein, J. (Hgg.), *Kreuzestheologie im Neuen Testament*, Tübingen: Mohr Siebeck 2002, 169–238.

Frey, J. / Schröter, J. (Hgg.), *Deutungen des Todes Jesu im Neuen Testament*, Tübingen: Mohr Siebeck 2005.

Frohnhofen, H., *Apatheia tou theou. Über die Affektlosigkeit Gottes in der griechischen Antike und bei den griechischsprachigen Kirchenvätern bis zu Gregorios Thaumaturgos*, Frankfurt a.M. / New York: Peter Lang 1987.

Gabriel, A. K., *The Lord is the Spirit. The Holy Spirit and the divine attributes*, Eugene, Oreg.: Pickwick Publications 2011.

Gandolfo, E. O. D., *Power and vulnerability of love. A theological anthropology*, Minneapolis: Fortress 2015.

Gardoni, P. / Murphy, C. / Rowell, A. (Hgg.), *Risk analysis of natural hazards. Interdisciplinary challenges and integrated solutions*, Heidelberg: Springer 2016.

Gavrilyuk, P. L., *The suffering of the impassible God. The dialectics of patristic thought*, Oxford / New York: Oxford University Press 2004.

Georgi, D., »Die Visionen vom himmlischen Jerusalem in Apk 21 und 22«, in: Lührmann, D. / Strecker, G. (Hgg.), *Kirche. Festschrift für Günther Bornkamm zum 75. Geburtstag*, Tübingen: Mohr Siebeck 1980, 351-372.

Gerhard, J., *Ioannis Gerhardi loci theologici, cum pro adstruenda veritate, tum pro destruenda quorumvis contradicentium falsitate, per theses nervose, solide et copiose explicati*, Berlin: Schlawitz 1875.

Gerhardt, U., *Idealtypus. Zur methodologischen Begründung der modernen Soziologie*, Frankfurt a.M.: Suhrkamp 2001.

Gese, H., »Psalm 22 und das Neue Testament«, in: Gese, H. (Hg.), *Vom Sinai zum Zion. Alttestamentliche Beiträge zur biblischen Theologie*, München: Kaiser 1974, 180-201.

Gese, H., »Sühne«, in: Gese, H. (Hg.), *Zur biblischen Theologie. Alttestamentliche Vorträge*, München: Kaiser 1977, 85-106.

Geyer, H. G., »Die Auferstehung Jesu Christi. Ein Überblick über die Diskussion in der gegenwärtigen Theologie«, in: Marxsen, W. / Wilckens, U. / Delling, G. / Geyer, H.-G. (Hgg.), *Die Bedeutung der Auferstehungsbotschaft für den Glauben an Jesus Christus*, Gütersloh: Gütersloher Verlagshaus 1967, 91-117.

Giddens, A., *The consequences of modernity*, Cambridge: Polity 1990.

Gilson, E. C., *The ethics of vulnerability. A feminist analysis of social life and practice*, New York: Routledge 2014.

Gladigow, B., »Natur/Umwelt/Naturreligiosität«, in: *Metzler-Lexikon Religion. Bd. 2*, Stuttgart / Weimar: Metzler 1999, 539-547.

Gockel, M., »On the way from Schleiermacher to Barth: A critical reappraisal of Isaak August Dorner's essay on divine immutability«, in: *Scottish Journal of Theology* 53 (4) (2000), 490-510.

Goebel, H. T., *Vom freien Wählen Gottes und des Menschen. Interpretationsübungen zur ›Analogie‹ nach Karl Barths Lehre von der Erwählung und Bedenken ihrer Folgen für die Kirchliche Dogmatik*, Frankfurt a.M. / New York: Peter Lang 1990.

Goodman, N., *Weisen der Welterzeugung*, Frankfurt a.M.: Suhrkamp 1984.

Goshen-Gottstein, A., »Judaism and Incarnational Theologies«, in: *Journal of Ecumenical Studies* 39 (2002), 219-248.

Gottschalk-Mazouz, N., »Risiko«, in: Düwell, M. / Hübenthal, C. (Hgg.), *Handbuch Ethik*, Stuttgart / Weimar: Metzler 2002, 486-491.

Gräb-Schmidt, E., »Risiko«, in: Betz, H. D. (Hg.), *Religion in Geschichte und Gegenwart. Bd. 7., 4. Aufl.*, Tübingen: Mohr Siebeck 2004, 526–528.

Graß, H., *Ostergeschehen und Osterberichte*, Göttingen: Vandenhoeck & Ruprecht 1962.

Gregersen, N. H., »The cross of Christ in an evolutionary world«, in: *Dialog. A Journal of Theology* 40 (3) (2001), 192–207.

Gregersen, N. H., »Faith in a world of risks. A trinitarian theology of risk-taking«, in: Pedersen, E. M. / Lam, H. / Lodberg, P. (Hgg.), *For all people. Global theologies in contexts. Essays in honor of Viggo Mortensen*, Grand Rapids, Mich.: Eerdmans 2002, 214–233.

Gregersen, N. H., »Risk and religion. Toward a theology of risk taking«, in: *Zygon* 38 (2) (2003), 355–376.

Gregersen, N. H., »Three varieties of panentheism«, in: Clayton, P. / Peacocke, A. R. (Hgg.), *In whom we live and move and have our being. Panentheistic reflections on God's presence in a scientific world*, Grand Rapids, Mich.: Eerdmans 2004, 19–36 u. 290–293.

Gregersen, N. H., »Beyond secularist supersessionism. Risk, religion and technology«, in: *Ecotheology* 11 (2) (2006), 137–158.

Gregersen, N. H., *Incarnation. On the scope and depth of Christology*, Minneapolis: Fortress Press 2015.

Gregersen, N. H., »Theology and disaster studies. From ›acts of God‹ to divine presence«, in: Dahlberg, R. / Rubin, O. / Vendelø, M. T. (Hgg.), *Disaster research. Multidisciplinary and international perspectives*, Abingdon / New York, N.Y.: Routledge 2016, 34–48.

Greiner, D., *Segen und Segnen. Eine systematisch-theologische Grundlegung*, Stuttgart: Kohlhammer 1998.

Griffin, D. R. / Cobb, J. B. / Pinnock, C. H., *Searching for an adequate God. A dialogue between process and free will theists*, Grand Rapids, Mich.: W.B. Eerdmans Pub. 2000.

Grimm, M. A., *Lebensraum in Gottes Stadt. Jerusalem als Symbolsystem der Eschatologie*, Münster: Aschendorff 2007.

Groß, W., »Das verborgene Angesicht Gottes. Eine alttestamentliche Grunderfahrung und die heutige religiöse Krise«, in: Groß, W. (Hg.), *Studien zur Priesterschrift und zu alttestamentlichen Gottesbildern*, Stuttgart: Katholisches Bibelwerk 1999, 185–197.

Großbölting, T., *Der verlorene Himmel. Glaube in Deutschland seit 1945*, Göttingen: Vandenhoeck & Ruprecht 2013.

Großhans, H.-P., *Theologischer Realismus. Ein sprachphilosophischer Beitrag zu einer theologischen Sprachlehre*, Tübingen: Mohr Siebeck 1996.

Hallman, J. M., *The coming of the impassible God. Tracing a dilemma in Christian theology*, Piscataway, N.J.: Gorgias Press 2007.

Hamnett, I., »Sociology of religion and sociology of error«, in: *Religion* 3 (1) (1973), 1–12.

Hampe, M., *Das vollkommene Leben. Vier Meditationen über das Glück*, München: Hanser 2009.

Hanke, E., »Erlösungsreligion«, in: Kippenberg, H. G. / Riesebrodt, M. (Hgg.), *Max Webers ›Religionssystematik‹*, Tübingen: Mohr Siebeck 2001, 209–226.

Hanson, P. D., *The people called. The growth of community in the Bible*, San Francisco: Harper & Row 1986.

Harasta, E., *Lob und Bitte. Eine systematisch-theologische Untersuchung über das Gebet*, Neukirchen-Vluyn: Neukirchener Verlag 2005.

Harasta, E. (Hg.), *Mit Gott klagen. Eine theologische Diskussion*, Neukirchen-Vluyn: Neukirchener Verlag 2008.

Härle, W., »Den Mantel weit ausbreiten. Theologische Überlegungen zum Gebet«, in: *Neue Zeitschrift für systematische Theologie und Religionsphilosophie* 33 (3) (1991), 231–247.

Härle, W., *Dogmatik*, Berlin / New York: Walter de Gruyter 1995.

Harms, S., *Glauben üben. Grundlinien einer evangelischen Theologie der geistlichen Übung und ihre praktische Entfaltung am Beispiel der ›Exerzitien im Alltag‹*, Göttingen: Vandenhoeck & Ruprecht 2011.

Harnack, A. v., *Medicinisches aus der ältesten Kirchengeschichte*, Leipzig: Hinrichs 1892.

Harnack, A. v., *Das Wesen des Christentums. Sechzehn Vorlesungen vor Studierenden aller Facultäten im Wintersemester 1899/1900 an der Universität Berlin gehalten*, Leipzig: J.C. Hinrichs 1900.

Hartenstein, F., »Ein zorniger und gewalttätiger Gott? Zorn Gottes, ›Rachepsalmen‹ und ›Opferung Isaaks‹ – Neuere Forschungen«, in: *Verkündigung und Forschung* 58 (2013), 110–126.

Hauerwas, S. / Willimon, W. H., *Resident aliens. Life in the Christian colony*, Nashville: Abingdon Press 1989.

Haught, J. F., *God after Darwin. A theology of evolution*, Boulder, Colo.: Westview Press 2000.

Hegel, G. W. F., *Vorlesungen über die Philosophie der Religion. Bd. 2 (Werke 17)*, Frankfurt a.M.: Suhrkamp 1969.

Heiler, F., *Das Gebet. Eine religionsgeschichtliche und religionspsychologische Untersuchung*, München: Reinhardt 1918.

Heim, K., *Jesus der Weltvollender. Der Glaube an die Versöhnung und Weltverwandlung*, Wuppertal: Aussaat Verlag 1952.

Heim, K., *Weltschöpfung und Weltende*, Hamburg: Furche-Verlag 1952.

Hengel, M., »Das Begräbnis Jesu bei Paulus«, in: Avemarie, F. / Lichtenberger, H. P. (Hgg.), *Auferstehung / Resurrection. The fourth Durham-Tübingen Research Symposium Resurrection, Transfiguration and Exaltation in Old Testament, Ancient Judaism and Early Christianity (Tübingen, September, 1999)*, Tübingen: Mohr Siebeck 2001, 119–183.

Hengel, M. / Bergman, J. (Hgg.), *La Cité de Dieu / Die Stadt Gottes 3. Symposium Strasbourg, Tübingen, Uppsala, 19.–23. September 1998 in Tübingen*, Tübingen: Mohr Siebeck 2000.

Henning, C., *Die evangelische Lehre vom Heiligen Geist und seiner Person. Studien zur Architektur protestantischer Pneumatologie im 20. Jahrhundert*, Gütersloh: Chr. Kaiser 2000.

Henriksen, J.-O., *Life, love, and hope. God and human experience*, Grand Rapids, Mich.: Eerdmans Publishing Company 2014.

Heppe, H. / Bizer, E., *Die Dogmatik der evangelisch-reformierten Kirche*, Neukirchen: Neukirchener Verlag 1958.

Hermanni, F., »Abschied vom Theismus? Die Theodizeeuntauglichkeit der Rede vom leidenden Gott«, in: Koslowski, P. / Hermanni, F. (Hgg.), *Der leidende Gott. Eine philosophische und theologische Kritik*, München: Fink 2001, 151–176.

Hermisson, H.-J., »Von Zorn und Leiden Gottes«, in: Dalferth, I. U. / Fischer, J. / Großhans, H.-P. (Hgg.), *Denkwürdiges Geheimnis. Beiträge zur Gotteslehre, Festschrift für Eberhard Jüngel zum 70. Geburtstag*, Tübingen: Mohr Siebeck 2004, 185–207.

Herms, E., »Was geschieht, wenn Christen beten?«, in: Herms, E. (Hg.), *Offenbarung und Glaube. Zur Bildung des christlichen Lebens*, Tübingen: Mohr 1992, 517–531.

Heschel, A. J., *The Prophets*, New York: Harper & Row 1962.

Hesse, M. B., *Models and analogies in science*, New York: Sheed & Ward 1963.

Hesse, M. B., »Models and analogies in science«, in: Edwards, P. (Hg.), *The Encyclopedia of Philosophy. Bd. 5*, New York: Macmillan 1967, 354–359.

Hick, J., *The myth of God incarnate*, London: SCM Press 1977.

Hick, J., *The metaphor of God incarnate. Christology in a pluralistic age*, London: SCM Press 1993.

Hick, J., *The fifth dimension. An exploration of the spiritual realm*, Oxford: Oneworld 1999.

Hillar, M., *From logos to trinity. The evolution of religious beliefs from Pythagoras to Tertullian*, Cambridge / New York: Cambridge University Press 2012.

Hiller, D., »Dogmatik«, in: Becker, E.-M. / Hiller, D. (Hgg.), *Handbuch evangelische Theologie. Ein enzyklopädischer Zugang*, Tübingen / Basel: Francke 2006, 221–262.

Höfner, M., »Krankheit und Gebet. Überlegungen zu Calvin und Schleiermacher«, in: Thomas, G. / Karle, I. (Hgg.), *Krankheitsdeutung in der postsäkularen Gesellschaft. Theologische Ansätze im interdisziplinären Gespräch*, Stuttgart: Kohlhammer 2009, 465–488.

Höfner, M., »Geist und Gemeinde. Überlegungen zu Schleiermacher und Hegel«, in: Etzelmüller, G. / Springhart, H. (Hgg.), *Gottes Geist und menschlicher Geist*, Leipzig: Evangelische Verlagsanstalt 2013, 42–51.

Holländer, H., »Himmel«, in: Kirschbaum, E. (Hg.), *Lexikon der christlichen Ikonographie, Bd. 2*, Darmstadt: Wissenschaftliche Buchgesellschaft 2012, 255–267.

Holmes, C. R. J., *Revisiting the doctrine of the divine attributes. In dialogue with Karl Barth, Eberhard Jüngel and Wolf Krötke*, New York: Peter Lang 2007.

Honecker, M., *Konzept einer sozialethischen Theorie. Grundfragen evangelischer Sozialethik*, Tübingen: Mohr Siebeck 1971.

Horn, E., *Zukunft als Katastrophe*, Frankfurt a.M.: S. Fischer 2014.

Horn, F. W., *Das Angeld des Geistes. Studien zur paulinischen Pneumatologie*, Göttingen: Vandenhoeck & Ruprecht 1992.

Houtman, C., *Der Himmel im Alten Testament. Israels Weltbild und Weltanschauung*, Leiden / New York / Köln: Brill 1993.

Huber, W., *Gerechtigkeit und Recht. Grundlinien christlicher Rechtsethik*, Gütersloh: Chr. Kaiser, Gütersloher Verlagshaus 1996.

Huffman, D. S. / Johnson, E. L. (Hgg.), *God under fire. Modern scholarship reinvents God*, Grand Rapids, Mich.: Zondervan 2002.

Hughes, R., *Heaven and Hell in western art*, London: Weidenfeld and Nicolson 1968.

Hüttenhoff, M., »Ewiges Leben. Dogmatische Überlegungen zu einem Zentralbegriff der Eschatologie«, in: *Theologische Literaturzeitung* 125 (2000), 863–880.

Jackson, J. C., *Truth, trust and medicine*, London / New York: Routledge 2001.

Jackson, T. R., *New Creation in Paul's Letters. A Study of the Historical and Social Setting of a Pauline Concept*, Tübingen: Mohr Siebeck 2010.

Jacob, B., *Das erste Buch der Tora – Genesis*, Berlin: Schocken 1934.

Jacobsen, D. G., *Thinking in the Spirit. Theologies of the early Pentecostal movement*, Bloomington: Indiana University Press 2003.

Jahraus, O. / Ort, N. (Hgg.), *Beobachtungen des Unbeobachtbaren. Konzepte radikaler Theoriebildung in den Geisteswissenschaften*, Weilerswist: Velbrück Wissenschaft 2000.

Jakob, E., »Le Dieu souffrant, un thème théologique vétérotestamentaire«, in: *Zeitschrift für die alttestamentliche Wissenschaft* 95 (1983), 1–8.

Janowski, B., *Sühne als Heilsgeschehen. Studien zur Sühnetheologie der Priesterschrift und zur Wurzel KPR im Alten Orient und im Alten Testament*, Neukirchen-Vluyn: Neukirchener Verlag 1982.

Janowski, B., *Gottes Gegenwart in Israel. Beiträge zur Theologie des Alten Testaments*, Neukirchen-Vluyn: Neukirchener Verlag 1993.

Janowski, B., »JHWH der Richter – ein rettender Gott. Psalm 7 und das Motiv des Gottesgerichts«, in: Baldermann, I. u. a. (Hgg.), *Jahrbuch für Biblische Theologie. Bd. 9, Sünde und Gericht*, Neukirchen-Vluyn: Neukirchener Verlag 1994, 53–86.

Janowski, B., »Der barmherzige Richter. Zur Einheit von Gerechtigkeit und Barmherzigkeit im Gottesbild des Alten Orients und des Alten Testaments«, in: Scovalick, R. (Hg.), *Das Drama der Barmherzigkeit Gottes: Studien zur biblischen Gottesrede und ihrer Wirkungsgeschichte in Judentum und Christentum*, Stuttgart: Katholisches Bibelwerk 1999, 33–91.

Janowski, B., »›Hingabe‹ oder ›Opfer‹? Die gegenwärtige Kontroverse um die Deutung des Todes Jesu«, in: Weth, R. (Hg.), *Das Kreuz Jesu. Gewalt, Opfer, Sühne*, Neukirchen-Vluyn: Neukirchener Verlag 2001, 13–43.

Janowski, B., »Das verborgene Angesicht Gottes. Psalm 13 als Muster eines Klagelieds des einzelnen«, in: Ebner, M. / Hanson, P. D. (Hgg.), *Klage. Jahrbuch für biblische Theologie. Bd. 16*, Neukirchen-Vluyn: Neukirchener Verlag 2001, 25–53.

Janowski, B., *Konfliktgespräche mit Gott. Eine Anthropologie der Psalmen*, Neukirchen-Vluyn: Neukirchener Verlag 2003.

Janowski, B., »Das Leben für andere hingeben. Alttestamentliche Voraussetzungen für die Deutung des Todes Jesu«, in: Hampel, V. / Weth, R. (Hgg.), *Für uns gestorben. Sühne – Opfer – Stellvertretung*, Neukirchen-Vluyn: Neukirchener Verlag 2010, 55–72.

Janowski, B., »Gottes Sturm und Gottes Atem. Zum Verständnis von ruach 'älohim in Gen 1,2 und Ps 104.29 f«, in: Ebner, M. / Fischer, I. (Hgg.), *Heiliger Geist. Jahrbuch für Biblische Theologie. Bd. 24*, Neukirchen: Neukirchener Verlag 2011, 3–29.

Janowski, B., *Ein Gott, der straft und tötet? Zwölf Fragen zum Gottesbild des Alten Testaments*, Neukirchen-Vluyn: Neukirchener Verlagsgesellschaft 2014.

Janowski, B. / Lohfink, N. (Hgg.), *Religionsgeschichte Israels oder Theologie des Alten Testaments? Jahrbuch für Biblische Theologie. Bd. 10*, Neukirchen-Vluyn: Neukirchener Verlag 1995.

Janowski, B. / Stuhlmacher, P. (Hgg.), *Der leidende Gottesknecht. Jesaja 53 und seine Wirkungsgeschichte. Mit einer Bibliographie zu Jes 53*, Tübingen: J.C.B. Mohr 1996.

Janowski, J. C., »Eschatologischer Dualismus? Erwägungen zum ›doppelten Ausgang‹ des jüngsten Gerichts«, in: Baldermann, I. (Hg.), *Sünde und Gericht (JBTh 9)*, Neukirchen-Vluyn: Neukirchener Verlag 1994, 175–218.

Janowski, J. C., »»Was wird aus den Kindern …?‹. Einige Anfragen an die klassische Theologie in Zuspitzung auf die eschatologische Perspektive«, in: Ebner, M. (Hg.), *Gottes Kinder (JBTh 17)*, Neukirchen-Vluyn: Neukirchener Verlag 2002, 337–367.

Janowski, J. C., »Warum sollte Gott nicht alle erlösen?«, in: Frettlöh Magdalene, L. / Lichtenberger, H. P. (Hgg.), *Gott wahr nehmen. Festschrift für Christian Link*, Neukirchen-Vluyn: Neukirchener Verlag 2003, 277–328.

Janowski, J. C., *Allerlösung. Annäherungen an eine entdualisierte Eschatologie. 2 Bde.*, Neukirchen-Vluyn: Neukirchener Verlag 2000.

Jansen, G., *Zeuge und Aussagepsychologie*, Heidelberg: Müller 2012.

Jansen, H., »Moltmann's View of God's (Im)mutability: The God of the Philosophers and the God of the Bible«, in: *Neue Zeitschrift für systematische Theologie und Religionsphilosophie* 36 (3) (1994), 284–301.

Jenson, R. W., *Systematic theology. Vol. 1. The Triune God*, New York: Oxford University Press 1997.

Jeremias, J., *Die Reue Gottes. Aspekte alttestamentlicher Gottesvorstellung*, Neukirchen-Vluyn: Neukirchener Verlag 1997.

Johnston, M., *Saving God. Religion after idolatry*, Princeton, N.J.:Princeton University Press 2009.

Jonas, H., »The concept of God after Auschwitz. A Jewish voice«, in: *The Journal of Religion* 67 (1) (1987), 1–13.

Jonas, H., *Der Gottesbegriff nach Auschwitz. Eine jüdische Stimme*, Frankfurt a.M.: Suhrkamp 1987.

Jonas, H., *Der Gottesbegriff nach Auschwitz. Eine jüdische Stimme*, Frankfurt a.M.: Suhrkamp 2004.

Jüngel, E., *Gottes Sein ist im Werden. Verantwortliche Rede vom Sein Gottes bei Karl Barth. Eine Paraphrase*, Tübingen: Mohr 1967.

Jüngel, E., *Tod*, Stuttgart: Kreuz-Verlag 1971.

Jüngel, E., »Thesen zur Grundlegung der Christologie«, in: Jüngel, E. (Hg.), *Unterwegs zur Sache. Theologische Bemerkungen*, München: Kaiser 1972, 274–295.

Jüngel, E., »Vom Tod des lebendigen Gottes. Ein Plakat«, in: Jüngel, E. (Hg.), *Unterwegs zur Sache. Theologische Bemerkungen*, München: Kaiser 1972, 105–125.

Jüngel, E., »Die Welt als Möglichkeit und Wirklichkeit«, in: Jüngel, E. (Hg.), *Unterwegs zur Sache. Theologische Bemerkungen*, München: C. Kaiser 1972, 206–233.

Jüngel, E., *Gott als Geheimnis der Welt. Zur Begründung der Theologie des Gekreuzigten im Streit zwischen Theismus und Atheismus*, Tübingen: Mohr 1977.

Jüngel, E., »Das Sein Jesu Christi als Ereignis der Versöhnung Gottes mit einer gottlosen Welt. Die Hingabe des Gekreuzigten«, in: Jüngel, E. (Hg.), *Entsprechungen. Gott – Wahrheit – Mensch. Theologische Erörterungen. Bd. 2*, München: Kaiser 1980, 276–284.

Jüngel, E., »Gericht und Gnade«, in: Bonin, K. v. (Hg.), *Deutscher Evangelischer Kirchentag Berlin 1989. Dokumente*, Stuttgart: Kreuz 1989, 222–238.

Jüngel, E., »Anthropomorphismus als Grundproblem neuzeitlicher Hermeneutik«, in: Jüngel, E. (Hg.), *Wertlose Wahrheit. Zur Identität und Relevanz des christlichen Glaubens. Theologische Erörterungen III*, München: Kaiser 1990, 110–131.

Jüngel, E., »Das Entstehen von Neuem«, in: Jüngel, E. (Hg.), *Wertlose Wahrheit. Zur Identität und Relevanz des christlichen Glaubens. Theologische Erörterungen III*, München: Kaiser 1990, 132–150.

Jüngel, E., »The Last Judgement as an Act of Grace«, in: *Louvain Studies* 15 (1990), 389–405.

Jüngel, E., »Die Offenbarung der Verborgenheit Gottes. Ein Beitrag zum evangelischen Verständnis der Verborgenheit des göttlichen Wirkens«, in: Jüngel, E. (Hg.), *Wertlose Wahrheit. Zur Identität und Relevanz des christlichen Glaubens. Theologische Erörterungen III*, München: Kaiser 1990, 163–182.

Jüngel, E., »Was heißt beten?«, in: Jüngel, E. (Hg.), *Wertlose Wahrheit. Zur Identität und Relevanz des christlichen Glaubens. Theologische Erörterungen III*, München: Kaiser 1990, 397–405.

Jüngel, E., *Gott als Geheimnis der Welt. Zur Begründung der Theologie des Gekreuzigten im Streit zwischen Theismus und Atheismus*, Tübingen: Mohr 1992.

Jüngel, E., »›Die Weltgeschichte ist das Weltgericht‹ aus theologischer Perspektive«, in: Jüngel, E. (Hg.), *Ganz werden. Theologische Erörterungen V*, Tübingen: Mohr Siebeck 2003, 323–344.

Kant, I., *Werke. Bd. 3 Kritik der reinen Vernunft. Teil 1 (hg. W. Weischedel)*, Frankfurt a.M.: Suhrkamp 1977.

Kant, I., »Die Religion innerhalb der Grenzen der bloßen Vernunft (1793)«, in: Kant, I. (Hg.), *Werke in zehn Bänden (Hg. W. Weischedel). Bd. 7. Teil 2. Schriften zur Ethik und Religionsphilosophie*, Darmstadt: Wissenschaftliche Buchgesellschaft 1983, 645–879.

Kaufman, G. D., *In the beginning – creativity*, Minneapolis, Minn.: Fortress Press 2004.

Kaufman, G. D., »A religious interpretation of emergence. Creativity as God«, in: *Zygon* 42 (4) (2007), 915–928.

Keating, J. / White, T. J. (Hgg.), *Divine impassibility and the mystery of human suffering*, Grand Rapids, Mich.: William B. Eerdmans Pub. Co. 2009.

Keller, C., *Apocalypse now and then. A feminist guide to the end of the world*, Boston: Beacon Press 1996.

Keller, C., »No More Sea. The Lost Chaos of the Eschaton «, in: Hessel, D. T. / Radford Ruether, E. (Hgg.), *Christianity and ecology. Seeking the well-being of earth and humans*, Cambridge, Mass. / London: Harvard University Press 2000, 183–198.

Keller, C., *Face of the deep. A theology of becoming*, London / New York: Routledge 2003.

Keller, C., *Über das Geheimnis. Gott erkennen im Werden der Welt. Eine Prozesstheologie*, Freiburg / Basel / Wien: Herder 2013.

Keller, C. / Schneider, L. C., *Polydoxy. Theology of multiplicity and relation*, New York: Routledge 2011.

Kessler, H., *Die theologische Bedeutung des Todes Jesu. Eine traditionsgeschichtliche Untersuchung*, Düsseldorf: Patmos 1970.

Kessler, H., *Sucht den Lebenden nicht bei den Toten. Die Auferstehung Jesu Christi in biblischer, fundamentaltheologischer und systematischer Sicht*, Düsseldorf: Patmos Verlag 1985.

Kessler, H. (Hg.), *Leben durch Zerstörung? Über das Leiden in der Schöpfung – ein Gespräch der Wissenschaften*, Würzburg: Echter 2000.

Kessler, J., *Old Testament theology. Divine call and human response*, Waco, Tex.: Baylor University Press 2013.

Kirby, W. J. T., »Stoic and Epicurean? Calvin's Dialectical Account of Providence in the Institute«, in: *International Journal of Systematic Theology* 5 (3) (2003), 309–322.

Kirchenausschuß, D. E., *Die Bekenntnisschriften der evangelisch-lutherischen Kirche. Hrsg. im Gedenkjahr der Augsburgischen Konfession 1930*, Göttingen: Vandenhoeck & Ruprecht 1982.

Kittay, E. F., *Love's labor. Essays on women, equality, and dependency*, New York: Routledge 1999.

Kittel, G., »Das leere Grab als Zeichen für das überwundene Totenreich: Karin Bornkamm gewidmet«, in: *Zeitschrift für Theologie und Kirche* 96 (4) (1999), 458–479.

Klappert, B., *Diskussion um Kreuz und Auferstehung. Zur gegenwärtigen Auseinandersetzung in Theologie und Gemeinde*, Wuppertal: Aussaat 1967.

Klein, R. A. / Rass, F. D. (Hgg.), *Gottes schwache Macht. Alternativen zur Rede von Gottes Allmacht und Ohnmacht*, Leipzig: Evangelische Verlagsanstalt 2017.

Köber, B. W., *Sündlosigkeit und Menschsein Jesu Christi. Ihr Verständnis und ihr Zusammenhang mit der Zweinaturenlehre in der protestantischen Theologie der Gegenwart*, Göttingen: Vandenhoeck & Ruprecht 1995.

Köhlmoos, M., »»Denn ich, JHWH, bin ein eifersüchtiger Gott«. Gottes Gefühle im Alten Testament«, in: Wagner, A. (Hg.), *Göttliche Körper – göttliche Gefühle. Was leisten anthropomorphe und anthropopathische Götterkonzepte im Alten Orient und im Alten Testament?*, Freiburg i.Üe. / Göttingen: Academic Press, Vandenhoeck & Ruprecht 2014, 191–216.

König, J. F., *Theologia positiva acroamatica (Rostock 1664)*, Tübingen: Mohr Siebeck 2006.

Kooi, C. v. d., »Der heilige Geist: Quelle von Kreativität und Neuheit«, in: *Evangelische Theologie* 78 (5) (2018), 327–338.

Koopman, N., »Vulnerable church in a vulnerable world? Towards an ecclesiology of vulnerability«, in: *Journal of Reformed Theology* 2 (3) (2008), 240–254.

Korzybski, A., *Science and sanity. An introduction to non-Aristotelian systems and general semantics*, Lakeville, Conn.: International Non-Aristotelian Library Pub. Co. 1958.

Koselleck, R., *Vergangene Zukunft. Zur Semantik geschichtlicher Zeiten*, Frankfurt a.M.: Suhrkamp 1979.

Koslowski, P. / Hermanni, F. (Hgg.), *Der leidende Gott. Eine philosophische und theologische Kritik*, München: Fink 2001.

Kratz, R. G. / Spieckermann, H., *Divine wrath and divine mercy in the world of antiquity*, Tübingen: Mohr Siebeck 2008.

Kraus, H.-J., *Theologie der Psalmen*, Neukirchen-Vluyn: Neukirchener Verlag 1979.

Kreiner, A., »Gott im Leid. Zur Theodizee-Relevanz der Rede vom leidenden Gott«, in: Koslowski, P. / Hermanni, F. (Hgg.), *Der leidende Gott. Eine philosophische und theologische Kritik*, München: Fink 2001, 213–224.

Kremer, J., »anastasis / anistemi«, in: Balz, H. / Schneider, G. (Hgg.), *Exegetisches Wörterbuch zum Neuen Testament. Bd. 1*, Stuttgart / Berlin / Köln / Mainz: Kohlhammer 1980, 210–221.

Kress, C., *Gottes Allmacht angesichts von Leiden. Zur Interpretation der Gotteslehre in den systematisch-theologischen Entwürfen von Paul Althaus, Paul Tillich und Karl Barth*, Neukirchen-Vluyn: Neukirchener Verlag 1999.

Krötke, W., *Beten heute*, München: Kösel 1987.

Krötke, W., *Gottes Klarheiten. Eine Neuinterpretation der Lehre von Gottes ›Eigenschaften‹*, Tübingen: Mohr Siebeck 2001.

Krötke, W., »Gott und Mensch als ›Partner‹. Zur Bedeutung einer zentralen Kategorie in Karl Barths Kirchlicher Dogmatik«, in: Krötke, W. (Hg.), *Barmen – Barth – Bonhoeffer. Beiträge zu einer zeitgemäßen christozentrischen Theologie*, Bielefeld: Luther-Verlag 2009, 109–130.

Krötke, W., »›Teilnehmen am Leiden Gottes‹. Zu Dietrich Bonhoeffers Verständnis eines ›religionslosen Christentums‹« in: *Barmen – Barth – Bonhoeffer. Beiträge zu einer zeitgemäßen christozentrischen Theologie*, Bielefeld: Luther-Verlag 2009, 357–380.

Kuhn, P., *Gottes Selbsterniedrigung in der Theologie der Rabbinen*, München: Kösel-Verlag 1968.

Kuhn, P., *Gottes Trauer und Klage in der rabbinischen Überlieferung (Talmud und Midrasch)*, Leiden: Brill 1978.

Künneth, W., *Theologie der Auferstehung*, München: Claudius-Verlag 1951.

Lang, B. / McDannell, C., *Der Himmel. Eine Kulturgeschichte des ewigen Lebens*, Frankfurt a.M.: Suhrkamp 1990.

Laytner, A., *Arguing with God. A Jewish tradition*, Northvale, N.J.: J. Aronson 1990.

Leatherdale, W. H., *The role of analogy, model and metaphor in sciene*, Amsterdam: North Holland 1974.

Lee, P., *The new Jerusalem in the Book of Revelation. A study of Revelation 21–22 in the light of its background in Jewish tradition*, Tübingen: Mohr Siebeck 2001.

Levenson, J. D., *Creation and the persistence of evil. The Jewish drama of divine omnipotence*, Princeton, N.J.: Princeton University Press 1994.

Lewis, A. E., *Between cross and resurrection. A theology of holy saturday*, Grand Rapids, Mich.: W.B. Eerdmans 2001.

Lilla, M., *The once and future liberal. After identity politics*, New York: Harper 2017.

Link-Wieczorek, U., *Inkarnation oder Inspiration? Christologische Grundfragen in der Diskussion mit britischer anglikanischer Theologie*, Göttingen: Vandenhoeck & Ruprecht 1998.

Link, C., »Creatio ex nihilo. 2. Dogmatisch«, in: Betz, H. D. (Hg.), *Religion in Geschichte und Gegenwart. Bd. 2, 4. Aufl.*, Tübingen: Mohr Siebeck 2004, 487.

Link, C., »Die Krise des Vorsehungsglaubens. Providenz jenseits von Fatalismus«, in: *Evangelische Theologie* 65 (6) (2005), 413–428.

Link, C., *Theodizee. Eine theologische Herausforderung*, Neukirchen-Vluyn: Neukirchener Verlag 2016.

Lister, R., *God is impassible and impassioned. Toward a theology of divine emotion*, Wheaton, Ill.: Crossway 2013.

Lüdemann, G., *Die Auferstehung Jesu. Historie, Erfahrung, Theologie*, Göttingen: Vandenhoeck & Ruprecht 1994.

Lüdemann, G., *Der große Betrug und was Jesus wirklich sagte und tat*, Lüneburg: zu Klampen 1998.

Luhmann, N., *Vertrauen. Ein Mechanismus der Reduktion sozialer Komplexität*, Stuttgart: Ferdinand Enke 1968.

Luhmann, N., *Soziale Systeme. Grundriss einer allgemeinen Theorie*, Frankfurt a.M.: Suhrkamp 1988.

Luhmann, N., »Risiko und Gefahr«, in: Luhmann, N. (Hg.), *Soziologische Aufklärung 5. Konstruktivistische Perspektiven*, Opladen: Westdt. Verl. 1990, 131–169.

Luhmann, N., *Die Wissenschaft der Gesellschaft*, Frankfurt a.M.: Suhrkamp 1990.

Luhmann, N., *Soziologie des Risikos*, Berlin / New York: Walter de Gruyter 1991.

Luhmann, N., *Die Kunst der Gesellschaft*, Frankfurt a.M.: Suhrkamp 1995.

Luhmann, N., *Social systems*, Stanford, Calif.: Stanford University Press 1995.

Luhmann, N., *Die Gesellschaft der Gesellschaft*, Frankfurt a.M.: Suhrkamp 1997.

Luibl, H. J., *Des Fremden Sprachgestalt. Beobachtungen zum Bedeutungswandel des Gebets in der Geschichte der Neuzeit*, Tübingen: Mohr Siebeck 1993.

Lupton, D., *Risk*, London: Routledge 1999.

Maas, W., *Unveränderlichkeit Gottes. Zum Verhältnis von griechisch-philosophischer und christlicher Gotteslehre*, München: Schöningh 1974.

Macchia, F. D., *Baptized in the Spirit. A global Pentecostal theology*, Grand Rapids, Mich.: Zondervan 2006.

Madragule Badi, J.-B., *Inkarnation in der Perspektive des jüdisch-christlichen Dialogs. Mit einem Vorwort von Michael Wyschogrod*, Paderborn: Schöningh 2006.

Marcinkowski, F., *Publizistik als autopoietisches System. Politik und Massenmedien – eine systemtheoretische Analyse*, Opladen: Westdeutscher Verlag 1993.

Markowitsch, H. J., *Dem Gedächtnis auf der Spur vom Erinnern und Vergessen*, Darmstadt: Wissenschaftliche Buchgesellschaft 2002.

Markschies, C., *Die Gnosis*, München: C.H. Beck 2001.

Markschies, C., »Die valentinische Gnosis und Marcion. Einige neue Perspektiven«, in: May, G. / Greschat, K. (Hgg.), *Marcion und seine kirchengeschichtliche Wirkung*, Berlin / New York: Walter de Gruyter 2002, 159–175.

Markschies, C., »Jüdische Mittlergestalten und die christliche Trinitätslehre«, in: Welker, M. / Volf, M. (Hgg.), *Der lebendige Gott als Trinität. Jürgen Moltmann zum 80. Geburtstag*, Gütersloh: Gütersloher Verlagshaus 2006, 199–214.

Markschies, C., *Gottes Körper. Jüdische, christliche und pagane Gottesvorstellungen in der Antike*, München: C.H. Beck 2016.

May, G., »Markion/Markioniten«, in: Betz, H. D. / Browning, D. S. / Janowski, B. / Jüngel, E. (Hgg.), *Religion in Geschichte und Gegenwart. Bd. 5, 4. Aufl.*, Tübingen: Mohr Siebeck 2002, 834–836.

May, G. / Greschat, K. / Meiser, M. (Hgg.), *Marcion und seine kirchengeschichtliche Wirkung*, Berlin / New York: Walter de Gruyter 2002.

McCormick, P. (Hg.), *Starmaking. Realism, anti-realism, and irrealism*, Cambridge, Mass.: MIT Press 1996.

McCoy, M., *Wounded heroes. Vulnerability as a virtue in ancient Greek literature and philosophy*, Oxford, United Kingdom / New York, N.Y.: Oxford University Press 2013.

McFague, S., *Models of God. Theology for an ecological, nuclear age*, Philadelphia: Fortress Press 1987.

McWilliams, W., *The passion of God. Divine suffering in contemporary Protestant theology*, Macon, Ga.: Mercer University Press 1985.

Mell, U., *Neue Schöpfung. Eine traditionsgeschichtliche und exegetische Studie zu einem soteriologischen Grundsatz paulinischer Theologie*, Berlin: Walter de Gruyter 1989.

Miggelbrink, R., *Der Zorn Gottes. Geschichte und Aktualität einer ungeliebten biblischen Tradition*, Freiburg / Basel / Wien: Herder 2000.

Miller, P. D., *They cried to the Lord. The form and theology of Biblical prayer*, Minneapolis: Fortress Press 1994.

Miskotte, K. H., »Das Leiden ist in Gott. Über Jürgen Moltmanns trinitarische Kreuzestheologie«, in: Welker, M. (Hg.), *Diskussion über Jürgen Moltmanns Buch ›Der gekreuzigte Gott‹*, München: Kaiser 1979, 74–93.

Miskotte, K. H., *Edda und Thora. Ein Vergleich germanischer und israelischer Religion (1939)*, Berlin / Münster: Lit 2015.

Mole, C., *Attention is cognitive unison. An essay in philosophical psychology*, Oxford / New York: Oxford University Press 2011.

Moltmann, J., *Theologie der Hoffnung*, München: Kaiser Verlag 1966.

Moltmann, J., »»Behold, I make all things new«. The category of the new in Christian thought«, in: Muckenhirn, M. (Hg.), *The Future as the Presence of Shared Hope*, New York: Sheed & Ward 1968, 9–33.

Moltmann, J., »Existenzgeschichte und Weltgeschichte. Auf dem Wege zu einer politischen Hermeneutik des Evangeliums«, in: Moltmann, J. (Hg.), *Perspektiven der Theologie. Gesammelte Aufsätze*, München: Kaiser 1968, 128–146.

Moltmann, J., *Kirche in der Kraft des Geistes. Ein Beitrag zur messianischen Ekklesiologie*, München: Kaiser 1975.

Moltmann, J., *Trinität und Reich Gottes. Zur Gotteslehre*, München: Kaiser 1980.

Moltmann, J., *Der gekreuzigte Gott. Das Kreuz Christi als Grund und Kritik christlicher Theologie*, München: C. Kaiser 1981.

Moltmann, J., *Politische Theologie – Politische Ethik*, München / Mainz: Kaiser, Grünewald 1984.

Moltmann, J., *Gott in der Schöpfung. Ökologische Schöpfungslehre*, München: Christian Kaiser 1985.

Moltmann, J., *Der Weg Jesu Christi. Christologie in messianischen Dimensionen*, München: Kaiser Verlag 1989.

Moltmann, J., *Der Geist des Lebens. Eine ganzheitliche Pneumatologie*, München: Chr. Kaiser 1991.

Moltmann, J., »Gerechtigkeit für Opfer und Täter«, in: Moltmann, J. (Hg.), *In der Geschichte des dreieinigen Gottes. Beiträge zur trinitarischen Theologie*, München: Chr. Kaiser 1991, 74–88.

Moltmann, J., *Das Kommen Gottes. Christliche Eschatologie*, Gütersloh: Kaiser 1995.

Most, G. W., *Doubting Thomas*, Cambridge, Mass.: Harvard University Press 2005.

Mouffe, C., *Über das Politische. Wider die kosmopolitische Illusion*, Frankfurt a.M.: Suhrkamp 2007.

Mozley, J. K., *The impassibility of God. A survey of Christian thought*, Cambridge: The University Press 1926.

Mühlen, H., *Die Veränderlichkeit Gottes als Horizont einer zukünftigen Christologie. Auf dem Wege zu einer Kreuzestheologie in Auseinandersetzung mit der altkirchlichen Christologie*, Münster: Aschendorff 1969.

Muis, J., »Can the Triune God himself be changed?«, in: *Evangelische Theologie* 78 (5) (2018), 384–389.

Müller, P., *In der Mitte der Gemeinde. Kinder im Neuen Testament*, Neukirchen-Vluyn: Neukirchener Verlag 1992.

Müller, U. B., »Krankheit III. Neues Testament«, in: *TRE 19*, 1990, 684–686.

Murphy, N. C., »Arthur Peacocke's naturalistic Christian faith for the twenty-first century. A brief introduction«, in: *Zygon* 43 (1) (2008), 67–73.

Murray, M. J., *Nature red in tooth and claw. Theism and the problem of animal suffering*, Oxford / New York: Oxford University Press 2008.

Neu, R., *Das Mediale. Die Suche nach der Einheit der Religionen in der Religionswissenschaft*, Stuttgart: Kohlhammer 2010.

Neusner, J., *The incarnation of God. The character of divinity in formative Judaism*, Philadelphia: Fortress 1988.

Ngien, D., *The suffering of God according to Martin Luther's theologia crucis*, New York: Peter Lang 1995.

Nietzsche, F. W., »Also sprach Zarathustra«, in: Schlechta, K. (Hg.), *Friedrich Nietzsche. Werke in sechs Bänden. Bd. 3*, München: C. Hanser 1980, 277–561.

Nietzsche, F. W., »Der Antichrist«, in: Schlechta, K. (Hg.), *Friedrich Nietzsche. Werke in sechs Bänden. Bd. 4*, München: C. Hanser 1980, 1161–1235.

Oberdorfer, B., »›Was sucht ihr den Lebendigen bei den Toten?‹ Überlegungen zur Realität der Auferstehung in Auseinandersetzung mit Gerd Lüdemann«, in: Eckstein, H.-J. / Welker, M. (Hgg.), *Die Wirklichkeit der Auferstehung*, Neukirchen-Vluyn: Neukirchener Verlag 2002, 165–182.

Oberman, H. A. / Ritter, A. M. / Krumwiede, H.-W. (Hgg.), *Kirchen- und Theologiegeschichte in Quellen. Bd. 1. Alte Kirche*, Neukirchen-Vluyn: Neukirchener Verlag 1994.

Osthövener, C.-D., *Die Lehre von Gottes Eigenschaften bei Friedrich Schleiermacher und Karl Barth*, Berlin / New York: Walter de Gruyter 1996.

Osthövener, C.-D., *Erlösung. Transformationen einer Idee im 19. Jahrhundert*, Tübingen: Mohr Siebeck 2004.

Ostmeyer, K.-H., *Kommunikation mit Gott und Christus. Sprache und Theologie des Gebetes im Neuen Testament*, Tübingen: Mohr Siebeck 2006.

Ottley, R. L., *The doctrine of the incarnation*, London: Methuen 1946.

Pannenberg, W., *Grundzüge der Christologie*, Gütersloh: Gütersloher Verlagshaus Mohn 1966.

Pannenberg, W., »Die Aufnahme des philosophischen Gottesbegriffs als dogmatisches Problem der frühchristlichen Theologie«, in: Pannenberg, W. (Hg.), *Grundfragen systematischer Theologie. Gesammelte Aufsätze*, Göttingen: Vandenhoeck und Ruprecht 1967, 296–346.

Pannenberg, W., »Heilsgeschehen und Geschichte«, in: Pannenberg, W. (Hg.), *Grundfragen systematischer Theologie. Gesammelte Aufsätze. Bd. 1*, Göttingen: Vandenhoeck und Ruprecht 1967, 22–78.

Pannenberg, W., *Systematische Theologie. Bd. 1*, Göttingen: Vandenhoeck & Ruprecht 1988.

Pannenberg, W., *Systematische Theologie. Bd. 2*, Göttingen: Vandenhoeck & Ruprecht 1991.
Pannenberg, W., *Systematische Theologie. Bd. 3*, Göttingen: Vandenhoeck & Ruprecht 1993.
Peacocke, A. R., *Creation and the world of science*, Oxford / New York: Clarendon Press, Oxford University Press 1979.
Peacocke, A. R., *The sciences and theology in the twentieth century*, Notre Dame, Ind.: University of Notre Dame Press 1981.
Peacocke, A. R., *Theology for a scientific age. Being and becoming – natural, divine, and human*, Minneapolis: Fortress Press 1993.
Peacocke, A. R., »A naturalistic Christian faith for the twenty-first century: an essay in interpretation«, in: Clayton, P. (Hg.), *All that is. A Naturalistic Faith in the Twenty-First Century*, Minneapolis: Fortress Press 2007, 3–56.
Peacocke, A. R. / Clayton, P. (Hgg.), *All that is. A naturalistic faith for the twenty-first century. A theological proposal with responses from leading thinkers in the religion-science dialogue*, Minneapolis: Fortress Press 2007.
Pederson, A., »The Juxtaposition of Naturalistic and Christian Faith. Reappraising the Natural from within a Different Theological Lens«, in: Peacocke, A. R. / Clayton, P. (Hgg.), *All that is. A naturalistic faith for the twenty-first century. A theological proposal with responses from leading thinkers in the religion-science dialogue*, Minneapolis: Fortress Press 2007, 119–129 u. 212.
Pederson, A., »The centrality of incarnation«, in: *Zygon* 43 (1) (2008), 57–65.
Pellegrino, E. D. / Veatch, R. M. / Langan, J., *Ethics, trust, and the professions. Philosophical and cultural aspects*, Washington, D.C.: Georgetown University Press 1991.
Peters, C. H. / Schulz, P. (Hgg.), *Resonanzen und Dissonanzen. Hartmut Rosas kritische Theorie in der Diskussion*, Bielefeld: transcript 2017.
Peters, T. / Hewlett, M., *Evolution from creation to new creation. Conflict, conversation, and convergence*, Nashville, Tenn.: Abingdon Press 2003.
Phillips, D. Z., *The concept of prayer*, New York: Schocken Books 1966.
Philo von Alexandrien, *Philonis Alexandrini Opera quae supersunt, Vol. 2: De Posteritate Caini, De Gigantibus, Quod Deus Sit Immutabilis, De Agricultura, De Plantatione, De Ebrietate, De Sobrietate, De Confusione Linguarum, De Migratione Abrahami. Hg. Leopold Cohn & Paul Wendland*, Berlin: Reimer 1897.
Philo von Alexandrien, »Über die Unveränderlichkeit Gottes«, in: Theiler, W. / Adler, M. / Heinemann, I. / Cohn, L. (Hgg.), *Philo. Die Werke in deutscher Uebersetzung. Bd. IV*, Berlin: Walter de Gruyter 1964, 72–110.
Pinnock, C. H., *The openness of God. A biblical challenge to the traditional understanding of God*, Downers Grove, Ill.: InterVarsity Press 1994.
Pinnock, C. H., *Most moved mover. A theology of God's openness*, Carlisle, Cumbria, UK / Grand Rapids, Mich.: Paternoster Press, Baker Academic 2001.
Placher, W. C., *Narratives of a vulnerable God. Christ, theology, and scripture*, Louisville, Ky.: Westminster, John Knox Press 1994.
Plasger, G., *Die Not-Wendigkeit der Gerechtigkeit. Eine Interpretation zu ›Cur Deus homo‹ von Anselm von Canterbury*, Münster: Aschendorff 1993.
Polkinghorne, J. C., *The faith of a physicist. Reflections of a bottom-up thinker. The Gifford lectures for 1993-4*, Princeton, N.J.: Princeton University Press 1994.

Polkinghorne, J. C. (Hg.), *The work of love. Creation as kenosis*, Grand Rapids, Mich.: W.B. Eerdmans 2001.

Pool, J. B., *God's wounds. Hermeneutic of the Christian symbol of divine suffering. Vol. I: Divine vulnerability and creation*, Cambridge, UK: James Clarke & Co 2009.

Pool, J. B., *God's wounds. Hermeneutic of the Christian symbol of divine suffering. Vol. II. Evil and divine suffering*, Cambridge, UK: James Clarke & Co 2010.

Predel, G., *Sakrament der Gegenwart Gottes. Theologie und Natur im Zeitalter der Naturwissenschaften*, Freiburg i.Br.: Herder 1996.

Prenter, R., *Schöpfung und Erlösung. Dogmatik*, Göttingen: Vandenhoeck & Ruprecht 1958.

Proust, M., *Auf der Suche nach der verlorenen Zeit*, Frankfurt a.M.: Suhrkamp 1954.

Putnam, H., *Meaning and the moral sciences*, London: Routledge Kegan Paul 1978.

Rad, G. v., *Theologie des Alten Testaments. Band 1. Die Theologie der geschichtlichen Überlieferungen Israels*, München: Christian Kaiser 1968.

Rammstedt, O., »Risiko«, in: Ritter, J. / Gründer, K. (Hgg.), *Historisches Wörterbuch der Philosophie. Bd. 8*, Basel: Schwabe & Co. 1992, 1045–1050.

Rappaport, R. A., *Ecology, meaning, and religion*, Richmond, Calif.: North Atlantic Books 1979.

Rappaport, R. A., *Ritual and religion in the making of humanity*, Cambridge, U.K. / New York: Cambridge University Press 1999.

Rappaport, R. A., *Ritual and religion in the making of humanity*, Cambridge: Cambridge Univ. Press 1999.

Räpple, E. M., *The metaphor of the city in the apocalypse of John*, New York / Washington, D.C.: Lang 2004.

Rashkover, R., »The Christian doctrine of incarnation«, in: Frymer-Kensky, T. S. (Hg.), *Christianity in Jewish terms*, Boulder, Colo.: Westview Press 2000, 254–261.

Rasmusson, A., *The Church as polis. From political theology to theological politics as exemplified by Jürgen Moltmann and Stanley Hauerwas*, Lund: Lund University Press 1994.

Reichel, H., »The God who trusts«, in: Springhart, H. / Thomas, G. (Hgg.), *Risiko und Vertrauen / Risk and Trust*, Leipzig: Evangelische Verlagsanstalt 2017, 23–36.

Reinbold, W., *Der älteste Bericht über den Tod Jesu. Literarische Analyse und historische Kritik der Passionsdarstellungen der Evangelien*, Berlin / New York: De Gruyter 1994.

Richards, J. W., *The untamed God. A philosophical exploration of divine perfection, immutability, and simplicity*, Downers Grove, Ill.: InterVarsity Press 2003.

Ringleben, J., »Gott und das ewige Leben. Zur theologischen Dimension der Eschatologie«, in: Stock, K. (Hg.), *Die Zukunft der Erlösung. Zur neueren Diskussion um die Eschatologie*, Gütersloh: Kaiser, Gütersloher Verlagshaus 1994, 49–87.

Ringleben, J., *Wahrhaft auferstanden. Zur Begründung der Theologie des lebendigen Gottes*, Tübingen: Mohr Siebeck 1998.

Ritschl, D., »Die Last des augustinischen Erbes«, in: Busch, E. / Fangmeier, J. / Geiger, M. (Hgg.), *PARRHESIA. Karl Barth zum achtzigsten Geburtstag am 10. Mai 1966*, Zürich: EVZ-Verlag 1966, 470–490.

Rittel, H. W. J. / Webber, M. M., »Dilemmas in a General Theory of Planning«, in: *Policy Sciences* (4) (1973), 155–169.

Roda, C., *Human attention in digital environments*, Cambridge / New York: Cambridge University Press 2011.

Rohls, J., »Der leidende Gott in der Theologie des 20. Jahrhunderts«, in: Koslowski, P. / Hermanni, F. (Hgg.), *Der leidende Gott. Eine philosophische und theologische Kritik*, München: Fink 2001, 31–56.

Roloff, J., »Neuschöpfung in der Offenbarung des Johannes«, in: Baldermann, I. (Hg.), *Schöpfung und Neuschöpfung (JBTh 5)*, Neukirchen-Vluyn: Neukirchener Verlag 1990, 119–138.

Rosa, H., *Resonanz. Eine Soziologie der Weltbeziehung*, Berlin: Suhrkamp 2016.

Ruddies, H., »Anrufung Gottes. Das Gebet als Grundakt des christlichen Lebens bei Karl Barth«, in: *Zeitschrift für Dialektische Theologie* 17 (1) (2001), 8–24.

Runia, D. T., *Exegesis and philosophy. Studies on Philo of Alexandria*, Aldershot, Hampshire Great Britain / Brookfield, Vt., USA: Variorum, Gower 1990.

Runia, D. T., *Philo in early Christian literature. A survey*, Assen / Minneapolis: Van Gorcum, Fortress Press 1993.

Runia, D. T., »Philo and the Early Christian Fathers«, in: Kamesar, A. (Hg.), *The Cambridge companion to Philo*, Cambridge / New York: Cambridge University Press 2009, 210–230.

Russell, R. J., »Natural theodicy in an evolutionary context. The need for an eschatology of new creation«, in: Barber, B. L. / Neville, D. (Hgg.), *Theodicy and eschatology*, Adelaide: ATF Pres 2005, 121–152.

Russell, R. J., »Eschatology and scientific cosmology. From conflict to interaction«, in: *Reflections* 8 (2006), 2–37.

Russell, R. J., »Can we hope for the redemption of nature? A grateful response to Celia Deane-Drummond«, in: *Theology & Science* 6 (1) (2008), 53–59.

Sanders, J., *The God who risks. A theology of providence*, Downers Grove, Ill.: InterVarsity Press 1998.

Sarot, M., *God, passibility and corporeality*, Kampen, The Netherlands: Kok Pharos Pub. House 1992.

Sass, H. v., »Unerhörte Gebete? Das Bittgebet als Herausforderung für ein nachmetaphysisches Gottesbild«, in: *Neue Zeitschrift für systematische Theologie und Religionsphilosophie* 54 (1) (2012), 39–65.

Sauter, G., »Versöhnung und Vergebung. Die Frage der Schuld im Horizont der Christologie«, in: *Evangelische Theologie* 36 (1976), 34–52.

Schaab, G. L., »A Procreative Paradigm of the Creative Suffering of the Triune God. Implications of Arthur Peacocke's Evolutionary Theology«, in: *Theological Studies* 67 (2006), 542–566.

Schaab, G. L., »The creative suffering of the triune God. An evolutionary panentheistic paradigm«, in: *Theology & Science* 5 (2007), 289–304.

Schaab, G. L., *The creative suffering of the Triune God. An evolutionary theology*, New York: American Academy of Religion 2007.

Schacter, D. L., *Wir sind Erinnerung. Gedächtnis und Persönlichkeit*, Hamburg: Rowohlt 1999.

Schaede, S., *Stellvertretung. Begriffsgeschichtliche Studien zur Soteriologie*, Tübingen: Mohr Siebeck 2004.

Schelsky, H., *Die Arbeit tun die anderen. Klassenkampf und Priesterherrschaft der Intellektuellen*, Opladen: Westdeutscher Verlag 1975.

Schieder, T., *Weltabenteuer Gottes. Die Gottesfrage bei Hans Jonas*, Paderborn: F. Schöningh 1998.

Schleiermacher, F. D. E., *Der christliche Glaube. Nach den Grundsätzen der Evangelischen Kirche im Zusammenhange dargestellt. Bd. 1*, Berlin: Walter de Gruyter 1960.

Schleiermacher, F. D. E., *Der christliche Glaube. Nach den Grundsätzen der Evangelischen Kirche im Zusammenhange dargestellt. Bd. 2*, Berlin: Walter de Gruyter 1960.

Schleiermacher, F. D. E., »Die Kraft des Gebetes, in so fern es auf äußere Begebenheiten gerichtet ist«, in: Schleiermacher, F. (Hg.), *Kleine Schriften und Predigten. Bd 1: 1800–1820 (Hg. H. Gerdes / E. Hirsch)*, Berlin: De Gruyter 1969, 167–178.

Schleiermacher, F., *Kurze Darstellung des theologischen Studiums zum Behuf einleitender Vorlesungen*, Darmstadt: Wissenschaftliche Buchgesellschaft 1969.

Schleiermacher, F. D. E., *Der christliche Glaube. Nach den Grundsätzen der evangelischen Kirche im Zusammenhange dargestellt (1821/22) (KGA)*, Berlin / New York: De Gruyter 2008.

Schlink, E., *Ökumenische Dogmatik. Grundzüge*, Göttingen: Vandenhoeck & Ruprecht 1983.

Schmidt, J., *Klage. Überlegungen zur Linderung reflexiven Leidens*, Tübingen: Mohr Siebeck 2011.

Schofer, J. W., *Confronting vulnerability. The body and the divine in rabbinic ethics*, Chicago / London: University of Chicago Press 2010.

Scholl, H., *Der Dienst des Gebetes nach Johannes Calvin*, Zürich / Stuttgart: Zwingli Verlag 1968.

Schüle, A., »Schöpfer des Himmels und der Erde. Religionsgeschichtliche und systematische Konzepte zu einer alttestamentlichen Gottesbezeichnung«, in: Brandt, S. / Oberdorfer, B. (Hgg.), *Resonanzen. Theologische Beiträge. Michael Welker zum 50. Geburtstag*, Wuppertal: Foedus 1997, 297–316.

Schüle, A., »Klage als Anfang der Theologie«, in: Springhart, H. / Thomas, G. (Hgg.), *Risiko und Vertrauen / Risk and Trust*, Leipzig: Evangelische Verlagsanstalt 2017, 37–53.

Schüssler Fiorenza, F., »The Resurrection of Jesus and Roman Catholic Fundamental Theology«, in: Davis, S. T. / Kendall, D. / O'Collins, G. (Hgg.), *The Resurrection. An Interdisciplinary Symposium on the Resurrection of Jesus*, Oxford: Oxford University Press 1997, 213–248.

Schweiker, W., *Dust that breathes: Christian faith and the new humanism*, Chichester, West Sussex / Malden, Mass.: Wiley-Blackwell 2010.

Schweizer, A., *Die Glaubenslehre der Evangelisch-Reformirten Kirche dargestellt und aus den Quellen belegt. Bd. 2*, Zürich: Orell, Füssli und Comp 1847.

Schwöbel, C., »Auferstehung. 2. Dogmatisch«, in: Betz, H. D. (Hg.), *Religion in Geschichte und Gegenwart. Bd. 1, 4. Aufl.*, Tübingen: Mohr Siebeck 2004, 924–926.

Scrutton, A. P., »Living like common people. Emotion, will, and divine passibility«, in: *Religious Studies* 45 (4) (2009), 373–393.

Scrutton, A. P., *Thinking through feeling. God, emotion, and passibility*, New York: Continuum 2011.

Segal, A. F., »The Incarnation. The Jewish Milieu«, in: Davis, S. T. / Kendall, D. / O'Collins, G. (Hgg.), *The resurrection. An interdisciplinary symposium on the resurrection of Jesus*, Oxford: Oxford University Press 1997, 116–139.

Seitter, W., *Geschichte der Nacht*, Berlin: Philo 1999.

Shaw, M. C., *Nature's grace. Essays on H.N. Wieman's finite theism*, New York: Peter Lang 1995.

Sherburne, D. W., *A key to Whitehead's Process and reality*, New York: Macmillan 1966.

Shrader-Frechette, K., »Risk«, in: Craig, E. (Hg.), *Routledge Encyclopedia of Philosophy*, London / New York: Routledge 1998, 334–338.

Silverstone, R., *Media and morality. On the rise of the mediapolis*, Cambridge / Malden, Mass.: Polity Press 2007.

Sirvent, R., *Embracing vulnerability. Human and divine*, Eugene, Oreg.: Pickwick Publications 2014.

Slenczka, N., »Fides creatrix divinitatis«, in: Lüpke, J. / Thaidigsmann, E. (Hgg.), *Denkraum Katechismus. Festgabe für Oswald Bayer zum 70. Geburtstag*, Tübingen: Mohr Siebeck 2009, 171–195.

Smith, J. Z. (Hg.), *Map is not territory. Studies in the history of religions*, Chicago u. a.: Univ. of Chicago Press 1993.

Sölle, D., »Gebet«, in: Sölle, D. (Hg.), *Atheistisch an Gott glauben. Beiträge zur Theologie*, Olten / Freiburg i.Br.: Walter Verlag 1969, 109–117.

Sölle, D., *Leiden*, Stuttgart: Kreuz-Verlag 1978.

Sölle, D., »Das entprivatisierte Gebet«, in: Sölle, D. (Hg.), *Das Recht ein anderer zu werden. Theologische Texte*, Stuttgart: Kreuz Verlag 1981, 147–156.

Söllner, P., *Jerusalem, die hochgebaute Stadt. Eschatologisches und himmlisches Jerusalem im Frühjudentum und im frühen Christentum*, Tübingen / Basel: Francke 1998.

Sommer, B. D., *The bodies of God and the world of ancient Israel*, Cambridge / New York: Cambridge University Press 2009.

Sonderegger, K., *Systematic theology. Vol. 1. The doctrine of God*, Minneapolis: Fortress 2015.

Sorabji, R., *Emotion and peace of mind. From Stoic agitation to Christian temptation. The Gifford lectures*, Oxford / New York: Oxford University Press 2000.

Southgate, C., *The groaning of creation. God, evolution, and the problem of evil*, Louisville: Westminster John Knox Press 2008.

Spiegel, J. S., »Does God takes risks?«, in: Huffman, D. S. / Johnson, E. L. (Hgg.), *God under fire. Modern scholarship reinvents God*, Grand Rapids, Mich.: Zondervan 2002, 187–210.

Spinoza, B. d., *Opera 1 Tractatus theologico-politicus / Theologisch-politischer Traktat*, Darmstadt: Wissenschaftliche Buchgesellschaft 1979.

Springhart, H., *Der verwundbare Mensch. Sterben, Tod und Endlichkeit im Horizont einer realistischen Anthropologie*, Tübingen: Mohr Siebeck 2016.

Springhart, H. / Thomas, G. (Hgg.), *Exploring Vulnerability*, Göttingen: Vandenhoeck & Ruprecht 2017.

Springhart, H. / Thomas, G. (Hgg.), *Risiko und Vertrauen / Risk and Trust. Festschrift für Michael Welker zum 70. Geburtstag*, Leipzig: Evangelische Verlagsanstalt 2017.

Stange, A., *Das frühchristliche Kirchengebäude als Bild des Himmels*, Köln: Comel 1950.

Steinbrenner, J. (Hg.), *Symbole, Systeme, Welten. Studien zur Philosophie Nelson Goodmans*, Heidelberg: Synchron 2005.

Stephens, M. B., *Annihilation or renewal? The meaning and function of new creation in the book of Revelation*, Tübingen: Mohr Siebeck 2011.

Stephenson, D., *Visions of heaven. The dome in European architecture*, New York, N.Y.: Princeton Architectural Press 2005.

Stock, K., *Annihilatio mundi. Johann Gerhards Eschatologie der Welt*, München: Kaiser 1971.

Stoellger, P., *Gottes Gefühle*, Rostock, unveröff. Manuskript 2008.

Stoellger, P., *Passivität aus Passion. Zur Problemgeschichte einer ›categoria non grata‹*, Tübingen: Mohr Siebeck 2010.

Stoellger, P., »Die Medialität des Geistes oder: Pneumatologie als Medientheorie des Christentums«, in: Springhart, H. / Thomas, G. (Hgg.), *Risiko und Vertrauen / Risk and Trust*, Leipzig: Evangelische Verlagsanstalt 2017, 139–174.

Stolz, F., »Paradiese und Gegenwelten«, in: *Zeitschrift für Religionswissenschaft* 1 (1) (1993), 5–24.

Stout, J., *The Flight from Authority. Religion, Morality, and the Quest for Autonomy*, Notre Dame: University of Notre Dame Press 1981.

Stout, J., *Ethics after Babel. The languages of morals and their discontents*, Boston: Beacon Press 1988.

Strecker, C., *Die liminale Theologie des Paulus. Zugänge zur paulinischen Theologie aus kulturanthropologischer Perspektive*, Göttingen: Vandenhoeck & Ruprecht 1999.

Stuhlmacher, P., *Biblische Theologie des Neuen Testaments*, Göttingen: Vandenhoeck & Ruprecht 1992.

Styles, E. A., *The psychology of attention*, Hove, England / New York: Psychology Press 2006.

Suchocki, M., *The end of evil. Process eschatology in historical context*, Albany: State University of New York Press 1988.

Suchocki, M., *In God's presence. Theological reflections on prayer*, St. Louis, Mo.: Chalice Press 1996.

Sundermeier, T., *Was ist Religion? Religionswissenschaft im theologischen Kontext*, Gütersloh: Kaiser, Gütersloher Verlagshaus 1999.

Sutter Rehmann, L., *Sich dem Leben in die Arme werfen. Auferstehungserfahrungen*, Gütersloh: Kaiser Gütersloher Verlagshaus 2002.

Swinburne, R., *Revelation from metaphor to analogy*, Oxford: Clarendon Press 1992.

Swinburne, R., *The coherence of theism*, Oxford / New York: Clarendon Press, Oxford University Press 1993.

Tanner, K., »Von der liberalprotestantischen Frömmigkeit zur postmodernen Patchwork-Identität«, in: Graf, F. W. / Tanner, K. (Hgg.), *Protestantische Identität heute*, Gütersloh: Gütersloher Verlagshaus 1992, 96–104.

Taubes, J., *Die politische Theologie des Paulus*, München: Wilhelm Fink 1993.

Taubes, J., *Vom Kult zur Kultur. Bausteine zu einer Kritik der historischen Vernunft. Gesammelte Aufsätze zur Religions- und Geistesgeschichte*, München: Wilhelm Fink 1996.

Taylor, C., »Resonanz und Romantik«, in: Peters, C. H. / Schulz, P. (Hgg.), *Resonanzen und Dissonanzen. Hartmut Rosas kritische Theorie in der Diskussion*, Bielefeld: transcript 2017, 249–270.

Teuchert, L., *Gottes transformatives Handeln. Eschatologische Perspektivierung der Vorsehungslehre bei Romano Guardini, Christian Link und dem ›Open theism‹*, Göttingen: Vandenhoeck & Ruprecht 2018.

Thalheim, B. / Nissen, I. (Hgg.), *Wissenschaft und Kunst der Modellierung. Kieler Zugang zur Definition, Nutzung und Zukunft*, Berlin: De Gruyter 2015.

Tham, J. / Garcia, A. / Miranda, G. (Hgg.), *Religious perspectives on human vulnerability in bioethics*, Dordrecht / Heidelberg / New York / London: Springer 2014.

Theißen, G., *Biblischer Glaube in evolutionärer Sicht*, München: Kaiser 1984.

Theißen, G. / Merz, A., *Der historische Jesus. Ein Lehrbuch*, Göttingen: Vandenhoeck & Ruprecht 1996.

Theunissen, M., *Pindar. Menschenlos und Wende der Zeit*, München: C.H. Beck 2000.

Thiede, W., »Heilungswunder in der Sicht neuerer Dogmatik. Ein Beitrag zur Vorsehungslehre und Pneumatologie«, in: *Zeitschrift für Theologie und Kirche* 100 (2003), 90–117.

Thielicke, H., *Der evangelische Glaube. Grundzüge der Dogmatik. Bd. 3*, Tübingen: Mohr Siebeck 1978.

Thomas, G., *Implizite Religion. Theoriegeschichtliche und theoretische Untersuchungen zum Problem ihrer Identifikation*, Würzburg: Ergon-Verlag 2001.

Thomas, G., »›Er ist nicht hier‹. Die Rede vom leeren Grab als Zeichen der neuen Schöpfung«, in: Eckstein, H.-J. / Welker, M. (Hgg.), *Die Wirklichkeit der Auferstehung*, Neukirchen-Vluyn: Neukirchener Verlag 2002, 183–220.

Thomas, G., »Resurrection to new life. Pneumatological implications of the eschatological transition«, in: Peters, T. / Russell, R. J. / Welker, M. (Hgg.), *Resurrection. Theological and Scientific Assessments*, Grand Rapids, Mich.: W.B. Eerdmans Pub. 2002, 255–276.

Thomas, G., »Umkämpfte Aufmerksamkeit. Medienethische Erwägungen zu einer knappen kulturellen Ressource«, in: *Zeitschrift für evangelische Ethik* 47 (2) (2003), 89–104.

Thomas, G., »Gottes schöpferische Gerechtigkeit«, in: Heß, R. / Leiner, M. (Hgg.), *Alles in allem. Eschatologische Anstöße. J. Christine Janowski zum 60. Geburtstag*, Neukirchen-Vluyn: Neukirchener Verlag 2005, 109–132.

Thomas, G., »Kommunikation des Evangeliums - oder: Offenbarung als Re-entry«, in: Thomas, G. / Schüle, A. (Hgg.), *Niklas Luhmann und die Theologie*, Darmstadt: Wissenschaftliche Buchgesellschaft 2006, 15–32.

Thomas, G., »Das Kreuz Jesu Christi als Risiko der Inkarnation«, in: Thomas, G. / Schüle, A. (Hgg.), *Gegenwart des lebendigen Christus*, Leipzig: Evangelische Verlagsanstalt 2007, 151–179.

Thomas, G., »Die Multimedialität religiöser Kommunikation. Theoretische Unterscheidungen, historische Präferenzen und theologische Fragen«, in: Dalferth, I. U. / Stoellger, P. (Hgg.), *Perspektiven gegenwärtiger Hermeneutik der Religion. Hermeneutik der Religion in rhetorischen und medientheoretischen Perspektiven*, Tübingen: Mohr Siebeck 2007, 189–213.

Thomas, G., »Krankheit im Horizont der Lebendigkeit Gottes«, in: Thomas, G. / Karle, I. (Hgg.), *Krankheitsdeutung in der postsäkularen Gesellschaft. Theologische Ansätze im interdisziplinären Gespräch*, Stuttgart: Kohlhammer 2009, 503–525.

Thomas, G., *Neue Schöpfung. Systematisch-theologische Untersuchungen zur Hoffnung auf das ›Leben in der zukünftigen Welt‹*, Neukirchen-Vluyn: Neukirchener Verlag 2009.

Thomas, G., »Krankheit als Manifestation menschlicher Endlichkeit. Theologische Optionen zwischen Widerstand und Ergebung«, in: Höfner, M. / Schaede, S. / Thomas, G. (Hgg.), *Endliches Leben. Interdisziplinäre Zugänge zum Phänomen der Krankheit*, Tübingen: Mohr Siebeck 2010, 161–193.

Thomas, G., *Was geschieht in der Taufe? Das Taufgeschehen zwischen Schöpfungsdank und Inanspruchnahme für das Reich Gottes*, Neukirchen-Vluyn: Neukirchener Verlag 2011.

Thomas, G., »Die Aufgabe der Evangelischen Theologie im Ensemble universitärer Religionsforschung. Eine Zumutung«, in: *Zeitschrift für Dialektische Theologie / Beiheft* 28 (2) (2012), 4–28.

Thomas, G., »Die Kommunikation von Glaube, Liebe und Hoffnung als Gestalt christlichen Lebens«, in: Ebner, M. (Hg.), *Liebe. Jahrbuch für biblische Theologie. Bd. 29*, Neukirchen-Vluyn: Neukirchener Verlagsgesellschaft 2015, 283–301.

Thomas, G., »Vertrauen und Risiko in moralischen Hoffnungsgroßprojekten. Skizzen zu einer realistischen Theologie der ›eschatologischen Differenz‹«, in: Springhart, H. / Thomas, G. (Hgg.), *Risiko und Vertrauen / Risk and Trust*, Leipzig: Evangelische Verlagsanstalt 2017, 55–85.

Thomas, G., »Karl Barths pneumatologischer Realismus und operativer Konstruktivismus«, in: Thiede, W. (Hg.), *Karl Barths Theologie der Krise heute. Transfer-Versuche zum 50. Todestag*, Leipzig: Evangelische Verlagsanstalt 2018, 87–101.

Thomas, G. / Höfner, M. (Hgg.), *Ewiges Leben. Ende oder Umbau einer Erlösungsreligion?*, Tübingen: Mohr Siebeck 2018.

Tietz, C., »Was heißt: Gott erhört Gebet?«, in: *Zeitschrift für Theologie und Kirche* 106 (2009), 327–344.

Tietz, C., »Der leidende Gott«, in: *Panorama* 23 (2011), 107–120.

Tillich, P., *Systematische Theologie. Bd. 1*, Stuttgart: Evangelisches Verlagswerk 1955.

Tomøe, C. W., »The Changeless God of Schleiermacher and Kierkegaard«, in: Cappelørn, N. J. / Crouter, R. E. / Jørgensen, T. / Osthövener, C. D. (Hgg.), *Schleiermacher und Kierkegaard. Subjektivität und Wahrheit. Akten des Schleiermacher-Kierkegaard-Kongresses in Kopenhagen, Oktober 2003*, Berlin / New York: De Gruyter 2006, 265–278.

Torrance, A. J., »Does God suffer? Incarnation and impassibility«, in: Torrance, J. / Hart, T. A. / Thimell, D. P. (Hgg.), *Christ in our place. The humanity of God in Christ for the reconciliation of the world. Essays presented to Professor James Torrance*, Exeter, Great Britain / Allison Park, Pa.: Paternoster Press, Pickwick Publications 1989, 345–368.

Troeltsch, E., *Glaubenslehre. Nach Heidelberger Vorlesungen aus den Jahren 1911 und 1912*, München: Duncker & Humblot 1925.

Troeltsch, E., »Die Bedeutung der Geschichtlichkeit Jesu für den Glauben (1911)«, in: Troeltsch, E. (Hg.), *Die Absolutheit des Christentums und die Religionsgeschichte und zwei Schriften zur Theologie*, Gütersloh: Gütersloher Verlagshaus Mohn 1985, 132–180.

Tück, J.-H., »Passion Gottes? Zum unerledigten Disput um die Rede vom leidenden Gott«, in: Fischer, I. / Frey, J. (Hgg.), *Mitleid und Mitleiden. Jahrbuch für Biblische Theologie. Bd. 30*, Göttingen: Vandenhoeck & Ruprecht 2016, 3–28.

Turner, V. W., *The forest of symbols. Aspects of Ndembu ritual*, Ithaca, N.Y.: Cornell Univ. Pr. 1967.

Turner, V. W., »Symbols in African Ritual«, in: *Science* 179 (4078) (1973), 1100–1105.

Turner, V. W., *Dramas, fields, and metaphors. Symbolic action in human society*, Ithaca: Cornell University Press 1974.

Turner, V. W., »Symbols and Social Experience in Religious Ritual«, in: *Studia Missionalia* 23 (1974), 1–21.

Vanhoozer, K. J., *Remythologizing theology. Divine action, passion, and authorship*, Cambridge, U.K. / New York: Cambridge University Press 2010.

Vanstone, W. H., *The risk of love*, New York: Oxford University Press 1978.

Vogel, H., *Freundschaft mit Karl Barth. Ein Porträt in Anekdoten*, Zürich: Theologischer Verlag Zürich 1973.

Vögtle, A., *Biblischer Osterglaube. Hintergründe – Deutungen – Herausforderungen*, Neukirchen-Vluyn: Neukirchener Verlag 1999.

Volf, M., *Exclusion and embrace. A theological exploration of identity, otherness, and reconciliation*, Nashville: Abingdon Press 1996.

Volf, M., »After Moltmann. Reflections on the Future of Eschatology«, in: Bauckham, R. (Hg.), *God will be all in all. The eschatology of Jürgen Moltmann*, Edinburgh: T&T Clark 1999, 233–257.

Volf, M., »Enter into joy! Sin, death, and the life of the world to come«, in: Polkinghorne, J. C. / Welker, M. (Hgg.), *The end of the world and the ends of God. Science and theology on eschatology*, Harrisburg, Pa.: Trinity Press International 2000, 256–278.

Volf, M., »The final reconciliation. Reflections on a social dimension of the eschatological transition«, in: *Modern Theology* 16 (1) (2000), 91–113.

Vollenweider, S., *Freiheit als neue Schöpfung. Eine Untersuchung zur Eleutheria bei Paulus und in seiner Umwelt*, Göttingen: Vandenhoeck & Ruprecht 1989.

Volp, U., »»Denn Leidenschaftslosigkeit besass er ...«. Das sogenannte Apathieaxiom im Kontext antiker Christentumskritik«, in: Fischer, I. / Frey, J. (Hgg.), *Mitleid und Mitleiden. Jahrbuch für Biblische Theologie. Bd. 30*, Göttingen: Vandenhoeck & Ruprecht 2016, 225–246.

Wagner, A., *Gottes Körper. Zur alttestamentlichen Vorstellung der Menschengestaltigkeit Gottes*, Gütersloh: Gütersloher Verlagshaus 2010.

Wagner, A. (Hg.), *Göttliche Körper – göttliche Gefühle. Was leisten anthropomorphe und anthropopathische Götterkonzepte im Alten Orient und im Alten Testament?*, Freiburg i.Üe. / Göttingen: Academic Press, Vandenhoeck & Ruprecht 2014.

Wainwright, G., *Eucharist and eschatology*, London: Epworth Press 1978.

Wainwright, G., *Doxology. The praise of god in worship, doctrine and life. A systematic theology*, London: Epworth Press 1980.

Watson, F., »»He is not here«. Towards a Theology of the Empty Tomb«, in: Barton, S. / Houlden, J. L. (Hgg.), *Resurrection. Essays in honour of Leslie Houlden*, London: SPCK Publishing 1994, 95–107.

Watzl, S., *Structuring mind. The nature of attention and how it shapes consciousness*, Oxford: Oxford University Press 2017.

Weinandy, T. G., *Does God change? The Word's becoming in the Incarnation*, Still River, Mass.: St. Bede's Publications 1985.

Weinandy, T. G., *Does God suffer?*, Edinburgh: T&T Clark 2000.

Welker, M., »Richten und Retten. Systematische Überlegungen zu einer unverzichtbaren Funktion von Religion«, in: Assman, J. / Janowski, B. / Welker, M. (Hgg.), *Gerechtigkeit. Richten und Retten in der abendländischen Tradition und ihren orientalischen Ursprüngen*, München: Fink 1999, 28–35.

Welker, M., *Das Verfahren von Hegels ›Phaenomenologie des Geistes‹ und die Funktion des Abschnitts. ›Die offenbare Religion‹ (Heidelberg, Univ., Diss., 1978)*, Heidelberg 1978.

Welker, M. (Hg.), *Diskussion über Jürgen Moltmanns Buch ›Der gekreuzigte Gott‹*, München: Kaiser 1979.

Welker, M., »Whiteheads Vergottung der Welt«, in: *Neue Zeitschrift für systematische Theologie und Religionsphilosophie* 24 (2) (1982), 185–205.

Welker, M., *Universalität Gottes und Relativität der Welt. Theologische Kosmologie im Dialog mit dem amerikanischen Prozessdenken nach Whitehead*, Neukirchen-Vluyn: Neukirchener Verlag 1988.

Welker, M., *Gottes Geist. Theologie des Heiligen Geistes*, Neukirchen-Vluyn: Neukirchener Verlag 1992.

Welker, M., »Das Reich Gottes«, in: *Evangelische Theologie* 52 (6) (1992), 497–512.

Welker, M., »Auferstehung (Dietrich Ritschl zum 65. Geburtstag)«, in: *Glauben und lernen* 9 (1994), 39–49.

Welker, M., »Gottes Geist und die Verheißung sozialer Gerechtigkeit in multikultureller Vielfalt«, in: Welker, M. (Hg.), *Kirche im Pluralismus*, Gütersloh: Kaiser 1995, 37–57.

Welker, M., *Schöpfung und Wirklichkeit*, Neukirchen-Vluyn: Neukirchener Verlag 1995.

Welker, M., »Christliche Theologie. Wohin an der Wende zum dritten Jahrtausend«, in: Krieg, C. (Hg.), *Die Theologie auf dem Weg in das dritte Jahrtausend. Festschrift für Jürgen Moltmann zum 70. Geburtstag*, Gütersloh: Kaiser, Gütersloher Verlagshaus 1996, 105–125.

Welker, M., *Was geht vor beim Abendmahl?*, Stuttgart: Quell-Verlag 1999.

Welker, M., »Romantic love, covenantal love, kenotic love«, in: Polkinghorne, J. C. (Hg.), *The work of love. Creation as kenosis*, Grand Rapids, Mich.: W.B. Eerdmans 2001, 127–136.

Welker, M., »Die Wirklichkeit der Auferstehung«, in: Eckstein, H.-J. / Welker, M. (Hgg.), *Die Wirklichkeit der Auferstehung*, Neukirchen-Vluyn: Neukirchener Verlag 2002, 311–331.

Welker, M., »Der erhaltende, rettende und erhebende Gott. Zu einer biblisch orientierten Trinitätslehre«, in: Weth, R. (Hg.), *Der lebendige Gott. Auf den Spuren neuerer trinitarischen Denkens*, Neukirchen-Vluyn: Neukirchener Verlag 2005, 110–128.

Welker, M., »Gott ist keine Zaubermacht. Über die Todesflut, falsche Allmachtsvorstellungen und eine unzerstörbare Hoffnung«, in: *Zeitzeichen* (6) (2005), 48–50.

Welker, M., »Der erhaltende, rettende und erhebende Gott. Zu einer biblisch orientierten Trinitätslehre«, in: Welker, M. / Volf, M. (Hgg.), *Der lebendige Gott als Trinität. Jürgen Moltmann zum 80. Geburtstag*, Gütersloh: Gütersloher Verlagshaus 2006, 34–52.

Welker, M., »The Spirit in Philosophical, Theological and Interdisciplinary Perspective«, in: Welker, M. (Hg.), *The work of the Spirit. Pneumatology and Pentecostalism*, Grand Rapids, Mich.: Eerdmans 2006, 221–232.

Welker, M., »Zukunftsaufgaben evangelischer Theologie. Nach vierzig Jahren Theologie der Hoffnung«, in: Welker, M. (Hg.), *Theologische Profile. Schleiermacher, Barth, Bonhoeffer, Moltmann*, Frankfurt a.M.: Hansisches Druck- und Verlags-Haus 2009, 261–297.

Welker, M., *Gottes Offenbarung. Christologie*, Neukirchen-Vluyn: Neukirchener Verlagsgesellschaft 2012.

Welker, M., »Der schöpferische Geist, Kreativität und Neues in Gott«, in: *Evangelische Theologie* 78 (5) (2018), 339–348.

Wendler, R., *Das Modell zwischen Kunst und Wissenschaft*, München / Paderborn: Fink 2013.

White, H. V., *Auch Klio dichtet. Oder die Fiktion des Faktischen. Studien zur Tropologie des historischen Diskurses*, Stuttgart: Klett-Cotta 1991.

Whitehead, A. N., *Prozeß und Realität. Entwurf einer Kosmologie*, Frankfurt a.M.: Suhrkamp 1984.

Wilckens, U., *Auferstehung. Das biblische Auferstehungszeugnis historisch untersucht und erklärt*, Stuttgart / Berlin: Kreuz-Verlag 1970.

Wildman, W. J., »The Use and the Meaning of the Word ›Suffering‹ in Relation to Nature«, in: Murphy, N. C. / Russell, R. J. / Stoeger, W. R. (Hgg.), *Physics and cosmology. Scientific perspectives on the problem of natural evil. Vol. 1* Vatican City State / Berkeley, Calif.: Vatican Observatory Publications, Center for Theology and the Natural Sciences 2007, 53–66.

Williams, D. D., »Vulnerable and the invulnerable God«, in: *Union Seminary Quarterly Review* 17 (3) (1962), 223–229.

Williams, D. D., *The demonic and the divine*, Minneapolis: Fortress Press 1990.

Williams, R., »I. A. Dorner. The ethical immutability of God«, in: *Journal of the American Academy of Religion* 54 (1986), 721–738.

Wils, J.-P. (Hg.), *Resonanz. Im interdisziplinären Gespräch mit Hartmut Rosa*, Baden-Baden: Nomos 2018.

Witte, S., »In Liebe gebor(g)en. Heilsversprechen der Resonanz als Symptom für das Unbehagen an der Kultur. Psychoanalytisch-kulturtheoretische Anmerkungen«, in: Peters, C. H. / Schulz, P. (Hgg.), *Resonanzen und Dissonanzen. Hartmut Rosas kritische Theorie in der Diskussion*, Bielefeld: transcript 2017, 291–307.

Wolfson, E., »Judaism and Incarnation. The Imaginal Body of God«, in: Frymer-Kensky, T. S. (Hg.), *Christianity in Jewish terms*, Boulder, Colo.: Westview Press 2000, 239–254.

Wolfson, H. A., *Philo. Foundations of religious philosophy in Judaism, Christianity, and Islam*, Cambridge: Harvard University Press 1947.

Wolterstorff, N., »If God is good and sovereign, why lament?«, in: *Calvin Theological Journal* 36 (1) (2001), 42–52.

Wüthrich, M. D., *Gott und das Nichtige. Eine Untersuchung zur Rede vom Nichtigen ausgehend von §50 der Kirchlichen Dogmatik Karl Barths*, Zürich: Theologischer Verlag Zürich 2006.

Wyschogrod, M., »Inkarnation aus jüdischer Sicht«, in: *Evangelische Theologie* 55 (1995), 13–28.

Wyschogrod, M., »Incarnation and God's indwelling in Israel«, in: *Archivio di filosophia* 67 (1999), 147–157.

Zenger, E., *Gottes Bogen in den Wolken. Untersuchungen zu Komposition und Theologie der priesterschriftlichen Urgeschichte*, Stuttgart: Katholisches Bibelwerk 1987.

Zerubavel, E., *The elephant in the room. Silence and denial in everyday life*, Oxford / New York: Oxford University Press 2006.

Zerubavel, Y., *Recovered roots. Collective memory and the making of Israeli national tradition*, Chicago: University of Chicago Press 1995.

Ziegler, P. G., *Militant grace. The apocalyptic turn and the future of Christian theology*, Grand Rapids, Mich.: Baker 2018.

Zwiep, A. W., »Assumptus est in caelum«, in: Avemarie, F. / Lichtenberger, H. P. (Hgg.), *Auferstehung – Resurrection. The fourth Durham-Tübingen Research Symposium Resurrection, Transfiguration and Exaltation in Old Testament, Ancient Judaism and Early Christianity (Tübingen, September, 1999)*, Tübingen: Mohr Siebeck 2001, 323–349.

XIII. Veröffentlichungsnachweise

Hinführung. Konturen einer Theologie der Lebendigkeit Gottes
(unveröffentlicht)

Das Kreuz Jesu Christi als Risiko der Inkarnation
Erstveröffentlichung: Thomas, G. / Schüle, A. (Hgg.), *Gegenwart des lebendigen Christus*, Leipzig: Evangelische Verlagsanstalt 2007, 151–179.

Göttliche Vulnerabilität, Passion und Macht
Überarbeitung der englischen Erstveröffentlichung: »Divine Vulnerability, Passion, and Power«, in: Springhart, H. / Thomas, G. (Hgg.), *Exploring vulnerability*, Göttingen: Vandenhoeck & Ruprecht 2017, 35–57.

Gottes Un/Veränderlichkeit. Theologische Motive, klassische Modelle, gegenwärtige Debatten und Perspektiven
(unveröffentlicht)

Die Affizierbarkeit Gottes im Gebet. Eine Problemskizze
Erstveröffentlichung: Grund, A. (Hg.), *Ich will dir danken unter den Völkern. Studien zur israelitischen und altorientalischen Gebetsliteratur; Festschrift für Bernd Janowski*, Gütersloh: Gütersloher Verlagshaus 2013, 709–731.

Der Geist Gottes als Macht der Aufmerksamkeit
Erstveröffentlichung: Etzelmüller, G. / Springhart, H. (Hgg.), *Gottes Geist und menschlicher Geist*, Leipzig: Evangelische Verlagsanstalt 2013, 117–130.

»Er ist nicht hier!« Die Rede vom leeren Grab als Zeichen der neuen Schöpfung
Erstveröffentlichung: Eckstein, H.-J. / Welker, M. (Hgg.), *Die Wirklichkeit der Auferstehung*, Neukirchen-Vluyn: Neukirchener Verlag 2002, 183–220.

Das Konzept von Gottes schöpferischer Neuzuwendung und seine Konsequenzen für das Geflecht theologischer Themen
Veränderte und erweiterte Fassung der Veröffentlichung in: Böttigheimer, C. / Dziewas, R. / Hailer, M. (Hgg.), *Was dürfen wir hoffen? Eschatologie in ökumenischer Verantwortung*, Leipzig: Evangelische Verlagsanstalt 2014, 179–201.

Gottes schöpferische Gerechtigkeit
Erstveröffentlichung: Heß, R. / Leiner, M. (Hgg.), *Alles in allem. Eschatologische Anstöße. J. Christine Janowski zum 60. Geburtstag*, Neukirchen-Vluyn: Neukirchener Verlag 2005, 109–132.

Hoffen auf einen ›Neuen Himmel‹. Erwägungen zu einer Welt ohne die Macht der Nacht
Erstveröffentlichung: *Evangelische Theologie* 65 (2005), 382–397.

Emergenz oder Intervention? Konstellationen der schöpferischen Treue Gottes in Gegenüber zu einem theologischen Naturalismus
Erstveröffentlichung: Sass, H. (Hg.), *Wahrhaft Neues. Zu einer Grundfigur christlichen Glaubens*, Leipzig: Evangelische Verlagsanstalt 2013, 151–190.

Register

Bibelstellenregister

Altes Testament

Gen 1   214, 284
Gen 1,1   282
Gen 1,2   142, 215
Gen 2,3   287
Gen 2,7   32, 81
Gen 2,15-25   9
Gen 2,18-25   7
Gen 6   126, 128
Gen 6-9   49, 105
Gen 6,11   74, 81
Gen 8,21 ff.   216
Gen 9,14-16   216

Ex 12,1-10   288
Ex 21,1-22   264
Ex 33,12-23   207
Ex 33,18-23   69

Dtn 26,15   279
Dtn 31,17   69
Dtn 32,11   142

1 Kön 8,30 ff.   279

Hiob 13,24   69

Ps 2,4   279
Ps 7,12   264
Ps 8,4   282
Ps 11,4   282
Ps 22   75
Ps 22,2   75
Ps 30,6   285
Ps 33,6   282
Ps 34,26   151
Ps 51,12 f.   69
Ps 51,12 ff.   69

Ps 72,2-4   264
Ps 82,3-4   264
Ps 91,5   285
Ps 103,6   266
Ps 103,15-18   81
Ps 104,27-30   69
Ps 143,7.10   69

Spr 22,2   55

Jes 6   69
Jes 13,9 f.   288
Jes 25,8   267
Jes 26,19   23, 262
Jes 30,26   288
Jes 31,15   140
Jes 41,4   117
Jes 42,3   32, 145
Jes 42,5   282
Jes 43,10   117
Jes 43,18   259
Jes 43,25   259
Jes 60,19   288
Jes 62,2   283
Jes 65,17   221, 259
Jes 66,22   221, 283

Jer 5,24   55
Jer 29,7   242

Ez 7,22   69
Ez 32,7 f.   288
Ez 36,26   173
Ez 39,29   69

Hos 11,8-9   7

Joel 2,1 f.   288
Joel 3,1-2   173
Joel 3,4   288
Joel 4,14 f.   288
Joel 10 f.   288

Mal 3,6   117

Neues Testament

Mt 6,13   242
Mt 8,17   88, 115
Mt 18,12-13   48
Mt 20,34   77
Mt 25   263
Mt 27,45   112, 288
Mt 28   261
Mt 28,9   212

Mk 6,34   77
Mk 8,2   77
Mk 10,13-16   269
Mk 12,18 f.   192
Mk 12,18 ff.   192
Mk 15,33   112, 288
Mk 15,34   88
Mk 16,1-8   209
Mk 16,6   205
Mk 16,7   205

Lk 1,46-56   107
Lk 6,21   262
Lk 7,13   77
Lk 15,4-7   48
Lk 15,11-31   48
Lk 19,1-11   72
Lk 23,44 f.   112
Lk 24,5   209, 218
Lk 24,13-35   198, 200
Lk 24,16   196
Lk 24,31   212
Lk 24,36-49   196
Lk 24,37   196
Lk 24,44 f.   288

Joh 1   95
Joh 1,14   68
Joh 3,8   140
Joh 3,16   95, 145
Joh 9,3   55
Joh 11,35   70
Joh 11,35   7
Joh 17   140
Joh 20,14   195 f.
Joh 20,14-18   195
Joh 20,17   212
Joh 20,17   198
Joh 20,19 f.   198
Joh 20,20   197
Joh 20,25   197
Joh 21,4   196
Joh 21,12   196

Apg 2,31   203
Apg 4,24   282
Apg 14,17   55
Apg 17,25-28   55

Röm 1,4   32, 145
Röm 4,25   74
Röm 8   46
Röm 8,16   22, 143
Röm 8,18-25   143
Röm 8,18 ff.   223
Röm 8,23   45

1Kor 1,22   146
1Kor 1,23   84
1Kor 1,25   75
1Kor 2,10-11   47
1Kor 5,5   146
1Kor 9,1   195
1Kor 11,23   288
1Kor 11,26   46, 214
1Kor 12.13   142
1Kor 15   8, 191, 199, 242
1Kor 15,3-5   195
1Kor 15,8   195
1Kor 15,12 ff.   212
1Kor 15,12-19   190

1Kor 15,14.19   104
1Kor 15,19   24
1Kor 15,24   268
1Kor 15,50   203
1Kor 16,22   80, 240

2Kor 1,22   45
2Kor 3,17   140
2Kor 5,17   222

Gal 5,16–26   146

Eph 1,20   282
Eph 4,13   142
Eph 4,30   7

Phil 1,21 ff.   192
Phil 2   95
Phil 2,8   75
Phil 3,20   242
Phil 3,21   222

Hebr 1,3   55, 282
Hebr 8,12   259

Jak 1,17   117
Jak 5,14   157

1Petr 2,11   242
1Petr 3,15   242

2Petr 3,13   221

Apk 4,2   279
Apk 6,12   287
Apk 7,17   267
Apk 8,12   287
Apk 9,2   287
Apk 10,6   282
Apk 21   284–286, 288
Apk 21,1   221, 283
Apk 21,4   259, 267
Apk 21,23   288
Apk 21,24   285
Apk 21,25   285
Apk 22   80, 97, 284–286, 288
Apk 22,2   287
Apk 22,5   217, 285, 288
Apk 22,20   80, 240

Apokryphen
äthHen 22   190, 192
Did 10,6   80
Jub 23,31   190, 192

Personenregister

Alsted, Johann Heinrich   234
Althamer, Andreas   234
Althaus, Paul   222, 252
Anselm von Canterbury   43, 60-66
Augustinus von Hippo   234 f., 295

Barth, Karl   7 f., 12, 16 f., 22, 25, 49, 62-67, 109, 120, 124, 129, 131, 136, 140, 142, 144, 162-165, 182, 198, 202, 205, 208, 215, 223, 231 f., 237, 253, 264, 273-277, 283, 292, 296
Barth, Ulrich   27
Bethge, Eberhard   115
Boethius   247-251, 254, 256, 261
Bonhoeffer, Dietrich   22, 25, 34, 69, 74, 87-90, 115 f., 131, 140, 201, 234, 268, 294 f.
Brenz, Johannes   234
Brumlik, Micha   297
Bullinger, Johann Heinrich   234
Bultmann, Rudolf   292, 298, 315
Burkert, Walter   127
Busch, Eberhard   231

Calvin, Johannes   117, 131, 154-158, 160, 163 f., 167
Comte, Auguste   5

Dalferth, Ingolf U.   173, 204
Drees, Willem B.   313

Ebeling, Gerhard   160 f., 253
Eusebius von Caesarea   127

Feuerbach, Ludwig   5, 167, 267, 310
Fichte, Johann Gottlieb   18
Fides, Paul   87
Foucault, Michel   267
Freud, Sigmund   5, 267

Gilson, Erinn C.   92
Goethe, Johann Wolfgang   304

Goodman, Nelson   14, 236
Großbölting, Thomas   39

Hardwick, Charles   300
Härle, Wilfried   161 f.
Hartshorne, Charles   123
Hegel, Georg Wilhelm Friedrich   18
Heidegger, Johann Heinrich   234
Heidegger, Martin   298
Heim, Karl   222
Hick, John   252, 308
Hitler, Adolf   115 f.

Irenäus von Lyon   234

Janowski, Christine   245
Jenson, Robert   138
Jonas, Hans   10, 34-36, 42, 90, 133
Jung, Carl Gustav   298
Jüngel, Eberhard   7 f., 47, 87, 102, 135, 164, 205, 218 f., 254-258, 263, 269

Kant, Immanuel   105, 152, 161
Keller, Catherine   286
Kreck, Walter   253
Künneth, Walter   222

Lüdemann, Gerd   187, 196
Luhmann, Niklas   18, 28, 58
Luther, Martin   131, 174, 295, 301

Marcion   9 f., 232 f., 235, 297
Marx, Karl   267
Milton, John   297
Miskotte, Kornelius   308
Moltmann, Jürgen   22, 25, 34 f., 37, 54, 56, 76 f., 87, 96, 131, 134-137, 173, 179, 212, 222, 233 f., 254, 257 f., 263, 273, 275-277, 283 f., 292
Mouffe, Chantal   41

Nicolai, Philipp   234
Nietzsche, Friedrich   5, 267, 294 f., 309 f.

Ott, Heinrich   253

Pannenberg, Wolfhart   144, 173, 207,
   212 f., 252
Paulus   8, 24, 75, 84 f., 103, 173, 190,
   192, 194–196, 200, 203, 212, 221 f.,
   242, 311
Peacocke, Arthur   78, 87, 132, 291, 299,
   301–305, 307, 309, 311, 313
Peirce, Charles   18
Peirce, Charles Sanders   312
Peters, Ted   311
Peterson, Ann   308
Philo von Alexandrien   5, 29, 86, 126–
   130
Platon   26, 29, 127, 246
Prenter, Regin   253
Putnam, Hilary   18

Schaab, Gloria   87
Schleiermacher, Friedrich Daniel Ernst
   12, 15, 26, 29, 109, 118 f., 154, 158–
   162, 172, 179, 210, 245, 248 f., 295,
   301
Schmitt, Carl   298

Schüssler Fiorenza, Francis   193
Sölle, Dorothee   152, 260
Spinoza, Baruch de   118
Stout, Jeffrey   17

Taube, Jacob   42, 232, 235
Telemann, Georg Philipp   304
Tennyson, Alfred Lord   303
Thomas von Aquin   29, 109, 123, 234,
   247–249
Tietz, Christiane   164
Tillich, Paul   179, 249
Troeltsch, Ernst   191
Turners, Victor   273

Vanstone, W. H.   87
Vanstone, William Hubert   132–134,
   136
Vogel, Heinrich   231
Volf, Miroslav   257–260
Voltaire   303

Weber, Max   31, 293
Welker, Michael   22, 25, 52, 172 f., 273,
   275–277, 283
Whitehead, Alfred North   106, 123, 217
Wolleb, Johannes   234

Sachregister

Abendmahl 46, 74, 209 f., 214 f.
Affekt *siehe* Emotion
Affizierbarkeit 6-9, 35, 43, 46, 49, 72,
  75, 117, 123, 125, 134, 136 f., 139,
  149 f., 155 f., 160, 162-164, 169, 179,
  240,
Agency 3 f., 17, 26 f., 43 f., 47, 49
Allgegenwart 12, 55
Allmacht 11, 34-36, 39, 61, 64, 85,
  87 f., 90, 115 f., 121, 134, 142, 233,
  238 f.
Allwissenheit 164
Aristoteles 18, 26, 29, 264
Angeld des Geistes 312
Anthropomorphismus 7, 127, 156, 163 f.
Antizipation 40, 59, 64
Apokalypse 232, 253 f., 269, 286-288,
  293
Aspirationen / Absichten 3 f., 10-12, 21,
  29, 43, 47-49, 70, 98, 100, 107, 110 f.,
  147, 182, 236 f., 240, 260, 307
Auferstehung 12, 23, 30, 46, 52, 61, 64,
  68, 76-80, 84, 89, 94 f., 99, 102-105,
  107 f., 110, 134, 136 f., 145, 187-192,
  194 f., 198 f., 201 f., 204-215, 217-219,
  221-223, 225, 240 f., 263, 304, 306 f.,
  310 f., 316
Auferweckung 11, 23 f., 47, 76, 78 f., 82,
  99-104, 106 f., 112, 133, 144, 146 f.,
  187, 194 f., 200, 202-212, 216,
  218-221, 237, 277, 306, 310 f.
Aufmerksamkeit 21, 85, 92 f., 97 f., 143,
  151 f., 167 f., 171 f., 175-183, 238, 241,
  254, 266
Auschwitz 36, 259 f.

Barmherzigkeit 9, 33-39, 62, 80
Beweglichkeit Gottes 138 f., 151, 162
Bibel / Schrift 4, 19, 35, 81 f., 88 f., 115,
  141, 181, 230, 298
Blindheit 18, 24, 178, 229, 313

Böses 11, 64 f., 71, 75, 100, 102, 105,
  111, 169, 216, 233, 242

Chaos 142, 285 f., 288
Charismen 142, 146, 172, 174, 180
Christusereignis 60, 85, 133, 136, 231,
  304-307
Coping 29, 293, 311
creatio continua 300, 310
creatio ex nihilo 23, 201 f., 214, 223
creatio nova siehe Neue Schöpfung
creatio viatorum 75, 315

Desastermanagement 84
deus ex machina 88, 90
Doxa Gottes 269, 288

Edda 308
Eigenschaften Gottes 11, 131, 233, 282
Emergenz 93, 238, 307, 310 f.
Emotion 86, 112, 122 f., 128, 143, 280 f.
Endlichkeit 72, 220
Erbarmensethos 35-38
Erinnerungshölle 259-261
Erkenntnis 4, 18, 79, 118, 156, 171,
  178, 181, 188, 205, 207, 222, 238,
  240 f., 260, 262, 274, 278, 280, 283,
  286, 291, 304, 307
Erkenntnis Gottes 4, 16, 117, 150, 172,
  313
Erlösung 24, 31, 33, 64, 67, 89, 105,
  137, 144, 224, 232 f., 235, 242, 247,
  253, 257, 266, 277, 291, 293, 295 f.,
  300, 302, 305, 309, 311
Erlösungsreligion 30 f., 293, 301
Eschatologie 9, 30, 37, 42, 45, 78, 227 f.,
  234, 239 f., 246, 252, 254, 263, 267,
  270, 278, 283, 292, 298, 311-313, 315
Eschaton 235, 238, 247, 251, 256, 258,
  262
Ethik / ethisch 38-40, 84, 129, 131,
  152, 293

Evolution   89, 134, 231, 301, 303f., 310, 315

ewige Wiederkehr   218, 233

Ewigkeit / Verewigung   8, 12, 63, 67, 77, 116, 166f., 217f., 246–253, 261f., 268–270, 274, 295,

Exegese   120–122

Fehloptimierung   3, 39, 140,

fides quaerens intellectum   14f., 18, 139, 165, 171, 183

Finsternis *siehe* Nacht

Foundationalism   17

Fragilität   289280

Freiheit   9–11, 36, 47, 49, 63, 69, 78, 85, 98, 111, 129, 140, 159, 180, 202, 221, 236f., 239f., 280, 286, 294, 302f.

Freiheit Gottes   201, 237, 302

Frömmigkeit   26, 31, 38, 117, 152, 185, 165, 182, 272, 278, 281, 296, 301,

Gebet   27, 29, 116, 125, 150–164, 166f., 169f., 182, 240, 281

Geist   3f., 7, 9f., 11, 17, 23f., 30, 32f., 35, 41–43, 45–47, 49, 61, 76–79, 101–104, 106f., 112f., 138–141, 143–147, 155, 157, 169f., 172–175, 179–183, 200, 209, 221, 238, 241f., 253, 267–270, 275

menschlicher Geist   22, 47, 169, 273

Geist Gottes   17, 22, 32f., 45, 47, 67, 82, 101, 105, 112, 126, 139–147, 169, 171–173, 175f., 238, 241f., 267, 291, 312, 314, 316

Geistausgießung   140

Gemeinde / Kirche   3f., 15, 17, 22f., 25f., 35, 38–41, 44f., 49, 52, 82, 89, 101, 103, 106, 127, 140, 142, 167, 169, 174, 179–181, 194f., 200, 215, 225, 232f., 242f., 270–272, 291, 293, 307, 312, 316

Gerechtigkeit Gottes   31, 33, 85, 246, 254f., 264f., 288

Gericht   44, 189, 234, 245f., 253–258, 260–268, 270, 287f., 293

Geschichte   8–11, 34, 36f., 42, 46f., 49, 51, 73, 76, 80, 84–86, 89f., 95–98, 115f., 118, 127, 134–137, 139, 141, 150, 174, 181, 191, 197, 203–205, 207, 209–211, 223, 237–239, 251f., 254, 257f., 261f., 268, 270, 287, 294–296, 307, 309

Geschichte Gottes   23, 47, 49, 76, 82, 95f., 110, 135, 137, 202f., 218

Gewalt   8, 10, 32, 44, 72, 74f., 78–80, 84, 86, 89, 96–98, 100–105, 107, 110–112, 136, 215, 220, 233, 258, 264, 306, 311

Gnade   63f., 85, 155, 223, 254f., 264

Gottesbeziehung   20, 23, 167, 265

Gotteslehre   7, 11, 29, 49, 62, 85, 116, 121, 128f., 138, 154f., 157f., 166, 238, 249, 252

Gottesprädikate *siehe* Eigenschaften Gottes

Güte der Schöpfung   66, 232–234, 236, 286, 303

Handeln Gottes   9, 26, 39, 157, 194, 201f., 208, 216, 223, 239, 242, 268, 270, 291f., 301, 311f.

Heiliger Geist   45, 61, 138, 169f., 172, 179f., 183, 242, 253, 263,

Hermeneutik   82, 117, 120

Heilung / Krankheit   11, 55, 57, 71, 96, 168, 220, 224, 229, 231f., 237, 241, 255f., 258, 287, 297, 308, 315

Himmel   8, 23, 39, 44, 55, 86, 96, 107, 113, 145, 159, 169, 195, 200, 229–237, 239, 242, 248, 260, 268, 271–289, 292, 295, 302, 311, 314, 316

Hoffnung   5, 8f., 12, 18, 23, 32, 36–38, 44–46, 59, 75, 81, 83, 97, 100, 103, 110, 113, 133, 142, 146, 174, 176, 180, 183, 203, 212f., 222, 227, 231–235, 238, 240, 242, 245, 262, 268, 270, 273, 283, 287–289, 292–296, 300, 307, 310–316

Hoffnung, ungeduldige   38

Hölle   252, 256, 268, 271
Holocaust   34, 43

Idealtypus   14, 24 f., 227, 229, 254, 296
Imagination   5 f., 15, 82, 84, 86 f., 99,
   108, 125, 128, 149 f., 181, 269, 273,
   282, 284, 309, 312, 315 f.
Immanenz   28 f., 84, 304
Inkarnation   12, 30, 47, 51-53, 56, 60,
   62, 65-70, 72 f., 75-77, 87, 94-98, 100,
   103, 112, 118, 133 f., 166, 168, 198,
   203, 211, 241, 304
Intervention   8, 32, 42, 44, 73, 87, 103,
   112, 136, 145, 151, 241, 306 f., 311
Intimität   169, 173, 181 f., 241, 270
iudicium postremum   254 f., 265, 268
iustitia correctiva   264, 266

Jerusalem   89, 215, 224, 267, 284 f., 288,
   308,
Jesus Christus   12, 23 f., 33, 46, 51-55,
   61-68, 70-80, 82, 84 f., 94-108, 110,
   112 f., 121, 130 f., 133, 137, 142,
   144-146, 163 f., 167-170, 175,
   179-181, 183, 187-190, 192, 194,
   196-215, 217-221, 223-225, 232,
   237 f., 240 f., 254, 269, 271, 275, 288,
   304-307, 310-311, 316
Judentum   56

Kampf   33, 42, 45, 82, 94, 97, 101 f.,
   232 f., 268, 270
Karte / Territorium   4, 224, 312, 314,
   316
Kenosis   29, 38, 42, 51, 65-67, 72, 79,
   103, 133
Kirche *siehe* Gemeinde
Klage   3, 29, 31, 36 f., 44, 75 f., 80 f., 90,
   116, 125, 151, 164, 166 f., 170, 182 f.,
   236, 239 f., 256
Konstruktivismus   13-18, 82, 315
Kontingenz   11 f., 16, 53, 59, 62, 73,
   168, 183, 194

Leben   3, 12, 23 f., 27-33, 38 f., 41, 43,
   47 f., 52 f., 56, 62-74, 76 f., 79-82,
   84-86, 88, 90-113, 116, 129, 133,
   136 f., 141 f., 144-146, 151, 169 f.,
   179 f., 182, 189 f., 197-199, 203-205,
   208-212, 214-221, 223, 231, 235,
   240 f., 246-258, 261 f., 265-270, 276 f.,
   283-287, 289, 293-295, 304-306, 310,
   312, 315
Lebendigkeit Gottes   3 f., 6-13, 15-19,
   22 f., 25, 28-32, 34 f., 42-46, 107, 113,
   138 f., 143, 227, 239, 315 f.
Lebensbegleitung / Coping   29, 31, 44,
   293 f., 311
Lebensgabe   79, 217, 218 f., 241, 265,
   270
Lebensgrund   27
Leblosigkeit   250
Leib / Leiblichkeit / Verleiblichung   22,
   77 f., 82, 100, 131, 168 f., 181-183,
   187, 189, 192, 195-200, 203, 220,
   222 f., 294 f.
Leiden   8, 12, 28, 32, 39, 42, 54, 65, 69,
   74-77, 79 f., 85, 88, 96, 98, 107, 110,
   112, 115 f., 130 f., 135-137, 144, 166,
   231, 236, 240, 261, 265, 266, 300,
   303-305
Leiden Gottes   79, 87 f., 115 f., 124, 131,
   136, 144, 262
Leidenschaft   28, 52, 54, 70, 75-78, 80,
   85, 95, 97, 100, 104, 112 f., 116, 123,
   136, 139
Liebe   9, 11, 43, 46-49, 51 f., 54, 63,
   66 f., 70, 72-76, 78, 83 f., 90, 94-99,
   101-103, 107, 109, 112, 131-138, 142,
   146, 153, 166, 180, 216, 242, 258, 263,
   266, 295, 305-308, 310, 312, 315
Lernen Gottes   104, 107, 237, 302

Macht   4, 8 f., 11, 23, 30-32, 38, 42, 55,
   62, 70, 72-75, 78-81, 84 f., 87-90,
   102-109, 112 f., 121, 130, 133 f., 136,
   139, 145-147, 149, 157, 161, 171,
   175 f., 179 f., 182 f., 198, 200, 206,

216-218, 224, 232, 238-241, 268, 277, 286-288

Macht der Rettung 38, 44, 121, 147, 239

Medium / Medien 14, 21, 37, 78, 104, 141 f., 150, 172, 175, 178, 181, 183, 221, 265, 272, 305, 306, 312,

Mensch 4 f., 7-11, 22-24, 26 f., 32, 34, 36, 38 f., 41, 43 f., 46 f., 51, 60-65, 69-75, 77-81, 88 f., 94 f., 104, 115 f., 125-128, 130 f., 133 f., 136, 141 f., 144, 146 f., 151-153, 155, 157-164, 166, 168-170, 172-175, 178, 180, 195 f., 199, 201 f., 203, 207-209, 216, 219-221, 223 f., 230, 234, 239-241, 251-254, 256-263, 266-270, 274-277, 281, 285-289, 291, 294, 298, 303, 307 f., 316

messianisch 8, 36 f., 39, 42, 141, 145, 240, 283

Mitgefühl 86, 93, 102, 166

Mitleiden Gottes 12, 34-37, 39, 42, 44, 116, 143, 265

Mobilität des Geistes 139 f., 142 f., 147

Modalisierung 250 f.

Modell 6, 12 f., 17-19, 22-24, 31, 42 f., 48, 52, 56, 62, 64, 85 f., 96, 105, 108 f., 111, 120, 135, 139, 144, 168, 171, 176, 196, 209, 220, 227-231, 233, 237 f., 247, 250-252, 256, 266, 297-299, 301, 305, 307

Möglichkeit/Möglichkeitsraum 20, 23, 30-32, 36, 44, 46-48, 54, 57, 59, 67, 69 f., 76, 78, 80, 86, 90, 94, 97 f., 101-105, 110 f., 113, 127, 135 f., 139, 147, 177, 180, 182 f., 195, 201, 206, 225, 239, 242, 249-251, 258, 266, 268, 276, 280, 285-287, 302, 305 f., 311-313

Moralisierung 38, 40, 42

Nachfolge 33, 241

Nacht 24, 32, 39, 74 f., 112, 147, 216 f., 266, 274, 285-288, 310

Natur, naturale Prozesse 29-32, 49, 60 f., 68, 95, 128, 153, 156, 220, 222, 224, 236, 275, 280, 301, 307 f.

göttliche Natur 60

menschliche Natur 220

Zwei-Naturen-Lehre 220

Naturalismus 29, 31, 113, 132 f., 180, 291, 301, 306, 308-313, 316

Neue Schöpfung / Neuschöpfung 8, 23, 32, 44, 46, 64, 102, 107, 107, 145, 187, 200, 203, 215, 220, 221, 223 f., 227 f., 229-237, 239, 242, 246, 248, 268, 273, 278, 280, 283-285, 288 f., 292, 297 f., 310, 311 f., 314, 315 f.

Neues 8, 46, 49, 146, 157, 208, 228, 230, 256, 262, 292, 295, 299, 302, 304, 307, 309, 311 f., 315

Neuzuwendung 231, 236, 243

Nichtiges *siehe* Böses

Öffentlichkeit 4, 30, 169, 173, 179, 181 f., 196, 241

Ohnmacht 42, 61, 64, 72, 75, 79, 87-91, 107 f., 115, 118, 139, 147, 156, 239, 265 f., 268, 270, 306

Ohnmacht Gottes 83, 88, 115 f., 219, 239

Opfer 34, 44, 53, 64, 85, 89, 97, 101 f., 105, 134, 217, 234, 245, 254-256, 258 f., 262-266, 268-270, 307, 311

Opfer / Täter 105, 254-256, 258-266, 268-270

Ordnungsform 273, 278 f.

Panentheismus 70, 104, 110, 303

Paradies 271 f., 286, 289

Passion *siehe* Leidenschaft

Pietismus 181

Pneumatologie 22, 32 f., 126, 138-140, 170-172, 174 f., 182 f., 241, 298

Postmoderne, postmodern 28, 57

Predigt 103, 141, 172, 182 f., 214

Prozesstheologie 7, 29, 34, 47, 54, 79, 87, 109, 122 f.

Raum / Räumlichkeit   3-6, 16, 25, 29,
   35, 38-41, 45, 51 f., 55 f., 68 f., 88-90,
   95 f., 103, 108, 137, 140 f., 153 f., 164,
   166, 173, 175, 192, 198, 199, 202, 205,
   207, 213, 218, 228, 236, 251, 260, 272,
   275, 280, 289, 299, 313 f.
Realismus   16 f., 99, 119, 313, 315
Realismus, operativer   16, 78, 82, 314
Recht   45, 77, 161, 203, 207, 221, 223,
   225, 227, 234, 247, 250, 255, 261,
   264-267, 270 f., 285, 292 f., 311
Rechtfertigung   44, 59, 63, 90, 106, 240,
   254 f., 257, 263, 266, 268, 270
Re-Entry   16, 28, 99
Rekursivität   6
Resilienz   91, 105, 113
Resonanz / Resonanzbeziehungen / Resonanzfähigkeit   6, 12 f., 19-24, 43 f.,
   111 f., 144, 161, 237 f., 292
Restitution   67, , 229 f., 233, 235,
   296-298, 301
Risiko   6, 11 f., 36, 42 f., 52-62, 64-70,
   72-76, 78, 80, 84, 91-98, 101, 107,
   112, 124, 132, 136, 168, 175, 237 f.,
   245, 287, 302

Schöpfung   7-11, 28, 32, 36 f., 39-41,
   45-47, 49, 62-68, 70-72, 74-78, 80,
   82, 84, 96, 98, 101, 103 f., 106 f., 111 f.,
   133-136, 141, 143, 145-147, 168, 170,
   180, 182, 187, 189, 200-208, 211 f.,
   214-217, 219-224, 225-242, 245, 249,
   260, 267, 273-278, 282, 285-289,
   291-293, 295-298, 300, 302-307,
   309-311, 316
Schöpfungslehre   63, 156 f., 162, 173,
   274 f.
Schwachheit   *siehe* Ohnmacht
Selbstbehauptung   39, 218
Selbstverohnmächtigung Gottes   133 f.
Seufzen der Kreatur   223
Shoa   *siehe* Holocaust
Sport   33
Stadt, neue   285, 287

Stoizismus / stoisch   28 f., 34, 95, 129,
   157, 234, 309
Substitution   229, 233, 296-298
Sünde   11 f., 23, 43, 60 f., 63-65, 70 f.,
   73, 81, 98, 136, 202, 233, 236, 252,
   254 f., 257, 259, 263 f., 266-268, 270,
   288, 291, 303
supralapsarisch / infralapsarisch   12,
   63 f.
Supranaturalisumus   22, 24, 312
Symbol   4, 79, 189, 215, 224, 271, 273,
   279-282, 289 f., 309

Taufe   22, 172, 293, 295
Theismus   3, 52-54, 70 f., 79, 88, 90,
   102, 108, 122, 131, 150, 162, 166, 300,
   303, 308, 313
Theologie   3-7, 9, 11-19, 22-46, 48, 51,
   53, 55, 65 f., 70 f., 76, 78 f., 82-90, 95,
   98, 99, 101 f., 104 f., 107, 109-111,
   113, 115 f., 120-122, 125, 127 f.,
   130-135, 137, 139 f., 143, 146,
   149-154, 158, 160-162, 164-167,
   169-171, 175, 180, 183, 200, 216 f.,
   221, 225-229, 234, 236, 239-241,
   245 f., 253 f., 262, 267 f., 271-274, 278,
   281 f., 289, 291-297, 299, 301,
   308-316
Theologie, hermeneutische   314-316
Theodizee   35, 89, 236
Tod   8, 23, 31 f., 53, 61 f., 64, 66, 68, 70,
   73-76, 78-80, 84 f., 94, 97-102, 106 f.,
   110, 112 f., 136, 146 f., 188-190, 195 f.,
   198-200, 202 f., 206, 210-212,
   215-221, 223, 225, 242, 247, 252, 266,
   269 f., 287 f., 293, 304, 310 f., 315
Tod des Todes   84, 217, 219 f.
Todesüberwindung   32, 218-220, 311
Tragödie / tragisch   12, 78 f., 94, 97, 110
Transformation   39, 90, 98 f., 104, 106 f.,
   113, 126, 130, 139, 146, 152, 229-231,
   236, 239, 241-242, 273, 292, 297-299,
   306 f.
Transzendenz   27-29, 37, 169, 275, 293,
   303

Treue Gottes   10, 76, 111, 189, 203,
  215, 228, 235, 242, 277, 310 f.
Trinität / trinitarisch   6 f., 9 f., 12, 43,
  65, 67, 76 f., 79, 85 f., 94, 108 f. 111,
  135, 137, 219, 238, 240, 248, 304
Tschernobyl   267

Umwelt   4, 15, 20 f., 51, 62, 82, 93, 120,
  178, 216
Unendlichkeit   25, 116, 178, 248
unilaterales / multilaterales Handeln
  238 f.

Vater   10, 25, 43, 53, 61–64, 66, 72,
  75–79, 83, 85 f., 107, 135, 163,
  167–169, 218, 232, 270 f., , 275
Vaterunser   167, 271
Veränderlichkeit / Unveränderlichkeit
  Gottes   7, 11, 35 f., 48, 84, 107, 115,
  117 f., 120, 123–127, 129–132, 134,
  137–139, 163
Versöhnung   31, 64, 67, 214, 223, 242,
  257–259, 263, 276 f., 310
Vertrauen   28, 30, 59, 75, 93, 144, 167,
  170, 172
Vicitimimisierung / Viktimisierung   73,
  78 f., 94, 97 f., 101 f., 146, 220
Vitalismus   33, 39, 41 f., 308

Vollendung   67, 229–232, 239, 252,
  297 f., 306
Vorsehung   55, 57, 156 f., 166, 239
Vulnerabilität   81 f., 92–94, 96, 100 f.,
  108, 110, 113, 139, 146

Wahrnehmung Gottes (gen. subj.)   15,
  153, 180, 241
Wahrnehmung Gottes (gen. obj.)   15,
  241
Wandel in Gott *siehe* Veränderlichkeit
  Gottes
Weltenrichter   254
Weltverantwortung   37, 39, 242
Widerstand   9, 42, 73, 88, 96, 112, 124,
  256, 282
Widerwille Gottes   10, 33, 40, 112, 143,
  310
Wirken Gottes   26, 162, 232, 302
Wissenschaft   13, 20, 57, 150, 313

Zeit / Zeitlosigkeit   17, 37, 45, 47 f., 51,
  59, 61, 63, 68, 76, 89 f., 95, 105, 136,
  141, 158, 162, 164, 178, 182, 192,
  197 f., 200, 204 f., 207–209, 213 f., 223,
  235, 240 246–252, 263, 265, 267, 274,
  277, 280, 286, 295, 297, 312
Zwei-Reiche-Lehre   35